Entstehung und Wandel der modernen Gesellschaft

Hans Rosenberg

# Entstehung und Wandel der modernen Gesellschaft

Festschrift für Hans Rosenberg
zum 65. Geburtstag

Herausgegeben von

Gerhard A. Ritter

Walter de Gruyter & Co.

Berlin 1970

Satz und Druck: Thormann & Goetsch, Berlin

# VORWORT

Den 65. Geburtstag von Hans Rosenberg möchten einige seiner Freunde und Schüler zum Anlaß nehmen, um ihm zum Zeichen ihrer Dankbarkeit, ihres Respektes vor seiner in vielen Bereichen bahnbrechenden wissenschaftlichen Leistung und ihrer geistigen und persönlichen Verbundenheit diese Festschrift darzubringen. Es zeugt von der weiten und andauernden Ausstrahlung der Wirksamkeit Rosenbergs und entspricht seiner Forderung nach der Aufhebung der nationalen Beschränkung der Geschichtsschreibung, daß der Band Beiträge amerikanischer und deutscher Historiker verschiedener Generationen in sich vereinigt.

Am 26. Februar 1904 in Hannover geboren, gehört er zu der Generation, die durch das Erlebnis des Ersten Weltkrieges, des Zusammenbruchs der Weimarer Republik und der Etablierung der nationalsozialistischen Terrorherrschaft stark geprägt wurde. Die Suche nach den Gründen, warum die deutsche Entwicklung von der der westeuropäischen Länder abwich und in den Zusammenbruch von 1918 und die Katastrophe von 1933 mündete, ist eine der Triebkräfte seiner stets über die bloße Beschreibung hinausgehenden, auf Analyse und Deutung gerichteten historischen Arbeit.

Seine wissenschaftliche Laufbahn begann Hans Rosenberg als Schüler Friedrich Meineckes. Im Zentrum seiner ersten Arbeiten stand der deutsche Liberalismus vor allem der ersten Hälfte des 19. Jahrhunderts in seinen vielfältigen Ausprägungen. Der Liberalismus der deutschen Geistesaristokratie, seine Leistungen, aber auch seine Schwächen und Grenzen — der Mangel an elementarer Willensenergie und die Ablehnung der Massen — sind die Themen seiner kritischen Monographie über „Rudolf Haym und die Anfänge des klassischen Liberalismus“ (1933). Indem Rosenberg die historischen Wurzeln der in der deutschen Geschichte des 19. Jahrhunderts so wirksamen Ideologie des Borussismus in der konservativen und liberalen Vorstellungswelt herausarbeitete, wollte er gleichzeitig eine der Ursachen für die Vertiefung der Kluft zwischen der deutschen und westeuropäischen Entwicklung aufweisen. Eine ähnliche Absicht verfolgt der von ihm als Beitrag zur Vorgeschichte der modernen politischen Parteien gedachte grundlegende Aufsatz „Theologischer Rationalismus und vormärzlicher Vulgärliberalismus“ (HZ 141, 1930), der, im Gegensatz zu deren üblicher Verurteilung durch den deutschen Idealismus, die Romantik und die historische Schule, die Aufklärung, den Positivismus und den Vulgärrationalismus positiv als Kräfte würdigt, die zur Entwicklung des modernen Geistes-, Staats- und Wirtschaftslebens entscheidend beigetragen haben.

Neben der sehr viel kritischeren Auseinandersetzung mit der von Meinecke zu jener Zeit im ganzen eher positiv beurteilten Sonderentwicklung des deutschen Geistes seit dem Beginn des 19. Jahrhunderts zeigt sich die Emanzipation vom Einfluß des akademischen Lehrers auch in der kaum verschleierten Kritik an dessen Auffassung der Ideengeschichte als einer differenzierten Analyse der Vorstellungen der führenden Köpfe seiner Zeit: „Wem der Blick für die tatsächlich bewegenden Mächte des geschichtlichen Lebens nicht getrübt ist, wird auch in der Geistesgeschichte sein Augenmerk auf das Neben-, Mit- und Gegeneinander der individuellen und der kollektiven Kräfte, auf den psychologischen sowohl wie auf den soziologischen Faktor zu richten haben. Wenn es auch meist eine persönlich beglückendere und menschlich bildendere Aufgabe ist, sich den erlesenen Geistern und schöpferischen Individualitäten zuzuwenden und diese zum Zentrum einer historisch-psychologischen oder biographischen Untersuchung zu machen, so fordert doch die Erkenntnis des wirklichen Geschehens, daß das im Kausalzusammenhang oft entscheidendere Tatleben und die Ideologie der Massen, Stände, Klassen, Parteien und Parteiungen, ihrer historischen Bedeutung entsprechend, in gleichem Maße berücksichtigt werden. So bildet das eigentliche Ziel der auf die Erfassung der Kollektivkräfte ausgehenden Betrachtung die Einsicht in das Leben und Denken der Massengruppe, die, mehr als eine bloße Summation der Gruppenglieder, den einzelnen mit sich reißt, den Charakter einer überindividuellen Individualität annimmt und im Strom der Entwicklung als eine geschichtliche Einheit erscheint"[1]. Die durch Rosenbergs spätere Wendung zur Wirtschafts- und Sozialgeschichte fortgesetzte Abkehr von den typischen Fragestellungen und Methoden Meineckes und seiner Schule[2] hat allerdings die bis zum Tode Meineckes andauernden, auf dem gegenseitigen Respekt für die wissenschaftliche Leistung und die menschliche Haltung des anderen beruhenden engen persönlichen Beziehungen nicht gestört.

Die nationalsozialistische Machtergreifung bedeutete einen tiefen Einschnitt im Leben Hans Rosenbergs. 1932 in Köln habilitiert, ist er wegen seiner jüdischen Abstammung und seinen im Gegensatz zu den herrschenden Kräften der Zeit stehenden politischen und wissenschaftlichen Auffassungen bald nach dem Brand des Reichstages nach England emigriert. Durch die Vermittlung Mei-

[1] Hans Rosenberg, *Theologischer Rationalismus und vormärzlicher Vulgärliberalismus*, in: *H. Z.*, Bd. 141, 1930, S. 540 f.

[2] In seinem Aufsatz „*Zur sozialen Funktion der Agrarpolitik im Zweiten Reich*" (in: *Probleme der deutschen Sozialgeschichte*, Frankfurt/Main 1969, S. 54) spricht Rosenberg von den „um universalere Perspektiven" bemühten Köpfen, „wie Wilhelm Dilthey und nach ihm Ernst Troeltsch und Friedrich Meinecke", die sich von der tonangebenden Richtung der epigonalen Universitätshistorik distanzierten, indem sie ihre Zuflucht suchten und fanden „in der Beschäftigung mit esoterischen Phänomenen, indem sie ihre Kraft, unter nahezu völliger Ignorierung der materiellen Welt und sozioökonomischer Lebenswirklichkeit, auf die Erforschung der Ideengeschichte und die Klärung geistesphilosophischer und geschichtstheoretischer Probleme konzentrierten".

neckes konnte er die im Herbst 1928 im Auftrag der Historischen Reichskommission übernommene kritische Bibliographie über „Die nationalpolitische Publizistik Deutschlands vom Eintritt der Neuen Ära in Preußen bis zum Ausbruch des deutschen Krieges“ (1935), eine entsagungsvolle Arbeit, noch zu Ende führen. Die bereits erwähnte Monographie über Rudolf Haym mußte dagegen wegen innerer und äußerer „mit der inzwischen in Deutschland erfolgten politischen Umwälzung im Zusammenhang“ stehender Gründe[3] unter Aufgabe der ursprünglichen Pläne als Torso, der um die Jahreswende 1850/51 abbricht, veröffentlicht werden.

Bereits vor der Emigration nach England hatte Rosenberg aus eigenem Antrieb begonnen, sich intensiv über neuere geschichts- und sozialwissenschaftliche Strömungen, vor allem auch des Auslandes, zu informieren. Ein erstes Ergebnis dieser Beschäftigung ist seine, von der nationalökonomischen Krisentheorie und der statistisch-empirischen Konjunkturforschung befruchtete, aber doch spezifisch historischen Gesichtspunkten unterworfene Pionierstudie „Die Weltwirtschaftskrise von 1857—1859“ (1934). In ihrem Titel vom Zeiterleben bedingt, stellt sie m. E. noch immer die beste Untersuchung zur Weltwirtschaftskonjunktur von 1848 bis 1859 dar.

Nachdem er in den letzten Monaten von einem Forschungsstipendium des Londoner Institute of Historical Research gelebt hatte, ging Rosenberg im September 1935 in die Vereinigten Staaten. Die folgenden Jahre waren im wesentlichen vom Aufbau einer neuen Existenz und der sehr anstrengenden und umfangreichen Lehrtätigkeit am Illinois College 1936—38 und dem Brooklyn College 1938—59 sowie Forschungen zur Sozialgeschichte Preußens seit dem späten Mittelalter bestimmt. Gleichzeitig veröffentlichte er zwei höchst originelle Aufsätze zur Geschichte Deutschlands und Mitteleuropas in den Jahrzehnten nach der Gründung des Deutschen Reiches[4], deren Fragestellungen in späteren Arbeiten fortgeführt, vertieft und erweitert werden sollten.

Schon vor dem Ende des Zweiten Weltkrieges hat Rosenberg wie kaum ein anderer sich die Arbeit an einer vertieften, den Sieg des nationalsozialistischen Totalitarismus nicht bagatellisierenden Neuinterpretation der preußisch-deutschen Geschichte zur Aufgabe gestellt. Er ist dieser als eine moralische Verpflichtung empfundenen Aufgabe dabei nicht nur in seinen Forschungen, sondern gerade auch in seiner unvergessenen Lehrtätigkeit als Gastprofessor an der Freien Universität in Berlin 1949 und 1950 nachgekommen, indem er seine Studenten durch neue Fragen, neue Gesichtspunkte und unorthodoxe

[3] So Rosenberg in seiner Vorbemerkung vom Juli 1933.

[4] Es handelt sich um den Essay *„Political and Social Consequences of the Great Depression of 1873—1896 in Central Europe“*, in: *The Economic History Review*, Bd. 13, 1943, S. 58—73, der zur Grundlage des 1967 veröffentlichten Buches *„Große Depression und Bismarckzeit“* wurde sowie um den Aufsatz *„The Economic Impact of Imperial Germany: Agricultural Policy“*, in: *The Journal of Economic History, Supplement*, Bd. 3, 1943, S. 101—107, dessen Themen in der Studie *„Zur sozialen Funktion der Agrarpolitik im Zweiten Reich“*, in: *Probleme der deutschen Sozialgeschichte*, a. a. O., S. 51—80 neu aufgegriffen wurden.

Methoden herausforderte und bei vielen einen anhaltenden Gärungsprozeß des Umdenkens einleitete, der bis heute nicht zum Abschluß gekommen ist.

Es dauerte bis 1958, ehe in der äußerst prägnant geschriebenen Studie über „Bureaucracy, Aristocracy and Autocracy. The Prussian Experience 1660—1815" die Ergebnisse jahrzehntelanger Forschungen der wissenschaftlichen Öffentlichkeit vorgelegt wurden[5]. Mit dieser, die älteren, mehr institutionengeschichtlichen Forschungen von Gustav Schmoller und Otto Hintze ergänzenden, Begriffen und Fragestellungen der modernen Soziologie verpflichteten, kollektiven „Biographie" der preußischen Beamten als einer besonderen politischen und sozialen Gruppe und ihrer Beziehungen zu Junkertum und Monarchie wollte Rosenberg bewußt eine immer wieder auf Parallelen und Differenzen in anderen Ländern verweisende Fallstudie zum universalgeschichtlichen Prozeß der Bürokratisierung der modernen Welt leisten. Die Untersuchung Preußens bot sich dabei schon deshalb an, weil die fast idealtypische Zuspitzung des Absolutismus in Preußen gleichsam wie eine Karikatur die allgemeinen Konsequenzen und Gefahren einer bürokratisierten monarchischen Autokratie in einem aristokratischen Zeitalter besonders deutlich macht und die Stärke der sich mit den alten feudalaristokratischen Elementen zunehmend verschmelzenden bzw. verbindenden Beamtenschaft und ihrer Standesideologie auch eine Erklärung für die so verhängnisvolle Schwäche der liberal-demokratischen Kräfte im Deutschland des 19. und 20. Jahrhunderts bietet. Ein Teilbereich des vielschichtigen Themas dieser Monographie wird in dem Aufsatz über „Die Pseudodemokratisierung der Rittergutsbesitzerklasse"[6] weitergeführt, der die Umwandlung dieses adligen Erbstandes in eine von Klassenegoismus und überheblichem Standesbewußtsein bestimmte moderne Unternehmerschicht analysiert.

Seit 1960 als Shepard Professor an der Universität Berkeley Inhaber eines der renommiertesten historischen Lehrstühle der Vereinigten Staaten, hat sich Rosenberg in den letzten Jahren vor allem mit Forschungen zu einem größeren sozialgeschichtlichen Werk befaßt, das unter kritischer Benutzung soziologischer Kategorien und theoretischer Normen eine „Klärung der Struktur und Dynamik des sozialen, wirtschaftlichen und politischen Schichtungssystems im vorreformatorischen Deutschmitteleuropa"[7] sucht.

Die als „Nebenprodukt" entstandene, von ihm als Anregung und Experiment aufgefaßte Studie über „Große Depression und Bismarckzeit; Wirtschafts-

[5] Vorangegangen war sein thematisch mit dem Buch eng verknüpfter Aufsatz: *The Rise of the Junkers in Brandenburg-Prussia, 1410—1653,* in: *American Historical Review,* Bd. 49, 1943/44, S. 1—22 und S. 228—242.

[6] Zuerst veröffentlicht unter dem Titel: *Die Demokratisierung der Rittergutsbesitzerklasse,* in: *Zur Geschichte und Problematik der Demokratie, Festgabe für Hans Herzfeld,* Berlin 1958, S. 459—486. Eine vom Verf. durchgesehene und erweiterte Fassung des Aufsatzes enthält jetzt der von Hans-Ulrich Wehler herausgegebene Sammelband: *Moderne deutsche Sozialgeschichte,* Köln/Berlin 1966, S. 287—308.

[7] Brief Rosenbergs an den Herausgeber vom 15. 7. 1966.

ablauf, Gesellschaft und Politik in Mitteleuropa" (1967) stellt einen Versuch dar, den Graben zwischen den historischen Spezialdisziplinen zu überbrücken. Von Theorien und Begriffen der Wirtschaftskonjunkturforschung und der theoretisch interessierten Wirtschaftsgeschichte angeregt, will Rosenberg am Beispiel der Untersuchung der politischen, sozialen und ideologischen Auswirkungen der Deflation von 1873—96 erproben, inwieweit die langen Wechsellagen der Wirtschaft sich für die Erklärung und Periodisierung des „totalen" Geschichtsablaufs der Epoche methodisch als fruchtbar erweisen.

Die letzte größere Veröffentlichung „Deutsche Agrargeschichte in alter und neuer Sicht" (1969) — eine aus der kontinuierlichen Beschäftigung Rosenbergs mit der agrarischen Sozial- und Wirtschaftsgeschichte resultierende eingehende Auseinandersetzung mit den bisher erschienenen drei Bänden der von Günther Franz herausgegebenen „Deutschen Agrargeschichte" rückt grundsätzliche Probleme der Historiographie und der historischen Methodik in den Vordergrund der Betrachtung. Die Notwendigkeit der gründlichen Schulung des Historikers in Wirtschaftstheorie und theoretischer Soziologie, in Statistik sowie den Methoden sozialgeschichtlicher Forschung für das Studium gesellschaftlicher Gruppen wird betont und als dritte Alternative zur „konventionellen Geschichte in alter Sicht" und der „positivistischen Geschichte ohne Sicht" eine „theoretisch orientierte Geschichte in neuer Sicht" gefordert[8].

Rosenbergs eigene Schriften zeichnen sich dabei aus durch die pointierte Zuspitzung der Thesen, den Mut zur offenen Auseinandersetzung mit abweichenden Auffassungen und die Klarheit und Prägnanz seines Stils. In seinen Werken geht es nicht nur um die Darstellung und Deutung des konkreten Geschichtsablaufs und die Analyse der ihn bestimmenden Kräfte, sondern auch um die Weiterentwicklung der Geschichtswissenschaft. Rosenberg hat in seinen Forschungen die vielfach erhobene, aber nur selten befolgte Forderung verwirklicht, daß der Historiker auch bei Spezialuntersuchungen immer von einer universalgeschichtlichen Fragestellung ausgehen und sich vor einer übermäßigen Isolierung und Nationalisierung seines Untersuchungsgegenstandes dadurch absichern sollte, daß er bewußt die Vor- und Nachgeschichte der von ihm behandelten Themen skizziert und durch ständige Vergleiche mit der Entwicklung in anderen Ländern und Regionen das Besondere, aber auch das für die allgemeine Entwicklung Typische schärfer herausarbeitet. Daher hat er auch sehr viel klarer als andere erkannt, daß die unter dem Eindruck der nationalsozialistischen Terrorherrschaft von so vielen geforderte Revision des deutschen Geschichtsbildes nicht allein eine Angelegenheit der Zeitgeschichtsforschung sein kann, sondern daß man die Wurzeln der deutschen Sonder- und Fehlentwicklung in einigen Sektoren bis ins Mittelalter zurückverfolgen muß.

Hans Rosenberg hat seine Auffassung von moderner Geschichtsschreibung nicht nur am konkreten Beispiel seiner vom späten Mittelalter bis in die Ge-

[8] Rosenberg, *Probleme*, a. a. O., S. 147.

genwart reichenden, immer wieder die Grenzen einer nationalen Geschichte sprengenden und die Anregungen der Nachbardisziplinen aufnehmenden Forschungen demonstriert, sondern sie auch als außergewöhnlich anregender akademischer Lehrer vertreten. Neben den scharfsinnigen Rezensionen historischer Literatur steht die lange Reihe mindestens ebenso ernst genommener und die Arbeitskraft fast über Gebühr in Anspruch nehmender Briefe Rosenbergs an seine Schüler, mit denen er deren erste wissenschaftliche Gehversuche, aber auch ihre späteren Arbeiten als etablierte Historiker mit scharfsinniger, immer zum Kern vorstoßender Kritik kommentierte und gleichzeitig eine Fülle von grundsätzlichen und konkreten Anregungen zur Verbesserung ihrer Entwürfe gab. Die wissenschaftliche Ausbildung einer größeren Gruppe jüngerer Historiker in den Vereinigten Staaten und der Bundesrepublik ist so in gleichsam ständiger Zwiesprache mit Hans Rosenberg erfolgt, wobei dessen auch persönlich so warme Anteilnahme sich schließlich sogar auf die Schüler seiner Schüler ausdehnte.

Die vorliegende Festschrift kann nur einen sehr begrenzten Eindruck von den tiefen Spuren vermitteln, die seine bisherige Tätigkeit als Forscher und akademischer Lehrer in den Vereinigten Staaten und in der Bundesrepublik hinterlassen hat. Es ist bei ihrer Konzeption versucht worden, den einzelnen Beiträgen das Generalthema der „Entstehung und Wandel der modernen Gesellschaft" zugrunde zu legen und damit den zentralen Anliegen der wissenschaftlichen Lebensarbeit Rosenbergs gerecht zu werden. Die Bearbeiter sind sich darüber klar, daß ihre Aufsätze höchstens einen kleinen Beitrag zur Klärung dieses Themas leisten können, zu dessen weiterer Verfolgung im Interesse der von ihm so entscheidend geförderten universalen historischen Wissenschaft sie Hans Rosenberg noch viele Jahre ungebrochener Wirksamkeit wünschen.

Gerhard A. Ritter

# INHALT

Vorwort . . . . . . . . . . . . . . . . . . . . . . . . . . . . . . . . V

## I. Zur Theorie und Geschichtsschreibung der Industriegesellschaft

Gerhard Schulz
Die Entstehung der bürgerlichen Gesellschaft . . . . . . . . . . . . . . . . . 3

Hans-Ulrich Wehler
Theorieprobleme der modernen deutschen Wirtschaftsgeschichte (1800—1945) . . . . . . . . . . . . . . . . . . . . . . . . . . . . . . . . 66

Hans Herzfeld
Sozial- und Wirtschaftsgeschichte in der Arbeit der Historischen Kommission zu Berlin 1959—1969 . . . . . . . . . . . . . . . . . . . . . . . . 108

Wolfram Fischer und Peter Czada
Wandlungen in der deutschen Industriestruktur im 20. Jahrhundert 116

Karl Dietrich Bracher
Über das Verhältnis von Nationalbewußtsein und Demokratie . . . . 166

## II. Gesellschaftliche Gruppen und Institutionen

Jesse Clarkson
Some notes on Bureaucracy, Aristocracy, and Autocracy, in Russia, 1500—1800 . . . . . . . . . . . . . . . . . . . . . . . . . . . . . . . . . 187

Helen P. Liebel
Der Beamte als Unternehmertyp in den Anfangsstadien der Industrialisierung . . . . . . . . . . . . . . . . . . . . . . . . . . . . . . 221

EUGENE N. ANDERSON
The Prussian Volksschule in the Nineteenth Century ............ 261

FRIEDRICH ZUNKEL
Die ausländischen Arbeiter in der deutschen Kriegswirtschaftspolitik des 1. Weltkrieges ............ 280

GERALD D. FELDMAN
German Business Betwen War and Revolution: The Origins of the Stinnes-Legien Agreement ............ 312

GERHARD A. RITTER
Kontinuität und Umformung des deutschen Parteiensystems 1918—1920 ............ 342

# Zur Theorie und Geschichtsschreibung der Industriegesellschaft

GERHARD SCHULZ

# Die Entstehung der bürgerlichen Gesellschaft

## Zur Genesis politischer Ideen und Begriffe

In der Geschichte liegen Ideen, Begriff und auch Theorien dicht beieinander. In einer Sprache, die noch von den Strahlungskräften der idealistischen Philosophie des 19. Jahrhunderts durchdrungen ist, hat Friedrich Meinecke den historischen Rang politischer Ideen mit denkwürdigen Worten umschrieben: Sie bilden sich auf den Höhen des gestaltenden Denkens. Die Ideengeschichte stellt das dar, „was der denkende Mensch aus dem, was er geschichtlich erlebte, gemacht hat, wie er es geistig bewältigt, welche ideellen Konsequenzen er daraus gezogen hat, gewissermaßen also die Spiegelung der Essenz des Geschehens in Geistern, die auf das Essentielle des Lebens gerichtet sind"[1]. Von der Wirklichkeit ausgehend, bleibt sie stets mit ihr verbunden und erhebt sich doch auch über sie, wie Ideen sich über die Realität erheben. Meinecke suchte sie in den überragenden geistigen Gestaltungen überragender Köpfe, die unverlierbare Spuren hinterlassen haben. Dies gibt der Geschichte der Ereignisse und Bewegungen einen hintergründigen Sinn, dessen Aufdeckung von den Höhepunkten, gleichsam den monumentalen Hervorbringungen der Ideengeschichte, aus möglich erscheint. Übrigens deutet schon Cicero an, daß den Absichten in der Geschichte größere Bedeutung gebühre als bloß den erfolgreichen Taten. „*Non igitur exempla maiorum quaerenda, sed consilium est eorum, a quo ipsa exempla nata sunt, explicandum*" (*Philippica* IX, 1): Wir haben also nicht nach den Beispielen der Vorfahren zu suchen, sondern ihre Absicht darzustellen, die die Beispiele selbst hervorgebracht hat. Das Wort galt einem Manne, dem nach Ciceros Auffassung mehr seiner Absicht als seiner Erfolge wegen ein Standbild und ein bleibender Platz in den Erinnerungen der Nachwelt gebührte. Eine Geschichte der Absichten und Ansichten führt jedenfalls tiefer und weiter und offenbart mehr als der bloße Aspekt der Begebenheiten und Handlungen.

Absichten und Ansichten sind nun freilich nicht schon Ideen, sondern höchstens erkennbare Teile von ihnen oder Ansätze oder Vorbildungen. „Idee" ist in unserer Sprache doch immer ein Ganzes, eine Gesamtheit von Ansichten also, die in Erfahrungen und Einsichten Gestalt angenommen hat. Sie ist geformter Ausdruck des Bewußtseins, das von außen her in den ihm eigentümlichen Zeugnissen

[1] Meinecke, *Die Idee der Staatsräson in der neueren Geschichte;* letzte Auflage: Meinecke, *Werke,* hrsg. von Hans Herzfeld, Carl Hinrichs, Walther Hofer, Bd. I, München 1957, S. 24.

ergründet werden kann. Ähnlich verhält es sich aber auch mit den verbreiteten Abstraktionen kommunikativer Funktionsbestimmung, mit Begriffen im geistesgeschichtlichen Sinne. Sie verweisen, so sie aufs Ganze der reflektierten Zusammenhänge hin betrachtet werden, auf eine Einsicht in eine Sache oder eine Theorie, die mit Hilfe von Begriffen in bestimmten Punkten oder von bestimmten Positionen aus erfaßt wird, die dadurch eine genaue Beziehung erhalten. Mithin spielen Begriffe und sogar Schlagworte, die nichts anderes sind als ungenaue, unzulängliche oder gar falsche, in jedem Falle *vor* endgültiger Klärung stehende „Begriffe", eine aufschlußreiche, unter Umständen faszinierende Rolle.

„Begriff" und „Schlagwort" sind Ausdrücke, die hier nur ungenügend abgegrenzt und undefiniert erscheinen mögen. Hier soll auch keine sprachphilosophische Erörterung geführt, wohl aber ein methodisch wesentlicher Zusammenhang vergegenwärtigt werden, den Ernst Cassirer in seiner Untersuchung „Die Sprache" niedergelegt hat: „Das Problem der Begriffsbildung bezeichnet den Punkt, an dem Logik und Sprachphilosophie sich aufs nächste berühren. Alle logische Analyse des Begriffs scheint zuletzt an einen Punkt zu führen, an dem die Betrachtung der Begriffe in die der Worte und Namen übergeht. So führt die Frage nach der Geltung und dem Ursprung des Begriffs ... notwendig auf die Frage nach dem Ursprung des Wortes zurück: Die Erforschung der Genesis der Wortbedeutungen ... erscheint als das einzige Mittel, um uns den immanenten Sinn des Begriffs und seiner Funktion im Aufbau der Erkenntnis verständlich zu machen[2]." Dieses Wort verweist darauf, daß keine Idee und kein Begriff isoliert, gleichsam monadisch existiert. Auch Begriffe haben ihre Geschichte und unterliegen in längeren Zeitspannen mannigfachen Wandlungen. Es gibt daher eine Genesis von Ideen wie von Begriffen. Begriffe enthalten tradierte Elemente, erfahren aber auch neue Prägungen unter dem Druck wechselnder Vorstellungen und Ideen; sie werden neu rezipiert, eingeengt oder erweitert und mit sich veränderndem Inhalt angefüllt. Ebensowenig wie sich Ideen oder Begriffe gleichsam als selbständige Entelechien nach eigenen Lebensgesetzen zu entwickeln vermögen, existieren über längere Zeiträume hinweg reine, geschlossene Traditionsbegriffe.

Aber alle diese Vorgänge lassen sich nur in steter Rücksicht auf sozialgeschichtliche Umstände und Zusammenhänge völlig aufhellen. Innerhalb der Geschichte verweist jeder Begriff auf ein unter wechselnden, aber bestimmten und bestimmbaren historischen Umständen und Bedingungen aneinandergefügtes Gebilde von Ideen und Bewegungen. Die jüngste Bedeutungsschicht und Bedeutungsgeschichte besitzt allerdings im Bewußtsein einer Zeit meist deutlichen Vorrang, der mitunter so weit reicht und so mächtig ist, daß seine komplexe Vergangenheit der Gegenwart entschwindet oder gar völlig in Vergessenheit gerät.

Sprechen wir heutzutage von der Gesellschaft oder „der bürgerlichen Gesell-

[2] Cassirer, *Philosophie der symbolischen Formen, Erster Teil: Die Sprache*, 2. Aufl., Darmstadt 1953, S. 249. Auch auf methodische Anregungen, die die Topos-Forschungen von Ernst Robert Curtius, *Europäische Literatur und lateinisches Mittelalter*, Bern 1948, vermitteln können, ist an dieser Stelle hinzuweisen.

schaft“, so verstehen wir hierunter vor allem anderen die gesamte, in ihren spezifischen oder typischen Erscheinungen erfaßte historische Wirklichkeit in der Periode des Aufstiegs und Durchbruchs der großbetrieblichen Industriewirtschaft. Die Betrachtung und Beurteilung des Daseins wendet sich geradezu zwangsweise dem beherrschenden Einfluß wirtschaftlicher Fakten und Entwicklungen zu. Die wirtschaftliche Verflochtenheit seiner Existenz ragt weithin beherrschend in das Bewußtsein des denkenden Bürgers von der Gesellschaft hinein. Ältere Bedingungen und Voraussetzungen sind überdeckt und größtenteils verdeckt, so daß sie erst wieder in einem weiteren historischen Zusammenhang Bedeutung gewinnen.

## *Societas civilis*

Unseren Begriff der Gesellschaft hat Otto Brunners richtungweisende Darlegung aus der alten Ökonomik, der in der Hauswirtschaft zusammenwirkenden Gemeinschaft, hergeleitet[3]. Die Verschiedenartigkeit von moderner Gesellschaft und alteuropäischer Ökonomik erklärt sich aus der Zerstörung des Ständewesens, das seit dem Vordringen der politischen Aufklärung mit der summarisch erfassenden und um historisch eindringende Differenzierung unbekümmerten, ursprünglich in polemischer Absicht gebildeten Schlagwort *système féodal* bezeichnet wird[4]. Die Nachweisung der Unzulänglichkeit dieses komplexen Ausdrucks für ältere Geschichtsperioden ist historiographisch ebenso begründet wie die der Genesis seiner Bedeutung, die in die neuere Geschichte der politischen Ideen und Ideologien Europas hineinführt. Zweifellos war es ein Verdienst, daß die Behandlung dieses Problems die gemeinsame Verwurzelung von politischer Geschichte, Geistesgeschichte, Sozialgeschichte und Verfassungsgeschichte wieder nachdrücklich in Erinnerung gerufen hat.

Der Bruch zwischen der ständischen Lebenswelt des späten und ausgehenden Mittelalters einerseits, die Brunner, Marc Bloch und andere anschaulich vor Augen geführt haben, und der neuen Gesellschaft anderseits, die wir gemeinhin die „bürgerliche Gesellschaft“ nennen, ist abgrundtief, die geistige wie die materielle Distanz zwischen diesen beiden herrschenden, einander ablösenden Kon-

[3] Vor allem Brunner, *Die Freiheitsrechte in der altständischen Gesellschaft*, in: *Aus Verfassungs- und Landesgeschichte.* Festschrift zum 70. Geburtstag von Theodor Mayer, Bd. I, Lindau/Konstanz 1954, S. 293 f.; ders., *Das „ganze Haus“ und die alteuropäische „Ökonomik“*, in: Brunner, *Neue Wege zur Sozialgeschichte. Vorträge und Aufsätze*, Göttingen 1956, S. 32—61. In enger Anlehnung hieran neuerdings auch Werner Conze, *Nation und Gesellschaft. Zwei Grundbegriffe der revolutionären Epoche*, in: *Hist. Zeitschr.*, Bd. 198 (1964), S. 4; in der historisierenden Soziologie Jürgen Habermas, *Strukturwandel der Öffentlichkeit. Untersuchungen zu einer Kategorie der bürgerlichen Gesellschaft* (Politica, Bd. 4), Neuwied 1962, S. 32.

[4] Brunner, *„Feudalismus“. Ein Beitrag zur Begriffsgeschichte*, in: Akademie der Wissenschaften und der Literatur in Mainz, Abhdlgn. d. Geistes- und Sozialwissenschaftl. Klasse, Jg. 1958, Nr. 10, Wiesbaden [1958].

tingenten der europäischen Geschichte schlechthin unübersehbar. Die am deutlichsten faßbare Konfliktslinie verläuft zwischen den zerbrechenden Formen des *ancien régime* und jenem Neuen, das sowohl in der sozialgeschichtlichen Wirklichkeit als auch in der Antizipation durch Ideen, die kritischen und programmatischen Entwürfe einer perennierenden intellektuellen Bewegung eine länger schon latente Existenz führte und das „Zeitalter der Revolution" einleitete[5]. Brunner spricht von einem „jüngeren Begriff der Gesellschaft", der den alten der „Gesellschaft von Herren und Herrschaft" verdrängte[6].

Wenn nun aber die Gesellschaft der jüngeren Geschichte die „bürgerliche Gesellschaft" genannt wird, so wirkt in diesem Wort auch die Tatsache nach, daß es über mehrere ältere Wurzeln verfügt. Der römische Begriff der *societas* bezeichnet ein Vertragsverhältnis zwischen miteinander unverbundenen Individuen, das zu dem Zweck geschaffen wird, die *socii* zu gemeinsamen Leistungen zu verpflichten. Es begründete ein „Innenverhältnis"[7], schuf jedoch noch nicht eine nach außen in Erscheinung tretende rechtsfähige Einheit. Man hat gemeint, daß erst germanische Rechtsauffassungen im mittelalterlichen Italien den Begriff *societas* mit einem Kollektiv verknüpft haben; bis dahin sei das *corpus societatis* weder Gemeinschaftsgebilde noch handlungsfähiges Rechtssubjekt gewesen[8]. Dem dürfte auch die Tatsache nicht widersprechen, daß schon in der Spätzeit der Republik sich die Staatspächter *(publicani)* zu besonderen Organisationen zusammenschlossen, den *publicanorum societates*[9], die wohl nicht ohne Grund mit Gesellschaften des modernen Aktienrechts in Vergleich gezogen worden sind[10].

Die von Grund auf andersartige politische Denktradition, die aus der griechischen Antike herrührt, kannte keine Rechtspersönlichkeit des Individuums, auch keine Scheidung zwischen gemeinschaftlicher und nicht gemeinschaftlicher Sache (*res publica* und *res privata*), sondern ging schlechthin von der Einheit der Gemeinschaft aus. Das Durchdrungensein von dem Glauben an eine alles menschliche und politische Leben beherrschende Norm, die εὐνομία (*eunomia*),

[5] Für Frankreich vgl. Daniel Mornet, *Les origines intellectuelles de la Révolution Française 1715—1787*, Paris 1933; auch die jüngere Schilderung von Bernard Faÿ, *La Grande Révolution 1715—1815*, Paris 1959, deutsche Übers. München 1960. Im übrigen ist auf das bekannte Werk von Robert R. Palmer zu verweisen, *The Age of the Democratic Revolution. A Political History of Europe and America, 1760 till 1800, I: The Challenge,* Princeton N. J. 1959, bes. Kap. V u. VII ff.

[6] Brunner, *Freiheitsrechte,* S. 293.

[7] Rudolf Sohm, Ludwig Mitteis, Leopold Wenger, *Institutionen, Geschichte und System des Römischen Privatrechts,* 17. Aufl. Berlin 1939, S. 436.

[8] Vgl. Otto v. Gierke, *Das deutsche Genossenschaftsrecht, III. Band: Die Staats- und Korporationslehre des Altertums und des Mittelalters und ihre Aufnahme in Deutschland,* Darmstadt 1954 (Nachdruck der ersten Ausgabe von 1881), S. 424.

[9] Theodor Mommsen, *Römisches Staatsrecht,* Nachdruck der 3. Aufl. Basel/Stuttgart 1963, I. Bd., S. 341.

[10] Joachim Marquardt, *Römische Staatsverwaltung,* 3. Aufl. Darmstadt 1957, I. Bd., S. 354, 539; II. Bd., S. 300; nicht so eindeutig Ernst Meyer, *Römischer Staat und Staatsgedanke,* 3. Aufl. Zürich/Stuttgart 1964, S. 279 f.

wurzelte in den älteren Schichten des griechischen Denkens der vorklassischen Zeit. Es fand im spartanischen Staatsideal, das aus der altertümlichen Überlieferung der Zeit der dorischen Wanderungen hergeleitet wird, seit seiner romantischen Verklärung im vierten vorchristlichen Jahrhundert eine von Legenden begleitete Überlieferung[11]. „Was, mit den Augen des Plato oder Xenophon betrachtet, als das Werk eines einzigen programmatisch bewußten und mit überlegener Macht ausgerüsteten Erziehungsgenies erschien, war in Wirklichkeit die Fortdauer einer einfacheren Entwicklungsstufe des Gemeinschaftslebens von besonders zäher stammhafter Bindung und schwach entwickelter Individualisierung[12]."

Außerhalb Spartas hingegen bestand, wie wir von Werner Jaeger hören, „die Rolle der Ionier in der Geschichte des griechischen Geistes in der Losbindung der individuellen Kräfte auch im politischen Leben[13]", bildete sich schon in früher Zeit eine Vorstellung vom gleichen Recht, δίκη (*dike*), gab es individuelle Initiative und mannigfache Bewegung, kamen aber auch in den Kämpfen der Mächtigen, der Geschlechter und Parteiungen innere Gegensätze zum Durchbruch. Die Gemeinschaft der Polis hing letztlich von dem Gehorsam gegenüber dem festgestellten allgemeinen Rechtsbrauch ab, dem νόμος (*nomos*). Der Staat der Polis-Kultur ist aber auch der Erzieher seiner Bürgergemeinschaft gewesen. Diesem Zwecke dient das Ethos der Gesetze, das eine politische Ethik genannt werden darf, die sich zu allgemeiner erzieherischer Philosophie weitete. Auch Platos Staat war ein eng begrenzter, fest in sich ruhender, einheitlicher Staat, der dem historischen Bilde der Polis entsprach, kein großräumiger Flächenstaat. Werner Jaeger sagt: „Was der Grieche unter politischem Leben verstand, konnte sich in seiner unvergleichlichen Intensität eben nur in einer Polis entfalten und ging tatsächlich mit ihr zugrunde. In Platos Augen war sein Staat in höherem Maße Staat als jeder andere. Er war überzeugt, daß die Menschen in ihm die höchste Form der menschlichen Tugend und des menschlichen Glücks verwirklichen würden[14]." Auch dieses Ideal hat eine viele Jahrhunderte nachwirkende Kraft besessen.

Der überall stattfindende Übergang von der Aristokratie über die Tyrannis zur Demokratie stellt sich seiner ideellen Tendenz nach als Ausbreitung der πολιτικὴ ἀρετή (*politike arete*) zur Bürgertugend und in diesem präzisen Sinne

[11] Hans Schaefer, *Politische Ordnung und individuelle Freiheit im Griechentum*, in: *Hist. Zeitschr.*, Bd. 183 (1957), S. 6.

[12] Werner Jaeger, *Paideia*, I. Bd., 2. Aufl. Berlin/Leipzig 1936, S. 121; auch 117 f.; Walther Kranz, *Die Kultur der Griechen*, Leipzig 1943, S. 30 f., 89 f., 138 ff.

[13] Jaeger, *Paideia* I, S. 141; eine knappe Übersicht in dem älteren Büchlein von Max Pohlenz, *Staatsgedanke und Staatslehre der Griechen*, Leipzig 1923, S. 28 ff.; immer Noch wichtig Fustel de Coulanges, *La Cité antique*, zuerst Paris 1864, letzte Aufl. 1952.

[14] Jaeger, *Paideia*, II. Bd., Berlin/Leipzig 1944, S. 329; über den „Gegensatz von Eunomia und Isonomia" Victor Ehrenberg, *Der Staat der Griechen*, 2. Aufl. Zürich 1965, S. 63, 294 f.; zu Plato Ernest Barker, *Greek Political Theory, Vol. I: Plato and his Predecessors*, London 1918; auch Jaeger, *Paideia*, III. Bd., Berlin 1947.

als allgemeine Politisierung dar. Ursprünglich ist *arete* das „eigentliche Adelsprädikat" und etymologisch mit dem Superlativ des Tüchtigen und so mit unserem Ausdruck „Aristokrat" verwandt[15]. Der Frage, wann und wie die „Freiheit neben dem Staat"[16] sich auszubreiten begann, soll hier nicht nachgegangen werden. Für unser Thema ist jedoch die anhaltende Wirkung der aristotelischen Denktradition von Bedeutung, die durch die Kommentierungen und Fortbildungen durch römische, neuplatonische, altchristliche und arabische Vermittler über Scholastik und Renaissance weit in die Neuzeit hineinreicht.

πόλις (*polis*) oder κοινωνία (*koinonia*) ist der einheitliche Organismus, in dem die Vielheit der einzelnen lebt, in dem der einzelne, auf der Grundlage der häuslichen Gemeinschaft, durch seine aktive politische Anteilnahme am Ganzen zum „Bürger" wird und dem die sich ausbildenden Formen der Herrschaftsordnung jeweils spezifische, klassifizierbare Gestalt verleihen. Durch die Verbindung griechischer mit römischen Bildungselementen und Auffassungen und dank der Systematisierung des römischen Rechtswesens mit der Hilfe griechischer Vorstellungen, die im letzten vorchristlichen Jahrhundert mit Cicero in weitestem Umfang einsetzte, wurde der Staat sowohl zur kollektiven Einheit der Bürger als auch zur Sache und zum subjektiven Besitz des Volkes. Dies heißt in der Überlieferung des ältesten Sprachgebrauchs *res publica*. Sie bleibt von der *res privata* der Familie unter dem *pater familias* streng getrennt, genießt ihr gegenüber aber stets den Vorrang. Ohne der Frage nach der etymologischen Beziehung zwischen *publicus* und *populus* nachzugehen, mag hier die Feststellung genügen, daß *res publica* die *res populi* ist[17], die die Gesamtheit der Bürger durch vielerlei Bande zur Einheit macht, deren vornehmste das Gesetz ist: *Lex civilis societatis vinculum* (Cicero, *De re publica* I, 32; 49). So erscheint der Staat nunmehr als umfassende, eben als politische *societas* nach dem Vorbild der Polis. Cicero spricht von der *societas civium*[18]. Dies ist auch der Begriff mit dem vornehmlich die aristotelische Tradition in lateinischer Gewandung über die Scholastik in der Neuzeit fortgeführt wird. Aristoteles-Übersetzungen,

[15] *Paideia* I, S. 26; vgl. H. Schaefer in *Hist. Zeitschr.* 183, S. 11.

[16] Schaefer, a. a. O., S. 19.

[17] So De re publica, Lib. I, 32. Vgl. Joseph Vogt, *Römische Republik (= Römische Geschichte I)*, 2. Aufl. Freiburg 1951, S. 74; auch Ernst Meyer, *Römischer Staat*, S. 251, 523; Ulrich von Lübtow, *Das Römische Volk. Sein Staat und sein Recht*, Frankfurt/M. 1955, S. 21 f., 236 ff.; vgl. A. Walde, J. B. Hofmann, *Lateinisches etymologisches Wörterbuch*, 3. Aufl. Heidelberg 1954, II. Bd., S. 338 f.

[18] *De re publica*, Lib. IV, 3: „Considerate nunc... civium beate et honeste vivendi societatem." Dafür, daß bei Cicero πολιτικός in civilis und societas aufgeht, gibt es eindeutige Hinweise; so in seiner Sittenlehre, *De finibus bonorum et malorum*, Lib. V, 23: „Nam cum sic hominis natura generata sit, ut habeat quiddam ingenitum quasi civile atque populare, quod Graeci πολιτικόν vocant, quicquid aget quaeque virtus, id a communitate et ea... caritate ac societate humana non abhorrebit..." In diesen Zusammenhang gehören gewiß auch andere Begriffsprägungen Ciceros, die durch ihn in die römische Vorstellungswelt eingegangen sind, wie sensus communis und consensus omnium. Über Cicero V. Pöschl, *Römischer Staat und griechisches Staatsdenken bei Cicero*, Berlin 1936.

Aristoteles-Kommentare und Aristoteles-Überlieferungen bedienten sich ciceronischer Wendungen und Begriffe, um die Staatsanschauung des Stagiriten zu übermitteln[19]. Doch es existieren mehrere Begriffe verschiedenartigen Ursprungs, *respublica* und *societas civilis* neben *civitas* und *politia,* die in der Überlieferung häufig einander abwechseln, ganz oder annähernd dasselbe bedeuten oder gar austauschbar erscheinen. Immer gelangt mit dem Ausdruck *societas* das „Innenverhältnis" in das Blickfeld. Aber die rationale Begrifflichkeit erfaßt nicht die mythisch vollendete Bindung des einzelnen in die Gemeinschaft. Die griechische Eunomie bleibt dem römischen Denken fern; sie wird weder in die *respublica* noch in die *societas civium* einbezogen.

## *Utilitas publica und imperium*

Begriffsgeschichtlich geht *societas civilis* dem Begriff „Staat" voraus, der sich etymologisch aus dem vieldeutigen *status* herleiten läßt, der im römischen Rechtsdenken den Rechtszustand meint und in klassischer Zeit wie im Mittelalter stets nur durch die Beziehungen zu einem anderen Subjekt seinen Sinn erhält; die korrekte Übersetzung lautet „dauernd aufrechterhaltener Zustand" oder „feste Verhältnisse". Erst in der Neuzeit gewinnt dieser Ausdruck reichere Farbe und neue Inhalte[20]. Otto von Gierke hat nachgewiesen, daß die natur-

[19] In dem Aufsatz von Manfred Riedel, *Hegels „Bürgerliche Gesellschaft" und das Problem ihres geschichtlichen Ursprungs,* in: *Archiv für Rechts- u. Sozialphilosophie* XLVIII/1962, S. 539—566, wird auf Cicero in diesem Zusammenhang nicht eingegangen. Der dort angeführten deutschen Aristoteles-Übersetzung, die der Breslauer Philosoph Christian Garve hinterließ (veröffentlicht 1798—1802), ist eine Übersetzung und Kommentierung von Cicero, *De officiis,* vorausgegangen, die Garve im Auftrage Friedrichs des Großen anfertigte: *Philosophische Anmerkungen und Abhandlungen zu Ciceros Büchern von den Pflichten, Breslau* 1783 (6. Aufl., 4 Bände 1819). Einige Ergänzungen hierzu jetzt in Riedels neuem Aufsatz, *Zur Topologie des klassisch-politischen und des modern-naturrechtlichen Gesellschaftsbegriffs,* in: *Archiv f. R.- u. S.* LI/1965, S. 300 f. Einzelne Hinweise auf die Beziehungen Ciceros zu Aristoteles bei Werner Jaeger, *Aristoteles. Grundlegung einer Geschichte seiner Entwicklung,* Berlin 1923, bes. S. 29 f., 271 ff.

[20] Arnold Oskar Meyer, *Zur Geschichte des Wortes Staat,* in: *Die Welt als Geschichte,* 10. Jg./1950, S. 229—239. „Der Gegensatz von Reich und Staat ist dem Mittelalter so fremd wie das letztere Wort." Ernst Kern, *Moderner Staat und Staatsbegriff. Ursprung und Entwicklung,* jur. Diss. Hamburg 1949, S. 21. W. Suerbaum, *Vom antiken zum frühmittelalterlichen Staatsbegriff. Über Verwendung und Bedeutung von res publica, regnum, imperium und status von Cicero bis Jordanis* (Orbis Antiquus, Heft 16/17), Münster 1961. Ernst H. Kantorowicz, *The King's Two Bodies. A Study in Mediaeval Political Theology,* Princeton N. J. 1957, bes. S. 257, 271, wie vor ihm und wieder neuerdings Gaines Post, zuletzt in *Studies in Mediaeval Legal Thought. Public Law and the State, 1100—1322,* Princeton N. J. 1964, bes. S. 336 ff., 364 f., 570, führen den modernen Staatsbegriff inhaltlich auf status publicus zurück und haben die mittelalterliche Genese der politischen Vorstellungs- und Begriffswelt als „formation of ... early modern state" neuerdings eingehend erforscht. Um eine Korrektur ihrer Thesen, die auf den Ulpian-Satz zurückgreift

rechtliche Staatstheorie des späten 16. und der ersten Hälfte des 17. Jahrhunderts mit der Aufnahme des Begriffes *societas* entweder den Volksverband auf ein System wechselseitiger Beziehungen von Rechten und Pflichten der Individuen reduzierte oder in der Lehre vom Gesellschaftsvertrag eine „obligationenrechtliche Tat" zugrundelegte, aus der die *societas politica* (Molina) oder *communio symbiotica universalis* (Althusius) hervorging. So überwiegt denn einerseits — „wo man einer einheitlichen Trägerschaft der Volksrechte bedarf" — eine kollektive Auffassung, die „die Volkspersönlichkeit ... als einheitlichen Inbegriff behandelt", während anderseits das Ganze des Volkes als die Summe von einzelnen mitsamt ihren Rechten verstanden wird. Gierke zufolge beruhte „der ganze Unterschied zwischen Einheit und Vielheit in der Gesamtheit ... nur auf einer verschiedenen Betrachtungsweise ...", während in jüngerer Zeit Georges Gurvitch eine grundlegende Veränderung des Begriffs *societas* bei Hugo Grotius erkannt hat[21]. Doch daneben hat sich die Vorstellung vom gemeinschaftlichen Guten und Nützlichen erhalten und in den Wortverbindungen mit *publicus* verdichtet, die Gedeihen und Existenz und Interesse der *respublica* umschließen.

Aber ebenso wie das „Innenverhältnis" der *societas* büßte auch der Begriff der *respublica* Anschaulichkeit und Lebensnähe ein. Er verblaßte zur Bezeichnung einer bestimmten, wenn auch hoch eingeschätzten historischen Regierungsform. Machiavelli bekannte sich in seinen „*Discorsi sopra la prima deca di Tito Livio*" als Anhänger der Republik, des *stato libero*, des *vivere politico* und der *libertà*[22], wandte sich aber zur gleichen Zeit dem allein noch mit der Fähigkeit zur politischen Reformierung Italiens ausgestatteten, sich machtvoll entfaltenden Fürstenstaat zu, den er aus der Polybios entlehnten Abfolge der Verfassungs-

„publicum ius est quod ad statum, rei Romanae spectat", bemüht sich jetzt Wolfgang Mager, *Zur Entstehung des modernen Staatsbegriffs* (Akademie d. Wiss. u. d. Lit. Mainz, Abhdlgen. d. Geistes- u. Sozialwiss. Kl., Jg. 1968, Nr. 9).

[21] Gierke, *Genossenschaftsrecht*, IV. Bd., S. 298 f.; auch Gierke, *Johannes Althusius und die Entwicklung der naturrechtlichen Staatstheorie*, 5. Ausgabe Aalen 1958, bes. S. 132 ff., 198 ff.; Georges Gurvitch, *L'idée du droit social — Notion et système du droit social. Histoire doctrinale du XVIIe siècle jusqu'à la fin du XIXe siècle*, Paris 1931, S. 177. Es sei aber angemerkt, daß Gurvitch die societas bei Grotius mehr mit der römischen Rechtsinstitution in Vergleich setzt, weniger mit der societas civilis Ciceros wie mit den stoizistischen Einflüssen auf das römische Rechtsdenken. Anderseits ist der von Gierke und anderen gegebene Hinweis nicht zu übersehen, daß die von Grotius konstruierte sittliche Norm der socialitas keineswegs zur societas passe. Auch wird die beginnende Ausgliederung eines ius sociale aus dem ius naturale aus immanenten Problemen der Geschichte der Naturrechtsdoktrin verständlich. Doch es ist hier nicht der Ort, dies weiter zu verfolgen. Vgl Gierke, *Genossenschaftsrecht* IV, S. 383 f.; ferner auch Erik Wolf, *Grotius, Pufen dorf, Thomasius. Drei Kapitel zur Gestaltungsgeschichte der Rechtswissenschaft*, Tübingen 1927.

[22] Vgl. Werner Kägi, *Vom Glauben Machiavellis*, in: *Historische Meditationen*, Zürich 1942, S. 108 ff.; Leonhard v. Muralt, *Machiavellis Staatsgedanke*, Basel 1945, S. 98 ff.; in jüngerer Zeit Rudolf v. Albertini, *Das florentinische Staatsbewußtsein im Übergang von der Republik zum Prinzipat*, Bern 1955, S. 60 ff.

stufen herausschälte[23], um ihm, dem Stand der italienischen Geschichte gemäß, seine wichtigste Lehre zu widmen. „*Tutti gli stati, tutti e dominii che hanno avuto e hanno imperio sopra li uomini, sono stati e sono o republiche o principati. E principati sono: o ereditarii, de' quali el sangue del loro signore ne sia suto lungo tempo principe, o e' sono nuovi.*" So beginnt sein „*Principe*". Die entscheidende Vorstellung kommt in einem ähnlichen qualifizierenden Ausdruck zur Geltung, wie er den zentralen politischen Begriffen der alten Welt innewohnte. Vergleichbar der *arete* des klassischen Griechentums wie der römischen *virtus* bezeichnete *virtù* lebendige Vorzüglichkeit, heroischen Mut, überlegene Kraft und überragende Leistung. Heldenmut und Kraft zu politischer wie kriegerischer Tat, zum Herrschen, zur Macht und zur Erhaltung der Macht sah Machiavelli nunmehr im italienischen Prinzipat, im Fürstentum der Renaissance, verkörpert.

Im Grunde hatten schon die Wandlungen des inneren Gehaltes, den die *respublica* im Verlaufe der Geschichte erlebte, den alten Begriff gesprengt und zurückgedrängt. Die grundlegende Unterscheidung, die das römische Recht zwischen *res publica* und *res privata* traf, erstreckte sich schließlich auf weite räumliche Gebiete und gewann dadurch an Quantität, während ein neuer politischer Begriff hervortrat und alles andere in den Schatten drängte. Nicht weniger undeutlich als der Ursprung des Wortes *publicus* ist der des Begriffes *imperium*, der, wohl aus magischen religiösen Schichten herkommend, zum Inbegriff der höchsten und vollkommenen Macht wurde und vom Königtum der älteren Zeit auf die obersten Amtsträger der Republik, Konsuln und Praetoren, überging[24]. Mit der Ausdehnung der Herrschaft Roms und mit der Schaffung von Provinzen außerhalb Italiens wuchs diesem Wort eine weitere Bedeutung zu. Zunächst tauchte es als Schlagwort auf; doch innerhalb eines längeren Zeitraumes wird das *imperium populi Romani* zu einer fest umrissenen Vorstellung. Aus *vestrum imperium, nostrum imperium* und *hoc imperium* wurde während der letzten beiden vorchristlichen Jahrhunderte *imperium orbis terrae*, aus der *maiestas populi Romani* alsdann *maiestas imperii* (seit Cicero und Horaz)[25] und schließlich *imperium maiestatemque populi Romani* (Livius); Cicero schrieb: „*rempublicam atque hoc imperium et populi Romani nomen auxerunt*[26]." Die unmittelbare Beziehung zur *respublica* als *res populi Romani* blieb noch einige Zeit erhalten. *Imperium orbis terrarum* wurde noch von Augustus als *imperium populi*

[23] Über Machiavelli und Polybios Kurt Breysig, *Die Meister der entwickelnden Geschichtsforschung*, Berlin 1936, S. 61; auch Friedrich Meinecke, *Idee der Staatsräson*, S. 38; neuerdings Felix Gilbert, *Machiavelli and Guicciardini. Politics and History in Sixteenth-Century Florence*, Princeton N. J. 1965, S. 158, 320.

[24] Mommsen, *Römisches Staatsrecht* I, S. 22 ff.; Marquardt, *Römische Staatsverwaltung* I, S. 498; Lübtow, *Das Römische Volk*, S. 130; Vogt, *Römische Republik*, S. 39.

[25] Vgl. Ulrich Knoche, *Die geistige Vorbereitung der augusteischen Epoche durch Cicero*, in: *Das neue Bild der Antike*, hrsg. von Helmut Berve, II. Bd.: Rom, Leipzig 1942, S. 214 f.

[26] Hierzu und zum folgenden die Untersuchung von Richard Koebner, *Empire*, Cambridge 1961, S. 1 ff.; vgl. auch Mommsen, *Staatsrecht* III, S. 826; Lübtow, *Das Römische Volk*, S. 652.

*Romani* angesehen, erklärt und legitimiert; dies entsprach seiner Auffassung von der Wiederherstellung der Verfassung der *res publica.* Doch in der weiteren Geschichte des Prinzipats trat der engere Zusammenhang zwischen *imperator* und *imperium* immer stärker hervor, bis endlich, wie Koebner gezeigt hat, das *imperium* des *princeps-imperator* das *imperium populi Romani* vollends ablöste. Aus dem *ius publicum* wurde später schlechthin das von Staats wegen geltende Recht, das dann eine mehr jargonhafte als klärende, aber allgemein gebräuchliche Ausdrucksweise als „Öffentliches Recht" bezeichnet.

Die letzthin legitimierende Voraussetzung dieses Vorgangs liegt in der Unterstellung, daß die *utilitas publica,* das *bonum commune* durch das *regimen imperatoris* am besten gewahrt werde. *„Socialis autem vita multorum esse non posset, nisi aliquis praesideret, qui ad bonum commune intenderet"*, heißt es schließlich in der hohen Klarheit der Sprache Thomas von Aquins[27].

Die mittelalterlichen Überlieferungen haben sich schon in der Ottonischen Renaissance entschieden. Im Kaisertitel Ottos II., *Romanorum imperator augustus,* deutete sich die Translation des cäsarischen Imperator-Begriffs bereits an, die dann in dem Programm der *Restitutio rei publicae* unter Otto III. deutlich greifbar wird[28]. Wir übergehen die Zwischenstationen bis zur Erneuerung der Vorstellung vom *Imperium* durch die italienischen Humanisten und Machiavelli. Auch für diese Aufklärung ist den hinterlassenen Studien Richard Koebners viel zu danken, aus denen sich ergibt, daß die Erneuerung des Begriffes *imperium* in der Renaissance mit dem Aufstieg des italienischen Fürstenstaates einhergeht. Der Häufung des Ausdrucks entspricht indessen eine bedeutungsmäßige Abflachung; *imperium* heißt schließlich jede Herrschaft oder legitime Macht in der

[27] *Summa theologica* I, 96; 4. W. Mager, *Entstehung des modernen Staatsbegriffs,* weist auch die semantische Wandlung von status sive regimen zur forma politiae, res publica im Aristoteles-Kommentar von Thomas sowie in dem Fürstenspiegel *De regimine principis, ad regem Cypri* nach.

[28] Heinrich Mitteis, *Der Staat des hohen Mittelalters. Grundlinien einer vergleichenden Verfassungsgeschichte des Lehnszeitalters,* 3. Aufl. Weimar 1948, S. 313; Schramm, *Kaiser, Rom und Renovatio. Studien und Texte zur Geschichte des römischen Erneuerungsgedankens vom Ende des Karolingerreiches bis zum Investiturstreit* (Studien der Bibliothek Warburg XVII), Bd. I, Weimar 1929, S. 83 f.; ders., *Die Krönung in Deutschland bis zum Beginn des Salischen Hauses,* in: *Zeitschr. d. Savigny-Stiftung f. Rechtsgesch.*, Bd. LV/1935 (Kanonist. Abt. XXIV), S. 200 ff.; Geoffrey Baraclough, *Die mittelalterlichen Grundlagen des modernen Deutschland,* deutsche Übertragung v. Fr. Baethgen, 2. Aufl. Weimar 1955, S. 54 f., 61; Edmund E. Stengel, *Kaisertitel und Souveränitätsidee. Studien zur Vorgeschichte des modernen Staatsbegriffs,* Weimar 1939, bes. S. 48; sowie die grundlegende ältere Schrift von Stengel, *Den Kaiser macht das Heer,* Weimar 1910; über Fortgang und Ausgang auch von dems., *Regnum und Imperium. Engeres und weiteres Staatsgebiet im alten Reich,* Marburg 1930; über auctoritas und imperium auch Robert Holtzmann, *Der Weltherrschaftsgedanke des mittelalterlichen Kaisertums und die Souveränität der europäischen Staaten,* in: *Hist. Zeitschr.*, Bd. 159 (1939), bes. S. 252 ff. Auf die Einwirkungen einer aus der griechischen Antike hergeleiteten Staatsanschauung verweist Friedrich Schneider, *Die neueren Anschauungen der deutschen Historiker über die Kaiserpolitik des Mittelalters,* 5. Aufl. Weimar [1941], S. 39.

Hand des Fürsten, verschönt durch den Glanz und die Reputation einer mit den Hervorbringungen der Antike verglichenen Staatsschöpfung, die zur *republica* keine Beziehung mehr unterhält. In dieser Gestalt gelangte er auch in das frühneuzeitliche politische Schrifttum außerhalb Italiens, das aus den Werken der italienischen Humanisten reiche Anregungen bezog. In den größeren Zusammenhängen der europäischen Geschichte ist allerdings das *imperium* als die Herrschaft über weiter sich dehnende, volkreiche Territorien zu größerer und dauerhafterer Bedeutung gekommen als das glänzende und häufig gewalttätige Prinzipat der blühenden, reichen Stadtstaaten Italiens. Die Begriffe *imperium* und *summum imperium* werden von Grotius, Hobbes, Spinoza und Pufendorf benutzt. Sie konnten auch — in dem Wort *Empire* — seit Heinrich VIII. und, unter dem Einfluß Sir Francis Bacons, vor allem seit der Königin Elisabeth in der englischen Staatsanschauung fest einwurzeln und heimisch werden[29]. Der Ausdruck *British Empire* bezeichnet im späten 17. Jahrhundert bereits ein ausgeformtes nationales Staatsbewußtsein. In ihm sind *polis* und *respublica* enthalten; doch er meinte in erster Linie ein Imperium über Ozeane und die transmaritimen Gebiete des Westens, das britische *„Empire of the Seas"*, das der schottische Presbyterianer James Thomson 1740 in seinem *„Rule Britannia, Britannia rules the waves"* besang: *„the winds and seas are Britain's wide domain..."*

Doch damit sind wir bereits in die jüngere Periode ökonomischer Entfaltungen, des Aufstiegs der Städte und des Bürgertums in der europäischen Geschichte vorgestoßen, die den Begriff der Gesellschaft im eigentlichen Sinne hervorgebracht hat. Im folgenden soll versucht werden, die Entstehungshorizonte des Begriffs „Gesellschaft" zu klären und einige wesentliche Stationen seiner Entfaltung zu bezeichnen.

## *L'Etat*

Wo das Bürgertum in Gegensatz zu überkommenen und wenig wandlungsfähigen Herrschafts- und Sozialordnungen trat und Spannungen und Konflikte sich allmählich verstärkten, wie es im Frankreich des 18. Jahrhunderts und im Deutschland des 19. Jahrhunderts geschah, dort hat der Begriff „Gesellschaft" in seiner Substanz den historischen Vorgang der Sonderung, der Lösung vom „Staat"[30] und schließlich der Opposition zum „Staat" als dem besonderen

[29] Koebner, *Empire*, S. 52 ff. Bacons Essay *„Of Empire"* schließt mit den Worten: „Princes are like to heavenly bodies, which cause good or evil times; and which have much veneration, but no rest. All precepts concerning Kings are in effect comprehended in those two remembrances, ‚Memento quod es homo'; and ‚Momento quod es Deus', or ‚vice Dei'; the one bridleth their power, and the other their will." Peacock, *Selected English Essays*. London 1903, S. 14.

[30] Die „Entzweiung" der Begriffe ist freilich in jüngerer Zeit auch anders beschrieben worden, so von Werner Conze: „Der Wandel und die Entzweiung der Begriffe Staat und Gesellschaft stehen ... in der allgemeinen Umdeutung, Neubildung und

Stand des Fürsten wie dem allgemeinen der Stände gleichsam verewigt[31]. Im allgemeinen trifft es sicherlich zu, daß das Wort „Staat" ein Kind des Zeitalters des Absolutismus ist, der auch die gemeinte Sache, nämlich den modernen, einheitlich geordneten, geschlossenen Territorialstaat geschaffen hat. Im deutschen Sprachbereich bezeichnet Veit Ludwig von Seckendorff in der Einleitung zu seinem „Teutschen Fürsten-Stat" von 1656 den Übertritt über die Schwelle in der Bedeutungsgeschichte der Begriffe „Stand" und „Staat": „Denn obwohl Stand und Staat einerlei Bedeutung haben sollten, so wird doch jenes mehr von einer persönlichen Beschaffenheit oder je in gemeinem Verstande aufgenommen[32]."

willkürlichen Setzung alter Seinsbegriffe des politischen Lebens im Zuge der modernen Revolution einschließlich ihrer geistigen Vorbereitung im 17. und 18. Jahrhundert. Die Dichotomie der beiden Bezeichnungen, deren eine trotz des alten ‚status' als Neologismus des 17. Jahrhunderts bezeichnet werden kann und deren andere in die Frage des Verlusts der aristotelischen Tradition im 18. Jahrhundert mitten hineinführt, ist ein konzentrierter Ausdruck der umfassenden Emanzipationsbewegung, in die die europäische Geschichte seitdem ausgelaufen ist." (Conze, *Das Spannungsfeld von Staat und Gesellschaft im Vormärz,* in: *Staat und Gesellschaft im deutschen Vormärz 1815—1848,* Stuttgart 1963, S. 207.) Das Verfängliche liegt in der beschreibenden Komplexion außerordentlich weitreichender, historisch vielfältig folgenreicher und zum Teil noch unzureichend erforschter Zusammenhänge. Conze hält jedoch auch „die Wort- und Begriffsgeschichte" für „den ersten Zugang zur Erkenntnis", während Erich Angermann, *Das „Auseinandertreten von Staat und Gesellschaft" im Denken des 18. Jahrhunderts,* in: *Zeitschrift für Politik,* Jg. 10 (N. F.) 1963, S. 89—101, zunächst die Begriffe festlegt, um — in einer begrenzten historischen Phase — ihre Differenzen zu beobachten.

31 Auch eine Reihe der von A. O. Meyer in seinem Aufsatz, *Zur Geschichte des Wortes Staat,* angeführten Beispiele weisen dies nach, mag es Meyer auch nicht expressis verbis so feststellen. Die enge Beziehung zwischen Staat (stat) und Stand ist unverkennbar. (Vgl. a. a. O., S. 323.) Die Geschichte dieser Wortfamilie wird offenbar durch mehrfache Vereinigungen, Entfremdungen und fließende Übergänge charakterisiert. Über die theologische Begründung der spätmittelalterlichen Bedeutung urteilt Johan Huizinga: „... Stand ist Staat, ‚estat' oder ‚ordo'; es liegt darin der Gedanke einer von Gott gewollten Entität... Im mittelalterlichen Denken wird der Begriff ‚Stand' oder ‚Orden' ... durch das Bewußtsein zusammengehalten, daß jede dieser Gruppen eine göttliche Satzung vertritt, ein Organ im Weltbau ist...". *Herbst des Mittelalters. Studien über Lebens- und Geistesformen des 14. und 15. Jahrhunderts in Frankreich und in den Niederlanden,* Stuttgart 1939, S. 77 f. Auf das Ständewesen kann hier nicht weiter eingegangen werden. Einen großartigen Überblick bietet immer noch der Aufsatz von Otto Hintze aus dem Jahre 1930, *Typologie der ständischen Verfassungen des Abendlandes,* in: Hintze, *Staat und Verfassung. Gesammelte Abhandlungen zur allgemeinen Verfassungsgeschichte,* hrsg. v. Gerhard Oestreich, 2. Aufl. Göttingen 1962, S. 120—139.

32 Zit. nach Meyer, a. a. O., S. 234. Seckendorff, *Teutscher Fürsten-Stat, oder Gründliche und kurtze Beschreibung, welcher gestalt Fürstenthümer, Graff- und Herrschaften im Heiligen Römischen Reich Teutscher Nation, welche Landes-Fürstliche und Hohe obrigkeitliche Regalia haben, von Rechts- und löblicher Gewohnheit wegen beschaffen zu seyn, Regieret, mit Ordnungen und Satzungen, Geheimen und Justitz Cantzeleyen, Consistoriis und anderen hohen und niederen Gerichts-Justantien, Aemptern und Diensten verfasset und versehen, auch wie deroselben Cammer- und Hoffsachen bestellt zu werden pflegen,* Frankfurt/M. 1656 (insgesamt acht Auflagen, seit der dritten von 1664 mit Additionen).

Dieses Wort war auf deutsche Verhältnisse gemünzt. Aber auch das französische Wort *Etat, estat* meint sowohl die Hofstaatsordnung des Monarchen mitsamt seiner Gewalt, dem *imperium*[33], als auch den historischen, der mittelalterlichen Ordnung entstammenden Stand und daneben noch manches andere, wie etwa den Zustand der Finanzen *(état des finances)* usf. Auf beides scheint sich der Status-Begriff römischer Privatrechtstradition ausgebreitet zu haben[34].

In Frankreich drängte der Staat des Monarchen im Verlauf des 17. Jahrhunderts die Stände bis dicht an die Grenze der Bedeutungslosigkeit zurück, jedoch ohne sie dauernd zu überwinden[35]. Die Kriege des 16. Jahrhunderts hatten eine allgemeine Erschöpfung und zerrüttete Verhältnisse in den Staatsfinanzen wie im Wirtschaftsleben hinterlassen. Die Parteiengegensätze der Religionskriege blieben unverändert und ohne Milderung; durch die Interventionspolitik Spaniens auf der einen, Englands und mehrerer deutscher Staaten auf der anderen Seite war Frankreich im Zeitalter der Gegenreformation zum Austragungsort europäischer Gegensätze geworden. Das Land war daher bereit, eine starke Herrschaft zu ertragen, die innere Ruhe und äußere Macht wiederherzustellen und Religionsparteien wie Stände zu unterwerfen vermochte.

Die Stellung des Hochadels war geschwächt. Heinrich IV. vermochte ihn soweit zu unterwerfen, daß eine geschlossene Opposition nicht mehr entstehen konnte. Unter Ludwig XIII. wurden einzelne Gruppen Träger eines Widerstands, der in den Lehren der Zeit manche Stütze fand, der sich jedoch nicht mehr gegen die Macht und die Person des Königs, sondern allein gegen die Politik des als Usurpator angesehenen Kardinals Richelieu richtete. Den Rückschlag, den die königliche Macht nach dem Tode Ludwigs XIII. erlitt und der Frankreich erneut in Wirren stürzte, fand ein schnelles Ende nach der Großjährigkeitserklärung Ludwig XIV. (1651). Mit dem Zerfall der Fronde, die sich aus den führenden Köpfen des Hochadels, der Parlamente und der Städte, Paris voran, gebildet hatte, ging auch die politische Macht des Hochadels ihrem Ende zu. Der Grundsatz der Legisten aus der Zeit vor der Glaubensspaltung, *„Le roi de France est empereur dans son royaume“*[36], der die Oberlehensherrschaft des Königs bekräftigte, erscheint auf neue Weise belebt und verwirklicht. Eine Reihe hervorragender Männer traten als Generäle, Diplomaten oder Minister in die Dienste des *Roi soleil*. Die vermögenden Schichten des Geburtsadels richteten

[33] Die Ausweitung der Bedeutung führt dann zu weitergreifenden Anwendungen in einer Vielzahl logisch miteinander verbundener Ausdrücke, affaires d'Etat, raison d'Etat, vertu d'Etat, homme d'Etat, wie etwa bei Michel de Montaigne. Vgl. Walther v. Wartburg, *Französisches etymologisches Wörterbuch*, Bd. XII, Basel 1966, Art. „status".

[34] So Ludwig Waldecker, *Allgemeine Staatslehre*, Berlin 1927, S. 201.

[35] Hier sei auf die berühmte Darstellung von Alexis de Tocqueville verwiesen, *L'Ancien Régime et la Révolution: Œuvres Complètes*, éd. définitive de J.-P. Mayer, Tome II, Paris 1952, S. 169 ff.

[36] Zit. von Jürgen Dennert, *Ursprung und Begriff der Souveränität* (Sozialwissenschaftliche Studien), Stuttgart 1964, S. 14. Ähnliche Rechtsformeln in Deutschland zitiert Otto Brunner, *Land und Herrschaft*, 4. Aufl. Wien/Wiesbaden 1959.

sich ganz nach dem Hofe, der seit Franz I. mehr und mehr zum bevorzugten Aufenthaltsort geworden war. Der Hof pflegte ihre Lebensgewohnheiten, entwickelte sich aber auch zum Träger des literarischen Geschmacks, der den Adel ebenso unaufhaltsam in seinen Bannkreis zog, wie mehr als ein Jahrhundert zuvor der Hof der Medici den wohlhabenden Bürger des Stadtstaates Florenz an sich heranzog und zum *Cortegiano* prägte[37]. Die starke einschmelzende, statusgebende Kraft des fürstlichen Hofstaates ist hier wie dort offenkundig. „Unter Ludwig XIV. wird der ganze Hof zu einer kulturellen Einheit"[38], erstand in ihm der Kristallisationspunkt der französischen höfisch-aristokratischen Bildung und Kultur des späten 17. Jahrhunderts, die in das Leben der europäischen Höfe einstrahlte und es in neue Richtungen drängte. Man muß sie eine nationale französische und doch ebenso auch eine europäische nennen.

Kamen früher die Zeugnisse eines erwachenden Geistes und der Bildung mit den wertvollsten Gütern des Handelsverkehrs aus Italien in den Norden und Westen Europas, so verlor diese alte Verbindung im Zeitalter der Reformation und der Religionskriege ihren monopolistischen Rang. Mit dem politischen Aufstieg Frankreichs im Glanze seines erstarkten Königtums wendete sich der Fluß der europäischen Kulturbewegung um neunzig Grad. Seine Ströme verliefen nun vom Westen Koninentaleuropas in alle Richtungen der geöffneten Welt. Kräftezentrum und Reservoir dieser Bewegung aber bildete der Staat des Königs, dem Jean Bodin, am Ende einer langen Reihe königstreuer Rechtsgelehrter, Legisten und *„Politiques"*, mit der Souveränitätstheorie seines Hauptwerkes *„Les Six Livres de la Republique"*[39] auf noch wirkungsvollere Weise als Machiavelli eine neue Lehre darbot.

Der König besaß dem Tyrannen gegenüber immer den Vorzug, daß er legitim regierte[40]. Die Legitimierung der unbeschränkten Gewalt des *seigneur absolu* als rechtens über dem Recht stehender *auctoritas* auf der Grundlage des Satzes *„princeps legibus solutus est"*, dessen sich die französischen Legisten bedienten, gelang Bodin in einer abschließenden und „damals überzeugenden Form"[41] mit-

[37] R. v. Albertini, *Das florentinische Staatsbewußtsein*, S. 282; Alfred v. Martin, *Soziologie der Renaissance*, 2. Aufl. Frankfurt/M. 1949, S. 116 ff.

[38] Erich Auerbach, *La Cour et la Ville*, in: Auerbach, *Vier Untersuchungen zur Geschichte der französischen Bildung*, Bern 1951, S. 14.

[39] Bodin, *Les Six Livres de la Republique*, Ensemble une Apologie de Rene Herpin, avec privilege du Roy, Paris 1583 [erste Auflage 1576, lateinische Übersetzung erstmals 1586], Faksimiledruck Aalen 1961.

[40] Hierzu J. Dennert, *Souveränität*, S. 20 ff.

[41] Martin Göhring, *Weg und Sieg der modernen Staatsidee in Frankreich*, Tübingen 1946, S. 100. Zu den vor und neben Bodin wirkenden „staatsbezogenen" Trägern politischer Ideen, den „Politiques", neuerdings die materialreiche, von der verbreiteten Beurteilung Bodins Abstand nehmende Studie von Roman Schnur, *Die französischen Juristen im konfessionellen Bürgerkrieg des 16. Jahrhunderts. Ein Beitrag zur Entstehungsgeschichte des modernen Staates*, Berlin 1962. Die Hinweise dieser Arbeit sind auch wichtig im Hinblick auf die noch keineswegs ausreichend geklärten Probleme der Verknüpfungen von religiöser Dogmatik, antiker Denktradition,

hilfe des historisch begründeten Begriffs der Souveränität. Er leitete ihn aus der römischen *maiestas* her, wobei er sich auf einen bewunderungswürdigen Thesaurus von Kenntnissen römischer und griechischer Autoren stützen konnte. Bodin definierte Souveränität als *„la puissance absoluë et perpetuelle d'une Republique que les Latins appellent maiestatem“*[42] — in der lateinischen Ausgabe: *„summa in cives ac subditos legibusque soluta potestas“* — *„n'est limitée, ni en puissance, ni en charge, ni à certain temps“* : *„Car le peuple ou les seigneurs d'une Republique, peuvent donner purement et simplement la puissance souveraine et perpetuelle à quelcun pour disposer des biens, des personnes, et de tout l'estat à son plaisir, et puis le laisser à qui il voudra, et tout ainsi que le proprietaire peut donner son bien purement et simplement, sans autre cause de sa liberalité ...“*[43] Der Königsstaat wurde mit der Verfügungsgewalt des Königs identisch, seiner *„disposition pleine et libre de tous les biens tant des séculiers que des ecclésiastiques“*, wie es dann Ludwig XIV. in seinen sogenannten Memoiren ausgedrückt hat[44]. Bodin hat indessen eine keineswegs unbedeutende Einschränkung vorgenommen: *„Le Monarque Royal est celuy, qui se rend aussi obeissant aux loix de nature, comme il desire les subiects estre envers luy, laissant la liberté naturelle, et la proprieté des biens à chacun“*[45].

Im Zusammenhang der französischen Geschichte stellt die Lehre Bodins die „Essenz erlebten Geschehens“ im Stadium der Zerissenheit, an der Schwelle zu einer neuen Ära dar, die von der machtvollen *maiestas* Heinrichs IV. und seiner Nachfolger beherrscht wird. Mit dieser Theorie hat das abstrahierende rationalistische Denken die souveräne *„monarchie bien ordonnée“* als *„la meilleure Republique“* zu deuten und zu begründen versucht. Eben hierin liegt ihre bahnbrechende, kaum mit älteren Staatsschriften der Neuzeit vergleichbare Bedeutung, ehe dann 45 Jahre nach Erscheinen der englichen Übersetzung eine weitere Begründung der Staatsgewalt auf dem Boden naturrechtlicher Anschauungen durch Thomas Hobbes nachgefolgt ist. Das allgemeine Maß seines Prinzips ver-

Gruppensoziologie der politisch-literarischen Intelligenz, Verfassungsfragen und politischer Entwicklung. Eine Ableitung der „Genese der modernen Staatstheorie aus der Situation der religiösen Bürgerkriege“ ist vorher paradigmatisch schon bei Thomas Hobbes vorgenommen worden: Reinhart Koselleck, *Kritik und Krise. Ein Beitrag der Pathogenese der bürgerlichen Welt* (Orbis Academicus), Freiburg/München 1959, S. 17 ff. Auch der vorübergehend große, bald wieder in Vergessenheit geratene literarische Erfolg der Theorie des mehrmals konvertierenden Jesuitenzöglings Joest Lips (Justus Lipsius), eines Zeitgenossen Bodins, charakterisiert die Verbreitung des Machtstaatsdenkens. Vgl. Gerhard Oestreich, *Justus Lipsius als Theoretiker des neuzeitlichen Machtstaates*, in: *Hist. Zeitschr.*, Bd. 181 (1956), S. 31—78.

[42] Bodin, L. I^er^, Ch. VIII; S. 122 der zit. Ausgabe. Die Begriffe souveraineté und maiesté sind identisch; sie werden gelegentlich willkürlich gegeneinander ausgetauscht (S. 224, 228).

[43] a. a. O., S. 128.

[44] Fritz Hartung, *L'Etat c'est moi*, in: *Hist. Zeitschr.*, Bd. 169 (1949), wieder abgedruckt in: Hartung, *Staatsbildende Kräfte der Neuzeit*, Berlin 1961, S. 104 f.

[45] Bodin, *De la Republique*, L. VIième, Ch. III, a. a. O., S. 279.

setzte schon Bodin in die Lage, über die Grenzen Frankreichs hinweg auf die entstehende europäische Staatenwelt hinzuweisen. Souveräne Mächte erkannte er in England, Schottland, Dänemark, Venedig, Polen, Moskau und einigen Schweizer Kantonen. Im Deutschen Reich allerdings schien einem derartigen Prinzip nichts zu entsprechen: „*L'Empereur n'est pas absoluement souverain: la maiesté souveraine de cest Empire là ne gist pas en la personne de l'Empereur, mais en l'assemblee des estats de l'Empire, qui peuvent donner loy à l'Empereur, et à chacun Prince en particulier: de sorte que l'Empereur n'a puissance de faire edict quelconque, ni la paix, ni la guerre, ni charger les subiects de l'Empire d'un seul impost, ni passer par dessus l'appel interietté de luy aux estats*[46].“ Die neunzig Jahre später entwickelte These Pufendorfs von der Irregularität und Monstrosität des *Status imperii Germanici*[47] erscheint hier im Kerne schon vorbereitet. Frankreich aber bot das anschaulichste und vollkommenste Beispiel des vom Monarchen beherrschten souveränen Staates.

Bodin definierte: „*Republique est un droit gouvernement de plusieurs mesnages, et de ce qui leur est commun, avec puissance souveraine*“[48]. Die Herrschaft ist unteilbar; auf diese Weise wird die vollständige Einheit des Staates gewährleistet. Aber auch Bodins Sprache ist darauf aus, Einheit zu stiften, indem sie das Allgemeine formuliert und sich an die Allgemeinheit wendet. Sie ist die anschauliche und bisweilen umständliche, mit unermeßlichen historischen Kenntnissen operierende, unkonfessionelle und unparteiische Sprache eines Bürgers und gelehrten Juristen, der sich Zeit seines Lebens keiner der beiden Religionsparteien vorbehaltlos anschloß. Dem Staat gemäß, den er beschreibt, war die Politik, die er verfolgte, religiösen Parteiungen und ständischen Interessen übergeordnet, im eigentlichen Sinne Staatsbildung mit Hilfe der Macht des Souveräns. Der „*monarchie royale ou legitime*“ gegenüber bleiben den Ständen jedoch zwei Rechte erhalten: das Recht auf Eigentum, das Bodin als natürliches und unantastbares Recht betrachtete, und das auf Steuerbewilligung. Sie bilden eine sichere Bastion des neben der *puissance souveraine* existierenden Ständewesens. Die „*bourgeoisie légiste*“ dient dem Königsstaat; sie steht aber mit der „*bourgeoisie commerçante et industrielle*“ in innerer Beziehung[49]. Auch hierfür gibt Bodin ein glänzendes Beispiel. Für den Dritten Stand aber wurden Eigentum und Besteuerung mehr noch als für den am Hofe hängenden Adel und den Klerus zu grundlegenden Bedingungen seines Daseins.

[46] a. a. O., S. 180.

[47] „... Germaniam esse irregulare aliquod corpus et monstro simile, siquidem ad regulas scientiae civilis exigatur.“ Severinus de Monzambano (Samuel Pufendorf), *De statu imperii Germanici*, nach dem ersten Druck unter Berücksichtigung der letzten Hand hrsg. von Fritz Salomon (Quellen und Studien zur Verfassungsgeschichte des deutschen Reiches im Mittelalter und in der Neuzeit, III. Bd., 4. Heft), Weimar 1910, S. 126.

[48] *De la Republique*, L. I$^{er}$, Ch. I, S. 1.

[49] Diese Termini entnehme ich dem Abriß von Régine Pernoud, *Les origines de la bourgeoisie* („Que sais-je?“), Paris 1947. Dort finden sich auch die typologisierenden Bezeichnungen „bourgeoisie financière“ und „bourgeoisie philosophe“.

## *La cour et la ville*

Die letzte Versammlung der Generalstände in Frankreich vor 1788 fand unter Ludwig XIII. im Jahre 1614 in Paris statt. Auf ihr herrschte die strengste Trennung der Stände; die Städte, der Dritte Stand, waren „praktisch kaltgestellt“[50]. Von nun an gingen die Stände ihre eigenen Wege. Nur in der episodisch sich erneuernden Opposition gegen die Politik des Königs fanden ihre Interessen vorübergehend wieder zusammen. Solche Oppositionen sind auch in der zweiten Hälfte der Regierungszeit Ludwigs XIV. wiederholt entstanden. Doch erst nach seinem Tode wurden sie stärker spürbar; und gegen Ende der Regierung Ludwigs XV., unter dem Druck dauernder Notstände der Staatsfinanzen, erwuchs eine an Umfang, Stärke und Dauer gewinnende Bewegung, die in die Geschichte der Revolution überleitet.

Die Städte verhielten sich zunächst im allgemeinen loyal gegenüber dem Monarchen, der ihnen Jahrzehnte hindurch als Retter Frankreichs galt. Sicherlich ist es berechtigt zu sagen, daß die klassische Blüte der Literatur seit 1660 auf der Grundlage eines „Bündnisses oder einer inneren Gemeinschaft des Königs und seiner Umgebung mit gewissen Schichten der städtischen Bevölkerung“ entstanden ist[51]. Für dieses Bündnis bildete die zeitgenössische Sprache den doppelbödigen Ausdruck *„la cour et la ville“*, der die Theaterzuschauer meinte, aber auch politische Umstände und Hintergründe einschloß[52]. Die kritischen wie die akklamierenden Zuschauer, an die sich das Theaterstück wandte, waren mit der engeren und weiteren Umgebung des königlichen Hofes identisch. Theater und Poesie dienten dem höfischen Plaisir; aber im Szenarium und im Parterre trat doch schon eine besondere Welt miteinander in Kommunikation, die den Hof fast vollkommen draußen ließ und ihn in die Rolle eines absoluten Zuschauers versetzte.

Die Blüte der französischen Klassik, die ihre Vorbilder und Gleichnisse keineswegs der christlichen Glaubens- und Vorstellungswelt entnahm, sondern vornehmlich den Dichtungen und Mythologien des römischen Altertums, gab dem *grand siècle* seine literarische Krönung. Doch die apotheotische Überhöhung des absoluten Königs in der Literatur und die Deutung des Tuns und Waltens des Monarchen als historisch beispiellose, ja exorbitante Äußerung höchsten Willens und höchster Gerechtigkeit, wie sie uns in den Dichtungen Molières[53],

[50] M. Göhring, *Moderne Staatsidee*, S. 213.

[51] Auerbach, *Vier Untersuchungen*, S. 20.

[52] Auerbach, a. a. O., S. 13, spricht von „Öffentlichkeit im politischen Sinne“ und „Öffentlichkeit im publizistischen Sinne“. Dies soll jedoch wegen der begrifflichen Unzulänglichkeit und Mißverständlichkeit unseres Ausdrucks „Öffentlichkeit“ hier nicht übernommen werden.

[53] Die panegyrische Überhöhung politischer Entscheidungen wurde vom Dichter als Aufgabe betrachtet, die im Hinblick auf die notwendige Variation der Einfälle hohe Anforderungen an die Phantasie stellte, die auf immer neue, möglichst elegante und geistvolle Weise das Unüberbietbare der Taten des Königs dartun sollte. Diesem Zweck dienten vornehmlich religiöse und historische Vergleiche, die Molière

Corneilles[54], bei La Fontaine, aber auch bei weniger bedeutsamen Geistern begegnet und wie es Ludwigs XIV. Absichten entsprach — dies bezeugen seine sogenannten Memoiren —, erscheinen doch nur als eine Episode in der Geschichte Frankreichs und seines Königtums.

Fénelon, dessen freimütiger Fürstenspiegel „*Telemaque*" 1699 erstmals, ohne sein Wissen, veröffentlicht und sogleich verboten wurde, aber nach dem Tode Ludwigs XIV. erscheinen konnte, stellte die Frage: „*En quoi consistoit l'autorité du Roi?*" Er beantwortete sie anders als Bodin: „*Il peut tout sur les peuples, mais les loix peuvent tout sur lui. Il a une puissance absoluë pour faire le bien, et les mains liées dés qu'il veut faire le mal. Les loix lui confient les peuples comme le plus précieux de tous les dépôts, à condition qu'il sera le pere de ses sujets. Elles veulent qu'un seul homme serve par sa sagesse et par sa modération à la félicité de tant d'hommes; et non pas que tant d'hommes servent par leur misere et par leur servitude lâche, à flater l'orgueil et la molesse d'un seul homme ... le Roi doit être plus sobre, plus ennemi de la molesse, plus exempt de faste et de hauteur qu'aucun autre. Il ne doit point avoir plus de richesses et de plaisirs; mais plus de sagesse, de vertu et de gloire que le reste des hommes. Il doit être au-dehors le défenseur de la patrie, en commandant les armées; et au-dedans le Juge des peuples pour les rendre bons, sages et heureux*[55]." Die *utilitas societatis* drängt den Grundsatz *legibus solutus* zurück. Der strenggläubige Fénelon zeichnet schon an der Schwelle zum neuen Jahrhundert Maß und Idealbild des aufgeklärten Monarchen, dessen *auctoritas* letztlich nur auf überragenden menschlichen und politischen Fähigkeiten beruht: „*Il corrige les méchans par des punitions; il encourage les bons par des récompenses; il représente les Dieux en conduisant ainsi à la vertu tout le genre humain*[56]." Der Sinn seines Daseins ist es, „*à travailler pour la vertu*"; *vertu* aber ist „*le veritable bien*"[57].

Auch das Gespenst der Revolution droht schon am Ende dieses halben Weges von der abschließenden theoretischen Begründung bis zum Ende des absoluten Königtums. „*Ce qui cause les révoltes*", so lehrt Fénelon, „*c'est l'ambition et l'inquétude des Grands d'un Etat, quand on leur a donné trop de licence, et qu'on a laissé leurs passions s'étendre sans bornes; c'est la multitude des grands et des petits qui vivent dans la molesse, dans le luxe, et dans l'oisiveté ...*

gelegentlich auf die Spitze zu treiben wußte, so etwa in einem Sonett „Au Roi, sur la conquête de la Franche-Comté": „Et de nos vieux héros les pompeuses histoires/ Ne nous ont point chanté ce que tu nous fais voir." Mit der ihm eigenen Eleganz versucht der Dichter indirekt, seine Kunst zu empfehlen.

[54] Zu Corneille Werner Krauss, *Corneille als politischer Dichter*, Marburg/Lahn 1936, bes. S. 31 ff.

[55] *Les Avantures de Telemaque, Fils d'Ulysses.* Composées par feu Messire, François de Salignac, de la Motte Fenelon, zit. nach der nouvelle édition, Paris 1745, S. 89 f.

[56] a. a. O., S. 492.

[57] a. a. O., S. 494.

*Enfin c'est le desespoir des peuples maltraites; c'est la dureté, la hauteur des Rois, et leur molesse qui les rend incapables de veiller sur tous les membres de l'Etat pour prévenir les troubles. Voilà ce qui cause les révoltes, et non pas le pain qu'on laisse manger en paix au Laboureur, aprés qu'il l'a gagné a la sueur de son visage*[58]."

Neben, ja unabhängig von der scheinbar unbegrenzten Verehrung, die der Glanz des Königtums genoß, ließ sich stets auch ein anderer, von den herrschenden Zuständen des politischen Daseins Abstand gewinnender, eigenständiger Ton vernehmen. In den Ausdrucksformen einer bisweilen schon kategorischen Ironie drängt eine scharfe Kritik hervor, die sich ebensowohl gegen anmaßende Allüren der Aristokraten als gegen den zum Typus gestalteten unlebendigen, in Reichtum und geistloser Eigensinnigkeit dahinlebenden, entarteten Bürger wendet, den *bourgeois* in dem polemischen und verächtlichen jüngeren Sinne des Wortes. Dieses Wort war schon früher im Gebrauch. Die unseren Ohren spätneuzeitlich klingenden Ausdrücke *peuple* und *bourgeois* wurden von der französischen Klassik zeitweilig sogar etwas zurückgedrängt; der weitere Kreis der Geselligkeit wird jedenfalls anders bezeichnet. Für ihn steht das Wort *la ville*, das offenbar eine elitäre Charakterisierung einschließt und an den ursprünglichen Gehalt des römischen *urbs* und der Ciceroschen *urbanitas*[59] erinnert. Besonderheit, Herausgehobensein, Bildung, jedoch in Bezug auf die umfassende soziale Einheit, also die Besonderheit des Lebens und Sich-Gebens in enger, größerer Gemeinschaft findet hierin seinen Ausdruck. Gewiß ist es kein sprachgeschichtlicher Zufall, daß auch das französische Wort *urbanité* in dieser Zeit entstanden ist[60]. Wenn *la ville* einmal, etwa bei Corneille, „ohne jeden möglichen Zweifel die Salons", aber auch schon, wie bei Molière oder Boileau, die „großstädtische Gesellschaft" meint[61], so wird ein Bedeutungswandel sichtbar, der sich im gleichen Wortkleide vollzieht. Abstufungen, Verengungen und Weitungen von Bedeutungen bilden sich in politisch wie sprachgeschichtlich bewegten Perioden überaus häufig, so daß sich zuverlässige Regeln kaum finden lassen. Hier scheint sich aber doch schon eine Polarisation von Bedeutungsgehalten abzuzeichnen.

In Molièreschen Komödien wird die Disparität von adeliger Geselligkeit und bürgerlicher Lebensordnung indirekt dadurch sichtbar, daß eben gerade jene ins Lächerliche gezogen und zum Gegenstand eines moralisierenden Spottes werden, die der ersteren zustreben oder sie nachzuahmen versuchen, obgleich sie von Haus aus mit ihr nichts zu tun haben. Ernste kritische Einsicht fließt mitunter in die Eloge ein. „*Les grands hommes, Colbert, sont mauvais courtisans,*

[58] a. a. O., S. 280.

[59] Vgl. den Vortrag von Edgar Salin, *Urbanität*, in: *Erneuerung unserer Städte* (Neue Schriften des Deutschen Städtetages, Heft 6), Stuttgart u. Köln 1960, S. 9—34.

[60] „Zugleich mit der französischen Akademie", also um 1635; so Hippolyte Taine, *Die Entstehung des modernen Frankreich*, autorisierte deutsche Übersetzung v. L. Katscher, Meersburg o. J., I. Bd., S. 131.

[61] Auerbach, *Vier Untersuchungen*, S. 15.

*... L'étude et la visite ont leurs talents à part. Qui se donne à la cour, se dérobe à son art,*" dichtete Molière 1669[62].

Die preziösen Adeligen und ihnen nacheifernde Bürgerliche, die nach allen Regeln des komischen Theaters in ihren unernsten Eigenschaften, ihren Albernheiten, ihrer Neigung zur Übertreibung, ihrer Eitelkeit, ihrer Großmannssucht, ihrem Eigensinn und ihrer Weltfremdheit bloßgestellt werden, sind die von der Ironie des Dichters geschaffenen Zeugen einer sich wandelnden Ordnung. Der Witz tritt dort zutage, wo stereotype Formen, ins Extreme gesteigert, mit einem unverbildeten Geschmack konfrontiert werden. In der frischen Natürlichkeit und Vernunft, *naturel* und *bon sens*, gewinnt er überzeugenden Ausdruck, da die größere Zahl der Zuschauer in der eigentümlichen Mischung des *parterre* die eigenen Ansichten wiederentdeckt und in kritischer Entwicklung auszubilden vermag. Von hier aus durchzieht des Thema der realen und moralischen Trennung, die in Wahrheit doch schon eine Klassentrennung zwischen einer neuen Gesellschaft und den Überresten sowohl der höfischen als auch der ständischen Lebensordnung ist, wie ein roter Faden die Literatur Frankreichs, in der entschiedene politische Neigungen bald stärker hervortreten. Die soziologisch enthüllende und klärende Charakterisierung und die travestierte Kritik bleibt im Bannkreis höfischen Lebens während des späten 17. und des 18. Jahrhunderts weiterhin ein vielfältig behandeltes Thema des Theaters. Doch die in diesem Sinne aufklärende und eben diesen Sinn fortgesetzt verschärfende Richtung bemächtigt sich nach und nach anderer Bereiche der Literatur, der Fabeldichtung, der Lyrik, des Romans, der Essayistik und der geschichtlichen Darstellung. Sie erobert sich weitere soziologische Bereiche mit einer Vielzahl neuer Mittel. Sie dringt in die Breite. Die ideelle Vertiefung und Ausformung geht von den Dichtern auf die Philosophen über, ihre Ausbreitung in die Hände philosophisch-politischer Schriftsteller.

## *Status socialis*

Zwischen dem Bilde, das der König selbst von seiner Herrschaft entwarf, und der politischen Wirklichkeit gab es einen Abstand, der schon früh sichtbar wurde, als Ludwig „materiell seine ganze Tätigkeit immer ausschließlicher auf seine Person, seinen Ruhm, allenfalls auf die Interessen seiner Dynastie bezog"[63]. Dies drückte sich auch darin aus, daß der König den Sitz der Regierung aus der natürlichen und historischen Hauptstadt Paris nach Versailles verlegte, um dort zu seinem Plaisir eine glänzende Hofhaltung zu entfalten und zum neuen Mittelpunkt seines Staates zu machen. Die unbestrittene Macht des absoluten Königtums behauptete sich auf ihrem Höhepunkt, auf dem das Wort Bossuets als

[62] La Gloire due Dôme du Val-de-Grâce. Die Molière-Zitate sind der handlichen Edition Lutetia entnommen, Molière, *Œuvres Complètes* en six volumes, Paris o. J., T. VIème.

[63] Hartung, *Staatsbildende Kräfte*, S. 113.

wahr gelten konnte, „*que tout l'Etat est en la personne du prince*", kaum dreieinhalb Jahrzehnte nach der Großjährigkeitserklärung Ludwigs XIV.

Die Anfänge einer politischen Gegenbewegung gingen zunächst auf das Wiedererstehen konfessioneller Parteiungen zurück und nahmen ihren Ausgang von den protestantischen Gegnern des Königs, die sich seit 1662 einer immer stärker fühlbaren Beengung und Behinderung ausgesetzt sahen, ohne sich hiergegen noch auflehnen zu können[64]. Mit dem Revokationsedikt von 1685 begann ihre blutige Verfolgung, setzte aber auch eine europäische Bewegung gegen die Politik Ludwigs XIV. ein. England wandte sich von ihm ab, noch ehe der von ihm gestützte Jakob II. seinen Thron verlor; und die protestantischen Fürsten des Deutschen Reiches wurden vollends auf die Seite ihres Kaiserhauses getrieben. Mit dem Pfälzischen Krieg lief ein ideologischer Krieg gegen den König von Frankreich einher, der von den Schriften der Hugenotten entfesselt und unterstützt wurde, weit nach Frankreich selbst hineinreichte und eine lange Reihe aufgeklärter Köpfe und politischer Temperamente im Kampf gegen das Königtum bestärkte. Berücksichtigt man das Ganze dieser Zusammenhänge und Auswirkungen, so kann in der Tat gesagt werden, daß die Bedeutung des Revokationsedikts über den Kreis der religiösen Motive weit hinausreichte[65]. Mit ihm ging das *grand siècle* Frankreichs zu Ende und begann das *siècle des lumières* in der Geschichte Europas.

Die enge Verbindung der katholischen Kirche und des Klerus mit dem Hof, die noch inniger war als seine Verknüpfung mit der Aristokratie, blieb bis zum Sturz des Königtums erhalten. Dies bestimmte ihre Stellung in den geistesgeschichtlichen Auseinandersetzungen der Zeit, aber auch die antikirchliche Stoßrichtung der Aufklärung, die keineswegs in dem gleichen Maße schon antireligiös oder antichristlich war. Freilich begann die große Krise in der Geschichte Frankreichs als eine geistige Krise und als eine Krise des Glaubens bereits im vorletzten Jahrzehnt des 17. Jahrhunderts[66], die ihre Lösung in jenem analytisch-empirisch-rationalistischen Denken fand, das schlagwortartig als das „cartesianische Denken", gemäß der „Logik der Tatsachen", bezeichnet worden ist[67].

Die ausschließlich geistesgeschichtlich vorgehende Geschichtsforschung, die sich der Sozialgeschichte gegenüber häufig etwas fremd gibt und die nicht schuldlos ist an den Mißverständnissen eines Denkens in verschiedenen Etagen historischer Relevanz, hat gelegentlich Korrekturen hinnehmen müssen. Aufs Ganze gesehen ist aber unter dem Einfluß der historischen Religionssoziologie der Gegensatz zwischen Kirche und Bürgertum, der letztlich in den Sonderungen und

[64] Erich Haase, *Einführung in die Literatur des Refuge. Der Beitrag der französischen Protestanten zur Entwicklung analytischer Denkformen am Ende des 17. Jahrhunderts*, Berlin 1959, S. 94.

[65] a. a. O., S. 97.

[66] Paul Hazard, *La Crise de la Conscience Européenne 1680—1715;* deutsche Übersetzung: *Die Krise des europäischen Geistes*, Hamburg 1939.

[67] Ernst Cassirer, *Die Philosophie der Aufklärung* (Grundriß der philosophischen Wissenschaften), Tübingen 1923, S. 9 f.

unterschiedlichen Bewegungsrhythmen und Entwicklungen der Stände begründet war, am schärfsten herausgearbeitet worden. Der russische Religionsphilosoph Nicolai Berdjajew hat versucht, den geistigen Gegensatz zwischen Bürgertum und Christentum als universales Phänomen zu konstatieren: „*Le bourgeoisisme est un état et une orientation de l'esprit, une manière spéciale de sentir la vie. Il n'est pas d'ordre social ou économique et il est plus qu'une catégorie psychologique et éthique: c'est une catégorie spirituelle, ontologique... Le corps social bourgeois est toujours le produit de l'esprit bourgeois... Une société bourgeoise est une société non spiritualisée... L'esprit bourgeois triomphe dès qu'en chrètienté la cité terrestre passe pour céleste et que le chrétien cesse de se sentir pèlerin sur la terre*[68]."

Die morphologische Problematik einer Geschichte des christlichen Glaubens darf indessen nicht übergangen werden. Der Protestantismus Calvinscher Prägung hat die beiden verschiedenen Bereiche, denen der Mensch gleichzeitig angehört, die *communis christianorum societas* und den sozialen wie politischen Körper, durch die Zuordnung zu *anima* und *corpus*[69] und eindeutige Ein- und Unterordnung wieder zur Einheit zusammengefügt. Die Grundsätze seiner „Pneumatokratie" haben innerhalb der Bereiche, die diese Glaubenslehre zu durchdringen vermochte, die politische Bindung und geistige Einordnung der Kirche in den Staat in folgenreicher Weise beendet und die Ausbildung vor- und überstaatlichen Rechts durch eine lange Reihe reformierter Juristen und Theologen, Johannes Althusius, Hugo Grotius, Thomas Hooker, John Locke, John Wise und andere, vorbereitet und, nach Max Webers bekannter These, das Wollen zu rationeller Orientierung des Daseins als dauernde Erbschaft hinterlassen[70]. Der *status socialis* ist in größter Breite und Weite durch die anthropozentrische Vernunft derer beeinflußt worden, die im Gefolge Descartes' Vernunft und Glauben voneinander schieden. Während die Vernunft Gewißheiten oder Wahrscheinlichkeiten entdeckt, während der Geist sie durch Schlüsse zu erkennen vermag, die er durch Wahrnehmung oder Überlegung gewinnt, wird der Glaube aus dem prozeduralen Vorgehen des Intellekts selbst hinausverwiesen. In diesem Aspekt ist Glaube dann bloße Zustimmung zu solchen Behauptungen, die sich nicht auf Vernunftschlüsse gründen, sondern auf der Glaubwürdigkeit dessen beruhen, der sie aufstellt und sagt, daß ihnen eine außergewöhnliche Genesis zu-

[68] Nicolas Berdiaeff, *De l'esprit bourgeois. Essais* (Collection „Civilisation et Christianisme"), Neuchâtel/Paris 1949, S. 41.

[69] Vgl. Josef Bohatec, *Calvins Lehre von Staat und Kirche mit besonderer Berücksichtigung des Organismusgedankens* (Untersuchungen zur deutschen Staats- und Rechtsgeschichte), Aalen 1961, Neudruck der Ausgabe von 1937, bes. S. 628 ff.

[70] Max Weber, *Gesammelte Aufsätze zur Religionssoziologie*, 5. Aufl. Tübingen 1963, Bd. I, S. 91. Der Versuch, Webers Theorie vom kalvinistischen Ethos mit einer marxistisch fundierten Periodisierung der Sozialgeschichte zu verknüpfen, kann an dieser Stelle nur erwähnt werden: Franz Borkenau, *Der Übergang vom feudalen zum bürgerlichen Weltbild. Studien zur Geschichte der Philosophie der Manufakturperiode* (Schriften des Instituts für Sozialforschung), Paris 1934.

grundeliege. Diese Art, den Menschen Wahrheiten zu enthüllen, heißt „Offenbarung". Dieser Glaube erhält seine Begründung durch die Vernunft; er wird definiert, von der Vernunft geprüft und doch als eine Notwendigkeit erkannt, die den Menschen dort stützt, wo er es selbst nicht mehr vermag. Die einzige Bedingung für unsere Rettung, so sagt John Locke, ist die Anerkennung der Sendung Christi und ein guter Lebenswandel. In seiner Lehre war aber noch eine andere Konsequenz enthalten, nämlich die Art der Erkenntnis des Menschlichen durch eine Psychologie, die die Triebfedern des menschlichen Geistes nicht mehr als schlecht verdammt und verurteilt, sondern beobachtet und versteht.
In den theologischen und konfessionellen Auseinandersetzungen des ausgehenden 17. und 18. Jahrhunderts in Frankreich, als Bischof Bossuet, in seinem Glauben wie in Worten gewaltig, die Orthodoxie verteidigte und Richard Simon seine kritische Behandlung hebräischer Textüberlieferungen des Alten Testaments auch dem Laien verständlich zu machen versuchte, trat aber auch ein wesentlicher sozialer Gegensatz innerhalb des Katholizismus zutage. Die bürgerliche Standeswelt entfaltete ein neues, überaus reiches und farbiges Leben und bildete ihre eigenen Zwecke und Maßvorstellungen. In diesem Vorgang der selbstbewußten Absonderung von der kirchlichen Ordnung und Lehre nach profanen, empirisch diesseitigen Regeln, Einsichten und Empfindungen wurde die Trennung von der adeligen und höfischen Lebenswelt wie von der Kirche vertieft, die das Leben und Treiben der Großen anders zu werten und sogar auf andere Art zu verurteilen pflegte als Dasein, Vergehen und Verwirrungen des Volkes. Die Entwicklung der Beziehungen der Kirche zum Bürgerstand wurde schließlich von dem Umstand beeinflußt, „daß im allgemeinen die Angriffe der Geistlichen sich weit mehr gegen den Bürger richten, der seinen Reichtum selbst erworben hat oder erst erwerben will, als gegen die hohen Herren, die ihren Reichtum von ihren Vätern ererbt ... haben[71]."

Anders als die Bewegungen der Reformation hat die katholische Kirche dem modernen Kapitalismus keine Entwicklungschancen eingeräumt. Für sie blieb der Kapitalist nur „eine Spielart" der verpönten Reichen, die soziale Stabilität dagegen feste Basis ihrer Grundsätze, galten soziale Bewegung, Erwerb und Aufstieg schlechthin als *„industrie suspecte"*[72]. Unter diesen Voraussetzungen geriet der ökonomisch dynamische Teil des Ständewesens in einen profanen Gegensatz zu den Anschauungen der Kirche. Die Absage an Prediger und Theologen vollzog sich mit der stillen Selbstverständlichkeit unaufhaltsamer Entwicklungen. Er wurde ebenso lapidar wie entschieden und nüchtern endgültig ausgedrückt: Theologen und Kleriker verfügen weder über Sachkenntnis noch Zuständigkeit, um zu sagen, was dem Handelsmann frommt; der aber „braucht kein Metaphysiker zu sein, um zu wissen, was einem ehrlichen Manne geziemt",

[71] Bernhard Groethuysen, *Die Entstehung der bürgerlichen Welt- und Lebensanschauung in Frankreich, II. Bd.: Die Soziallehren der katholischen Kirche und das Bürgertum* (Philosophie und Geisteswissenschaften, 5. Bd.), Halle 1930, S. 108.

[72] a. a. O., S. 125, 141 ff.

schrieb Turgot[73]. Der Bürger verwirft die Religion nicht auf Grund bestimmter systematischer Anschauungen; aber sein Leben verläuft in wachsendem Umfange außerhalb kirchlicher Vorstellungen. Von dem Prediger Charles Frey de Neuville wird die Bemerkung überliefert: „Auf den Trümmern des Evangeliums Christi erhebt sich ein Evangelium menschlicher Rechtschaffenheit, in das man alle Pflichten der Vernunft und der Religion einbezieht. Man unternimmt es, aus dem christlichen Volke ein Volk von Philosophen zu machen[74]."

Aus diesen Worten spricht nicht mehr das kirchliche Verlangen nach Pönitenz, sondern die Einsicht in den Gang der Bewegung, die sich schließlich auch im Stande der Kleriker durchzusetzen beginnt. Die neue, spezifisch bürgerliche Weltanschauung zersetzt die alte Weltanschauung. Ihre überlegene Kraft entspringt einem nahezu grenzenlosen, in immer neuen Formen sich darstellenden Optimismus. *„Une Puissance inconnue ouvre nos yeux à la lumière, et nous admet au spectacle des merveilles de l'univers: elle éveille en nous ces sens enchanteurs, qui nous instruisent les premiers du charme de notre existence"*, lautet eine überschwengliche Auslassung Jacques Neckers aus dem Jahre 1788[75]. Der Bürger lebt nicht mehr in Ohnmacht und Furcht vor der Sünde, sondern voller Zuversicht „in einer Welt, in der er sich heimisch fühlt." *„La religion suppose l'homme méchant, la morale le suppose bon"*, heißt eine Sentenz des Comte de Rivarol[76]. Auch die katholische Kirche vermochte jene Entwicklungen nicht mehr wirksam zu unterbinden, die in dem geistigen Dominium des Protestantismus bereits ein freies Leben führten.

Den rigoristischen Richtungen des Protestantismus kommt in diesem Zusammenhang besondere Bedeutung zu, den Hugenotten Frankreichs, dem Pietismus in Deutschland, dem Kalvinismus in den bündischen Republiken der Schweiz, beispielhaft in dem Kleinstaat Genf, wo Calvin zum Gesetzgeber wurde und ein Kirchenregiment schuf und wo dann Rousseau in dem stolzen Selbstbewußtsein des *Citoyen de Genève* den *„Contrat social"* verfaßte, und schließlich in der folgenreichsten Weise bei den Puritanern in England wie in Nordamerika. Diese stärkste Richtung unter den Dissenters, die sich von der Anglikanischen Kirche fernhielten und bis in das 19. Jahrhundert hinein um ihre bürgerliche Gleichberechtigung kämpfen mußten, übte nicht allein nur in Schottland und Irland großen Einfluß aus. Hier liegt der geistige Wurzelboden des britischen Radikalismus des späten 18. und frühen 19. Jahrhunderts. In England blieben den Dissenters auch nach der Toleranzakte noch lange Zeit sogar die Universitäten verschlossen; „bis nach 1700 hieß ... Dissenter sein Kämpfer sein und ... alle Kraft auf Kampf nach außen und für die Aufrechterhaltung und Organisa-

[73] a. a. O., S. 182.
[74] a. a. O., S. 208 f.
[75] Zit. nach Groethuysen, *Die Entstehung der bürgerlichen Welt- und Lebensanschauung, I. Bd.: Das Bürgertum und die katholische Weltanschauung* (Philosophie und Geisteswissenschaften, 4. Bd.), Halle 1927, S. 346.
[76] a. a. O., S. 231.

tion der Freikirche aufzuwenden ...“[77]. Aus ihrer nonkomformistischen, asketischen Ethik erwuchs eine politische Moral, die die christliche Brüderlichkeit unmittelbar in eine weltliche Gemeinschaftspraxis der Gleichheit, eine *Christian Society of Friends*, umsetzte und der Überlieferung der Demokratie einen neuen, idealisierten und spiritualisierten Sinn verlieh. Ihre Bedeutung wuchs um so mehr, als die von öffentlichen Ämtern wie vom Hofe ausgeschlossenen Dissenters auf Handel und Gewerbe angewiesen blieben, wo sie durch praktische Hingabe, Enthaltsamkeit und Eifer zum Wohlstand gelangten und zur frühen Blüte des bürgerlichen englischen Kapitalismus wesentlich beitrugen[78]. Hier konnte zum ersten Male auch außerhalb der Kirchenverfassung das Gleichheitsprinzig in rechtlicher Hinsicht verwirklicht werden. In einer Periode und in einer Gemeinschaft asketischer Religosität half die Selbständigkeit der Gemeinden ebensowohl wie die „Stabilisierung der demokratischen Kirchenverfassung ...„ ... jene demokratische Lenbenssphäre mitschaffen, aus der die revolutionären Ideen der Folgezeit zum erheblichen Teile miterstanden sind“[79]. Auf diesem Boden konnte ebensowohl die Idee der Rechte „*of all mankind*“ als auch die Idee der Volkssouveränität und schließlich die Idee einer überstaatlichen Gemeinschaft erwachsen[80]. Es ist gesagt worden, daß „die geistesgeschichtliche Entwicklung breiter Massen England-Schottlands im 16. und 17. Jahrhundert ... ohne Kenntnis der Hauptsätze des Kalvinismus ... nur bedingt verständlich“ sei[81]. Dies läßt sich im Hinblick auf die Entwicklung der bürgerlichen Demokratie in der Periode der politischen Aufklärung und der Revolutionszeit eher noch schärfer fassen.

Die geschichtliche Metamorphose religiöser Haltungen ist aber von der Tradierung und Transformation ursprünglich säkularer politischer Begriffe und Vorstellungen begleitet worden. Berdjajew hat unter dem Einfluß religionssoziologischer Auffassungen die geistigen Wurzeln des „*bourgeoisisme*“ ausschließlich

[77] Herbert Schöffler, *Protestantismus und Literatur. Neue Wege zur englischen Literatur des achtzehnten Jahrhunderts*, Leipzig 1922, S. 13.

[78] Vgl. Max Weber, *Gesammelte Aufsätze zur Religionssoziologie*, Bd. I, S. 84 ff.; Ernst Troeltsch, *Aufsätze zur Geistesgeschichte und Religionssoziologie*, in: *Gesammelte Schriften*, IV. Bd., Tübingen 1925, S. 394 ff.

[79] Hans Welzel in seiner Studie über John Wise, *Ein Kapitel aus der Geschichte der amerikanischen Erklärung der Menschenrechte*, in: *Rechtsprobleme in Staat und Kirche*. Festschrift für Rudolf Smend (Göttinger rechtswiss. Studien, 3), Göttingen 1952, S. 392.

[80] Hierzu sei vor allem auf die Erörterungen verwiesen, die Georg Jellineks berühmte Untersuchung nach sich gezogen hat: *Die Erklärung der Menschen- und Bürgerrechte. Ein Beitrag zur modernen Verfassungsgeschichte*, 4. Aufl. München/Leipzig 1927; vor allem Justus Hashagen, *Zur Entstehungsgeschichte der nordamerikanischen Erklärungen der Menschenrechte*, in: *Zeitschrift f. d. gesamte Staatswissenschaft*, Bd. 78/1924, S. 461—495; und Gerhard Ritter, *Ursprung und Wesen der Menschenrechte*, in: Ritter, *Lebendige Vergangenheit. Beiträge zur historisch-politischen Selbstbestimmung*, München 1958, S. 3—33; zusammenfassend Gerhard Oestreich, *Die Idee der Menschenrechte in ihrer geschichtlichen Entwicklung*, Berlin 1963.

[81] Schöffler, *Protestantismus*, S. 5.

im Hinblick auf die religiöse Realität erfaßt als „*croyance tenace en ce monde visible et l'incrédulité vis-à-vis de l'invisible. Le bourgeois est saisi par les choses visibles et tangibles, il en est frappé et séduit. La foi en une autre réalité, en la vie spirituelle, il ne la prend pas au sérieux, il se méfie de la foi d'autrui*"[82]. Diese Worte enthalten eine glänzende Charakterisierung des modernen rationalistischen und empirischen Denkens. Die Erfahrung duldet keine spiritualistischen Denktraditionen; doch sie bedient sich tradierter Begriffe und Prinzipien. Dies läßt sich in der Zeit, die bald die Philosophen mehr achtete als die Dichter, Newton und Malebranche mehr als Corneille und Racine, wie es Marivaux 1749 vor der Académie Française aussprach und zu begründen wußte[83], sowohl in der fortschreitenden rationalistischen Entwicklung einer naturrechtlichen Gesellschaftslehre als auch in der wissenschaftlichen Erfassung der menschlichen Individualität durch Psychologie und Anthropologie vielfältig beobachten.

Wissenschaftsgeschichtlich vollzog sich dieser Vorgang in den beiden Jahrhunderten zwischen Bacon und Bentham. Es entspricht übrigens einer bemerkenswerten Beobachtung, wenn Robert von Mohls ausführliche Würdigung Jeremy Benthams in seiner „Geschichte und Literatur der Staatswissenschaften" unmittelbar einer kritischen Behandlung der „Machiavelli-Literatur" nachfolgt; und er bestätigt expressis verbis, daß Bentham in seiner Sicht den vollkommenen Gegensatz zu Machiavelli verkörpere[84]. Später ist ein gleichartiger Gegensatz auch schon innerhalb der englischen Geistesgeschichte in Francis Bacon als dem Theoretiker eines „imperialistischen Empirismus" und in dem „Widerpart seines Landsmannes Bentham" erkannt worden[85]. Bacon hat versucht, die Naturerscheinungen zu erforschen und in Regeln zu fassen, um die Natur der menschlichen Einsicht und dem menschlichen Wollen zu unterwerfen, was ihm als höchste erreichbare Stufe menschlicher Macht erschien; die Intention des plus ultra verhielt nicht im Bereich des Politischen, sondern drang in umgreifende Zusammenhänge vor. Dieses universale epistemische Machtstreben Lord Bacons lag dem politischen Pragmatiker und Theoretiker Niccolò Machiavelli fern. Der Name Benthams aber repräsentiert schließlich eine Richtung, die sich vornehmlich den Menschen, den Motiven ihrer Handlungen wie ihren Leidenschaften zuwandte, über Verbrechen, Krieg, die allgemeinen Prinzipien der Moral und der Friedensordnung nachdachte.

Friedrich Meinecke, der sich lange und gründlich mit Machiavelli beschäftigt, Bacon wie Bentham aber nur knappe Bemerkungen gewidmet hat, zitiert das

[82] Berdiaeff, *De l'esprit bourgeois*, S. 47.

[83] B. Faÿ, *Große Revolution*, S. 21.

[84] Mohl, *Geschichte und Literatur der Staatswissenschaften, in Monographien dargestellt*, Bd. III, Erlangen 1858 (photomech. Nachdruck Graz 1960), enthält die Abhandlung „Jeremias Bentham und seine Bedeutung für die Staatswissenschaften" (S. 593—635).

[85] Oskar Kraus, *Der Machtgedanke und die Friedensidee in der Philosophie der Engländer. Bacon und Bentham* (Zeitfragen aus dem Gebiete der Soziologie, III. Reihe, 1. H.), Leipzig 1926, S. 29.

Lob, das Bacon Machiavelli spendete[86], und gibt den beachtenswerten Hinweis, daß die von Hobbes bezeichneten Staatszwecke, *commoda vitae, delectatio, iucundissime et beate vivere* der Bürger, bereits das Prinzip des größten Glücks der größten Zahl, das den Bestrebungen Benthams zugrunde liegt, ankünden; es „spukt hier schon vor", wie es Meinecke, seine eigene Stellungnahme andeutend, ausdrückte[87]. Der oberste Staatszweck des verschiedenartig umschriebenen Gemeinwohls[88] hat in einer empirisch beeinflußten gesellschaftlichen Identifikation wesentliche Abwandlungen und inhaltliche Bereicherungen erfahren. Dies läßt sich auch an der Geschichte der neueren Naturrechtsauffassungen und an den geradezu radikalen Veränderungen innerhalb der naturrechtlichen Staats- und Gesellschaftslehre ablesen. Im späten 17. und im 18. Jahrhundert ist der Einfluß des naturrechtlichen Denkens gewachsen, aber auch der Widerspruch zwischen *status naturalis* und *status socialis* deutlicher und schärfer ausgeprägt und theoretisch verarbeitet worden[89]. Immer größer wurde der Abstand von der unüberbietbaren Position des Thomas Hobbes, der den Gesellschaftsvertrag einseitig als Unterwerfungsvertrag gedeutet, den Herrscher zu einem *Deus mortalis* erhoben, ihm ein natürliches *ius ad omnia* zuerkannt und Staatsgewalt und Herrscher in der *persona civitatis* zur Identität gebracht hatte. Das Staatswesen war — zum Wohle des Ganzen — grenzenlos disponibel und als künstlicher Automat aus Menschen, ja als ein vom Herrscherwirken gelenkter Gesamtmensch, als *homo artificialis* betrachtet worden[90]. Im Grunde hat diese Extremposition des Absolutismus aber doch die Bewegung geradezu provoziert, die die Naturrechtslehre aufnahm, aber gegen die tradierten Rechtsverhältnisse anzuwenden suchte. Die vollständige Umkehrung der absolutistischen Lehre vom Gesellschaftsvertrag wurde im „*Contrat social*" Rousseaus in doktrinärer Konzision vollendet, vorher aber schon in der Lehre John Lockes und, unter seinem Einfluß, auch in den Auffassungen verschiedener Autoren der *Encyclopédie*[91] erreicht, die jede Identifikation des Monarchen mit seinem Staat aufs strikteste zurückwiesen. „*Aucun homme n'a reçu de la nature le droit de commander aux autres. La liberté est un présent du ciel, et chaque individu de la même espèce a le droit d'en jouir aussitôt qu'il jouit de la raison*", lautet ein vielzitierter Satz Diderots[92].

[86] Meinecke, *Die Idee der Staatsräson,* S. 463. Vgl. o. Anm. 29.

[87] a. a. O., S. 252. Das Interesse an Bentham blieb in Deutschland stets geringer als das an Bacon; aber die Faszination, die von dem großen Florentiner Machiavelli ausging, hat noch weitaus stärker auf die Geschichtsschreibung und historische Theorie eingewirkt. Die Ideen und Denkwege Bacons sind freilich ungleich verwickelter.

[88] Vgl. Walter Merk, *Der Gedanke des gemeinen Besten in der deutschen Staats- und Rechtsentwicklung,* in: Festschrift für Alfred Schultze, Weimar 1934, S. 451—518.

[89] Vgl. Gierke, *Genossenschaftsrecht* IV, S. 383 ff.

[90] Gierke, *Althusius,* S. 190; vgl. auch die Position von Leo Strauss, *Naturrecht und Geschichte,* Stuttgart [1956], S. 197 ff.

[91] Hierzu die Untersuchung von Eberhard Weis, *Geschichtsschreibung und Staatsauffassung in der französischen Enzyklopädie* (Veröffentlichungen des Instituts für europäische Geschichte Mainz, Bd. 14), Wiesbaden 1956.

[92] Art. „*Autorité*", in: *Encyclopédie ou Dictionnaire Raisonné des Sciences, des*

*„Ce n'est pas l'état qui appartient au Prince; c'est le prince qui appartient à l'état.“* Die wahre Ordnung menschlicher Gemeinschaft unterliegt anderen, natürlicheren Gesetzen als denen der Herrschaft eines Fürsten. Bedürfnisse (*besoins, besoins physiques*), natürliche Beziehungen (*rapports*), Hang zur Geselligkeit (*sociabilité*) ergeben die allgemeinen Bedingungen der *société universelle. „Les hommes sont faits pour vivre en société“*, so übertrug Diderot das aristotelische Wort vom ζῶον πολιτικόν[93]. Das *gouvernement civil* oder der *souverain civil* erfüllt einzig die Aufgabe, die Gemeinschaft von Störungen und Gefährdungen frei zu halten; er wird zur *autorité tutélaire*[94] einer *société régulière*[95].

Dieser Scheidung von Souverän und Sozietät liegen letztlich wesentliche Modifikationen des Maßnehmens am *bonum commune* zugrunde. Ciceros Satz *„Salus publica suprema lex esto“* zählte zu den „obersten Normen des Naturrechts“[96]. Doch immer bestimmter wurde die Auffassung vertreten, daß jedes wohlerworbene Privileg hinfällig werde, sobald es der *salus publica* widerspreche. Sobald man also die tradierten Deduktionen in Frage zu stellen und nach dem Gemeinen Wohl kritisch zu fragen beginnt, ergibt sich mit zwangsläufiger Konsequenz ein offenbar notwendiger Zusammenhang zwischen allgemeiner Moral und empirischem Glück des einzelnen. Diderot beschrieb dieses Problem: *„Toute l'économie de la société humaine est appuyée sur ce principe général et simple: je veux être heureux; mais je vis avec des hommes qui, comme moi, veulent être heureux également chacun de leur côté: cherchons le moyen de procurer notre bonheur, en procurant le leur, ou du moins y jamais nuire*[97]*.“*

## *Imperium litterarium: République des lettres oder Democratia litteraria*

Dem ging nun aber bereits die Idee einer ausgezeichneten Rolle der Philosophen, sogar einer Herrschaft von Gelehrten voraus, in der sich die Vorstellung von einer elitären Tätigkeit mit dem Ziele einer idealen Verbesserung der irdischen Zustände aufs innigste verbanden. Kants berühmte Antwort auf die Frage „Was ist Aufklärung?“ bezeichnet gleichsam den Endpunkt dieses Vorgangs, in dem sich der Philosoph seiner eigentümlichen Aufgabe entäußert, um

*Arts, et des Métiers par une société de gens de lettres,* Nouvelle Edition, Genève 1777, T. I (Die Erstausgabe erschien in Paris 1751—1765).

93 Diderot, Art. *„Société“; Encyclopédie,* T. XXXI. Solche und ähnliche Wendungen sind überaus zahlreich. „Il est évident que l'homme ... est destiné par la nature à vivre en société“, heißt es bei dem Physiokraten Le Mercier de la Rivière, *L'Ordre naturel et essentiel des Sociétés politiques,* Londres 1767, S. 3.

94 Le Mercier, a. a. O., S. 258.

95 Dieser Ausdruck von Pierre Samuel Dupont de Nemours, *La Physiocratie, ou Constitution naturelle du Gouvernement le plus avantageux au Genre Humain,* Yverdon 1768, Tome 1, S. XXVI, Discours de l'éditeur.

96 Gierke, *Althusius,* S. 301.

97 Art. *„Société“.*

die allgemeine geistige Freiheit des Menschen zu proklamieren: den „Ausgang ... aus seiner selbstverschuldeten Unmündigkeit", seine Fähigkeit, „sich seines Verstandes ohne Leitung eines anderen zu bedienen". Damit geht die Aufklärung in eine allgemeine Bewegung von europäischer Ausdehnung über.

Elitäres Bewußtsein und fortschreitende Aufklärung durch die Literaten waren schon früher zwei Seiten ein und derselben Bewegung. Der berühmte Titel der „*Nouvelles de la République des Lettres*", die Pierre Bayle herausgab, schuf das Schlagwort. Bayle war auch der Autor einer ersten kritischen philosophisch-literarischen Enzyklopädie[98]. Mit großem Eifer wurde die Ausbreitung wissenschaftlicher und literarischer Kenntnisse und Ansichten als Aufgabe angenommen und mit den erdachten Mitteln hierzu betrieben. In einem Brief an Jean Leclerc schrieb Bayle über Ort und Art der geplanten „*Nouvelles*", „*qu'il faut tenir un milieu entre les Nouvelles de Gazette et les Nouvelles de pure science, afin que les Cavaliers et les Dames, et en général mille Personnes qui lisent et qui ont de l'Esprit, sans être Savans, se divertissent à la lecture de nos Nouvelles ... il faut donc égaler un peu les choses; y mêler de petites Particularités, quelles petites Railleries, des Nouvelles de Roman et des Comédies et enfin le diversifier le plus qu'on pourra*"[99]. Man darf dies das erste Programm der europäischen Aufklärung nennen, das den europäischen Einfluß des hugenottischen Emigranten Pierre Bayle vorbereitete[100].

Der Idee einer Republik der Gelehrten entsprach der sich festigende und

[98] Das *Dictionnaire historique et critique par Monsieur Bayle,* Rotterdam 1697, 2 Bde., kann als ein Vorläufer der berühmten Encyclopédie gelten. Es sammelte in enzyklopädischer Manier Stichworte vor allem über historische Persönlichkeiten. Die einzelnen Artikel folgen sowohl der Absicht wissenschaftlicher Unterrichtung als auch der Kritik, die Fehler, Legenden, Verwirrungen und Verfälschungen der Geschichte aufklären will. Dies spiegelt sich besonders in den teilweise umfänglichen Anmerkungen zu dem informierenden Text wider, die viele Textzitate und Literaturangaben enthalten. Die teilweise eindringenden Auseinandersetzungen Bayles mit einer Reihe von Philosophen läßt so etwas wie eine Rangordnung ihrer Einschätzung sichtbar werden. Umfangreiche Behandlung erfahren vor allem Epikur, Äsop, Euripides, Erasmus, Grotius — „l'un des plus grans hommes de l'Europe" —, auch Socinus. Wesentlich geringer ist der Umfang der Artikel über Hobbes, Pascal, aber auch Plotin. Die Namen Platon, Pufendorf, Locke und Leibniz fehlen ganz. Aus der Literatur über Bayle und sein Dictionnaire seien hier die Bemerkungen von Paul Hazard, *Krise,* S. 130 ff., die gründliche Untersuchung von Erich Haase, *Literatur des Refuge,* S. 442 ff. und 405 ff., sowie Ernst Cassirer, *Die Philosophie der Aufklärung,* S. 269 ff., hervorgehoben. Vgl. auch Elisabeth Bernardine Sugg, *Pierre Bayle. Ein Kritiker der Philosophie seiner Zeit,* Leipzig 1930; und Fritz Schalk, *Einleitung in die Encyclopädie der französischen Aufklärung,* München 1936.

[99] Zit. von H. C. Hazewinkel, *Pierre Bayle à Rotterdam,* in: Paul Dibon (Hrsg.), *Pierre Bayle, le philosophe de Rotterdam. Etudes et documents (*Publications de l'Institut Français d'Amsterdam, 3), Amsterdam/London/New York/Princeton/Paris 1959, S. 28.

[100] C. Louise Thijssen-Schoute, *La diffusion européenne des idées de Bayle,* in: Dibon, *Pierre Bayle,* S. 150—195.

verengende Zusammenhang von Anhängern der Wissenschaften, die häufig sowohl Philosophen als auch Schriftsteller und Dichter waren und die mit wechselnden Neigungen, Fähigkeiten und Leistungen die Universalität ihrer Bildung wie ihrer epistemischen Interessen zu pflegen und mit didaktischen Zwecken zu verbinden suchten. Tradierte Momente der *humanitas*, wie sie von den italienischen Humanisten aufgefaßt worden war, das Ideal der platonischen Akademie, deren Name gelegentlich wieder aufgenommen wurde, wie in der berühmten *Academia Platonica* Lorenzo de' Medicis, vereinigten sich mit klassischen Vorstellungen von der Republik, die Cicero ausgeprägt hatte und die von ihm überkommen waren. All dies nahm die aristokratische Republik der durch Bildung und Wissen ausgezeichneten Männer in sich auf, die sich mit nahezu allen vorkommenden Dingen beschäftigten, vor allem mit der Frage nach der Gerechtigkeit und der Vernunft in der politischen Ordnung, die aber keineswegs in Wahrheit regieren, also Politik allen Ernstes gar nicht betreiben konnten und auch nicht betreiben wollten. Sie waren Planer, Ideen-Architekten, selten Praktiker.

Von Leibniz, dem Begründer der Berliner Akademie, rührte der größte und gedanklich vollkommenste Entwurf her, eine neue universale Einheit als eine Einheit des Wissens, eine Einheit der politischen Gemeinsamkeit und eine neue Einheit der Konfessionen zu stiften, dem Menschen Europas eine Kosmopolis zu schaffen. Diese Höhe und Weite erreichten nur wenige Entwürfe. Aber die Gelehrtenrepublik war eine Republik der Ideen, die immer reicher entwickelte Gestalt annahm, in der sich bald Protestanten mit Katholiken, Theologen und Naturwissenschaftler, vor allem Kompilatoren, Gelegenheitsliteraten, Historiker, Journalisten und Poeten zusammenfanden. Nach dem auch in Deutschland bekanntgewordenen Beispiel der *República Literaria* des Diego Saavedra Fajardo, eines gelehrten spanischen Diplomaten und Unterhändlers während der Verhandlungen, die dem westfälischen Friedensschluß vorausgingen, entstand in einem Jahrhundert von Jakob Thomasius bis Klopstock eine Reihe ebenso phantastischer wie sorgsam durchdachter Entwürfe[101].

Saavedras Schrift von 1612, die erst nach dem Tode ihres Autors veröffentlicht wurde, erscheint den Utopien der späten Renaissance verwandt. Die phantastischen Schilderungen mögen als ein Thesaurus barocker Wissensformen und -gehalte Beachtung finden; die stärkste Faszination der Gedankenspiele des

[101] Saavedra Fajardo, *República Literaria* (Clásicos Castellanos), Madrid 1922. Eine Auswahl von aphoristischen Äußerungen, „Pensamientos diversos sacados de las obras de D. Saavedra Fajardo", enthält die Ausgabe von El Conde de Roche y D. José Pío Tejera, *Saavedra Fajardo. Sus pensamientos, sus poesías, sus opúsculos*, Madrid 1884, S. 3—95. Eine wichtige Quelle für die Geschichte der Gelehrtenrepublik in Deutschland ist die Überlieferung von Kapp in seinem umfänglichen Annex zur Schrift von Saavedra, *Die Gelehrte Republic. Durch Don Diego Saavedra* usw., Mit einer Vorrede und einigen Anmerkungen Herrn Joh. Erhard Kappens, Professoris zu Leipzig, Leipzig 1748, S. 201—280. Vgl. auch Max Kircheisen, *Klopstocks Deutsche Gelehrtenrepublik* (Germanisch und Deutsch. Studien zur Sprache und Kultur, 3. Heft), Berlin/Leipzig 1928.

Autors geht jedoch von der Ambivalenz seiner Darstellung aus, die charakteristische Züge einer utopischen Republik unaufhörlich mit Vorgängen und Erscheinungen seiner Zeit in Beziehung bringt. Sie verschmäht auch nicht den Stil der Travestie; und ihre Anfänge lesen sich wie eine ironische Antithese zur Beschreibung der *„Città del Sole"* Campanellas[102], jener geheimnisvollen utopischen *civitas solis*, die von dem Priester Sol beherrscht wird, des Richters und Wahrers des Geistes der Stadt, die an die antike Polis und ihre Eunomie erinnert. Hierin kann man aber auch eine Parabel erblicken, mit der eine politische Ordnung vorgestellt wird, in der der Geist der Gemeinschaft vom Geist der Wissenschaft bestimmt, ja sogar mit ihm identisch ist.

In Saavedras parodistischer Eröffnung stellt die Ironie des Politikers die politische Ausdrucksform des Philosophen auf den Kopf. Dieser Effekt bringt die Idee der Gelehrtenrepublik hervor. Campanella läßt einen reisenden Seefahrer (*Nautarum gubernator Genuensis hospes*) im Gespräch mit dem Verwalter eines Klosterhospizes sein Garn spinnen. Der empirisch genaue Saavedra dagegen berichtet über ein Traumerlebnis, das eben so wahr und so bedeutsam ist und auch sein soll, wie es Träume nur sein können. Campanellas Stadt ist in sieben Kreise oder Rundgänge aufgeteilt, verfügt über vier Tore, sieben gewaltige Erdwälle und bietet sich in einer kurzen minuziösen Beschreibung als fortifikatorisches wie architektonisches Wunderwerk dar, in dem die geheimnisvolle *civitas* lebt. Sein Zeitgenosse Saavedra läßt die Mauern seiner Stadt mit Gänsekielen bewehrt, den Graben mit Tinte gefüllt und die Türme aus Papier sein, kurzum eine Parodie von vollkommener Lächerlichkeit auf das bekannteste Gebilde der befestigten Macht mittelalterlichen Gemeinwesens. Doch von der drastischen Ironie schreitet die Schilderung zu phantastischem Ernst vor. Sie führt durch die einzelnen Teile der Stadt, die Vorstädte, in denen die Gewerbe ihren Wohnsitz haben, die Viertel der bildenden Künste, dann die der sieben freien Künste, in die inneren Bezirke hinein, wo die Bibliothek, die Schulen und die Universität angelegt sind, und zuletzt schließlich in die Akademie der Philosophen und in den Hain der Dichter.

Jede Begebenheit, die Saavedra erzählt, ist doppelbödig oder mehrdeutig, erscheint dazu bestimmt, die Unzulänglichkeiten menschlicher Gemeinschaft, die Neigungen zum Absurden und das Lächerliche im Treiben der Gelehrten und Dichter vor Augen zu führen. Allerorten offenbart sich neben dem Großen und Erhabenen das Groteske, erscheinen Überheblichkeit, Anmaßung, Bosheit und Torheit in vielerlei Gestalt, die Signaturen der Wirklichkeit als ein reiches Kaleidoskop nicht endender Widersprüche. In den einzelnen Teilen des bunten, überaus komplizierten, in verwickelten Darstellungen sichtbar werdenden Gemäldes kann man die grobe Persiflage, ironischen Witz, düstere Zeitkritik, den unüberbietbaren großartigen Schelmentanz schweifender barocker Phantasie, aber auch

[102] Einen Vergleich mit Campanella hält auch Kircheisen, *Klopstocks Gelehrtenrepublik*, S. 26, aber doch wohl aus anderen Gründen, für möglich. Bei eingehender Prüfung ergibt sich jedoch eindeutig ein Gegensatz, der nicht unbeabsichtigt sein dürfte.

das Zeugnis einer scharfsinnigen Systematisierung gründlich erfahrener und erforschter wesentlicher Vorgänge im geistigen Panorama erblicken.

Hinsichtlich der letzten Absichten und Ansichten Saavedras, die zutage treten, gibt es indessen keine Zweideutigkeit. In überraschenden und grotesken Wendungen wird hinter den Äußerlichkeiten seiner Stadt ein widerspruchsvolles und ambivalentes Inneres und Geistiges enthüllt. Ein deutscher Übersetzer hat ein Jahrhundert später den Kern wohl richtig getroffen: „Wenn man dieselbe von innen betrachtet, so findet man sie gar nicht so beschaffen, wie es ihre äußerliche Schönheit vermuthen lässet. In viellen Dingen hat sie nur einen scheinbaren und erdichteten Glanz. Einige Gebäude waren auf einem falschen Grunde aufgeführet. Die Einwohner beschäftigten sich, mit mehr Eitelkeit als Beurtheilungskraft, aus dem Schutte des einen und den Baumaterialien eines anderen Gebäudes immer neue aufzuführen. Dadurch wurde in der ganzen Stadt alles vom untersten zum obersten gekehrt; alles gerieth in Unordnung, und die Einwohner hatten mehr Verwirrung als Vortheil von allen ihren Arbeiten. Durch alle ihre Bemühungen bekam zwar die Stadt immer ein anderes Ansehen; allein keine mehrere Größe. Sie verlor dadurch vieles von dem Glanze und von der Erweiterung, wozu sie hätte gelangen können ...[103]." Doch es bleibt nicht bei der phantasievollen Schilderung der Kontraste, die die gesamte Bildungswelt und Kultur der Zeit in dem Panorama einer übersichtlichen Stadtgemeinde dem Leser präsentiert. Der aus dem Traum erwachende Autor deutet schließlich selbst seine Traumgeschichte. Er sieht, daß nicht derjenige schon wahrhaft weise ist, der sich vor andern hervortut, sondern nur der, der richtige Begriffe von den Sachen hat, der unbegründete Meinungen der Menge verachtet und nur diejenigen Güter als wertvoll ansieht, die vom eigenen Vermögen und nicht von fremdem Willen abhängen, der stets standhaft bleibt und sich der Ergriffenheit durch Liebe oder Furcht erwehrt, der zwar bewegt, aber niemals heftig berührt oder gar in Verwirrung geführt wird[104]. Die Republik, die sich hierauf gründen wollte, kann nur eine aristokratische Republik sein. Saavedra erkennt, daß die Gelehrtheit allein nichts taugt, um eine Republik zum größeren Heile der Menschen zu regieren; erst wenn in den Menschen Ordnung und Maß ist, kann die Republik zu ihrem Nutzen existieren. Sie bedarf also der Tugenden; und sie verlangt danach, daß die Einheit der Wissenschaften bewahrt und keine für sich allein gepflegt und entfaltet wird.

In der Folge beschränken sich die Erörterungen über die Gelehrtenrepublik nicht allein auf die Ethik der Weisen. Sie verloren die phantastische, barocke Farbe und Lebendigkeit der Schilderungen Saavedras, waren dafür systemati-

[103] Kapp, *Saavedra*, S. 92 f.

[104] Wörtlich: „... que no es el sabio el que más se aventaja en las artes i sciencias, sino aquel que tiene verdaderas opiniones de las cosas, i, despreciando las del vulgo, ligeras y vanas, solamente estima por verdaderos aquellos bienes que dependen de nuestra potestad, no de la voluntad agena; a cuyo ánimo, siempre constante i opuesto a las aprehensiones del amor o temor, alguna fuerza mueve i ninguna impele o perturva." Saavedra, *República Literaria*, S. 227 f.

scher, aufs Prinzipielle gerichtet und wandten sich schließlich der Frage nach der Regierungsform dieser fiktiven Republik zu. Dem ausgedehnten Bericht des Johann Erhard Kapp zufolge ist auch in Deutschland während der ersten Jahrzehnte des 18. Jahrhunderts eine Anzahl von Abhandlungen über die *Respublica litteraria* weithin bekannt geworden, die teils dem Vorbilde Saavedras, teils Pierre Bayle oder auch beiden folgten.

Jakob Thomasius, Leipziger Thomaskantor und Vater des berühmten Rechtsgelehrten, beantwortete die Frage nach dem „glücklichsten Zustand der *Reipublicae litterariae*“ 1665 noch mit der Behauptung, daß er allein durch ein monarchisches Regiment gewährt werde: *„Nusquam felicior est, uti civilis, ita literaria Res publica quam, sub unius imperio.“* Die Schrift *„De republica literaria“* des Leipziger Philosophen Joahnn Georg Pritius von 1698 erscheint eher als eine empirische Beschreibung. Sie stützt sich auf Bayle und spricht von einer „Gesellschaft gelehrter Leute . . ., welche bemühet wäre, gute Künste und Wissenschaften zu verbessern, zu befördern und fortzupflanzen“. Sie sei durch die ganze Welt zerstreut und heiße daher auch „die gelehrte Welt“. Ihr Ursprung sei unbekannt. Sie kenne kein Oberhaupt; ihre Bürger seien einander gleich. In Christian Löbers *„De forma regiminis Reipublicae“* beruht dann die über die Welt verstreute Republik der Gelehrten auf ihrer gemeinsamen Bindung an die Zwecke der „allgemeinen Beförderung der menschlichen Wohlfarth“; da sie jedoch keine wahre Herrschaft kenne, sei sie auch gar keine wirkliche Republik. Der Hallenser Gelehrte Johann Friedemann Schneider vertrat schließlich zwanzig Jahre später die Ansicht, die den aufgeklärten Absolutismus ankündigt: daß der Rat der Gelehrten im Bunde mit dem herrschenden Fürsten am besten der Wahrheit diene und den größten Nutzen stifte. Die Gelehrtenrepublik werde erst durch das Bündnis mit der Macht politisch und nützlich: *„Neque alienus est hic gubernandi modus a politica artium professione et propagatione, cum principes ingenii ac doctrinae viri ad illum in Senatu suo collecti, ubique accedunt. Qua prudentia atque industria instructi sunt, errores corrigunt, ac veritatem, quae per singulos sparsa et diffusa est, opportune congerunt atque conseruant.“* Die Utopie ist aufgegeben. Die Ideen der aufgeklärten Gelehrten der sächsischen Universitäten bewegen sich in den Grenzen der politischen Wirklichkeit. Sie begleiten das Formenspiel der politischen Mächte und ihrer Regierungen, wenden sich jedoch dem „Innenverhältnis“ der Staaten vornehmlich zu und gewinnen ständig an eigenem Zusammenhang. Aus der Utopie wurde insofern auch schon eine Wirklichkeit, als die Gesellschaft der Aufklärer sich eben als solche empfand und ansah. Eine zunehmende Zahl gelehrter Zeitschriften, Traktate und Bücher kündete von ihr; die in die Breite wachsende Literatur sicherte und vertiefte den ständigen Austausch. Friedrich Nicolai konnte 1765 schreiben: „Die besten Köpfe in Deutschland machen der weiten Entlegenheit ohnerachtet zusammen eine Art von kleiner Republik aus . . .[105].“ Sie lebten zerstreut an vielen Orten

[105] Zit. nach Kircheisen, S. 42.

und waren dennoch miteinander verbunden in dem Bestreben, Einsicht und Weisheit zu erlangen, aber auch anzuwenden.

Das fromme Bekenntnis, das der Logik dieses Zusammenhangs zugrunde lag, wird aus einer Dissertation des Johann Hermansson zu Upsala von 1735 zitiert. In seiner Schrift „*De Democratia litteraria*" nannte er es „das vornehmste Gesetz, welches alle Gelehrte halten müssen: Befleißige dich bey Treibung der Wissenschaften einer vernünftigen Gewißheit und hüte dich, daß du nichts behauptest oder zugestehest, was der heiligen Offenbarung, gesunden Vernunft und deutlichen Erfahrungen zuwider ist. Weil aber die Anzahl der Wahrheiten, die man zur Erlangung der Weisheit erlernen muß, so groß, und die Anwendung auf vorfallende Fälle so schwer ist, daß sie von einem Menschen nicht angestellet werden kann: so erhellet daraus die Nothwendigkeit der gelehrten Republic nehmlich, daß sich viele zusammenthun und diese Wahrheiten unter sich theilen müssen"[106]. Von dem, der ein nützliches Mitglied dieser Republik sein will, wird aber gefordert: „1. daß er eine gründliche Erkenntnis einiger nöthigen und nützlichen Wahrheiten besitze; 2. daß er die Geschicklichkeit habe, die erkannten Wahrheiten zur Ehre Gottes, zu seiner und anderer Menschen Glückseligkeit und Nutzen anzuwenden"[107]. Da die geistigen, im besonderen die wissenschaftlichen Fähigkeiten der ihr Zugehörenden die Republik konstituieren, wird auch die Herrschaft in dieser Republik in parabolischer Verfremdung der politischen Begriffe beschrieben. Das *imperium litterarium* meint „die hohe Gewalt in der gelehrten Republic, alle nützliche und nöthige Wahrheiten, welche zur Weißheit, als dem letzten Endzweck derselben, etwas beytragen, durch allerhand Art Künste und Wissenschaften auszuforschen, zu prüfen und vorzutragen". Hermansson beschreibt eine „dreyfache Art" dieser „Gewalt". Sie „bestehet erstlich in dem Recht, nützliche und nöthige Wahrheiten zu erfinden, zum andern in dem Recht, dieselben zu untersuchen, und zum dritten in dem Recht, dieselben vorzutragen. Damit man aber diese Majestäts Rechte gehörig ausüben möge, so wird die Freyheit zu denken erfordert." Hermansson definiert sie als „die Macht, sich der Kräfte der Seele zu bedienen, in wieweit die Natur des menschlichen Verstandes und der von Gott vorgeschriebene Endzweck dasselbe zulässet, allerhand nöthige und nützliche Wahrheiten auszuforschen, zu untersuchen und dieselben vorzutragen".

106 Hinweise auf Hermanssons Arbeit sind Kircheisen zu entnehmen, der noch ein lateinisch geschriebenes Exemplar nachweisen konnte, das aufzufinden mir nicht möglich gewesen ist. Eine ausführliche Inhaltsangabe mit längeren, ins Deutsche übertragenen Zitaten enthalten ebenfalls die Anmerkungen von Kapp, *Saavedra,* S. 211 ff. Die Wiedergabe der Ideen Hermanssons wird dort mit Worten eingeleitet, die keinen Zweifel an der Einschätzung Hermanssons lassen: „Unter allen Scribenten aber hat keiner diese Materie von der Gelehrten Republic weitläufiger abgehandelt als Herr Johann Hermansson, Eloqu. et Politices Professor zu Upsal, der im Jahr 1735 und 1737 zwey Dissertationes, de Democratia litteraria, daselbst gehalten hat."

107 Kapp, a. a. O., S. 214. Diese Stelle wird von Kircheisen, *Klopstocks Gelehrtenrepublik,* S. 54, in ihrer lateinischen Fassung zitiert.

Die Verdichtung rationalistischer, humanistischer und theologischer Gedankenkombinationen führt dann bei Hermansson zu einem anthropologischen Entwurf, der in der Begründung der Denkfreiheit, die sowohl psychologische als auch theologische und moralische Argumente verwendet, andeutungsweise sichtbar wird[108]. Sie hebt sich sowohl von der „Knechtschaft" als auch von der Maß- und Maßstablosigkeit ab, die er die „Frechheit" nennt: „Die Knechtschaft zu denken ist, da einer entweder selbst der Herrschaft seiner Neigungen oder menschlichen Ansehens sich unterwirft, dergestalt und also, daß er seine Vernunft und Kraft zu denken weder gebrauchen kann noch will, ... oder wenn einer von andern gezwungen wird, solche Neigungen anzunehmen und zu vertheidigen, woran er doch in seinem Herzen einen Abscheu hat." Aber „die Frechheit zu denken ist, wenn einer die Grenzen aller Schamhaftigkeit und Gottseligkeit überschreitet, göttliche und menschliche Gesetze auf die Seite setzet, und seine Kraft zu denken also gebrauchet oder vielmehr misbrauchet, daß er die deutlichsten und nöthigsten Wahrheiten anficht, Irrthümer und schädliche Meynungen auf die Bahn bringet ... Die gelehrte Republic liebt keine Knechtschaft, keine Frechheit, sondern die wahre Freyheit zu denken. Diese maßet sie sich nach menschlichen und göttlichen Rechten an"[109]. Auch diese Gedanken gründen die Republik auf eine Ethik, der die aufklärerische Moral des Nutzens und des Glücks aller zugrunde liegt.

Der Idee und den Entwürfen der Gelehrtenrepublik folgte die „allgemeine Akademie- und Gesellschaftsbewegung des 18. Jahrhunderts"[110] nach. Die Schicht der intellektuellen Träger der Aufklärung wuchs in die Breite, strebte in viel-

[108] Die „Freyheit zu denken ist zweyerley: die erste ist die innerliche, die andere ist die äusserliche. Die innerliche Freyheit zu denken, ist die Gewalt, sich der Kräfte der Seele zu bedienen, die ein jeder von Gott bekommen hat, alle und jede nützliche Wahrheiten zu erfinden und zu untersuchen, wie es die Natur des menschlichen Verstandes und der von Gott abgezielte Endzweck zulässet. Dieses ist entweder physicalisch oder moralisch. Die physicalische Freyheit zu denken ist die natürliche Gewalt, die ein jeder hat zu denken und nicht zu denken von allen Dingen, wie es die Natur des menschlichen Verstandes zulässet. Diese Macht ist endlich und eingeschränkt, und man muß daher über folgende Grenzen nicht steigen, 1) müssen wir mit diesen Gedanken nicht über das Daseyn Gottes hinaufsteigen, wohin diejenigen gehören, welche fragen, wie die Welt beschaffen seyn würde, wenn kein Gott wäre, und was man alsdann vor ein Recht der Natur haben würde; 2) müssen wir nicht erforschen wollen, was uns weder durch die Natur, noch durch die Offenbarung bekannt worden; 3) müssen wir nicht in allen Stücken nach einer vollkommenen Erkenntnis streben, sondern mit einiger Erkenntnis zufrieden seyn. ... Die moralische Freyheit zu denken, ist die Gewalt, der Kräfte der Seele sich zu bedienen, alle nützliche und nöthige Wahrheiten zu erfinden und zu prüfen, so weit der Endzweck, weßwegen Gott den Verstand als die Kraft zu denken den Menschen gegeben hat, solches zulässet ... Die äußerliche Freyheit zu denken ist die Macht oder Zulassung, daß wir unsere Gedanken öffentlich vortragen und dieselben andern mündlich oder schriftlich mitteilen können." Kapp, a. a. O., S. 215 ff.

[109] a. a. O., S. 218.

[110] Heinz Gollwitzer, *Ideologische Blockbildung als Bestandteil internationaler Politik im 18. Jahrhundert*, in: *Hist. Zeitschr.*, Bd. 201 (1965), S. 309.

fältigen Formen aber auch enger zusammen in Akademien und in Salons, in wissenschaftlichen Sozietäten, freien Gesellschaften also, die unabhängig vom Ständewesen existierten und Wissenserwerb, Austausch und Vermittlung als Zweck der Vereinigung betrachteten, in Freimaurerlogen, humanitären Zirkeln, später auch in patriotischen Gesellschaften und in mancherlei Orden.

Stets spielten das Theater und die schöne Literatur, Romane, Fabeln und Essays, also die etablierten Mittel der Kommunikation die erste, lange Zeit auch die wichtigste Rolle. Daß im England des 18. Jahrhunderts dem Theater andere Bezirke vorbehalten blieben, läßt sich aus der puritanischen Überzeugung erklären, die dazu neigte, auch schöne Literatur und Theater als eitle „*idolatry*" zu verwerfen[111]. Fast alle hervorragenden englischen Autoren, die uns hier noch beschäftigen werden, waren zeitweilig Pfarrer oder Leiter von Sekten oder Gemeinden der Dissenters. Einige standen auch als Sekretäre oder Gehilfen im Dienste einflußreicher adeliger Politiker; andere wurden Universitätslehrer. Hutcheson, Reid, Ferguson und Smith waren Lehrer der Moralphilosophie, die als Universitätsdisziplin in England die Theologie, die Morallehre in engerem Sinne (Ethik), und die Naturrechtslehre umfaßte, aus der sich die politische Ökonomie aus- und absonderte.

Wie die privaten Akademien und Gesellschaften in Venedig und die *Accademia fiorentina* unter Cosimo de'Medici zu Pflanzstätten frei sich entfaltenden Geistes wurden, der sich zu kritischen reformistischen und utopischen Ideen aufschwang[112], so mündete auch die Aufklärung des 18. Jahrhunderts in eine sich verdichtende Kritik. Die von Richelieu nach dem Vorbild der *Accademia fiorentina* geschaffene *Académie Française* hatte hieran zunächst nur geringen Anteil; sie blieb länger als das Vorbild Stätte der staatlich geförderten Konzentration und Kontrolle des wissenschaftlichen und literarischen Geistes. Doch in der Regierungszeit Ludwigs XV., der manchen unliebsamen Geist verfolgen ließ, wirkte schon die fördernde Hand seiner europäischen Gegner, die keine geringere Anziehungskraft ausübten als das weltoffene, brodelnde London oder Jahrzehnte früher die von kirchlicher Orthodoxie freie Luft Amsterdams in seiner westeuropäischenMittellage. Nach der Reorganisation des preußischen Staates durch den streng pietistischen König Friedrich Wilhelm I. hat der Hof Friedrichs des Großen, der selbst unter dem Einfluß der Ideen Bayles und Voltaires stand, eine

[111] Schöffler, *Protestantismus und Literatur*, S. 10 ff.

[112] Pompeo Gherardo Molmenti, *Storia di Venezia nella vita privata*, deutsche Übers. unter dem Tit.: *Venedig und die Venetianer. Entstehung, Glanzperiode und Verfall*, Hamburg 1886, S. 381; Leonardo Olschki, *Bildung und Wissenschaft im Zeitalter der Renaissance in Italien*, Leipzig 1922, S. 195 ff.; Heinrich Kretschmayr, *Geschichte von Venedig* (Geschichte d. europ. Staaten), Bd. III, Stuttgart 1936, S. 219; R. v. Albertini, *Das florentinische Staatsbewußtsein*, S. 283 ff. „In Italien, in Spanien, in Frankreich, in Deutschland sind die Akademien aus dem Gegensatz zu der unbeweglichen Tradition der Universitäten entstanden", urteilt Werner Krauss, Studien zur deutschen und französischen Aufklärung, Berlin (Ost) 1963, S. 41.

Reihe berühmter Autoren, namentlich durch die Vermittlung d'Alemberts und Condorcets, aufgenommen und mit ansehlichem Salär versehen.

In Frankreich sind zahlreiche Salons entstanden, die Jahre hindurch als Punkte der Kommunikation und geistigen Kristallisation Bedeutung besaßen[113]. Um die Mitte des Jahrhunderts standen berühmte Damen auch im Mittelpunkt der Geselligkeiten der Philosophen, Madame de Tencin, die Mutter d'Alemberts, in deren Salon Fontenelle und Montesquieu den Ton angaben, Madame Geoffrin und Madame du Deffand, bei der d'Alembert, Montesquieu, Grimm und andere zusammentrafen, und die fromme Madame Necker. Immer aber geht die Attraktion zur Sammlung von einigen Männern und ihren Auffassungen aus, die Gesellschaften und Klubs als Vereinigungen auf der Grundlage bestimmter Absichten oder Ideen entstehen ließen. Die physiokratischen *Economistes* trafen sich bei Quesnay, später bei Turgot. In besonderem Maße ist Holbach, der in Edesheim in der Pfalz geboren worden und durch Adoption eines in Paris eingebürgerten und geadelten Verwandten in den Genuß eines großen ererbten Vermögens gekommen war, zum Freund, zum Mäzen und sein Haus in der Rue Royale-Saint-Roch zur „Synagoge" der Philosophen geworden[114]. In dem Salon Holbachs und dem der Madame Helvétius, der Witwe des Philosophen, in Auteuil, wo der gleichgesinnte Abbé de la Roche als Maire amtierte[115], versammelten sich die bedeutendsten Köpfe der späten Aufklärung, die sich zum größten Teil schon bei der Herausgabe der *„Encyclopédie"* zusammengefunden hatten, Diderot, d'Alembert, Condillac, Condorcet, Malesherbes, Helvétius, Raynal, Rousseau, Turgot, Morellet, Volney, Garat, Cabanis und Benjamin Franklin während seiner Pariser Jahre. Der Begriff der Gesellschaft, die „Sozietät" des Aufklärungszeitalters, gewann auch nach dieser Seite hin Inhalt und Bedeutung, die nichts mehr mit der *societas civilis* gemein haben, von der die Naturrechtler des 17. Jahrhunderts sprachen.

In den Sozietäten der späten Aufklärung erschließt sich eine überaus bedeutsame Seite des Geistes und der Entwicklung dieser Zeit und Bewegung. D'Alembert hat dies im *Discours préliminaire* der *„Encyclopédie"* in einer bemerkenswerten Wendung angedeutet: *„La communication des idées est le principe et le soutien de cette union, et demande necessairement l'invention des signes; telle est l'origine de la formation des sociétés avec laquelle les langues ont dû naître*[116]." Ohne deutlich angebbare Grenzen dringen die Ideen der *société de*

113 D. Mornet, *Origines intellectuelles de la Révolution Française*, S. 123 f., 281 ff.

114 Manfred Naumann, *Holbach und das Materialismus-Problem in der französischen Aufklärung*, in: Werner Krauss und Hans Mayer (Hrsg.), *Grundpositionen der französischen Aufklärung* (Neue Beiträge zur Literaturwissenschaft, Bd. 1), Berlin (Ost) 1955, S. 89.

115 Vgl. Antoine Guillois, *Le salon de Madame Helvétius. Cabanis et les idéologues*, Paris 1894, S. 42 ff.; auch Claude Lehec, Jean Cazeneuve (Hrsg.), *Œuvres philosophiques de Cabanis* (Corpus général des philosophes français, Auteurs modernes, Tome XLIV), Ière Partie, Paris 1956, S. VIII ff.

116 *Encyclopédie; Discours préliminaire*, S. VIII.

*gens de lettres* in die größere *société* ein und wird dieser Vorgang von dem diskursiven Denken selbst begleitet. Das „*système des connoissances humaines*", das die Enzyklopädie darstellen wollte, erscheint uns wie eine Spiegelung von Ergebnissen dieses Prozesses, der historisch innerhalb der Gesellschaft verläuft, in der die Ideen entstehen, von der die Menschheit zehrt und lebt. „*Les idées qu'on acquiert par la lecture et la société sont le germe de presque toutes les découvertes. C'est un air que l'on respire sans y penser, et auquel on doit la vie; et les hommes dont nous parlons étoient privés d'un tel secours*[117]." Die Geschichte zeigt auf der einen Seite die politischen Begebenheiten und auf der anderen die geistigen Zusammenhänge und Entwicklungen: „*L'histoire de l'homme a pour objet ou ses actions ou ses connoissances; et elle est par conséquent civile ou littéraire, c'est-à-dire se partage entre les grandes nations et les grands génies, entre les Rois et les Gens de Lettres, entre les Conquérans et les Philosophes.*" Den *Gens de Lettres* kommt eine geschichtliche Rolle zu, die ihr dauerndes Zusammenwirken erforderlich macht: „*Les Gens de Lettres entendroient mieux leurs intérêts, si au lieu de chercher à s'isoler, ils reconnoissoient le besoin réciproque qu'ils ont de leurs travaux...*" Die Besonderheit des 18. Jahrhunderts liege aber nicht darin, daß es reich an schöpferischen Geistern sei; die Natur bleibe sich stets gleich und bringe zu allen Zeiten Genies hervor. Neu sei vielmehr die Lebensluft und die neue Gemeinschaft derer, die die Wissenschaft betreiben und nur mit ihr zu leben vermögen.

Dieses euphorische Zeugnis der Lebensstimmung und Gedankenwelt der Enzyklopädisten meint Gesellschaft stels als die Gesellschaft freier Lebensluft, in der die wahre Wissenschaft, die freie, von politischer und kirchlicher Autorität unabhängige Philosophie wie auch die Kunst ungehemmt gedeihen. Diese Gesellschaft anhand ihrer erworbenen Kenntnisse darzustellen, war das Programm und der Zweck der Enzyklopädie, die zum Sammelbecken neuer Ideen des Jahrhunderts wurde, welche, dank des verbreiteten Gebrauchs der französischen Sprache, bald die gebildeten Schichten ganz Europas erreichten, für die französische Geschichte aber bis in die jüngste Zeit hinein ein Kodex politischer Prinzipien der aufgeklärten Republik blieben[118]. Der humanitäre Grundzug, der sich dann später in der Proklamation allgemein verbindlicher Menschen- und Bürgerrechte ausdrückt, liegt darin begründet, daß das Denken über den Menschen mit dem Denken über die Gemeinschaft einhergeht und sich außerhalb der ständischen Ordnung wie auch unabhängig von der staatlichen entfaltet und zuspitzt. Ansätze und Anfänge der sogenannten Soziologie, deren Namenstaufe und Schematisierung erst durch Auguste Comte nachfolgte, lassen sich in ihrem Ursprung von der anthropologischen Episteme nicht lösen, was auch in der neuen gesellschaftlichen Moral zum Ausdruck kommt. Daß sich aber die humanitäre Gesellschaftsvorstellung und der ihr anhaftende neue Begriff der Gesellschaft

[117] a. a. O., S. XXXII f.
[118] Eberhard Weis, *Geschichtsschreibung und Staatsauffassung in der französischen Enzyklopädie*, S. 1.

unabhängig und im Gegensatz zum ständischen Wesen des *ancien régime* ausformten, erklärt die summarische, schlagwortartige und polemisch gemeinte Charakterisierung aller noch vorhandenen ständischen Herrschaftsverhältnisse mitsamt ihrer Vergangenheit als *système féodal.*

## *Das Prinzip gesellschaftlicher Moral: the greatest happiness of the greatest number*

Die Idee des größtmöglichen Glücks der menschlichen Gemeinschaft wird zum weit verbreiteten Ausdruck einer gesellschaftlichen, das heißt von Herrschaft, von Ständen und Konfessionen unabhängigen, ins Diesseitige gewendeten Moral. In der Gestalt des formelhaften Satzes vom „größten Glück der größten Zahl", der in dem Zeitalter großer naturwissenschaftlicher Entdeckungen als das Prinzip einer neuartigen Moral erschien, ist sie englischen Ursprungs und auf dem Boden des puritanischen Utilitarismus[119] entstanden.

Jeremy Bentham, der große radikale Theoretiker Englands, übernahm das Wort *„the greatest happiness of the greatest number"*, das für sein politisches Denken richtweisend wurde, aus einer Schrift des Naturwissenschaftlers, Moralisten und Socianer-Predigers, Psychologen und Theologen Joseph Priestley, der der bedeutendste Schüler David Hartleys war und zum Begründer der physiologischen Psychologie wurde, der gleich seinem Lehrer Psychologie, Naturwissenschaften und Morallehre betrieb und dem die Chemie eine nicht minder bedeutsame Entdeckung, die des Sauerstoffs, verdankt[120]. Bentham hat das Auffinden dieser Phrase selbst mit überschwenglichen Worten wie eine Entdeckung geschildert, die ihm eine neue Welt erschloß: *„It was by ... this phrase ..., that my*

[119] Der Ausdruck „Utilitarian" ist offenbar zuerst 1781 von Bentham benutzt und später von John Stewart Mill zum Namen einer von ihm 1822 gegründeten Gesellschaft gemacht worden. Vgl. Leslie Stephen, *The English Utilitarians, Vol. I: Jeremy Bentham,* London 1900, S. 178.

[120] Die Quelle des Zitates ist Priestleys Hauptwerk, *The Doctrine of Philosophical Necessity,* London 1777. Vgl. Ernst v. Aster, *Geschichte der englischen Philosophie,* Bielefeld/Leipzig 1927, S. 125 f.; Friedrich Albert Lange, *Geschichte des Materialismus und Kritik seiner Bedeutung in der Gegenwart,* 9. Aufl. (3. erw. Bearbeitung von Hermann Cohen) Leipzig 1914, I. Buch, S. 292 ff.; Troeltsch, *Aufsätze zur Geistesgeschichte und Religionssoziologie,* S. 415, 441. Diesem Werk von Priestley sind bemerkenswerte Auseinandersetzungen mit der weiter unten erwähnten, von Thomas Reid begründeten schottischen Commonsense-Schule vorausgegangen, in deren Verlauf dann die Staatsschrift Priestleys entstand, *An Examination of Dr. Reid's Inquiry into the Human Mind on the Principle of Common Sense, Dr. Beattie's Essay on the Nature and Immutability of Truth, and Dr. Oswald's Appeal to Common Sense in Behalf of Religion,* London 1774. Dort ist auch der optimistische Gedanke eines natürlichen Fortschritts des menschlichen Geistes herausgearbeitet: „... I shall reserve for a time of more leisure, and more advanced age, the throwing together and systematizing the observations that I am from time to time making on the general conduct of human life and happiness, and on the naturel progress and perfection of intellectual being" (S. XIII).

*principles on the subject of morality, public, and private, were determind... that I drew the phrase, the words and impost of which have been so widely diffused over the civilised world. At the sight of it, I cried out as it were in an inward ecstasy, like Archimedes on the discovery of the fundamental principle of hydrostatics,* Εὕρηκα[121]." Dieses Prinzip erschloß sich wie andere Entdeckungen der gleichen heuristischen Einstellung: Die Lehre von der Assoziation der Moleküle und der physikalischen Mechanik findet in einer Mechanik der Vorstellungsassoziationen und schließlich in der Moral der sozialen Assoziation eine erregende Entsprechung. Die Welt, der Mensch in ihr und ihre „materielle" Gesetzlichkeit erscheinen ebenso durchsichtig und regulierbar wie der Leviathan-Staat des Thomas Hobbes.

Freilich hatte keineswegs Priestley diese Maxime einer neuen Moral zum ersten Male formuliert. Sie stimmte beinahe wörtlich mit einer Sentenz des Parteigängers eines humanisierten Strafrechts überein, des Marchese Cesare Bonesana de Beccaria, daß „*... un freddo esaminatore della natura umana ... in un sole punto concentrasse le azioni di una moltitudine di uomini, e le considerasse in questo punto di vista — la massima felicità divisa nel maggior numero*"[122]. Doch auch in England findet sich diese Phrase schon früher in enger geographischer Nähe der späteren Wirkungsstätte Joseph Priestleys, an einem Ort von größter Bedeutung für die Geschichte der angelsächsischen Moralphilosophie. Von Francis Hutcheson, Professor der Philosophie in Glasgow, der voher als Dissenter-Prediger hervorgetreten war[123], wurde das gleiche Prinzip schon 1725

[121] Jeremy Bentham, *An Introduction to the Principles of Morals and Legislation*, London 1879, S. 1 (Abdruck der revidierten Ausgabe von 1823, 1. Aufl. 1789); vgl. A. V. Dicey, *Lectures on the Relation between Law and Public Opinion in England during the nineteenth Century*, London 1914, S. 132.

[122] Im Original kursiv; *Dei delitti e delle pene*, anonym, zuerst Milano 1764; edizione novissima in quattro tomi ridetta di nuovo corretta ed accresciuta coi commenti del Voltaire confutazioni, Bassano 1789, T. I$^{o}$, S. 1.

[123] Eine von seinem Sohn verfaßte Lebensbeschreibung enthält die Einleitung zu Francis Hutcheson, *A System of Moral Philosophy, published from the original manuscript by his son Francis Hutcheson,* 3 Books in 2 volumes, London 1755, S. I—XII. Hutcheson wurde 1694 in Nordirland als Sohn eines Dissenter-Priesters schottischer Abkunft geboren. Er wurde hauptsächlich von seinem Großvater erzogen, der ebenfalls Prediger war, studierte in Glasgow zuerst Naturphilosophie, Latein und Griechisch, ehe er sich der Theologie zuwandte. Nach mehrjähriger Tätigkeit als Geistlicher gründete Hutcheson eine private Akademie in Dublin, wo er die Freundschaft bedeutender Männer gewann. Sie unterstützten ihn bei der Arbeit an seinem Werk „*Inquiry into the Original of our Ideas of Beauty and Virtue*", das zuerst anonym erschien, aber bald die Aufmerksamkeit Lord Granvilles, des späteren Statthalters von Irland, auf ihn lenkte, der schließlich sein Freund und wichtiger Förderer wurde. 1729 wurde Hutcheson als Professor der Moralphilosophie an die Universität Glasgow berufen, wohin ihm eine Anzahl seiner Schüler aus Dublin folgten, was zu dem Aufschwung dieser schottischen Universität erheblich beitrug. Mit ihm beginnt die eigentliche Blüte der schottischen Philosophie, die von dem hauptsächlichen Lehrgebiet Hutchesons ausging, der „human nature", der Moralphilosophie seiner Auffassung, die er als eine Wissenschaft zu entwickeln versuchte, in der die Naturphilosophie ihre Ergänzung und Vervollkommnung fand.

formuliert: „*That Action ist best, which procures the greatest Happiness for the greatest Numbers*[124]."

Diesem pragmatischen Grundsatz liegen starke und sichere optimistische Glaubensüberzeugen zugrunde: „*Trust in divine Providence, Hope of everlasting Happiness, and a full Satisfaction and Assurance of Mind, that the whole Series of Events is directed by an unerring Wisdom, for the greatest universal Happiness of the whole*[125]." Das Thema der sozialen Gebundenheit menschlicher Existenz, des neben dem ursprünglichen Egoismus[126] gleichermaßen aus ursprünglichen Trieben hergeleiteten Altruismus des Individuums — „*a desinterested ultimate Desire of the Happiness of others*"[127] — und die Probleme einer hierauf beruhenden Ethik durchziehen wie ein starker roter Faden die Wendungen und Richtungen der schottischen Philosophie des 18. Jahrhunderts. Sie hat eine tief religiöse, theologische und anthropologische Begründung des Glaubens an den Fortschritt und die permanente Vervollkommnung der menschliche Geistesfähigkeiten geliefert.

Starke Anregungen flossen aus der Gedanken- und Empfindungswelt der ästhetisch-moralischen Essays Shaftesburys, der zu den großen Emigranten des französischen Protestantismus in Holland, Bayle und Leclerc, in enger Beziehung gestanden hatte. Seine Denkart, die sich im Widerspruch sowohl zu Hobbes als auch zu dem Lehrer John Locke ausformte, bildete sich vor allem an Plato und Plotin wie an den Platonikern und Neuplatonikern der italienischen Renaissance. Sein Einfluß, der nicht auf England und die Schotten begrenzt blieb, reichte ebenso in die deutsche Literatur hinein, wie, dank der Vermittlung Diderots, in die französische Aufklärungsphilosophie, allerdings ohne ihrer weiten Ausbreitung und ihrer späteren revolutionären Entfaltung nachzufolgen[127a].

124 Hutcheson, *An Inquiry into the Original of our Ideas of Beauty and Virtue*, London 1725, 3rd Ed. 1729, Treatise II: *An Inquiry concerning Moral Good and Evil*, S. 180. Die bemerkenswerte Passage lautet: „In Comparing the moral Quality of Actions, in order to regulate our Election among various Actions propos'd, or to find which of them has the greatest moral Excellency, we are led by our moral Sense of Virtue to judge thus; that in equal Degrees of Happiness, expected to proceed from the Action, the Virtue is in proportion to the Number of Persons to whom the Happiness shall extend; (and here the Dignity, or moral Importance of Persons, may compensate Numbers) and in equal Numbers, the Virtue is as the Quantity of the Happiness, or natural Good; or that the Virtue is in a compound Ratio of the Quantity of Good, and Number of Enjoyers. In the same manner, the moral Evil, or Vice, is as the degree of Misery, and Numbers of Sufferers; so that, that Action is best, which procures the greatest Happiness for the greatest Numbers; and that, worst, which, in like manner, occasions Misery."

125 Hutcheson, *An Essay on the Nature and Conduct of the Passions and Affections, with Illustrations on the Moral Sense*, London 1730, S. 200.

126 „We may see that Attention to the most universal Interest of all sensitive Natures is the Perfection of each individual of Mankind". a. a. O., S. 203.

127 Hutcheson, *Beauty and Virtue*, S. 151, auch 115 f.

127a Ohne auf die Wirkungen Shaftesburys einzugehen, der allerdings selbst kein Schotte war, trägt jetzt auch J. H. Brumfitt einiges zur Frage der Beziehungen zwi-

Für die schottische Philosophie hat Shaftesbury ein bedeutsames Moment gedanklicher Kristallisationen geschaffen. Durch die Übernahme und psychologische Vertiefung der Begriffe *virtù* und *virtuoso* von älteren italienischen Schriftstellern, ihre Verknüpfung mit der Vorstellung vom *moral sense*, was die Fähigkeit zum moralischen Urteil meint, bereicherte er das Persönlichkeitsideal, das die Renaissance hervorgebracht hatte, um neue politische wie moralische Züge. Mit dieser sozialethischen Neigung leitete er die entscheidende Phase einer Transformation des liberalen Individualismus britischer Prägung ein, den wir gegen Ende des Jahrhunderts bei Adam Smith im wesentlichen abgeschlossen sehen. Die hervorragende Persönlichkeit, deren erzeugende und treibende politische Kraft Machiavelli auch in ihrer nacktesten und brutalsten Spielart anerkannt hatte, zeichnet sich nach Shaftesbury erst durch das Vermögen aus, moralisch zu urteilen und zu handeln, sich „sozial" zu verhalten. Wohlwollen und Sympathie bilden die Grundlage der Moral. Sittlichkeit bindet das Individuum in seiner reicheren Entfaltung; sein Streben nach Glückseligkeit ist Ausfluß seiner Tugend. Dem schrankenlosen Egoismus menschlichen Strebens, das nach Hobbes lediglich durch die Staatspersönlichkeit aufgehoben und gezähmt wird, findet eine wirkungsvolle Entgegnung in den optimistischen Aspekten eines altruistischen moralischen Sinnes.

Die systematische Philosophie Hutchesons räumte den Begriffen *virtue* und *beauty* auch in der Erkenntnis der menschlichen Natur bestimmenden Rang ein. Für ihn *„is no part of philosophy of more importance, than a just Knowledge of Human Nature, and its various Powers and Dispositions"*[128]. In der Klassifikation psychologischer Komplexe erschließt sich der *moral sense* als die dem Menschen eingeborene Befähigung, *„to direct our Actions, and to give us still nobler Pleasure: so that while we are intending the Good of others, we undesignedly promote our own greatest private Good"*[129]. Durch das Hinzutreten von Erfahrungen und Vernunft erwächst das Streben nach menschlicher — das ist individuelle wie gemeinschaftliche — Vollkommenheit. Materielle und geistige Gaben des Menschen werden zu Mitteln und die ständige Übung der Tugend weist die Richtung, die zur Glückseligkeit des einzelnen durch das höchste Glück der Gemeinschaft und schließlich der Menschheit führt[130]. Die sichere Fortbildung von Vernunft und Erkenntnis gewährleistet den ständigen Fortschritt.

schen schottischer und französischer Aufklärung bei: *Scotland and the French Enlightenment*, in: *The Age of the Enlightenment. Studies presented to Theodore Besterman* (St. Andrews University Publications No. LVII), Edinburgh/London 1967, S. 318—329.

[128] a. a. O., S. IX.

[129] a. a. O., S. 128.

[130] Die Benutzung des Zeugnisses Hutchesons, um die „erwerbsfeindliche Gesinnung der puritanischen Moraltheologen" und die „Verdammung des Reichtums" durch sie zu belegen, geht fehl. So noch Werner Sombart, *Der Bourgeois. Zur Geistesgeschichte des modernen Wirtschaftsmenschen*, München/Leipzig 1913 und öfters, S. 327.

Die Anschauung vom Menschen findet in der Psychologie ihre umfassende Begründung. Der Zweck politischer Vereinigung wird ausschließlich von der anthropologischen Betrachtung bestimmt; „*General Rights of Human Society*" sind „*Mankind as System*"[131]. Gesetze dienen ausschließlich dem Wohl der Gesamtheit; die Aufgabe jeglicher Regierung ist es, hierüber zu wachen. Sie kann sich auf keine Sanktion durch Gott stützen; ihre Rechtfertigung liegt einzig darin, daß ihre Anordnungen dem „*real State of Human Nature*" entsprechen, eine „*honest happy Society*" schaffen und schützen und die moralische Verpflichtung eines jeden einzelnen — die puritanische „*general obligation to an active life*" — entschieden fördern[132]. Aber es ist „*the Duty of Persons to comply with the generally useful Constitution*"[133].

Die Doppelbedeutung, die der Ausdruck *constitution* sowohl in individueller als auch in sozialer und politischer Beziehung besitzt, ist keineswegs zufällig, sondern auffällig, schlechthin charakteristisch. Mit guten Gründen darf hier von einem anthropologischen Humanismus gesprochen werden. Vorstellungsgehalte des klassischen Altertums und der Renaissance geben Anregungen, die in Verbindung mit theologischen Prinzipien und mit Erfahrungsmomenten ein in sich geschlossenes, normatives Menschenbild entstehen ließen, aus dem verbindliche Richtweisungen für Moral und Politik folgen. Das Maß der Dinge dieser Welt offenbart sich im Menschen selbst, aber eben in dem Menschen, der der Steuerungskraft des vom Schöpfer gegebenen *moral sense* folgt und aufwärts strebt, als soziales Wesen in einem „*secret Chain between each Person and Mankind*" gebunden. Den Namen Gottes benutzte Hutcheson nur selten; seine ungenannte Existenz wird in dem Glauben, in der Hoffnung, in der Zuversicht und in den guten Empfindungen des Menschen offenbar. „*In such habitual and prevailing exercise of all these good affections to God and man, as will restrain all other appetites, passions, and affections within just bounds, and carry us out uniformly to pursue that course of action, which will promote the happiness of mankind in that most extensiv manner to which our power can reach*[134]."

Wir wollen uns nicht von Hutcheson abwenden, ohne anzumerken, daß unter den Ideen, die in seinen Schriften zutage treten, auch die Vorstellung von einem für die menschliche Existenz bedeutsamen nationalen Zusammenhang, sogar einer bestimmten Art nationalen Stolzes angedeutet wird. Unter den Motivationen und Haltungen des Menschen wie *Self-Interest, Self-Love, Desire, Compassion, Gratitude, Humanity* und *Love* beschreibt Hutcheson auch eine *national Love* als „*Association of the pleasant Ideas of our Youth, with the Buildings, Fields, and Woods where we receiv'd them. This may let us see, how*

[131] Hutcheson, *System of Moral Philosophy*, Vol. II, S. 104.
[132] a. a. O., S. 113.
[133] *Beauty and Virtue*, S. 181.
[134] Dieses Wort habe ich in den mir zugänglichen Schriften Hutchesons selbst nicht finden können. Es wird von seinem Sohn als Hutchesons Doktrin bezeugt; *System of Moral Philosophy*, Vorwort, S. XVI.

*which occasions the Misery of the subjects, destroys his national Love, and the Tyranny, Faction, a Neglect of Justice, a Corruption of Manners, and any thing, dear Idea of a Country*«[135]. Die folgenreichtste Ansicht blieb aber doch die, daß Tugend, *virtue*, in einem Verhältnis stehe zur Zahl der Menschen, deren Glück sie erwirke, und daß sich in ihr die Würde der Menschen und ihre moralische Kraft ausdrücke, der Größe ihrer Zahl zu genügen, um unaufhörlich drohendes Leid und Elend abzuwenden. „*Virtue is in a compound Ratio of the Quantity . . . and Number . . .*"

Die mit den rationalistischen Ausdrucksmitteln des psychologischen und physikalischen Verständnisses beschriebenen Prinzipien einer altruistischen puritanischen Ethik versuchten, die politisch-moralischen Probleme der Beziehung zwischen Individuum und Gemeinschaft auf ganz andere Art zu lösen als die abstrakt gedachte *volonté générale* Rousseaus. Hier wie dort aber hafteten die Vorstellungen an der Statik und Gravitation vorindustrieller Sozialverhältnisse, lag das Zentrum aller Bewegungsvorgänge in der Natur und in der Seele und ist noch keine Ahnung von den Drohungen und Gefahren zu spüren, die die Entwicklung rasch sich kumulierender Bevölkerungen in sich weitenden Territorialzusammenhängen heraufbeschwört. Den Höhepunkt des politisch-sozialen Euphemismus bezeichnet gegen Ende des Jahrhunderts die Lehre des Dissenter-Predigers William Godwin, daß mit dem sicheren Siege der Vernunft über die Leidenschaften schließlich eine Gesellschaft ohne Regierung, eine gleichmäßige Verteilung der Reichtümer und eine Beschränkung des Menschen auf Befriedigung seiner unmittelbaren Bedürfnisse möglich werde[136]. Die Entgegnungen, die diese Ansicht in den letzten Jahren des Revolutionszeitalters, der Spätzeit Georgs III. und des Einflusses Edmund Burkes, fand, verdichtete sich in der berühmten Bevölkerungstheorie des anglikanischen Geistlichen Thomas Malthus[137]. Unter dem bleibenden Aspekte des „größten Glücks" läßt eine empirische Methode das pessimistische Bild einer unbeschränkt in geometrischer Progression wachsenden Bevölkerungszahl entstehen, die nur durch Laster, Elend und — der späteren Bearbeitung zufolge — durch moralische Enthaltsamkeit (*moral restraint*) gehemmt werden kann. Diese Theorie und die ihr folgenden Kontroversen und

[135] *Beauty and Virtue*, S. 164.

[136] William Godwin, *An Enquiry concerning Political Justice, and its Influence on General Virtue and Happiness*, 2 Bde., London 1792/93.

[137] Thomas Robert Malthus (anonym), *An Essay on the Principle of Population, as it affects the Future Improvement of Society, with remarks on the speculations of Mr. Godwin, M. Condorcet, and other writers*, London 1798; spätere Neubearbeitung unter dem Titel: T. R. Malthus, *An Essay on the Principle of Population or view of its past and present effects on Human Happiness, with an inquiry into our prospects respecting the future removal or mitigation of the evils which it occasions*, London 1803 (wiederholt neuaufgelegt); die beste deutsche Übersetzung nach der Ausgabe letzter Hand von 1826 ist von Valentine Dorn, eingeleitet von Heinrich Waentig, unter dem Titel: *Eine Abhandlung über das Bevölkerungsgesetz* usw., 2 Bde. (Sammlung sozialwissenschaftlicher Meister, Bd. 6 u. 7), 2. Aufl. Jena 1924.

Abwandlungen haben, aufs Ganze gesehen, dem ethischen Euphemismus im Heimatlande seiner Entstehung einen empfindlichen Schlag versetzt und schließlich den Boden für die Sozialtheorien des Darwinismus bereitet.

## *Civil society und republic*

Blüte und Einfluß der schottischen Philosophie endeten jedoch keineswegs mit Hutcheson und dem etwas jüngeren Hume. Noch der einstige Feldprediger Adam Ferguson, der eine Generation jünger als Hutcheson war und als Nachfolger Humes Bibliothekar der Juristenfakultät in Edinburgh wurde, ehe er dort nacheinander die Lehrstühle für Naturphilosophie und für Moralphilosophie erhielt, hat die Wirtschaftstheorie (*public economy*) als einen Bestandteil seines weiten Lehrgebietes aufgefaßt. Das Wort *public* behält noch seinen ursprünglichen, politisch qualifizierenden Sinn, der aus der römischen *respublica* hergeleitet wurde und übrigens auch anderen in England geläufigen charakteristischen Ausdrücken, wie etwa *public opinion* oder *public school* zugrunde lag. *Public* war wie *publicus* bei Cicero gleich *popolicus* oder *politicus* und schloß den „*Desire of publick Good*" schon ein, von dem Hutcheson gesprochen hatte.

Der Blick Fergusons ist schärfer, aber auch skeptischer den Bewegungen des Wirtschaftslebens zugewandt. Er entdeckt das ungebundene Selbstinteresse, das dem Menschen zum wirtschaftlichen Erfolg, aber auch in den Wettbewerb mit seinen Mitmenschen treibt und ihn zu einem „einsamen Wesen" werden läßt. Er erfaßt die Beziehungen der Staaten zueinander und dringt in vielen Vergleichungen und Verknüpfungen in die Tiefe der Geschichte, vor allem in die alte Geschichte Griechenlands und Roms ein, deren Kenntnis er vornehmlich aus den Dichtungen Homers, aus Thukydides und Livius schöpft. Sein „*Essay on the History of Civil Society*" sucht nach dem weltgeschichtlichen Horizont allen menschlichen Glücksstrebens. Das Verlangen nach Weitung empirischer Einsichten hat sich der Geschichte bemächtigt; und diese bietet ihm reiches Material für sichere Erkenntnisse an. In der Methode ist Montesquieu Lehrmeister gewesen, an den mancher Gedanke Fergusons erinnert. Doch Methode wie Substanz des Denkens und Darlegens erscheinen uns spezieller und weiter getrieben als bei Montesquieu. In der entwickelnden Abfolge der historischen Phasen der Gesellschaft ist Ferguson unabhängig, vielleicht von Giambattista Vico angeregt, sicher aber von Shaftesbury geschult worden. Wenn man will, kann man in Ferguson einen der ersten Soziologen und einen Vertreter des Historismus sehen; jedenfalls ist sein erstes großes Werk der Versuch einer historisch-morphologisch aufgefaßten Sozialgeschichte.

Es gibt kein krasses Gegenüber von Naturzustand und Kultur, wie es den Vertragstheoretikern vorschwebte, sondern nur organische Entwicklungsphasen. Die Bewegungen der Seele haben das primäre Interesse verloren; an die Stelle der Assoziationsformen der Psychologie treten die sozialen Formen der Geschichte. Aus der anthropologischen Begründung von Moral und Politik wird eine soziologische Analyse der historischen und politischen Rolle der Moral, ohne daß die Einsicht in die menschliche Psyche verlorenginge. Die Bürger eines Staates, so schreibt Ferguson, „schreiten auf kaum fühlbare Weise von einer Regierungsform zur anderen und adoptieren, häufig unter altem Namen, eine neue Verfassung. Der Same einer jeden Form liegt in der menschlichen Natur eingebettet; er wächst und reift mit der Zeit. Das Vorherrschen einer besonderen Spezies läßt sich oft von einem kaum wahrnehmbaren Bestandteil herleiten, der mit dem Erdreich vermischt ist"[138].

In vielen Abwandlungen sucht Ferguson darzulegen, welche Wirkungen einerseits von dem stärkeren Hervortreten der auf Gemeinschaft und moralische Haltung gerichteten Bestrebungen, *public spirit* und *virtue*, und zum anderen vom Überwiegen des puren Egoismus, dem *self-interest* des einzelnen und den von ihm erzeugten und beherrschten Formen ausgehen. Dies unterscheidet in der Geschichte der Gesellschaft über Aufstieg und Fortschritt oder Erschlaffung, Korruption und Auflösung. Dieser Gegensatz prägt die römischrechtliche Unterscheidung zwischen *res privata* und *res publica* zu einem neuartigen, von der politischen Moral des Kalvinismus sehr entschieden bewerteten kontradiktorischen Verhältnis um: Die Geschichte habe das wiederholte Auseinandertreten beider Bereiche mit seinen zerstörerischen Folgen gezeigt. Der *commerce of private society* neige stets dazu, sich von der politisch-rechtlichen Ordnung zu entfernen und die *civil society* aufzulösen.

Ferguson kennt keinen apriorischen Altruismus. Er nimmt den Egoismus im Wirtschaftsleben hin und erkennt in ihm sogar eine konstruktive Kraft; denn die Menschen werden durch Selbstinteresse und selbstsüchtige Motive zu Neuem angespornt und über den Kreis ihrer engsten Interessen hinausgetrieben: „In rohen Zeiten ist der Händler kurzsichtig, betrügerisch und käuflich; aber in dem Verhältnis, wie sein Gewerbe gedeiht und fortschreitet, werden seine Ansichten erweitert und befestigt. Er wird ordnungsliebend, freigebig, treu und unternehmend, und in einer Periode allgemeiner Verderbnis hat er allein jede Tugend, ausgenommen die Kraft, seine Errungenschaften zu verteidigen[139]." Von diesem Satz ist später Saint-Simon beeindruckt worden, der ihn bei der gedanklichen Begründung seines „industriellen Systems" zu epochaler Vereinseitigung getrieben hat: *„L'industrie étendue, l'industrie éclairée est essentiellement morale*[140]."

[138] Adam Ferguson, *An Essay on the History of Civil Society*, Edinburgh 1767; 7th ed. 1814; a new ed. Basel 1788; die erste Übersetzung in eine fremde Sprache war die ins Deutsche, die Christian Garve vornahm und schon ein Jahr nach Erscheinen des Originals in Leipzig veröffentlichte. Hier wie im folgenden wird nach der neueren Übersetzung von Valentine Dorn zitiert, eingeleitet von Heinrich Waentig, nach der 7. Auflage unter dem Titel: *Abhandlung über die Geschichte der bürgerlichen Gesellschaft* (Sammlung sozialwissenschaftlicher Meister, Bd. 2), 2. Aufl. Jena 1923, S. 177 f.

[139] *Geschichte der bürgerlichen Gesellschaft* (Sammlung Waentig), S. 200 f.

[140] Henri de Saint-Simon, *L'industrie ou discussions politiques, morales et philosophiques, dans l'intérêt de tous les hommes livrés à des travaux utiles et indé-*

Für Ferguson bildet das soziale Ganze das Objekt seiner Beobachtungen und Darstellungen — mitsamt allen vorkommenden Interessen, den Zeugnissen des Gemeinsinns wie des Eigeninteresses, den wirtschaftlichen Bewegungen und Expansionen, mitsamt seinen Klassen und in seiner jeweiligen Verfassung; nur Stände existieren nicht. Dies alles faßt der Begriff *civil society* zusammen. Die Entlehnung des Ciceroschen Ausdrucks dient ihm dazu, die Gesamtheit von sozialen und politischen Bezügen innerhalb einer souveränen territorialstaatlichen Ordnung in einer historischen Periode zu charakterisieren. Man könnte dies das erste Prinzip jeder Sozialwissenschaft nennen: „In der Theorie betrachten wir unsere Objekte jedes für sich. In der Praxis wäre es ein Irrtum, sie nicht alle zugleich im Auge zu haben."

Einen ewigen Antagonismus zwischen dem Glück und der Freiheit der Gesellschaft einerseits und Macht und politischer Herrschaft andererseits sieht Ferguson aus dem Trieb des Menschen nach Erhaltung und Fortpflanzung hervorgehen. „Wir beklagen uns über einen Mangel an Gemeinsinn; aber was immer das Ergebnis dieses Irrtums in der Praxis sein mag, in der Theorie ist er nicht unser Fehler... Wir möchten, daß die Völker gleich einer Kaufmannskompanie an nichts anderes dächten als an Monopole und den Geschäftsgewinn und wiederum gleich jener ihren Schutz einer Kraft anvertrauten, die sie nicht in sich selbst besitzen... Wir vergessen, daß die vielen oft der Raub der wenigen gewesen sind, daß für den Armen nichts so verlockend ist als die Geldkästen des Reichen und daß, wenn der Augenblick kommt, wo der Preis der Freiheit bezahlt werden muß, das gewichtige Schwert des Siegers in die entgegengesetzte Waagschale fallen kann... Vielleicht entspringt es der Meinung, daß die Tugenden der Menschen gesichert sind, wenn einige, die ihre Aufmerksamkeit den öffentlichen Angelegenheiten zuwenden, an nichts anderes denken, als an die Zahl und den Reichtum eines Volkes, ... daß andere auf nichts weiter bedacht sind als auf die Erhaltung nationaler Tugenden. Die menschliche Gesellschaft hat gegen beide große Verbindlichkeiten. Sie widersprechen einander nur aus Mißverständnis, und selbst vereint haben sie nicht Kraft genug, um die erbärmliche Partei zu bekämpfen, die jede Angelegenheit nur im Lichte des eigenen Vorteils betrachtet und sich um die Sicherheit und Vermehrung keines anderen Geschlechts kümmert als um ihr eigenes[141]."

Aus der Klarsichtigkeit, in der Ferguson die Eigenschaften und inneren Widersprüche der *civil society* aufdeckt, wird scharfe Kritik überall dort, wo die Grenzenlosigkeit menschlicher Bestrebungen zur Auflösung führt, die schließlich das Wesen des Menschen selbst angreift, der seine Fähigkeiten und Talente vereinseitigt. Deutliche Reflexe der gewerblichen Entwicklung verschärfen die soziale und sozialpsychologische Realistik der geschichtsmorphologischen Analyse Fergu-

*pendants,* Paris 1817, Tome I, Seconde Partie, S. 30 f.; im photomechanischen Nachdruck der *Œuvres de Claude-Henri de Saint-Simon, institué par Enfantin,* Paris 1868 ff., T. I (Paris 1966), S. 40 f.

141 Ferguson, *Geschichte der bürgerlichen Gesellschaft,* S. 203 ff.

sons. Die Ungleichheit der Vermögen nimmt zu; „die Mehrzahl eines jeden Volkes wird durch die Notwendigkeit gezwungen oder wenigstens durch Ehrgeiz und Habsucht mächtig angetrieben, jedes Talent, das sie besitzt, anzuwenden... Handel und Gewerbe mögen fortfahren zu gedeihen, aber sie gewinnen einen Vorrang nur auf Kosten anderer Bestrebungen. Das Verlangen nach Gewinn erstickt die Liebe zur Vollkommenheit. Der Eigennutz ernüchtert die Einbildungskraft und verhärtet das Gemüt; und indem er Beschäftigungen im Verhältnis zur Größe und Sicherheit ihres Ertrages empfiehlt, treibt er das Talent und selbst den Ehrgeiz hinter das Rechenpult und in die Werkstatt. Aber auch abgesehen von diesen Betrachtungen dient die Berufsteilung, während sie eine Vervollkommnung der Geschicklichkeit zu versprechen scheint, ... doch am Ende und in ihren äußersten Folgen gewissermaßen dazu, die Bande der Gesellschaft zu zerreißen, leere Formen und Regeln der Kunstfestigkeit an Stelle der Genialität zu setzen und die Individuen vom gemeinsamen Schauplatz ihrer Beschäftigung abzuziehen, auf dem die Gefühle des Herzens und ihr Geist am glücklichsten angewendet werden. Unter der Herrschaft der Berufsteilung, durch welche die Glieder einer gesitteten Gesellschaft voneinander getrennt werden, hat... jeder einzelne sein bestimmtes Talent oder seine besondere Geschicklichkeit...; und die Gesellschaft wird schließlich in Teile zerlegt, deren keiner von dem Geiste beseelt ist, welcher in dem Verhalten von Nationen vorherrschen sollte[142].!

Ein Jahrzehnt, bevor der gleichaltrige Adam Smith, der Hutcheson auf dem Lehrstuhl für Moralphilosophie in Glasgow nachfolgte und dem Ferguson kollegiale wie freundschaftliche Hochschätzung entgegenbrachte, das System der Arbeitsteilung als das Prinzip der Entwicklung der *commercial society* in spezieller Sicht darlegte und die Lösung der klassischen Nationalökonomie aus der politischen Philosophie und Morallehre endgültig vollzog, traten bei Ferguson die Prinzipien einer Kritik der Ökonomie und Psychologie der kapitalistischen Gesellschaft schon deutlich zutage. Ehe der moderne Kapitalismus in das Stadium seiner Blüte eintrat, wurde die Gefährdung des sozialen Gesamten, der *civil society*, wie auch des Menschen im Hinblick auf die anthropologisch-soziale Voraussetzung seines Glücks in aller Deutlichkeit erkannt. Diese vielseitige Bedeutung des Werkes von Ferguson begründet seine vielfältigen Wirkungen. Kant hat es ebenso wie Hegel gekannt, Saint-Simon ebenso wie Marx.

Dennoch wäre es verfehlt, Fergusons historische Gesellschaftslehre für eine pessimistische Sozialkritik halten zu wollen. Mit Hume befreundet, von dem ihn manches, und voller Achtung vor Smith, von dem ihn vieles trennte, dessen Hauptwerk er aber mit unmißverständlichen Worten ankündete und empfahl, hat Ferguson dem Widerstreit in der Gesellschaft doch keine kategoriale Bedeutung gegeben. Von Ferguson rührt die mit der kapitalistischen Gesellschaft am ehesten zu vereinbarende Staatsanschauung her. Die Auffassung vom Wesen gemischter Regierungsformen, die auf Aristoteles zurückgeht und die er von Montesquieu übernahm, setzte ihn in die Lage, nahezu gänzlich vorurteilslos die spe-

[142] a. a. O., S. 304 ff.

zifischen Eigenschaften von Staatsordnungen zu erkennen. Keine von ihnen enthält einen absoluten Wert; und der Despotismus ist eine Entartungserscheinung. Stets aber sind sie abhängig von dem jeweiligen historisch-moralischen Zustand, in dem sich die Gesellschaft befindet.

Diese Auffassung der *civil society* als umgreifender Existenzform von wirtschaftlichen Vorgängen und Staatsformen erklärt den doch nur sekundären Rang der Behandlung wie die ungebundene Nomenklatur, die Ferguson dem Staatswesen widmet: „Man meint, daß Regierungsformen über Glück oder Unglück der Menschen entscheiden. Aber Regierungsformen müssen verschieden sein, um der Ausdehnung, der Art des Unterhalts, dem Charakter und den Sitten der einzelnen Völker zu entsprechen ... Es gibt nur relative Regierungsformen, die den jeweiligen Zuständen der Gesellschaft entsprechen. Die Untersuchung der gesellschaftlichen Zustände ist daher vordringlich, ehe es möglich ist, die Unterschiede zu kennzeichnen und die Ausdrücke zu erklären, die an dieser Stelle für verschiedene Beispiele der Unterordnung und Regierung vorkommen[143]." Regierungsformen sind geschichtsmorphologische Stufen der gesellschaftlichen Entwicklung. „Während wir so mit großer Genauigkeit die idealen Grenzen bezeichnen können, die Regierungsformen voneinander unterscheiden, finden wir sie in Wirklichkeit sowohl in Hinsicht auf das Prinzip wie auf die Form mannigfach miteinander verschmolzen ... Regierungsformen nähern sich wechselseitig oder weichen voneinander ab durch viele und oft unmerkliche Abstufungen hindurch. Indem die Demokratie gewisse Ungleichheiten des Ranges zugibt, nähert sie sich der Aristokratie. Unter demokratischen wie aristokratischen Regierungen haben einzelne Männer durch ihre persönliche Autorität und manchmal durch den Einfluß ihrer Familie eine Art monarchischer Macht behauptet. Der Monarch wird in verschiedenem Grade eingeschränkt; und selbst der despotische Fürst ist nur soweit Alleinherrscher, als seine Untertanen die wenigsten Vorrechte fordern oder als er vorbereitet ist, sie durch Gewalt zu unterwerfen. Alle die Unterschiede sind nur Stufen in der Geschichte der Menschheit und maskieren die flüchtigen und veränderlichen Zustände, welche sie durcheilt hat, zuweilen von der Tugend unterstützt, zuweilen vom Laster darniedergedrückt[144]." Republik, Monarchie und Despotismus sind bloße „Rubriken", die gebildet werden, „je nachdem Regierungen erheischen, daß die Menschen aus den Prinzipien der Tugend, der Ehre oder der Furcht heraus handeln".

Für den Schüler und Interpreten Montesquieus beruht die Republik — Demokratie wie Aristokratie — auf *virtue:* Sie erscheint aus der historischen Abfolge der Verfassungen deutlich hervorgehoben: „Vollkommene Demokratie und vollkommener Despotismus scheinen die entgegensetzten Extreme zu sein, in denen Regierungsverfassungen am weitesten voneinander abweichen. Unter der ersten wird vollkommene Tugend gefordert, unter der zweiten versteht man eine vollständige Korruption. Aber da nichts in Rang und Unterschiede der Men-

[143] a. a. O., S. 87.
[144] a. a. O., S. 99 ff.

schen fest bestimmt ist außer dem zufälligen und zeitweiligen Machtbesitz, gehen Gesellschaften ihrer bloßen Form nach leicht aus einem Zustande, in dem jedes Individuum ein gleiches Recht zu regieren hat, in einen anderen über, wo alle gleichmäßig dazu bestimmt sind, zu dienen ... Wenn die Habsüchtigen und Käuflichen sich zu Parteien zusammenrotten, ist es belanglos, welchem Führer sie sich anschließen ... In der Zerrüttung entarteter Gesellschaften ist die Szene häufig aus der Demokratie in den Despotismus verwandelt worden und aus dem letzteren umgekehrt in die erstere. Mitten aus der Demokratie verdorbener Männer und während des Schauspiels gesetzloser Verwirrung besteigt der Tyrann seinen Thron mit Waffen, die vom Blute rauchen ... Wo die Menschen bei diesem Grade der Verdorbenheit angelangt sind, da scheint keine unmittelbare Hoffnung auf Besserung zu sein[145]."

Wie Machiavelli *materia buona* und *materia corrota* in der Geschichte des Staatslebens voneinander schied, so schied Ferguson zwischen der allgemeinen Korruptibilität, der bloßen „Hoffnung auf Raub und Gewinn" im Stadium der Auflösung der *civil society* und dem Aufstieg zur Republik, die auf dem Zusammenwirken von Gewinnstreben und Gemeinsinn beruht, eben der Herrschaft der Tugend, *virtue*, die keineswegs abstrakt normativ und auch nicht aktivistisch gemeint ist wie die *virtù* Machiavellis[146]. *Viertue* ist auch für Ferguson von zentraler politischer Bedeutung; doch sie intendiert nicht „Steigerung der Staatskraft", sondern bildet für ihn den ruhigen sicheren Unterpfand politischer Gemeinschaft. Er beschließt sein Werk mit den Worten: „In der Tat haben die Einrichtungen der Menschen, sofern sie nicht auf die Erhaltung der Tugend berechnet sind, wahrscheinlich ein Ende wie einen Anfang. Solange sie jedoch auf diesen Zweck gerichtet sind, haben sie zu allen Zeiten ein gleiches Lebensprinzip, das nur äußere Gewalt unterdrücken kann. Niemals ist eine Nation durch etwas anderes als das Laster ihrer Angehörigen in inneren Verfall geraten ... Menschen von wahrer Seelenstärke, Lauterkeit und Tüchtigkeit sind überall an ihrem Platze. Sie ernten in jeder Lage die besten Früchte ihrer Natur, sie sind die glücklichen Werkzeuge der Vorsehung zum Wohle der Menschheit ... Sie zeigen, daß, solange ihnen zu leben bestimmt ist, die Staaten, die sie bilden, ebenfalls von den Schicksalsgöttinnen ausersehen sind, fortzublühen und zu gedeihen[147]."

Fergusons Verwendung des Begriffes Republik als Bezeichnung einer geschichtlich-politischen Stufe im Prozeß des Werdens und Zerfalls der *civil society* entsprach ganz und gar dem zeitgenössischen Verständnis dieses Wortes. Im wesentlichen in einem ähnlichen Sinne, der auch die Monarchie noch einbezog, sofern der Monarch den allgemeinen Willen verkörpere, verwendete auch Rousseau den Begriff *république*. Das unmittelbare Vorbild, auf das sich Ferguson ausdrücklich berief, war jedoch Montesquieus Hauptwerk *„De l'esprit des lois"*

145 a. a. O., S. 102.

146 Hierzu jetzt die vom Begriff der nesessità ausgehende Untersuchung von Kurt Kluxen, *Politik und menschliche Existenz bei Machiavelli*, Stuttgart/Berlin/Köln/Mainz 1967, bes. S. 88.

147 Ferguson, a. a. O., S. 394.

und dessen Lehre von den *„trois espèces de gouvernements: le républicain, le monarchique et le despotique"*. Damit waren nicht Herrschaftsformen im Sinne des Aristoteles, sondern über ihnen stehende, umfassende Staatstypen gemeint. Demokratie und Aristokratie galten — wie bei Ferguson — als besondere Formen des *gouvernement républicain*. Wesentlich ist die Scheidung zwischen republikanischer, monarchischer und despotischer Herrschaft auf Grund weniger grundlegender Tatsachen (*faits*): *„Le gouvernement républicain est celui où le peuple en corps ou seulement une partie du peuple a la souveraine puissance; le monarchique, celui où un seul gouverne, mais par des lois fixes et établies; au lieu que, dans le despotique, un seul, sans loi et sans regle, entraîne tout par sa volonté et par ses caprices*[148]." In weiser Bechränkung versagte es sich Montesquieu, Entwürfe und Programme optimaler Herrschaftsformen zu erörtern; er erkannte an, daß verschiedene Regierungsformen möglich sind, die sich auf verschiedenartige Prinzipien stützen, und begnügte sich damit, die Voraussetzungen zu erklären, unter denen sie existieren.

Über seine Ansichten und Absichten wird der Leser jedoch nicht im Ungewissen gelassen. Daß die republikanische Regierung, die durch überlieferte Gesetze beschränkte Herrschaft des Monarchen und schließlich die Herrschaft des Despoten — *„sans loi et sans regle,... par sa volonté et par ses caprices"* — nicht nur morphologisch voneinander geschieden sind, sondern auch verschiedenartig beurteilt werden, ist nicht zu übersehen. Eine Vergleichung mit Machiavelli erscheint nicht weniger aufschlußreich als die Beziehung Montesquieus zur jüngeren oder gar zur älteren Generation der schottischen Moralphilosophen.

Am Anfang seines Werks, in der dem Vorwort vorangestellten Ankündigung, die in einigen Ausgaben und Übersetzungen weggelassen wurde, obgleich sie, den eigenen Worten Montesquieus zufolge, zum Verständnis des Ganzen unentbehrlich ist, heißt es gänzlich unmißverständlich: „Was ich die Tugend [*la vertu*] in der Republik nenne, ist die Liebe zum Vaterland, das heißt die Liebe zum Gleichsein [*l'égalité*]. Sie ist weder eine moralische noch eine christliche, sondern eine politische Tugend; sie ist eben die Antriebskraft, die die republikanische Regierung in Bewegung hält, wie die Ehre die Triebkraft ist, die die Monarchie in Bewegung hält." Es gebe zwar Ehre auch in der Republik, obgleich die politische Tugend in ihr die Antriebskraft sei; und es gebe politische Tugend auch in der Monarchie, auch wenn in ihr letztlich doch die Ehre die wahre Antriebskraft sei. Der Mensch mit politischer Tugend aber *„c'est l'homme qui aime les lois de son pays, et qui agit par l'amour des lois de son pays"*. Dies qualifiziert die politische Haltung eines einzelnen eindeutig und entschieden: Eine bessere Grundlage als die Liebe des einzelnen zu den Gesetzen und sein Wirken für die Gesetze seines Landes könne ein Staat nicht haben.

148 Montesquieu, *De L'Esprit des lois*, L. II, ch. I. Die Schreibweise ist nicht mehr die ursprüngliche Montesquieus. Ich folge der édition stéréotype des Firmin Didot, Paris 1803, die die Eloge auf Montesquieu sowie die Analyse des „Esprit des lois" von d'Alembert enthält, die aus dem 5. Band der Encyclopédie übernommen und dem Text Montesquieus vorangesetzt wurde.

In diesen Worten deutet Montesquieu die Absicht an, die seinem Werk zugrunde lag: aufs neue die politische Tugenden zu wecken. Es wäre gleichbedeutend mit einer Utopie gewesen, wenn Montesquieu die Monarchie übergangen hätte, die allenthalben in Europa herrschte. Ihre Existenz wird realistisch durch die breite Schilderung der republikanischen Regierung auf der einen wie der Zustände der Despotie auf der anderen Seite eingegrenzt. Doch gleich den englischen Sensualisten geht Montesquieu in seiner Untersuchung von den Menschen aus und gibt er seiner Theorie eine anthropologische Begründung. „*J'ai d'abord examiné les hommes,*" erklärt er in der Vorrede. Seine Absicht ist politische Erziehung in dem weiten Sinne der Aufklärung, nicht einzelner, sondern aller, um jedermanns Glück in jedem Lande willen. „*Si je pouvois faire en sorte que tout le monde eût de nouvelles raisons pour aimer ses devoirs, son prince, sa partie, ses lois, qu'on pût mieux sentir son bonheur dans chaque pays, dans chaque gouvernement, dans chaque poste, où l'on se trouve, je me croirois le plus heureux des mortels.*" Er will Kenntnisse vermehren, die Menschen von ihren Vorurteilen befreien und meint, eben dadurch auch selbst politische Tugend zu üben. „*C'est en cherchant à instruire les hommes que l'on peut pratiquer cette vertu générale qui comprend l'amour de tous. L'homme cet être flexible, se pliant dans la société aux pensées et aux impressions des autres, est également capable. de connoître sa propre nature lorsqu'on la lui montre, et d'en perdre jusqu'au sentiment lorsqu'on la lui dérobe.*"

Dem anthropologischen Befund entspricht die politisch erzieherische Aufgabe für die Republik, die Menschen mit politischen Tugenden voraussetzt. „*C'est dans le gouvernement républicain que l'on a besoin de toute sa puissance de l'éducation. La crainte des gouvernements despotiques naît d'elle-même parmi les menaces et les châtiments; l'honneur des monarchies est favorisé par les passions, et les favorise à son tour: mais la vertu politique est un renoncement à soi-même, qui est toujours une chose très pénible. On peut définir cette vertu, l'amour des lois et de la patrie. Cet amour, demandant une préférence continuelle de l'intérêt public au sien propre, donne toutes les vertus particulieres; elles ne sont que cette préférance. Cet amour est singulièrement affecté aux démocraties... Tout dépend donc d'établir dans la république cet amour, et c'est à l'inspirer que l'éducation doit être attentive. Mais, pour que les enfants puissent l'avoir, il y a un moyen sûr, c'est que les peres l'aient eux-mêmes*[149]." Die praktische Folgerung lautet: „*On est ordinairement le maître de donner à ses enfants ses connoissances; on l'est encore plus de leur donner ses passions. Sie cela n'arrive pas, c'est que ce qui a été fait dans la maison paternelle est détruit par les impressions de dehors. Ce n'est point le peuple naissant qui dégénere; il ne se perd que lorsque les hommes faits sont déja corrompus.*"

Daß das folgende Kapitel mit Betrachtungen über die Griechen unmittelbar hieran anschließt, verwundert nicht. Diese Worte sind deutlich genug. Sie

[149] L. IV, ch. V.

lassen erkennen, wie Montesquieu zu seiner Zeit steht und daß der Verfasser des Werkes über die Ursachen der Größe und der Dekadenz der Römer in der Wiederherstellung des Opfermutes der Bürger, ihrer patriotischen Gesinnung und einer politischen Moral die Voraussetzung jeder Republik erblickt. Dies läßt er auch in dem wiederholt und in aufschlußreichen Wendungen benutzten schlüsselhaften Begriff *vertu politique* erkennen, der aus dem *peuple en corps* die *république* hervorgehen läßt.

Wie Machiavelli Republik und Fürstenstaat voneinander trennte, um sein Interesse ganz dem Fürstenstaat zuzuwenden, auf den die *necessità* hinzuweisen schien, so nahm Montesquieu zweihundert Jahre danach dieselbe Scheidung vor, jedoch ohne sich noch die Entscheidung Machiavellis zu eigen zu machen. Er wandte sich in die entgegengesetzte Richtung, indem er neben der monarchischen und despotischen Regierung die Gesetze der *respublica* wieder in Erinnerung zu rufen und neu zu durchdenken versuchte. Um dies tun zu können, bediente er sich des Einblicks in die Geschichte; denn was republikanische Regierung sei, konnte er nur noch aus der Geschichte erfahren und anhand der Geschichte verdeutlichen. Auch in dieser Hinsicht hielt es Montesquieu anders als Machiavelli in seiner gegenwartsgebundenen Auffassung, die er im „*Principe*" kategorisch und konzis angedeutet hat: „*Li uomini sono molto più presi dalle cose presenti che dalle passate*[150]." Wenn Montesquieu auch seine Zeit und ihre Verhältnisse respektierte und zu deuten wußte, so wollte er sich doch nicht auf eine *necessità* innerhalb des politischen Horizonts der eigenen Zeitsituation beschränken. Sein Denken holte weiter aus und drang tiefer ein als das des großen Italieners; und auch seine Kraft wirkte tiefer und reichte weiter.

In dem von Montesquieu bestimmten Sinn verwandte auch Rousseau den Begriff *république*. Und daß er sogar in Deutschland noch weit ins 19. Jahrhundert hinein ebenso lebendig war, beweist die Darlegung, die beispielsweise der Darmstädter Hofgerichtsadvokat Hofmann für das „Staatslexikon" verfaßte und die sich noch mit aufschlußreicher Entschiedenheit gegen jüngere Deutungen und Anwendungen dieses Ausdrucks aussprach: „Kein staatsrechtlicher Begriff ist von dem Sprachgebrauch schlimmer entstellt, kein rechtlicher Kunstausdruck in der politischen Sprachverwirrung unserer Zeit ärger mißdeutet worden als — Republik ... Man folgte der Gewohnheit und vergaß dabei, ... daß der Ausdruck Republik sich gar nicht auf die Regierungs-Form bezieht, sondern auf den Grundsatz, worauf die Verfassung eines Staates beruht. Republik, *res publica*, bedeutet sprachlich soviel wie der halbveraltete deutsche Ausdruck ‚Gemeinwesen', also einen Staat, dessen einzelne Glieder verbunden sind zur Erreichung ihrer gemeinschaftlichen Zwecke[151]."

[150] Cap. XXIV; Machiavelli, *Opere*, a cura di Mario Bonfantini, Milano/Napoli 1954, S. 78.

[151] H. K. Hofmann, Art. „*Republik*", in: *Das Staats-Lexikon. Encyklopädie der sämmtlichen Staatswissenschaften für alle Stände*, hrsg. von Carl v. Rotteck und Carl Welcker, neue [2.] Aufl. Altona 1848, 11. Bd., S. 521. Der Artikel erschien in

Der Aphorismus, daß „Gemeingeist... der eigentliche Lebensathem der Republik" sei, enthält eine deutsche Variante der *vertu* oder *virtue*. Doch auch Häufigkeit und Verbreitung des formelhaften Wortes vom größten Glück der größten Zahl erlauben Rückschlüsse auf die Bedeutung und Ausbreitung einer neuen, rationalistischen Ethik an verschiedenen Orten Europas, die die werdende neue Gesellschaft selbst ankündet. Die Haltung, auf die diese Moral sich gründet und die Maximen setzt, um das „Tun und Lassen... der Idee gemäß zustande zu bringen"[152], ist weit verbreitet. In allen Vaterländern der Aufklärung des 18. Jahrhunderts begegnen uns Zeugnisse und Aussprüche ähnlichen Sinnes. Immanuel Kant rechnete — „mit Hutcheson" — „das Prinzip der Teilnehmung an anderer Glückseligkeit" zum „moralischen Sinne" und „das Prinzip des moralischen Gefühls zu dem der Glückseligkeit[153]." Die eigene und der anderen Glückseligkeit sind eins; dieser „Utilitarismus" ruht auf dem festen Grunde von Tugenden und Menschenpflichten, die auf allgemeinste Weise der kategorische Imperativ Kants ausdrücken wollte.

## *„Le bon sens et les vertus: l'œuvre des philosophes"*

Der Weg vom theologischen Denken zur praktischen Moral bereitete geistesgeschichtlich den progressiven „Utilitarismus" vor. Dieser Weg ist zunächst auch eine distanzierende Bewegung im geographischen Sinne gewesen. Zwei Hugenotten europäischen Ranges, Pierre Bayle und Jean Le Clerc, verließen Frankreich und fanden in den Niederlanden Zuflucht, wo sie eine rege literarische Produktivität entfalteten und den ersten Prolog von europäischem Rang in die aufhorchende Welt hinaussandten. Dies waren erste Versuche, zu einer europäischen Kommunikation, unabhängig von Staatsgrenzen, von Souveränen, von ständischen Ordnungen und von der kirchlichen Orthodoxie, beizutragen, erste Versuche einer Vergewisserung der Gemeinsamkeit zwischen aufgeklärten Geistern, den freien Intellektuellen dieser Zeit. Nach und nach traten andere Veröffentlichungen und kamen auch Zeitschriften hinzu. In Holland lag dank seiner konfessionellen Sonderung und seiner geographischen wie politischen Mittellage für einige Zeit der Schwerpunkt dieser Tätigkeiten, die sich über die Schweiz, England und Frankreich ausbreiteten, auch nach Nordamerika hinübergriffen und in Deutschland zuerst die protestantischen Territorien, schließlich aber auch das Österreich Josephs II. einbezogen.

Die folgenreichste politische Konkretion aufklärerischen Denkens blieb aber seinem ältesten Heimatland Frankreich vorbehalten, wo die langen und dunklen

der gleichen Form schon in der ersten Auflage von 1843. Für die zweite fügte Welcker einen zeitgemäßen Nachtrag an.

152 So Kant in einer Anmerkung zu seiner *Grundlegung zur Metaphysik der Sitten* (Philosophische Bibliothek, Bd. 41, hrsg. v. Karl Vorländer), Neudruck der 3. Aufl. Leipzig 1945, S. 63.

153 a. a. O., S. 70.

und in beängstigenden Schauern erlebten spekulativen und spiritualistischen Abenteuer des Geistes früher und rascher abgebrochen sind als anderswo, wo die protestantische Opposition gegen Kirche und alte Theologie weder Siegerin zu werden noch ihren Kampf fortzusetzen vermochte, wo aber der Kirche der Kleriker wie dem Staat des Königs und der Stände die mächtige Gesellschaft der Philosophen gegenübertrat, die die Stände wie das Königtum überdauerte. Ihre Sprache kennen wir bereits. „*A être utiles aux hommes comme au plus grand bonheur de la vie d'un homme*", mahnte Montesquieu seine philosophischen Zeit- und Gesinnungsgenossen. Die gleiche Quelle überliefert seine Bemerkung: „*Les nations s'environnent de luxe des richesses et de luxe d'esprit, et les hommes manquent très-souvent de pain et de sens commun. Pour leur assurer à tous le pain, le bon sens, et les vertus qui leur sont nécessaires, il n'y a qu'un moyen: il faut beaucoup éclairer les peuples et les gouvernements: c'est là l'œuvre des philosophes; c'est la vôtre*[154]." Es gibt Worte, denen eine überraschende Eignung innewohnt, Aufschluß zu gewähren über eine historische Situation, über den Sinn einer politischen Strömung und, wenn es hoch kommt, gar über den Geist einer Epoche. Auch dieser Ausspruch, mag ihm eine ergänzende und vielleicht sogar klärende Zutat des Berichterstatters anhaften, verdient in seiner gehaltvollen Kürze festgehalten zu werden.

Ernährung und Erhaltung der physischen Existenz der Menschen, für die das Wort „Brot", das mythische Ursymbol menschlicher Nahrung, benutzt wird, erscheinen mit dem Gemeinsinn in einer unmittelbaren und unaufhebbaren Beziehung. Um den Lebensunterhalt zu sichern, bedarf es der Gemeinschaft, des Gemeinsinns und der Tugenden, *bon sens* und *vertu*, die die Prinzipien jeder politischen Ordung sind. Die gleiche Sentenz formuliert das Bekenntnis zur Aufklärung sowohl der Völker als auch ihrer Regierungen, die ihnen den wahren Zweck und die dauernde Aufgabe menschlicher Gesellschaft vor Augen führen soll. Dem gelte die Arbeit der Philosophen, die die Träger der „Idee" sind im Sinne der Bedeutung, den dieses Wort zu dieser Zeit besaß, von „Gedanke, Vorstellung, Begriff, regulativem Prinzips des Handelns, überhaupt vom Inhalt des Bewußtseins[155]."

In der napoleonischen Ära ist das Eigenschaftswort *idéologique* entstanden, das die Idee an die Idolen-Typologie Francis Bacons heranrückte, der Lehre von den Beeinflussungen, Täuschungen, Trübungen und Verzerrungen des menschlichen Vorstellungsvermögens. Doch diese Wendung kam erst in einer Periode zum Vorschein, die nicht mehr von den optimistischen Philosophen des geistigen wie materiellen Fortschritts beherrscht wurde, sondern in der die Bewegung bereits „*au contraire de la révolution*" verlief, wie es Joseph de Maistre formulierte. Das Zeitalter vor der Revolution zog seine stärkste Kraft aus der Mission

[154] Dominique-Joseph Garat, *Mémoires historiques sur la vie de M. Suard, sur ses écrits, et sur le XVIII<sup></sup>e siècle*, Paris 1820, T. I., S. 104.

[155] Otto Brunner, *Das Zeitalter der Ideologien: Anfang und Ende*, in: *Neue Wege der Sozialgeschichte*, S. 196.

dieser Philosophen. Das hat noch Hegel unter dem Eindruck der weltgeschichtlichen Wende mit den staunenden Worten umschrieben: „Solange die Sonne am Firmament steht und die Planeten um sie herumkreisen, war das nicht gesehen worden, daß der Mensch sich auf den Kopf, d. h. auf den Gedanken stellt und die Wirklichkeit nach diesem erbaut." Der „Enthusiasmus des Geistes", der, nach Hegels Worten, „die Welt durchschauert" hat, „als sei es zur wirklichen Versöhnung des Göttlichen mit der Welt erst gekommen[156]", war eine Geburt der impetuosen Kraft der aufklärerischen Philosophie, die auf die Wirklichkeit einzudringen begann.

Die Geschichte der Aufklärung in Frankreich währte jedoch lang. Sie gleicht einem geistigen Atemholen und dann einem krafterfüllten Anlauf, der die geistige Distanz zur alten bestehenden Ordnung rasant verkürzt und in der großen wirtschaftlichen wie politischen Krise des Königsstaates Zusammenstoß, Umsturz und Umbruch einleitet. Wenn Frau von Staël die *„philosophie des lumières"* als *„l'appréciation des choses d'après le raisonnement, non d'après les attitudes[157]"* charakterisierte, so haftete ihr Blick an dem eigentümlichen Rang und der Einschätzung theoretischer Entwürfe wie an der Unbefangenheit und der naiven Entschiedenheit, mit der sie auf die Wirklichkeit bezogen wurden. Von Rousseau rührt eine einleuchtende Begründung der politischen *„appréciation des choses d'après le raisonnement"* her. Am Anfang seines *„Contrat social"* steht das kurze persönliche Bekenntnis: *„Si j'étais prince ou lègislateur, je ne perdrais pas mon temps à dire ce qu'il faut faire; je le ferais, ou je me tairais[158]."* Wer allein auf das Denken angewiesen ist und in der Wirklichkeit eine Welt erblickt, die mit der seiner Gedanken keine oder nur wenig Ähnlichkeit besitzt, der wird, sofern er von der zwingenden Kraft seiner Gedanken überzeugt ist, eines Tages diese Welt „auf den Kopf" stellen wollen. Dies ist die eine Seite der revolutionären Bedeutung dieser Theorien; die andere ist darin zu sehen, daß aus ihrer Verbreitung eine allgemeine Vorbereitung wurde. *„Les vrais séditieux sont ceux qui en trouvent partout[159]."* Heinrich v. Sybel hat die geistige Situation unter dem Ancien régime zweifellos treffend charakterisiert: „Überhaupt lag die Beschäftigung mit theoretischer Politik und die unmittelbare Anwendung derselben auf die einzelnen Dinge des Tages in der Luft. Alles überlieferte Recht war streitig, unsicher, dem neuen Freiheitsbewußtsein verhaßt: Man hatte das tiefe, heiße und richtige Gefühl, daß der künftige Staat auf dem Grunde einer völlig anderen Anschauung der Welt und der Sitte auferbaut werden müsse, und

[156] Vgl. Karl Löwith, *Von Hegel zu Nietzsche. Der revolutionäre Bruch im Denken des neunzehnten Jahrhunderts,* 4. Aufl. Stuttgart 1958, S. 261; Franz Rosenzweig, *Hegel und der Staat,* Neudruck Aalen 1962, I. Bd., S. 18.

[157] *Considérations sur les principaux événements de al Révolution Française; Ouvrage posthume,* éd. Charpentier, T. I, S. 99.

[158] *Le Contrat social,* L. I.

[159] Paul-Louis Courier, *Pétition aux deux Chambres,* zit. nach Auerbach, *Vier Untersuchungen,* S. 85.

nichts lag näher als der Wunsch, vor allem die leitenden Grundsätze dieser Anschauung sich selbst, den Zeitgenossen und den Nachkommen klarzustellen[160]."

## *La Société*

Der Begriff der Gesellschaft kennt keinen prinzipiellen Unterschied zwischen menschlicher Gesellschaft in einem bestimmten Lande und der Gesellschaft einiger Schriftsteller und Gelehrter. Die eine ist wesentlich auf die andere bezogen und mit ihr verknüpft, die *société de Gens de lettres* mit der *société humaine* und jede andere *société* mit beiden gemeinsam. Nur die Bestimmung oder Begrenzung des Anwendungsbereiches akzentuiert die Bezeichnung. Das Wort Gesellschaft gewinnt eine Allgemeinheit, die es nie mehr verliert; und diese Allgemeinheit stützt sich auf die Merkmale der Gleichartigkeit von Interessen oder Bestrebungen aller ihr Zugehörenden[161]. „*L'homme pour se conserver et pour jouir du bonheur vit en société avec des hommes qui ont les mêmes désirs et les mêmes aversions que lui,*" schreibt Paul Thiry d'Holbach 1773[162]. Dieses Wort bezeichnet gleichsam die Projektionsebene, auf der das anthropologisch erklärte Selbstinteresse mit den Gemeinschaftserfordernissen zusammenfällt und nun rationalistisch konstruierte Systeme aller erdenklichen Beziehungen errichtet werden. Es ist sicher kein Zufall, daß nach Diderot und d'Alembert zwei der bedeutendsten mathematisch-naturwissenschaftlichen Köpfe unter den Enzyklopädisten die ersten Systematiker dieser Art von Gesellschaftswissenschaft wurden, Holbach und Condorcet. Ihre Philosophie, auch ihre Ausdrucksweise, in der die Vorliebe für eine konzise, fast formelhafte Aphoristik unübersehbar ist, haben die Klarheit und systematische Vollkommenheit vorgebildet, die sich in den sozialen Philosophemen und den rationalistischen Begriffsbildungen der Gesellschaftslehre französischer Observanz wiederholt ausgeprägt hat. Die Soziologie von Auguste Comte wurde dann das typologisch vollendete Zeugnis dieser Richtung und Form des Denkens.

160 Sybel, *Geschichte der Revolutionszeit 1789—1800,* I. Band der zehnbändigen Ausgabe, Stuttgart 1879, S. 39.

161 Es wird hier wie auch sonst in dieser Arbeit grundsätzlich vermieden, nach der Tönniesschen Gegenüberstellung von „Gemeinschaft" und „Gesellschaft" zu differenzieren, weil dies außerhalb der deutschen Sprache in dem hier betrachteten Zusammenhang mit unüberwindbaren Schwierigkeiten verbunden wäre. Vgl. Ferdinand Tönnies, *Gemeinschaft und Gesellschaft. Grundbegriffe der reinen Soziologie,* Nachdruck der 8. Aufl. von 1935, Darmstadt 1963. Einiges von dem, was hierzu zu sagen ist, hat Theodor Geiger ausgesprochen, *Ideologie und Wahrheit. Eine soziologische Kritik des Denkens,* Wien 1953, S. 105 f.

162 *Système social,* angeblich London 1773; eine Zusammenstellung wichtiger Textstellen enthält die Ausgabe von Manfred Naumann, *Paul Thiry d'Holbach. Ausgewählte Texte* (Deutsche Akademie der Wissenschaften zu Berlin, Schriftenreihe der Arbeitsgruppe zur Geschichte der deutschen und französischen Aufklärung, Bd. 3), Berlin (Ost) 1959, S. 142.

Die denkmethodische Differenz zwischen der schottischen Moralphilosophie und der späten Aufklärung in Frankreich, die auch von den Schotten lernte und Anregungen empfing, ist unverkennbar. In beiden Kreisen ist die Allgemeinheit des Gesellschaftsbegriffs geprägt worden, so daß sich Vergleiche aufdrängen müssen. Die empirisch-sensualistische, im Puritanismus verwurzelte Denkweise Hutchesons und Fergusons bedient sich einer deskriptiven, zuweilen gedanklich scheinbar weit schweifenden, aber dennoch immer auf Nähe zur erfahrenen Wirklichkeit bedachten Darstellung, während bei den französischen Autoren die scharfe Ausformung der Prinzipien auffällt. Manches Mal könnte es scheinen, als träten alte Differenzen der scholastischen Schulen unter gewandelten Umständen in neuer Weise wieder zutage. Doch neben der größeren Ferne zur Theologie zeichnet auch eine weit lockerere, kaum eindeutig bestimmbare Beziehung zur klassischen Überlieferung, die allerdings nirgends völlig fehlt, aber in ihrer Bedeutung begrenzt oder zurückgedrängt worden ist, diese Zeugnisse der französischen Geistestradition aus. Die seit Condillac üblich gewordene Berufung auf die Natur[163], die neuartige, vordringende und verdrängende mathematisch-naturwissenschaftliche Logik und die ihr eigentümliche Abstraktionsfähigkeit lassen in diesem Zusammenhang auch schon ihre vereinseitigende Wirkung erkennen. In dieser, nur in dieser Hinsicht, scheint in der Tat eine „Emanzipation vom klassischen Erbe“ eingetreten; als geistesgeschichtlich entscheidend für die revolutionäre Zuspitzung der Entwicklung wird man sie indessen wohl nicht ansehen können[164].

[163] Von einem „universellen Naturalismus der [französischen] Aufklärung“ im 18. Jahrhundert spricht Franz Vorländer, *Geschichte der philosophischen Moral, Rechts- und Staatslehre der Engländer und Franzosen* usw., Neudruck der Ausgabe von 1855, Aalen 1964, S. 594.

[164] Neuerdings hat sich die Meinung vernehmen lassen, die „die eigentliche Verdichtung“ des „Umbruchs moderner Revolution . . . in den Jahrzehnten um 1800“ in unmittelbare Beziehung dazu setzt, daß „die längst wirksame geistige Emanzipation vom klassischen Erbe . . . aus der Theorie in die Praxis der Geschichte übersetzt wurde . . .“ Werner Conze, *Nation und Gesellschaft. Zwei Grundbegriffe der revolutionären Epoche*, in: *Hist. Zeitschr.*, Bd. 198 (1964), S. 1 f. Von der Problematik der geistesgeschichtlich vereinseitigenden Kausalität einmal abgesehen, wird man eine in besonderer und bewegender Weise eintretende „Emanzipation vom klassischen Erbe“ in den Jahrzehnten um 1800 doch wohl nicht feststellen können. Dagegen spielen neue, veränderte, sogar intensivierte Formen der Rezeption klassischer Ideen und Begriffe in dieser Epoche der großen Umwälzungen und geistigen Umbrüche eine Rolle. Taines charakterisierendes Wort vom „esprit classique“ zeigt dies im Grunde richtig an. 1808 kommt in Deutschland durch den bayerischen Pädagogen Niethammer der Ausdruck „Humanismus“ auf, der fortan die idealistische Pflege der Humaniora bezeichnete, unter denen die „griechisch-poetische Antike“ im Vordergrund steht. Hierfür wird seit Friedrich Paulsen, Geschichte des gelehrten Unterrichts auf den deutschen Schulen und Universitäten vom Ausgang des Mittelalters bis zur Gegenwart, Leipzig 1884, die Bezeichnung „Neuhumanismus“ benutzt. Vgl. auch Walter Rüegg, *Cicero und der Humanismus. Formale Untersuchungen über Petrarca und Erasmus*, Zürich 1946, S. XI, 2 f. Von der Bedeutung der Klassik für die Literatur in Deutschland, für die gesamte Kultur in Frankreich und für das politische

Das Prinzip des größten Glücks mitsamt seiner charakteristischen sozialen Implikation kehrt bei Holbach in veränderter Gestalt wieder. Die schärfere deduktive Logik des Franzosen erweist sich weiterer Differenziationen fähig als die Ableitung aus der sensualistischen Moral der berühmten Sentenz Francis Hutchesons. Die ebenso klaren wie abstrakten Darlegungen Holbachs gehen in scharfsinniger Genauigkeit davon aus, daß das Glück *(le bonheur)* eine objektiv differenzierte *„façon d'être“* individueller Ausprägung ist, *„... en général un état durable ou momentané auquel nous acquiesçons, par ce que nous le trouvons conforme à notre être; cet état résulte de l'accord qui se trouve entre l'homme et les circonstances dans lesquelles la nature l'a placé; ou si l'on veut le bonheur est la coordination de l'homme avec les causes qui agissent sur lui“*. Aber *„le bonheur ne peut être le même pour tous les êtres de l'espece humaine ...*[165]*“* Die Politik muß sich auf „die Natur“ gründen; dies aber heißt *„se conformer à l'essence et au but de la Société“*. Mit diesem Prinzip entzog sich Holbach der Konsequenz einer pluralistischen Toleranz, die dem gesellschaftlichen Realismus Fergusons innewohnte. In Anlehnung an d'Alembert fährt er fort: *„Celle-ci n'étant qu'un tout formé par la réunion d'un grand nombre de familles et d'individus, rassemblés pour se procurer plus facilement leurs besoins réciproques, les avantages qu'ils désirent des secours mutuels, et surtout la faculté de jouir en sûreté des biens, que la nature et l'industrie peuvent fournir ...“* Aus diesen Einsichten werden dann Folgerungen gezogen, die aus dem jeweiligen Zustand der Gesellschaft die Idee der Verfassung entwickeln: *„La politique devroit être l'art de règler les passions des hommes et de les diriger vers le bien de la société, mais elle n'est trop souvent que l'art d'armer les passions des membres de la société pour leur destruction mutuelle, et pour celle de l'association qui devroit faire leur bonheur. Elle est communément si vicieuse parce qu'elle n'est point fondée sur la nature, sur l'expérience ... mais sur les passions, les caprices, l'utilité particuliere de ceux qui gouvernent la société.“* Holbachs Befund ist weder optimistisch noch pessimistisch akzentuiert; in Frage steht lediglich die „Naturgemäßheit“ der Regierungs- und Ordnungsformen der Gesellschaft; in der Natur aber lassen sich die ihr gemäßen Ordnungen nur experimentell ermitteln.

Denken in England (z. B. Edmund Burke) während dieser Zeit zu sprechen, hieße Eulen nach Athen tragen.

165 [D'Holbach,] *Système de la Nature ou des Loix du Monde Physique et du Monde Moral par M. Mirabaud, Secrétaire Perpétuel et l'un des Quarantes de l'Académie Françoise*, Londres 1770, S. 136 f. Dieses Hauptwerk Holbachs ist ebenso wie einige andere seiner Schriften aus begründeter Furcht vor polizeilicher Verfolgung seiner entschiedenen Anschauungen unter dem Pseudonym Mirabaud veröffentlicht worden, dem Holbach, offenbar in der Absicht, seinem Buch die gewünschte Aufmerksamkeit zu verschaffen, eine fiktive Titulatur beigelegt hat. Dieses Ziel ist erreicht worden; das Buch erregte größtes Aufsehen. Auch der Erscheinungsort ist fiktiv. Wir wissen, daß das Werk von einem Amsterdamer Verleger herausgebracht wurde, dem das Manuskript auf geheimem Wege zuging. Vgl. M. Naumann, *Paul Thiry d'Holbach*, S. 277 f.

So wenig ausreichend diese Grundsätze dem modernen Verständnis erscheinen mögen, so haben sie doch eine Reihe neuer politischer Einsichten und Konsequenzen nach sich gezogen. Holbach erkannte wie andere die zwingende Notwendigkeit des gesellschaftlichen Zusammenschlusses, eines Paktes *(pacte)* zum Wohle der Gesellschaft, beschränkte sich aber in der Erörterung politischer Formen auf ein repräsentatives Regierungssystem. Das Charakteristische dieser Überlegungen, das sie in die Nähe der historischen Gesellschaftslehre Fergusons rückt, ist die Ableitung der Regierung aus der wirklichen Verfassung wie der freiwilligen Zustimmung der Gesellschaft als ihrer wahrhaft „natürlichen" und somit auch einzig legitimen Voraussetzung: „*Comme la société, surtout quand elle est nombreuse, ne pourroit que très difficilement s'assembler, et sans tumulte faire connoître ses intentions, elle est obligée de choisir des citoyens à qui elle accorde sa confiance; elle en fait les interprêtes de ses volontés, elle les rend dépositaires du pouvoir nécessaire pour les faire exécuter. Telle est l'origine de tout Gouvernement, qui pour être légitime ne peut être fondé que sur le consentement libre de la société, sans lequel il n'est qu'une violence, une usurpation, un brigandage*[166]."

Nicht minder wichtig erscheint, daß auch von Holbach die überlieferte Vorstellung von der Republik, die das „größte Glück der größten Zahl" verwirklichen soll, in eine unmittelbare Beziehung zur Gesellschaft gesetzt wird: „*Les Loix pour être justes doivent avoir pour but invariable l'intérêt général de la société, c'est-à-dire assurer au plus grand nombre des citoyens les avantages pour lesquels ils se sont associés. Ces avantages sont la liberté, la propriété, la sûreté.*" In diesen Worten finden die bürgerlichen Existenzbedürfnisse wohl einen ebenso knappen wie eindeutigen Ausdruck, in dem die Parole der Republik in der Sprache der Revolution bereits vorgeformt ist. *Liberté* ist für Holbach „*la faculté de faire pour son propre-bonheur tout ce qui ne nuit pas au bonheur des ses associés . . .*"; *propriété* ist „*la faculté de jouir des avantages que le travail et l'industrie ont procuré à chaque membre de la société*" und *sureté* „*la certitude que chaque membre doit avoir de jouir de sa personne et de ses biens sous la protection des Loix tant qu'il observera fidèlement ses angagemens avec la société.*" Jede dieser Definitionen könnte wohl an ein Bemühen erinnern, mittels exakt beschriebener mathematischer Funktionen den Vereinigungszweck und die politische Verfassung der Gesellschaft auszudrücken. Aber auch die politische Tugend erhält einen bestimmten Ort zugewiesen. Es entspricht der schon verdeutlichten Konsequenz, daß *vertu* wesentlich als eine gesellschaftliche Eigenschaft erfaßt wird, die dem menschlichen Glücksstreben notwendig innewohnt: „*L'Homme ne peut être heureux sans la vertu*"[167]; an anderer Stelle heißt es: „*Souvenons-nous toujours que notre bonheur solide doit se fonder sur l'estime de nous-mêmes et sur les avantages que nous procurons à d'autres, et*

[166] *Système de la Nature*, S. 141 ff.
[167] a. a. O., S. 312.

*que de tous les projets le plus impraticable pour un être qui vit en société, c'est celui de vouloir se rendre exclusivement heureux*[168]."

In diesem Zusammenhang muß uns aber auch die letzte, politisch reifste Schrift von Condorcet beschäftigen, weil sie die Fortentwicklung dieser Ideen und Begriffe durch den Feuersturm der Revolution in stationärer Verdichtung und Klärung sichtbar macht und die Ergebnisse der bedeutsamsten Richtungen der westeuropäischen Aufklärung zusammenfaßt. Offenkundig beschränken sich die geistigen Voraussetzungen der „*Esquisse d'un Tableau historique des progrès de l'esprit humain*"[169], mit der Condorcet sein ausgebreitetes theoretisches Werk abschloß, nicht auf die französischen Richtungen der Aufklärung, sondern beziehen sie die englischen und schottischen ein. Die anthropologische Eröffnung seiner Gedankenreihe geht von den Lehren der englisch-schottischen Sensualisten aus; und wie d'Alembert nimmt auch Condorcet Gedanken Francis Bacons und John Lockes wieder auf. Mit d'Alembert stimmt er in der Auffassung überein, daß die Entfaltung des Wesens und der Möglichkeiten des Menschen nur in der historischen Entwicklung der Menschheit erkennbar wird. Sein Interesse konzentriert sich indessen auf die zuverlässige Erkenntnis des Fortschritts, der mittels Vergleichs bestimmter Entwicklungslinien in der Folge der Generationen, auf den gesamten Erdkreis bezogen, sichtbar und nachweisbar erscheint.

Hier ist nicht der Ort, auf die Tragweite der mit mathematischer Schärfe geklärten Geschichts- und Weltanschauung, der „*philosophie générale de l'histoire*" Condorcets des näheren einzugehen[170]. Der Aspekt der Menschheitsgeschichte ist zugleich ein universalgeschichtlicher; diese Voraussetzung sichert allgemeinen Feststellungen die größtmögliche Wahrscheinlichkeit. In ihm erscheint der Fortschritt als ein „*marche vers la vérité ou le bonheur, une marche plus ou moins rapide; mais jamais elle sera rétrograde, tant que la terre, du moins, occupera la même place dans le système de l'univers* ..." Aus der Beziehung zwischen wissenschaftlich verstandener Wahrheit und menschlichem Glück ergibt sich im universalen Zusammenhang das politische Telos einer aufgeklärten Republik, in der die Erkenntnisse der Philosophen herrschen. Namentlich durch sie wird diese Schrift Condorcets zu seiner letzten Botschaft, die die ältesten Ideale des Aufklärungszeitalters an die neue Periode, die die geistiget Essenz des 18. Jahrhunderts dem 19. übermittelt. Der Gesellschaft der Gelehrten als den Propagandisten der Aufklärung wird eine hervorragende Rolle zugewiesen, die auch ihrer

[168] a. a. O., S. 335.

[169] *Ouvrage posthume de Condorcet,* Paris L'an III de la République une et indivisible [1794]. Im Wortlaut und in der Schreibweise wird hier jedoch in der Regel der nicht erheblich abweichenden kompilierten zweisprachigen Textausgabe von Wilhelm Alff, *Condorcet, Entwurf einer historischen Darstellung der Fortschritte des menschlichen Geistes,* Frankfurt 1963, der Vorzug gegeben, da sie das Werk jetzt leichter zugänglich macht. Textkritische Einwände werden hier zurückgestellt.

[170] Ansätze hierzu bieten die voluminösen Untersuchungen von Franck Alengry, *Condorcet, Guide de la Révolution Française, Theoricien du Droit constitutionnel et Précurseur social,* Paris 1903, S. 790 ff.; und Léon Cahen, *Condorcet et la Révolution Française,* Paris 1904, S. 528 ff.

historischen entspricht. Es ist eine Klasse entstanden *(une classe d'hommes)*, deren Angehörige nicht nur Wahrheiten entdecken und ergründen, sondern sie auch verbreiten, und die ihren Ruhm darin suchen, Irrtümer auszurotten. Sie bedienten sich „sämtlicher Waffen, mit denen Gelehrsamkeit, Philosophie, Geist und schriftstellerische Begabung die Vernunft ausstatten können; sie schlugen jenen Ton an, gebrauchten alle Formen des Ausdrucks vom Scherz bis zum Pathos, vom gelehrtesten und weitschweifigsten Sammlerwerk bis zum Roman oder zur Spottschrift, die für den Tag berechnet war; sie bedeckten die Wahrheit mit einem Schleier, der allzu schwache Augen schonte und doch das Vergnügen gewährte, sie zu erraten; geschickt schmeichelten sie dem Vorurteil, um ihm desto treffendere Schläge zu versetzen; fast niemals attackierten sie mehrere Vorurteile zugleich, nicht einmal ein einziges in seinem ganzen Ausmaß; ... sie trafen die Wurzeln, wenn sie, wie es schien, sich darauf beschränkten, einige verwachsene Zweige zu beschneiden"[171]. Bayle, Fontenelle, Voltaire und Montesquieu nennt Condorcet neben Bolingbroke und Collins als die Begründer dieser „Schulen", die schottische Philosophie sowie Leibniz, Locke und Descartes als diejenigen, die die geistigen Voraussetzungen ihrer Wirkungen schufen. Die Charakterisierung der geistesgeschichtlichen Rolle, die die politische Spätaufklärung in der Auffassung Condorcets spielte, liefert eine bemerkenswerte Interpretation ihrer historischen Bedeutung, damit freilich noch keineswegs aller wesentlichen Beweggründe ihrer hervorragendsten Vertreter.

Unsere Betrachtung muß hier enden[172]. Sie hat in ältere Zeiten zurückgreifen und bisweilen auch Vergleichungen andeuten müssen. Sie ist Fragment geblieben. Aber wir sehen uns doch schon imstande, die These festzuhalten, daß „Staat" und „Gesellschaft", sobald man Herkunft, Abkunft, Inhalte, die Verwurzelungen wie die Genesis dieser Begriffe schärfer ins Auge faßt, nicht erst in jüngeren Zeiten voneinander getrennt wurden, sondern daß von Grund auf verschiedenartige Substanzen und Formen immer wieder in der Geschichte hervorgetreten sind und Begriffsbildungen veranlaßt haben, die in nicht allgemein bestimmbarer, jeder Regel sich entziehender Weise teils tradierende, teils modifizierende Momente verarbeiteten, um alsdann wieder einem fortgesetzten Wandel ausgesetzt zu sein. Es ließe sich nicht rechtfertigen, einen historischen Strukturalismus politischer Begriffe und mit ihrer Hilfe erfaßter Beziehungen zu vertreten. Aber auch der immer wieder auftretenden Neigung zur kategorialen Deutung und Begründung von traditionalen und revolutionären Begriffen und Elementen sind enge Grenzen gezogen. Unser moderner Begriff der Gesellschaft, den wir gemeinhin mit „bürgerlicher Gesellschaft" gleichsetzen, läßt sich keineswegs hinreichend als durchgehende lineare Fortentwicklung aus alteuropäischem Begriffsmaterial erklären und verstehen. Begriffsgeschichtliche Verbindungen und nach-

[171] Condorcet, *Entwurf*, S. 274 ff.

[172] Ein weiterer Teil dieser Studie wird demnächst an anderer Stelle veröffentlicht werden.

weisbare Verknüpfungen sind mannigfach vorhanden. Die Entstehung der modernen Gesellschaft erscheint in geistesgeschichtlicher Beziehung letztlich als Durchsetzung neuer politisch-ethisch qualifizierender Auffassungen, die sich alter Begriffe bedienten, sie aber mit neuem Sinn erfüllten, der sich bald wieder veränderte oder gar verloren ging. *Respublica* und *societas civilis* wurden mit Wertvorstellungen verknüpft, die in wechselndem Gewande wiederkehrten. *Virtus* wurde mehrfach wieder lebendig; und das Wort *publicus* behielt in seinen Abwandlungen lange Zeit eine schlüsselhafte Bedeutung.

Das Verblassen ursprünglicher Vorstellungsgehalte, das Abflachen des Bürgerlichen zum bourgeoisen Erwerbs- und Wohlstandsstreben und endlich die Einformung der Gesellschaft in einen Wohlfahrtsstaat bezeichnen die Stufen späterer Metamorphosen.

HANS-ULRICH WEHLER

# Theorieprobleme der modernen deutschen Wirtschaftsgeschichte (1800—1945)

## Prolegomena zu einer kritischen Bestandsaufnahme der Forschung und Diskussion seit 1945

„Keine wirtschaftsgeschichtliche Darstellung ist möglich ohne den Gebrauch theoretischer Begriffe. Wie kann ich Tatsachen beschreiben, ohne sie zu ordnen, und wie kann ich sie ordnen, wenn ich nicht über Gesichtspunkte verfüge, die mir eine Ordnung erst ermöglichen. Wie viele wirtschaftsgeschichtliche Arbeit ist nutzlos vertan worden, weil sie nicht auf der soliden Grundlage einer brauchbaren Systematik ruhte."

Emil Lederer[1]

Im letzten Band des großen „Handwörterbuchs der Sozialwissenschaften" das nun — soeben abgeschlossen vorliegend — auf Jahre hinaus als Nachschlagewerk dienen wird, hat ein bekannter westdeutscher Historiker im Artikel über die „Grundlegung" der Wirtschaftsgeschichte vom Wirtschaftshistoriker gefordert: „Sein Streben muß es sein, Wirtschaftsgeschichte als Geistesgeschichte zu betreiben[2]." Schwerlich hätte man hier ein Postulat aufstellen können, das der

[1] E. Lederer, *Aufriß der Ökonomischen Theorie,* Tübingen 1931[3], 4. Vgl. zu diesem ganz und gar nicht neuen wissenschaftstheoretischen Problem schon 1854 W. Roscher (*Grundlagen der Nationalökonomie,* Berlin 1918[25], 83): „Auf die Dauer jedoch ist zum wahren Gedeihen der Wissenschaft das Zusammenwirken beider Seiten (sc. der „abstrakten Lehre" und der „geschichtlichen Spezialforschung") unbedingt notwendig".

[2] H. Kellenbenz, *Wirtschaftsgeschichte — Grundlegung,* Handwörterbuch der Sozialwissenschaften (= HSW) 12, Stuttgart 1962, 125. K. äußert sich dort auch ganz unsystematisch (124—41) über einige theoretische Probleme, aber hier kommt es uns nur auf diese Forderung an. Die Kritik von G. Bondi (*Zu einigen grundsätzlichen Fragen der Historiographie auf dem Gebiet der Wirtschaftsgeschichte,* in: *Grundprobleme der Wirtschaftsgeschichte. Eine Auseinandersetzung mit dem Stichwort ‚Wirtschaftsgeschichte' im HSW,* Jahrbuch für Wirtschaftsgeschichte [= JbW] 1965/II, 205—23) ist zum größten Teil berechtigt, vgl. ebenda, 224—42. Ähnlich verteidigt noch immer H. Bechtel (*Wirtschafts- u. Sozialgeschichte Deutschlands,* München 1967, passim; ders., *Der Wirtschaftsstil des deutschen Unternehmers in der Vergangenheit,* Dortmund 1955) die Theorie von den „Wirtschaftsstilen", die ihre Verwandtschaft mit der Kunstgeschichte nie abgestritten hat, aber einen schon längst überholten Stand der Bildung von Theorien, die schwer verifizierbare Quasi-Invarianzen zugrunde legen, widerspiegelt, vgl. H. Albert, *Marktsoziologie u. Entscheidungslogik,* Neuwied 1967, 367.

internationalen Diskussion über die Aufgaben moderner Wirtschaftsgeschichte noch schroffer entgegengesetzt wäre und das ihrer ganz ungeachtet noch einmal ein unzeitgemäßes Ziel beschwört. Niemand wird wohl, das sei gleich unmißverständlich gesagt, einer radikalen Eliminierung der Geistesgeschichte aus der Wirtschaftsgeschichte das Wort reden oder die ganz fundamentale Bedeutung von Ideen und geistigen Leistungen auch in der Welt der Wirtschaft leugnen wollen, — wie könnte man das auch! Es geht vielmehr um die Zielperspektiven der modernen deutschen Wirtschaftsgeschichte, ihr wissenschaftstheoretisches Fundament „einer brauchbaren Systematik" und ihre Methoden, damit dann auch um die Schwerpunkte der Forschung, die heute hierzulande gebildet oder vertieft werden sollten. Und im Hinblick darauf wird man nicht um die Feststellung umhin kommen, daß einerseits bis in unsere unmittelbare Gegenwart hinein in Deutschland neuzeitliche Wirtschaftsgeschichte von den Fachhistorikern ganz überwiegend im Geist und mit den Methoden der Jüngeren Historischen Schule der Nationalökonomie betrieben worden ist, und daß es andererseits für jene leidenschaftliche und packende Diskussion, die am intensivsten wohl in den Vereinigten Staaten von den sog. „Cliometrikern" der „Neuen Wirtschaftsgeschichte" über eine Historische Ökonometrie[3], aber auch in Frankreich von der „Anna-

[3] Als charakteristisch hebe ich aus der amerikanischen Debatte hervor: R. W. Fogel, *The New Economic History*, Economic History Review (= EHR) 19. 1966, 642—56; ders., *The Reunification of Economic History and Economic Theory*, American Economic Review (= AER) 55. 1965, 92—98; ders., *A Provisional View of the „New Economic History"*, AER 54. 1964, 377—389; auch ders., *The Specification Problem in Economic History*, Journal of Economic History (= JEH) 27. 1967, 283—308. L. Davis, *Prof. Fogel and the New Economic History*, EHR 19. 1966, 657—63; M. Desai, *Some Issues in Econometric History*, EHR 21. 1968, 1—16; P. D. McClelland, *Railroads, American Growth, and the New Economic History: A Critique*, JEH 28. 1968, 102—23; G. N. v. Tunzelmann, *The New Economic History — An Econometric Appraisal*, Explorations in Entrepreneurial History (= EEH) 5. 1968, 175—200; J. R. T. Hughes, *Fact and Theory in Economic History*, EEH 3. 1966, 75—100; G. G. S. Murphy, *The „New History"*, EEH 2. 1965, 132—46; R. L. Basman, *The Role of the Economic Historian in Predictive Testing of Proffered „Economic Laws"*, EEH 2. 1965, 159—86; D. C. North, *Economic History*, International Encyclopaedia of the Social Sciences (= IESS) 6. 1968, 468—74; ders., *The State of Economic History*, AER 55. 1965, 86—91, vgl. allg. ebenda, 86—118; L. Davis u. a., *Aspects of Quantitative Research in Economic History*, JEH 20. 1960, 539—47; J. R. Meyer u. A. H. Conrad, *Economic Theory, Statistical Inference, and Economic History*, JEH 17. 1957, 524—44, auch in: dies., *The Economics of Slavery and Other Studies in Econometric History*, Chicago 1964, 3—30; dies., *Statistical Inference and Historical Explanation*, ebenda, 31—40. Kritisch hierzu L. M. Hacker, *The New Revolution in Economic History*, EEH 3. 1966, 159—75; F. Redlich, *„New" and Traditional Approaches to Economic History and their Interdependence*, JEH 25. 1965. 480—95, ders., *„Quantitative" and „Qualitative" Research in Economics*, EEH 9. 1957, 239 f. Vgl. noch: A. Gerschenkron, *Some Methodological Problems in Economic History*, in: ders., *Continuity in History*, Cambridge/Mass. 1968, 40—56; C. Vann Woodward, *History and the Third Culture*, Journal of Contemporary History (= JCH) 3. 1968/II 23—35; A. Schweitzer, *Economic Systems and Economic History*, JEH 25. 1965, 660—79; B. E. Supple,

les"- und Perroux-Schule, also von der berühmten 6. Sektion der „École des Hautes Études" und dem „Institut des Science Économie Appliquée", über eine „Histoire Quantitative" geführt wird, noch keine (west- oder ost-)deutsche Parallelerscheinung gibt[4].

*Economic History, Economic Theory, and Economic Growth,* in: ders., Hrsg., *The Experience of Economic Growth,* New York 1963, 3—46; H. G. J. Aitken, *On the Present State of Economic History,* Canadian Journal of Economics and Political Science 26. 1960, 87—95; W. W. Rostow, *The Interrelation of Theory and Economic History,* JEH 17. 1957, 507—23; sowie W. O. Aydelotte, *Quantification in History,* American Historical Review (= AHR) 71. 1966, 803—25. — Von den älteren Diskussionsbeiträgen nenne ich noch: A. P. Usher, *The Significance of Modern Empiricism for History and Theory,* JEH 9. 1949, 137—55; ders., *The Application of the Quantitative Method in Economic History,* Journal of Political Economy (= JPE) 60. 1932, 186—209; ders., *The Generalizations of Economic History,* American Journal of Sociology 21. 1915/16, 474—91; T. S. Ashton, *The Relation of Economic History to Economic Theory,* Economica 13. 1946, 81—96; J. M. Clark, *Relations of History and Theory,* JEH, Suppl. 2. 1942, 132—42; S. Kuznets, *Statistics and Economic History,* JEH 1. 1941, 9—16 (auch in: F. C. Lane u. J. J. Riemersma, Hrsg., *Enterprise and Secular Change,* London 1953, 407—14); E. Heckscher, *Quantitative Measurement in Economic History,* Quarterly Journal of Economics 53. 1939, 197—93; ders., *A Plea for Theory in Economic History,* Economic History, Suppl. des Economic Journal (= EJ) 1. 1926/29, 525—34, auch in: Lane, 421—30; N. S. B. Gras, *Stages in Economic History,* Journal of Economic and Business History 2. 1929/30, 395—418; ders., *The Rise and Development of Economic History,* EHR 1. 1927/28, 12—34; H. U. Faulkner, *History and Statistics,* in: *The Social Scienes and Their Interrelation,* Hrsg. W. F. Ogburn u. A. Goldenweiser, Boston 1927, 235—41, sowie E. R. A. Seligman, *The Economic Interpretation of History,* New York 1961²; C. A. Beard, dt. *Die wirtschaftliche Grundlage der Politik,* Stuttgart 1949. — Einen Einblick in die Praxis vermitteln u. a.: R. W. Fogel u. S. L. Engermann, Hrsg., *The Reinterpretation of American Economic History,* N. Y. 1969; R. Andreano, Hrsg., *New Views on American Development,* Cambridge/Mass. 1965; A. Fishlow, *American Railroads and the Transformation of the Ante-Bellum Economy,* Cambridge/Mass. 1965; R. W. Fogel, *Railroads and American Economic Growth, Essays in Econometric History,* Baltimore 1964; D. C. North, *Growth and Welfare in the American Past: A New Economic History,* Englewood Cliffs 1966; ders., *The Economic Growth of the United States, 1790—1860,* Englewood Cliffs 1961; L. Davis u. a., *American Economic History,* Homewood 1965²; A. H. Conrad u. J. R. Meyer, *The Economics of Slavery in the Ante Bellum South,* JPE 71. 1958, 95—130, auch in: dies., *The Economics,* 43—92; L. E. Davis, *The Investment Market, 1870—1914,* JEH 25, 1965, 355—99. Einen Überblick über die Forschung bis 1962 vermitteln: W. Fischer, *Neuere Forschungen zur Wirtschafts- u. Sozialgeschichte der USA,* Vierteljahrsschrift für Sozial- u. Wirtschaftsgeschichte (= VSWG) 49. 1962, 459—538, vgl. ders., *Die Wirtschaftsgeschichte in den Vereinigten Staaten von Amerika. Bemerkungen zu ihrem gegenwärtigen Stand u. ihrer Entwicklungstendenz,* Zeitschrift für die Gesamte Staatswissenschaft (= ZGS) 119. 1963, 377—404, sowie: *Recent Contributions to Economic History* (L. A. Harper, *American History to 1789,* 1—24; C. Goodrich, *The United States, 1789—1860,* 24—43; T. LeDuc, *The US 1861—1900,* 44—63; T. C. Cochran, *The US, 20th Century,* 64—75), JEH 19. 1959, 44—63.

[4] Aus den französischen Auseinandersetzungen vor allem: J. Marczewski, *Quantitative History,* JCH 3. 1968/II, 179—91; ders., *Introduction à l'histoire quantitative,* Genf

Das wirft die Frage nach den historischen Ursachen einer solchen Verzögerung auf. Nur darum handelt es sich, denn unausweichlich wird auch die deutsche Geschichtswissenschaft die Probleme der modernen Wirtschaftsgeschichte, mithin auch die Historische Ökonometrie ganz so diskutieren müssen wie sie der Debatte über die Historische Soziologie seit einiger Zeit wieder Auftrieb gegeben hat. Das Problem wird hier allein an der deutschen wirtschaftsgeschichtlichen Entwicklung des 19. und 20. Jahrhunderts, bzw. seit den sozialökonomischen, technologischen und politischen Revolutionen des ausgehenden 18. Jahrhunderts verfolgt und nur im Hinblick auf die wirtschaftsgeschichtliche Fachhistorie behandelt.

1. Als verhältnismäßig gering wird man das Widerstreben der deutschen Historiker seit der zweiten Hälfte des 19. Jahrhunderts veranschlagen dürfen, sich der neueren Wirtschaftsgeschichte deshalb nicht zuzuwenden, da sie noch

1965; A. Soboul, *Description et mesure en histoire sociale*, L'Information Historique 28. 1966, 104—9; P. Vilar, *Pour une meilleur compréhension entre économistes et historiens*, Revue Historique (= RH) 233. 1965, 293—312; P. Chaunu, *Histoire quantitative et histoire sérielle*, Cahiers V. Pareto 3. 1964, 165—175; J. LHomme, *L'attitude de l'économie devant l'histoire économique*, RH 231, 1964, 297—306; F. Braudel, *Histoire et sciences sociales: la longue durée*, Annales 13. 1958, 725—53; ders., *Pour une économie historique*, Revue Economique 1. 1950, 37—44; vgl. W. Kula, *Histoire et economie: la longue durée*, Annales 15. 1960, 294—313; W. W. Rostow, *Histoire et sciences sociales: la longue durée*, ebenda, 14. 1959, 710—18; C. Morazé, *Introduction à l'histoire économique*, Paris 1952[3]; H. See, *The Economic Interpretation of History*, New York 1968[2]. — Die Praxis: J. Marczewski u. J.-C. Toutain, *Histoire quantitative de l'économie française*, I, Paris 1961; J.-C. Toutain, *La population de la France de 1700 à 1959*, Paris 1963; J. Marczewski, *Le produit physique de l'économie française de 1789 à 1913*, u. T. J. Markovitch, *L'industrie française de 1789 à 1964*, Paris 1965 (insgesamt 10 Bde. geplant). J. Marczewski, *Some Aspects of the Economic Growth of France, 1680—1958*, Economic Development and Cultural Change (= EDCC) 9. 1961, 369—86; F. Perroux, *Prise de vues sur la croissance de l'économie française, 1780—1950, in: Income and Wealth*, Hrsg. S. Kuznets, V, Cambridge 1955, 41—78; ders., *L'économie du XX siècle*, Paris 1961. Einen Überblick geben: C. Fohlen, *Economies et sociétés françaises contemporaines: Approches quantitatives*, VSWG 54. 1967, 325—35; ders., *Recherches récentes sur l'économie française au XIX siècle*, ebenda, 49. 1962, 215—25; *Vingt-Cinq Ans de Recherche Historique en France, 1940—65*, 2. Bd., Paris 1965, 425—442. Hingewiesen sei auch auf die Schulen von L. Dupriez in Löwen u. L. Zimmerman in Amsterdam. Zur englischen Diskussion vgl. S. Pollard, *Economic History, a Science of Society*, Past & Present 30. 1965, 3—22; W. H. B. Court, *Economic History*, in: H. P. R. Finberg, Hrsg., *Approaches to History*, London 1962, 17—50; C. D. H. Cole, *Introduction to Economic History*, London 1952; M. Dobb, *Historical Materialism and the Role of the Economic Factor*, History 36. 1951, 1—11, dt. in: ders., *Organisierter Kapitalismus*, Frankfurt 1966, 58—73; aus der älteren Debatte: J. Clapham, *Economic History as a Discipline*, Encyclopaedia of the Social Sciences (= ESS) 3, 327—30, auch in: Lane, 415—20; allg., ESS 3, 315—30; ders., *The Study of Economic History*, Cambridge 1929; G. Unwin, *Some Economic Factors in General History*, in: ders., *Studies in Economic History*, Hrsg. R. Tawney, London 1927, 3—17; ders., *The Aims of Economic History*, ebenda, 18—36.

ein Thema ihrer Zeitgeschichte darstelle. Seit Ranke und Droysen haben sie immer wieder politische Zeitgeschichte gelesen und geschrieben und sich keineswegs gescheut, einen Stoff zu behandeln, den heute eher die Politikwissenschaft oder die institutionalisierte Zeitgeschichte für sich beansprucht.

2. Man wird auch das Vertrauen darauf, daß im Sinne der Fächerspezialisierung und Arbeitsteilung die Jüngere Historische Schule der Nationalökonomie — zumeist auch mit den überkommenen historischen Methoden — Wirtschaftsgeschichte des 19. Jahrhunderts betreibe, nicht als den ausschlaggebenden Grund ihrer Zurückhaltung bewerten können.

Von vordringlicher Bedeutung für die Erklärung der Tatsache, warum die moderne Wirtschaftsgeschichte so lange eine unterentwickelte Wissenschaftsregion blieb, erweisen sich vielmehr:

1. das traditionelle Selbstverständnis der akademischen Fachhistorie als Geschichtsschreibung der Politik und Diplomatie, der Kriegführung und Staatsaktionen, — eine einseitige Auffassung gewiß, die sich aber seit dem Barockzeitalter fest herausgebildet hatte und in Deutschland durch Ranke und die nationalpolitisch-borussische Schule sozusagen besiegelt worden war.

2. wirkte sich das häufig geradezu dogmatisierte Individualitätsprinzip der idealistischen Geschichtsphilosophie und der — trotz Droysens Betonung der „sittlichen Mächte" auf die bedeutenden historischen Persönlichkeiten abgestellte — Verstehensbegriff, wie ihn der klassische Historismus als hermeneutisches Prinzip entwickelt und begründet hatte, für die geschichtswissenschaftliche Erfassung von ökonomischen und sozialen Kollektivphänomen als hemmend aus.

3. läßt sich außer Idealismus und romantischem Persönlichkeitskult, der akademischen Tradition und der spezifischen Hermeneutik auch die in der sozialen Herkunft der meisten deutschen Neuzeithistoriker aus dem protestantischen Bildungsbürgertum — jener Bildungsaristokratie mit ihrer spezifischen Vorstellung von der Übermacht des „Geistes" — tief begründete Abneigung gegen sozialökonomische Theorien in der Geschichtsschreibung als eines der folgenreichsten Hemmnisse bezeichnen.

Diese Abneigung war aufs engste mit der gesellschaftlichen und politischen Frontstellung gegen den Marxismus, sowohl als kritische Theorie wie als Emanzipationsbewegung der Industriearbeiterschaft, verbunden, — wie wenige Historiker z. B. sympathisierten sichtbar mit den maßvollen Sozialreformplänen der „Kathedersozialisten!"[5] — ja, sie entsprang wohl oft dieser Auseinandersetzung oder wurde durch sie aktualisiert und vertieft. Dabei wird man

[5] Vorzüglich darüber jetzt: D. Lindenlaub, *Richtungskämpfe im Verein für Sozialpolitik, 1890—1914*, Wiesbaden 1967; J. J. Sheehan, *The Career of L. Brentano*, Chicago 1966. — Vgl. zum Vorhergehenden: *Moderne Deutsche Sozialgeschichte*, Hrsg. H.-U. Wehler, Köln 1968², (NWB 10) 9—15; E. Kehr, *Der Primat der Innenpolitik*, Hrsg. H.-U. Wehler, Berlin 1970², 1—28, sowie darin: *Neuere deutsche Geschichtsschreibung*, 254—68.

nicht übersehen dürfen, daß die Theorien von Marx meist in der Form eines zu Polemik verlockenden Vulgärmarxismus bekannt, daß wichtige seiner Schriften noch ungedruckt waren oder übersehen wurden und daß Marx nur höchst selten auf jenem Niveau diskutiert wurde, das in den 1920er Jahren und wieder seit 1945 erreicht worden ist. Manchmal galt auch die Diskussion als schlechthin unerwünscht, so etwa, wenn die Berliner Philosophische Fakultät den Wunsch Otto Hintzes, im Habilitationscolloquium über „Marx' Geschichtsphilosophie" vortragen zu dürfen, nicht erfüllte. Wenn jedoch in der Polemik die „materialistische Theorie" das Angriffsziel bildete, dann stellte dieser Begriff meistens eine Umschreibung für den Marxismus, nur selten für den Darwinismus oder für die positivistisch-utilitaristische Position englischer und französischer Historiker (z. B. Buckles) dar.

Hier liegt die symptomatische und langfristig folgenreiche Bedeutung des Streits um den an der Universität Leipzig lehrenden Historiker Karl Lamprecht. Es waren in erster Linie nicht die Vorwürfe, die gegen seine hier und da nachweisbare empirische Ungenauigkeit erhoben werden konnten, nicht die Vorwürfe gegen seine überwiegend Wilhelm Wundts Schriften entlehnte massenpsychologische Theorie, mit deren Hilfe Lamprecht seiner „Kulturgeschichte" ein, wie es ihm schien, tragfähigeres Fundament zu verschaffen hoffte, auch nicht die Vorwürfe gegen die bewußte Rezeption von Elementen des westeuropäischen Positivismus, die den Streit um Lamprecht, der berechtigter Kritik hinreichend Ansatzpunkte bot, so bitter zuspitzten; am Rande der eigentlichen historischen Zunft stehend, nannte ihn Max Weber „einen Schwindler und Scharlatan schlimmster Sorte", für den er im „Archiv für Sozialwissenschaft" „selbst" den „Henker" zu spielen beabsichtigte! Sondern die gewissermaßen tödliche Anklage erhob Georg v. Below, als er den Leipziger Kollegen zwar nicht offen des Marxismus verdächtigte (was auch gar nicht zugetroffen hätte), ihn aber als den Verfechter einer „materialistischen Theorie" abtat. Diese Diskreditierung besaß damals ein Gewicht, das man schwerlich überschätzen kann, sich vielmehr eher mühsam vergegenwärtigen muß. Und nicht zufällig führte ein so erzreaktionärer Konservativer wie v. Below[6] diesen Schlag für die offensichtlich zutiefst erregte Spitzenoligarchie der deutschen Universitätshistoriker.

Wenn sich seit den 1880er Jahren an einigen deutschen Hochschulen Ansätze zu einer Sozial- und Wirtschaftsgeschichte der Moderne gezeigt hatten, — wobei

[6] Vgl. z. B. G. v. Below u. H. v. Arnim, Hrsg., *Deutscher Aufstieg*, Berlin 1925, ein biographischer Sammelband über Rechtspolitiker, der u. a. zeigt, daß v. Below zu denjenigen Historikern gehörte, die nach 1918 völlig unbelehrbar blieben, weiter autoritäre Politik verklärten und die politische und akademische Atmosphäre der Weimarer Republik vergifteten. Wenn H. Herzfeld (*Staat u. Nation in der deutschen Geschichtsschreibung der Weimarer Zeit*, in: ders., *Ausgewählte Aufsätze*, Berlin 1962, 51) geurteilt hat, der Kriegsausgang hätte eigentlich eine „kopernikanische" Wende der deutschen Historiker bewirken müssen, dann kann man auch von v. Below sagen, daß er sich um kein Grad gewendet hat. Vgl. auch G. v. Below, *Die deutsche wirtschaftsgeschichtliche Literatur u. der Ursprung des Marxismus*, in: ders., *Die deutsche Geschichtsschreibung*, München 1924[2], 161—94.

freilich der absolute Vorrang der Jüngeren Historischen Schule der Nationalökonomie nicht zu übersehen und ihre Hörerzahl unbekannt ist! —, so hat der Ausgang des Lamprecht-Streits, den man auch als eine Art Schattenboxen gegen den Marxismus und das Eindringen sozialökonomischer Theorien in die herkömmliche Geschichtsschreibung charakterisieren könnte, diese zaghafte Entwicklung aufs ganze gesehen unterbrochen. Er bildete gewissermaßen einen Brennpunkt, in dem bestimmte Abwehrhaltungen verschmolzen wurden und nach der Abkühlung gehärtet fortbestanden. Zugleich wurde damit die mit dem Lamprecht-Streit verknüpfte Frage, „ob die traditionelle Bindung der Historie an die Nationalpolitik noch vertretbar war", ob sie unter den neuen Verhältnissen der Hochindustrialisierung „unverändert aufrechterhalten werden konnte" (Schieder), von der Mehrheit der deutschen Historiker im Banne ihrer Traditionen bejaht. Sie hatten bisher den Nationalstaat als Ziel der neueren deutschen Geschichte gerechtfertigt und blieben weiter überwiegend bei nationalhistorischen Themen der Politik und Diplomatie, obwohl das schon damals nicht mehr genügte. Auch in dieser Hinsicht hatte der Lamprecht-Streit schlimme Auswirkungen[7].

Um 1900 konnte der Angriff Lamprechts als abgeschlagen gelten. Die deutsche Wirtschafts- und Sozialgeschichte hat danach, soweit sie an den Philosophischen Fakultäten betrieben wurde, jahrzehntelang die Entwicklung der moder-

[7] Vgl. dazu jetzt G. Östreich, *Die Anfänge der sozialgeschichtlichen Forschung u. der Lamprecht-Streit,* Historische Zeitschrift (= HZ) 208, 320—63; Webers Urteil: W. J. Mommsen, *Universalgeschichtliches u. politisches Denken bei M. Weber,* HZ 201. 1965, 566 f.; Below: *Die neue historische Methode,* HZ 81. 1898, 193—273. Vgl. O. Hintze, *Über individualistische u. kollektivistische Geschichtssauffassung* (1897), in: ders., *Soziologie u. Geschichte, Gesammelte Abhandlungen,* II, Göttingen 1964², 315—22; G. Schmoller, *Zur Würdigung von K. Lamprecht,* Schmollers Jahrbuch (= Sch.J.) 60. 1916/III, 27—54; dagegen F. Meinecke, *Zum Streit um die kollektivistische Geschichtsschreibung* (1896), in: ders., *Zur Geschichte der Geschichtsschreibung, Werke, Bd. VII,* Hrsg. E. Kessel, München 1968, 321—30, vgl. 331 f.; E. Engelberg, *Zum Methodenstreit um K. Lamprecht,* in: J. Streisand, Hrsg., *Studien über die deutsche Geschichtswissenschaft, II,* Berlin 1965, 136—52; T. Schieder, *Das deutsche Kaiserreich von 1871 als Nationalstaat,* Köln 1961, 69; ders., *Die deutsche Geschichtswissenschaft im Spiegel der HZ,* HZ 189 (= 100 Jahre HZ, 1859—1959), 1959, 47—51, 81—101; H. Schönebaum, K. Lamprecht, *Archiv für Kulturgeschichte,* 37. 1955, 265—305; F. Arens, *Über K. Lamprechts Geschichtsauffassung,* Archiv für Politik u. Geschichte 6. 1926, 227—44; F. Seifert, *Der Streit um K. Lamprechts Geschichtsphilosophie,* Augsburg 1925; E. J. Spieß, *Die Geschichtsphilosophie von K. Lamprecht,* Erlangen 1921; F. Eulenburg, *Neuere Geschichtsphilosophie: kritische Analysen,* Archiv für Sozialwissenschaft 25. 1907, 283—337; A. Kuhnert, *Der Streit um die geschichtswissenschaftlichen Theorien K. Lamprechts,* Gütersloh 1906; s. auch: W. Goetz, *Historiker in meiner Zeit,* Köln 1957, 296—313; A. M. Popper, *K. Lamprecht,* in: B. Schmitt, Hrsg., *Some Historians of Modern Europe,* Chicago 1942, 217—39; zuletzt: K. J. Weintraub, *Visions of Culture,* Chicago 1966, 161—207; F. Lütge, K. Lamprecht, IESS 8. 1968, 549 f. Von Lamprechts *„Deutscher Geschichte"* s. die beiden Ergänzungsbände: *Deutsche Geschichte der jüngsten Vergangenheit u. Gegenwart, 2 Bde,* Berlin 1912/13.

nen industriellen Welt: des liberalen und organisierten Kapitalismus samt seinen gesellschaftlichen Problemen, kaum mehr verfolgt. Sie hat auch die Lücken, die nun bald nach dem Schwinden der Jüngeren Historischen Schule der Nationalökonomie entstanden, nicht ausgefüllt. Als Georg Brodnitz 1927 für den neugegründeten „Economic History Review" einen sehr instruktiven und ausführlichen Überblick über die deutsche wirtschaftsgeschichtliche Forschung der vergangenen drei Jahrzehnte gab, konnte er nur eine Handvoll Arbeiten zur modernen deutschen Wirtschaftsgeschichte aufführen, ein Ergebnis, das unter anderem auch die historische Fernwirkung des Lamprechtstreits illustriert[8].

Sowohl die weit verbreitete allgemeine Feindschaft in der deutschen Wirtschaftsgeschichtsschreibung gegenüber expliziten Theorien, besonders aber die Ablehnung sozialökonomischer Theorien mit kritischer Intention, als auch die Scheu vor der Beschäftigung mit dem Hochkapitalismus und seiner Gesellschaft, die beide in besonderem Maße einen klaren Wertstandpunkt abverlangen, lassen sich nicht nur an den verhältnismäßig wenigen bis 1945 erschienenen einschlägigen Monographien und Aufsätzen, sondern auch an den Handbüchern der modernen Wirtschaftsgeschichte ablesen. Die dort behandelte wirtschaftsgeschichtliche Entwicklung blieb theoretisch ziemlich unstrukturiert. Handel, Industrie und Landwirtschaft, Technikgeschichte[9], Bank- und Versicherungswesen, Verkehrs-, Firmen- und Unternehmergeschichte[10] usw. wurden gleichsam je als

[8] G. Brodnitz, *Recent Works in German Economic History, 1900—1927*, EHR 1. 1927/28, 322—45. Einen ähnlichen Überblick über die Jahre von 1927 bis 1967 könnte man sich nur wünschen, vielleicht in einem der Sonderhefte der HZ oder der VSWG, bzw. des JbW.

[9] Auf deren spezielle Probleme soll hier nicht eingegangen werden. Vgl. dazu K. Borchardt, *Technikgeschichte im Lichte der Wirtschaftsgeschichte*, Technikgeschichte 34. 1967, 1—13; K. H. Ludwig, *Technikgeschichte als Beitrag zur Strukturgeschichte*, ebenda, 33. 1966, 105—20; ders., *Grundfragen der Technikgeschichte*, Geschichte in Wissenschaft u. Unterricht 15. 1964, 75—83; W. Treue, *Technikgeschichte u. Technik in der Geschichte*, Technikgeschichte 32. 1965, 3—18, u. überhaupt diese Zeitschrift als Nachfolgerin (32. 1965) der von C. Matschoss begründeten *„Beiträge zur Geschichte der Technik u. Industrie"* (1—31. 1909—41). Vgl. noch A. Timm, *Kleine Geschichte der Technologie*, Stuttgart 1964; C. v. Klinkowstroem, *Knaurs Geschichte der Technik*, München 1960²; W. G. Waffenschmidt, *Technik u. Wirtschaft in der Gegenwart*, Berlin 1952; auch F. Schnabel, *Die moderne Technik in der geschichtlichen Entwicklung*, in: *Unser Geschichtsbild*, Hrsg. K. Rüdinger, München 1954, 131—60; u. demnächst das Arbeitsbuch von R. Rürup, Hrsg., Technikgeschichte, Köln 1971 (NWB). Die kaum übersehbare angelsächsisch-französische Literatur ist jetzt vorzüglich verzeichnet in: *The Cambridge Economic History of Europe* (= CEHE) VI/I, 2, 1965; in Sammelwerken wie: C. Singer u. a., Hrsg., *The History of Technology*, 5 Bde, Oxford 1954—58, u. M. Daumas, Hrsg., *Histoire générale des techniques*, bisher 2 Bde, Paris 1962/65.

[10] Ihrem Gegenstand nach verfolgt auch die Firmenforschung zumeist noch die Geschichte einzelner Unternehmungen als „historischer Individuen". Vgl. die Zeitschrift „Tradition", 1. 1956—13. 1968, dazu D. Baudis, *Gesicht u. Hintergrund der „Tradition"*, JbW 1960/I, 189—202; entsprechend u. a. in den USA: Business History Review (= BHR), 1968 = 42. Bd.; in England: Business History (= BH) 1. 1958 bis

„historische Individuen" behandelt, wobei gar nicht bestritten werden soll, daß dieser Ansatz ihre Entfaltung in der Zeit und die Kontinuität bestimmter Entwicklungen erfaßt, wohl aber: daß er allein genügt.

Die erzählende Darstellung am Leitfaden der Chronologie vernachlässigte

11. 1968; in Frankreich: Histoire des Entreprises 1. 1958—8. 1961. Vgl. allg. W. Treue, *Firmengeschichte*, HZ 172. 1951, 535—46; ders., *Die Bedeutung der Firmengeschichte für die Wirtschafts- u. die allgemeine Geschichte*, VSWG 41. 1954, 42—65; L. Beutin, *Was erwartet die Wissenschaft von der Firmengeschichte?*, Tradition 1. 1956, 62—69, auch in: ders., *Gesammelte Schriften*, Hrsg. H. Kellenbenz, Köln 1963, 349—59; L. Zumpe u. a., *Betriebsgeschichte u. allgemeine Geschichte*, JbW 1964/II, III, 291—504; D. Baudis u. a., *Der Unternehmer in der Sicht der westdeutschen Firmen- u. Wirtschaftsgeschichte*, Zeitschrift für Geschichtswissenschaft (= ZfG) 11. 1963, 78—103. Aus der angelsächsischen Debatte: R. W. Hidy, *Business History*, IESS 2. 1968, 474—80; der glänzende Sammelband von H. G. J. Aitken, Hrsg., *Explorations in Enterprise*, Cambridge/Mass. 1965; F. E. Hyde, *Economic Theory and Business History*, BH 5. 1962, 1—10; B. E. Supple, *The Uses of Business History*, BH 4. 1962, 81—91, dazu H. F. Williamson, BH 7. 1965, 57 f.; P. L. Payne, dass., BH 5. 1962, 11—21; N. S. B. Gras, *Stages in Business History*, in: *Studi in onore di A. Sapori*, I, Mailand 1957; zuletzt H. F. Williamson, *Business History and Economic History*, JEH 26. 1966, 407—17. Literaturübersichten: W. Fischer, *Some Recent Developments of Business History in Germany, Austria, and Switzerland*, BHR 37. 1963, 416—36; J. G. B. Hutchins, *Recent Contributions to Business History, The United States*, JEH 19. 1959, 103—21. — Die Kritik individualistischer Zuspitzung trifft genauso auf die Unternehmergeschichte zu. Seit Schumpeters entscheidender Anregung auf diesem Gebiet (vgl. zuletzt ders., *Economic Theory and Entrepreneurial History*, in: *Change and the Entrepreneur*, Cambridge/Mass. 1949, 63 bis 83, auch in: Aitken, Hrsg., 45—64) scheint mir trotz gegenteiliger Beteuerungen in den Unternehmerbegriff zuviel von M. Webers charismatischem Führertypus unreflektiert eingegangen zu sein (vgl. E. A. Carlin, *Schumpeter's Constructed Type: The Entrepreneur*, Kyklos 9. 1956, 27—40), dessen Berechtigung ursprünglich durch die historischen Erfahrungen der sechs Jahrzehnte vor dem Ersten Weltkrieg mit ihren bedeutenden Unternehmerpersönlichkeiten, die auch Schumpeter kannte, bestätigt werden konnte. In F. Redlichs „dämonischer" Unternehmerfigur lebt dieses Element weiter fort, vgl. ders., *Der Unternehmer*, Göttingen 1964; ders., *Approaches to Business History*, BHR 36. 1962, 61—70; ders., *A Program for Entrepreneurial Research*, Weltwirtschaftliches Archiv (= WA) 78. 1957, 57—64; ders., *The Beginnings and the Development of German Business History*. Bulletin of the Business History Society 26. 1952, Suppl. (dt. *Anfänge u. Entwicklung der Firmengeschichte u. Unternehmerbiographie, Das deutsche Geschäftsleben in der Geschichtsschreibung*, Tradition 4. 1959, 1. Beiheft), sowie hierzu: F. Zunkel, *Der Rheinisch-Westfälische Unternehmer*, 1834—79, Köln 1962; H. Jaeger, *Unternehmer in der deutschen Politik, 1890—1918*, Bonn 1967; W. Zorn, *Typen u. Entwicklungskräfte deutschen Unternehmertums*, in: *Moderne Deutsche Wirtschaftsgeschichte*, Hrsg. K. E. Born, Köln 1966 (NWB 12) 25—41, sowie L. Cecil, *A. Ballin: Business and Politics in Imperial Germany, 1888—1918*, Princeton 1967. Beide Disziplinen: Firmen- und Unternehmergeschichte sind fraglos wichtig, ja notwendig und können auch interessant sein, aber sie spiegeln in gewisser Hinsicht das Fortleben älterer individualistischer Wissenschaftstheorien wider und bedürfen daher vor allem der Typologie und des Vergleichs. Der fundamentale Wandel durch den Übergang zum Organisierten Kapitalismus wird, zumal in ihrer derzeit überwiegenden unkritischen Spielart, noch zu selten berücksichtigt.

die analytische Untersuchung unter Sachgesichtspunkten (z. B. der doch qualitativ neuen Phase des Organisierten Kapitalismus der Großunternehmen), die Periodisierung anhand politischer Daten überdeckte oft die Orientierung an spezifisch sozialökonomischen Markierungspunkten[11], die verbale Beschreibung besaß den unbezweifelten Vorrang vor quantifizierten, statistisch-mathematisch ausgedrückten Aussagen[12]. Eine Kritik natürlich, die weder den Faktenreich-

[11] F. Lütge, *Wirtschaftsgeschichte — Neuzeit. Deutsche Wirtschaftsgeschichte*, HSW 12. 1962, 177—85, periodisiert ganz nach politischen Zäsuren. Ders. (*Wirtschaftsgeschichte, Allgemein*, Religion in Geschichte u. Gegenwart 6. 1962³, 1747—53, hier 1751 f.) behauptet, die Annexion von Elsaß und Lothringen 1870/71 habe „im besonderen den Anschluß der lothringischen Erzgebiete zur Folge" gehabt — diese waren damals wegen des technologischen Entwicklungsstands ganz unwichtig, auch für den Annexionsentschluß, aber die Textilindustrie dieses ostfranzösischen Gebiets wurde zu Recht als Konkurrenz gefürchtet. „Der Übergang zur Goldwährung" habe „zur Einordnung Deutschlands in die neue, zunächst noch von England geführte Weltwirtschaft" geführt, — als wenn nicht die Entwicklung der deutschen Industriewirtschaft das Entscheidende gewesen wäre, wogegen die Goldwährung nur eine äußere Anpassung darstellte. Mitte der 1890er Jahre hätte neben der chemischen und elektrotechnischen Industrie vor allem die optische Industrie den Aufschwung mitbestimmt — aber der Motorenbau stellte den entscheidenden dritten Sektor dar. — Auf die Aspekte der Industrialisierung im weiten Sinn, die mit der Revolutionierung der gesellschaftlichen Strukturen, der sozialkulturellen Wertsysteme, der psychischen Dispositionen usw. umschrieben sind, wird hier bewußt nicht eingegangen. Ich bin mir auch wohl bewußt, daß der Begriff der „endogenen" wirtschaftlichen Kräfte fragwürdig ist, da diese endogenen Kräfte im hohen Maße gesellschaftlich mitbestimmt sind, wie eine umfassende Systemanalyse, die außerhalb meiner Kompetenz und Intention liegt, zeigen könnte. Der Begriff wird hier eher polemisch gegen eine primär vom Staat, anstatt von Gesellschaft und Wirtschaft ausgehende Auffassung gebraucht.

[12] Vgl. z. B. einmal mit dem nötigen „grano salis": W. F. Bruck, *Social and Economic History of Germany From William II. to Hitler*, London 1938 (New York 1962², einem Münsteraner Nationalökonomen); H. Sieveking, *Wirtschaftsgeschichte*, Berlin 1935; ders., *Grundzüge der Neueren Wirtschaftsgeschichte vom 17. Jahrhundert bis zur Gegenwart*, Leipzig 1928⁵; F. Oppenheimer, *Abriß einer Sozial- u. Wirtschaftsgeschichte Europas*, IV, Jena 1935 (Stuttgart 1964²); R. Häpke u. E. Wiskemann, *Wirtschaftsgeschichte*, II, 1800—1933, Leipzig 1933 (mit übler Verbeugung vor den neuen Machthabern); H. Cunow, *Allgemeine Wirtschaftsgeschichte*, IV, Berlin 1931; H. Herkner, *Die wirtschaftlichen u. sozialen Bewegungen von der Mitte des 18. Jahrhunderts bis in die zweite Hälfte des 19. Jahrhunderts*, in: Propyläen-Weltgeschichte 7. 1929, 331—406; ders., *Volkswirtschaft u. Arbeiterbewegung*, ebda, 8. 1930, 387 bis 454; J. Kulischer, *Allgemeine Wirtschaftsgeschichte des Mittelalters u. der Neuzeit*, II, München 1929 (1965³); T. Mayer, *Deutsche Wirtschaftsgeschichte der Neuzeit*, Leipzig 1928; H. Proesler, *Die Wirtschaftsgeschichte in Deutschland*, Nürnberg 1928; ders., *Die Epochen der deutschen Wirtschaftsentwicklung*, Nürnberg 1927; *Grundriß der Sozialökonomik*, Tübingen 1923—30²; M. Weber, *Gesammelte Aufsätze zur Sozial- u. Wirtschaftsgeschichte*, Tübingen 1924; ders., *Wirtschaftsgeschichte*, Berlin 1923 (1958³); ders., *Wirtschaft u. Gesellschaft*, 2 Bde., Tübingen 1956⁴; A. Sartorius v. Waltershausen, *Deutsche Wirtschaftsgeschichte*, 1815—1914, Jena 1923²; ders., *Wirtschaft u. Technik*, Jena 1936; C. Helfferich, *Deutschlands Volkswohlstand, 1888 bis 1913*, Berlin 1917⁷; W. Gerloff, *Finanz- u. Handelspolitik des Deutschen Reiches*, Jena 1913; W. Sombart, *Die deutsche Volkswirtschaft im 19. Jahrhundert*, Berlin

tum, noch — z. T. jedenfalls — den informativen Wert solcher Kompendien leugnen will. Das Auffällige aber ist, wie sehr sich diese Tradition auch in den neueren Handbüchern seit 1945 noch einmal behauptet hat[13].

Eine grundsätzliche Erörterung dieser neuen, erweiterten Aufgaben der Wirtschaftsgeschichte hat bisher, wie erwähnt, sowohl in der Bundesrepublik als auch in der DDR erst ganz vereinzelt eingesetzt, sofern man sich dabei aus guten Gründen an die gedruckten Äußerungen hält. Und es ist wohl kaum ein

1903 (Stuttgart 1954[8]); ders., *Der moderne Kapitalismus*, III/1, 2, Berlin 1928 (zuletzt 1955); L. Pohle, *Die Entwicklung des deutschen Wirtschaftslebens im 19. Jahrhundert*, Leipzig 1908 (1930[6]); G. Neuhaus, *Deutsche Wirtschaftsgeschichte im 19. Jahrhundert*, München 1907. Die erste deutsche Wirtschaftsgeschichte von T. v. Inama-Sternegg (*Deutsche Wirtschaftsgeschichte*, 3 Bde, Leipzig 1879—1901) führt nur bis ins Hohe Mittelalter.

[13] Vgl. hierzu: F. F. Wurm, *Wirtschaft u. Gesellschaft in Deutschland, 1848—1948*, Opladen 1970; Bechtel (Anm. 2); A. Brusatti, *Wirtschafts- u. Sozialgeschichte des Industriellen Zeitalters*, Köln 1968[2]; F. Lütge, *Deutsche Sozial- u. Wirtschaftsgeschichte*, Berlin 1966[3]; P. H. Seraphim, *Deutsche Wirtschafts- u. Sozialgeschichte*, Wiesbaden 1966[2]; G. Stolper u. a., *Deutsche Wirtschaft seit 1870*, Tübingen 1966[2] (die ergänzenden Abschnitte von K. Häuser u. K. Borchardt unterscheiden sich stark positiv von Stolpers Text). Vgl. auch Born, Hrsg.; W. Treue, *Wirtschaftsgeschichte der Neuzeit, 1700—1960*, Stuttgart 1966[2]; ders., *Das wirtschaftliche u. soziale Gefüge*, Historia Mundi, X, Bern 1961, 546—652; ders., *Wirtschafts- u. Sozialgeschichte Deutschlands im 19. Jahrhundert, in:* B. Gebhardt, Hrsg., *Handbuch der Deutschen Geschichte*, III, Stuttgart 1960[8], 314—413; W. Röpke, *Die Weltwirtschaft im 19. u. 20. Jahrhundert*, Historia Mundi, X, 653—79; H. Hausherr, *Wirtschaftsgeschichte der Neuzeit*, Köln 1960[3]; A. R. L. Gurland, *Wirtschaft u. Gesellschaft im Übergang zum Zeitalter der Industrie*, in: Propyläen-Weltgeschichte 8. 1960, 281—336; R. Nöll v. d. Nahmer, *Weltwirtschaft u. Weltwirtschaftskrise*, ebda, 9. 1960, 353—88; L. Schwerin v. Krosigk, *Die große Zeit des Feuers, Der Weg der deutschen Industrie*, 3 Bde, Tübingen 1957/59; H. Bechtel, *Wirtschaftsgeschichte Deutschlands*, III, München 1956; C. Brinkmann, *Wirtschafts- u. Sozialgeschichte*, Göttingen 1953[2] (1970[3]); B. Laum, *Allgemeine Wirtschaftsgeschichte*, Wiesbaden 1951; F. Cornelius, *Wirtschaftsgeschichte*, Stuttgart 1950; H. Jecht, *Deutsche Wirtschaftsgeschichte*, Salzgitter 1949; oft dogmatisch festgelegt, aber doch lesenswert ist: H. Mottek, *Wirtschaftsgeschichte*, II: 1789 bis 1870, Berlin 1964; dagegen ganz überholt: J. Kuczynski, *Allgemeine Wirtschaftsgeschichte*, Berlin 1951[2]; ders., *Die Bewegung der deutschen Wirtschaft, 1800—1946*, Meisenheim 1948[2]. Auch unter diesem Aspekt scheint mir daher das Urteil von F. Redlich (*Recent Developments in German Economic History*, JEH 18. 1958, 516 bis 530) etwas zu positiv ausgefallen zu sein. Die glänzende Gesamtdarstellung, die D. S. Landes (*Technological Change and Development in Western Europe, 1750 bis 1914*, CHEH VI/I. 1965, 274—601; bis 1945 fortgeführt selbständig (1969) geschrieben hat, hätte ihm m. E. kein deutscher Historiker abnehmen können. Vgl. die knappe, inhaltlich ungleichmäßige, vor allem aber theoretisch unsichere und verschwommene Skizze von H. Böhme, *Prolegomena zu einer Sozial- u. Wirtschaftsgeschichte Deutschlands im 19. und 20. Jahrhundert*, Frankfurt 1968. Man darf auf drei angekündigte neue Handbücher gespannt sein: H. Aubin u. W. Zorn, Hrsg., *Handbuch der Deutschen Wirtschafts- u. Sozialgeschichte*, 2 Bde, Stuttgart 1970/71; H. Kellenbenz, Hrsg., *Handbuch der europäischen Sozial- u. Wirtschaftsgeschichte*, 5 Bde, ebda; K. E. Born, Hrsg., *Wirtschaft u. Gesellschaft im Industriezeitalter*, Sachwörterbuch, 5 Bde, ebda.

Zufall, daß gerade der brillante Göttinger Agrarhistoriker Wilhelm Abel für „Themen", „die Theorie und Geschichte wieder zusammenzw(i)ngen", plädiert und offen um Verständnis für die Historische Ökonometrie geworben hat[14]. Es

[14] W. Abel, *Neue Fragen an die Wirtschaftsgeschichte*, Göttingen 1962, 17, 26; (vgl. ders., Anm. 19); allgemein haben sich m. W. nach 1945 sonst nur geäußert: W. G. Hoffmann, *Wachstumstheorie u. Wirtschaftsgeschichte*, in: *Festschrift für A. Müller-Armack*, Berlin 1961, 147—58; F. Lütge, *Geschichte, Wirtschaft, Wirtschaftsgeschichte*, München 1959 (16: „Daß es nur einer fruchtbaren Anwendung theoretischer Erkenntnisse gelingt, das wirtschaftshistorische Material zum Sprechen zu bringen"); C. Bauer, *Wirtschafts- u. Sozialgeschichte*, Staatslexikon 8. 1963$^8$, 838—42, auch in: ders., *Gesammelte Aufsätze*, Freiburg 1965, 1—9; schwach sind: H. Raupach, *Die veränderte Stellung der Wirtschaftsgeschichte in Deutschland*, in: Festschrift F. Lenz, Berlin 1961, 257—67; L. Beutin, *Einführung in die Wirtschaftsgeschichte*, Köln 1958; ders., *Die Wirtschaftsgeschichte im 20. Jahrhundert*, VSWG 43. 1956, 239—45; ders., *Die Praxis u. die Wirtschaftsgeschichte*, Dortmund 1955; W. Kraus, *Das Verhältnis von Wirtschaftsgeschichte u. Wirtschaftstheorie*, VSWG 42. 1955, 193—213 (als Nationalökonom); ziemlich wirr ist: A. Winkler, *Methodik der Sozial- u. Wirtschaftsgeschichte*, Wien 1956. — Die Diskussion in der DDR ist ausgesprochen provinziell; nicht einmal diejenigen Aspekte der Marxschen Theorie, die für die moderne Wirtschaftsgeschichte genutzt werden können, werden eingehend diskutiert, vgl. hierzu: J. Kuczynski, *Der Gegenstand der Wirtschaftsgeschichte*, JbW 1963/I, 133—147; ders. *Wirtschaftsgeschichte als Wissenschaft*, Wissenschaftliche Annalen 4. 1955, 385—97; ders., Zum Problem der Industriellen Revolution, ZfG 4. 1956, 501—24; H. Kohn, *Zur* Diskussion über die Wirtschaftsgeschichte als Wissenschaft, JbW 1962/III, 57—72; W. Robbe, *Der Gegenstand der Wirtschaftsgeschichte*, JbW 1962/I, 95—110; E. Giersiepen, *Die deutsche Wirtschafts- u. Sozialgeschichte in der Forschungsarbeit der Wirtschaftshistoriker der DDR*, ZfG, Sonderheft 1960, 229—44. L. Krieger (*Marx and Engels as Historians*, Journal of the History of Ideas 14. 1953, 381—403) behandelt sein Problem ganz allgemein. — Aus den älteren deutschen Beiträgen zur Diskussion dieser Problematik von Theorie u. Empirie läßt sich nicht mehr allzuviel gewinnen, vgl. etwa: C. Brinkmann, *Wirtschaftstheorie u. Wirtschaftsgeschichte*, Forschungen u. Fortschritte 16. 1940, 246—48; ders., *The Place of Germany in the Economic History of the 19th Century*, EHR 4. 1932/33, 129—46; W. Sombart, *Economic Theory and Economic History*, EHR 2. 1929/30, 1—19; ders., *Die drei Nationalökonomien*, Berlin 1930; R. Liefmann, *Wirtschaftstheorie u. Wirtschaftsbeschreibung*, Tübingen, 1929; O. Hintze, *Wirtschaft u. Politik im Zeitalter des modernen Kapitalismus* (1929), Ges. Abh., II, 427—52; ders., *Der moderne Kapitalismus als historisches Individuum*, ebda, 374—426; ders., *Die Zukunft des Kapitalismus*, Wille u. Weg 4. 1928, 110—15; H. Nabholz, *Über das Verhältnis von politischer u. Wirtschaftsgeschichte* (1933), in: ders., *Ausgewählte Aufsätze zur Wirtschaftsgeschichte*, Zürich 1954, 7—17; H. Jecht, *Wirtschaftsgeschichte u. Wirtschaftstheorie*, Tübingen 1928; A. Dopsch, *Zur Methodologie der Wirtschaftsgeschichte*, in: Festschrift W. Goetz, Leipzig 1927, 518—38; G. v. Below, *Probleme der Wirtschaftsgeschichte*, Tübingen 1926$^2$; E. Salin, *Zur Methode u. Aufgabe der Wirtschaftsgeschichte*, Sch. J. 45. 1921, 483—505; R. Kötzschke, *Über Wirtschaftsgeschichte*, Vergangenheit u. Gegenwart 9. 1919, 209—23; T. Sommerlad, *Die Wirtschaftsgeschichte u. die Gegenwart*, Leipzig 1911; ders., *Über Wesen u. Aufgaben der Wirtschaftsgeschichte*, Halle 1893. — Information über Quellen u. Literatur: z. B. H. Buck, *Zur Geschichte der Produktivkräfte u. Produktionsverhältnisse in Preußen*, 1810—1933 (Spezialinventur des Bestandes des Preußischen Ministeriums für Handel u. Gewerbe), 1. Bd., 1. T., Weimar 1966; 2. Bd., Berlin 1960; H. Lötzke, *Quellen zur Wirtschaftsgeschichte in der Epoche des*

scheint kaum einen Zweifel zu leiden, daß mit dieser Forderung: Theorie und Geschichte bewußt wieder stärker zu verbinden, das keineswegs neue Generalthema auch der deutschen Wirtschaftsgeschichte der Moderne angeschlagen ist. Und es wird nun darauf ankommen, wie man zunächst sehr allgemein sagen kann, inwieweit sozialökonomisch fundierte, mit möglichst vielen Prämissen explizit dargelegte, wissenschaftstheoretisch reflektierte Erklärungsmodelle (oder, wenn man so will: Kategorien, Hypothesen, spezielle Theorien) in die wirtschaftsgeschichtliche Forschung eingeführt werden und sich dort bewähren (oder nach dem vorsichtigeren „Popperschen Kriterium": zur Zeit nicht falsifizierbar sind), bzw. modifiziert oder aufgegeben werden müssen[15].

Unter diesem Gesichtspunkt darf man die Vorstellung vom sozialwissenschaftlichen Experiment nicht zu eng fassen und sich etwa am (nur vermeintlich)

*Imperialismus im Deutschen Zentralarchiv Potsdam,* JbW 1961/I, 239—83; H. Eichenhofer u. a., *Übersicht über Wirtschaftsarchive,* Der Archivar 13. 1960, 291 bis 335; *From Weimar to Hitler Germany, 1918—33, Wiener Library Catalogue Series Nr. 2,* London 1964²; H. Schleiffer u. R. Crandall, *Index to Economic History Essays in Festschriften, 1900—1950,* Cambridge/Mass. 1953; sowie die Bibliographien bei Treue, Anm. 13; ders., Hrsg., *Quellen zur Geschichte der Industriellen Revolution,* Göttingen 1966, 276—81.

[15] Zur wissenschaftstheoretischen Problematik vgl. außer der Lit. in Anm. 3, 4, 14 vor allem J. Habermas, *Zur Logik der Sozialwissenschaften,* Tübingen 1967; K. R. Popper, *Die offene Gesellschaft u. ihre Feinde,* 2 Bde, Bern 1957/58; ders., *Das Elend des Historizismus,* Tübingen 1965; ders., *Logik der Forschung,* Tübingen 1966²; ders., *Conjectures and Refutations,* London 1963. Scharfsinnige Kritik: A. Wellmer, *Methodologie als Erkenntnistheorie. Zur Wissenschaftslehre K. R. Poppers,* Frankfurt 1967. Die Sammelbände von E. Topitsch, Hrsg., *Logik der Sozialwissenschaften,* Köln 1965 (NWB 6) u. H. Albert, Hrsg., *Theorie u. Realität,* Tübingen 1964; ders., *Marktsoziologie,* passim. Vgl. noch Habermas, *Theorie u. Praxis,* Tübingen 1967²; dess., Diskussion mit Albert in der „Kölner Zeitschrift für Soziologie" 16. 1963—18. 1965, sowie W. G. Runciman, *Sozialwissenschaft u. politische Theorie,* Frankfurt 1967; A. Stern, *Geschichtsphilosophie u. Wertproblem,* München 1967; P. Winch, *Die Idee der Sozialwissenschaft u. ihr Verhältnis zur Philosophie,* Frankfurt 1966; M. White, *The Foundations of Historical Knowledge,* New York 1965; ders., *Toward an Analytical Interpretation of History,* in: M. Farber, Hrsg., *Philosophic Thought in France and the United States,* Buffalo 1950, 705—26; H. Gadamer, *Wahrheit u. Methode,* Tübingen 1965²; A. Danto, *Analytical Philosophy of History,* Cambridge 1965; I. Kon, *Die Geschichtsphilosophie des 20. Jahrhunderts,* 2 Bde, Berlin 1965; T. Abel, *The Operation Called „Verstehen",* in: Albert, Hrsg., 177—88; P. Lebrun, *Structure et Quantification,* in: C. Perelman, Hrsg., *Raisonnement et démarches de l'historien,* Brüssel 1964, 29—51; L. Gottschalk, Hrsg., *Generalization in History,* Chicago 1963; S. Hook, Hrsg., *Philosophy and History,* N.Y. 1963; C. Samaran, Hrsg., *L'histoire et ses méthodes,* Paris 1961; R. Aron, *Introduction to the Philosophy of History,* Bonn 1961; P. Gardiner, Hrsg., *Theories of History,* Glencoe 1960²; ders., *The Nature of Historical Explanation* Oxford 1952; jetzt ders., *The Philosophy of History,* IESS 6. 429—434; F. M. Fisher, *On the Analysis of History,* Philosophy of Science 27. 1960, 147—58; H. Meyerhoff, Hrsg., *The Philosophy of History in Our Time,* Garden City 1959; L. v. Mises, *Theory and History,* New Haven 1957; W. Dray, *Law and Explanation in History,* Oxford 1957; J. W. N.

streng kontrollierbaren sozialpsychologischen Gruppenexperiment orientieren, geschweige denn, sich von vornherein an diesem Begriff stoßen, sondern unter einem Experiment auch den Versuch verstehen, die Erklärungsreichweite einer speziellen Theorie, bzw. etwas martialisch ausgedrückt: einer Batterie von Theorien, die auf ein historisches Problem angesetzt wird, zu testen. Bedenkenswert erscheint hier auch, daß die Kulturanthropologie seit Radcliffe-Brown den Vergleich bewußt als Experiment aufgefaßt hat. Nur der Erklärungswert und Informationsgehalt der Ergebnisse entscheiden über den Nutzen derartiger Experimente. Zum Beispiel kann man vermutlich nur mit Hilfe eines Bündels von Theorien über generatives Bevölkerungswachstum und soziale Mobilität, über wirtschaftliches Wachstum und Konjunkturzyklen, über die sozialen Vorbedingungen und Folgen rechtlicher Reformen usw. die deutsche Binnenwanderung vor allem im wilhelminischen Kaiserreich und das Entstehen der großstädtischen industriewirtschaftlichen Ballungszentren einleuchtender erklären oder „verstehen" als bisher. Ein gewisser theoretischer Eklektizismus wird eher normal als die Ausnahme sein; daß überdies mit erhöhten theoretischen Ansprüchen auch ein gewaltig wachsendes Maß empirischer Spezialforschung verkoppelt ist, hat sich bisher fast stets erwiesen.

Aber nur mit Hilfe expliziter Theorien wird der Historiker den prinzipiell unendlichen Kosmos der Ereignisse unter rational-einsichtigen und normativen, begründeten Gesichtspunkten ordnen und „verstehen" lehren können, wobei er sich der unaufhebbaren Aspekthaftigkeit der geschichtswissenschaftlichen Forschung bewußt bleiben muß. Das oft voreilig aufgestellte Ideal einer möglichst viele Lebensbereiche erfassenden „integralen Geschichtsschreibung" (J. Romein), die der Komplexität der Diltheyschen „Wirkungszusammenhänge" gerecht werden will, sollte er nicht aus dem Auge verlieren, sich aber gegenwärtig halten, daß schon der Anspruch auf vollständige Erfassung „illegitim" und dieselbe „nicht konsequent vorzustellen" (J. Habermas) ist.

Wo sollten nun von der deutschen Geschichtswissenschaft, soweit sie sich mit der modernen Wirtschaftsgeschichte als einem der wichtigsten Entwicklungsstränge der modernen Industriellen Welt befaßt, Forschungsschwerpunkte gebil-

Watkins, *Historical Explanation in the Social Sciences,* The British Journal for the Philosophy of Science 8. 1957, 104—17; ders., *Ideal Types and Historical Explanation,* ebda., 3. 1952, 22—43; M. Mandelbaum, *Societal Laws,* ebda., 8. 1957, 217—22; H. L. Marrou, *De la connaissance historique,* Paris 1955²; *The Social Sciences in Historical Study,* New York 1954; W. H. Walsh, *An Introduction to Philosophy of History,* London 1953²; M. Postan, *The Historical Method in Social Science,* Cambridge, 1939. Demnächst W. J. Mommsen, Hrsg., *Theorie der Geschichtswissenschaft,* Köln 1971, NWB. S. auch die Zeitschrift *„History and Theory"*, 1. 1961—7. 1968, sowie ihre Beihefte. 1. 1961; 3/4. 1964; 7. 1967 mit den Bibliographien zur Geschichtsphilosophie u. Wissenschaftstheorie, vgl. J. G. A. Pocock, *History and Theory,* Comparative Studies in Society and History 4. 1961/62, 525—35.

det werden; an welchen theoretischen Einsichten kann sie sich dabei vorher orientieren? Damit wird zuerst einmal die Frage nach der Legitimierung solcher Untersuchungen bzw. nach ihren Leitperspektiven aufgeworfen. Man kann ja die sozialökonomischen Systeme moderner Gesellschaften als integrale Bestandteile eines gesamtgesellschaftlichen interdependenten Regelsystems bezeichnen, weshalb die isolierende Untersuchung eines Teilbereiches der Rechtfertigung bedarf. Nachdem die „absolute Kulturschwelle" (A. Gehlen) der Industrialisierung, jener tiefsten Zäsur in der Menschheitsgeschichte seit dem Übergang vom Sammlerleben zur Seßhaftigkeit im Neolithikum, aber einmal überschritten worden ist, läßt sich die buchstäblich fundamentale Bedeutung der industriellen Entwicklung schwerlich mehr bestreiten. In gewisser Hinsicht ist es seither die Hauptaufgabe der Gesellschaft und Politik (auch der Geschichtswissenschaft), mit dieser Entwicklung Schritt zu halten, die ökonomischen, sozialen und politischen Entwicklungen möglichst kontrolliert zu synchronisieren und die überaus gefährlichen Verzögerungen, die „lags" der Entwicklung auf dem gesellschaftlich-politischen Sektor (wie z. B. in Deutschland zwischen 1871 und 1945) zu vermeiden. Deshalb wird man an Max Webers unverändert gültige Erkenntnis — in seinem berühmten Aufsatz über die „Objektivität" sozialwissenschaftlicher Erkenntnis — anknüpfen können, daß auch die moderne wissenschaftliche Forschung an gewissen „letzten Wertideen" verankert ist; von dort her werden ihre Probleme und das theoretische Instrumentarium zu ihrer Bearbeitung bestimmt. Wenn im Laufe der historischen Entwicklung „das Licht der großen Kulturprobleme" weiterziehe, sagte Weber, dann „rüstet sich auch die Wissenschaft, ihren Standort und ihren Begriffsapparat zu wechseln... Sie zieht jenen Gestirnen nach, welche allein ihrer Arbeit Sinn und Richtung zu weisen vermögen". Im Sinne einer solchen normativen Vorentscheidung, die bei Weber zugunsten des individualistisch-liberalkapitalistischen Systems und bestimmter okzidentaler Kulturwerte gefällt worden war, wird man heute vom Fernziel des massendemokratischen Sozialstaats, in dem aber auch der Absolutheitsanspruch der Gesellschaft gegenüber den Individuen abgewehrt und die industrielle Welt humanisiert, mithin auch planrationaler Kontrolle unterworfen wird, ausgehen dürfen. Die grundlegenden Probleme werden daher realhistorisch und wissenschaftstheoretisch durch die permanente industrielle Revolution seit dem ausgehenden 18. Jahrhundert aufgeworfen, die wirtschaftsgeschichtliche Forschung muß ihnen adäquat sein, wenn sie G. Lukács Maxime: auch „das Problem der Gegenwart als geschichtliches Problem" zu begreifen, gerecht werden will. Gerade hiermit ist auch die wichtige Frage verknüpft, inwieweit die europäische Industrialisierungsgeschichte einer Art Modellcharakter für die Entwicklungsländer besitzt[16].

[16] J. Romein, *Über integrale Geschichtsschreibung*, Schweizer Beiträge zur Allgemeinen Geschichte 16. 1958, 207—20; Habermas, *Logik*, 166, zum Experiment, ebda., 111; M. Weber, *Die „Objektivität" sozialwissenschaftlicher u. sozialpolitischer Erkenntnis*, in: ders., *Gesammelte Aufsätze zur Wissenschaftslehre*, Tübingen 1951², 214; bei-

Als Orientierungsschema wird man sieben theoretische Einsichten die der vor Weber bedeutendste deutsche Sozialwissenschaftler des 19. Jahrhunderts frühzeitig gewonnen hat, zugrunde legen dürfen.

I. Vor der Industriellen Revolution findet in den europäischen Industrieländern eine Agrarrevolution statt. Sie schafft die Voraussetzungen für die Ausbildung moderner landwirtschaftlicher Großunternehmen, die sowohl die rapide wachsende Bevölkerung ernähren, als auch namentlich durch steigenden Export zur Kapitalakkumulation beitragen können. Der politische Status der Landwirtschaft besitzt freilich in den verschiedenen Ländern vor und nach der Industriellen Revolution je unterschiedliche Bedeutung. Die beiden anderen sozusagen revolutionierenden Leitsektoren, die ebenfalls zu einem bemerkenswerten Anstieg des gesamtwirtschaftlichen Wachstums vor der Industriellen Revolution beitragen, nämlich Außenhandel und Verkehrswesen (vor dem Eisenbahnbau), spielen für die deutschen Staaten vermutlich nicht eine so fundamental wichtige Rolle wie unbestritten für Großbritannien und die Vereinigten Staaten.

II. Mit dem Durchbruch der Industriellen Revolution im engeren Sinn (s. u.) entsteht ein permanent expandierendes industriewirtschaftliches System, dessen wichtigster Säkulartrend ein stetiges, auch von Kriegen und Katastrophen auf die Dauer nicht unterbrochenes Wachstum darstellt. Diese kontinuierliche Expansion konstituiert das eigentlich historisch Neue am Industriekapitalismus.

III. Sein Wachstum verläuft aber, sozusagen prinzipiell: seiner Natur nach, ungleichmäßig. Es schreitet sprungartig voran, zaudert, stagniert, prellt wieder vorwärts — kurzum, es ist Schwankungen und Störungen unterworfen, welche die ältere Forschung mit den Theorien der Konjunkturzyklen, die zumindest für die Zeit bis 1914 empirisch nachweisbar sind, zu präzisieren suchte.

IV. Mit der Entwicklung des Industrialismus wächst die Konzentration, der Wettbewerb der relativ gleichwertigen kleinen und mittelgroßen Wirt-

ßende Kritik: H. Marcuse, *Industrialisierung u. Kapitalismus im Werke M. Webers*, in: ders., *Kultur u. Gesellschaft*, II, Frankfurt 1965, 107—46. G. Lukàcs, *Geschichte u. Klassenbewußtsein*, Berlin 1923, 173; vgl. hierzu Engels an Danielson, 18. 6. 1892 (in: K. Marx — F. Engels, *Werke* [= MEW] 38. 1968, 365): „Alle Regierungen, seien sie noch so selbstherrlich, sind en dernier lieu nur die Vollstrecker der ökonomischen Notwendigkeiten der nationalen Situation. Sie mögen diese Aufgabe in verschiedener Weise — gut, schlecht oder leidlich — besorgen, — sie mögen die ökonomische Entwicklung und ihre politischen und juridischen Konsequenzen beschleunigen oder aufhalten, à la longue müssen sie ihr folgen." — Vgl. K. Borchardt, *Europas Wirtschaftsgeschichte — ein Modell für Entwicklungsländer?*, Stuttgart 1967, dazu G. Ohlin, *Remarks on the Relevance of Western Experience in Economic Growth to Former Colonial Areas*, Cahiers d'Histoire Mondial 9. 1965, 30—38. — Unter veränderten Wertaspekten bleibt mithin das „Kapitalismus"-Problem der jüngeren Wissenschaftler im „Verein für Sozialpolitik" vor 1914 vordringlich, allerdings unter Verzicht auf die anti-Marxsche Fragestellung.

schaftseinheiten der liberalökonomischen Theorie schwindet dagegen zunehmend. An seine Stelle tritt das System des oligopolistischen Organisierten Kapitalismus. Dieser Konzentrationsprozeß läßt sich auf verschiedenen Ebenen verfolgen: jener der Unternehmen, einzelner Branchen, Nationalwirtschaften, übernationaler Zusammenschlüsse, Zollunionen usw., sowie der überseeischen Expansion der Industriestaaten in den je verschiedenen Formen indirekter und direkter Herrschaft.

V. Ein unauflöslicher Zusammenhang besteht zwischen der ökonomischen, technologischen, sozialen und folglich auch der politischen Entwicklung, die nur unter theoretisch begründbaren Gesichtspunkten zerlegt und in ihren einzelnen Strömungen isoliert verfolgt werden kann. Dieser Zusammenhang tritt mit dem Fortschreiten des industriewirtschaftlichen Wachstums immer deutlicher zutage.

VI. Zugleich nimmt damit das Bedürfnis nach der sozialen Kontrolle des sich unablässig entfaltenden Industriesystems zu. Zum Teil vereinigt der Konzentrationsprozeß Kontrollchancen in der Leitung von Großunternehmen, von Kartellen und Syndikaten, von nationalen Wirtschaftsbehörden. Der Trend läuft auf zunehmende Steuerungseingriffe des Staates hin: nur der moderne Interventionsstaat bzw. der als Planungsorgan bereits konzipierte Staat einer zentralen Verwaltungswirtschaft scheint der ungeheuren Dimension der Probleme des unregelmäßigen und auf jeden Fall ungleichmäßigen wirtschaftlichen Wachstums mit allen seinen gesellschaftlichen und politischen Konsequenzen gewachsen zu sein.

VII. Politisch wird damit die Alternative zwischen autoritären, bonapartischen, letztlich auch faschistischen Systemen und massendemokratischen, sozialstaatlichen Gesellschaften aufgeworfen. Der wirtschaftlichen Grundlagen ihrer Entstehung und Entwicklung hat die moderne Wirtschaftsgeschichte, namentlich in Deutschland, wo diese Alternative bis 1945 mit fatalen Folgen entschieden worden ist, freizulegen. In historischer Perspektive stellt sich damit erneut die Aufgabe, endlich auch die ökonomischen Voraussetzungen des Nationalsozialismus und seiner ökonomischen Basis während seiner Herrschaftszeit zu untersuchen.

Diese Theorien, die Karl Marx an verschiedenen Stellen seines Werkes, jedoch kohärent und in eine umfassende Analyse des Kapitalismus als stetig wachsendes System eingebettet hat, — eine Analyse, die eine seiner größten Leistungen darstellt —, mögen auf Vorbehalte treffen, die z. T. emotioneller Natur sind und nicht immer rational artikuliert werden. Entscheidend ist nun auf jeden Fall wie bei allen sozialwissenschaftlichen Theorien ihr Informationsgehalt, ihre prinzipielle Prüfbarkeit an Hand von Tatsachen, ihr Erklärungswert und ihre Bewährung in möglichst verschiedenen sozialkulturellen Prüfungsbereichen. Außerdem mag aber auch einmal an dieser Stelle an das nüchterne Eingeständnis und Autoritätsurteil von Ernst Troeltsch erinnert werden, daß „die ganze marxistische Fragestellung selbst, soweit sie aus Beobachtung hervorgeht und soweit sie von da aus einer lebendigen Einheit und Wechselwirkung materiell-ökonomischer und geistiger Tätigkeit nachgeht, eine wirkliche Entdeckung" sei. „Es bleibt die Tatsache, daß der sozial-ökonomische Unterbau ... dem ganzen historischen Leben als festeste und dauerndste, am schwersten sich wandelnde und mit seinem Wandel alles andere umwälzende Unterschicht zugrunde liegt". Daher können „die großen Perioden der Kulturgeschichte ... am ehesten mit den Merkmalen dieses Unterbaus charakterisiert werden". „Jedenfalls ist die Abhängigkeit des ideologischen Überbaus weitaus die Regel." Zu prüfen bleibt immer wieder Troeltschs Resümee, daß „die ökonomisierte Dialektik ... eine äußerst fruchtbare Fragestellung und eine Einstellung auf dynamische Lebenszusammenhänge" sei, „die in der letzten Wirkung der Historie ein stärkeres und konkreteres, ein tieferes und breiteres Leben zugleich mit einer sicheren Gliederung mitzuteilen imstande sind"[17].

Besonders die vier ersten angeführten Punkte sollen nun etwas eingehender im Hinblick auf die deutsche wirtschaftsgeschichtliche Forschung seit 1945 behandelt werden.

*Ad. I.* Die agrarwirtschaftlichen Vorbedingungen der Industrialisierung treten uns heute besonders eindringlich als eines der Hauptprobleme der „Dritten Welt" der Entwicklungsländer vor Augen, aber der Komplex der sog. „Bauernbefreiung" zwischen 1807 und 1848 läßt sich durchaus auch als ein Aspekt der agrarrevolutionären Vorstufe der Industriellen Revolution in Deutschland

[17] Vgl. Albert, *Marktsoziologie*, 26, 336, 367. Vgl. Pollard; B. F. Hoselitz, *K. Marx on Secular Economic and Social Development*, Comparative Studies in Society and History 6. 1963/64, 142—63; K. Löwith, *M. Weber u. K. Marx*, in: ders., *Gesammelte Abhandlungen*, Stuttgart 1960, 1—67; K. Kühne, *K. Marx u. die moderne Nationalökonomie*, Die Neue Gesellschaft 2. 1955, H. 1, 61—65; 2, 63—66; 3, 62—67; 4, 61—65. Vgl. noch S. Avineri, *The Social and Political Thought of K. Marx*, Cambridge 1968; E. Mandel, *Entstehung u. Entwicklung der ökonomischen Lehre von K. Marx, 1843—63*, Frankfurt 1968; ders., *Marxistische Wirtschaftstheorie*, Frankfurt 1968; P. Sweezy, *Theorie der kapitalistischen Entwicklung*, Köln 1959; S. Tsuru, *Essays on Marxiam Economics*, Tokio 1956; H. Peter, *Die Politische Ökonomie bei Marx*, in: W. Markert, Hrsg., *Der Mensch im kommunistischen System*, Tübingen 1957, 24—38; ders., *Dynamische Theorie bei Marx u. Keynes*, Jahrbücher für Nationalökonomie u. Statistik (= JNS) 162. 1950, 260—77; J. Robinson, *Collected Economic Papers*, Oxford 1951, 133—45; ganz enttäuschend sind: F. R. Gottheil, *Marx's Economic Predictions*, Evanston 1966; M. Wolfson, *A Reappraisal of Marxian Economics*, N. Y. 1966. Weitere Lit. im Anhang zu Wehler (Anm. 33). — E. Troeltsch, *Über den historischen Entwicklungsbegriff u. die Universalgeschichte*, in: ders., *Der Historismus u. seine Probleme, Ges. Schriften III*, Tübingen 1922, 349 f.; vgl. ders., *Aufsätze zur Geistesgeschichte u. Religionssoziologie, Schriften IV*, Tübingen 1925, 11 („... die marxistische Unterbau- Überbaulehre ... enthält jedenfalls eine niemals zu umgehende, wenn auch in jedem Einzelfall besonders zu beantwortende Fragestellung"), vgl. 21—33, 632—40. Siehe dazu Engels' Briefe an C. Schmidt, 5. 8. 1890 (MEW 37. 1967, 436 f.); an J. Bloch, 21./22. 9. 1890 (MEW 37, 463—65); an F. Mehring, 14. 7. 1893 (MEW 39, 96—98); an W. Borgius (bisher irrtümlich H. Starkenburg), 25. 1. 1894 (MEW 39, 205—7).

begreifen[18]. Fraglos geht das Mittelalter „im Bereich der Agrarverfassung erst mit der Bauernbefreiung ... zu Ende“ (Lütge), damit wird auch auf dem Gebiet der Agrarwirtschaft die allgemeine wirtschaftliche und politische Zäsur am Ende des 18. Jahrhunderts unterstrichen. Die nunmehr sich ausbreitenden oder z. T. erst entstehenden landwirtschaftlichen Großbetriebe dehnten sich zwar auf Kosten des bäuerlichen Besitzes aus, gestatteten aber moderne Betriebsführung und ermöglichten gesteigerte Produktion, Versorgung des wachsenden Binnenmarktes und lukrativen Export, vor allem nach Großbritannien, bis in die Mitte der 1870er Jahre. In Preußen z. B. sank in 50 Jahren, zwischen 1816 und 1864, das Unland von 40,3 auf 7,1 Prozent der gesamten Bodenfläche, vor allem aber stieg die Ackerfläche um 94 Prozent, d. h. sie verdoppelte sich (wie die Produktion!) von 26,5 auf 51,4 Prozent der gesamten Bodenfläche! Diese aus dem Wettbewerb zwischen Gütern und Bauernwirtschaften, aus Rationalisierung, methodischer Bewirtschaftung und materiellen Anreiz besonders im Exportgeschäft hervorgehende Leistung ist heute unbestritten. Aber der Gesichtspunkt: diese Agrarrevolution als eine Vorstufe der Industriellen Revolution zu analysieren, sie mithin nicht allein im Rahmen von Agrargeschichte und -verfassung, als Verhältnis von Großagrariern zu Bauern usf., zu studieren, sondern bewußt der Frage nach den Vorbedingungen der deutschen Industrialisierung unterzuordnen, dieser Gesichtspunkt, der dringend verfolgt werden müßte, ist m. W. bisher noch nicht neueren Forschungen zugrunde gelegt worden. Freilich handelt es sich um eine schwere, doch ungemein reizvolle Aufgabe, deren Bearbeitung trotz aller Vorarbeiten eine ähnliche Pionierleistung bedeuten würde, wie sie Wilhelm Abel mit seinen Studien über „Agrarkrisen und Agrarkonjunktur“ vollbracht hat.[19].

[18] Vgl. K. Marx, *Das Kapital,* I (7. Abt., Die Akkumulation des Kapitals) MEW 23. 1962. Die Bedeutung der Marxschen Einsicht in das Wesen der Agrarrevolution verkennt R. Collins, *Marx and the English Agriculture Revolution,* History and Theory, 6. 1967, 351—810. — P. Bairoch, *Diagnostic de l'évolution économique du tiers-monde, 1900—66,* Paris 1967; E. Mandel, Die Marxsche Theorie der ursprünglichen Akkumulation u. die Industrialisierung der Dritten Welt, in: *Folgen einer Theorie. Essays über „Das Kapital“ von K. Marx,* Frankfurt 1967, 71—93; J. D. Chambers u. G. E. Mingay, *The Agricultural Revolution, 1750—1880,* London 1966; E. J. Hobsbawm, *The Age of Revolution, 1789—1848,* London 1962, 180—201 (Dt. *Europäische Revolutionen,* München 1962, Kap. 8); die Lit. in K. Borchardt, *Probleme der ersten Phase der Industriellen Revolution in England,* VSWG 55. 1968, 1—62; ders., Europas Wirtschaftsgeschichte, 16, 20; Rostow, *Stadien* (u. Anm. 22), 38 ff., sowie A. Gerschenkron, *Reflections on Economic Aspects of Revolutions,* in: H. Eckstein, Hrsg., *Internal War,* Glencoe 1964, 180—204, auch in: ders., Continuity, 257—80.

[19] F. Lütge, *Geschichte der deutschen Agrarverfassung,* Stuttgart 1963 (1967²), 224, vgl. 228, 238, allg. 169—239; ders., *Über die Auswirkungen der Bauernbefreiung in Deutschland,* in: ders., *Studien zur Sozial- u. Wirtschaftsgeschichte,* Stuttgart 1963, 174—222; knapp darüber: H. Linde, *Die Bedeutung der deutschen Agrarstruktur für die Anfänge der industriellen Entwicklung,* Jahrbuch für Sozialwissenschaft 13. 1962, 179—95; vgl. ders., *Preußischer Landesausbau,* Leipzig 1939; G. Ipsen, *Die preußische Bauernbefreiung als Landesausbau,* Zeitschrift für Agrargeschichte u. Agrar-

Es wäre ein großer Gewinn, wenn es dabei zu vergleichenden Untersuchungen käme. Vor allem der Vergleich der preußischen mit der japanischen Entwicklung sechzig Jahre später drängt sich hier auf. Auch die Reformen der Meji-Zeit gingen ja wie die preußischen Modernisierungsmaßnahmen nach 1807 von der Erfahrung erlittener oder drohender politischer Niederlage und dauernder Demütigung aus. Nur ein im weitesten Sinne wirtschaftlich und politisch reformierter und folglich leistungsfähiger Staat schien Selbstbehauptung und zukünftige Erfolge gewährleisten zu können. Nicht nur die preußische Gewerbe- und Industriepolitik (überhaupt der Gesamtkomplex der „preußischen Reformen"), sondern auch die Agrarpolitik würde durch den Vergleich schärfere Konturen gewinnen; ihr funktioneller Wert ließe sich so noch genauer bestimmen,

soziologie (= ZAA) 2. 1954, 29—54; H. W. Finck v. Finckenstein, *Die Getreidewirtschaft Preußens*, 1800—1930, Berlin 1934, 22; ders., *Die Entwicklung der Landwirtschaft in Preußen u. in Deutschland*, 1800—1930, Würzburg 1960; J. Frhr. v. d. Goltz, *Auswirkungen der Stein-Hardenbergschen Agrarreform im Laufe des 19. Jahrhunderts*, naturwiss. Diss. Göttingen 1936; W. Conze, *Die Wirkungen der liberalen Agrarreform auf die Volksordnung in Mitteleuropa im 19. Jahrhundert*, VSWG 38. 1949, 2—43; ders., *Die liberalen Agrarreformen Hannovers im 19. Jahrhundert*, Hannover 1947. Vorzügliche Analyse jetzt im einzelnen von R. Koselleck, *Preußen zwischen Reform u. Revolution, 1791—1848*, Stuttgart 1967, T. III. E. Klein, *Von der Reform zur Restauration: Finanzpolitik u. Reformgesetzgebung des preuß. Staatskanzlers K. A. v. Hardenberg*, Berlin 1965; M.-E. Vopelius, *Die altliberalen Ökonomen u. die Reformzeit*, Stuttgart 1968. Vgl. die eindringlichen Untersuchungen von H. Rosenberg, *Die Pseudodemokratisierung der Rittergutsbesitzerklasse*, in: *Moderne Deutsche Sozialgeschichte*, 287—308; ders., *The Economic Impact of Imperial Germany: Agricultural Policy*, JEH, Suppl. 3. 1943, 101—7, dt. in ders., *Probleme der deutschen Sozialgeschichte*, Frankfurt 1969, sowie: G. Franz, *Geschichte des Bauernstandes*, Stuttgart 1970; V. Gropp, *Der Einfluß der Agrarreformen des beg. 19. Jh. in Ostpreußen auf Höhe u. Zusammensetzung der preuß. Staatseinkünfte*, Berlin 1967; E. Schremmer, *Die Bauernbefreiung in Hohenlohe*, Stuttgart 1963; Wolfg. Treue, *Die preußische Agrarreform zwischen Romantik u. Rationalismus*, Rhein. Vierteljahrsblätter 20. 1955, 337—57; G. Helling, *Zur Entwicklung der Produktivität der deutschen Landwirtschaft im 19. Jahrhundert*, JbW 1966/I, 129—41; dies., *Berechnung eines Index der Agrarproduktion in Deutschland im 19. Jahrhundert*, ebda., 1965/IV, 124—143; E. Bittermann, *Die landwirtschaftliche Produktion in Deutschland, 1800—1950*, Halle 1956. — W. Abel, *Agrarkrisen u. Agrarkonjunktur*, Berlin 1966²; ders., *Die drei Epochen der deutschen Agrargeschichte*, Hannover 1964²; ders., *Geschichte der deutschen Landwirtschaft vom frühen Mittelalter bis zum 19. Jahrhundert*, Stuttgart 1962, 1967²; ders., *Agricultural History*, IESS 1. 1968, 215—23. — Über die Folgezeit: H. Hausdorfer, *Die deutsche Landwirtschaft im technischen Zeitalter*, Stuttgart 1957; S. v. Frauendorfer, *Ideengeschichte der Agrarwirtschaft u. Agrarpolitik*, 2 Bde, München 1957/1958; C. v. Dietze, *Deutsche Agrarpolitik seit Bismarck*, ZAA 12. 1964, 200—215; J. Sirol, *Le rôle de l'agriculture dans les fluctuations économiques*, Paris 1942, die alle gegen Abel, der leider das ausgehende 19. Jahrhundert nur knapp behandelt und ganz dringend der Ergänzung für die Zeit von 1876 bis 1945 bedürfte, stark abfallen. — C. Brinkmann, *Die Aristokratie im kapitalistischen Zeitalter*, in: ders., *Wirtschaftsformen u. Lebensformen*, Tübingen 1950², 33—54, bietet nur einen Nachdruck (aus dem „*Grundriß der Sozialökonomik*" 9/1. 1925).

zumal, wenn dabei gemeinsame Eigentümlichkeiten des deutschen und japanischen Faschismus hervortreten, wie sie B. Moore unlängst festgehalten hat[20].

*Ad. II.* Die Industrielle Revolution ist zu einem verwaschenen Allgemeinbegriff geworden. Sie sei hier im Anschluß an die neueren Wachstumstheorien als jene „spezifische Komprimierung des Industrialisierungsprozesses in einer Periode rasanten Wachstums" (Gerschenkron) enger und damit als brauchbare Periodisierungseinheit verstanden. Damit soll gleichzeitig die Frage nach einer der Sache adäquaten Periodisierung der Entwicklung nach der Industriellen Revolution verknüpft werden. In diesem Zusammenhang gewinnen die Theorien des ökonomischen Wachstums für die Wirtschaftsgeschichte (und nicht nur für diese) dieselbe grundlegende Bedeutung wie etwa die Theorien des sozialen Wandels für die Sozialgeschichte, — zusammen bilden sie ein theoretisches Gerüst für die moderne sozialökonomische Geschichte[21].

Der Historiker kann sich verschiedener Wachstumstheorien bedienen und braucht auch deshalb Eklektizismus nicht zu scheuen, da sich von unterschiedlichen Positionen aus in wichtigen Fragen öfters schon ein vorläufiger Konsensus ergeben hat. W. W. Rostows vieldiskutierte Stadientheorie, z. B. die fünf Stufen (der traditionalen Wirtschaft, der Vorstufe des „Take-off", des „Take-off" selber, des Vorstoßes zur wirtschaftlichen Reife und der Ära des Massenkonsums) unterscheidet, fördert zwar den Vergleich von Wirtschaftsentwicklungen, die nur zu lange in national-ökonomischer Verengung studiert worden sind. Überhaupt hat sie die Diskussion mächtig angeregt. Jedoch ist sie auch, wie schon die älteren Stufentheorien (von List, Roscher, Hildebrand, Knies, Schmoller, Bücher, Sombart, Marx u. a.) einem oft zu starren Schematismus und der „Fiktion einer chronologischen Aufeinanderfolge progressiv fortschreitender Stadien" (Rosen-

[20] Vergleichende Studien: D. S. Landes, *Japan and Europe: Contrasts in Industrialization,* in W. W. Lockwood, Hrsg., *The State and Economic Development in Japan,* Princeton 1965, 93—182 (d. h. Vgl. mit Preußen-Deutschland! Dt. in: W. Fischer, Hrsg., *Wirtschaftliche u. soziale Probleme der frühen Industrialisierung,* Berlin 1968, 29—117), B. Moore, *Social Origins of Dictatorship and Democracy,* Boston 1967² (dt. *Soziale Ursprünge der Diktatur u. Demokratie,* Frankfurt 1968) — Mit England: D. S. Landes, *The Structure of Enterprise in the 19th Century: The Cases of Britain and Germany,* in: ders., Hrsg., *The Rise of Capitalism,* New York 1966, 99—111; ders., *Entrepreneurship in Advanced Industrial Countries: The Anglo-German Rivalry,* in: *Entrepreneurship and Economic Growth,* Cambridge/Mass. 1954, VI. F; A. Gerschenkron, *Bread and Democracy in Germany,* Berkeley 1943, 1968².

[21] A. Gerschenkron, *Economic Backwardness in Historical Perspective,* Cambridge/Mass. 1962, 62; vgl. H. Rosovsky, Hrsg., *Industrialization in Two Systems* (Festschrift A. Gerschenkron), New York 1966; zum sozialen Wandel: C. E. Black, *The Dynamics of Modernization,* N. Y. 1967; H. P. Dreitzel, Hrsg., *Sozialer Wandel,* Neuwied 1967; G. K. Zollschan u. W. Hirsch, Hrsg., *Explorations in Social Change,* Boston 1964; vorzüglich ist E. E. Hagen, *On the Theory of Social Change,* Homewood 1962, vgl. dazu T. Burns u. S. B. Saul, Hrsg., *Social Theory and Economic Change,* London 1967, sowie D. Rothermund, *Geschichtswissenschaft u. Entwicklungspolitik,* Vierteljahrshefte für Zeitgeschichte (= VfZ) 15. 1967, 325—40.

berg) erlegen. Die Fachkritik ist inzwischen auch der Rostowschen Theorie mit überaus stichhaltigen Argumenten gegen ihre empirische Basis und ihre methodologisch-theoretischen Schwächen entgegengetreten, ja Kuznets, Cairncross, Hagen, Paulsen u. a. haben einen wissenschaftlich fast vernichtenden Frontalangriff gegen Rostows Gesamtheorie geführt[22].

Aus Gründen operationaler Zweckmäßigkeit wird man aber als Gliederungsschema vier Entwicklungsphasen für unseren Zeitraum fixieren können:

1. die Vorgeschichte der Industriellen Revolution, also etwa in Deutschland Spätmerkantilismus, staatliche Gewerbepolitik und Frühindustrialisierung bis 1834/51.

2. den „Take-off", die Industrielle Revolution im engeren Sinn als Durchbruch der Industrialisierung, als Sprung vom „unterentwickelten" Land zur Industrienation mit permanenter Entwicklung, d. h. mit dem Trend tendenziell stetig steigenden Einkommens pro Kopf nach der Erfüllung einer der allgemein anerkannten Grundbedingungen: die Investitionsrate von fünf auf etwa zehn bis zwölf Prozent des Volkseinkommens zu steigern, in Deutschland also die Zeitspanne zwischen 1835/51 bis 1873. Die zentrale Bedeutung dieses „großen Spurts" (Gerschenkron) ist nicht nur zu Recht von Rostow, sondern auch von bedeutenden Wachstumstheoretikern und -historikern wie Gerschenkron und W. A. Lewis, S. Kuznets und G. Myrdal, P. Baran u. a. hervorgehoben und empirisch nachgewiesen worden[23].

[22] H. Rosenberg, *Wirtschaftskonjunktur, Gesellschaft u. Politik in Mitteleuropa, 1873 bis 1897,* in: *Moderne Deutsche Sozialgeschichte,* 226. — W. W. Rostow, *Stages of Economic Growth,* New York 1962, dt. *Stadien wirtschaftlichen Wachstums,* Göttingen 1967²; ders., *The Process of Economic Growth,* New York 1962²; ders., *Leading Sectors and the Take-Off,* in: ders., Hrsg., *The Economics of Take-off Into Sustained Growth,* London 1963, 1—21, vgl. XIII—XXVI; ders., *The Take-off Into Self-Sustained Growth,* EJ 66. 1956, 25—48; ders., *British Economy of the 19th Century,* London 1948. Kritik an Rostows Stadien: S. Kuznets, *Notes on the Take-off,* in: Rostow, Hrsg., 22—43, u. in: Kuznets, *Economic Growth and Structure,* N. Y. 1965, 213—35; A. K. Cairncross, Rez., EHR 13. 1961, 450—58, auch in: ders., *Factors in Economic Development,* London 1962, 131—44; E. E. Hagen, *The Rostovian Schema,* in: ders., 514—22; A. Paulsen, *Zur theoretischen Bestimmbarkeit der Rostowschen „Stadien",* in: Festschrift F. Lütge, Stuttgart 1966, 306—324; P. A. Baran u. E. J. Hobsbawm, *The Stages of Economic Growth,* Kyklos 14. 1961, 233—42; J. Habakkuk, Rez., EJ 71. 1961, 601—4; G. Ohlin, Rez., EDCC 9. 1961, 648—55; P. T. Bauer u. C. Wilson, *The Stages of Growth,* Economica 29. 1962, 190—200; H. Baudet u. J. H. v. Stuijvenberg, *Rostow's Theory on Growth,* WA 90. 1963, 57 bis 78; H. Rosovsky, *The Take-off Into Sustained Controversy,* JEH 25. 1965, 271—75; W. Fischer, *Stadien wirtschaftlichen Wachstums,* ZGS 118. 1962, 511—16; H. Kellenbenz, *Von der Wirtschaftsstufentheorie zu den Wachstumsstadien Rostows,* ZGS 120. 1964, 553—61; Y. S. Brenner, *Theories of Economic Development and Growth,* New York 1966, 165—74. Der beste Überblick über die älteren Stufentheorien: B. F. Hoselitz, *Theories of Stages of Economic Growth, in:* ders., Hrsg., *Theories of Economic Growth,* New York 1965², 193—238.

[23] W. G. Hoffmann, *The Take-off in Germany,* in: Rostow, Hrsg., 95—118, hier 96, 114 (Vorstufe: bis 1830/35; Take-off: 1830/35—1855/60; anhaltendes Wachstum seit

3. Unmittelbar verknüpft mit dem Durchbruch zur Industriellen Welt ist die liberalkapitalistische Hochindustrialisierung, die aber schon in eigenartiger Weise mit dem Aufstieg des Interventionsstaats verschränkt ist, in Deutschland die Zeit von 1873 bis 1896. Auf sie folgt

4. die Periode des Organisierten Kapitalismus, des „Corporation Capitalism" der Großunternehmen, der den Interventionsstaat mitträgt und erst recht erfordert. Daß er ein qualitativ neues Moment in der Geschichte des Industriekapitalismus darstellt, hat z. B. auch der junge Schumpeter schon klar erkannt.

Dieses heuristische Periodisierungsschema soll aber nicht nur eine erste „Orientierungshilfe" (O. Hintze) für die Forschung bieten, sondern unbeschadet der fließenden Übergänge und der unbestreitbaren Erscheinungen der historischen Verspätung oder des Vorprellens der Entwicklung auch je eigentümliche Phasen des Wachstums der kapitalistischen Industriewirtschaft charakterisieren. Daß dabei gemäß dem unterschiedlichen Entwicklungsgrad eine zeitliche Phasenverschiebung zwischen den einzelnen Industrieländern (z. B. England, Deutschland, Japan, Rußland) berücksichtigt werden muß, versteht sich von selber. Trotz bemerkenswerter historischer Unterschiede, etwa dem Kartellproblem in England und Deutschland in der dritten Phase, gilt hier aber im allgemeinen Marx' Urteil von 1867, daß „das industriell entwickelte Land ... dem minder entwickelten nur das Bild der eigenen Zukunft" zeigt; in einem noch recht allgemeinen Sinn werden damit die Chancen theoretischer Prognose berührt. Mit einer ausschließlich an politischen Wendepunkten orientierten Periodisierung, etwa 1815, 1848, 1871, 1914, 1933, wie sie F. Lütge im „Handwörterbuch der Sozialwissenschaften" erneut übernommen hat, kann man jedenfalls der modernen Wirtschaftsentwicklung, die gewiß alles andere als unabhängig von der Staatspolitik verläuft, andererseits aber doch auch endogenen Antriebskräften folgt und die Politik gerade mitformt, gar nicht gerecht werden[24].

1855—60). Vgl. noch von den Spitzenleistungen der Wachstumsdiskussion: Gerschenkron, *Backwardness;* W. A. Lewis, *Die Theorie des wirtschaftlichen Wachstums,* Tübingen 1956; S. Kuznets, *Modern Economic Growth, Rate, Structure, Spread,* New Haven 1966; ders., *Economic Growth and Structure,* New York 1965; ders., *Six Lectures on Economic Growth,* Glencoe 1959; ders., *Economic Change,* New York 1953, auch seine Aufsätze in EDCC; G. Myrdal, *Ökonomische Theorie u. unterentwickelte Regionen,* Stuttgart 1959; Baran, *Politische Ökonomie des wirtschaftlichen Wachstums,* Neuwied 1967. Die neuere Lit. zum Wachstumsproblem ist bereits schier unübersehbar. Ich verweise nur noch auf die Bibliographien der F.-Ebert-Stiftung: *Literatur über Entwicklungsländer,* bisher 8 Bde, Hannover 1962—67, sowie auf die vorzüglichen Sammelbände von Andreano u. Supple (Anm. 3); C. P. Kindleberger, *Economic Development,* New York 1965[2]; B. F. Hoselitz, *Sociological Aspects of Economic Growth,* Glencoe 1960; W. A. Cole u. P. Deane, *The Growth of National Income,* CEHE VI/I. 1965, 1—55, die Lit. ebda., bei Rosenberg, *Große Depression* (Anm. 33); Wehler (ebda.). Auch Mottek und seine Schüler (Anm. 27) haben die Industrielle Revolution (1830/35—73) so eng definiert.

[24] J. A. Schumpeter, *Theorie der wirtschaftlichen Entwicklung* (1911), Berlin 1955[5]; vgl. F. Facius, *Wirtschaft u. Staat,* Boppard 1959; O. Hintze, Rez., HZ 143. 1931, 525; K. Marx, *Kapital,* I, MEW 23, 12; vgl. *Diagnose u. Prognose als wirtschaftliche Me-*

Wirtschaftsgeschichtliche Arbeiten im Rahmen von Wachstumstheorien erfordern nun in hohem Maße die Quantifizierung sozialökonomischer Daten; so kann z. B. die Industrielle Revolution in Deutschland zwischen 1835/51 und 1873 nicht allein verbal als dramatisches Ereignis mit gewaltigen historischen Fernwirkungen beschrieben werden, sondern schon der neuen Definition des deutschen „Take-off" liegt u. a. das „W. A. Lewis-Axiom": die erwähnte Veränderung der Investitionsraten zugrunde. Zwar fehlt es uns an einem so instruktiven Überblick, wie ihn B. Gille über die statistischen Quellen zur französischen Geschichte (bis 1870) gegeben hat oder an Materialsammlungen, wie sie amerikanische Sozialwissenschaftler mit den „Historical Statistics of the United States" und englische mit dem Werk von Deane und Cole besitzen, aber das 1965 erschienene große Buch von W. G. Hoffmann und seinen Mitarbeitern über „Das Wachstum der deutschen Wirtschaft" gibt jetzt dem Historiker ein grundlegend wichtiges Hilfsmittel für die Zeit nach 1850 an die Hand. Zieht man Hoffmanns Analysen des deutschen Volkseinkommens hinzu, dann sieht man bereits, wie Entscheidendes die deutsche Wirtschaftsgeschichte der modernen Wirtschaftswissenschaft verdankt[25].

An Einzeluntersuchungen über die genannten Phasen der Industrialisierung herrscht freilich unleugbar Mangel.

Zu 1. Einige gute Untersuchungen zum Manufakturwesen besonders diejenigen von Krüger und Forberger in der DDR, von Slawinger und Reuter in der BRD, sind neuerdings entstanden[126]. Zum damit verbundenen Komplex

*thodenprobleme,* Schriften des Vereins für Sozialpolitik (= SVS) NS 25, Berlin 1962; Lütge, Anm. 11.

[25] B. Gille, *Les sources statistiques de l'histoire de France. Des enquêtes du XVII siècle à 1870,* Genf 1964; *Historical Statistics of the United States,* Washington 1961²; P. Deane u. W. A. Cole, *British Economic Growth,* 1688—1959, Cambridge 1967²; vgl. dazu J. R. T. Hughes, *Measuring British Economic Growth,* JEH 24. 1964, 60—82. W. G. Hoffmann u. a., *Das Wachstum der deutschen Wirtschaft seit der Mitte des 19. Jahrhunderts,* Heidelberg 1965; vgl. D. S. Landes, *Industrialization and Economic Development in 19th Century Germany,* in: *Première Conférence Internationale d'Histoire Economique,* Stockholm 1960, Paris 1960, 83—86; ders., CEHE VI/I. W. G. Hoffmann u. a., *Das deutsche Volkseinkommen 1851—1955,* Tübingen 1959, vgl. dazu P. Jostock, *The Long-term Growth of National Income in Germany,* in: *Income and Wealth,* V, 79—122; E. Bennathan, *German National Income,* BH 5. 1962/63, 45—53; A. Hölling, *Das deutsche Volkseinkommen, 1852 bis 1914,* wiso. Diss. Münster 1955, MS; durch diese Arbeiten überholt: P. Studenski, *The Income of Nations,* New York 1958, 374—90. Vgl. B. Gleitze, Hrsg., *Wirtschafts- u. Sozialstatistisches Handbuch,* Köln 1960. Zur Einführung in die statistischen Probleme: J. Pfanzagl, *Allgemeine Methodenlehre der Statistik,* I, Berlin 1964; H. Kellerer, *Statistik im modernen Wirtschafts- u. Sozialleben,* Hamburg 1960.

[26] R. Forberger, *Die Manufakturen in Sachsen vom Ende des 16. bis zum Anfang des 19. Jahrhunderts,* Berlin 1958; ders., *Zur Auseinandersetzung über das Problem des Übergangs von der Manufaktur zur Fabrik,* in: *Beiträge zur deutschen Wirtschafts- u. Sozialgeschichte im 18. u. 19. Jahrhundert,* Berlin 1962, 171—88; H. Krüger, *Zur Geschichte der Manufakturen u. der Manufakturarbeiten in Preußen. Die mittleren Provinzen in der 2. Hälfte des 19. Jahrhunderts,* Berlin 1958; H. Gröger, *Die*

der Frühindustrialisierung sind aus der Bundesrepublik, deren Historikern der Weg zu wichtigen ostdeutschen Archiven nicht immer offenstand, vor allem die vorzüglichen Arbeiten von W. Fischer zu ennnen. Von diesem derzeit vermutlich besten Kenner der deutschen Frühindustrialisierung stammt auch eine auf die staatliche Gewerbepolitik vor 1848 konzentrierte Studie über Baden, während I. Mieck über Berlin gearbeitet und W. Zorn eine wesentlich als Unternehmergeschichte konzipierte Darstellung über die Industrie- und Handelsgeschichte Bayerisch-Schwabens geschrieben hat. Hinzu kommen jetzt die überaus lohnenden Monographien der Schüler von Hans Mottek in Berlin-Karlshorst über die Entwicklung einzelner Industriezweige und Regionen in der Phase der Industriellen Revolution bis 1873, bisher also die empirisch vorzüglich fundierten, wenn auch theoretisch keineswegs dem internationalen Diskussionsstand entsprechenden Bücher von Schröter/Becker, Blumberg und Baar[27]. Im Ver-

*Arbeits- u. Sozialverhältnisse der staatlichen Porzellanmanufaktur Meißen im 18. Jahrhundert*, in: Festschrift H. Kretzschmar, Berlin 1953, 166—89. Vgl. damit: O. Reuter, *Die Manufaktur im fränkischen Raum*, Stuttgart 1961; G. Slawinger, *Die Manufaktur in Kurbayern*, Stuttgart 1966; F. Eulen, *Vom Gewerbefleiß zur Industrie. Ein Beitrag zur Wirtschaftsgeschichte des 18. Jh.*, Berlin 1967. Bei K. Hinze, *Die Arbeiterfrage zu Beginn des modernen Kapitalismus in Brandenburg-Preußen, 1685—1806*, Berlin 1963², handelt es sich um einen Nachdruck der Diss. (bei Hintze) von 1927.

27 W. Fischer, *Probleme*, 1—20; ders., *Government Activity and Industrialization in Germany, 1815—70*, in: W. W. Rostow, Hrsg., 83—94; ders., *Der Staat u. die Anfänge der Industrialisierung in Baden, I*, Berlin 1962; ders., *Staat u. Gesellschaft Badens im Vormärz*, in: W. Conze, Hrsg., *Staat u. Gesellschaft im deutschen Vormärz, 1815—1848*, Stuttgart 1962, 143—71; ders., *Ansätze zur Industrialisierung in Baden*, 1770—1870, VSWG 47. 1960, 186—231; ders., *Das Verhältnis von Staat u. Wirtschaft in Deutschland am Beginn der Industrialisierung*, Kyklos 14. 1961, 337 bis 361; ders., *Innerbetrieblicher u. sozialer Status der frühen Fabrikarbeiterschaft*, in: F. Lütge, Hrsg., *Die wirtschaftliche Situation in Deutschland u. Österreich um die Wende vom 18. zum 19. Jahrhundert*, Stuttgart 1964, 192—222, auch in: W. Fischer u. G. Bajor, Hrsg., *Die soziale Frage*, Stuttgart 1967, 215—52. — I. Mieck, *Preußische Gewerbepolitik in Berlin, 1806—44*, Berlin 1965; W. Zorn, *Handels- u. Industriegeschichte Bayerisch-Schwabens*, 1648—1870, Augsburg 1961; ders., *Kleine Wirtschafts- u. Sozialgeschichte Bayerns, 1800—1933*, München 1962; ders., *Gesellschaft u. Staat im Bayern des Vormärz*, in: Conze, Hrsg., 113—42. — H. Mottek, Hrsg., *Studien zur Geschichte der Industriellen Revolution in Deutschland*, Berlin 1960; A. Schröter u. W. Becker, *Die deutsche Maschinenbauindustrie in der Industriellen Revolution*, Berlin 1962; H. Blumberg, *Die deutsche Textilindustrie in der Industriellen Revolution*, Berlin 1965; L. Baar, *Die Berliner Industrie in der Industriellen Revolution*, Berlin 1966; ders., *Probleme der industriellen Revolution in großstädtischen Industriezentren. Das Berliner Beispiel*, in Fischer, Hrsg., 529—42; S. Sieber, *Studien zur Industriegeschichte des Erzgebirges*, Köln 1967; K. Huth, *Wirtschafts- u. Sozialgeschichte des Landkreises Biedenkopf*, 1800—1866, Biedenkopf 1962. Vgl. auch die schwache Arbeit von U. P. Ritter, *Die Rolle des Staates in den Frühstadien der Industrialisierung: die preußische Industrieförderung in der 1. Hälfte des 19. Jahrhunderts*, Berlin 1961, sowie W. O. Henderson, *The Industrial Revolution on the Continent*, London 1961; ders., *The State and the Industrial Revolution in Prussia*, 1740—1870, Liverpool 1958, mit den vorzüglichen Studien von J. J. Beer, *The*

gleich mit den bisher genannten Regionalstudien, die endlich auch ältere Arbeiten wie die von Benaerts und Baumont ersetzen, fallen einige andere Arbeiten stark ab[28]. Auftrieb hat dagegen endlich die moderne Städtegeschichte erhalten, wobei vor allem von W. Köllmann wichtige Impulse ausgehen[29]. Nimmt man die anregenden Aufsätze von K. Borchardt, z. B. über den angeblichen, tatsächlich aber schon frühzeitig nicht mehr vorhandenen Kapitalmangel im Deutschland der ersten Hälfte des 19. Jahrhunderts, und von W. G. Hoffmann über das grundwichtige Problem der Kapitalbildung hinzu, so beginnen sich die Konturen eines neuen Bildes dieser frühen Entwicklung schärfer abzuzeichnen, aber unstreitig bleibt doch noch eine weite Terra Incognita auf diesem Forschungsfeld der modernen deutschen Wirtschaftsgeschichte erhalten[30].

*Emergence of the German Dye Industry,* Urbana 1959; L. F. Haber, *The Chemical Industry During the 19th Century,* Oxford 1959.

28 P. Benaerts, *Les Origines de la grande industrie allemande,* Paris 1933; M. Baumont, *La grosse industrie allemande et le Charbon,* Paris 1928. Vgl. etwa F. Lerner, *Wirtschafts- u. Sozialgeschichte des Nassauer Raumes,* 1816—1964, Wiesbaden 1965; G. Leckebusch, *Die Beziehungen der deutschen Seeschiffswerften zur Eisenindustrie an der Ruhr, 1850—1930,* Köln 1963; W. Hostert, *die Entwicklung der Lüdenscheider Industrie im 19. Jahrhundert,* Lüdenscheid 1960; F. Kistler, *Die wirtschaftlichen u. sozialen Verhältnisse in Baden, 1849—70,* Freiburg 1954; wichtig dagegen: H. Kisch, *The Textile Industries in Silesia and the Rhineland, a Comparative Study in Industrialization,* JEH 19. 1959, 541—64; ders., *The Impact of the French Revolution on the Lower Rhine Textile Districts,* EHR 15. 1962, 304—27; N. G. Pounds, *The Ruhr,* London 1952; ders. u. W. N. Parker, *Coal and Steel in Western Europe,* London 1957, 210—46.

29 W. Köllmann, *Sozialgeschichte der Stadt Barmen im 19. Jahrhundert,* Tübingen 1960; A. Kraus, *Die Unterschichten Hamburgs in der ersten Hälfte des 19. Jahrhunderts,* Stuttgart 1965. Vgl. H. Böhme, *Frankfurt u. Hamburg,* Frankfurt 1968; P. Ayçoberry, *Probleme der Sozialschichtung in Köln im Zeitalter der Frühindustrialisierung,* in: Fischer, Hrsg., 512—28; F. Mogs, *Die sozialgeschichtliche Entwicklung der Stadt Oberhausen (Rhld.), 1850—1933,* wiso. Diss. Köln 1956; F. Beck, *Die wirtschaftliche Entwicklung in der Stadt Greiz während des 19. Jahrhunderts,* Weimar 1955; E. Denzel, *Wirtschafts- u. Sozialgeschichte der Stadt Wetter,* Dortmund 1952; H. Hellgreve, *Dortmund als Industrie- u. Arbeitsstadt,* Dortmund 1951; H. Grewe, *Die soziale Entwicklung der Stadt Essen im 19. Jahrhundert,* wiso. Diss. Köln 1949, MS.

30 K. Borchardt, *Zur Frage des Kapitalmangels in der ersten Hälfte des 19. Jahrhunderts in Deutschland,* JNS 173. 1961, 401—21; vgl. ders., *Regionale Wachstumsdifferenzen in Deutschland im 19. Jahrhundert unter besonderer Berücksichtigung des West-Ost-Gefälles,* in: Festschrift F. Lütge, 325—39, auch in: F. Lütge, Hrsg., *Wirtschaftliche u. soziale Probleme der gewerblichen Entwicklung im 15./16. u. 19. Jh.,* Stuttgart 1968, 115—30; W. G. Hoffmann, *Long-term Growth and Capital Formation in Germany,* in: F. A. Lutz u. D. C. Hague, Hrsg., *The Theory of Capital,* New York 1961, 118—40. Vgl. R. Tilly, *Finanzielle Aspekte der preußischen Industrialisierung,* in: Fischer, Hrsg., 477—91; ders., *Los von England: Probleme des Nationalismus in der deutschen Wirtschaftsgeschichte,* ZGS 124. 1968, 178—95 (verwechselt Nationalismus mit Etatismus!); ders., *Germany, 1815—70,* in: R. E. Cameron u. a., *Banking in the Early Stages of Industrialization,* New York 1967, 151—82; ders., *The Political Economy of Public Finance and the Industrialization of Prus-*

Über die einschneidende Gewerbe- und Agrarkrise der 1840er Jahre, die eine der zentralen Vorbedingungen der Revolution von 1848/49 gebildet hat, besitzen wir trotz der intensivierten Vormärzforschung bis heute: 120 Jahre danach, keine Monographie, ja nicht einmal einen kleinen Aufsatz! Dabei läßt sich aus Untersuchungen über die französische und englische Wirtschaftsgeschichte dieses Jahrzehnts die Bedeutung dieser Krise ermessen, die 1837/39 einsetzte und vielleicht schon in ihrem noch vagen, aber erkennbaren globalen Zusammenhang ein Vorspiel für die erste Weltwirtschaftskrise, die diesen Namen wirklich verdient: die Krise von 1857/59, bedeutete[31].

Zu 2. Über die Trendperiode des deutschen „Take-off" gab es außer Auf-

*sia, 1815—66,* JEH 26. 1966, 484—97; ders., *Financial Institutions and Industrialization in the Rhineland, 1815—70,* Madison 1966, sowie natürlich S. Kuznets, *International Differences in Capital Formation and Financing,* in: M. Abramovitz, Hrsg., *Capital Formation and Economic Growth,* Princeton 1956, 19—106. — Zum öfters sehr überschätzten Zollverein nach 1945 nur: W. Fischer, *The German Zollverein,* Kyklos, 13. 1960, 65—87; ders., *Der Deutsche Zollverein, die EWG u. die Freihandelszone. Ein Vergleich ihrer Motive, Institutionen u. Bedeutung,* Europa-Archiv 16. 1961, 105—14. Vgl. A. H. Price, *The Evolution of the Zollverein, 1815—33,* Ann Arbor 1949; W. O. Henderson, *The Zollverein,* Cambridge 1939, 1959². Eine neue Gesamtdarstellung unter wachstumshistorischen Gesichtspunkten fehlt. — Speziell zum Bildungswesen: K. Borchardt, *Zum Problem der Erziehungs- u. Ausbildungsinvestitionen im 19. Jh.,* in: Festschrift für H. Ammann, Wiesbaden 1965, 380—92; K. H. Manegold, *Universitäten u. Technische Hochschulen,* Berlin 1970.

31 Vgl. einmal W. Abel, *Der Pauperismus in Deutschland,* in: Festschrift F. Lütge, 284 bis 298; ders., *Der Pauperismus in Deutschland am Vorabend der Industriellen Revolution,* Dortmund 1966; ders., *Agrarkrisen,* 252—69; T. Hamerow, *1848,* in: L. Krieger u. F. Stern, Hrsg., *The Responsibility of Power* (Festschrift H. Holborn), Garden City 1967, 145—61; H. Bleiber, *Zwischen Reform u. Revolution: Lage u. Kämpfe der schlesischen Bauern u. Landarbeiter im Vormärz, 1840—47,* Berlin 1966; C. Jantke, *Zur Deutung des Pauperismus,* in: ders., u. D. Hilger, Hrsg., *Die Eigentumslosen,* Freiburg 1965, 7—47; J. Kuczynski, *Studien zur Geschichte der zyklischen Überproduktionskrisen in Deutschland, 1825—66,* Berlin 1961, 52—109; Mottek, *Wirtschaftsgeschichte,* II, 199—201. Vgl. D. Eichholtz, *Junker u. Bourgeosie vor 1848 in der preußischen Eisenbahngeschichte,* Berlin 1962; ders., *Bewegungen unter den preußischen Eisenbahnarbeitern im Vormärz,* in: Beiträge, 251—84; E. Mohrmann, *Studie zu den ersten organisierten Bestrebungen der Bourgeoisie in einigen Städten des Rheinlands,* ebda., 189—249; H. Kubitschek, *Die Börsenverordnung vom 24. 5. 1844 u. die Situation im Finanz- u. Kreditwesen Preußens in den 40er Jahren des 19. Jahrhunderts,* 1840—47, JbW 1962/IV, 57—78; K. Obermann, *Die Rolle der ersten deutschen Aktienbanken in den Jahren 1848—56,* JbW 1960/II, 47—75; Böhme, Anm. 37; G. Franz, *Die agrarische Bewegung im Jahre 1848,* ZAA 7. 1959, 176—93. W. Conze (Hrsg., *Staat u. Gesellschaft im deutschen Vormärz*) und Koselleck (Anm. 19) gehen auch nicht eingehend auf diese Krisen ein. Vgl. damit E. Labrousse, Hrsg., *Aspects de la crise et de la dépression de l'économie française au milieu de XIX siècle, 1846—51,* La Roche-sur-Yon 1956; T. J. Markovitch, *La crise de 1847/48 dans les industries parisiennes,* Revue d'Histoire Economique et Sociale, 43. 1965, 256—68; C. N. Ward-Perkins, *The Commercial Crisis of 1847, Oxford Economic Papers* 2. 1950, 75—94, auch in: A. H. Hansen u. R. V. Clemence, Hrsg., *Readings in Business Cycles and National Incomes,* New York 1953, 1—20, u. in: E. R. Carus-Wilson, Hrsg., *Essay in Economic History III,* London 1962, 263—279.

sätzen dreißig Jahre lang nur die bis heute keineswegs überholte Studie von H. Rosenberg über die erste Phase von 1848—1859; auch die zweite Phase von der ersten Weltwirtschaftskrise bis hin zur zweiten Weltwirtschaftskrise von 1873 ist im Zusammenhang unter spezifisch wirtschaftsgeschichtlichen Aspekten noch immer nicht untersucht worden. Erst die Mottek-Schule und Einzelstudien wie die von J. Schuchhardt über die Krise von 1866 oder von H. Böhme über das Verhältnis von Staat und Wirtschaft in der Reichsgründungszeit (1848—79), namentlich über die preußische Banken- und Handelspolitik, haben hier endlich weitergeführt. Der Versuch einer mangels Vorarbeiten ungemein schwierigen Gesamtanalyse der deutschen Industriellen Revolution von 1835/51 bis 1873 ist aber bisher noch nicht in Angriff genommen worden[32].

Zu 3. Das gleiche Urteil gilt für die Trendperiode von 1873 bis 1896, die wegen ihrer einschneidenden Wachstumsstörungen und -probleme als „Große Depression" bezeichnet und erst unlängst zum Gegenstand einer bahnbrechenden, unter Sachgesichtspunkten analysierenden Untersuchung von H. Rosenberg gemacht worden ist. Mit derselben Phase habe ich mich bei der Entwicklung eines sozialökonomischen Erklärungsmodells für die Geschichte des deutschen Imperialismus in der Bismarckzeit eingehender beschäftigt und bin auch im Hinblick auf den Forschungsstand zu demselben Ergebnis wie Rosenberg gelangt: daß man sich nämlich, von den eigentlichen Quellen der staatlichen und wirtschaftlichen Archive, der Nachlässe, Publizistik usw. einmal abgesehen, überwiegend noch auf ältere wirtschaftsgeschichtliche Arbeiten, bzw. konjunkturhistorische Studien von Wirtschaftswissenschaftlern angewiesen sieht, die erst neuerdings durch die Spezialstudien von Hoffmann, Böhme, Mottek u. a. ergänzt oder überholt werden[33].

[32] H. Rosenberg, *Die Weltwirtschaftskrise von 1857—59*, Stuttgart 1934; vgl. H. Wätjen, *Die Weltwirtschaftskrise des Jahres 1857*, WA 38. 1933, 356—367; H. Treutler, *Die Wirtschaftskrise von 1857*, Hamburger Überseejahrbuch 1927, 301—20; H. Böhme, *Wirtschaftskrise, Merchant Bankers u. Verfassungsreform. Zur Bedeutung der Weltwirtschaftskrise von 1857 in Hamburg*, Zeitschrift des Vereins für Hamburgische Geschichte 54. 1968, 77—127; J. Schuchardt, *Die Wirtschaftskrise vom Jahre 1866 in Deutschland*, JbW 1962/II, 91—141; H. Blumberg, *Die Finanzierung ... der Aktiengesellschaften*, in: Mottek, Hrsg., 165—207; G. Bondi (*Zur Vorgeschichte der „kleindeutschen Lösung"*, 1866—71, JbW 1966/II, 11—33) ist durch H. Böhme (*Deutschlands Weg zur Großmacht. Studien zum Verhältnis von Wirtschaft u. Staat während der Reichsgründungszeit, 1848—81*, Köln 1966, vgl. meine Rez. Neue Politische Literatur [= NPL] 14. 1969) absolut überholt. Vgl. Tilly, Anm. 30; Hoffmann, Anm. 23; W. Zorn, *Wirtschafts- u. sozialgeschichtliche Zusammenhänge der deutschen Reichsgründungszeit, 1850—70*, HZ 197. 1963, 318—42, auch in: *Moderne Deutsche Sozialgeschichte*, 254—84; M. Müller-Jabusch, *So waren die Gründerjahre*, Düsseldorf 1957. Demnächst Mottek, *Wirtschaftsgeschichte*, Bd. III.

[33] H. Rosenberg, *Große Depression u. Bismarckzeit*, Berlin 1967 (vgl. meine Rez. NPL 1969); vorher ders., *Wirtschaftskonjunktur*; ders., *Political and Social Consequences of the Great Depression of 1873—96 in Central Europe*, EHR 13. 1943, 58—73. H.-U. Wehler, *Bismarck u. der Imperialismus*, Köln 1969, wo die ältere Literatur verzeichnet ist. Dagegen ist Hallgarten (*Imperialismus vor 1914*, 2 Bde, München

Zu 4. Zum selben Ergebnis kommt man hinsichtlich des wirtschaftlichen Wachstums in der Aufschwungphase der weltwirtschaftlichen Konjunktur von 1896 bis 1914. Über die kurzen Krisen von 1900 und 1907 muß man sich noch immer in älteren Arbeiten von Loeb, Helfferich, Feiler usw. informieren, Gesamtdarstellungen unter wachstumstheoretischen und -historischen Gesichtspunkten fehlen für alle beiden Vorkriegsjahrzehnte[34].

Auch die Arbeit auf speziellen Forschungsgebieten dieser Zeit stagniert in der deutschen Wirtschaftsgeschichte ganz oder schreitet doch nur mit Hilfe von Ökonomen voran. So stockt z. B. die deutsche Preisgeschichte des 19. und 20. Jahrhunderts seit 30 Jahren völlig. Nicht viel besser wäre es um die Geschichte der Löhne bestellt, wenn nicht, wie so oft im Bereich der deutschen Wirtschaftsgeschichte, ausländische Wissenschaftler gleichsam einsprängen. Mit den Studien von Gillman, Bouvier u. a. vergleichbare Arbeiten zum Problem der Profitrate fehlen vollständig. Das gilt im allgemeinen auch für die Bewegung der Aktienkurse und Renditen, das ganze Börsenwesen, Zins- und Diskontsätze, für Fragen der In- und Auslandsinvestitionen, der volkswirtschaftlichen Wertschöpfung, der Kapitalbildung und des Kapitalimports. Der grundlegend wichtige Außenhandel ist für den Zeitraum bis 1870 auf alles andere als befriedigende Weise von Bondi behandelt worden. Für die viel wichtigeren hundert Jahre seither gibt es wirtschaftshistorisch nur wenige Vorarbeiten[35].

1963²) auch in wirtschaftlichen Fragen völlig verschwommen, vgl. meine Rez.: Kölner Zeitschrift für Soziologie 17. 1965, 146—50. Böhme, Anm. 32; Hoffmann, Anm. 25, 30; H. Mottek, *Die Gründerkrise*, JbW 1966/I, 51—128.

[34] Vgl. E. Loeb, *Die Berliner Großbanken in den Jahren 1895—1902*, SVS 110, Leipzig 1903, 81—319; K. Helfferich, *Der deutsche Geldmarkt*, 1895—1902, ebda., 1—80; überhaupt die SVS vor 1914; A. Feiler, *Die Konjunkturperiode 1907—13*, Jena 1914. Vgl. jetzt H. Nussbaum, *Unternehmer gegen Monopole: Über Struktur u. Aktionen antimonopolistischer bürgerlicher Gruppen zu Beginn des 20. Jahrhunderts*, Berlin 1966.

[35] A. Jacobs, *Preis-Preisgeschichte*, HSW 8. 1964, 475 f.; vgl. R. Mandrou, *Wirtschaftsgeschichte-Neuzeit. Allgemeine Entwicklung*, HSW 12. 1962, 166—77; F. Grumbach u. H. König, *Beschäftigung u. Löhne der deutschen Industriewirtschaft, 1888—1954*, WA 79/II, 1957, 125—55; vgl. W. Jonas, *Zur Geschichte der Löhne u. der Produktion im Mansfeldschen, 1788—1944*, ZfG 2. 1954, 370—400. Am detailliertesten G. Bry, *Wages in Germany, 1871—1945*, Princeton 1960. J. Kuczynski (*Die Geschichte der Lage der Arbeiter unter dem Kapitalismus, I: Deutschland von 1789 bis zur Gegenwart*, Bd. 1—6, 1789—1945, Berlin 1961—66) enthält natürlich viel Material, aber es ist zu oft nicht durchgeformt und bleibt zumeist eine Sammlung von Daten und Exzerpten; überdies ist scharfe Kritik an den statistischen Angaben möglich, vgl. T. Geiger, *Die Klassengesellschaft im Schmelztiegel*, Köln 1949. — J. M. Gillman, *The Falling Rate of Profit*, London 1957; J. Bouvier u. a., *Le mouvement du profit en France au XIX siècle*, Paris 1965. — K. R. Bopp, *Die Tätigkeit der Reichsbank von 1876—1914*, WA 72. 1954, 34—56, 179—224. Enttäuschend ist K. Nels, *Die Bewegung der Kapitalexporte des deutschen Imperialismus*, JbW 1963/IV, 57—91; vgl. dazu noch A. Vagts, M. M. *Warburg, ein Bankhaus in der deutschen Weltpolitik, 1905—33*, VSWG 54. 1958, 289—388, sowie H. Feis, *Europe, the World's Banker*, New York 1965². — G. Bondi, *Deutscher Außenhandel, 1815—70*,

Im Hinblick auf die Freihandels- und Zollpolitik besitzen wir neuerdings die Untersuchungen von Böhme und Lambi, Hardach und Rosenberg, die sowohl die Freihandelspolitik in der Zeit der Industriellen Revolution, als auch vor allen den Übergang zum „Solidarprotektionismus" (Rosenberg) von 1879 mit seinen politischen und gesellschaftlichen Folgen detailliert verfolgen. Über den Ausbau des Schutzzolls von 1885 bis 1887 gibt es aber genausowenig eine Spezialstudie wie über den Rückschlag des Pendels in der Zeit der Caprivischen Handesverträge, den neuen protektionistischen Vorstoß mit dem besonders für die Innen- und Flottenpolitik bedeutsamen Bülowschen Zolltarif von 1902 und die Außenhandelspolitik der Zwischenkriegszeit[36]. Allein auf das Bankwesen richtet sich seit kurzer Zeit wieder ein erstes Interesse, — nachdem es vor fünfzig Jahren einmal eine blühende Bankgeschichte in Deutschland gegeben hat —, obwohl es leider nur selten wissenschaftlich produktiv wird, sondern meistens hagiographische Unternehmensfestschriften hervorbringt[37]. Gäbe

Berlin 1958; vgl. S. Richter, *Die Struktur des deutschen Außenhandels, 1872—92,* ök. Diss. Halle 1961, MS; H. Rittershausen, *Die deutsche Außenhandelspolitik, 1879 bis 1948,* ZGS 105. 1949, 126—68; ders., *Internationale Handels- u. Devisenpolitik,* Frankfurt 1955².

36 Böhme, Anm. 32; ders., *Big-Business Pressure Groups and Bismarck's Turn to Protectionism, 1873—79,* Historical Journal 10. 1967, 218—36; I. N. Lambi, *Free Trade and Protection in Germany, 1868—79,* Wiesbaden 1963; ders., *The Protectionist Interests of the German Iron and Steel Industry, 1873—1879,* JEH 22. 1962, 59—70; ders., *The Agrarian-Industrial Front in Bismarckian Politics,* Journal of Central European Affairs 20. 1961, 378—96. — K. W. Hardach, *Die Bedeutung wirtschaftlicher Faktoren bei der Wiedereinführung der Eisen- u. Getreidezölle in Deutschland 1879,* Berlin 1967; ders., *Die Haltung der deutschen Landwirtschaft in der Getreidezolldiskussion von 1878/79,* ZAA 15. 1967, 33—48; ders., *Beschäftigungspolitische Aspekte in der deutschen Außenhandelspolitik ausgangs der 1870er Jahre,* Sch. J. 86. 1966, 641—54; Rosenberg u. Wehler, Anm. 33. — Zur Caprivizeit vorerst J. A. Nichols, *Germany After Bismarck, The Caprivi Era, 1890—94,* Cambridge/Mass. 1958, 138—53, 287—307; sowie J. Röhl, *Deutschland ohne Bismarck,* Tübingen 1969; noch immer W. Lotz, *Die Handelspolitik des Deutschen Reiches unter Graf Caprivi u. Fürst Hohenlohe,* SVS 92, Leipzig 1901, 47—218. Zu 1902: E. Kehr, *Schlachtflottenbau u. Parteipolitik, 1894—1902,* Berlin 1930, New York 1966²; G. Schöne, *Die Verflechtung wirtschaftlicher u. politischer Motive in der Haltung der Parteien zum Bülowschen Zolltarif 1901—2,* phil. Diss. Halle 1934; F. W. Beidler, *Der Kampf um den Zolltarif im Reichstag 1902,* phil. Diss. Berlin 1929; A. R. de Clery, *La politique douanière d l'Allemagne, 1890—1925,* Paris 1935; speziell zu Rußland: S. Kumpf, Zu den *zollpolitischen Auseinandersetzungen zwischen Deutschland u. Rußland in der letzten Periode der Bismarckschen Ära,* Jahrbuch für Geschichte der UdSSR 8. 1964, 143—77; dies., *Bismarcks „Draht nach Rußland". Zum Problem der sozial-ökonomischen Hintergründe der russ.-deutschen Entfremdung, 1878—1891,* Berlin 1968. J. Kuczynski u. G. Wittkowski, *Die deutsch-russischen Handelsbeziehungen in den letzten 150 Jahren,* Berlin 1947; L. Domeratzky, *Tarif Relations Between Germany and Russia, 1890—1914,* Washington 1918; C. Ballod, *Die deutsch-russischen Handelsbeziehungen,* SVS 90, Leipzig 1900, 273—336.

37 H. Böhme, *Die Gründung u. Anfänge des Schaffhausenschen Bankvereins, der Bank des Berliner Kassenvereins, der Direktion der Disconto-Gesellschaft u. der (Darmstädter) Bank für Handel u. Industrie,* Tradition 10. 1965, 189—212; 11. 1966, 34

es nicht die glänzenden Arbeiten von W. G. Hoffmann und seinen Mitarbeitern, von Wirtschaftswissenschaftlern also, und dazu von ausländischen Historikern, so sähe sich die deutsche Wirtschaftsgeschichte auch auf längere Sicht hin einer nach Lage der Dinge kaum zu bewältigenden Fülle von Aufgaben gegenüber. So aber sind ihr gundlegende Ergebnisse und vor allem auch Materialsammlungen von einer benachbarten Disziplin oder von ausländischen Fachkollegen zur Verfügung gestellt worden.

Trotz der leidenschaftlichen Diskussion über den Ersten Weltkrieg, die nunmehr wieder seit 1961 anhält, hat es doch erstaunlich lange gedauert, bis sich das Interesse den sozialökonomischen Fragen zugewendet hat. Bezeichnenderweise stammen auch hier die besten Arbeiten aus Amerika und der DDR. Eine wissenschaftlichen Ansprüchen genügende Gesamtdarstellung, wie sie vor vierzig Jahren einmal die Carnegie-Stiftung angestrebt hat, fehlt indessen auch heute noch[38].

Ähnlich hat die Wirtschaftsgeschichte der Weimarer Republik, ungeachtet der kaum mehr überschaubaren Literatur, im Windschatten der deutschen wirtschaftshistorischen Forschung gelegen. Weder sind die älteren Untersuchungen über die Konjunkturschwankungen neuerdings ersetzt worden, — obwohl man mit verfeinertem theoretischem Rüstzeug und von breiterer empirischer Basis aus vorgehen könnte, aber nur gelegentlich vorgegangen ist —, noch gibt es viel mehr als ein halbes Dutzend guter Arbeiten über wirtschaftshistorische und -po-

bis 56; dadurch überholt: Obermann, Anm. 31. Vgl. M. Gehr, *Das Verhältnis zwischen Banken u. Industrie in Deutschland, 1850—1931*, staatswiss. Diss. Tübingen 1960; E. Roos, *Das Verhältnis der Banken zur rheinisch-westfälischen Schwerindustrie vom Beginn des 19. Jahrhunderts bis 1875*, wiso. Diss. Köln 1953, MS; leider sehr schwach: B. Schulze, *Der Diconto-Ring u. die deutsche Expansion, 1871—90*, phil. Diss. Leipzig 1965, MS. Allg. W. Zorn, *Beiträge zur Geschichte der deutschen Banken seit 1950*, Tradition 1. 1956, 69—74; 5. 1950, 231—35; vgl. wieder Tilly, Anm. 30, u. R. E. Cameron, *Die Gründung der Darmstädter Bank*, Tradition 2. 1957, 104—31. Die ältere Bankenliteratur bei Wehler, Anm. 33.

[38] G. F. Feldman, *Army, Industry, and Labor in Germany, 1914—18*, Princeton 1966; R. B. Armeson, *Total Warfare and Compulsory Labor. A Study of the Military-Industrial Complex in Germany During World War I*, Den Haag 1964; W. Gutsche, *Die Beziehungen zwischen der Regierung Bethmann Hollweg u. dem Monopolkapital in den ersten Monaten des Ersten Weltkriegs*, phil. Habil.-Schrift Berlin 1967, MS, demn. gedruckt; R. Andexel, *Imperialismus. Staatsfinanzen, Rüstung, Krieg, Probleme der Rüstungsfinanzierung des deutschen Imperialismus*, Berlin 1968; A. Schröter, *Krieg, Staat, Monopol, 1914—18, Die Zusammenhänge von imperialistischer Kriegswirtschaft, Militarisierung der Volkswirtschaft u. staatsmonopolistischem Kapitalismus in Deutschland während des Ersten Weltkriegs*, Berlin 1965; demn. 3 Bde der Berliner Akademie zur „Deutschen Geschichte im Ersten Weltkrieg". H. Weber (*Ludendorff u. die Monopole, Deutsche Kriegspolitik 1916—18*, Berlin 1966), W. Richter (*Gewerkschaften, Monopolkapital u. Staat im Ersten Weltkrieg*, Berlin 1959), A. Müller (*Die Kriegsrohstoffbewirtschaftung 1914—18 im Dienste des deutschen Monopolkapitals*, Berlin 1955) sind dagegen ziemlich enttäuschend. — J. T. Shotwell, Hrsg., *Wirtschafts- u. Sozialgeschichte des Weltkriegs, Deutsche Serie*, 12 Bde, Stuttgart 1927—37 (vor allem Lotz, Umbreit, Aerebro, Skalweit, Sarter).

litische Probleme dieser Zeit: sei es über die ökonomischen Folgen des Versailler Friedensvertrags, die Wirtschaftspolitik der einzelnen Reichsregierungen oder regionale Fragen[39]. Erstaunlich ist es auch, wie wenig deutsche Wirtschaftshistoriker bisher zur Erforschung einer unübersehbaren Zäsur: der dritten Weltwirtschaftskrise seit 1929 und der ihr folgenden Depression beigetragen haben. Eine Reihe instruktiver Analysen stammt auch hier von Wirtschaftswissenschaftlern, aber erst neuerdings haben W. Conze u. a., K. E. Born, W. Helbich und D. Petzina die Diskussion vorangetrieben[40].

[39] G. Clausing, *Die wirtschaftlichen Wechsellagen, 1919—1932,* Jena 1933; vgl. damit C. T. Schmidt, *German Business Cycles, 1924—33,* New York 1934, u. das immer noch vorzügliche Buch von C. Bresciani-Turroni, *The Economics of Inflation. A Study of Currency Depreciation in Post-War Germany 1914—23,* London 1953[2]; R. A. Brady, *The Rationalization Movement in German Industry,* Berkeley 1933, sowie C. W. Guillebeaud, *The Economic Recovery of Germany, 1933—38,* London 1939. — E. Wüest, *Der Vertrag von Versailles im Licht u. Schatten der Kritik. Die Kontroverse um seine wirtschaftlichen Auswirkungen,* Zürich 1962; D. Gescher, *Die Vereinigten Staaten von Amerika u. die Reparationen, 1920—24,* Bonn 1956; R. Castillon, *Les réparations allemandes, 1919—32,* 1945—52, Paris 1953; H. Ronde, *Von Versailles bis Lausanne. Der Verlauf der Reparationsverhandlungen nach dem Ersten Weltkrieg,* Stuttgart 1950; E. Weill-Raynal, *Les réparations allemandes et la France,* 3 Bde, Paris 1947; Helbich, Anm. 40. — K. Laursen u. J. Pedersen, *German Inflation, 1918—23,* Amsterdam 1964; K. B. Netzband u. H. P. Widmaier, *Währungs- u. Finanzpolitik der Ära Luther, 1923—25,* Tübingen 1964; R. E. Lüke, *Von der Stabilisierung zur Krise,* Zürich 1958; O. Büsch, *Geschichte der Berliner Kommunalwirtschaft in der Weimarer Epoche,* Berlin 1960; P. Czada u. H. M. Barth, *Ein führender Industriezweig in der Berliner Geschichte der Weimarer Zeit. Die Elektroindustrie,* Jahrbuch für die Geschichte Mittel- u. Ostdeutschlands 15. 1966, 1—43; H.-J. Winkler, *Preußen als Unternehmer, 1923—32 (Preussag, Hibernia, Vebag),* Berlin 1965; H. H. Hartwich, *Arbeitsmarkt, Verbände u. Staat, 1918—33,* Berlin 1967.

[40] G. Kroll, *Von der Weltwirtschaftskrise zur Staatskonjunktur,* Berlin 1958; W. Grotkopp, *Die große Krise, 1929/32,* Düsseldorf 1954; A. Predöhl, *Das Ende der Weltwirtschaftskrise,* Reinbek 1962; ders., *Die Epochenbedeutung der Weltwirtschaftskrise, 1929—31,* VfZ 1. 1953, 97—118; vgl. dazu G. Bondi, *Die Weltwirtschaftskrise im Spiegel westdeutscher Geschichtsschreibung,* JbW 1965/II, 11—25 (aus der DDR liegt aber zu diesen Fragen noch keine einzige brauchbare Arbeit vor). Vgl. W. Hock, *Deutscher Antikapitalismus, Der ideologische Kampf gegen die freie Wirtschaft im Zeichen der großen Krise,* Frankfurt 1960. Von einem simplizistischen Erklärungsmodell geht G. W. F. Hallgarten (*Hitler, Reichswehr u. Industrie,* 1918—33, Frankfurt 1955; *A. Hitler and German Heavy Industry,* 1931—33, JEH 12. 1952, 222 bis 246) aus, demn. hierzu H. A. Turners Buch über die Finanzierung Hitlers und der NSDAP bis 1933. — W. Conze u. H. Raupach, Hrsg., *Die Staats- u. Wirtschaftskrise des Deutschen Reiches, 1929—33,* Stuttgart 1967 (darin vor allem D. Kees, *Die volkswirtschaftlichen Gesamtgrößen für das Deutsche Reich in den Jahren 1925—36,* 35—81). Nicht ohne Kritik darf die skandalöse These von Raupach (ebda., *Der interregionale Wohlfahrtsausgleich als Problem der Politik des Deutschen Reiches,* 13—34, hier 33) bleiben, es habe um 1930 „keinen Ausweg" gegeben, um die Standortnachteile des damaligen deutschen Ostens „mit den Mitteln der parlamentarischen Budgetpolitik und der Marktwirtschaft zu meistern", so daß „der allgemeine Schluß" naheliege, „daß die nationalsozialistische Provokation des Zweiten Weltkriegs, abgesehen (!) von Hitlers vorgefaßter Lebensraum-Ideologie, als Ausbruch aus einer ausweg-

Und wer da glaubt, daß bei der Erforschung des Nationalsozialismus seit mehr als zwanzig Jahren auch hinreichend Gelegenheit, ja die Notwendigkeit bestand, den sozialökonomischen Fragen im einzelnen nachzugehen, der muß überrascht nur eine Handvoll Studien nicht nur für die Jahre von 1934 bis 1939[41], sondern auch für die Kriegszeit konstatieren, wobei wiederum Wirtschaftswissenschaftler und ausländische Historiker vorzügliche Monographien

losen Lage anzusehen wäre", zumal da das deutsche Volk einen „Zwangssparprozeß geradezu bolschewistischen Ausmaßes" zugunsten des regionalen Ausgleichs nicht mitgemacht hätte. Die Aberdutzenden von Alternativen zur Hitlerschen Politik werden überhaupt nicht diskutiert, von Hitlers Lebensraum-Ideologie kann man schlechthin nicht absehen, wirtschaftswissenschaftlich war ihm das West-Ost-Gefälle sicher Hekuba — und welchen Problemen sehen sich heute Entwicklungsländer gegenüber! Wer hier von „auswegloser Lage" spricht, bereitet einer grobschlächtigen Apologetik den Boden. — K. E. Born, *Die deutsche Bankenkrise 1931,* München 1967, mit wichtigem neuem Material, vgl. aber auch (von B. nicht benutzt) die vorzügliche Studie von E. Bennett, *Germany and the Financial Crisis,* Cambridge/Mass. 1962, sowie P. Einzig, *The Financial Crisis of 1931, in: A Century of Conflict, 1850—1950, Essays for A. J. P. Taylor,* Hrsg. M. Gilbert, London 1966, 233—43. — W. J. Helbich, *Die Reparationen in der Ära Brüning,* Berlin 1962; zu Brünings — aber nicht nur dessen! — verfehlter Agrarpolitik: zu positiv H. Beyer, *Die Agrarkrise u. das Ende der Weimarer Republik,* ZAA 13. 1965, 62—92, dagegen T. Kitani, *Brünings Siedlungspolitik u. sein Sturz,* ZAA 14. 1966, 54—82. Allg. B. Buchta, *Die Junker u. die Weimarer Republik. Charakter u. Bedeutung der Osthilfe in den Jahren 1928—33,* Berlin 1959; U. Teichmann, *Die Politik der Agrarpreisstützung,* Köln 1955; J. B. Holt, *German Agricultural Policy, 1918—34,* phil. Diss. Heidelberg, Chapel Hill 1936; W. Fischer, *Die wirtschaftspolitische Situation der Weimarer Republik,* Celle 1960.

41 So auch das Urteil eines der vorzüglichsten Sachkenner wie W. Sauer (*National Socialism: Totalitarianism or Fascism,* AHR 73, 1967, 404—24, hier 407): „wir wissen wenig oder nichts" über die sozialökonomische Geschichte von 1934—45. Vgl. W. Birkenfeld, *Der synthetische Treibstoff, 1933—45,* Göttingen 1964; G. Meinck, *Hitler u. die deutsche Aufrüstung, 1933—37,* Wiesbaden 1959, für die Anfangszeit weitaus besser: W. Sauer, *Die Mobilmachung der Gewalt,* in: K. D. Bracher, u. a., *Die nationalsozialistische Machtergreifung,* Köln 1962², 685—972, hier 744—806. Vgl. damit B. S. Klein, *Germany's Economic Preparation for War,* Cambridge/Mass. 1959; E. Georg, *Die wirtschaftlichen Unternehmungen der SS,* Stuttgart 1963. Allg. W. Fischer, *Die Wirtschaftspolitik des Nationalsozialismus,* Celle 1961; ders., *Die Wirtschaftspolitik Deutschlands, 1918—45,* Hannover 1961, Opladen 1968². — D. Petzina, *Hauptprobleme der deutschen Wirtschaftspolitik 1932/33,* VfZ 15. 1967, 18—55; ders., *Autarkiepolitik im Dritten Reich,* Stuttgart 1968; H. Köhler, *Arbeitsdienst in Deutschland bis 1935,* Berlin 1967; R. Erbe, *Die nationalsozialistische Wirtschaftspolitik 1933—39, im Lichte der modernen Theorie,* Zürich 1958; I. Esenwein-Rothe, *Die Wirtschaftsverbände, 1933—45,* Berlin 1965. Eine große Darstellung: A. Schweitzer, *Big Business in the Third Reich,* Bloomington 1964 (u. die dort verzeichneten Aufsätze des Verf.). Vgl. R. Dubail, *Une expérience d'économie dirigée: L'Allemagne nationalsocialiste,* Paris 1962; A. E. Simpson, *The Struggle for Control of the German Economy, 1933—37,* Journal of Modern History 31. 1959, 37—45; M. Wolfe, *The Development of Nazi Monetary Policy,* JEH 15. 1955, 392 bis 402; T. Mason, *Labor in the Third Reich,* Past & Present 33. 1966, 112—41 (dazu jetzt: D. Schoenbaum, *Die braune Revolution,* Köln 1968); ders., *Der Primat der Politik — Politik u. Wirtschaft im Nationalsozialismus,* Das Argument 8. 1966, 473 bis 494, sowie C. Bettelheim, *L'économie allemande sous le nazisme,* Paris 1946.

beigesteuert haben[42]. Schon dieser arg skizzenhafte Überblick zeigt, welche Fülle von Problemen in der modernen deutschen Wirtschaftsgeschichte noch der Untersuchung harrt. Nur beiläufig sei erwähnt, daß es auch nur zweimal nach 1945 in Deutschland versucht worden ist — von W. Treue und H. Hausherr —, eine europäische oder gar universelle Wirtschaftsgeschichte zu schreiben, daß überdies wirtschaftshistorische Studien über Probleme anderer Länder und Regionen denselben Seltenheitswert besitzen[43].

[42] Vgl. R. Wagenführ, *Die deutsche Industrie im Kriege*, Berlin 1963²; F. Federau, *Der Zweite Weltkrieg. Seine Finanzierung in Deutschland*, Tübingen 1962; A. S. Milward, dt. *Die deutsche Kriegswirtschaft, 1939—45*, Stuttgart 1966; G. Janssen, *Das Ministerium Speer. Deutschlands Rüstung im Krieg*, Berlin 1968. Vorzüglich: L. Homze, *Foreign Labor in Nazi Germany*, Princeton 1967, u. E. Seeber, *Zwangsarbeiter in der faschistischen Kriegswirtschaft*, Berlin 1964; den absoluten Tiefpunkt der Apologetik erreicht das vermutlich dem „Deutschen Industrieinstitut" verpflichtete Buch von K.-E. Kannapin, *Wirtschaft unter Zwang*, Köln 1966. Vgl. dagegen H. Pfahlmann, *Fremdarbeiter u. Kriegsgefangene in der deutschen Kriegswirtschaft, 1939—1945*, Darmstadt 1968.

[43] W. Treue, *Wirtschaftsgeschichte der Neuzeit;* vgl. Hausherr, Anm. 7; ziemlich dilettantisch ist: G. D. Roth, *Kurze Wirtschaftsgeschichte Europas*, München 1961. Vgl. damit M. Dobb, *Studies in the Development of Capitalism*, London 1963⁷ (dt. Köln 1970), dazu die Dobb-Festschrift: C. H. Feinstein, Hrsg., *Socialism, Capitalism, and Economic Growth*, Cambridge 1967; D. C. North, *A New Economic History for Europe*, ZGS 124. 1968, 139—47; C. Ambrosi u. M. Tacel, *Histoire économique des grandes puissances à l'époque contemporaine, 1850—1958*, Paris 1963; J. A. Lesourd, C. Gérard, *Histoire économique XIX et XX siècle*, Paris 1963; W. Ashworth, *A Short History of the International Economy Since 1850*, London 1962²; A. Birnie, *An Economic History of Europe, 1760—1939*, London 1964⁷; H. E. Friedländer u. J. Oser, *Economic History of Modern Europe*, New York 1953; S. B. Clough u. C. W. Cole, *An Economic History of Europe*, Boston 1952³; M. Baumont u. P. Naudin, *La commerce depuis le milieu de XIX siècle*, Paris 1952; P. Alpert, *20th Century Economic History of Europe*, New York 1951; H. Heaton, *The Economic History of Europe*, London 1948²; C. Day, *Economic Development in Europe*, New York 1948. Am besten jetzt die CEHE VI/I, II. — Bei J. Kulischer (1965³) u. F. Oppenheimer (1964²) handelt es sich um Nachdrucke. — Ein vorzügliches Beispiel für eine wirtschaftswissenschaftlich-historische Untersuchung über ein ausländisches Problem: J. Nötzold, *Wirtschaftspolitische Alternativen der Entwicklung Rußlands in der Ära Witte u. Stolypin*, Berlin 1966; vgl. ders., *Agrarfrage u. Industrialisierung in Rußland am Vorabend des Ersten Weltkrieges*, Saeculum 17. 1966, 170—92. — Es stimmt ganz mit unserem Befund überein, daß in den Reihen der Historischen Abhandlungen, die die deutschen Hochschulen u. Akademien usw. herausgeben, nur ganz wenig wirtschaftsgeschichtliche Arbeiten erschienen sind. (Vgl. z. B.: FU Berlin —; Bonn: Jaeger, Anm. 10; Göttingen—; Hamburg —; Heidelberg: die Reihe *„Industrielle Welt"* befaßt sich mit der Sozialgeschichte im engeren Sinn; Kiel —; Köln —; Mainz —; München —; Münster —; Stuttgart —; Tübingen —; Mainzer Institut für Europäische Geschichte —; Mainzer Akademie —; Münchener Akademie —; Münchener Institut für Zeitgeschichte, Darstellungen —; ebenda, Schriftenreihe VfZ: Georg, Anm. 41; Milward, Anm. 42; Petzina, Anm. 41; Max-Planck-Institut Göttingen —; Beihefte zur VSWG —; Historische Studien, 377 ff. —; Studien zur Sozial- u. Wirtschaftsgeschichte, Hrsg. F. Lütge, Anm. 19 u. 30; Schremmer, Anm. 19; Reuter u. Slawinger, Anm. 26; Schriften zur

Ad. III. Das industriewirtschaftliche Wachstum ist Beschleunigungen und Störungen, kurzum Schwankungen unterworfen, die es erforderlich machen, den allzu globalen und vielleicht auch völlig kontinuierliches Ansteigen suggerierenden Begriff des Wachstums zu differenzieren. Für eine innere Gliederung des Wachstumsprozesses vor allem bis 1914 erweist sich der Rückgriff auf Theorie und Geschichte der Konjunkturzyklen als unerläßlich, er ist auch zwanglos möglich. Aber die dabei gewonnenen allgemeinen Einsichten über den gleichsam spasmischen Charakter des Wachstums behalten auch für die Folgezeit ihren Wert. Auf die verbreitete Illusion, daß stetiges Wachstum ohne Konjunkturschwankungen geradezu selbstverständlich sei, ist inzwischen auch hierzulande nach der Rezession von 1966/67 Ernüchterung gefolgt, obwohl in der Tat theoretisch die Steuerung des Wirtschaftsablaufs um den offensichtlichen Preis einer gemäßigt inflationistischen Entwicklung keine gravierenden Probleme mehr aufwirft. Vermutlich dürfen daher Konjunkturprobleme jetzt wieder auf stärkeres wissenschaftliches Interesse rechnen.

Von den zahlreichen Konjunktur- und Wachstumstheorien, die von der Wirtschaftswissenschaft in den letzten 150 Jahren entwickelt worden sind, erweist sich eine große Zahl als unbrauchbar, da sie der empirischen Konfrontation mit der Wirtschaftsgeschichte nicht standhält. So versagen z. B. durchweg die rein exogenen und monetären Theorien, die in Kriegen, Seuchen, Naturkatastrophen, bzw. in der Kapital- und Edelmetallversorgung die entscheidenden Faktoren sehen. Eine Schlüsselstellung gewinnen dagegen die endogenen, vom makroökonomischen Entwicklungsprozeß ausgehenden Theorien des disproportionalen Wachstums, die dem fundamentalen Einfluß von Überinvestition, Überkapazität und Überproduktion vollauf Rechnung tragen. Die gewöhnlich wegen der mangelhaften Transparenz des Markts und der Überschätzung der Gewinnchancen erfolgende Überinvestition in einzelnen Wirtschaftssektoren führt zum Ausbau von Überkapazitäten mit nachfolgender Überproduktion, — Begriffe, die natürlich eine ganz bestimmte Aufnahmefähigkeit des Marktes fingieren. Dieser ständig wiederkehrende Vorgang spielt sich vor allem in den „Leitsektoren" (Rostow) der Wirtschaft ab, die in bestimmten Phasen das Wachstum zwar partiell, aber vehement vorantreiben und dann dank des „Ausbreitungseffekts" die Wirtschaft auf breiter Front nachziehen. Diese Vorstellung, die auch Kuznets' „Cycle Leader" und Schumpeters „Areas of Innovation" zugrunde liegt, ist zwar als eine „Heldentheorie der Geschichte, die nur auf Dinge übertragen" worden sei, ironisch kritisiert worden, sie hat sich jedoch bei der Erklärung der Dynamik der Konjunkturzyklen, der wirtschaftlichen „Wechsellagen" Spiethoffs und überhaupt des ungleichmäßigen, sprunghaften Wachstums empirisch bewährt.

Wirtschafts- u. Sozialgeschichte, Hrsg. W. Fischer u. a.: Hardach, Anm. 36 W. Fischer, *WASAG, 1891—1966*, Berlin 1966; Gropp, Anm. 19; Eulen, Anm. 26; Köhler, Anm. 41; Manegold, Anm. 30. Berlin-Karlshorst: Baar, Blumberg, Mottek, Schröter/Becker, Anm. 27; Greifswald —; Halle —; Leipzig —; Rostock —; Dresden —; Jena —.

Der unregelmäßige Rhythmus der Zyklen ist mithin aufs engste mit dem Wechsel der jeweiligen Leitsektoren verknüpft, ihre Entwicklungsgeschichte erhellt auch den nicht-zyklischen Wachstumsprozeß im Zeitalter des Interventionsstaats und Organisierten Kapitalismus. Ob es sich um die sehr umstrittenen „langen Wellen" Kondratieffs von etwa 50 Jahren, den „Kuznets-Zyklus" von etwa 20 bis 25 Jahren, den „Juglar-Zyklus" von etwa 10 Jahren oder den „Kitchin-Zyklus" von etwa 40 Monaten oder ob es sich um die Trendperioden nach 1914 handelt, immer werden wir auf das disproportionale Wachstum unterschiedlicher Leitsektoren zurückgeführt[44].

Die Wirtschaftsgeschichte gewinnt mit diesen Theorien sowohl eine Orientierungshilfe als auch Erklärungsmodelle. Vor allem kann sie auf diesem Weg auch eine grundlegend wichtige Aufgabe mit in Angriff nehmen: die unterschiedlichen Phasen der Konjunkturentwicklung und des wirtschaftlichen Wachstums mit politischen und allgemeinen gesellschaftlichen Phänomenen der Industriellen Welt zu korrelieren, also auch funktionelle oder gar ursächliche Abhängigkeitsverhältnisse aufzuweisen.

Alexander Gerschenkron hat mehrfach die Theorie entwickelt, daß die Industrialisierung mit all ihren Auswirkungen um so komplexer und spannungsreicher verlaufe, je größer die Rückständigkeit vor dem Durchbruch der Industriellen Revolution und je abrupter und komprimierter der „Great Spurt" sei. Von diesem Ansatz kann man auch bei der Analyse der deutschen Geschichte nach 1848 ausgehen, denn im Gegensatz zur eher evolutionären Entwicklung in England und in den Vereinigten Staaten besaß Deutschland, als sich die Industrielle Revolution in der überaus kurzen Zeitspanne von zwanzig Jahren durchsetzte, wegen der Erfolge der „Revolution von oben", — die zugleich eine schwere Erbschaft von grundlegenden „reformes manquées" darstellten —, eine überwiegend traditionale gesellschaftliche und politische Verfassung, deren Ent-

[44] Kuznets, *Change*, 135; J. A. Schumpeter, *Konjunkturzyklen*, 2 Bde, Göttingen, 1961; A. Spiethoff, *Die wirtschaftlichen Wechsellagen*, 2 Bde, Tübingen 1955. Kritik: Fogel, *Railroads*, 236, vgl. 228—37, 111—146. Beispiele der Bewährung: Rostow, *British Economy;* W. LaFeber, *The New Empire. An Interpretation of American Expansion, 1860—98*, Ithaca 1963; Wehler, *Bismarck u. der Imperialismus.* — Die neue und ältere Lit. ist verzeichnet in: H. Besters, *Wirtschaftliche Konjunkturen*, Staatslexikon, 8. 1963, 738—53; G. Clausing u. W. Jöhr, *Konjunkturen*, HSW 6. 1959, 133—41; W. Stützel, *Konjunkturbeobachtung, -theorie*, Enzyklopädisches Lexikon des Geld-, Bank- u. Börsenwesens II, Frankfurt 1968², 1013—17, 1027—39; W. Weber, Hrsg., *Konjunktur- u. Beschäftigungstheorie*, Köln 1967 (NWB 14); H. König, *Theorie des wirtschaftlichen Wachstums*, Köln 1968 (NWB 23); A. F. Burns, *Business Cycles*, IESS 2. 1968, 226—45; R. E. Easterlin u. a., *Economic Growth*, ebenda, 6, 395—429 J. R. T. Hughes u. W. E. Moore, *Industrialization*, ebenda, 7, 252—70 J. J. Clark u. M. Cohen, Hrsg., *Business Fluctuation, Growth, and Economic Stabilization*, New York 1963; G. Haberler, *Prosperität u. Depression*, Tübingen 1955, vgl. H. Becker, *Die Entwicklung der nicht-monetären Überproduktions- u. Überinvestitionstheorien als Krisen- u. Konjunkturerklärung*, staatswiss. Diss. Bonn 1952, MS. Ausführliche Literaturangaben: Wehler, *Bismarck u. der Imperialismus.*

wicklung bis zum Ende des Bismarckreiches nicht mit der Industrialisierung gewissermaßen synchronisiert werden konnte. Da aber andererseits in einem ganz knappen Zeitraum der höchste Stand industriewirtschaftlichen Fortschritts erreicht wurde und die Industrielle Welt mit ungeheurer Intensität in Deutschland eindrang, wurden Spannungen von einem solchen Ausmaß erzeugt, daß sie das vergangene Jahrhundert der deutschen Geschichte in einem ganz fundamentalen Sinn bestimmt haben. Als erster hat wohl der große amerikanische Soziologe Thorstein Veblen diese Einsicht in den spezifischen Charakter dieses Spannungsverhältnisses formuliert, dessen Genesis und Entwicklungsphasen zu verfolgen, ebenso dringliche wie lohnende Aufgaben der modernen Geschichtswissenschaft darstellen.

Unter solchen Gesichtspunkten müßte, wie bereits erwähnt, die Vorgeschichte der Revolution von 1848 untersucht werden. Von hier aus fällt neues Licht auf die Verbindung von preußischer Reaktionspolitik und Wirtschaftsliberalismus nach 1849, auf die Freihandels- und Schutzzollpolitik der 1860er und 1870er Jahre, auf die Entstehung der Bankenoligarchie, die, — wie es wieder Gerschenkron auf eine spezielle Theorie gebracht hat —, den Industrialisierungsprozeß auch in Deutschland in hohem Maße gesteuert und koordiniert hat. Die ungemein folgenreiche konservative „Neugründung" des Reichs mit dem Übergang zum solidarprotektionistischen System von 1879 läßt sich, — das haben Rosenberg, Böhme und andere zu Recht in den Mittelpunkt gestellt —, ohne die Berücksichtigung des Konjunkturverlaufs und der die Hochindustrialisierung begleitenden gesellschaftlichen und politischen Spannungen nicht verstehen. Das gilt auch für die Sozialpolitik und den deutschen Imperialismus der Bismarckära, für Flottenbau und „Weltpolitik" der Vorkriegsjahrzehnte, nicht zuletzt aber für den Aufstieg des Nationalsozialismus, den W. Sauer unlängst in eben diesen Zusammenhang eines vielfach belasteten industriellen Wachstums hineingestellt und als die revolutionäre Bewegung der „declassés" der Industrialisierung interpretiert hat. Hier öffnet sich auf jeden Fall der Wirtschaftsgeschichte ein weites Feld, auf dem sie mit den benachbarten Sozialwissenschaften zusammenarbeiten muß[45].

*Ad IV.* Der Konzentrationsprozeß, der sich frühzeitig in diesen ständig expandierenden Industriesystemen durchsetzt, entspringt einmal immanenten Gesetzen der Produktionseffizienz und der Beachtung des Grenznutzenwerts, der Rationalisierung und Gewinnmaximierung usw., er wird aber auch durch den Konjunkturverlauf, dessen Schwankungen große Wirtschaftseinheiten sowohl beim Überstehen der Stockung bzw. Depression als auch beim Ausnutzen der Hochkonjunktur am besten gewachsen sind, besonders beschleunigt. Er kann auf verschiedenen Ebenen verfolgt werden:

[45] Gerschenkron, in: Eckstein, Hrsg., 196 f.; ders., in: Rostow, Hrsg., 165—169; ders., *Backwardness*, passim; T. Veblen, *Imperial Germany and the Industrial Revolution*, (1915), Ann Arbor 1966; Rosenberg, Anm. 33; Böhme, Anm. 32; zur Sozialpolitik u. zum Imperialismus: Wehler, Anm. 33; Flottenbau: Kehr, Anm. 36. Vgl. Kuznets, *Modern Economic Growth*, 500. — Sauer, AHR 73, 417, allg. 404—24.

1. Die Unternehmen wachsen mit Hilfe der Methoden des horizontalen und vertikalen Verbunds usw. zu Großbetrieben, Konzernen, Trusts heran, die dem Organisierten Kapitalismus bis in unsere unmittelbare Gegenwart hinein, besonders auch in der Bundesrepublik, das Gepräge geben[46].

2. Nach Branchen schließen sich die Betriebe in Kartellen von je verschiedenen Formen bis hin zum marktbeherrschenden Syndikat zusammen. Die Kartelle sind namentlich während der „Großen Depression" enstanden und haben seither in der deutschen Wirtschaft eine vergleichsweise außergewöhnlich wichtige, noch weithin unerforschte Rolle gespielt[47].

3. Seit den 1870er Jahren schirmen sich die Nationalwirtschaften nicht nur durch Schutzzölle ab, überhaupt interverniert der Staat zur Unterstützung der Volkswirtschaft auf den Gebieten des Außenhandels, des Verkehrs- und Patentwesens, mit Hilfe von Subventionen, Bürgschaften, Ausfallgarantien, Kriegsschiffen, diplomatischem Druck: privat-wirtschaftlicher Besitz einer bestimmten Größenordnung erhält die Unterstützung des gesamtstaatlichen Machtapparats, proprieté wird zur pouvoir. Staat und Wirtschaft durchdringen sich immer mehr, der Organisierte Kapitalismus des Interventionsstaats fördert den

[46] Vgl. hierzu K. Rieker, *Die Konzentrationsbewegung in der gewerblichen Wirtschaft, 1875—1950,* Tradition 5. 1960, 116—31, sowie die spezielle Lit. zur Unternehmensgeschichte, vgl. die Hinweise in Anm. 10. Die im Titel vielversprechende kleine Schrift von W. Treue (*Konzentration u. Expansion als Kennzeichen der politischen u. wirtschaftlichen Geschichte Deutschlands im 19. u. 20. Jahrhundert,* Dortmund 1966) wird m. E. den Erwartungen, die man bei einem so wichtigen Thema hegt, gar nicht gerecht, vor allem fehlt ihr jede kritische Perspektive. — Zur gegenwärtigen Problematik: H. Arndt, Hrsg., *Bibliographie Konzentration u. Konzentrationspolitik 1960—66,* Berlin 1967; ders., *Die Konzentration der westdeutschen Wirtschaft,* Pfullingen 1966; ders., Hrsg., *Die Konzentration in der Wirtschaft,* 3 Bde, Berlin 1960 (Lit. III, 1799—1886); F. Neumark, Hrsg., dass., Berlin 1961 (= SVS, NS 20, 22); A. Löwe, *Politische Ökonomik,* Frankfurt 1968; A. Shonfield, *Geplanter Kapitalismus,* Köln 1968; dagegen einmal W. Fischer, in: Lütge, Hrsg., 131—42. Die informationsreichen Bücher von K. Pritzkoleit, *Männer, Mächte, Monopole,* Frankfurt 1963; ders., *Gott erhält die Mächtigen,* Düsseldorf 1963; ders., *Auf einer Woge von Gold,* München 1964[2]; F. Vilmar, *Rüstung u. Abrüstung im Spätkapitalismus,* Frankfurt 1967[3]; W. Abendroth, *Wirtschaft, Gesellschaft u. Demokratie in der Bundesrepublik,* Frankfurt 1963. Vgl. R. Kühnl, *Konstituierung u. Regierungssystem der Bundesrepublik,* Politische Vierteljahrsschrift 8. 1967, 323—52, hier 347—49.

[47] Eine Gesamtdarstellung des Kartellwesens bis 1914 bereitet E. Maschke vor, vgl. sehr instruktiv schon ders., *Grundzüge der deutschen Kartellgeschichte,* Dortmund 1964, mit reichen Lit.-Angaben; ders., in: Lütge, Hrsg., 102—14; V. Holzschuher, *Soziale u. ökonomische Hintergründe der Kartellbewegung,* staatswiss. Diss. Erlangen-Nürnberg 1962; L. Mayer, *Kartelle, Kartellorganisation u. Kartellpolitik,* Wiesbaden 1959, Lit. 329—72; T. F. Marburg, *Government and Business in Germany, Public Policy Towards Cartels,* BHR 38. 1964, 78—101. — Allenfalls als Aufsatz hätte R. Sonnemann, *Die Auswirkungen des Schutzzolls auf die Monopolisierung der deutschen Eisen- u. Stahlindustrie, 1879—92,* Berlin 1960, erscheinen sollen. Aufschlußreich ist noch immer die Mannheimer Kartelldebatte des „Vereins für Sozialpolitik" von 1905, auf der — auch bei Schmoller — die Abneigung gegen eine realistische Anerkennung der deutschen industriellen Welt zutage trat (vgl. Anm. 5.)

nationalwirtschaftlichen Konzentrationsprozeß auch in den Zeiten relativ ungestörten Welthandels.

4. Gleichzeitg beginnt der Industriekapitalismus sich über nationale Grenzen insofern stärker hinwegzusetzen, als er sowohl aus einer Position der Defensive, — in Europa z. B. gegen die Agrarkonkurrenz Nordamerikas, Rußlands, Argentiniens und Indiens seit den 1870er Jahren, bald auch gegen die industrielle Invasion der Vereinigten Staaten —, als auch offensiv zur Gewinnung von Großmärkten auf übernationale wirtschaftliche Zusammenschlüsse hinarbeitet. Deshalb werden seit 1877/79 Pläne eines Staatenkartells „Mitteleuropa" diskutiert, das später zum Vehikel deutschen Hegemonialstrebens wurde, aber erst in unseren Tagen unter veränderten Bedingungen, wenn auch aus der ursprünglichen Verbindung von defensiven und offensiven Motiven als „Europäische Wirtschaftsgemeinschaft" realisiert worden ist[48].

5. Und schließlich läßt sich auch der „neue Imperialismus" der Industriestaaten seit den 1880er Jahren als eine der Folgeerscheinungen des industriellen Wachstums und gewissermaßen als Verlängerung des nationalwirtschaftlichen Konzentrationsprozesses in die überseeische Expansion hinein begreifen. Dabei handelt es sich um einen Prozeß, der keineswegs mit dem sog. „Zeitalter des Imperialismus" abgeschlossen ist, sondern vor allem in den oft schwer greifbaren Formen der indirekten Herrschaft hochentwickelter Industrieländer über minderentwickelte Regionen noch anhält[49].

[48] Vgl. J. Droz, *L'Europe Centrale: Evolution historique de l'idée de Mitteleuropa*, Paris 1960; J. Pajewski, *Mitteleuropa*, Posen 1959, 1—23; H. C. Meyer, *Mitteleuropa in German Thought and Action, 1815—1945*, Den Haag 1955; W. Halbenz, *Handelspolitische Zusammenschlußbestrebungen in Mitteleuropa im 19. u. ersten Drittel des 20. Jahrhunderts*, phil. Diss. Hamburg 1947, MS; zuletzt W. Fischer, Anm. 30, u. W. O. Henderson, *Mitteleuropäische Zollvereinspläne 1840—1940*, ZGS 122. 1966, 130—62. Vgl. H. Rosenberg, *The Struggle for a German-Austrian Customs Union, 1815—1939*, The Slavonic and East European Review 14. 1936, 332—42; D. C. Long, *An Austro-German Customs Union*, in: University of Michigan Historical Essays, XI, Ann Arbor 1937, 45—74; J. Krulis-Randa, *Das deutsch-österreichische Zollunionsprojekt von 1931*, Zürich 1955; O. Hauser, *Der Plan einer deutsch-österreichischen Zollunion von 1931 u. die europäische Föderation*, HZ 179. 1955, 45—92; allg. dazu: W. M. Corden u. a., *International Trade Controls*, IESS 8, 113—39 zur Frühzeit: Böhme, Anm. 32; Wehler, Anm. 33.

[49] Eingehend hierzu Wehler, *Bismarck u. der Imperialismus*, mit der Lit. Vgl. jetzt W. J. Mommsen, *Das Zeitalter des Imperialismus*, Frankfurt 1969; neuerdings H. Gollwitzer, *Europe in the Age of Imperialism*, London 1969. Allg. hierzu: E. Heimann, *Soziale Theorie der Wirtschaftssysteme*, Tübingen 1963; L. J. Zimmerman, *Arme u. Reiche Länder*, Köln 1963; ders., *The Distribution of World Income, 1860—1960*, in: E. de Vries, Hrsg., *Essays on Unbalanced Growth*, S'Gravenhage 1962, 28—55; P. A. Baran u. P. Sweezy, *Monopolkapitalismus*, Frankfurt 1967; Baran, *Politische Ökonomie*; ders., *Über die politische Ökonomie unterentwickelter Länder*, in: ders., *Unterdrückung u. Fortschritt*, Frankfurt 1966, 99—128; M. Dobb, *Wirtschaftliches Wachstum u. unterentwickelte Länder*, Kursbuch 6. 1966, 136—164; B. Gustafson, *Versuch über den Kolonialismus*, ebenda, 86—135; R. v. Albertini, *Dekolonisation, 1919—1960*, Köln 1966; demn. ders., *Dekolonisation*, Köln 1970 (NWB 40); *Imperialismus*, Hg. H.-U. Wehler, Köln 1970 (NWB 37), 443—59.

Welche Auswirkungen der Konzentrationsprozeß im engeren wirtschaftlichen Sinn in Deutschland gehabt hat, was er sozialgeschichtlich für die Umwandlung des Unternehmertums und die Herausbildung des Managements der Großbetriebe im Organisierten Kapitalismus bedeutet hat, vor allem aber wie er den politischen Entscheidungsprozeß beeinflußt hat, — das alles wirft zahlreiche wichtige Fragen auf, die die Wirtschaftsgeschichte zu beantworten mithelfen sollte.

*Ad. V, VI, VII.* Bei der Behandlung von Punkt II—IV ist der Zusammenhang zwischen wirtschaftlicher und gesellschaftlich-politischer Entwicklung mehrfach berührt worden. Allerdings ist besonders hier nicht zu übersehen, daß es sich zumeist noch um ungelöste Aufgaben handelt. Allzu oft und zu lange hat auch ein antimarxistisches Vorurteil dazu beigetragen, um diese Fragen einen Bogen zu machen. Aber trotz der unleugbaren methodologischen Probleme und eventuell auch der Schwierigkeiten: eine tragfähige empirische Grundlage an Quellenmaterial zu gewinnen, liegen auf diesem Gebiet, wo sich die Entwicklungsstränge gegenseitig verstärken oder überschneiden, die reizvollsten Aufgaben. Zu ihnen gehört der Aufstieg des Interventionsstaats, der sich unter der bonapartistischen Diktatur Bismarcks und namentlich seit dem Kurswechsel von 1879 ruckartig entwickelt hat, dann aber vor allem die Geschichte des deutschen Faschismus, der m. E. nur dann von einer adäquaten Theorie erfaßt wird, wenn dieselbe nach der Anregung Sauers die Auswirkungen der Industrialisierung im weiten Sinn mit speziellen Wachstumstheorien verbindet. Diese Bündelung spezieller Theorien zu Erklärung bestimmter Phänomene eines komplexen Sozialsystems setzt — um den Vergleich, der ein differenziertes: individualisierendes oder verallgemeinenderes Urteil erst gestattet, zu ermöglichen — voraus, daß auf einer relativ hohen Ebene der Abstaktion generalisierende theoretische Kategorien bzw. Konzeptionen definiert werden (z. B. Revolution von oben, sozialer Wandel, aristokratische und egalitäre Wertsysteme, ökonomische Wachstumsphasen usw.), erst dann können überprüfbare funktionelle oder kausale Zusammenhänge zwischen der sozialökonomischen und politischen Entwicklung operational bestimmt und herausgearbeitet werden[50].

Im Gegensatz zu der traditionellen deutschen Forschungsrichtung, die seit der Jüngeren Historischen Schule der Nationalökonomie beibehalten worden ist und vor allem die Institutionen, die „Verfassung" der Wirtschaft zum Gegenstand der Untersuchungen gemacht hat[51], richtet sich dabei heute das Interesse

[50] Hier ist z. B. auch an die den Historikern seit je vertraute, aber begrifflich nicht präzisierte, von S. M. Lipset (*Political Man,* Garden City 1963, 58—62, dt. *Soziologie der Demokratie,* Neuwied 1963) im Anschluß an P. Lazarsfeld mit einleuchtenden Ergebnissen praktizierte „multi-variate analysis" zu denken, d. h. an jene Theorie, die komplexen Charakteristika eines Systems jeweils vielfältige (aber aus methodischen Gründen keineswegs unendlich zahlreiche) Ursachen und Folgen zuordnet.

[51] Als ein Beispiel: die vielen neueren Studien zur Geschichte der Handelskammern, gegen deren z. T. beträchtlichen Wert (vgl. W. Fischer, *Herz des Reviers, 125 Jahre Wirtschaftsgeschichte des Industrie- u. Handelskammer-Bezirks Essen, Mülheim;*

vor allem auf die makroökonomischen Prozesse selber, während die Institutionen, in deren Rahmen sie sich abspielen, die aber auch umgeformt oder ganz neu geschaffen werden, sekundäre Bedeutung besitzen. Dieses Interesse besitzt deshalb eine tragfähige theoretische Basis, da die dynamischen Wachstumstheorien in der Tradition von Ricardo, Marx und Schumpeter endlich die statischen Theorien, die u. a. Institutionen auch in den Mittelpunkt der Wirtschaftsgeschichte gerückt haben, verdrängen. Diese dynamischen Theorien der ökonomischen Entwicklung, die dem spezifischen Verhältnis des Historikers zur Zeit Rechnung tragen können, gilt es heute in die geschichtswissenschaftlichen Forschungskon-

*Oberhausen*, Essen 1965; W. Köllmann, *Industrie- u. Handelskammer Wuppertal 1831—1956*, Wuppertal 1956; L. Beutin, *Geschichte der südwestfälischen Industrie- u. Handelskammer zu Hagen*, Hagen 1956) nichts gesagt werden soll, nur sind sie für ein älteres Forschungsinsteresse repräsentativ. Vgl. hierzu noch M. Erdmann, *Die verfassungspolitische Funktion der Wirtschaftsverbände in Deutschland, 1815—71*, Berlin 1968; W. Fischer, *Unternehmerschaft, Selbstverwaltung u. Staat. Die Handelskammern in der deutschen Wirtschafts- u. Staatsverfassung des 19. Jahrhunderts*, Berlin 1964; H. Tarnowski, *Die deutschen Industrie- u. Handelskammern u. die großen geistigen, politischen u. wirtschaftlichen Strömungen ihrer Zeit*, staatswiss. Diss. Mainz 1952, MS; *Bibliographie zur Geschichte der deutschen Industrie- u. Handelskammern*, Bonn 1963. — Zum folgenden s. Anm. 3 u. 4; Fogel, *Railroads*, 237—49; Redlich, JEH 25, 481—87, 491.

Zur Ergänzung (1. 5. 1968) zu Anm. 3: A. H. Conrad, *Econometrics and Southern History*, EEH 6. 1968, 34—53 (u. die vorzügliche Diskussion von Fogel, Bruchey, Chandler, 54—74); L. E. Davis, *„And It Will Never Be Literature": The New Economic History, A Critique*, EEH 6, 75—92; F. Redlich, *Potentialities and Pitfalls in Economic History*, EEH 6, 93—108; B. E. Supple, *Economic History and Economic Underdevelopment*, Canadian Journal of Economics and Political Science 27. 1961, 460—78; ders., *Economic History and Economic Growth*, JEH 20. 1960, 548—56. — Anm. 5: A. Müssiggang, *Die soziale Frage in der Historischen Schule der deutschen Nationalökonomie*, Tübingen 1968. — Anm. 10: H. Jäger, *Unternehmer u. Politik im wilhelminischen Deutschland*, Tradition 13. 1968, 1—21; H. Mauersberg, *Deutsche Industrien im Zeitgeschehen eines Jahrhunderts*, Stuttgart 1966. — Anm. 13: W. O. Henderson, *Economic History*, in: E. J. Passant, Hrsg., *A Short History of Germany, 1815—1945*, Cambridge 1959, 237—44 (dt. Berlin 1962). — Anm. 15: J. Habermas, *Erkenntnis u. Interesse*, Frankfurt 1968; C. Morazé, *La logique de l'histoire*, Paris 1967. — Anm. 19: S. van Bath, *The Agrarian History of Western Europe. AD 500—1850*, London 1963; G. Helling, *Berechnung vergleichbarer Indizes der Agrarproduktion entwickelter kapitalistischer Länder im 19. Jahrhundert*, JbW 1968/I, 183—238; W. Boelcke, *Bauer u. Gutsherr in der Oberlausitz*, Bautzen 1957. — Anm. 26: F.-G. Dreyfus, *Bilan économique des Allemagnes en 1815*, Revue d'Histoire Economique et Sociale 44. 1966, 433—64. — Anm. 31: H. C. M. Wendel, *The Evolution of Industrial Freedom in Prussia, 1845—49*, N. Y. 1921. — Anm. 35: A. V. Desai, *Real Wages in Germany, 1871—1913*, Oxford 1968; L. Schneider, *Der Arbeiterhaushalt im 18. u. 19. Jahrhundert*, Berlin 1967. — Anm. 37: F. Seidenzahl, *Bismarck u. die Gründung der Darmstädter Bank*, Tradition 6. 1961, 252—59. — Anm. 40: H. Bennecke, *Wirtschaftsdepression u. politischer Radikalismus. Die Lehre von Weimar*, München 1968. — Anm. 41: W. Benz, *Vom freiwilligen Arbeitsdienst zur Arbeitsdienstpflicht*, VfZ 19. 1968, 317—46. — Anm. 48: Die ältere Lit. in A. Matlekovits, Hrsg., *Bibliographie der Mitteleuropäischen Zollunionsfrage*, Budapest 1917.

zeptionen aufzunehmen; dabei wird eine methodische Anleihe bei der neopositivistischen Historischen Ökonometrie, die mit Hilfe quantitativer Evidenz qualitative historische Hypothesen zu verifizieren versucht, öfters von Vorteil sein und dem wachsenden Bedürfnis auch der Historiker nach theoretischer Klarheit und Meßbarkeit, — deren Problematik nicht übersehen, aber berücksichtigt werden kann —, entgegenkommen. Unbestreitbar ist, daß auch und gerade der Historiker der Industriellen Welt es mit besonders komplexen „Wirkungszusammenhängen" zu tun hat, aber da die Industrialisierung ein Phänomen mit einer beispiellosen Durchschlagkraft ist, erscheint es unter verschiedenen Gesichtspunkten — wie oben ausgeführt wurde — als durchaus legitim, pointiert die sozialökonomischen Faktoren hervorzuheben. Bisher steht jedenfalls in Deutschland einer Geschichtswissenschaft, die sich mit geschärftem Bewußtsein für Theorien und methodologische Probleme der modernen Sozialökonomie widmet, ihre entscheidende Wachstumsphase: der „Take-off" noch bevor.

HANS HERZFELD

# Sozial- und Wirtschaftsgeschichte in der Arbeit der Historischen Kommission zu Berlin 1959—1969*

Als die durch den Zweiten Weltkrieg unterbrochene Arbeit einer Historischen Kommission in Berlin im Jahre 1959 nach langjährigen Vorbereitungen wiederaufgenommen werden konnte, handelte es sich im Anfang um eine etwas gewagte Improvisation von Professoren und Dozenten des Friedrich-Meinecke-Institutes an der Freien Universität Berlin[1]. Wenn schon die ersten Kooptationen die Namen von Fritz Hartung und Willy Hoppe einschlossen, kam darin deutlich zum Ausdruck, daß ihre Arbeit bestimmt war, eine ehrwürdige und verpflichtende Tradition der geschichtlichen Forschung in Berlin mit der Pflege der Landesgeschichte der Mark Brandenburg und der Geschichte der preußischen und deutschen Hauptstadt Berlin wieder aufzunehmen. Die zu diesem Zweck als Verein des Bürgerlichen Rechtes begründete Kommission betont deshalb auch in ihrer Satzung, mit ihrer „landesgeschichtlichen Forschung ... die Tradition der ehemaligen Historischen Kommission für die Provinz Brandenburg und die Reichshauptstadt Berlin“ erneuern zu wollen[2].

Fritz Hartung warnte in der ersten Mitgliederversammlung im Februar 1959 auf Grund einer lebenslangen Erfahrung ausdrücklich vor allzu weit gespannten Unternehmungen, denen sich auch die Schwierigkeit in den Weg stellte, daß die praktische Aufnahme der Arbeit finanziell zunächst ganz auf einer Unterstützung durch das Ministerium für Gesamtdeutsche Fragen beruhte, die die Kommission einem noch heute lebenden und an ihren Arbeiten beteiligten Freunde, dem Hanse-Historiker und damaligen Ministerialrat Dr. Karl Pagel verdankte. Erst als der bescheidene erste Ansatz dank der Unterstützung des Kultussenators von Berlin durch einen — seitdem in ständigem Wachsen befind-

* Der Herausgeber ist Herrn Dr. Dr. h. c. Hans Herzfeld zu Dank verpflichtet, daß er es als Vorsitzender der Historischen Kommission zu Berlin übernommen hat, in der Form eines Berichtes den Anteil des Jubilars an der Kommissionsarbeit bis zum Februar 1969 zu würdigen.

[1] Vgl. den Bericht über das erste Arbeitsjahr im *Jahrbuch für die Geschichte Mittel- und Ostdeutschlands*, Bd. VIII (1959), S. 665 f.

[2] § 2 der „Satzung der Historischen Kommission zu Berlin e. V.“ vom 5. März 1965. Die Institution eröffnete nach einer Gründungserklärung vom Juli 1958 ihre Arbeit im Februar 1959 als „Berliner Historische Kommission“, änderte ihren Namen im März 1963 aber in „Historische Kommission zu Berlin“ mit der Rechtsform des eingetragenen Vereins, um sich auch in ihrer Bezeichnung der inzwischen erweiterten Aufgabenstellung anzupassen.

lichen — „Grundetat" ergänzt wurde, erhielt die Arbeit der von allem Anfang an wagefreudig um den Ausbau ihrer Tätigkeit bemühten Kommission eine für diese Anfangsphase genügende Grundlage.

Schon in den ersten Jahren war deutlich geworden, daß eine in Berlin wirkende Historische Kommission ein Arbeitsfeld in Angriff nehmen mußte, in dem eine Beschränkung der landesgeschichtlichen Forschung auf ein örtlich fest begrenztes, regionales Feld schlechthin nicht möglich war. Auch wenn man sich im Anfang durchaus einig war, daß ihr Hauptfeld die Geschichte der Mark Brandenburg, nicht etwa nur die besondere Geschichte Berlins, werden sollte, bestand doch die dringende Aufgabe, der Hauptstadtgeschichte Berlins bis in die kritischen Phasen seiner modernen Entwicklung im 19. und 20. Jahrhundert ebenfalls gerecht zu werden. In den Jahren, unmittelbar nachdem 1947 das Ende des preußischen Staates besiegelt war, drohte scheinbar die Gefahr, daß das Arbeitsgebiet der Geschichte des ganzen östlichen Preußens preisgegeben werden würde. So entwickelte sich aus der Festgabe zu Friedrich Meineckes 90. Geburtstag, dem Band des Jahres 1952 über „Das Hauptstadtproblem in der deutschen Geschichte", das durch Wilhelm Berges und Carl Hinrichs betreute spätere Publikationsorgan der Historischen Kommission, das „Jahrbuch für die Geschichte Mittel- und Ostdeutschlands" mit der bis heute verpflichtenden Aufgabenstellung, in Untersuchung, Bibliographie und knapper Rezension zu der diesem Thema gewidmeten Literatur einen Gesamtführer durch die sehr bald sich überraschend verstärkende Arbeit auf diesem weiten Arbeitsfelde zu schaffen. Ebenso stellte sich heraus, daß der Anteil der Hauptstadt Berlin in seiner Verflechtung mit der modernen Entwicklung Preußens und Deutschlands überhaupt zu gewichtig war, um eine mechanische Einschränkung im Sinne einer streng regional abgegrenzten Landesgeschichte zu gestatten. Gleichermaßen fasziniert durch die Erweiterung ihres Arbeitskreises und belastet durch die damit auf sie zukommende Verantwortung blieb der Kommission keine andere Wahl, als sich nach bestem Können und Vermögen den damit fortschreitend auf sie zukommenden Aufgaben zu stellen.

Schon ihre erste Programmformulierung hatte deutlich gemacht, daß die Kommission nicht gewillt war, sich traditionell auf das Gebiet der politischen und staatlichen Geschichte älterer Epochen zu beschränken, sondern entschlossen war, ihre Arbeit mit besonderem Nachdurck den erst langsam in Angriff genommenen Epochen der jüngsten deutschen Geschichte, so vor allem auch der Geschichte Berlins in der Zeit der Weimarer Republik, aber auch Untersuchungen über die kulturelle Stellung Berlin als Hauptstadt Deutschlands und im europäischen Geistesleben zuzuwenden[3]. Die Hauptstadtrolle und -problematik Berlins sollte nicht nur in der Untersuchung seiner allgemeinen und Verfassungsgeschichte, sondern ebenso in seiner Rolle für Geschichte und Kritik der Literatur, für die Entwicklung der Bildenden Künste, aber auch in ihrer Bedeutung für das deutsche Theater- und Filmleben Gegenstand ihrer Arbeit sein. Zugleich

[3] Vgl. oben Anm. 1.

wurde geplant, sich dem Problem des Verhältnisses von Deutschen und Slawen im deutschen Osten zuzuwenden. Schon in diesem ersten Programmentwurf war sowohl von der Seite der im Kreise der Kommission wirkungsvoll durch Walter Schlesinger repräsentierten Landesgeschichte moderner Prägung als auch durch die Vertreter der neueren Geschichte die Absicht erklärt worden, sich neben allen diesen Aufgaben mit besonderem Nachdruck auch den Problemen der Sozial-, Wirtschafts- und Parteiengeschichte zuzuwenden, über deren verpflichtende Bedeutung als ein in der vorhergehenden Phase der deutschen Historiographie zu Unrecht und mit schweren Folgen nach seinem vollen Rang nicht genügend zur Geltung gekommenes Arbeitsfeld volle Klarheit bestand. In diesem Kreise Berliner Historiker, in dem Fritz Hartung und sehr bald auch sein Schüler Gerhard Östreich lebendig das Erbe Otto Hintzes vertraten, hat über die Dringlichkeit gerade dieser Aufgabe niemals ein Zweifel bestanden.

Die ersten drei großen Arbeitsvorhaben der Kommission standen ganz in den gewohnten Grenzen regional gegliederter landesgeschichtlicher Forschungsarbeit: Neben dem Jahrbuch das von Walter Schlesinger geforderte Unternehmen einer modernen dreibändigen Geschichte der Mark Brandenburg und Berlins, deren dritter Band nach vieljähriger, schon 1958 einsetzender Arbeit soeben als erster der drei Bände der Öffentlichkeit übergeben werden konnte, und der ebenfalls jetzt in vollem Flusse befindliche, sich bald über die Ausgangskonzeption eines „Historischen Handatlas" erweiternde Plan eines historischen Kartenwerkes für Brandenburg und Berlin als unentbehrlicher Grundlage für die gesamte Forschungsarbeit der Kommission.

In der Reihe der „Veröffentlichungen" der Kommission wurde dann schon seit ihrem ersten, 1960 vorgelegten Bande von Otto Büsch, der „Geschichte der Berliner Kommunalwirtschaft in der Weimarer Epoche", und noch mehr in der erweiterten Dissertation des gleichen Verfassers über „Militärsystem und Sozialleben im alten Preußen"[4] deutlich, wieviel die Kommission auf dem Felde der modernen Sozial- und Wirtschaftsgeschichte unter anderen dem Empfänger dieser Festschrift, Hans Rosenberg, verdankte. Er hat im Jahre 1949/50, zusammen mit Fritz T. Epstein, bei den Anfängen der Freien Universität Berlin unvergeßliche Hilfe geleistet und den Keim wirtschafts- und sozialgeschichtlicher Interessen wie die Einführung in ihre modernen Methoden so erfolgreich betreut, daß die Spur dieser Jahre gerade bei den begabtesten seiner Hörer weit über den engeren Bereich seiner unmittelbaren Schüler hinaus auch dann unzerstörbar geblieben ist, als sehr bald durch seine Rückkehr zu einer in voller Entfaltung befindlichen Wirksamkeit an führenden amerikanischen Universitäten die weitere Betreuung der von ihm angeregten Arbeiten dem Verfasser dieser Zeilen übergeben werden mußte[5].

[4] Band 7 der „Veröffentlichungen der Berliner Historischen Kommission ...", Berlin 1962.

[5] Zum Kreise dieser Arbeiten gehört außerhalb der Kommission auch das Buch von Friedrich Zunkel, *Der rheinisch-westfälische Unternehmer 1834—1879*, Köln und Opladen 1962. Als weitere von Hans Rosenberg angeregte und unverkennbar von

Hans Rosenberg, der in den kritischen Jahren der Weimarer Demokratie ebenso wie Alfred Vagts in unerschütterlicher Freundschaft mit dem so früh und tragisch verstorbenen Eckart Kehr verbunden gewesen war, hat der Kommission auch die erste Anregung gegeben, den dann durch Hans-Ulrich Wehler bearbeiteten und eingeleiteten Band der Aufsätze Kehrs zur preußischen und deutschen Geschichte[6] herauszugeben und damit eine der kritisch schärfsten Stimmen in der deutschen Historikergeneration der Zwischenkriegszeit wieder der allgemeinen Aufmerksamkeit zugänglich zu machen.

So ist es denn auch für die Kommission eine besondere, gern erfüllte Ehrenpflicht und der Abschluß von über 15 Jahren einer in gegenseitiger Anregung und durch wechselseitige Reibung oft auch durchaus verschiedener Auffassungen über die Wertung der preußischen und deutschen Vergangenheit niemals getrübten Freundschaft gewesen, daß sie 1967 Rosenbergs jüngstes bedeutendes Buch über die „Große Depression und Bismarck-Zeit"[7] herausgeben konnte. Es geschah in dem Bewußtsein, daß die hier gewagte Anwendung eines „dynamischen Modells" der „Wirtschaftskonjunkturtheorie und der theoretisch interessierten Wirtschaftsgeschichte" auf die „Große Depression" des eben gegründeten Bismarck-Reiches für den Zeitraum 1873 bis 1896 ohne Rücksicht auf die erst in Fluß kommende kritische Auseinandersetzung über ihre historischen Einzelfolgerungen geradezu ein Schulbeispiel für die Aufgaben darstellt, vor die sich heute der deutsche Historiker gestellt sieht, der Sozial- und Wirtschaftsgeschichte nicht mehr ohne intensive Auseinandersetzung mit Theorien und Methoden der modernen außerdeutschen und Deutschen Nationalökonomie und Sozialwissenschaft zu betreiben vermag.

Wer die Kette der von der Kommission veranlaßten und betreuten Publikationen im ganzen überblickt, wird auch spüren, wie belebend es in ihre Entwicklung eingegriffen hat, daß in ihrem Schoß eine innere Spannung niemals erloschen ist, die darauf beruht, daß die Summe der ihr durch Hans Rosenberg vermittelten Anregungen sich ständig mit den Arbeiten des uns zu früh entrissenen Carl Hinrichs und seiner Schule auseinandersetzen mußte, dessen von Gerhard Östreich herausgegebene Aufsätze über „Preußen als historisches Problem"[8] ebenso wie seine heute in ihrer Tragweite so gewichtigen Pietismus-Studien, die noch der abschließenden Veröffentlichung harren, geradezu eine Art Gegenpol zu den Einwirkungen Hans Rosenbergs bedeuteten. Nahezu jede der mit Problemen der Verfassungs-, Sozial- und Wirtschaftsgeschichte befaßten

ihm beeinflußte jüngere Gelehrte sind etwa Gerhard A. Ritter und Gilbert Ziebura zu nennen.

[6] *Der Primat der Innenpolitik. Gesammelte Aufsätze zur preußisch-deutschen Sozialgeschichte im 19. und 20. Jahrhundert* (= Veröffentlichungen der Historischen Kommission zu Berlin, Bd. 19), Berlin 1965.

[7] Erschienen als Band 24 der „Veröffentlichungen der Historischen Kommission zu Berlin" (in der Unterreihe „Publikationen zur Geschichte der Industrialisierung", Bd. 2).

[8] Band 10 der „Veröffentlichungen der Historischen Kommission", Berlin 1964.

Kommissionspublikationen wird dem kundigen Leser verraten können, welche Fruchtbarkeit diese Polarität der Auffassungen zur neueren preußischen und deutschen Geschichte besessen hat. Sie war in höchstem Maße geeignet, durch Zwang zu stets offener Haltung gegenüber einer heute die Forschungslage bestimmenden Problematik in Kritik des Gegners und selbstkritischer Nachprüfung eigener Auffassungen und Wertungen in Zeiten erregter Diskussion und rascher Fortentwicklung der grundlegenden Positionen der Gefahr vorschneller Erstarrung auf einmal festgelegten Linien und Methoden zu begegnen, einer Gefahr, die eine solche Polarität zu vermeiden oder wenigstens einzuschränken lehrte. Es ist nicht zum wenigsten dieser belebenden und anregenden Atmosphäre zu verdanken, wenn die Kommission Arbeiten wie die Studie des Hinrichsschülers Ilja Mieck über die „Preußische Gewerbepolitik in Berlin 1806 bis 1844"[9] zum Ringen von Staatshilfe und Privatinitative im Nebeneinander von Merkantilismus und Liberalismus und zugleich Berliner Studien zur Wirtschaftsgeschichte der Weimarer Demokratie[10] herausgeben konnte. Spürbar wird in der Reihe unserer Veröffentlichungen die in diesem Fall indirekt vermittelte Auswirkung von Anregungen, die in Berlin zuerst durch Hans Rosenberg gegeben worden sind, auch in den Arbeiten von Schülern Gerhard A. Ritters, die bei seinem Fortgang nach Münster der Kommission als Mitarbeiter anvertraut wurden, ohne daß ihr Lehrer die Einzelbetreuung und Verantwortung für Zielsetzung und Anleitung ihrer Arbeit aus der Hand gegeben hätte. Aus der Gruppe dieser — jedem Kenner der gegenwärtigen Arbeit zur modernen Sozial- und Parteiengeschichte vertrauten — Studien hat die Kommission bereits Hartmut Kaelbles Buch über den Centralverband Deutscher Industrieller von 1895—1914[11] vorgelegt und hofft, in absehbarer Zeit weitere Ergebnisse vorstellen zu können.

So ist Rosenberg direkt und indirekt auf das engste mit der Tatsache verbunden, daß die Historische Kommission zu Berlin in, wie wir hoffen, nicht nur quantitativ stets wachsendem Ausmaße versuchen konnte, der Durchführung ihrer seit der Gründung feststehenden Absicht zu dienen, daß eine im besten Sinne der deutschen Geschichtswissenschaft historisch-kritische, zugleich aber eine der unerläßlichen Rezeption moderner Methoden aus dem Kreise der mit ihr sich berührenden Nachbarwissenschaften offene Pflege der Sozial- und Wirtschaftsgeschichte zu ihren vornehmsten und bestimmenden Aufgaben gehören sollte. Die unvermeidliche Begrenzung des vorliegenden Berichtes gestattet es nicht, diese Betrachtung auf die Arbeit der Kommission zu weiteren Hauptgebieten ihrer Tätigkeit auszudehnen — auf dem Felde der Parteigeschichte etwa in ihren Beiträgen zur Geschichte der Arbeiterbewegung, vor allem zur Entwicklung der

[9] Band 20 der Kommissionsveröffentlichungen, Berlin 1965.

[10] Hans-Joachim Winkler, *Preußen als Unternehmer 1923—1932* (Veröffentlichungen der Historischen Kommission . . ., Bd. 16), Berlin 1965; Hans-Hermann Hartwich, *Arbeitsmarkt, Verbände und Staat 1918—1933* (= Veröffentlichungen . . ., Bd. 23), Berlin 1967.

[11] Unter dem Titel *Industrielle Interessenpolitik in der Wilhelminischen Gesellschaft* (= Veröffentlichungen . . ., Bd. 27), Berlin 1967.

deutschen Sozialdemokratie[12], und im Bereich ihrer Publikationen zur Geschichte des deutschen Judentums[13].

Wie zentral die Bedeutung dieser Anregungen und Planungen für die Entwicklung der Historischen Kommission zu Berlin gewesen ist, wird heute vor allem durch das Gewicht gekennzeichnet, das in ihrem Arbeitsbereich die Studien zur Geschichte der deutschen Frühindustrialisierung, insbesondere in der Mark Brandenburg und Berlin, erhalten haben. Diese auf eine Anregung der Deutschen Forschungsgemeinschaft, besonders von Wolfgang Treue, der in allen Jahren den Vorhaben der Kommission förderndes Verständnis entgegengebracht hat, im Jahre 1963 zurückgehende Erweiterung der vorher wesentlich auf dem Felde der Weimarer Geschichte wirksamen Interessen der Kommission für Arbeiten zur modernen Sozial- und Wirtschaftsgeschichte hat die Kommission heilsam gezwungen, den Gegenstand eines von der Deutschen Forschungsgemeinschaft 1965 für eine Reihe von Jahren gebildeten Forschungsschwerpunktes zu einem zentralen Gegenstand auch ihres personellen Ausbaues und ihrer ganzen inneren Organisation zu machen. Es galt, der ihr zugedachten Aufgabe gerecht zu werden, in steter Fühlung mit den in Westdeutschland für die Erforschung des Prozesses der modernen Industrialisierung zentralen Stellen in der speziellen Anwendung auf Berlin und die Mark Brandenburg eine Gruppe jüngerer wissenschaftlicher Mitarbeiter während begrenzter Zeit in Stoff und Methoden dieses für die heutige historische Forschung auch in Deutschland nun endlich kardinal wichtig gewordenen Problemkreises einzuführen.

Von Anfang an war allen verantwortlich Beteiligten deutlich, daß angesichts dieser Aufgabe der Radius der interdisziplinären Kooperation, sowohl auf der internationalen wie auf der deutschen und lokalen Ebene, nicht weit genug gezogen werden konnte. Die vor allem 1965 verfolgte, von Hans Rosenberg nachdrücklich unterstützte Idee, zu diesem Zwecke ein „Historisches Forschungszentrum" in Berlin zu begründen, das Gastgelehrten die Möglichkeit zu länger dauerndem Aufenthalt sowie gemeinsamer Arbeit in Fühlung mit der Historischen Kommission und den entsprechenden Lehrstühlen und Instituten der Freien Universität gewähren sollte, hätte eine durchgreifende Lösung des Problems auf längere Sicht bedeutet. Sie erwies sich aber zunächst angesichts finanzieller Schwierigkeiten als noch nicht durchführbar. Die Kommission ist jedoch den interessierten Kreisen Berlins für Anteilnahme und Förderung einer Konzeption Dank schuldig, deren Realisierung zunächst aus zwingenden Gründen zurück-

[12] Als 1. Band der Unterreihe zur Geschichte der Arbeiterbewegung ist das Buch des Kotowski-Schülers Peter Lösche, *Der Bolschewismus im Urteil der deutschen Sozialdemokratie 1903—1920* (= Veröffentlichungen . . ., Bd. 29), Berlin 1967, erschienen. Henryk Skrzypczak verdanken wir das Publikationsorgan „Internationale Korrespondenz zur Geschichte der deutschen Arbeiterbewegung", das nun im 6. Heft vorliegt.

[13] Vgl. etwa die von Adolf Leschnitzer angeregte Studie von Stefi Wenzel, *Jüdische Bürger und kommunale Selbstverwaltung in preußischen Städten 1808—1848* (= Veröffentlichungen . . ., Bd. 21), Berlin 1967.

gestellt werden mußte, ohne deshalb auf die Dauer aufgegeben worden zu sein. Dafür stellte sich die Möglichkeit heraus, die für die Entwicklung der Arbeit am Programm des Forschungsschwerpunktes „Frühindustrialisierung" unentbehrlichen Konsultationen und damit die Erweiterung des historischen Gesichtskreises in Zusammenarbeit mit den interessierten Kreisen Westdeutschlands — voran der Universität Bochum — wie des Auslandes auf zwar begrenzter, aber tragfähiger Grundlage mit den durch die Deutsche Forschungsgemeinschaft zur Verfügung gestellten Mitteln doch in Fluß zu bringen.

Die Historische Kommission zu Berlin beim Friedrich-Meinecke-Institut verdankt diese Entwicklung nicht zuletzt der Unterstützung des eben in diesem Zeitpunkt (1964) als Ordinarius für Wirtschafts- und Sozialgeschichte in die Wirtschafts- und Sozialwissenschaftliche Fakultät der Freien Universität eingetretenen Wolfram Fischer wie seiner beiden Mitarbeiter Rudolf Braun und Rolf Engelsing. Wolfram Fischer, Schüler Rudolf Stadelmanns, brachte als den für unsere Aufgabe wertvollsten Einsatz einen für diese Vorhaben fast idealtypischen Entwicklungsgang mit: Historiker nach Ursprüngen und Anfängen war er in diesem Zeitpunkt bereits ebenso durch die praktische, sozialwissenschaftliche Schule der Sozialforschungsstelle der Universität Münster in Dortmund gegangen, wie er als Gastprofessor in den Vereinigten Staaten in lebendige und umfassende Berührung mit der auf diesem Felde so reich entfalteten amerikanischen Forschung getreten war. Er konnte so nicht nur durch seine eigene Unterrichtstätigkeit eingreifen, eine Schule, durch die alle unsere jüngeren Mitarbeiter gegangen sind. Er hat durch seine weitverzweigten internationalen Verbindungen auch ermöglicht, daß unter Teilnahme führender Vertreter der Forschung des Auslandes, von Persönlichkeiten wie David S. Landes, Alexander Gerschenkron, Reinhard Bendix, Bert F. Hoselitz, Henry Rosovsky und anderen als erste Veröffentlichung zum Arbeitskreis des Forschungsschwerpunktes Industrialisierungsgeschichte im Jahre 1968 ein Band über „Wirtschafts- und Sozialgeschichtliche Probleme der Frühen Industrialisierung"[14] durch ihn vorgelegt werden konnte. Diese Publikation, die in international weitgespanntem Rahmen Fragen und Methoden der Frühindustrialisierung in Japan, Deutschland und anderen Ländern Europas, hier vor allem England, Frankreich und Böhmen, in einer Reihe exemplarisch gedachter Abhandlungen umfaßt, sucht eine elastisch gefaßte Einführung in Methoden und Ergebnisse der modernen Forschung auf diesem anspruchsvollen Arbeitsfelde zu vermitteln.

Inzwischen ist die Forschung unserer jüngeren Mitarbeiter, denen Hans Rosenberg anläßlich einer internationalen Arbeitstagung des Schwerpunktes im Dezember 1966 seine Anregungen vermittelt hat, so weit entwickelt worden, daß ein weiterer Band im Manuskript vorliegt, dessen Inhalt eine Vorform der im Gang befindlichen Studien über die erste Hälfte des 19. Jahrhunderts dar-

[14] Band 1 der „Einzelveröffentlichungen der Historischen Kommission zu Berlin", Berlin 1968.

stellt[15]. Er behandelt als Ergebnis unserer Schwerpunktarbeit den besonderen Bereich der Frühindustrialisierung in der Mark Brandenburg und Berlin und wird aller Wahrscheinlichkeit nach der Öffentlichkeit bereits im ersten Halbjahr 1969 vorgelegt werden können. Sein Inhalt wird vor allem deutlich machen, daß wir uns grundsätzlich nicht auf den Entwicklungsprozeß der gewerblichen Wirtschaft im engeren, technisch-ökonomischen Sinne beschränken wollen, sondern den Industrialisierungsprozeß sozialgeschichtlich in der ganzen Breite seiner Auswirkung auf den von ihm im Verlauf des 19. Jahrhunderts bewirkten Strukturwandel der modernen Gesellschaft zu verfolgen versuchen. Die Summe der in diesen Zeilen gestreiften und skizzenhaft eingeordneten Studien wird deutlich machen können, wie sehr wir uns bewußt sind, daß wir uns auf einem anspruchsvollen Arbeitsfelde gezwungen sahen, zunächst in großem Maße methodische Entwicklungsarbeit zu leisten, und in wie hohem Maße wir aus dieser Arbeit vor allem gelernt haben, welche grundlegenden Lücken der methodischen Schulung und der Quellenerschließung, der Fundamentierung nach der Seite der geographischen und statistischen Bereitstellung unentbehrlicher Arbeitsinstrumente noch auszufüllen waren. Eine Zusammenfassung von bisher Erstrebtem und Erreichtem wird in einer solche Erkenntnisse verarbeitenden Studie von Otto Büsch über die gewerbliche Wirtschaft des Raumes Berlin/Brandenburg in der Epoche der Frühindustrialisierung ebenfalls im kommenden Jahre vorgelegt werden können, auch dies aber in dem kritischen Bewußtsein, daß es gerade auf dem empirischen Felde geschichtlicher Arbeit gilt, nicht den zweiten Schritt der generalisierenden Theorie mit dem Anspruch abschließender Geltung zu tun, ehe die erste Aufgabe der gewissenhaften Vorbereitung aller zulässigen Folgerungen geleistet worden ist. Wir hoffen, mit diesem Vorgehen auch dem Jubilar dieser Festschrift genügen zu können, dessen Toleranz und freundschaftliches Verständnis für das ehrliche Bemühen anderer schon so viele Jahre gegenseitiger Berührungen befruchtet hat.

[15] Dieser Band mit dem Titel *Untersuchungen zur Geschichte der frühen Industrialisierung vornehmlich im Wirtschaftsraum Berlin/Brandenburg* wird von dem Rosenberg-Schüler Otto Büsch herausgegeben, der die Arbeiten der Forschungsgruppe jüngerer Mitarbeiter im Hause der Kommission jahrelang betreut hat.

WOLFRAM FISCHER und PETER CZADA

# Wandlungen in der deutschen Industriestruktur im 20. Jahrhundert*

## Ein statistisch-deskriptiver Ansatz

### *Vorbemerkung*

Hans Rosenberg hat in seinem Buch „Große Depression und Bismarckzeit" den Zusammenhang von wirtschaftlichem Konjunkturverlauf, sozialen Strukturverschiebungen und politischen Entscheidungsprozessen in der späten Bismarckzeit aufzuhellen versucht. Er hat damit ein — für die deutsche Geschichtswissenschaft besonders nötiges — Beispiel gegeben, wie man die moderne empirische Wirtschaftsforschung für die Deutung der gesamthistorischen Abläufe nutzbar machen kann.

Der nachfolgende Aufsatz stellt sich ein ähnliches, wenn auch bescheideneres Ziel. Er versucht, fußend auf Vorarbeiten empirischer Ökonomen, einen Überblick über Strukturwandlungen der deutschen Industriewirtschaft im 20. Jahrhundert zu gewinnen. Er beschränkt sich dabei allerdings auf die makro-ökonomische Analyse und stellt den Zusammenhang mit der sozialen und politischen Geschichte nicht ausdrücklich her. Der Kenner der deutschen Geschichte wird ihn freilich ständig spüren, und man könnte in Umkehrung eines Rosenbergschen Satzes davon sprechen, daß es das Ziel dieses Aufsatzes ist, Wirtschaftsgeschichte im „Schatten der schweren politischen Wechsellagen" Deutschlands im 20. Jahrhundert darzustellen[1].

Die beiden Weltkriege und ihre unmittelbaren Folgeerscheinungen lassen sich aus den meisten der folgenden Tabellen direkt ablesen. Sie trennen Deutschland — wie in der politischen Geschichte — von der allgemeinen Entwicklung der westeuropäisch-nordamerikanischen Welt, zu der die deutsche Industriewirtschaft ihrem Typ und ihrer Dynamik nach gehört. Stärker noch ist freilich der Eindruck, daß sich dennoch der allgemeine wirtschaftliche Trend auch nach politischen Katastrophen durchzusetzen scheint, und zwar schneller nach dem zweiten

* Eine englische Fassung dieses Berichts lag dem 4th Congress of the International Economie History Association in Bloomington im September 1968 vor.

[1] H. Rosenberg, *Große Depression und Bismarckzeit*, S. VIII: „Geschichte, nicht nur Wirtschaftsgeschichte, im Schatten der langen ökonomischen Wechsellagen des 19. Jahrhunderts — das ist die Dimension des historischen Entwicklungsprozesses, die hier aufgerollt und zur Diskussion gestellt wird."

als nach dem ersten Weltkrieg. Die relativ glückliche und problemlose Geschichte der Bundesrepublik verglichen mit der problem- und spannungsgeladenen Weimarer Zeit zeigt sich auch darin, wie schnell die deutsche Wirtschaft seit 1948 sich wieder „einpendelt“ und die durch Kriegsvorbereitung, Kriegführung und Kriegsfolgen verschobenen Relationen sich wieder „zurechtrücken“.

Ohne die hier vorgelegten Zahlen und Erklärungen überzubewerten, wird man wohl darauf schließen können, daß sich die deutsche Industrie im „long run“ nach endogenen, der modernen Wirtschaft offenbar innewohnenden Gesetzmäßigkeiten entwickelt, daß das Allgemeine und Typische stärker durchschlägt als die Besonderheiten, die politische Entscheidungen dem Wirtschaftsprozeß aufzuzwingen versuchen. Ist dieser Schluß richtig, so ergibt sich daraus die Notwendigkeit auch für den politischen Historiker, sich um diese wirtschaftlichen „Eigengesetzlichkeiten“ zu kümmern. Hans Rosenberg war unter den heute lebenden Historikern deutscher Sprache einer der ersten, der diese Einsicht gehabt hat und sich ihr beugte. Nicht zufällig ist daher dieser vorläufige Versuch ihm zu seinem 65. Geburtstag gewidmet.

## *I. Problemstellung*

Die Komplexheit des Themas und die Fülle der Probleme, die allein aus der Abgrenzung und Definition des Untersuchungsobjekts und der möglichen Zugänge zu seiner Darstellung resultieren, führen in Versuchung, der Kennzeichnung des Strukturwandels in der deutschen Industrie einen Exkurs voranzustellen, um zunächst die damit verbundenen begrifflichen, ökonomisch-theoretischen und statistisch-methodischen Fragen zu klären. So wünschenswert ein solches Vorgehen ist, so sicher bliebe damit die Diskussion des Themas im Vorfeld stecken. Zudem drängt eine theoretische Grundsatzdiskussion notwendig zur Herausbildung eines Ideal- bzw. Optimalkonzepts, das nicht zuletzt wegen der mangelhaften statistischen Information über die deutsche Wirtschaft in der ersten Hälfte dieses Jahrhunderst wesentlich unerfüllbar bliebe.

Es schien uns daher im Rahmen dieses Aufsatzes erlaubt, die Frage nach den Strukturwandlungen, die die deutsche Industrie im 20. Jahrhundert kennzeichnen, sehr viel pragmatischer anzugehen. Geht man davon aus, daß eine möglichst exakte und eindeutige Antwort gegeben werden soll, so wird man die Meßbarkeit der Strukturelemente und -wandlungen in den Mittelpunkt der Erörterungen stellen. Auch dabei ergeben sich zahlreiche sachliche und methodische Unterfragen, die hier höchstens erwähnt und nur zum kleinsten Teil gelöst werden können. Sind dann einige Daten genügend gesichert, ergibt sich die zweite Hauptfrage nach der Erklärung der gefundenen Ergebnisse. Diese Erklärung kann eng angelegt sein und sich auf das beschränken, was als rein ökonomisch-technischer Zusammenhang jeweils nachgewiesen werden kann. Will sie wirklichkeitsnah sein, so wird sie sehr viel weiter gehen, den Aggregationsgrad der Untersuchung ständig vermindern und auch soziale und politische Ursachen mit einbeziehen müssen.

Daß politische Ursachen bei den wirtschaftlichen Strukturwandlungen Deutschlands im 20. Jahrhundert eine überragende Rolle spielten, liegt auf der Hand. Zwei Weltkriege und ihre Folgen mit Auf- und Abrüstung, mit politischen Schulden beträchtlichen Ausmaßes und erheblichen Territorialveränderungen, mit direkten Kriegszerstörungen, Menschenverlusten und erzwungenen Wanderungen, mit schroffen Veränderungen der staatlichen Wirtschafts- und Ordnungspolitik und Währungsumstellungen sind die alles überschattenden Ereignisse auch der Wirtschaftsgeschichte Deutschlands im 20. Jahrhundert.

Schon bei der Sammlung und Aufbereitung statistischer Daten zeigen sich die verhängnisvollen Folgen der politischen Geschichte: Kein anderes großes Industrieland der Erde hat im 20. Jahrhundert so häufige und weitreichende Territorialveränderungen durchgemacht wie Deutschland. Es erscheint daher von vornherein fraglich, ob es überhaupt möglich und sinnvoll ist, Strukturwandlungen einer Volkswirtschaft kennzeichnen zu wollen, deren räumlicher Umfang im Verlauf von weniger als fünfzig Jahren sich mindestens ein halbes Dutzend mal veränderte, davon einmal so radikal, daß von dem Fortbestand einer nationalen und wirtschaftlichen Einheit nicht mehr gesprochen werden kann.

Die Möglichkeiten der Umrechnung von Zeitreihen auf einen einheitlichen Gebietsstand — etwa der Bundesrepublik Deutschland — sind dabei nicht nur wegen der Materiallage begrenzt; vielmehr scheint es auch fraglich, ob mit einer solchen Umrechnung eine inhaltliche Vergleichbarkeit der Zahlen erreicht wird. Es ist daher nicht nur unter pragmatischen Gesichtspunkten zu rechtfertigen, wenn W. G. Hoffmann und seine Mitarbeiter in ihrem Buch über „Das Wachstum der deutschen Wirtschaft seit der Mitte des 19. Jahrhunderts" die jeweils bestehende politische Einheit als ‚deutsche Volkswirtschaft' betrachten. Dies allerdings mit zwei bezeichnenden Ausnahmen: Vor 1870 fassen sie alle deutschen Bundesstaaten zusammen, die 1871 das Deutsche Reich (ohne Elsaß-Lothringen) bildeten; nach 1945 beschränken sie sich auf die Bundesrepublik Deutschland (ohne Saarland und West-Berlin). Zur Begründung führt Hoffmann an: „Entweder gibt es jeweils eine Einheit ‚deutsche Volkswirtschaft' oder es gibt sie nicht. Wenn es sie gibt, sagen Zahlen über die Entwicklung der Produktion, des Kapitalstocks oder der Bevölkerung auf dem Gebiet der Bundesrepublik vor 1945 wenig aus. Zu erklären und zu verstehen sind sie nur im Rahmen der gesamten Entwicklung Deutschlands. Hätte auf dem Gebiet der heutigen Bundesrepublik seit der Mitte des vergangenen Jahrhunderts ein unabhängiger Staat bestanden, so wäre die gesamte Wirtschaftsentwicklung sicherlich völlig anders gewesen. Die Landwirtschaftspolitik hätte vor ganz anderen Problemen gestanden, die Bevölkerung insbesondere im Ruhrgebiet hätte sich anders entwickelt usw. Die deutsche Volkswirtschaft innerhalb der jeweiligen Grenzen ist eine Einheit und kann deshalb nur als solche behandelt werden[2]."

[2] W. G. Hoffmann (u. Mitarbeiter), *Das Wachstum der deutschen Wirtschaft seit der Mitte des 19. Jahrhunderts.* Berlin/Heidelberg/New York 1965, S. 3. Vgl. ferner: *Bevölkerung und Wirtschaft, langfristige Reihen 1871—1957 für das Deutsche Reich*

Strenggenommen scheint bei dieser Argumentation ein kontinuierlicher Strukturvergleich für die deutsche Industriewirtschaft im 20. Jahrhundert ausgeschlossen, und es bliebe bestenfalls die Möglichkeit einer getrennten Analyse der drei Zeiträume 1871—1918, der Zwischenkriegszeit bis 1937 und der zwei Jahrzehnte nach 1945, wenn von den Gebietsänderungen durch die Angliederung des Saargebietes (1935 und 1957) einmal abgesehen wird.

Indes läßt sich im Einzelfall zeigen, daß die jeweiligen territorialen Änderungen zwar mehr oder minder ausgeprägte Entsprechungen in den *absoluten* statistischen Größen finden, daß mit ihnen jedoch nicht notwendig so erhebliche Veränderungen der hier relevanten *Strukturgrößen* verbunden sein müssen, daß dadurch ein langfristiger Vergleich ausgeschlossen wird. So weisen z. B. Franz Grumbach und Gerd Greve am Beispiel von 25 Industriezweigen nach, daß die Beschäftigtenstruktur der Industrie in der Bundesrepublik „nicht wesentlich von der im Deutschen Reich abweicht"[3]. Demnach arbeiteten 1936 im Durchschnitt 58 % der Beschäftigten im Gebiet der heutigen Bundesrepublik, wobei die Standardabweichung für die einzelnen Industriezweige von diesem Durchschnitt nur 11 Punkte bzw. 19 % beträgt. Nach eigenen Berechnungen sind die von Territorialänderungen nach dem ersten Weltkrieg in der Beschäftigtenstruktur hervorgerufenen Abweichungen noch geringer: Für die nach 15 Gewerbegruppen unterteilte Industrie ergab sich 1907 ein Anteil von durchschnittlich 92,6 v. H. für die im Reichsgebiet von 1920 beschäftigten Personen bei einer Standardabweichung von nur 3,6 Punkten oder rd. 4 v. H.[4] Den praktisch nur für die Textilindustrie bedeutsamen Gewinn bzw. Verlust Elsaß-Lothringens hebt schließlich Hoffmann hervor und fährt fort: „In den meisten anderen Fällen sind die Werte für Elsaß-Lothringen wahrscheinlich kleiner als die Schätzfehler in den Reihen für das Reichsgebiet. Das gilt noch mehr für die Einbeziehung des Saarlandes[5]."

Erscheinen somit langfristige Untersuchungen trotz der Gebietsveränderungen durchaus praktikabel, so zeigt ein Blick in die Untersuchungen Hoffmanns jedoch noch eine weitere Schwierigkeit, die ebenfalls aus der politischen Geschichte Deutschlands im 20. Jahrhundert resultiert. Für die beiden Weltkriege und die unmittelbare Nachkriegszeit stehen ausreichende statistische Unterlagen nicht zur Verfügung; die Inflation bis 1923 und der Zusammenbruch des wirtschaftlichen Lebens zwischen 1944 und 1948 läßt es auch wenig sinnvoll erscheinen, für Zeiten völlig verschobener Maßstäbe mit Schätzungen zu arbeiten.

Auch im verbleibenden Zeitraum liefert die amtliche Statistik nur für wenige Stichjahre relativ verläßliche Unterlagen, die zur Beschreibung der Industriestruktur dienen können. Es sind dies in erster Linie die in unregelmäßigen

*und die Bundesrepublik Deutschland* (Statistik der BRD, Bd. 199, Stuttgart 1958), S. 8.

[3] F. Grumbach, G. Greve, *Wandlungen in der Beschäftigtenstruktur*, in: *Wandlungen der Wirtschaftsstruktur in der Bundesrepublik Deutschland*, hrsg. v. H. König (= Schriften des Vereins für Socialpolitik, N. F. Bd. 26), Berlin 1962, S. 26.

[4] Berechnet nach: *Deutschlands Wirtschaft, Währung und Finanzen*, Berlin 1924, S. 12.

[5] W. G. Hoffmann, *a. a. O.*, S. 3.

Abständen durchgeführten Gewerbezählungen der Jahre 1907, 1925, 1933, 1939, 1950 und 1961, die zum Teil in Zeiten extremer Konjunktur fallen (1933 u. 1939) und bereits von da her gewissen Einschränkungen ihres Aussagewertes unterliegen.

Schließlich sind die qualitativen Mängel der deutschen Reichtsstatistik hervorzuheben. Sie führte vor 1936 keine umfassende Produktionsermittlung durch und beschränkte sich in den erwähnten Gewerbezählungen auf die Erhebung der Zahl der Betriebe, ihrer Beschäftigten und der verwandten Maschinenkraft. Erst nach dem zweiten Weltkrieg gestattet die amtliche Statistik eine Antwort auf die meisten in unserem Zusammenhang interessierenden Fragen.

Es ist das große Verdienst der Hoffmannschen Untersuchungen, diese außerordentlichen Lücken im quantitativen Material unter Verwendung nichtamtlicher Quellen und mit außerordentlich vielseitigen Schätzverfahren wenigstens teilweise geschlossen zu haben. Seine „langen Reihen", die den folgenden Ausführungen häufig zugrunde liegen, dürfen indes nicht vergessen lassen, daß sie zumeist aus Schätzwerten, also gleichsam „synthetischen Zahlen" bestehen, die — von Erhebungsfehlern und Zufälligkeiten bereinigt — in mancher Hinsicht durchaus „besser" sein können als tatsächlich erhobene Daten, deren Interpretation jedoch eben durch das Schätzverfahren und den zumeist globalen Charakter der Zahlen recht enge Grenzen gesetzt sind.

Bei der Auswahl der Daten, die wir zur Messung von Strukturen und deren Veränderung in der deutschen Industrie verwenden können, sind wir also sowohl durch die Folgen einer katastrophalen politischen Geschichte als auch durch die Mängel der Statistik und schließlich durch die Natur der Vorarbeiten zu diesem Thema sehr eingeengt. In den folgenden Darlegungen übersteigen daher die *nicht* behandelten Probleme bei weitem die Zahl der angeschnittenen Fragen.

Zunächst soll ein Überblick vermittelt werden, welche Rolle die Industrie insgesamt in der deutschen Volkswirtschaft des 20. Jahrhunderts spielt und welche Gewichtsverlagerungen sich zwischen den einzelnen Sektoren der Gesamtwirtschaft ergeben haben. Dem schließt sich der Versuch an, mit quantitativ-statistischen Mitteln einige Aspekte der industriellen Branchenstruktur selbst zu kennzeichnen und die Bedeutung einzelner Struktureffekte zu charakterisieren. Die wesentlichen Vorleistungen auf diesem Gebiet sind von W. G. Hoffmann, J. H. Müller und deren Mitarbeitern geleistet worden. Auf ihre Ergebnisse können und müssen wir weitgehend zurückgreifen. Der dritte Abschnitt wird sich einem speziellen Aspekt des Strukturwandels, der fortschreitenden industriellen Konzentration zuwenden, also die wachsende Rolle des „Big Business" behandeln, während im letzten Teil auf den nicht weniger interessanten, jedoch oft vernachlässigten Fragenkomplex des „Small Business", der Entwicklung des Handwerks im hochindustriellen Zeitalter, eingegangen werden soll. Es ergibt sich, daß auch in fortgeschrittenen Industriewirtschaften noch immer eine Chance für kleine Kapitalien, Unternehmens- und Betriebsgrößen liegt.

Nicht behandelt wird in diesem Bericht die Regionalstruktur der deutschen Industrie, so interessant sie auch gerade wegen der räumlichen Verlagerung und Schwerpunktverschiebungen ist. Nicht behandelt werden auch Organisations- und Lenkungsfragen, also etwa die Ansätze zu einer Kriegswirtschaftspolitik im ersten Weltkrieg, die Diskussion um die Gemeinwirtschaft in den darauffolgenden Jahren, die Organisation des „Reichsstandes der deutschen Industrie" unter dem Nationalsozialismus oder die Organisation und Durchführung der Aufrüstung und Kriegswirtschaft des zweiten Weltkrieges. Ebenfalls nicht behandelt wird die Rolle der Industrie in der deutschen Politik, die gewiß zu den interessantesten Aspekten einer politischen und sozialen Geschichte Deutschlands im 20. Jahrhundert gehört. Im Unterschied zu einer Geschichtsschreibung, der es um die Analyse des politischen Schicksals der Deutschen in unserem Jahrhundert geht und die dabei sehr wesentlich nach den ökonomischen Voraussetzungen und Bedingungen dieser politischen Geschichte fragen muß, fragen wir hier lediglich nach den wirtschaftlichen Strukturen Deutschlands in diesem Jahrhundert.

Wenn wir uns auf die quantitative Beschreibung des Strukturwandels im sekundären Sektor der Volkswirtschaft beschränken, so sind wir uns dabei bewußt, daß andere Zugänge ebenso möglich und sinnvoll sind, ja, daß sie einander bedingen und ergänzen müssen.

Der Vorteil der Darstellung der Industriestruktur und ihrer Veränderung mit Hilfe statistischer Aggregate unter bewußtem Verzicht auf die Klärung mikroökonomischer, branchen- und firmenindividueller Probleme liegt dabei in der Vergleichbarkeit statistischer Ergebnisse, die mit dem traditionellen Vorgehen des Historikers nicht zu erreichen ist. Der Preis hierfür ist die relativ große Abstraktion von den Spezifika der Realität. Ob die Vorteile einer solchen Betrachtungsweise die Nachteile des damit verbundenen Informationsverlustes wettmachen können und in welchem Maße eine fruchtbare Synthese zwischen individueller Unternehmens- und Branchenforschung und globaler statistischer Analyse gelingen kann, wird sich für die deutsche Wirtschaftsgeschichte erst erweisen, wenn die gerade auf diesem Gebiet noch bestehenden großen Lücken geschlossen sind.

## *II. Gesamtwirtschaftlicher Strukturwandel*

Der Versuch, den Strukturwandel der deutschen Wirtschaft und den Bedeutungswandel der Industrie unter Verwendung der üblichen, recht groben Gliederung nach drei Sektoren der Volkswirtschaft darzustellen, läßt im Vergleich der Beschäftigtenzahl, der Nettoproduktionswerte oder des Kapitalstocks einige Grundtendenzen deutlich hervortreten.

Wie Tabelle 1 zeigt, entspricht die Veränderung der Beschäftigtenanteile der drei Wirtschaftsbereiche Landwirtschaft, Produktion und Dienstleistungen in Deutschland ungefähr dem idealtypischen Verlauf, wie ihn Jean Fourastié, Allan G. B. Fisher, Colin Clark und andere für die entwickelten Volkswirtschaf-

Tabelle 1: *Die Verteilung der Beschäftigten und der Produktion auf einzelne Wirtschaftszweige 1850—1965 (jeweiliger Gebietsstand)*

| Periode | Beschäftigungsstruktur v. H. | | | Periode | Struktur des Nettoinlandsprodukts in Preisen v. 1913 v. H. | | |
|---|---|---|---|---|---|---|---|
| | I | II | III | | I | II | III |
| 1849/58 | 55 | 25 | 20 | 1850/59 | 45 | 22 | 33 |
| 1861/71 | 51 | 28 | 21 | 1860/69 | 44 | 25 | 31 |
| 1878/79 | 49 | 29 | 22 | 1870/79 | 37 | 32 | 31 |
| 1880/89 | 47 | 31 | 22 | 1880/89 | 36 | 33 | 31 |
| 1890/99 | 41 | 35 | 24 | 1890/99 | 31 | 38 | 31 |
| 1900/04 | 38 | 37 | 25 | 1900/04 | 29 | 40 | 31 |
| 1905/09 | 36 | 38 | 26 | 1905/09 | 26 | 42 | 32 |
| 1910/13 | 35 | 38 | 27 | 1910/13 | 23 | 45 | 32 |
| 1925 | 32 | 40 | 28 | 1925/29 | 16 | 48 | 36 |
| 1933 | 34 | 33 | 33 | 1930/34 | 21 | 42 | 37 |
| 1939 | 27 | 41 | 32 | | | | |
| 1950/54 | 22 | 44 | 34 | 1950/54 | 11 | 55 | 34 |
| 1955/59 | 17 | 47 | 36 | 1955/59 | 8 | 60 | 32 |
| 1965 | 11 | 49 | 40 | 1965 | 6 | 63 | 31 |

I = Primärer Sektor (Land- u. Forstwirtschaft, Fischerei)
II = Sekundärer Sektor (Industrie u. Handwerk einschl. Bergbau)
III = Tertiärer Sektor (Handel, Verkehr, Dienstleistungen, öffentlicher Dienst)
Quelle: W. G. Hoffmann u. Mitarbeiter, *Das Wachstum der deutschen Wirtschaft* ..., S. 33 u. 35. (1850—1959)
*Statistisches Jahrbuch für die Bundesrepublik Deutschland 1967*, S. 138 u. S. 521.

ten konstatiert haben. Bei einer das Bevölkerungswachstum leicht übersteigenden ständigen Zunahme der Gesamtbeschäftigung[6] sank der Anteil der Landwirtschaft im Zeitraum von 1850 bis 1965 von 55 v. H. auf 11 v. H., also auf den fünften Teil, während die beiden anderen Bereiche ihren Anteil ungefähr verdoppelten, wobei zunächst (bis 1913) das industrielle Wachstum und nach dem ersten Weltkrieg das Beschäftigtenwachstum des tertiären Sektors überwog. Mit etwa der Hälfte aller Erwerbstätigen entfiel 1966 der größte Anteil auf das verarbeitende Gewerbe, während Länder mit einem höheren Sozialprodukt pro Kopf wie die Vereinigten Staaten, Kanada oder Schweden bereits ein Übergewicht des tertiären Sektors aufweisen[7]. In stärkerer Differenzierung rechnet

[6] Die Erwerbsquote (Anteil der Beschäftigten an der Bevölkerung) stieg mit Unterbrechungen von 44 v. H. (1850) auf rd. 49 v. H. (1957/58) und ist seitdem in der Bundesrepublik wieder rückläufig: 1965 = 46,2 v. H., 1975 (geschätzt) = 44,4 v. H.

[7]

| 1966 | Brutto-Sozialprodukt pro Kopf US $ | Beschäftigungsanteile % | | |
|---|---|---|---|---|
| | | I | II | III |
| USA . . . . . . . . . . | 3 840 | 5,5 | 34,1 | 60,4 |
| Kanada . . . . . . . . | 2 670 | 9,0 | 34,1 | 56,9 |
| Schweden . . . . . . . . | 2 730 | 10,2 | 41,5 | 48,3 |
| Bundesrepublik . . . . . | 2 010 | 10,8 | 49,3 | 39,9 |

Quelle: *The OECD-Observer*, Nr. 32, Febr. 1968, S. 23/24.

Maurice Lengellé die Bundesrepublik zusammen mit den Benelux-Ländern, Schweden, Schweiz und Großbritannien noch zu den Ländern, „where the industrialization process now appears complete and maximised, at least so far as it affects the intersectoral distribution of civilian employment. In these countries all manpower leaving the land seems to enter commerce and the services." In den USA und Kanada dagegen, „where the percentage of agricultural manpower is now extremely small, workers leaving industry seem to have superseded agricultural workers as a source of manpower for service and commerce[8]."

Selbstverständlich muß man sich vor einer Überinterpretation der globalen Daten hüten. Zum einen, und das gilt für alle Strukturvergleiche auf der Basis von Beschäftigtenzahlen, besagt die „Wanderung" von Arbeitskräften von einem Sektor in einen anderen nicht, daß Individuen in dieser Richtung wandern, sondern daß sich die statistische Verteilung der Arbeitskräfte zwischen den Sektoren verändert. Zum anderen verbergen sich hinter den Wandlungen der aggregierten Daten sehr unterschiedliche, z. T. gegenläufige Entwicklungen in einzelnen Wirtschaftszweigen. Dies gilt, wie noch näher zu zeigen ist, u. a. für den Bergbau, dessen Beschäftigtenanteil bis zum ersten Weltkrieg von 0,9 auf 2,8 v. H. anstieg und in der Folgezeit tendenziell rückläufig war. Die Verdoppelung des Anteils des tertiären Sektors wird vor allem vom Verkehrssektor, dessen Anteil von 1,1 .v. H. auf das Fünffache stieg, und von der Gruppe Handel, Banken, Versicherungen, Gaststätten getragen bei gleichzeitigem Rückgang der „häuslichen Dienste" von 9,3 v. H. (1850) auf 2,5 v. H. (1959)[9].

Aufschlußreicher, in der Bemessung jedoch problematischer ist die Analyse des Wandels der Produktionsstruktur und ihr Vergleich mit den Beschäftigtenanteilen. Während Hoffmann zur Ermittlung der Beschäftigtenentwicklung verhältnismäßig zuverlässige und eindeutige Daten zur Verfügung standen, die freilich ebenfalls zu Vergleichszwecken der Korrektur bedurften[10], sind amtliche Daten über den Beitrag der einzelnen Wirtschaftszweige zum Sozialprodukt in Deutschland erst für die Zeit nach dem zweiten Weltkrieg verfügbar.

Jede zeitlich zurückgreifende Betrachtung ist somit auf Schätzungen angewiesen, deren Grundannahmen das Resultat der Schätzung beeinflussen. Zur Interpretation der Produktionszahlen in Tabelle 1 ist diesem Abschnitt daher ein kurzer Exkurs über einige Schätzmethoden Hoffmanns nachgestellt, da er bei

[8] Vgl. Maurice Lengellé, *The Tertiary Revolution,* Paris 1966, zitiert nach: *The OECD-Observer,* Nr. 26, Febr. 1967, S. 5.

[9] W. G. Hoffmann (u. Mitarbeiter), *Das Wachstum* . . ., S. 35 (Tabelle 7).

[10] Die Korrekturen beziehen sich einmal (vor 1871) auf unvermeidbare Rückschlüsse von Teilgebieten Deutschlands auf das Gesamtgebiet, zum anderen erforderten sie eine Erhöhung der Anteile des primären und tertiären Sektors, in denen die Bedeutung der mithelfenden Familienangehörigen von der amtlichen Statistik offenbar unterschätzt wurde (vgl. Hoffmann, *a. a. O.*, S. 181 ff.). Ohne diese Korrektur ergeben sich vor allem für die Zeit vor 1914 sehr viel geringere Anteilssätze und Wachstumsraten der Beschäftigten im tertiären Sektor. Vgl. die Zahlen bei F. Grumbach, H. König, *Beschäftigung und Löhne in der deutschen Industriewirtschaft 1888—1954,* in: *Weltwirtschaftliches Archiv,* Bd. 79, 1957, S. 127.

der Berechnung der Nettoproduktionswerte von Hypothesen ausgeht, die das Ergebnis gerade im Hinblick auf eine Analyse der Strukturwandlungen unter Umständen nicht unwesentlich präfixieren können. Nimmt man an, daß die Zahlen trotz mancher Einwände, die zunächst nur konstatiert werden können und allein weder Anhaltspunkte für die Größenordnung möglicher Abweichungen noch „bessere" Daten zu liefern vermögen, zumindest Grundtendenzen des Strukturwandels der Gesamtwirtschaft zutreffend wiedergeben, so sind folgende Hauptergebnisse hervorzuheben:

1. Die gegenläufige Entwicklung der Anteilssätze in Landwirtschaft und Industrie ist bei den Produktionswerten ausgeprägter als bei den Beschäftigten und kennzeichnet den vergleichsweise hohen Produktivitätsanstieg in Industrie und Handwerk im gesamten Vergleichszeitraum (vgl. aber Punkt 3).
2. Betrachtet man anstelle der drei Wirtschaftssektoren (Tab. 1) die acht von Hoffmann ausgewiesenen Bereiche[11] und verwendet die Summe der Anteilsdifferenzen zwischen den einzelnen Dekaden als Maßzahl für die Intensität des Strukturwandels, so treten die Reichsgründungsperiode (1860/64—1870/1874) und das erste Jahrzehnt der Bundesrepublik als Zeiträume besonders ausgeprägter Verschiebungen in der Produktionsstruktur hervor (vgl. Tabelle 2)[12].

Tabelle 2: *Intensität des Strukturwandels der Produktion*

| Dekade | Intensitätsgrad | Dekade | Intensitätsgrad |
|---|---|---|---|
| 1850/54 - 1860/64 | 6,8 | 1900/04 - 1910/13 | 14,2[a)] |
| 1860/64 - 1870/74 | 20,2 | 1910/13 - 1930/34 | 6,5[a)] |
| 1870/74 - 1880/84 | 5,8 | 1950 - 1960 | 17,2 |
| 1880/84 - 1890/94 | 11,6 | 1960 - 1964 | 7,0[a)] |
| 1890/94 - 1900/04 | 10,0 | | |

a) Umgerechnet auf einen 10-Jahres-Zeitraum

3. Mit Ausnahme der Kriegs- und Zwischenkriegszeit, die infolge politischer und konjunktureller Einflüsse keine gesicherten Trends erkennen lassen, weisen die einzelnen Wirtschaftszweige die in Tabelle 3 angegebenen Wachstumsraten der Arbeitsproduktivität auf[13]. Das hier konstatierte hohe Produktivitätswachstum in der Landwirtschaft der Nachkriegszeit, das alle anderen Bereiche bei gleichzeitiger Abnahme der Beschäftigungs- und Produktions-

[11] Landwirtschaft, Forstwirtschaft, Fischerei / Bergbau und Salinen / Industrie und Handwerk / Verkehr / Handel, Banken, Versicherungen, Gaststätten / Häusliche Dienste / Sonstige Dienstleistungen einschließlich Verteidigung / Nichtlandwirtschaftliche Wohnungen.

[12] Vgl. Autorenkollektiv (Hrsg.), *Strukturwandlungen, Wirtschaftswachstum und -politik in Westdeutschland* (= DWI-Forschungen 1, Berlin-Ost) 1957, S. 6.

[13] W. G. Hoffmann (u. Mitarbeiter), *Das Wachstum* . . ., S. 37 und S. 52.

anteile übersteigt, steht allerdings im Widerspruch zu Ausführungen des „Sachverständigenrats zur Begutachtung der wirtschaftlichen Entwicklung". Demnach „konnte die Landwirtschaft trotz — oder gerade wegen — der Schrumpfung ihres Beschäftigtenvolumens zwar Produktivitätsfortschritte erzielen, die dem gesamtwirtschaftlichen Durchschnitt durchaus entsprechen, jedoch auch nicht mehr, so daß sie gegenüber den anderen Wirtschaftszweigen

Tabelle 3: *Das Wachstum der Arbeitsproduktivität in einzelnen Wirtschaftszweigen 1850—1913 / 1950—1959*

| Wirtschaftsbereiche | Durchschnittlich jährliche Wachstumsraten der Arbeitsproduktivität % | |
|---|---|---|
| | 1850 - 1913 | 1950 - 1959 |
| Gewerbe insgesamt | 1,7 | 3,8 |
| Landwirtschaft, Forstwirtschaft | 1,2 | 5,6 |
| Bergbau u. Salinen | 2,0 | 3,4 |
| Industrie u. Handwerk | 1,8 | 4,4 |
| Handel, Banken, Versicherung | 0,6 | 2,1 |
| Verkehr | 2,9 | 2,4 |

im Produktivitätsniveau nicht aufgeholt hat"[14]. Von diesem Widerspruch abgesehen, der ohne genaue Prüfung der Daten und Berechnungsmethoden nicht zu erklären ist, hat die industrielle Produktions- und Produktivitätsentwicklung gesamtwirtschaftlich das größte Gewicht. Während die Produktion aller übrigen Wirtschaftsbereiche (in Preisen von 1954) von 1950 bis 1960 um 80 v. H. anstieg, nahm die Industrieproduktion[15] im gleichen Zeitraum um mehr als das Doppelte (163 %) zu. „Das deutsche Wirtschaftswunder war ein Industriewunder[16]."

4. Der Versuch, den Teil des gesamtwirtschaftlichen Produktivitätswachstums zu eliminieren, der dem Wandel der Beschäftigtenstruktur, d. h. der „Wanderung" von Arbeitskräften in Branchen höherer Produktivität zuzurechnen ist, führt zu folgenden globalen Ergebnissen: Stellt man dem tatsächlichen Wachstum der Arbeitsproduktivität der Gesamtwirtschaft das fiktive Wachstum bei konstanter Beschäftigtenstruktur gegenüber, so läßt sich nach Hoffmann für den Zeitraum bis 1913 ein Struktureffekt[17] von rd. 21 % ermitteln,

[14] Sachverständigenrat zur Begutachtung der gesamtwirtschaftlichen Entwicklung, Jahresgutachten 1965/66, Ziffer 226.

[15] Industrie einschl. Bergbau ohne Baugewerbe und Energieversorgung.

[16] Dieter Mertens, *Die Wandlungen der industriellen Branchenstruktur in der Bundesrepublik Deutschland 1950 bis 1960* (= Deutsches Institut für Wirtschaftsforschung, Sonderheft 68), Berlin 1964, S. 23.

[17] Struktureffekt = Differenz zwischen tatsächlicher Wachstumsrate der Produktivität und Wachstumsrate bei konstanter Beschäftigtenstruktur in v. H. des tatsächlichen Wachstums.

d. h. mehr als ein Fünftel des Produktivitätszuwachses läßt sich der Wanderung der Arbeitskräfte in Wirtschaftsbereiche mit höherer Produktivität zuschreiben, während neuere Berechnungen für die Nachkriegszeit (1951 bis 1964) einen tendenziell rückläufigen Anteil des Struktureffekts zwischen 17 und 14 % ergeben[18]. Interessant ist dabei die Tatsache, daß dieser produktivitätssteigernde Effekt in der Nachkriegszeit nur den gesamtwirtschaftlichen Wandel der Beschäftigungsstruktur betrifft (also z. B. die Wanderung von der Landwirtschaft zur Industrie), dagegen keine Entsprechung für den Strukturwandel innerhalb der Industrie findet[19].

*Exkurs*

Die der Tabelle 1 zugrunde liegende Gesamtproduktion der Volkswirtschaft zu Preisen von 1913 wird von Hoffmann und seinen Mitarbeitern in der Weise errechnet, daß zunächst Indizes für einzelne Branchen und Wirtschaftszweige aus verschiedensten Quellen ermittelt und in mehreren Schritten zu neun Gesamtreihen aggregiert werden. Mit diesen Indizes wird die für das Jahr 1913 berechnete (z. T. geschätzte) Wertschöpfung der Wirtschaftszweige für die gesamte Periode 1850 bis 1959 extrapoliert[20]. Die Hauptschwierigkeiten und -probleme liegen dabei sowohl in der Schätzung der Indizes für einzelne Produkte und Leistungen[21], vor allem aber in ihrer Gewichtung und Zusammenfassung zu Gesamtreihen. Dies sei am Beispiel der hier im Vordergrund stehenden Gruppe „Industrie und Handwerk" kurz skizziert.

Zur Berechnung der Gesamtindizes für den Bergbau und die zwölf Bereiche der verarbeitenden Industrie werden mit wenigen Ausnahmen die Indexreihen einzelner Erzeugnisse (z. B. Steinkohle, Braunkohle, Eisenerz etc.) mit den jeweiligen Beschäftigtenanteilen der Gewerbezählungen gewichtet. Mangels fortlaufender Erhebungen müssen die Gewichte einzelner Stichjahre für jeweils 20 bis 30 Jahre umfassende Perioden konstant gehalten werden[22]. Der unterschiedlichen Produktivität in den verschiedenen Industriezweigen suchen Hoffmann und seine Mitarbeiter erst bei der Zusammenfügung der zwölf Einzelreihen zum

[18] Vgl. Hoffmann, *a. a. O.*, S. 42 (nach seinen Angaben errechnet). Für die Nachkriegszeit: Sachverständigenrat ..., Jahresgutachten 1965/66, S. 248 (Tabelle 110). Die Angaben bei Hoffmann für 1950—1959 scheinen den Struktureffekt zu unterschätzen.

[19] Vgl. Dieter Mertens, *Die Wandlungen der industriellen Branchenstruktur ...*, S. 153 ff.

[20] Die von W. G. Hoffmann berechneten Produktions- und Beschäftigtenanteile sind in Tabelle 1 auf drei Sektoren reduziert worden.

[21] Vgl. u. a. die Schätzverfahren, *a. a. O.*, S. 344 f., 357 f., 377.

[22] Es gelten die Ergebnisse der Stichjahre:
1861 für die Periode bis 1872
1882 für die Periode 1872—1895
1907 für die Periode 1895—1925/26
1933 für die Periode 1925/26—1959
Vgl. Hoffmann, *a. a. O.*, S. 337, ferner 362, 371 f., 387.

Produktionsindex „Industrie und Handwerk" dadurch Rechnung zu tragen, daß sie zur Gewichtung der Einzelreihen „die Produkte aus Nettoproduktionswert je Beschäftigten im Jahr 1936 und Beschäftigten der jeweiligen Zählungsjahre" verwenden. Sie unterstellen dabei mangels weiterer Daten für andere Jahre, „daß die Struktur der Nettoproduktionswerte je Kopf innerhalb der gesamten Industrie, wie sie sich im Jahre 1936 zeigt, als konstant über die gesamte Periode von 1850 bis 1959" gelten kann[23].

Die Annahme stützt sich auf Untersuchungen Hoffmanns, Bombachs und anderer, die in der Tat im internationalen und intertemporalen Vergleich für mehrere Industrie-Nationen eine relative Konstanz der *wertmäßigen* Produktivitätsstruktur[24] statistisch belegen konnten und hierfür verschiedene Erklärungen anbieten[25]. Auch wenn man die Stringenz einer solchen Annahme und die Berechtigung des Gewichtungsverfahrens für eine langfristige globale Wachstumsanalyse nicht in Frage stellt, bleibt bei der Interpretation der Hoffmannschen Reihen zur Industrieproduktion zu beachten, daß sie nur unter der Voraussetzung dieser Strukturannahmen gelten und insoweit in ihrem Aussagewert eingeengt erscheinen.

Die gleichen Einschränkungen gelten auch für die anderen, nichtindustriellen Wirtschaftsbereiche, namentlich für den tertiären Sektor, in dem eine Produktionsermittlung aus sachlichen und methodischen Gründen noch problematischer erscheint als im eigentlichen „produzierenden Gewerbe". Da Höhe und Veränderung der Produktionsanteile der Industrie (Tabelle 1) von den Produktionswerten der anderen Bereiche ausschlaggebend mitbestimmt werden, sind die hier verwandten Schätz- und Berechnungsverfahren von gleichem Gewicht für unsere Fragestellung. Es sei in diesem Zusammenhang lediglich hervorgehoben, daß Hoffmann bei der Berechnung der Produktion im tertiären Sektor die Arbeitsproduktivität der Bereiche häusliche Dienste, Verteidigung, Gesundheitswesen, Verwaltung, Rechtspflege, Bildung und Erziehung etc. für den gesamten Zeitraum konstant hält[26], so daß die Produktionsentwicklung in diesen Bereichen, die nach Hoffmann einen Anteil von 30—40 v. H. der Wertschöpfung des

[23] *A. a.* O., S. 389 und 394. Die Gewichtung für die vier Stichjahre variiert somit nur entsprechend der veränderten Beschäftigtenstruktur. Vgl. auch die Schätzung des Produktionsindex für die gesamte metallverarbeitende Industrie, die auf ähnlichen Annahmen über die Produktivitätsstruktur basiert, *a. a.* O., S. 357.

[24] Im Gegensatz zur physischen Arbeitsproduktivität, die zeitlich und räumlich stark divergiert.

[25] Vgl. u. a. W. G. Hoffmann, *Zur Vorausschätzbarkeit von Produktivitätsveränderungen im Wachstumsprozeß*, in: *Zeitschrift für die gesamte Staatswissenschaft*, Bd. 114, 1958, S. 66—98. Ders., *Die Produktivitätsstruktur der Industrie in verschiedenen Entwicklungsstadien*, in: *Zeitschrift für die gesamte Staatswissenschaft*, Bd. 115, 1959, S. 536 ff. Ders., *Die branchenmäßige Lohnstruktur der Industrie, ein intertemporaler und internationaler Vergleich*, Tübingen 1961. Gottfried Bombach, *Die Stabilität der industriellen Produktivitätsstruktur*, in: *Zeitschrift für die ges. Staatswissenschaft*, Bd. 116, 1960, S. 18—42.

[26] *A. a.* O., S. 37 ff. und S. 449 ff.

tertiären Sektors erbringen, parallel mit den Beschäftigten verläuft. Die von Hoffmann selbst als „nicht ganz realistisch" eingeschätzte Annahme einer konstanten Arbeitsproduktivität für einzelne Bereiche des Dienstleistungssektors findet zwar häufig Anwendung bei der Berechnung des realen Brutto-Sozialprodukts, wird dadurch jedoch nicht einleuchtender, da sich der technische Fortschritt auch in den genannten Bereichen nachweisen läßt[27]. Es ist daher nicht auszuschließen, daß der erstaunlich konstante Anteil des tertiären Sektors an der Produktion der deutschen Wirtschaft in Tabelle 1 nur das Ergebnis einer systematischen Unterschätzung ist.

## *III. Wandlungen der Industriestruktur*

Der Versuch, den Strukturwandel der Industrie mit statistischen Mitteln zu beschreiben, läßt infolge der Materiallage vorläufig nur eine Darstellung unter sehr punktuellen und heterogenen Gesichtspunkten zu. Ebenso wie im vorigen Abschnitt sollen zunächst die Beschäftigten- und Produktionszahlen der Industriegruppen längerfristig verglichen werden. Die Kombination dieser Daten vermittelt begrenzte Aufschlüsse über die Produktivitätsentwicklung in einzelnen Industriezweigen, die wiederum im wesentlichen das Ergebnis des technischen Fortschritts und der wachsenden Kapitalausstattung ist. Während eine exakte Bemessung des technischen Fortschritts bisher nur unvollkommen gelang, stehen Schätzwerte für die Kapitalstruktur der Industrie zur Verfügung, die im Zusammenhang mit Fragen der Finanzierung abschließend behandelt werden.

Tabelle 4 zeigt die Beschäftigtenstruktur für 11 Industriegruppen im Zeitraum 1882 bis 1954, errechnet anhand der Ergebnisse der gewerblichen Betriebszählungen und der Unfallversicherungsstatistik. Faßt man die ersten fünf Industriezweige nach ihrer überwiegenden Zugehörigkeit zur Produktions- und Investitionsgüterindustrie, die restlichen Zweige zur Konsumgüterindustrie zusammen, so entsprechen die Veränderungen ihres Beschäftigtenanteils den typischen, von W. G. Hoffmann bereits 1931 konstatierten Wachstumsstadien[28]. Der Beschäftigtenanteil der Konsumgüterindustrie vermindert sich kontinuierlich von 52 % (1882) auf 43 % (1913), 37 % (1939), 35 % (1954) und 29 % (1963) bei entsprechend gegenläufiger Entwicklung in den übrigen Bereichen, wobei der Bergbau mit sinkenden Anteilen und in der Nachkriegszeit auch absoluter Be-

[27] Vgl. hierzu das bereits erwähnte Buch von M. Lengellé und den Aufsatz *„The Service Economy"* in: *The OECD-Observer*, Nr. 26, Febr. 1967, S. 4. Ferner: Gottfried Bombach, *Quantitative und monetäre Aspekte des Wirtschaftswachstums* (= Schriften des Vereins für Socialpolitik, NF, Bd. 15), Berlin 1959.

[28] W. G. Hoffmann, *Stadien und Typen der Industrialisierung* (= Probleme der Weltwirtschaft, 54), Jena 1931. Erweiterte englische Übersetzung: *The Growth of Industrial Economies*, Manchester 1958. Bei Hoffmann steht allerdings nicht die Beschäftigtenstruktur, sondern die Produktionsstruktur im Mittelpunkt. Beide zeigen jedoch ähnliche Trends.

Tabelle 4: *Die Beschäftigtenstruktur für einzelne Industriezweige 1882—1954 (jeweiliger Gebietsstand). Anteile in v. H.*

| Jahr | Bergbau Hüttenwesen Salinen | Industrie der Steine und Erden | Metallverarbeitende Industrie | Chemie, Gas-Wasserversorgung | Baugewerbe | Textilindustrie | Bekleidungsgewerbe | Ledererzeugung | Nahrungs- und genußmittelindustrie | Holzverarbeitende Industrie | Druck- u. Papier-Verarbeitung |
|---|---|---|---|---|---|---|---|---|---|---|---|
| | 1 | 2 | 3 | 4 | 5 | 6 | 7 | 8 | 9 | 10 | 11 |
| 1882 | 11,5 | 8,2 | 15,4 | 2,8 | 9,9 | 15,4 | 10,4 | 1,9 | 14,0 | 6,3 | 4,0 |
| 1888 | 9,7 | 8,8 | 15,7 | 2,7 | 13,7 | 14,8 | 10,0 | 1,8 | 12,5 | 6,4 | 3,8 |
| 1893 | 9,5 | 9,0 | 16,1 | 2,8 | 15,2 | 13,5 | 8,9 | 1,7 | 12,8 | 6,5 | 4,0 |
| 1898 | 8,9 | 9,4 | 18,6 | 2,8 | 14,7 | 12,2 | 9,1 | 1,6 | 12,1 | 6,5 | 4,0 |
| 1903 | 9,8 | 8,5 | 18,7 | 3,2 | 14,9 | 11,5 | 9,0 | 1,5 | 11,4 | 6,9 | 4,6 |
| 1908 | 10,7 | 7,9 | 20,1 | 3,2 | 14,7 | 10,6 | 8,7 | 1,4 | 11,5 | 6,5 | 4,7 |
| 1913 | 10,5 | 6,5 | 22,1 | 3,3 | 14,6 | 9,9 | 8,6 | 1,5 | 12,2 | 6,0 | 4,7 |
| 1924 | 12,5 | 5,3 | 25,1 | 5,0 | 10,1 | 9,6 | 8,4 | 1,3 | 11,4 | 6,9 | 4,4 |
| 1929 | 9,8 | 6,0 | 22,9 | 5,0 | 13,7 | 10,3 | 8,1 | 1,1 | 11,1 | 6,7 | 5,3 |
| 1934 | 7,9 | 5,3 | 22,0 | 5,5 | 14,4 | 10,8 | 8,6 | 1,1 | 13,2 | 5,7 | 5,5 |
| 1939 | 6,8 | 5,2 | 30,4 | 5,6 | 15,3 | 9,5 | 6,8 | 0,9 | 9,6 | 5,4 | 4,5 |
| 1950 | 7,1[a] | 4,6 | 27,9[b] | 5,6 | 16.2 | 15,4 | | 1,1 | 11,9[c] | 6,1 | 4,1 |
| 1954 | 6,2[a] | 4,7 | 32,0[b] | 5,7 | 16,1 | 12,2 | | 1,2 | 12,3[c] | 5,3 | 4,3 |
| 1963 | 4,5 | 3,8 | 38,2 | 6,4 | 17,7 | 10,7 | | 0,7 | 9,7 | 4,5 | 3,7 |

a) ohne Hütten b) einschließlich Hütten c) einschließlich Gaststätten

Quellen (1882—1954): Franz Grumbach, Heinz König, *Beschäftigung und Löhne der deutschen Industriewirtschaft 1888—1954*, in: *Weltwirtschaftliches Archiv*, Bd. 79, H. 1, Hamburg 1957, S. 134/35. Die Angaben bei Grumbach/König schließen die Beschäftigten der Eisenbahn und Schiffahrt ein, die hier nicht berücksichtigt sind. (1963): *Statistisches Jahrbuch für die Bundesrepublik Deutschland 1964*, S. 156.

schäftigungsabnahme ein strukturelles Sonderproblem bildet. Träger des Wachstums waren vor allem die metallverarbeitenden Industrien, die chemische Industrie und das Baugewerbe, während im Textil- und Bekleidungsgewerbe der Rückgang der Anteile am stärksten war.

Dieser Spezialisierungsprozeß hat in der jüngsten Zeit seine kontinuierliche Fortsetzung gefunden. Unabhängig davon, ob man die Industriebereiche nach ihrer Beschäftigten-, Produktions- oder Kapitalstruktur untersucht, treten die Kunststoffverarbeitung, die Mineralölindustrie, der Fahrzeugbau, die chemische und elektrotechnische Industrie als Branchen überdurchschnittlichen Wachstums deutlich hervor (Tabelle 4 a). Es handelt sich dabei vorwiegend um junge Industrien mit großen Expansionsmöglichkeiten und zunächst rasch fortschreitender Branchendifferenzierung, während z. B. der Maschinenbau die Position eines „leading sectors", die er am Anfang des Jahrhunderts einnahm, inzwischen weit-

Tabelle 4a: *Anteile einzelner Industriegruppen an der Nettoproduktion (A), den Beschäftigten (B) und dem Brutto-Anlagevermögen (C) der gesamten Industrie. Bundesrepublik ohne Saarland und Berlin (West) 1950—1960*

| Jahr | Mineralölverarbeitung<br>Chemische Industrie<br>Elektroindustrie<br>Kunststoffverarbeitung<br>Fahrzeugbau | | | Bergbau<br>Ind. d. Steine u. Erden<br>Holzbearbeitung<br>Papiererzeugung<br>Leder- u.Textilindustrie<br>Mühlenindustrie<br>Nahrungs- u. Genußmittelind. | | |
|---|---|---|---|---|---|---|
| | A | B | C | A | B | C |
| 1950 | 18,9 | 16,5 | 20,8 | 41,3 | 38,7 | 39,1 |
| 1952 | 20,2 | 16,5 | 21,3 | 37,6 | 36,5 | 38,6 |
| 1954 | 22,5 | 17,4 | 21,7 | 36,3 | 34,9 | 37,9 |
| 1956 | 24,0 | 18,9 | 23,1 | 34,0 | 32,0 | 36,0 |
| 1958 | 27,2 | 20,3 | 24,5 | 32,4 | 30,5 | 34,2 |
| 1960 | 30,7 | 22,5 | 26,2 | 29,2 | 27,8 | 32,7 |

Tabelle 5: *Die Exportquoten einzelner Zweige der deutschen Industrie 1925 bis 1965. (Deutschland in jeweiligen Grenzen). Betriebe mit mehr als 10 Beschäftigten*

| Industriezweige | 1925 | 1930 | 1934 | 1950 | 1955 | 1960 | 1965 |
|---|---|---|---|---|---|---|---|
| Bergbau | 28 | 28 | 17 | 26 | 20 | 18 | 21 |
| Grundstoff- u. Produktionsgüterindustrie | . | . | . | 10 | 12 | 14 | 16 |
| Eisenschaffende Industrie | 15 | 25 | 10 | 16 | 12 | 17 | 23 |
| Chemische Industrie | 40 | 50 | 33 | 12 | 21 | 23 | 25 |
| Investitionsgüterindustrie | . | . | . | 14 | 23 | 25 | 25 |
| Maschinenbau | 26 | 42 | 23 | 20 | 27 | 29 | 30 |
| Kraftfahrzeugbau | 4 | 9 | 5 | 12 | 28 | 36 | 35 |
| Schiffbau | 54 | 49 | 22 | 20 | 43 | 49 | 41 |
| Elektroindustrie | 18 | 22 | 16 | 8 | 16 | 18 | 19 |
| Verbrauchsgüterindustrie | . | . | . | 3 | 7 | 7 | 8 |
| Nahrungs- u. Genußmittelindustrie | . | 1 | 1 | 0 | 1 | 2 | 2 |
| Industrie insgesamt | 20 | 26 | 13 | 8 | 13 | 15 | 16 |

Quellen: Rolf Wagenführ, *Die Bedeutung des Außenmarktes ...*, S. 11 f. u. S. 27. *Statistisches Jahrbuch für die Bundesrepublik Deutschland 1952 ff.*

gehend verloren hat[29]. Zu den absolut bzw. relativ schrumpfenden Industriezweigen gehören neben dem Bergbau und der Industrie der Steine und Erden ausschließlich konsumgütererzeugende Branchen (Tabelle 5). Für den gesamten Untersuchungszeitraum kennzeichnet das von W. G. Hoffmann als Strukturmaß verwandte Verhältnis der Nettoproduktion von Konsumgüterindustrien zu Kapitalgüterindustrien[30] den Prozeß der Gewichtsverlagerung in Richtung auf die Investitionsgüterproduktion. Demnach erreichte 1907 die Investitionsgüterindustrie nur zwei Drittel der Konsumgüterproduktion, während ihre Produktion 1960 fast doppelt so groß war wie die des Konsumgütersektors (vgl. Tabelle 5 a).

Tabelle 5a: *Relation zwischen der Nettoproduktion der Konsumgüterindustrie und Investitionsgüterindustrie in Deutschland 1907 bis 1960*

| Jahr | Konsumgüterproduktion | | Investitionsgüterproduktion |
|---|---|---|---|
| 1907 | 1,5 | : | 1 |
| 1925 | 1,1 | : | 1 |
| 1936 | 0,68 | : | 1 |
| 1950 | 0,71 | : | 1 |
| 1955 | 0,61 | : | 1 |
| 1960 | 0,54 | : | 1 |

Quelle: W. G. Hoffmann, *The Growth of Industrial Economies* ..., Table XLI, Dieter Mertens, *Die Wandlungen* ..., S. 108.

Dieser in allen Industrienationen feststellbare Strukturwandel (vgl. Tabelle 6) ist im wesentlichen Ausdruck der binnen- und außenwirtschaftlichen Nachfrageentwicklung, d. h. die Gewichtsverlagerung wird vom Anstieg der gesamtwirtschaftlichen Investitionsquote im In- und Ausland bedingt. Bei einer allgemein steigenden Exportabhängigkeit der deutschen Industrie, die Hoffmann jeweils für den Zeitraum 1890—1913, 1925—1931 und 1950—1959 nachweist[31], verstärkte der Außenhandelseinfluß die Wandlungstendenzen der deutschen In-

[29] Das Wachstum des Maschinenbaus war zwischen 1888 und 1913 etwa doppelt so hoch wie das der gesamten Industrieproduktion. Im Zeitraum 1950 bis 1960 lag der Maschinenbau dagegen nur wenig über dem Durchschnitt. Vgl. F. Grumbach / H. König, *Beschäftigung und Löhne* ..., S. 131. Zum „typischen" Wachstumsprozeß junger und alter Industrien vgl. Rolf Wagenführ, *Die Industriewirtschaft, Entwicklungstendenzen der deutschen und internationalen Industrieproduktion 1860 bis 1932* (= Vierteljahreshefte zur Konjunkturforschung, Sonderheft 31), Berlin 1933, S. 15 ff.

[30] W. G. Hoffmann, *Stadien und Typen der Industrialisierung* ... S. 12 ff.

[31] W. G. Hoffmann (u. Mitarb.), *Das Wachstum* ..., S. 158 f. Die Exportabhängigkeit (gemessen am Quotienten aus Exportvolumenindex und Produktionsindex) war demnach erwartungsgemäß in der jeweiligen Nachkriegszeit und in den Jahren der nationalsozialistischen Autarkie-Politik geringer als im vorhergehenden Vergleichszeitraum.

dustriestruktur. Für die Nachkriegszeit ergeben die Berechnungen von Dieter Mertens, daß in den Grundstoffindustrien, namentlich im Bergbau, vom Außenhandel hauptsächlich infolge einer unterdurchschnittlichen Exportentwicklung zusätzlich negative Struktureffekte ausgingen. Eine (geringe) Benachteiligung erfuhr auch die Gesamtheit der Konsumgüterindustrien, während sich für die

Tabelle 6: *Produktionsanteile einzelner Industrien in verschiedenen Ländern 1901—1955*

| Industriezweige | Land | Gesamtproduktion = 100 für jedes Land[a] | | | | |
|---|---|---|---|---|---|---|
| | | 1901 | 1913 | 1929 | 1937 | 1955 |
| Metallverarbeitende Industrie | Vereinigte Staaten | 10 | 13 | 33 | 31 | 41 |
| | West-Europa[b] | 16 | 23 | 27 | 28 | 34 |
| | Großbritannien | 16 | 19 | 25 | 29 | 38 |
| | Deutschland[c] | 17 | 26 | 26 | 30 | 36 |
| | Frankreich | 19 | 31 | 35 | 32 | 36 |
| | Italien | 7 | 12 | 17 | 19 | 20 |
| | Belgien | 21 | 24 | 27 | 27 | 34 |
| Chemische Industrie | Vereinigte Staaten | 5 | 6 | 8 | 10 | 13 |
| | West-Europa[b] | 5 | 6 | 10 | 10 | 14 |
| | Großbritannien | 6 | 6 | 8 | 7 | 12 |
| | Deutschland[c] | 5 | 6 | 12 | 12 | 15 |
| | Frankreich | 6 | 6 | 10 | 11 | 14 |
| | Italien | 4 | 7 | 13 | 18 | 29 |
| | Belgien | 6 | 7 | 9 | 11 | 15 |
| Textilindustrie | Vereinigte Staaten | 20 | 19 | 11 | 12 | 8 |
| | West-Europa[b] | 20 | 18 | 14 | 12 | 8 |
| | Großbritannien | 16 | 19 | 12 | 11 | 6 |
| | Deutschland[c] | 17 | 13 | 10 | 8 | 7 |
| | Frankreich | 27 | 19 | 14 | 14 | 9 |
| | Italien | 40 | 38 | 29 | 22 | 12 |
| | Belgien | 18 | 19 | 19 | 16 | 12 |
| Nahrungs- und Genußmittelindustrie | Vereinigte Staaten | 24 | 20 | 14 | 15 | 11 |
| | West-Europa[b] | 27 | 19 | 16 | 15 | 13 |
| | Großbritannien | 27 | 20 | 18 | 16 | 14 |
| | Deutschland[c] | 29 | 19 | 16 | 14 | 11 |
| | Frankreich | 17 | 11 | 9 | 10 | 8 |
| | Italien | 20 | 16 | 15 | 14 | 12 |
| | Belgien | 35 | 23 | 18 | 18 | 13 |

a) Industrie einschließlich Bergbau und Baugewerbe

b) West-Europa = Europäische Mitgliedsländer der OEEC 1955

c) Deutschland = Bundesrepublik Deutschland ohne Saarland und West-Berlin

Zusammengestellt nach: V. Paretti, G. Bloch, *La production industrielle en Europe Occidentale et aux Etats-Unis de 1901 à 1955*, in: *Moneta e Credito* IX, Rom 1956, S. 277—286. Quelle: OEEC, *Industrial Statistics 1900—1955*, Paris 1955.

chemische Industrie und die Investitionsgüterindustrien (vor allem Fahrzeugbau und Schiffbau) positive Struktureffekte ergaben[32].

Ähnliche Einflüsse lassen sich für die Vorkriegszeit zwar nicht mit gleicher Genauigkeit und in entsprechender Branchendifferenzierung, wohl aber der Tendenz nach beobachten. Für den Zeitraum von 1890 bis 1913 ergaben die Untersuchungen Rolf Wagenführs, daß „der Anteil der Ausfuhr an der Erzeugung von Verbrauchsgütern ... gesunken ist (und) gleichzeitig die Ausfuhr von Produktionsgütern stärker zugenommen hat als die Erzeugung". Im Vergleich zwischen 1913 und 1929 stellt Wagenführ fest, daß „die ... deutsche Ausfuhr sich mehr zu den Produktionsgütern, und hier vor allem zu den Investitionsgütern hin verschoben hat"[33].

Tabelle 6 verdeutlicht abschließend die Ähnlichkeit des hier skizzierten Strukturwandels der Industrieproduktion in allen westeuropäischen Ländern und den Vereinigten Staaten im 20. Jahrhundert. Diese Gleichartigkeit von Strukturmerkmalen, die z. B. bei Kuznets, Hoffmann, Maddison und anderen immer wieder Gegenstand der Analyse ist, weist zugleich auf die Schwächen hin, die mit der Interpretation von Wachstums- und Strukturtendenzen im Blick auf jeweils nur einen nationalen Wirtschaftsraum verbunden sind. Können doch zumeist erst im internationalen Vergleich auch jene Abweichungen vom gemeinsamen Trend sichtbar werden, die es gestatten, länderspezifische Strukturmerkmale zu kennzeichnen und zu ergründen.

So läßt etwa ein Vergleich der industriellen Produktionsentwicklung Deutschlands mit einzelnen westeuropäischen Ländern und den Vereinigten Staaten im 20. Jahrhundert deutlich kriegs- und konjunkturbedingte Unterschiede hervortreten (Tabelle 7)[34]. Verglichen mit 1913 bzw. 1938 zeigen die Zahlen erwartungsgemäß den Produktionsrückgang bzw. die Stagnation der europäischen Industrieländer in der Nachkriegszeit gegenüber einer gestiegenen Industrieproduktion der USA und zugleich die außerordentlich starken Produktions-

[32] D. Mertens, *Die Wandlungen* ..., S. 91 ff., bes. S. 100 f. Die Analyse von Mertens besteht, vereinfacht gesagt, in einem Vergleich des Strukturwandels einzelner Branchen „mit" und „ohne" Außenhandelseinfluß.

[33] Rolf Wagenführ, *Die Bedeutung des Außenmarktes für die deutsche Industriewirtschaft. Die Exportquote der deutschen Industrie von 1870 bis 1936.* (Sonderhefte des Instituts für Konjunkturforschung Nr. 41), Berlin 1936, S. 42 f. und S. 49.

[34] Hier kann nicht die Genauigkeit und Aussagekraft dieser Indizes, vor allem die Problematik der Addition von Produktionswerten verschiedener Währungsbereiche und der Gewichtung von Einzelindizes diskutiert werden (vgl. dazu die Untersuchungen von C. Clark, M. Gilbert und J. Kravis, D. Paige und G. Bombach u. a.). Diese Probleme sind die Hauptursachen für die nicht unerheblichen Abweichungen zwischen den von verschiedenen Forschern berechneten Zeitreihen, die jedoch zumeist die Richtung und die Wendepunkte der Entwicklung übereinstimmend kennzeichnen. Vgl. für den gleichen Zeitraum die Produktionsindizes bei: Rolf Wagenführ, *Die Industriewirtschaft* ..., S. 58—69., W. G. Hoffmann (u. Mitarb.), *Das Wachstum* ..., S. 390 f., Ingvar Svennilson, *Growth and Stagnation in the European Economy*, hrsg. v. d. United Nations Economic Commission for Europe, Geneva 1954, S. 304 f.

einbußen in Deutschland[35]. Der Anteil Deutschlands an der europäischen Industrieproduktion ging 1920 auf 17 % und 1948 auf 13 % zurück, erreichte aber nach beiden Kriegen verhältnismäßig rasch wieder die „normale" Höhe zwischen 21 und 24 %, wobei die Indizes für die Weimarer Zeit deutlich den wechselhaften Wirtschaftsverlauf erkennen lassen, der eine Analyse des Trends der strukturellen Veränderungen in diesem Zeitraum außerordentlich erschwert.

Die ersten Jahre nach dem ersten Weltkrieg lassen interessante Unterschiede zwischen der Entwicklung in Deutschland und den meisten anderen Ländern erkennen. Während infolge von Stabilisierungsmaßnahmen in fast allen Ländern

Tabelle 7: *Entwicklung der Industrieproduktion[a] in Deutschland, West-Europa und den Vereinigten Staaten 1901—1955 (in Preisen von 1958)*

| Jahr | 1913 = 100 | | | Anteil Deutschlands an West-Europa % |
|---|---|---|---|---|
| | USA | West-Europa[b)] | Deutschland[c)] | |
| 1901 | 76 | 64 | 58 | 22 |
| 1913 | 100 | 100 | 100 | 24 |
| 1919 | . | . | (41) | . |
| 1920 | 127 | 80 | 59 | 17 |
| 1921 | 103 | 71 | 72 | 24 |
| 1922 | 123 | 86 | 79 | 22 |
| 1923 | 150 | 86 | 53 | 15 |
| 1924 | 139 | 99 | 77 | 18 |
| 1925 | 153 | 103 | 91 | 21 |
| 1926 | 165 | 101 | 88 | 21 |
| 1927 | 161 | 114 | 109 | 23 |
| 1928 | 168 | 120 | 115 | 23 |
| 1929 | 188 | 125 | 115 | 22 |
| 1930 | 156 | 117 | 98 | 20 |
| 1931 | 129 | 104 | 83 | 19 |
| 1932 | 103 | 96 | 68 | 17 |
| 1933 | 118 | 104 | 79 | 18 |
| 1935 | 148 | 123 | 111 | 21 |
| 1938 | 152 | 145 | 152 | 25 |
| 1948 | 332 | 146 | 79 | 13 |
| 1955 | 441 | 257 | 258 | 24 |

b) u. c) vgl. Tabelle 6

Zusammengestellt und berechnet nach: V. Paretti, G. Bloch, *La production* . . ., S. 259 u. 261.

[35] Die Einflüsse der Gebietsveränderungen sind hier eliminiert. Paretti und Bloch haben den (problematischen) Versuch gemacht, die Größenordnung des gesamten kriegsbedingten Wachstumsverlustes der westeuropäischen Länder zu schätzen. Demnach lag die tatsächliche Wachstumsrate (1901—1955) um ein Drittel niedriger als das „ohne Krieg theoretisch mögliche" Produktionswachstum. V. Paretti, G. Bloch, *La production* . . ., S. 271 f. u. 292.

ein Produktionsrückgang mit beträchtlicher Arbeitslosigkeit auftrat („Weltwirtschaftskrise" 1920/21), bewirkte die deutsche Inflation das Gegenteil. Die Beurteilung ihrer Folgen für die deutsche Industriewirtschaft ist bis heute kontrovers. Unbestritten ist lediglich die quantitative Expansion, in der allerdings Bresciani-Turroni „eher eine Aufblähung als eine Rationalisierung" sieht mit der Folge von Verzerrungen in der Altersstruktur der Anlagen[36]. Die entschiedensten Verfechter der gegenteiligen Meinung sind K. Laursen und J. Pedersen, die zu dem Ergebnis gelangen: „We do not think that the theory of the exceptionally large ‚artificial prosperity' holds water ... The evidence brings out clearly that the capital base of Germany during the inflation period was reconstructed and greatly improved. We conclude therefore that in estimating real investment no less than in 1913 we are not exaggerating[37]." Der inflationsbedingte Mangel an zuverlässigen Daten läßt ein generelles Urteil nicht zu, und zweifellos können für beide Thesen genügend Beispiele gefunden werden. Dennoch wird festzustellen sein, daß der Zwangssparprozeß der Inflation in Verbindung mit den wachsenden Profiten und der Verminderung der Schulden einen beträchtlichen Investitionsanreiz bildete und ferner jenen Konzentrationsprozeß in Gang brachte, der eine der Voraussetzungen für die „Rationalisierungsbewegung" in der deutschen Industrie zwischen 1924 und 1929 war[38].

Für die Erfolge dieser Rationalisierungsmaßnahmen, deren Schwerpunkt im Zeitraum 1926 bis 1928/29 lag, gibt es eindrucksvolle Belege, mag auch der Umfang der Maßnahmen, wie Krengel bemerkt, vom heutigen Standpunkt aus gesehen bescheiden zu nennen sein[39]. Als Beispiel sei auf den Ruhrkohlenbergbau verwiesen, dessen Produktivität — gemessen am Ausstoß pro Arbeitsschicht — von 1920 bis 1929 auf das Doppelte stieg, während in Großbritannien und Frankreich nur ein Zuwachs von etwa 50 % zu beobachten war[40]. Dieser Prozeß wurde unter anderem durch die nach dem ersten Weltkrieg verordnete Zwangskartellierung begünstigt, die zur Stillegung unrentabler Zechen beitrug, war aber vor allem das Ergebnis einer forcierten Mechanisierung: Wurden 1913 erst 2 % der Förderung mechanisch abgebaut, so war der Anteil bis 1925 auf 48 %, 1926 auf 66 %, 1927 auf 83 % und 1929 auf 91 % gestiegen; er lag im gleichen Jahr in England erst bei 28 % und in Frankreich bei 72 %[41].

[36] Costantino Bresciani-Turroni, *The Economics of Inflation*, London ²1953.

[37] Karsten Laursen, Jørgen Pedersen, *The German Inflation 1918—1923*, Amsterdam 1964, S. 97 ff.

[38] Robert A. Brady, *The Rationalization Movement in German Industry*, Berkeley 1933.

[39] Rolf Krengel, *Anlagevermögen, Produktion und Beschäftigung der Industrie im Gebiet der Bundesrepublik von 1924 bis 1956* (= Sonderhefte des Deutschen Instituts für Wirtschaftsforschung N. F. 42), Berlin 1958, S. 36.

[40] I. Svennilson, *Growth and Stagnation* ..., S. 254, Table A 23.

[41] Ebd., S. 110, Table 25. Vgl. auch Wolfram Fischer, *Herz des Reviers, 125 Jahre Wirtschaftsgeschichte des Industrie- und Handelskammerbezirks Essen, Mülheim, Oberhausen*, Essen 1965, S. 327 ff.

Ähnliche Wachstums- und Konzentrationstendenzen finden sich in der deutschen Stahlindustrie (Gründung der Vereinigten Stahlwerke 1926), die mit dem Verlust Elsaß-Lothringens, des Saarlandes und Oberschlesiens etwa 25 % ihrer Kapazität eingebüßt hatte, aber bereits 1925 wieder die Produktion von 1913 erreichte[42].

Tabelle 8 versucht, für einige Industriezweige die ungefähre Größenordnung der Produktivitätssteigerung im Zeitraum 1926 bis 1930 zu messen. Anfangs- und Endpunkt des mit der Rationalisierungsphase etwa identischen Ver-

Tabelle 8: *Wachstum der Produktion je Arbeitsstunde (in konstanten Preisen) einzelner Industriezweige 1926—1930*

| Industriezweige | Wachstum der "Arbeitsproduktivität" 1926-1930 % |
|---|---|
| Maschinen-, Apparate-, Fahrzeugbau | 25 |
| Eisen-, Stahl-, Metallwarenindustrie | 25 |
| Bergbau | 18 |
| Großeisenindustrie | 15 |
| Holz- und Schnitzstoffgewerbe | 16 |
| Baugewerbe | 15 |
| Chemische Industrie | 13 |
| Industrie der Steine und Erden | 10 |
| Papier- und Druckindustrie | 10 |
| Nahrungs- und Genußmittelindustrie | 10 |
| Textilindustrie | 9 |
| Lederindustrie | 5 |
| Industrie insgesamt | 17 |

Quellen: A. Reithinger, *Stand und Ursachen der Arbeitslosigkeit in Deutschland,* in: *Vierteljahreshefte zur Konjunkturforschung,* Sonderheft 29, Berlin 1932, S. 17 f. Ferner: W. Bauer, *Technischer Fortschritt und Produktivität,* in: *Vierteljahreshefte zur Konjunkturforschung,* 11. Jg., Berlin 1936, S. 133 u. 140.

gleichszeitraums fallen dabei in Krisenjahre mit ungefähr gleichem Auslastungsgrad der Industriekapazität, so daß das Wachstum der Produktivität insoweit konjunkturunabhängig ist[43]. Bei einer durchschnittlichen Produktivitätssteigerung für die gesamte Industrie von etwa 17 % zeigen sich in den technisch und betriebsorganisatorisch ähnlichen Bereichen des Maschinen-, Apparate- und Fahr-

[42] Vgl. hierzu die ausführlichen Erörterungen bei R. A. Brady, *The Rationalization Movement ...,* S. 71 ff., S. 103 ff.

[43] Vgl. R. Krengel, *Anlagevermögen, Produktion ...,* S. 87, wonach das industrielle Bruttoanlagevermögen 1926 zu 72 % und 1930 zu 74 % ausgenutzt wurde.

zeugbaus und der Metallwarenindustrie sowie im Bergbau und der eisenschaffenden Industrie die stärksten Wachstumsraten. Am Ende der Skala stehen die Textil- und Lederindustrie, deren Produktivitätswachstum Reithinger vor allem auf organisationstechnische Verbesserungen und weniger auf einen vermehrten Kapitaleinsatz zurückführt[44].

Allerdings besagt der Produktivitätsanstieg allein noch nichts über die Ursachen und Komponenten des Wachstums, und Bombach hebt mit Recht kritisch hervor: „Solange es nicht gelingt, diese Zusammenhänge offenzulegen, muß die Analyse in tautologischen Ansätzen stecken bleiben, und die ... Produktivitätskoeffizienten werden zu bloßen Lückenbüßern[45]."

Versuche zur Analyse einzelner Wachstumsfaktoren, vor allem zur Bestimmung des Beitrags des technischen Fortschritts an der Produktivitätssteigerung sind in jüngerer Zeit von einer ganzen Reihe von Forschern für verschiedene Zeitabschnitte der deutschen Wirtschaft entwickelt worden[46]. Die bisher vorliegenden Untersuchungen sind indes nur unter einer solchen Vielzahl einschränkender Bedingungen interpretierbar und beziehen sich zudem fast ausschließlich auf das gesamtwirtschaftliche Wachstum — also nicht auf einzelne Industriezweige —, so daß es zumindest verfrüht wäre, ihre Ergebnisse wirtschaftshistorisch zu deuten[47]. So wirft etwa die Feststellung, daß das Wachstum des Sozialprodukts in Deutschland zwischen 1925 und 1938 fast zur Hälfte vom technischen Fortschritt, zu einem Viertel vom wachsenden Kapitalbestand und zu je einem Sechstel vom Wachstum des Arbeitseinsatzes und der Importintensivierung getragen wird[48], selbst dann, wenn sie methodisch und sachlich unanfechtbar wäre, eher Fragen auf, als daß sie sie beantwortet. Wir müssen daher an dieser Stelle auf eine quantifizierende Gesamtanalyse des industriellen Wachstums verzichten und uns auf solche Teilbereiche und -aspekte beschränken, für die im längerfristigen Vergleich und in Aufgliederung nach einzelnen Wirtschaftsbereichen bisher Ergebnisse vorliegen.

Möglichkeiten zu einer Strukturanalyse bieten dabei vor allem die von Rolf Krengel sowie auch von W. G. Hoffmann und Dieter Klement durchgeführten Berechnungen zur industriellen und gesamtwirtschaftlichen Kapitalbildung (Tabelle 9). Dabei fällt zunächst auf, daß die Zahlen Krengels für den Zeitraum

[44] A. Reithinger, *Stand und Ursachen ...*, S. 17.

[45] G. Bombach, *Quantitative und monetäre Aspekte des Wirtschaftswachstums*, in: *Finanz- und währungspolitische Bedingungen stetigen Wirtschaftswachstums* (= Schriften des Vereins für Socialpolitik, N. F. 15), Berlin 1959, S. 157.

[46] Vgl. hierzu die Arbeiten von H. Hesse und B. Gahlen, G. Bombach, G. Gehrig und K. C. Kuhlo, F. Grünig und R. Krengel.

[47] Allen Untersuchungen ist gemeinsam, daß sie von makroökonomischen Produktionsfunktionen, d. h. gesamtwirtschaftlichen input-output-Relationen ausgehen und diese mit den empirischen Zeitreihen des Arbeits- und Kapitaleinsatzes etc. verbinden. Der „technische Fortschritt" erscheint dabei als Residuum in Höhe der Differenz zwischen dem empirischen Wachstum der Produktion und jenem Wachstum, das sich mit Hilfe der Produktionsfunktionen erklären läßt.

[48] Karl Christian Kuhlo, *Die Wachstumsprognose ...*, S. 241.

1924 bis 1929 insoweit in einem gewissen Widerspruch zu den Ergebnissen der Tabelle 8 zu stehen scheinen, als die Industriezweige mit verhältnismäßig starkem Wachstum der Pro-Kopf-Produktion zu den Wirtschaftsbereichen zählen, die ein

Tabelle 9: *Daten zur Kapitalstruktur der Industrie im Gebiet der Bundesrepublik Deutschland 1924—1957 (in Preisen von 1950)*

| Zeitraum | Industrie insgesamt | Bergbau Grundstoff-, Produktions-güter[a)] | Investitionsgüterind. | Verbrauchs-güterind. | Nahrungs- u. Genuß-mittelind. | Kleinbetriebe |
|---|---|---|---|---|---|---|
| | Entwicklung des Bruttoanlagevermögens in % | | | | | |
| 1924-1929 | + 9,3 | + 8,0 | + 3,0 | + 18,7 | + 18,8 | + 8,2 |
| 1930-1934 | - 4,5 | - 7,7 | - 4,5 | + 1,4 | + 2,8 | + 0,6 |
| 1935-1943 | + 44,2 | + 60,8 | + 42,8 | + 18,9 | + 14,1 | + 9,1 |
| 1944-1948 | - 21,2 | - 24,6 | - 25,0 | - 10,6 | - 10,0 | - 13,3 |
| 1948-1957 | + 72,2 | + 67,9 | + 96,2 | + 70,7 | + 61,0 | + 19,4 |
| 1924-1957 | + 104,1 | + 103,1 | + 106,9 | + 118,7 | + 102,3 | + 28,5 |
| | Struktur des Bruttoanlagevermögens in % | | | | | |
| 1924 | 100,0 | 52,5 | 22,4 | 13,6 | 8,9 | 2,6 |
| 1930 | 100,0 | 51,9 | 21,1 | 14,7 | 9,7 | 2,6 |
| 1935 | 100,0 | 50,2 | 21,1 | 15.6 | 10,4 | 2,7 |
| 1944 | 100,0 | 56,0 | 20,9 | 12,9 | 8,2 | 2,0 |
| 1948 | 100,0 | 53,7 | 19,9 | 14,7 | 9,4 | 2,3 |
| 1951 | 100,0 | 51,7 | 20,5 | 15,5 | 10,1 | 2,2 |
| 1957 | 100,0 | 52,4 | 22,7 | 14,5 | 8,8 | 1,6 |
| Durchschnitt | Entwicklung des Kapitalkoeffizienten | | | | | |
| 1925/1929 | 1,21 | 1,91 | 1,09 | 0,74 | 0,67 | - |
| 1930/1934 | 1,57 | 2,59 | 1,79 | 0,91 | 0,72 | - |
| 1935/1939 | 1,13 | 1,70 | 0,94 | 0,83 | 0,67 | - |
| 1940/1944 | 1,23 | 1,99 | 0,76 | 1,00 | 0,77 | - |
| 1951/1956 | 1,12 | 1,88 | 0,83 | 0,79 | 0,65 | - |

a) dar. Ind. d. Steine u. Erden, Eisen- und Stahlerzeugung, Chemische Industrie, Mineralölverarbeitung, Kautschuk- u. Asbestindustrie

Quelle: Rolf Krengel, *Anlagevermögen, Produktion* . . ., S. 16, 20, 84.

unterdurchschnittliches Wachstum des Anlagekapitals aufweisen[49]. Krengel führt das verhältnismäßig geringe Wachstum des Anlagekapitals im Produktions- und Investitionsgüterbereich zum Teil darauf zurück, daß namentlich die Investitionsgüterindustrie vom ersten Weltkrieg her mit „sehr reichlichen Kapazitäten" versehen war[50]. Insoweit dies zutrifft, könnte also in den überdurchschnitt-

[49] Da Krengel für diesen Zeitraum weder die Arbeitsproduktivität noch die Kapitalintensität berechnet, ist ein direkter Vergleich seiner Berechnungen mit den Ergebnissen der Tabelle 8 nicht möglich.

[50] R. Krengel, *Anlagevermögen, Produktion* . . ., S. 17.

lichen Wachstumsraten der Konsumgüterbereiche lediglich ein Nachholeffekt zum Ausdruck kommen. Ferner ist zu erwarten, daß in der Grundstoff- und Investitionsgüterindustrie der arbeitssparende Effekt der Investitionen höher, der arbeits- und kapitalsparende technische Fortschritt größer und die Rationalisierungsbedingungen besser waren als in der relativ weit gestreuten, heterogenen Verbrauchsgüterindustrie[51]. Dies könnte, will man die Richtigkeit der Zahlen nicht grundsätzlich bezweifeln, eine größere Steigerung der Pro-Kopf-Produktion ohne eine Investitionserhöhung entsprechenden Ausmaßes erklären.

Zusammengefaßt vermittelt die weitere Analyse der Daten in Tabelle 9 das folgende Bild: Die Weltwirtschaftskrise, die in Deutschland noch stärker als in den übrigen Ländern die Produktion (1932) auf 68 % des Vorkriegsstandes zurückwarf (vgl. Tabelle 7), führt zu einem über die volkswirtschaftlich notwendigen Abschreibungen hinausgehenden Investitionsrückgang und damit zu einer hauptsächlich vom Grundstoff- und Investitionsgüterbereich ausgehenden Verminderung des gesamten industriellen Anlagevermögens. Die folgende, von der Rüstungskonjunktur geprägte Periode führt zu einem steilen Anwachsen der Investitionstätigkeit in diesen Bereichen bei relativ zurückbleibendem Wachstum in der Konsumgüterindustrie[52]. Die Zahlen verdeutlichen schließlich die kriegs- und demontagebedingten Verluste bis 1948 und den folgenden Wiederaufbau der Produktionskapazität in der Bundesrepublik Deutschland. Krengel gelangt anhand der — notwendigerweise geschätzten — Größenordnungen der Kriegs- und Demontageverluste zu dem Ergebnis, daß das Industriekapital 1948 volumenmäßig etwa dem Stand von 1939 entsprach, und warnt in diesem Zusammenhang vor einer Überschätzung der Verluste: „Wer an das ‚Wirtschaftswunder' glaubt, vermindert bei seinem ‚Beweis' die Vorkriegsproduktionskraft der Bundesrepublik gedanklich nur um die kriegsbedingten Kapazitätsverluste und beachtet das zur gleichen Zeit erfolgte Kapazitätswachstum nicht"[53].

Es sei noch einmal hervorgehoben, daß es sich hier um einen Zeitvergleich in den Grenzen der heutigen Bundesrepublik handelt. Die Zahlen decken sich mit den Ergebnissen W. G. Hoffmanns, wenn man seine auf das Reichsgebiet bezogenen Angaben für 1939 um den Kapitalbestand Ost- und Mitteldeutschlands sowie Berlins vermindert. Unter der Annahme, daß der Produktionsanteil dieser Gebiete (1939 = 40 % vom Reich) ihrem industriellen Vermögensanteil

[51] Verwendet man mit W. G. Hoffmann bei aller gebotenen Skepsis die Zahl der erteilten Patente als eine grobe Kennziffer für „technischen Fortschritt", so bestätigt die Struktur der Patenterteilungen nach Wirtschaftszweigen insoweit unsere Annahmen, als rd. 80 % der 1920—1930 erteilten Patente auf die Produktions- und Investitionsgüterindustrie entfielen (allerdings auch über 70 % des Anlagekapitals). Vgl. W. G. Hoffmann (u. Mitarbeiter), *Das Wachstum* . . ., S. 28 f. u. 266 ff. (Tabelle 45).

[52] Der im Vergleich zur Grundstoff- und Produktionsgüterindustrie geringere Anstieg im Investitionsgüterbereich ist lediglich Ausdruck einer verstärkten Verlagerung von Rüstungsindustrien in den (hier nicht erfaßten) mitteldeutschen Raum. Vgl. R. Krengel, *a. a.* O., S. 17 (Anm. 12).

[53] Ebd., S. 15.

entspricht, ergibt sich bei Hoffmann für Westdeutschland ein Kapitalstock (in Preisen von 1913) von 64 Mrd. (1939) gegenüber 65 Mrd. (1949)[54]. Die bedeutend höheren Kriegs- und Demontageverluste im Gebiet der sowjetischen Besatzungszone seien hier nur am Rande erwähnt. Nach westdeutschen Schätzungen betrugen sie im Zeitraum 1945—1950 im Gebiet der heutigen DDR 10,3 Mrd., in der Bundesrepublik 2,9 Mrd. DM[55]. Das würde bei einem Produktionsverhältnis von 45 : 100 (1944) etwa der sieben- bis achtfachen Belastung Mitteldeutschlands entsprechen.

Interessant ist, daß sich die im Konjunkturverlauf sehr unterschiedlichen Wachstumsraten der Investitionen in einzelnen Wirtschaftsbereichen langfristig in ihrem Struktureffekt kompensieren. Die Branchenstruktur des Anlagevermögens blieb im gesamten Zeitraum 1924—1957 ungefähr konstant (vgl. Tabelle 9). Diese relative Konstanz der Kapitalstruktur wird u. a. von Hoffmann in weitergehender Branchengliederung auch für andere Länder konstatiert[56]. Hierin und in der ebenso erstaunlichen langfristigen Konstanz der branchenmäßigen Lohnstruktur[57] finden Hoffmann und Bombach Interdependenzen zur Konstanz der wertmäßigen Produktivitätsstruktur bei gleichzeitig stark divergierender realer Produktivitätsentwicklung der einzelnen Industriezweige[58]. Die Hintergründe und Faktoren der Konstanz dieser Aggregatstrukturen sind offenbar äußerst komplex und können an dieser Stelle nicht näher diskutiert werden[59]. Hier liegt aber zweifellos eine Herausforderung an die Wirtschaftsgeschichte, ihren Beitrag zur Ergründung dieser zunächst nur global-statistisch festgestellten Strukturtendenzen zu leisten.

Im Zusammenhang mit der skizzierten Investitionstätigkeit und dem Wachstum des Anlagevermögens der deutschen Industrie ist natürlich auch die Frage

[54] W. G. Hoffmann (u. Mitarbeiter), *Das Wachstum* . . ., S. 254, Tabelle 39. Zur regionalen Industriestruktur vgl. Bruno Gleitze, *Ostdeutsche Wirtschaft. Industrielle Standorte und volkswirtschaftliche Kapazitäten des ungeteilten Deutschland,* Berlin 1956.

[55] *„Die Zeit"* vom 23. Juni 1967, S. 25.

[56] W. G. Hoffmann, *Zur Vorausschätzbarkeit von Produktivitätsveränderungen im Wachstumsprozeß,* in: *Zeitschrift für die gesamte Staatswissenschaft,* Bd. 114, 1958, S. 91 u. passim.

[57] Vgl. W. G. Hoffmann, *Die branchenmäßige Lohnstruktur der Industrie, ein intertemporaler und internationaler Vergleich,* Tübingen 1961 (für Deutschland S. 38/39). Franz Grumbach, Heinz König, *Beschäftigung und Löhne* . . ., S. 141 (Lohnstruktur in Deutschland 1890—1954).

[58] Neben Hoffmann auch Gottfried Bombach, *Die Stabilität der industriellen Produktivitätsstruktur,* in: *Zeitschrift für die gesamte Staatswissenschaft,* Bd. 116, 1960, S. 18—42. Ferner: D. Mertens, *Die Wandlungen* . . ., S. 43 f.

[59] Als (Teil-)erklärung bietet sich eine gegenläufige Tendenz der mengenmäßigen Arbeitsproduktivität und der Preise in einzelnen Industriezweigen an. Eine im Branchenvergleich relativ steigende Produktivität könnte über relativ sinkende Lohnkosten je Produkteinheit zu relativ sinkenden Preisen bei konstanter Struktur der Löhne und der Nettoproduktionswerte je Arbeitsstunde führen. Vgl. aber auch Robert M. Solow, *A Sceptical Note on the Constancy of Relative Shares,* in: *The American Economic Review,* Bd. 48, 1958, S. 618—631.

nach der Finanzierung der Investitionen von großem Interesse. Erwartungsgemäß sind auf diesem Gebiet, namentlich zur Klärung der wichtigen Frage nach den Selbstfinanzierungsmöglichkeiten der Industrie, direkte statistische Informationen kaum verfügbar, so daß die Größenordnungen bestenfalls indirekt erschlossen werden können[60]. Für die Zeit vor dem zweiten Weltkrieg hat ebenfalls W. G. Hoffmann erste Ansätze zu einer Ermittlung der Selbstfinanzierungsmöglichkeiten unternommen, während für die Nachkriegszeit detaillier-

Tabelle 10: *Unverteilte Gewinne der Kapitalgesellschaften in Relation zu Nettoinvestitionen und Reingewinn 1900—1954*

| Zeitraum | Unverteilte Gewinne in % | |
|---|---|---|
| | der Nettoinvestitionen | des gesamten Reingewinnes |
| 1901/05 | 7,7 | 30,6 |
| 1906/10 | 8,7 | 34,5 |
| 1911/13 | 8,6 | 33,9 |
| 1925/29 | 12,6 | 50,1 |
| 1935/39 | 23,9 | 65,6 |
| 1950/54 | 30,9 | . |

Quelle: W. G. Hoffmann, *Die unverteilten Gewinne* . . ., S. 277

Tabelle 11: *Die Unternehmensfinanzierung*[a] *in der Bundesrepublik Deutschland 1950—1966*

| Jahr | Nettoinvestitionen Mrd. DM | Selbstfinanzierungsquote % | Jahr | Nettoinvestitionen Mrd. DM | Selbstfinanzierungsquote % |
|---|---|---|---|---|---|
| 1950 | 10 | 50 | 1959 | 33 | 45 |
| 1951 | 12 | 67 | 1960 | 44 | 43 |
| 1952 | 16 | 50 | 1961 | 47 | 34 |
| 1953 | 15 | 40 | 1962 | 47 | 28 |
| 1954 | 19 | 42 | 1963 | 45 | 24 |
| 1955 | 28 | 50 | 1964 | 55 | 25 |
| 1956 | 28 | 54 | 1965 | 62 | 19 |
| 1957 | 29 | 48 | 1966 | 52 | 19 |
| 1958 | 29 | 51 | | | |

a) Einschließlich Bundespost u. Bundesbahn

Quelle: *Monatsberichte der Deutschen Bundesbank (vorm. Bank deutscher Länder),* 1953 ff.

[60] Wir beschränken uns an dieser Stelle auf den Aspekt der Selbstfinanzierungs- und Fremdfinanzierungsquote, ohne auf die verschiedenen Formen der Außenfinanzierung einzugehen. Zur Finanzierung der gesamtwirtschaftlichen Investitionen durch Kreditinstitute, öffentliche und private Ersparnisse etc. 1850—1955 vgl. W. G. Hoffmann (und Mitarbeiter), *Das Wachstum* . . ., S. 728—810.

tere Berechnungen der Deutschen Bundesbank zur Verfügung stehen, deren Ergebnisse mit denen Hoffmanns allerdings nicht direkt vergleichbar sind[61]. Die wichtigsten Zahlen sind in Tabelle 10 und 11 zusammengefaßt.

Die Ergebnisse Hoffmanns deuten auf eine steigende Tendenz der Innenfinanzierung der Unternehmen im Laufe des 20. Jahrhunderts, eine Tendenz, die er für alle kapitalistischen Länder als gegeben ansieht[62]. Während vor 1913 die Quote nur langsam zunahm, trat nach dem ersten Weltkrieg eine deutliche Verschiebung der Finanzierungsweise zugunsten der unverteilten Gewinne ein[63]. Dies mag z. T. durch Verschiebungen in der Branchenstruktur der Industrie und den verstärkten Monopolisierungsprozeß zu erklären sein, ist aber im wesentlichen Ausdruck der für die Industrie sehr ungünstigen Kapitalmarktverhältnisse in der Weimarer Zeit und einer nach der Inflation vorherrschenden Tendenz zur Reservebildung. Die Selbstfinanzierungsmöglichkeiten erfuhren durch die nationalsozialistische Wirtschaftspolitik (Dividendenstop, Emissionsverbote, Staatsverschuldung) weiteren Auftrieb und wurden nach dem zweiten Weltkrieg das dominierende Kennzeichen des „Wirtschaftswunders". Steuerpolitisch gefördert und durch die hohen Engpaß-Gewinne bei mangelnder Sparneigung begünstigt, wurde in den fünfzig Jahren fast die Hälfte der Nettoinvestitionen über Preise und Steuern finanziert[64]. Interessant ist, daß dieser Trend spätestens seit 1958 umgeschlagen ist und daß die vermehrte Ersparnis der Haushalte sowie die im Vergleich zur Vorkriegszeit sehr geringe Staatsverschuldung einen zunehmenden Zwang zur Fremdfinanzierung auf die Unternehmen ausübt, die dadurch zweifellos konjunkturempfindlicher geworden sind[65] (vgl. Tabelle 11). Leider sind außer diesen, die gesamte Industrie betreffenden Angaben keine Informationen über einzelne Wirtschaftszweige verfügbar, die Aufschluß über die ver-

[61] W. G. Hoffmann, *Die unverteilten Gewinne der Kapitalgesellschaften in Deutschland 1871—1957*, in: *Zeitschrift für die gesamte Staatswissenschaft*, Bd. 115, 1959, S. 271—291. Die Vermögensbildung und ihre Finanzierung, fortlaufende Berichte in den *Monatsberichten der Deutschen Bundesbank* (vor 1957: Bank deutscher Länder), 1953 ff.

[62] W. G. Hoffmann, *Die unverteilten Gewinne* . . ., S. 284.

[63] Die Schätzungen Hoffmanns für den Zeitraum 1871—1913 basieren allerdings — vor allem für die ersten Jahrzehnte — auf sehr groben Annahmen. Vgl. *a. a. O.*, S. 273 ff.

[64] Vgl. hierzu u. a. Alois Oberhauser, *Finanzpolitik und private Vermögensbildung*, Köln und Opladen 1963. Zum Problem der einseitigen Vermögensverteilung in der Bundesrepublik: Carl Föhl, *Kreislaufanalytische Untersuchungen der Vermögensbildung in der Bundesrepublik Deutschland und der Beeinflußbarkeit ihrer Verteilung*, Tübingen 1964.

[65] Vgl. Sachverständigenrat zur Begutachtung der gesamtwirtschaftlichen Entwicklung, *Stabilität im Wachstum* (Gutachten 1967/68), Stuttgart/Mainz 1967, S. 226 ff. Die rückläufige Tendenz der Selbstfinanzierungsquote ist auch in anderen europäischen Ländern (Frankreich, Schweden, Italien) im Gegensatz zu den USA zu beobachten. Vgl. UN, Secretariat of the Economic Commission for Europe, *Economic Survey of Europe in 1965*, Part 1, The European Economy in 1965, New York 1966, Kapitel II, S. 84 ff.

mutlich erheblichen Finanzierungsunterschiede geben könnten. Wahrscheinlich zeigen sich in der deutschen Industrie die gleichen Tendenzen wie in der englischen, für die eine mit wachsender Unternehmensgröße und steigender Wachstumsrate der Investitionen sinkende Selbstfinanzierungsquote festgestellt worden ist[66].

Wenden wir uns zum Schluß noch einmal der Beschäftigten- und Produktionsstruktur der deutschen Industrie der Nachkriegszeit zu. Wie bei der Behandlung des gesamtwirtschaftlichen Strukturwandels gezeigt wurde, ergab sich durch die Umverteilung der Produktionsfaktoren von Wirtschaftszweigen mit relativ geringer Produktivität in solche mit höherer Produktivität ein erheblicher Produktivitätsgewinn (Struktureffekt), der bei den Beschäftigten vor allem durch die Abwanderung aus der Landwirtschaft in die Produktion resultierte[67]. Der gleiche Effekt läßt sich trotz der nicht unbeträchtlichen Veränderungen der Beschäftigtenstruktur innerhalb der Industrie offenbar nicht nachweisen. Im Gegenteil gelangt Mertens bei einer Analyse des Struktureffekts für 42 Industriezweige zu einem insgesamt negativen Wert (Tabelle 12)[68]. Ohne auf die Einzelheiten dieser Entwicklung einzugehen, scheint somit kein zwingender Zusammenhang zwischen der Effizienz der Wirtschaftszweige und ihrer Attraktion für die Beschäftigten zu bestehen.

Tabelle 12: *Wachstumskomponenten der Industrie 1950—1960*

| | Durchschnittl. jährl. Wachstum |
|---|---|
| Nettoproduktion | 9,6 |
| davon durch: | |
| Beschäftigtenzugang | 4,8 |
| Steigerung der Arbeitsproduktivität | 4,6 |
| "Struktureffekt" | - 0,2 |

Quelle: D. Mertens, *Die Wandlungen ...*, S. 165

Allerdings zeigen sich gerade auch an dieser Stelle die Grenzen einer quantitativen Analyse des Strukturwandels mit aller Deutlichkeit. Wie leicht nachzuweisen ist, wird die Höhe des „Struktureffekts" entscheidend von der Aufgliederung des Aggregats „Industrie" in einzelne Sektoren bestimmt. Mit anderen Worten: Es ist durchaus möglich, in diesem Fall sogar wahrscheinlich, daß sich bei einer weitergehenden Aufspaltung der Wirtschaftszweige in einzelne Erzeugnisgruppen ein positiver Effekt errechnen läßt, der durch die „Wanderung" der Arbeitskräfte in effektivere Bereiche des gleichen Wirtschaftszweiges zu-

66 Ebd., S. 89, Anm. 241.

67 Vgl. hierzu auch vor allem: Peter Schwanse, *Beschäftigungsstruktur und Wirtschaftswachstum in der Bundesrepublik Deutschland 1950 bis 1963* (= Deutsches Institut für Wirtschaftsforschung, Sonderhefte, Nr. 34), Berlin 1965.

68 Ein positiver Wert ergibt sich dagegen für die Kapitalstruktur.

stande käme[69]. Es handelt sich hier um eine der vielen Spielarten des Aggregationsproblems, das der Verwendung und Interpretation wirtschaftsstatistischer Daten grundsätzliche Grenzen setzt[70]. Ohne diese Grenzen zu verkennen, sind wir der Meinung, daß gerade Fragen des Strukturwandels ohne den Blick auf die Größenordnungen nicht zu lösen sind. Die hier aufgeführten Daten und Aspekte werden sich allerdings erst dann zu einem instruktiven Bild zusammenfügen lassen, wenn es gelingt, den Informationsmangel durch weitere historisch-statistische Untersuchungen zu verringern, und wenn die Gesamtanalyse durch entsprechende branchenmonographische Arbeiten ergänzt wird.

## *IV. Betriebs- und Unternehmenskonzentration*

Nach diesem kursorischen Überblick über Strukturwandlungserscheinungen in der deutschen Industrie sollen nun spezifische Aspekte des Strukturwandels genauer untersucht werden, nämlich die Betriebs- und Unternehmenskonzentration. Ihre Bedeutung als eine der wesentlichsten strukturbestimmenden Komponenten der Wirtschaft steht im auffälligen Gegensatz zur Quantität und Qualität der bisherigen empirischen Untersuchungen zur Konzentration im Bereich der deutschen Volkswirtschaft. Zwar fehlt es auch hier nicht an sorgfältigen Monographien für einzelne Wirtschaftszweige und Produktionsbereiche[71]; die Zahl der Untersuchungen, die einen längerfristigen, quantitativen Vergleich der Konzentrationstendenzen in der Gesamtwirtschaft und für die Gesamtheit der industriellen Branchen zum Thema haben, ist indes mit wenigen Titeln nahezu erschöpfend umrissen[72], und es fehlt nicht an Stimmen, die eine Untersuchung für den Zeitraum vor 1950 im Hinblick auf die Quellenlage für undurchführbar erklären[73].

[69] Dieser Auffassung ist Mertens, *a. a.* O., S. 151.

[70] Zur Kritik an der Verwendung aggregierter Daten und Modelle vgl. den Aufsatz von Winfried Vogt, *Gesamtwirtschaftliche Modelle zur empirischen Analyse der wirtschaftlichen Entwicklung*, in: *Weltwirtschaftliches Archiv*, Bd. 96, 1966, S. 242 ff.

[71] Vgl. Johannes Kahabka, Günter Ollenburg, *Bibliographie zur ökonomischen Konzentration*, in: *Die Konzentration in der Wirtschaft*, hrsg. v. H. Arndt (= Schriften des Vereins für Socialpolitik N. F. 20/III), Berlin 1960, S. 1799—1893. Fortgesetzt als: *Bibliographie Konzentration und Konzentrationspolitik 1960—1966* (= Schriftenreihe d. Instituts f. Konzentrationsforschung an der Freien Universität Berlin, hrsg. v. H. Arndt und H. Münzner, Bd. 1), Berlin 1967.

[72] Die wichtigsten, diesem Abschnitt zugrunde liegenden Untersuchungen: Karl Brandt, *Konzentration und wirtschaftliche Entwicklung*. Gerhard Fürst, *Konzentration der Betriebe und Unternehmen*. Wolfgang Kilger, *Industrie und Konzentration*. Heinz König, *Kartelle und Konzentration* (unter bes. Berücksichtigung der Preis- und Mengenabsprachen). Sämtlich in: *Die Konzentration in der Wirtschaft*, hrsg. v. H. Arndt (= Schriften des Vereins für Socialpolitik N. F. 20, Bd. I und III), Berlin 1960.

[73] Vgl. Günter Sieber, *Betriebskonzentration, Unternehmenskonzentration und Konzernierung*, Köln 1962, S. 47.

Geht man den Ursachen dieses Mangels nach, so stößt man sehr rasch auf die außerordentlichen Schwierigkeiten, die sich einer exakten und eindeutigen Bemessung des Konzentrationsgrades und seiner zeitlichen Veränderung aus statistisch-methodischen und quellenbedingten Gründen entgegenstellen. Maße, die einem ökonomisch sinnvollen Konzentrationsbegriff entsprechen, sind kompliziert und schwer zu formulieren und entsprechen daher meist nicht den kargen statistischen Unterlagen[74]. Umgekehrt lassen sich die meisten, dem verfügbaren Material angepaßten Verfahren der Konzentrationsmessung nicht eindeutig interpretieren, zumal wenn sich Wachstums- und Konzentrationseffekte überlagern, was in der Regel der Fall ist. So kommt Christian Marfels in seiner Analyse der bisher verwandten Konzentrationsmaße zu dem Ergebnis: „Je nach dem für die Untersuchung zweckmäßigen Konzentrationsmaß würde dann jede Entwicklung nicht ohne eine Erhöhung, ein Gleichbleiben oder eine Verringerung des Konzentrationsgrades vonstatten gehen. Selbst ein Gleichbleiben des Konzentrationsgrades kann nicht so interpretiert werden, daß keine konzentrationsrelevanten Prozesse stattgefunden haben, sondern allenfalls derart, daß sich die konzentrationsrelevanten Prozesse entsprechend dem zugrunde gelegten Konzentrationsmaß in ihrer Wirkung gegenseitig ausgeglichen haben[75].“ Und an anderer Stelle: „Für den typischen Fall, die Entwicklung bei variabler Unternehmenszahl, (ist) die Trennung der konzentrationsrelevanten Erscheinungen in ‚internal growth‘ (Entwicklungs- und Konzentrationseffekt) und ‚external growth‘ (reiner Konzentrationseffekt) bedeutsam. Wie gezeigt wurde, läßt sich jedoch eine Trennung für Entwicklung und Konzentration ... weder substantiell noch formal vornehmen[76].“ Es kennzeichnet die Bemessungsprobleme recht zutreffend, wenn Morris Adelman 1964 vor dem Subcommittee on Antitrust and Monopoly die Bemühungen um ein sinnvolles Konzentrationsmaß drastisch mit den Anstrengungen eines Betrunkenen vergleicht, der seine Jacke auf dieser Straßenseite verloren hat, sie jedoch auf der anderen Seite unter der Laterne sucht. Behält man diese Probleme im Auge, so wird es nicht verwundern, daß einzelne Autoren aus dem gleichen Zahlenmaterial gegensätzliche Schlußfolgerungen ziehen[77].

Angesichts der zahlreichen, hier nur angedeuteten Bemessungs- und Interpretationsschwierigkeiten und infolge der sehr geringen Zahl relevanter Stati-

[74] Zum Bemessungsproblem vgl. u. a. Hans Münzner, *Probleme der Konzentrationsmessung*, in: *Allgemeines Statistisches Archiv*, Bd. 47 (1963), S. 1—9. Hans Kellerer, *Zur statistischen Messung der Konzentration*, in: *Die Konzentration in der Wirtschaft* (= Schriften des Vereins für Socialpolitik, N. F. 20/I), Berlin 1960, S. 41—68. Morris A. Adelman, *The Measurement of Industrial Concentration*, in: *The Review of Economics and Statistics*, Vol. XXXIII (1951), S. 269—296.

[75] Christian Marfels, *Probleme der Messung der Unternehmenskonzentration*, Diss. FU-Berlin, 1966, S. 95.

[76] *A. a.* O., S. 101.

[77] Vgl. die Kritik an den Ausführungen Karl Brandts in Günter Sieber, *Betriebskonzentration, Unternehmenskonzentration und Konzernierung*, Köln 1962, S. 33 ff.

stiken können mit statistischen Mitteln vorläufig nur sehr vage Aussagen über Konzentrations- bzw. Dekonzentrationstendenzen in der deutschen Industrie getroffen werden. Denn selbst für die Zeit nach dem zweiten Weltkrieg liegen nur unvollkommene Informationen vor, wie die 1964 vom deutschen Bundestag angeregte Konzentrations-Enquête mit ihren nicht nur in statistisch-vergleichender Hinsicht enttäuschenden Ergebnissen zeigt[78]. Die Alternative, eine Analyse der Konzentration mit konventionell-historischen Mitteln zu versuchen, nämlich durch die Beschreibung individueller Konzentrationsfälle, muß ebenso unvollkommen bleiben. Denn erstens fehlt dem Historiker ein zuverlässiges Maß dafür, wie repräsentativ die (meist sehr ins Auge stechenden) Konzentrationsbewegungen der ohnehin großen Unternehmen sind, und zweitens kann er nichts darüber aussagen, ob nicht gegenläufige Tendenzen im Gange sind — Neugründungswellen, Expansion kleiner Unternehmen —, die per Saldo den Konzentrationstrend ausgleichen.

Versuche, Konzentrationstendenzen für den Gesamtbereich „Industrie und Handwerk" im langfristigen Zeitvergleich zu ermitteln, haben u. a. Kurt Brandt und Karlheinrich Rieker unter Verwendung der Ergebnisse der gewerblichen Betriebszählungen unternommen[79]. Während Rieker für den gesamten Zeitraum von 1875 bis 1950 aus dem Zahlenmaterial keine eindeutigen Tendenzen zur Betriebskonzentration festzustellen vermag, vielmehr zu dem „eindeutigen Ergebnis" gelangt, „daß die Vorhersage einer Konzentration im Sinne einer Aufsaugung oder Verdrängung der kleinen und mittleren Betriebe (bzw. Unternehmen) durch die Entwicklung widerlegt worden ist"[80], konstatiert Brandt für die Zeitabschnitte 1882 bis 1895 und 1895 bis 1907 einen „merklichen Anstieg der Konzentration". In der Folgezeit tritt nur wenig Veränderung hervor, bei leichter Steigerung 1925 und Abschwächung 1933. Die stärkste Konzentration findet sich 1939, danach erfolgt ein Rückgang im Jahre 1950, wobei wieder das Niveau 1907/1933 erreicht wird[81]. Es ist interessant und sei hier lediglich am Rande vermerkt, daß diese leicht vermehrbaren Widersprüche in der Interpretation der Statistiken zur Betriebs- und Unternehmenskonzentration ihre Entsprechung in der Diskussion der Einkommens- und Vermögensstruktur im Deutschland des ausgehenden 19. Jahrhunderts finden und daß sie dort wie hier auf methodischen Divergenzen beruhen, die nicht selten ideologischen Divergenzen entsprechen[82].

[78] Vgl. *Bericht über das Ergebnis einer Untersuchung der Konzentration in der Wirtschaft.* Bundestagsdrucksache IV/2320. Bonn 1964. Kritisch: Helmut Arndt, *Die Konzentration der westdeutschen Wirtschaft*, Pfullingen 1966, S. 25 ff.

[79] Karl Brandt, *Konzentration und wirtschaftliche Entwicklung . . .*, S. 1451 ff. Karlheinrich Rieker, *Die Konzentrationsentwicklung in der gewerblichen Wirtschaft. Eine Auswertung der deutschen Betriebszählungen von 1875 bis 1950, in: Tradition, Zeitschrift f. Firmengeschichte u. Unternehmerbiographie*, 5. Jg., H. 3, 1960, S. 116—131.

[80] Karlheinrich Rieker, *a. a.* O., S. 128.

[81] Karl Brandt, *a. a.* O., S. 1493.

[82] Zur Einkommensstruktur: Wilhelm Winkler, *Artikel: Einkommen (Einkommenstatistik)*, in: *Handwörterbuch der Staatswissenschaften*, 4. Aufl., Jena 1926, S. 395.

Abgesehen von der Problematik, die den von beiden Autoren verwandten Disparitätsmaßen im Hinblick auf die Unternehmenskonzentration anhaftet[83], wird man mit Recht eine Konzentrationsbemessung für Aggregate ablehnen müssen, die sich — wie die Gruppe „Industrie und Handwerk" — aus völlig heterogenen Teilen zusammensetzen, so daß letztlich jede Strukturveränderung des Aggregats in einer rechnerischen Veränderung des Konzentrationsgrades in Erscheinung tritt. Die methodischen Schwierigkeiten haben u. a. folgende Gründe:

1. Disparitätsmaße — wie Streuung, Variationskoeffizienten, Lorenzkurve etc. — kennzeichnen lediglich die Ungleichheit einer Verteilung und können im Blick auf die Unternehmenskonzentration irreführende Resultate erbringen. Da in ihnen die Gesamtzahl der Betriebe nicht berücksichtigt wird, kann z. B. eine Branche mit wenigen, etwa gleich großen Betrieben einen geringeren „Konzentrationsgrad" aufweisen als eine andere mit mehr Betrieben, die breiter gestreut sind. Im Zeitvergleich bedeutet dies, daß der Umsatzanteil der x-prozent größten Betriebe dann kleiner wird, wenn Kleinbetriebe ausscheiden, also gerade dann, wenn die ökonomische Konzentration zunimmt[84].
2. Die Bemessung der Konzentration in Aggregaten heterogener Branchen, wie z. B. der hochkonzentrierten Mineralölverarbeitung und des weit gestreuten Bekleidungsgewerbes sagt nichts über den Stand und die Veränderung der ökonomisch relevanten Unternehmenskonzentration. Nicht nur würden sich z. B. bei zunehmender Konzentration in bereits bestehenden Branchen und gleichzeitigem Entstehen neuer Produktionszweige mit geringerem Konzentrationsgrad im Konzentrationsmaß die gegenläufigen Tendenzen aufheben oder überkompensieren, die gefundenen Maßzahlen blieben auch aus inhaltlichen Gründen ohne Erklärungswert für die im Grund allein relevanten Wettbewerbsverhältnisse auf einzelnen Märkten. Ein Zurückgreifen auf einzelne Industriezweige oder besser noch Produktgruppen wie z. B. Haushaltsmaschinen oder Lastwagen oder Textilstoffe ist für die sinnvolle Analyse der ökonomischen Konzentration eine conditio sine qua non.

Tabelle 13 sucht dieser Forderung Rechnung zu tragen. Sie bemißt die absolute Betriebskonzentration anhand der Beschäftigtenanteile der jeweils größten Betriebe einer Branche für die Stichjahre 1907, 1925 und 1939[85]. Folgt man den Argumenten Brandts, wonach die Ergebnisse der Betriebskonzentration direkte Rückschlüsse auf die Entwicklung der Unternehmenskonzentration

[83] Zur Kritik: Christian Marfels, *a. a.* O., S. 23—26. Hans Münzner, *a. a.* O., S. 1 f.

[84] Die Bedeutung dieser Maße für die Kennzeichnung der Einkommens- und Vermögenskonzentration wird durch diese Einwände nicht verringert, da es hier im Gegensatz zur Unternehmenskonzentration primär auf den Grad der Ungleichheit der Verteilung ankommt, während die Zahl der Einkommensbezieher von untergeordneter Bedeutung ist. Vgl. Marfels, *a. a.* O., S. 20.

[85] Ein Vergleich mit der Nachkriegszeit ist (nach H. König) mangels vergleichbarer Zahlen nicht möglich. Vgl. Heinz König, *Konzentration und Wachstum*, in: *Zeitschrift für die gesamte Staatswissenschaft*, Bd. 115 (1959), S. 229 f.

zulassen[86] und auch die Beschäftigtenanteile zu den Produktions- oder Marktanteilen tendenziell gleichlaufend anzusehen sind, so lassen sich die folgenden

Tabelle 13: *Beschäftigtenanteile der größten 10, 20, 30 und 50 Betriebe (örtliche Einheiten) einzelner Industriezweige im Deutschen Reich (jeweiliger Gebietsstand) 1907, 1925 und 1939*

| Industriezweige | Jahr | Betriebe insg. 1000 | Beschäftigtenanteil in den ... größten Betrieben 10 | 20 | 30 | 50 |
|---|---|---|---|---|---|---|
| Bergbau | 1907 | 5,16 | 2,25 | 5,60 | 7,00 | 11,50 |
| | 1925 | 2,94 | 8,75 | 15,25 | 19,25 | 26,55 |
| | 1939 | 1,54 | 7,75 | 11,00 | 14,00 | 20,50 |
| Eisenschaffende Industrie | 1907 | 0,65 | 10,75 | 21,50 | 32,25 | 45,00 |
| | 1925 | 1,66 | 20,55 | 32,70 | 39,25 | 49,75 |
| | 1939 | 2,02 | . | 37,50 | 40,75 | 47,50 |
| Eisen- u. Stahlwarenindustrie | 1907 | 35,57 | 2,10 | 4,37 | 5,35 | 7,50 |
| | 1925 | 26,41 | 6,10 | 9,00 | 11,00 | 15,10 |
| | 1939 | 19,07 | 5,00 | 7,50 | 10,00 | 14,75 |
| Maschien- und Apparatebau | 1907 | 13,12 | 3,00 | 5,75 | 8,70 | 14,30 |
| | 1925 | 16,05 | 7,00 | 11,30 | 13,70 | 18,25 |
| | 1939 | 16,44 | . | . | 16,75 | 19,75 |
| Fahrzeugindustrie | 1907 | 56,21 a) | 6,10 | 12,37 | 18,80 | 25,50 |
| | 1925 | 20,50 | 16,00 | 25,25 | 29,80 | 37,75 |
| | 1939 | 35,70 | . | 21,60 | 24,50 | 30,50 |
| Elektroindustrie | 1907 | 6,52 | . | 32,50 | 40,00 | 45,90 |
| | 1925 | 21,93 | . | 31,10 | 37,10 | 43,50 |
| | 1939 | 28,41 | . | 26,75 | 29,75 | 35,75 |
| Feinmechanik - Optik | 1907 | 22,20 | 10,75 | 16,25 | 19,75 | 26,75 |
| | 1925 | 24,51 | 14,00 | 20,30 | 24,00 | 27,95 |
| | 1939 | 25,69 | 16,75 | 25,00 | 33,40 | 37,25 |
| Chemische Industrie | 1907 | 11,13 | . | 19,00 | 22,90 | 29,75 |
| | 1925 | 8,63 | 21,50 | 28,00 | 32,10 | 38,00 |
| | 1939 | 9,68 | 24,50 | 28,75 | 33,13 | 42,00 |
| Glasindustrie | 1907 | 3,56 | 11,30 | 19,10 | 24,00 | 31,00 |
| | 1925 | 3,59 | 10,60 | 17,10 | 23,50 | 30,75 |
| | 1939 | 4,51 | 15,25 | 19,75 | 24,00 | 32,75 |
| Zementindustrie | 1907 | 0,46 | 14,00 | 23,35 | 29,90 | 42,50 |
| | 1925 | 0,12 b) | 29,00 | 42,75 | 56,30 | 76,80 |
| | 1939 | 1,48 | 10,25 | 16,50 | 23,00 | 35,75 |
| Papiererzeugung | 1907 | 1,58 | 8,25 | 13,00 | 16,00 | 36,75 |
| | 1925 | 1,15 | 13,00 | 20,75 | 26,50 | 32,50 |
| | 1939 | 0,82 | . | 21,50 | 25,00 | 15,75 |
| Leder- u. Linoleumindustrie | 1907 | 54,04 | 8,50 | 11,75 | 13,75 | 15,75 |
| | 1925 | 33,63 | 10,00 | 13,40 | 15,25 | 18,75 |
| | 1939 | 32,18 | 8,25 | 10,35 | 12,50 | 16,75 |
| Textilindustrie | 1907 | 161,21 | . | . | . | 5,50 |
| | 1925 | 122,99 | 2,50 | 4,70 | 5,75 | 8,00 |
| | 1939 | 142,68 | 1,50 | 2,80 | 4,25 | 7,00 |

a) Einschl. Stellmacher usw. b) Einschl. Gips- u. Kalkindustrie

Quelle: *Statistik d. Dt. Reichs, Bde 213, 413, 462, 568*

[86] Dies leitet Brandt aus der näherungsweisen Konstanz der Zahl der „Betriebe pro Unternehmung" her, einer Maßziffer, die 1925 1,244 und 1950 1,029 betrug. Vgl. Karl Brandt, *a. a.* O., S. 1494.

Ergebnisse des Zeitvergleichs auch zu einer Analyse des Monopolisierungsgrades in den Branchen heranziehen, wobei freilich auch hier die einzelnen Industriezweige noch immer Aggregate mit äußerst heterogenen Produkten und einer Vielzahl unabhängiger Märkte bilden.

Im Branchenvergleich zeigen sich in den folgenden Industriezweigen deutlich Konzentrationstendenzen: Bergbau, Eisen- und Stahlwarenindustrie, Metallwarenindustrie, Chemische Industrie, Papiererzeugung sowie Leder- und Linoleumindustrie. Die Konzentrationstendenzen in diesen Bereichen sind eindeutig, da sich der Anteil der jeweils größten Betriebe bei gleichzeitiger *Abnahme* der Zahl der Gesamtbetriebe erhöhte. Dabei verdoppelte sich der Anteil der 30 größten Betriebe im Bergbau, während sich der Anteil der 10 größten Betriebe sogar nahezu verdreifachte und die Zahl der Betriebe 1939 weniger als ein Drittel der Zahl von 1907 betrug. Ähnliche Größen- und Konzentrationsverhältnisse ergeben sich für die Eisen- und Stahlwarenindustrie, die Metallwarenindustrie, die Chemische Industrie und die Papiererzeugung. Weniger eindeutige Konzentrationstendenzen lassen sich für diejenigen Wirtschaftszweige — etwa die Feinmechanik-Optik — nachweisen, in denen die Beschäftigtenanteile der größten Unternehmen stärker steigen als die Zahl aller Betriebe. „In den übrigen Wirtschaftsbereichen" ist nach Königs Interpretation dieser Zahlen „keine einheitliche Entwicklung festzustellen, in einigen erfolgte eine geringe Zunahme, in anderen eine Abnahme der Betriebskonzentration[87]."

Wie problematisch indes auch bei gegenläufiger Entwicklung von Beschäftigtenanteil und Gesamtzahl der Betriebe die Interpretation der „eindeutigen" Maßzahl bleibt[88], läßt sich z. B. für die Elektroindustrie zeigen: Statistisch ergibt sich für diesen Industriezweig eine ständige (erhebliche) Zunahme der Zahl der Betriebe bei gleichzeitigem Rückgang des Beschäftigtenanteils der jeweils 10 bis 100 größten Betriebe, ein Ergebnis, das u. a. von Werner Freund bis in die Nachkriegszeit nachgewiesen und folgerichtig als Beleg für das Fehlen von Konzentrationstendenzen in diesem Sektor verwandt wird[89].

Untersucht man jedoch die einzelnen Produktionsbereiche des außerordentlichen heterogenen Aggregats „Elektroindustrie", was freilich nur in monographischer Form geschehen kann, so läßt sich unschwer nachweisen, daß in zahlreichen Erzeugungsgebieten mit dem Einsetzen der Serienreife eines Produkts ein Konzentrationsprozeß in Richtung der führenden Elektrohäuser Siemens, AEG u. a. einsetzte, der häufig das Ausscheiden zahlloser Spezialfirmen nach sich zog[90]. Dieser Konzentrationsprozeß wird im Aggregat jedoch durch das Aufkommen neuer Spezialfabriken kleiner und mittlerer Betriebsgröße überla-

[87] Heinz König, *Kartelle und Konzentration . . .*, S. 322.

[88] Zur Eindeutigkeit der Maßzahl in diesem Fall: Christian Marfels, *a. a.* O., S. 104.

[89] Werner Freund, *Die Interessengemeinschaft der Industrie (unter bes. Berücksichtigung der Elektroindustrie)*, Diss. München, 1962.

[90] Vgl. hierzu: Peter Czada, *Die Berliner Elektroindustrie in der Weimarer Zeit, eine regionalstatistische Untersuchung*, (= Einzelveröffentlichungen der Historischen Kommission zu Berlin, Bd. 3), Berlin 1969.

gert, die nicht selten in der Geschichte expandierender und technisch revolutionierender Industrien auf neuen Produktionsgebieten die Pionierleistungen vollbringen.

Es ist also durchaus denkbar, ja wahrscheinlich, daß sich in den meisten Industriezweigen „typische" Konzentrationsprozesse im Sinne Brandts vollziehen, indem bei gleichbleibender Zahl der Gesamtbetriebe zunächst die Großbetriebe ihren Marktanteil vergrößern, Kleinbetriebe dadurch zunehmend konkurrenzunfähiger werden und schließlich in großem Umfang ausscheiden[91], wobei dieser Prozeß durch die Gleichzeitigkeit neuer Betriebsgründungen in anderen Teilbereichen des Aggregats überkompensiert und insoweit verdeckt wird. Hinzu kommt, daß die Betriebszählungen, denen die Zahlen der Tabelle 13 entnommen sind, Industrie *und* Handwerk ungetrennt erfassen, so daß eventuelle „Dekonzentrationseffekte" im Bereich des Reparaturhandwerks das Bild zusätzlich

Tabelle 14: *Umsatzanteile und deren Veränderung für die jeweils größten Unternehmen einzelner Produktionszweige 1935 (Deutsches Reich), 1950, 1957/58 (BRD)*

| Industriezweige | Anzahl der 1. v. H. größten Unternehmen 1935 | v. H. - Umsatzteile der 1 v. H. größten Unternehmen 1935 | v. H. - Umsatzteile der 4 v. H. größten Unternehmen 1935 | Veränderung des Anteils der 1 v. H. größten Unternehmen 1935/58 v. H. a) | Veränderung des Anteils der 1 v. H. größten Unternehmen 1950/57 v. H. b) |
|---|---|---|---|---|---|
| Produzierendes Gewerbe insg. | 12 000 | 62,2 | 76,8 | + 16 | + 6 |
| Eisen- u. Stahlindustrie | 10 | . c) | 61,6 | . c) | . c) |
| Elektrotechnik | 240 | 81,7 | 88,1 | + 3 | 0 |
| Feinmechanik - Optik | 240 | 54,4 | 68,2 | + 17 | + 8 |
| Holzbearbeitung | 80 | 30,6 | 53,0 | + 12 | + 18 |
| Papiererzeugung | 10 | 31,8 | 54,6 | + 35 | - 15 |
| Druckereigewerbe | 120 | 35,1 | 55,3 | + 21 | + 13 |
| Ledererzeugung | 20 | 45,6 | 70,6 | + 26 | + 16 |
| Textilindustrie | 200 | 36,9 | 64,4 | + 27 | - 7 |
| Bekleidungsgewerbe | 1 200 | 52,8 | 72,7 | + 22 | + 14 |
| Mühlenindustrie | 200 | 50,2 | 71,4 | + 37 | + 19 |
| Süßwarenindustrie | 10 | 28,5 | 54,2 | + 48 | + 43 |
| Brauerei u. Mälzerei | 40 | 33,5 | 54,8 | + 14 | + 11 |
| Tabakwarenindustrie | 40 | 73,7 | 88,5 | + 26 | + 14 |

a) 1935 u. 1958 ohne Innenumsätze der Organschaften
b) 1950 u. 1957 mit Innenumsätzen der Organschaften
c) Nur Umsatzanteil der 4 v. H. größten Betriebe ausgewiesen; Veränderung 1935/58: + 37 v. H., 1950/57: — 10 v. H.

Zusammengestellt nach Angaben bei: Gerhard Fürst, *Konzentration der Betriebe und Unternehmen*, in: *Die Konzentration in der Wirtschaft*, hrsg. v. H. Arndt (= Schriften d. Vereins f. Socialpolitik, NF 20/I), Berlin 1960, S. 109—166.

[91] Karl Brandt, *a. a.* O., S. 1479. Günter Sieber, *a. a.* O., S. 16 f.

beeinflussen. Dieses Beispiel zeigt also, daß Konzentrations- und Dekonzentrationseffekte gleichzeitig auftreten, ja man wird sogar sagen dürfen, daß der Strukturwandel in Industrie und Handwerk in Deutschland im 20. Jahrhundert dadurch sehr wesentlich gekennzeichnet ist: Die scheinbare Ruhe, die die aggregierten Statistiken zeigen, verschleiert eine erhebliche Bewegung und Veränderung in den Teilen des Aggregats.

Die umfangreichen statistischen Untersuchungen von Gerhard Fürst, denen die Tabelle 14 entnommen ist, liefern ein Bindeglied für den Vergleich der Vor- und Nachkriegszeit. Da auch Fürst Maßzahlen der relativen Konzentration im Sinne der Lorenz-Kurven verwendet, unterliegen diese Zahlen, die er selbst nur unter stärksten Vorbehalten interpretiert[92], den bereits erwähnten Einschränkungen. Sie lassen für das produzierende Gewerbe in allen untersuchten Branchen im Vergleich zwischen 1958 (Bundesgebiet) und 1935 (Reichsgebiet) eine einheitliche Vergrößerung des Umsatzanteils der größten Unternehmen erkennen[93]. Besonders stark waren auch hier die „Konzentrationstendenzen" in der Eisen- und Stahlindustrie und in der Papiererzeugung, außerordentlich gering wieder in der Elektrotechnik.

Daß sich der Konzentrationsprozeß nach einem kurzfristigen Rückgang in der unmittelbaren Nachkriegszeit seit den fünfziger Jahren erneut verstärkt hat, läßt sich im Sinne unserer Definitionen auch aus den Zahlen der Konzentrations-Enquête ablesen (vgl. Tabelle 15). Demnach vereinigten die jeweils 10 größten Unternehmen 1960 in etwa der Hälfte der (30) untersuchten Industriegruppen zwischen 37 und 92 v. H. der Gesamtumsätze auf sich. Besonders hochkonzentrierte Branchen sind die Mineralölindustrie (92 v. H.) und die Tabakverarbeitung (85 v. H.), während die Bekleidungs- und Textilindustrie nur jeweils 7 v. H. aufwiesen. Im Zeitvergleich mit 1954 ergab sich für die weitaus überwiegende Zahl (21) der Industriegruppen eine Konzentrationszunahme, deren Ausmaß tendenziell gleichsinnig mit der Höhe des Konzentrationsgrades anstieg.

Die skizzierten Daten lassen sich zweifellos noch erheblich weiter differenzieren und vergleichend analysieren, ohne daß damit indessen eine Gewähr für eine erhöhte Aussagekraft zu geben ist. Im Gegenteil werden gerade auf dem Gebiet der Konzentrationsforschung die engen Grenzen einer an Umsatz- und Beschäftigtenzahlen orientierten Betrachtung deutlich, wie immer auch das jeweilige Konzentrationsmaß definiert sein mag. Das auf diese Weise gewonnene statistische Bild der Konzentration trägt z. B. in keiner Weise den realen Herrschafts- und Abhängigkeitsverhältnissen Rechnung, die durchaus unabhängig vom aufgezeigten Zahlenverhältnis der Unternehmensgröße sein können. Nicht berücksichtigt werden ferner die vielfältigen Formen der kapitalmäßigen oder

[92] „... Setzt man sich einmal — zugegebenermaßen in recht unwissenschaftlicher Weise — über alle notwendigen Vorbehalte hinweg und nimmt die Zahlen, wie sie sich in den Tabellen finden, als ein tatsächliches Abbild der Konzentrationsvorgänge ...", G. Fürst, *Konzentration der Betriebe und Unternehmen* ..., S. 173.

[93] Die Auswahl der Branchen erfolgte nach Maßgabe des verfügbaren Materials.

Tabelle 15: *Gesamtumsatz und Umsatzanteile der jeweils zehn größten Unternehmen einzelner Industriezweige in der BRD 1954 und 1960*

| Industriezweige | Gesamtumsatz | | Umsatzanteil der 10 größten Unternehmen | | |
|---|---|---|---|---|---|
| | 1960 Mio DM | Veränderung v. H. 1954-60 | 1954 | 1960 | Veränderung v. H. |
| Mineralölverarbeitung etc. | 8 563 | + 169 | 72,6 | 91,5 | + 18,9 |
| Tabakverarbeitung | 6 142 | + 55 | 68,8 | 84,5 | + 15,7 |
| Schiffbau | 2 466 | + 41 | 71,5 | 69,0 | - 2,5 |
| Fahrzeugbau | 16 824 | + 140 | 58,6 | 67,0 | + 8,4 |
| Kautschuk- u. Asbestindustrie | 3 586 | + 86 | 60,7 | 59,7 | - 1,0 |
| Eisenschaffende Industrie | 18 505 | + 106 | 51,6 | 57,8 | + 6,2 |
| Glasindustrie | 2 119 | + 116 | 45,7 | 51,7 | + 6,0 |
| NE-Metallindustrie | 4 927 | + 58 | 44,0 | 44,7 | + 0,7 |
| Bergbau | 11 971 | + 47 | 34,6 | 42,0 | + 7,4 |
| Zellstoff-, Papiererzeugung | . | + 40 | 38,5 | 41,5 | + 3,0 |
| Chemische Industrie | 22 768 | + 90 | 37,5 | 40,6 | + 3,1 |
| Elektroindustrie | 20 159 | + 126 | 37,8 | 38,4 | + 0,6 |
| Feinkeramische Industrie | 1 568 | + 71 | 28,5 | 37,5 | + 9,0 |
| Ledererzeugung | 1 024 | + 23 | 36,5 | 37,3 | + 0,8 |
| Feinmechanik - Optik | 2 704 | + 72 | 25,3 | 25,2 | - 0,1 |
| Gießerei-Industrie | 4 522 | + 69 | 25,3 | 22,4 | - 2,9 |
| Kunststoffverarbeitung | 3 059 | + 307 | 27,9 | 20,5 | - 7,4 |
| Stahlbau | 5 106 | + 85 | 25,6 | 20,2 | - 5,4 |
| Lederverarbeitung | 3 170 | + 53 | 21,3 | 19,9 | - 1,4 |
| Ind. d. Steine und Erden | 7 542 | + 80 | 16,4 | 17,9 | + 1,5 |
| Zieherei u. Kaltwalzwerke | 8 892 | + 109 | 17,8 | 17,5 | - 0,3 |
| Papierverarbeitung | . | + 93 | 12,2 | 17,5 | + 5,3 |
| Maschinenbau | 25 646 | + 108 | 14,6 | 13,4 | - 1,2 |
| Druck u. Vervielfältigung | 4 129 | + 81 | 11,5 | 13,4 | + 1,9 |
| Nahrungsmittelindustrie | 31 135 | + 64 | 11,7 | 12,0 | + 0,3 |
| Sägewerke, Holzbearbeitung | 2 626 | + 35 | 9,7 | 11,9 | + 2,2 |
| Eisen-, Blech-, Metallwaren | 10 315 | + 99 | 8,0 | 9,3 | + 1,3 |
| Bekleidungsindustrie | 7 864 | + 68 | 6,5 | 7,4 | + 0,9 |
| Holzverarbeitung | 5 278 | + 82 | 6,6 | 7,3 | + 0,7 |
| Textilindustrie | 16 513 | + 35 | 7,1 | 7,2 | + 0,1 |

Entnommen: Deutscher Bundestag, *Bericht über das Ergebnis einer Untersuchung der Konzentration in der Wirtschaft*, Bundestagsdrucksache IV 2320, Bonn 1964, S. 13.

vertraglichen Unternehmensverflechtung, die in einzelnen Branchen langfristig wirksame strukturbestimmende Komponenten darstellen.

Einen gewissen Eindruck von solchen Abhängigkeitsverhältnissen geben die Daten über die Kartellierung der deutschen Industrie. Die Zahl der Kartelle nahm nach unterschiedlichen Schätzungen seit der Jahrhundertwende von etwa 300 bis zum Jahre 1930 auf das Zehnfache zu und erreichte schließlich nach der Zwangskartellierung im Jahre 1933 einen Höchststand, so daß 1938 nach Angaben des Instituts für Konjunkturforschung mehr als 50 v. H. der industriellen Produktion kartelliert waren gegenüber einer Kartellierungsquote von etwa 25 v. H. im Jahre 1907[94].

[94] Heinz König, *Kartelle und Konzentration* . . ., S. 310.

Tabelle 16: *Daten zur Kartellierung und Konzernierung in einzelnen Branchen der deutschen Industrie 1905—1937 (Deutsches Reich) und 1958 (BRD)*

| Industriezweige | Umfang der Kartellierung: Anzahl der (bekannten) Kartelle 1905 | 1910 | 1925 | 1930 | 1958[a)] | Kartell-Anteil am Bruttoproduktionswert 1907 | 1925/28 | 1935/37 | v. H.-Anteil des in Konzernbesitz befindlichen Aktienkapitals 1935 | 1958 |
|---|---|---|---|---|---|---|---|---|---|---|
| Bergbau | 19 | 16 | 51 | 62 | 3 | 74 | 83 | 95 | 64 | 83 |
| Industrie d. Steine u. Erden | 27 | 40 | 40 | 60 | 27 | . | . | . | . | . |
| Eisen- u. Stahlerzeugung | 62[b)] | 68[b)] | 73 | 108 | 5 | . | . | . | 77 | 71 |
| Metallhütten- u. Halbzeugwerke | 11 | 20 | 17 | 37 | - | 10 | 31 | 80 | 50 | 84 |
| Chemische Industrie | 32 | 48 | 127 | 200 | 14 | . | 70 | 75 | 45 | 23 |
| Papiererzeugung u. -verarbeitung | 6 | 20 | 107 | 66 | 2 | 89 | 70 | 85 | 27 | 48 |
| Maschinen-u. Apparatebau | 1 | - | 195 | 115 | 10 | 2 | 15 | 25 | 46 | 60 |
| Fahrzeugbau u. Schiffbau | 1 | - | 9 | 15 | 2 | 7 | 11 | 15 | 63 | 79 |
| Elektroindustrie | 2 | 3 | } 56 | 63 | 3 | 9 | 14 | 20 | 53 | 56 |
| Feinmechanisch-optische Industrie | 1 | 3 | | | 2 | 5 | 12 | 15 | 48 | 87 |
| Eisen- u. Stahlwarenindustrie | - | - | 234 | 167 | 10 | 20 | 30 | 75 | } 30 | 71 |
| Metallwarenindustrie | . | . | 78 | 36 | - | - | 15 | 20 | | |
| Glasindustrie | 10 | 16 | 20 | 40 | 1 | 36 | 66 | 100 | 56 | . |
| Lederindustrie | 7 | 18 | 46 | 38 | - | 5 | 5 | 10 | 41 | 55 |
| Holz- u. Schnitzstoffindustrie | 6 | 20 | 44 | 67 | 1 | . | . | . | 26 | . |
| Textilindustrie | 31 | 53 | 201 | } 267 | 10 | . | 10 | 15 | 38 | 46 |
| Bekleidungsgewerbe | - | - | 71 | | - | . | . | . | 22 | . |
| Nahrungsmittelindustrie | 17 | 42 | 170 | 130 | 3 | . | . | . | 32 | 43 |
| Aufgeführte Gewerbezweige insges. | 433 | 367 | 1539 | 1471 | 93 | ca. 25 | | ca. 50 | . | . |

a) Beim Bundeskartellamt gemeldete Kartelle b) Einschl. Metallwaren

Quellen: vgl. Heinz König, *Kartelle und Konzentration* . . ., Tabellen auf S. 307, 311, 328 f.

Die Gründe für den hohen Kartellierungsgrad in Deutschland sind oft debattiert worden. Während die ältere Auffassung von den Kartellen als „Kinder der Not" sie in eine direkte und kausale Verbindung zu der „Großen Depression" nach 1870 bringt, haben neuere Forschungen gezeigt, daß auch in konjunkturell günstigen Zeiten Kartellbestrebungen durchaus nicht nachlassen. Auch eine direkte Zuordnung zur „Wirtschaftsordnung" ist nicht möglich, denn ökonomischer Liberalismus kann sowohl kartellfreundlich wie kartellfeindlich sein. Die kartellierenden Unternehmer — wenigstens der Schwerindustrie — machten im ganzen 19. Jahrhundert immer wieder die „natürliche" Überlegenheit der ausländischen Konkurrenz, besonders Großbritanniens und Belgiens, für den Zwang zur Kartellgründung verantwortlich; demgegenüber steht die Tatsache, daß viele der wichtigsten internationalen Kartelle gerade unter englischer Führung zustande kamen. — Was immer auch die Gründe für die Kartellierung im einzelnen gewesen sein mögen, fest steht, daß die öffentliche Meinung und Gesetzgebung in Deutschland bis zum Endes des zweiten Weltkrieges vorwiegend kartellfreundlich oder zumindest kartellneutral gewesen ist. 1897 bestätigte das Reichsgericht die allgemeine Zulässigkeit der freiwilligen vertraglichen Beschränkung bei der Gewerbeausübung, ein Urteil, in dem Franz Böhm die Grundlage dafür sieht, daß Deutschland zu einem „Land der Kartelle" werden konnte[95]. Auch die Wirtschaftspolitik der Weimarer Republik verstand sich nicht zu einer wirksamen Kartellkontrolle. Eine 1923 verabschiedete „Verordnung über den Mißbrauch wirtschaftlicher Machtstellungen" blieb dank der Intervention der Industrieverbände ohne Einfluß auf die Kartellbildung, neue Vorstöße in Richtung auf eine Kartellkontrolle gelangten 1925 nicht mehr über das Stadium von Gesetzesvorlagen hinaus, und das „Steuermilderungsgesetz" verringerte von 1926 bis 1930 die mit Unternehmenszusammenschlüssen verbundenen steuerlichen Lasten. Erst in der Zeit nach dem zweiten Weltkrieg wurde, abgesehen von den nur kurzfristig wirksamen Dekartellierungs- und Entflechtungsmaßnahmen der Alliierten, nach mehr als zehnjähriger Debatte 1957 das „Gesetz gegen Wettbewerbsbeschränkungen" verabschiedet, das ein von mehreren Ausnahmeregelungen durchbrochenes Kartellverbot enthält.

Die veränderte Auffassung des Gesetzgebers hat die Wiedererstehung alter, durch Kriegs- und Nachkriegszeit hinfällig gewordener Kartelle zumindest erschwert und ihre Anzahl im Vergleich zur Vorkriegszeit drastisch reduziert (vgl. Tabelle 16). Das gilt auch dann, wenn man in Rechnung stellt, daß sich hinter der Zahl der angemeldeten und genehmigten Kartelle noch eine größere Dunkelziffer verbirgt. Es ist zu vermuten, daß die kartellrechtlichen Bestimmungen mit dazu beigetragen haben, daß in der Industrie die Tendenz zur Re-Verflechtung und Unternehmenskonzentration verstärkt wurde, die vom „Gesetz gegen Wettbewerbsbeschränkungen" nicht beeinträchtigt, vielmehr durch eine

[95] Franz Böhm, *Das Reichsgericht und die Kartelle*, in: *Ordo, Jahrbuch für die Ordnung von Wirtschaft und Gesellschaft*, 1948, S. 197 ff.

Reihe steuerrechtlicher Bestimmungen begünstigt wurde[96]. Einen Eindruck vom Ausmaß der Re-Verflechtung in der Bundesrepublik im Vergleich mit der Vorkriegszeit vermitteln die Angaben in den beiden letzten Spalten der Tabelle 16. Demnach war bereits 1958 der Anteil des im Konzernbesitz befindlichen Stammkapitals der Aktiengesellschaften in den meisten Branchen erheblich größer als im Reichsgebiet 1938, wobei der Konzernierungsgrad in der Zwischenzeit weiter angestiegen ist.

Daß dennoch auch heute die Kartellierung als Mittel zur Milderung bzw. Verlangsamung des Strukturwandels in der Industrie benutzt wird, zeigen Beispiele notleidender Wirtschaftszweige wie der Bergbau, die Stahlindustrie, die Mühlenindustrie und andere, in denen sogenannte Rationalisierungs- bzw. Strukturkrisenkartelle die Auswirkungen bestehender Überkapazitäten auf den Wettbewerb abschwächen sollen. Dabei wurde z. B. in der Mühlenindustrie durch die Möglichkeit, die Kartellquote stillgelegter Betriebe zu erwerben, die Tendenz zur Unternehmenskonzentration gefördert. In neuester Zeit findet eine Re-Kartellierung der Stahlindustrie statt, deren Produkte über vier Stahlkontore abgesetzt werden, und die Bundesregierung sucht die Strukturprobleme des Steinkohlenbergbaus durch die Schaffung einer Einheitsgesellschaft für das gesamte Ruhrgebiet zu lösen.

Die bislang vorliegenden statistischen Untersuchungen sind, wie gezeigt wurde, zu lückenhaft und zu unsicher, um einen langfristigen Abriß der Konzentrationseffekte im Branchenvergleich zu ermöglichen. Zudem erweisen sich die Motivationen und Formen der Konzentration als so komplex, daß ihnen nur in detaillierten Branchen-Studien, die den Rahmen dieser Darstellung sprengen müßten, Rechnung getragen werden kann. Erst unter Berücksichtigung der technischen Bedingungen sowie der jeweiligen Kosten- und Absatzsituation wird sich entscheiden lassen, welche Wirkungen von der Konzentration speziell auf die Produktivität und die Wettbewerbssituation in einzelnen Wirtschaftszweigen ausgehen.

## *V. Das deutsche Handwerk im Strukturwandel*

Interessante Parallelen, aber auch abweichende Bewegungen lassen sich darstellen, wenn man aus dem Gesamtbereich der „Produzierenden Gewerbe", der im allgemeinen mit „Industrie" gleichgesetzt wird, das Handwerk ausgliedert. Das ist in Deutschland besser als in anderen Ländern möglich, weil sich seit dem Ausgang des 19. Jahrhundert sowohl die Wissenschaft wie die amtliche Statistik

[96] Vgl. hierzu Dieter Pohmer, *Die steuerliche Beeinflussung der Unternehmungskonzentration unter besonderer Berücksichtigung der Verhältnisse in der Bundesrepublik Deutschland und in Berlin (West)*, in: *Die Konzentration in der Wirtschaft ...*, Bd. II, S. 1045—1096. Pohmer kommt zu dem Ergebnis, daß „ernsthaft bezweifelt werden (muß), ob der Stand der Unternehmungskonzentration ohne die großzügige Hilfe des Fiskus den heutigen Umfang angenommen hätte." Ebd., S. 1074.

mit dem Problem des Handwerks in der industriellen Wirtschaft befaßt hat. 1895 veranstaltete der Verein für Socialpolitik eine umfangreiche Handwerksenquête, die freilich im wesentlichen eine Zusammenstellung von monographischen Darstellungen über die Lage einzelner Handwerke in einzelnen Städten blieb und modernen statistischen Ansprüchen nicht genügte[97]. Im gleichen Jahr fand eine erste amtliche Sonderzählung des Handwerks statt, deren Ergebnisse zwei Jahre später bekanntgemacht wurden[98]. In der Weimarer Republik hat dann der vom vorläufigen Reichswirtschaftsrat eingesetzte „Ausschuß zur Untersuchung der Erzeugungs- und Absatzbedingungen der deutschen Wirtschaft" durch den Deutschen Handwerks- und Gewerbekammertag eine besondere Enquête über das Handwerk veranstaltet, die in vier Bänden veröffentlicht wurde[99]. Als Stichtage wählte man den 1. Oktober 1926 und zum Vergleich den 1. Oktober 1913. Seit 1939 werden außerdem besondere Handwerksstatistiken geführt und regelmäßige Sondererhebungen veranstaltet, im Deutschen Reich in Verbindung mit der Arbeitsstättenzählung 1939, in der Bundesrepublik 1949, 1956 und 1963[100].

Die grundlegende Feststellung, die man nach diesen Erhebungen machen kann, ist die, daß das Handwerk, das besonders am Ausgang des 19. Jahrhunderts von vielen Nationalökonomen totgesagt wurde, bis heute einen beachtlichen Anteil an der deutschen Volkswirtschaft besitzt. Seit Anfang der fünfziger Jahre trägt es einen höheren Teil zur Erstellung des Sozialprodukts bei und hat seit Ende der fünfziger Jahre mehr Beschäftigte als die Landwirtschaft. 1963 waren im Handwerk in der Bundesrepublik rund 4 Millionen Personen beschäftigt, das sind 15 % aller Erwerbstätigen, hingegen in der Landwirtschaft nur etwas über 3 Millionen, d. h. 12 %[101]. Der Nettoproduktionswert des Hand-

[97] Die Ergebnisse sind in 9 Bänden auf über 5000 Druckseiten vom Verein für Socialpolitik in den Jahren 1895—97 veröffentlicht worden unter dem Obertitel: *Untersuchungen über die Lage des Handwerks in Deutschland mit besonderer Rücksicht auf die Konkurrenzfähigkeit gegenüber der Großindustrie.* Schriften des Vereins für Socialpolitik Bd. 62 bis 70 (1895—97). Leiter der Handwerksenquête war Karl Bücher, der auch den zusammenfassenden Bericht schrieb und die Konsequenz zog, daß das Handwerk unvermeidlich zum Niedergang bestimmt sei.

[98] Ausgewertet bei P. Voigt, *Das deutsche Handwerk nach den Berufszählungen von 1882 und 1895*, für Preußen außerdem verglichen mit älteren Erhebungen seit 1849 von O. Thissen, *Beiträge zur Geschichte des Handwerks in Preußen*, Tübingen 1901.

[99] *Ausschuß zur Untersuchung der Erzeugungs- und Absatzbedingungen der deutschen Wirtschaft: Das deutsche Handwerk.* 4 Bde. Berlin 1930.

[100] Die Ergebnisse, die in den amtlichen Werken des Statistischen Bundesamtes, besonders in *Wirtschaft und Statistik* vorgelegt werden, sind besonders von Th. Beckermann vom Rheinisch-Westfälischen Institut für Wirtschaftsforschung in Essen analysiert und interpretiert worden. Seine Arbeiten sind den folgenden Ausführungen sehr wesentlich zugrundegelegt und dort im einzelnen zitiert. Zu weiteren Arbeiten über das deutsche Handwerk vgl. die vom Handwerkswissenschaftlichen Institut Münster/Westfalen herausgegebene *„Bibliographie des Handwerks"*, die alle Neuerscheinungen seit 1945 und die Dissertationen seit 1895 erfaßt.

[101] *Wirtschaft und Statistik 1966*, S. 307; *Statistisches Jahrbuch der Bundesrepublik Deutschland* 1954, S. 519; 1964, S. 551; 1966, S. 148, 548.

werks stieg (in laufenden Preisen) von 31 Mrd. DM (1960) auf 41 Mrd. DM (1963) und lag damit erheblich über den Werten der Land- und Forstwirtschaft mit 18 bzw. 19 Mrd. DM. Da Industrie und Handwerk 1963 einen Nettoproduktionswert von rd. 200 Mrd. DM erzielten, betrug der Anteil des Handwerks am gesamten produzierenden Gewerbe (einschl. Bergbau und Baugewerbe) immerhin rd. 21 %[102]. Ähnliche Relationen ergeben sich für die Umsätze. Für die Nachkriegsentwicklung kennzeichnend ist dabei, daß im ganzen der Umsatz der Industrie etwas stärker wächst als der des Handwerks, daß aber seit der Beendigung der „Konsolidierungsphase" des Handwerks Mitte der fünfziger Jahre der Umsatzzuwachs beim Handwerk stärker war als bei der Industrie, wie Tabelle 17 zeigt[103].

Tabelle 17: *Zunahme des Gesamtumsatzes in Industrie und Handwerk*

| | Umsatzwachstum | |
|---|---|---|
| | Industrie | Handwerk |
| 1950 - 55 | + 107 % | + 74 % |
| 1955 - 63 | + 84 % | + 107 % |
| 1950 - 63 | + 280 % | + 261 % |

Seit der Mitte der fünfziger Jahre hält also das Handwerk zumindest seine gesamtwirtschaftliche Position: Sein Beitrag zum Bruttoinlandsprodukt schwankte, zu konstanten Preisen gerechnet, zwischen 1955 und 1963 stets zwischen 9,5 und 10 %[104].

Man wird zunächst fragen: Was ist das für ein Handwerk, das hier gezählt wird? Liegen nicht vielleicht in dem Handwerksbegriff, der den Handwerkszählungen zugrunde liegt, Fehlerquellen? In der Tat werden in den deutschen Handwerkszählungen Unternehmen und deren Beschäftigte erfaßt, die der unbefangene Beobachter ohne weiteres dem Sektor „Industrie im engeren Sinne" zuordnen würde. Der Grund liegt in der Handwerksgesetzgebung, wie sie sich in Deutschland seit dem Ende des 19. Jahrhunderts ausgebildet hat. Im Verlaufe des Existenzkampfes des Handwerks gegen industrielle Konkurrenz und im Zuge der konservativen Gesellschaftspolitik des Deutschen Reiches, die verhindern wollte, daß der selbständige Mittelstand ins „Proletariat" absinkt und damit das sozialdemokratische Wählerreservoir vergrößert, wurde dem Handwerk nicht nur der Befähigungsnachweis wieder gestattet, also ein geregelter Ausbildungsgang zur Voraussetzung der Betriebsführung und Lehrlingshaltung im Handwerk gemacht, sondern es wurden durch Reichsgesetz auch Handwerkskammern eingeführt, in denen alle selbständigen Handwerker zwangsorgani-

[102] Vgl. *Statistisches Jahrbuch für die Bundesrepublik Deutschland*, 1966, S. 548.
[103] Th. Beckermann, *Konjunktur und Konjunkturbeobachtung*. In: *Das Handwerk in der modernen Wirtschaft und Gesellschaft*. Bad Wörishofen 1966, S. 86 ff.
[104] Ebd.

siert sind. Gewerbetreibende, die einen Handwerksbetrieb eröffnen wollen und die die subjektiven Voraussetzungen dafür erfüllen (u. a. Meisterbrief), müssen sich in die bei den Handwerkskammern geführte „Handwerksrolle" eintragen lassen. Das hat gegenüber der Zugehörigkeit zur Industrie- und Handelskammer, die in Deutschland ebenfalls obligatorischen Charakter besitzt, einige Vorteile: Die Beiträge sind geringer, die Vorschriften zur Buchführung für steuerliche Zwecke leichter etc. Daher sind, besonders im Baugewerbe, große Firmen, die aus echten Handwerksbetrieben hervorgegangen sind und an deren Spitze noch ein Handwerksmeister oder ein handwerklich ausgebildeter, angestellter Betriebsführer steht, in der Handwerkszählung miterfaßt. Aber schon das allein ist eine interessante Feststellung: Die Tatsache, daß auch Betriebe mit mehr als 1000 Beschäftigten sich subjektiv noch zum Handwerk zählen, beweist, daß Handwerker zu sein nicht mehr mit dem zweifelhaften Prestige belastet ist, einer aussterbenden Schicht anzugehören.

Bringen diese „industriellen Handwerksbetriebe" auch einige Verzerrungen zugunsten des Handwerks mit sich, so fallen sie bei der Gesamtzahl von (1963) noch immer mehr als 686 000 Handwerksbetrieben doch nicht so sehr ins Gewicht, daß sie die Aussage wirklich verfälschen. Noch immer (1963) haben fast 90 % aller Handwerksbetriebe weniger als 10 Beschäftigte und die durchschnittliche Beschäftigtenzahl aller Handwerksbetriebe beträgt knapp 6 Personen[105]. Im Vergleich zu früheren Zählungen zeigt sich ein deutlicher Trend zur Erhöhung der Beschäftigtenzahl pro Betrieb, denn 1939 stand die durchschnittliche Betriebsgröße auf dem Gebiet der Bundesrepublik erst bei 3,3 Personen, 1949 bei 3,5 und 1956 bei 4,8[106]. Diese Entwicklung zu größeren Betrieben vollzog sich a) durch Erhöhung der absoluten Beschäftigtenzahl bei b) gleichzeitigem Rückgang der Betriebe. 1949 lag die Betriebszahl mit 863 000 höher als 1939; das war aber eine nachkriegsbedingte, vorübergehende Erscheinung; von 1949 bis 1963 nahm die Zahl der Handwerksbetriebe um 176 000 oder 20 % ab, die Zahl der Beschäftigten erhöhte sich jedoch um rund 1 Million von 3 auf 4 Millionen, also um ein Drittel[107].

Der Rückgang der Betriebszahlen beschränkte sich seit 1956 vollständig auf die Betriebe mit weniger als 10 Beschäftigten und war am größten bei den Einmannbetrieben. Konsequenterweise fielen in diesen Betriebsgrößenklassen auch die Beschäftigtenzahlen, während in den Größenklassen ab zehn Beschäftigten nicht nur die Beschäftigten, sondern auch die Betriebe zunahmen, am stärksten in den „industriellen Handwerksbetrieben" mit mehr als 50 Beschäftigten. In dieser Größenklasse stieg die Zahl der Betriebe von knapp 7000 (1956) auf 8800 (1963) oder um 26,4 %, die Zahl der Beschäftigten um fast 38 % und der Umsatz um 175 %. 1962 erzielten diese Betriebe fast ein Viertel des gesamten

[105] Berechnet nach *Wirtschaft und Statistik 1966*, S. 306, Tabelle 1.

[106] Th. Beckermann, *Das Handwerk — Gestern und Heute.* Essen 1959, S. 11, Übersicht 1.

[107] Quelle wie Anm. 97 und 98.

Umsatzes des Handwerks und beschäftigten 23 % aller im Handwerk Tätigen, während sie an der Zahl der Handwerksbetriebe nur einen Anteil von 1,3 % hatten, wie aus Tabelle 18 zu ersehen ist[108].

Die Frage, ob es sich dabei stärker um einen Konzentrations- oder um einen Wachstumseffekt handelt, ist aus den Zahlen allein nicht zu beantworten. Da es aber im Handwerk nur selten Zusammenschlüsse gibt wie in der Industrie, wird man den größten Teil der Veränderung als Ergebnis eines Wachstumsprozesses ansehen können. Konkret sieht das so aus, daß kleinere Betriebe in größere Klassen hineinwachsen, während in den unteren Größenklassen Grenz-

Tabelle 18: *Betriebe, Beschäftigte und Umsatz im Handwerk der Bundesrepublik nach Größenklassen 1955—1963*

| Betriebe mit ... Beschäftigten | Anzahl der Betriebe in 1000 1963 | Anzahl der Beschäftigten in 1000 1963 | Gesamtumsatz Mill. DM 1962 | Zu- bzw. Abnahme 1963 gegenüber 1956 bzw. 1955 in % Betriebe | Beschäftigte | Gesamtumsatz |
|---|---|---|---|---|---|---|
| 1 | 200,8 | 206,1 | 2 357 | - 21,5 | - 19,4 | + 46,6 |
| 2 - 4 | 275,6 | 785,4 | 18 779 | - 14,0 | - 11,2 | + 65,6 |
| 5 - 9 | 122,8 | 797,4 | 20 243 | - 5,0 | - 2,6 | + 68,3 |
| 10 - 19 | 46,1 | 619,4 | 15 618 | + 7,1 | + 9,8 | + 92,6 |
| 20 - 49 | 22,3 | 677,4 | 16 957 | + 15,0 | + 18,2 | + 117,6 |
| 50 u. mehr | 8,8 | 920,2 | 23 275 | + 26,4 | + 37,9 | + 175,4 |
| insgesamt | 676,6 | 4 005,9 | 97 229 | - 12,7 | + 6,5 | + 97,1 |

Quelle: *Wirtschaft und Statistik 1966*, S. 307

betriebe ausscheiden. So verminderte sich die Zahl der Einmannbetriebe zwischen 1956 und 1963 um rund 55 000 oder 21,5 %. Aber noch immer existieren 200 000 solcher Betriebe, besonders viele in Sparten wie dem Bekleidungsgewerbe (Schneider, Schuhmacher). Und zählt man die Betriebe mit bis zu 4 Beschäftigten hinzu, besaß die Bundesrepublik Deutschland am 31. Mai 1963 noch fast eine halbe Million handwerklicher Kleinbetriebe mit rund 1 Million Beschäftigten. Man kann daraus schließen, daß bei allen Wachstumstendenzen und Konzentrationsmöglichkeiten auch die Beharrungskräfte, die wirtschaftlichem Strukturwandel widerstehen, erheblich sind. Deutschland ist auch im letzten Drittel des 20. Jahrhunderts nicht ein Land, daß vom industriellen Großbetrieb allein geprägt ist, sondern in dem — bei aller Tendenz zur wachsenden Größe — kleine und mittlere Unternehmen sich behaupten.

Betrachtet man den Rückgang der handwerklichen Kleinbetriebe, muß man überdies berücksichtigen, daß deren Zahl nach dem Krieg besonders stark aufgebläht war. Nach 1945 begannen viele heimgekehrte Soldaten, Flüchtlinge und Kriegerwitwen irgendeine Existenz. 1949, im Jahr nach der Währungsreform, war daher die Zahl der Handwerksbetriebe in der Bundesrepublik mit 863 000

108 *Wirtschaft und Statistik 1966*, S. 307.

um 71 500 oder um 9 % höher als 1939[109]. Es war zu erwarten, daß bei wirtschaftlicher Konsolidierung und wirtschaftlichem Wachstum sich diese Zahl wieder zurückbilden und die Entwicklung in der Bundesrepublik die schon vor dem zweiten Weltkrieg begonnene Tendenz fortsetzen würde. Diese Tendenz kann man ganz grob wie folgt charakterisieren:

Das Handwerk behauptet in Deutschland nicht nur seine Existenz, sondern nimmt am wirtschaftlichen Wachstum teil. Die Zahl seiner Beschäftigten wächst stärker als die Bevölkerungszahl. Das Resultat — langfristig gesehen — ist eine größere Handwerksdichte (mehr Handwerker pro Kopf der Bevölkerung), eine Ausdehnung seines Anteils oder ein zumindest stabiler Anteil an der Beschäftigungszahl und am Sozialprodukt. Diese Entwicklung vollzieht sich bei wachsenden Betriebsgrößen und größerer Kapitalintensität, was bedeutet, daß das Handwerk sich „industrialisiert". Die Einmann- und Kleinbetriebe verringern sich

Tabelle 19: *Entwicklung der Zahl der Handwerksbetriebe, der Handwerksdichte, der Beschäftigten im Handwerk*

| | Deutsches Reich a) | | | Bundesrepublik Deutschland b) | | | |
|---|---|---|---|---|---|---|---|
| | 1895 | 1926 | 1939 | 1939 | 1949 | 1956 | 1963 |
| Bevölkerung (Mill.) | 46,4 | 63,6 | 69,3 | 39,3 | 45,2 | 49,8 | 57,6 |
| Beschäftigte im Handwerk (Mill. | 2,1 | 3,7 | 4,9 | 2,6 | 3,1 | 3,6 | 4,1 |
| durchschn. Handwerksdichte Beschäftigte im Hdw. pro 100 Köpfe der Bev.) | 4,5 | 5,9 | 7,0 | 6,6 | 6,9 | 7,3 | 7,1 |
| Handwerksbetriebe (Mill.) | 1,1 | 1,3 | 1,5 | 0,8 | 0,9 | 0,8 | 0,7 |
| durchschn. Betriebsgröße (Personen) | 1,9 | 2,8 | 3,3 | 3,3 | 3,5 | 4,8 | 5,9 |
| Beschäftigte insgesamt (Mill.) | 19,9 | 32,0 | 34,5 | 19,7 | 20,0 | 23,4 | 26,9 |
| Anteil des Handwerks an der Beschäftigtenzahl (%) | 10,6 | 11,6 | 14,2 | 13,2 | 15,5 | 15,4 | 15,1 |
| Beschäftigte in Industrie und Handwerk (Mill.) | 7,7 | 12,7 | 14,6 | 8,8 | 8,5 | 11,1 | 13,0 |
| Anteil des Handwerks daran (%) | 27,3 | 29,3 | 33,6 | 29,5 | 36,2 | 32,4 | 31,5 |

a) 1895, 1926: jeweilige Grenzen; 1939: Grenzen von 1937

b) 1939, 1949, 1956: ohne West-Berlin, ohne Saarland; 1963 mit West-Berlin und Saarland

Zusammengestellt bzw. berechnet nach: Th. Beckermann, *Das Handwerk — Gestern und Heute*, Essen 1959, S. 11; ders., *Auslese, Wachstum und Differenzierung im modernen Handwerk*, Essen 1960, S. 7, 18, 29; Ausschuß zur Untersuchung der Erzeugungs- und Absatzbedingungen der deutschen Wirtschaft: *Das deutsche Handwerk*, Bd. 1, S. 9, 12; W. Wernet: *Grundzüge der Handwerkswirtschaft*, in: *Das Handwerk in der modernen Wirtschaft und Gesellschaft*, S. 37; *Wirtschaft und Statistik*, 1960, S. 30; 1964, S. 24, 206, 204; *Statistisches Jahrbuch* 1901, S. 5; 1927, S. 8; 1939/40, S. 29, 163; 1952, S. 166; 1958, S. 28 f., 110; 1966, S. 13, 27, 148.

[109] Th. Beckermann, *Das Handwerk — Gestern und Heute*, S. 11 (Übersicht 1).

seit über hundert Jahren, ohne daß sie schon völlig bedeutungslos wären (vgl. Tabelle 19).

Wie bei der Industrie vollzieht sich jedoch unterhalb dieser globalen Vorgänge ein ständiger und z. T. heftiger Strukturwandel. Es hat sogar den Anschein, ohne daß wir das exakt belegen können, daß dieser Strukturwandel im Handwerk stärker ist als in der Industrie, was insofern auch plausibel erscheint, als kleine Betriebe mit geringerer Kapitalausstattung flexibler sein können als Betriebe mit hohem Anlagekapital und notwendig einseitigerer Produktionsausrichtung. Handwerksbetriebe entstehen und vergehen schnell, und so verhält es sich offenbar mit ganzen Handwerkszweigen. Während einzelne Grundhandwerke des täglichen Bedarfs (z. B. Bäcker und Fleischer) im großen und ganzen mit der Bevölkerung mitwachsen, verfallen andere Handwerkszweige in wenigen Jahrzehnten ganz, und neue bilden sich fast aus dem Nichts bzw. aus der Umstellung alter, in der bisherigen Form nicht mehr lebensfähiger Handwerke. Das Beispiel eines verfallenden Handwerks im 19. Jahrhundert ist die Weberei; im 20. Jahrhundert sind es vor allem die alten Landhandwerke, die in der ersten Industrialisierungsphase noch expandieren konnten: Mühlenbauer, Stellmacher, Schmiede, Sattler, Holz- und Weinküfer sowie Seiler sind in der Bundesrepublik drastisch zurückgegangen. Allein zwischen 1949 und 1956 betrug der Rückgang in diesen Handwerken, gemessen an den Beschäftigtenzahlen, zwischen 38,5 % und 20 %. Dafür haben sich die „modernen" Landhandwerke, die sich mit Traktoren und Landmaschinen befassen, explosionsartig ausgedehnt. Das Landmaschinenhandwerk stieg in der gleichen Zeit um 19 % und die „Schmiede mit Schwerpunkt Fahrzeugbau", also die Traktorenreparaturstellen, um 385 %[110].

Schneller Strukturwandel kennzeichnet auch eine Handwerksgruppe, die insgesamt als typische Wachstumsindustrie überproportional anzuwachsen tendiert, das Baugewerbe. Innerhalb dieser Gruppe haben in der gleichen Siebenjahresperiode modische Zweige wie Steinholzleger (+164 %), Mosaik-, Platten- und Fliesenleger (+ 131 %) große Zuwachsraten — auch der Straßenbau mit 148 % —; andererseits ist die Zahl der Bauklempner um 60 %, die der Backofenbauer um 30 % zurückgegangen. Für die gesamte Tendenz des Bauhandwerks repräsentativ aber ist noch immer das Maurerhandwerk, das 1956 mit über 700 000 Beschäftigten fast die Hälfte aller Beschäftigten im Bauhandwerk besaß und mit einem Wachstum von 58,5 % über die erwähnte Siebenjahresperiode das ganze Baugewerbe in die Höhe zog (Durchschnitt 40 %)[111].

Das überproportionale Anwachsen des Baugewerbes hat seine Gründe nicht nur in der ungewöhnlichen Nachfrage nach Bau- und Ausbauleistungen im Zuge des Wiederaufbaus Deutschlands nach den Kriegszerstörungen und der Bevölkerungsaufnahme infolge von Austreibungs- und Fluchtbewegungen, sondern es steht, längerfristig gesehen, auch im Zusammenhang mit einer Srukturwand-

[110] Ebd., S. 39 (Übersicht 5).
[111] Ebd., S. 15 (Übersicht 2).

lungstendenz, die für den Industrialisierungsprozeß charakteristisch ist und inzwischen auch das Handwerk erreicht zu haben scheint: dem stärkeren Anwachsen der Investitionsgüterindustrien gegenüber den Konsumgüterindustrien[112]. Während das deutsche Handwerk in der Zwischenkriegszeit mit etwa drei Fünftel seines Umsatzes den privaten Konsum bediente und nur mit zwei Fünftel die Investitionsgüterindustrie, die öffentliche Hand und den Wohnungsbau, entfallen in den 1960er Jahren etwa zwei Drittel der Handwerksleistungen auf den Investitionsgütersektor und nur noch ein Drittel auf den Konsumgütersektor[113]. Auch in der Beschäftigtenentwicklung spiegelt sich dieser Prozeß wieder: Die Branchen mit hohen Zuwachsraten sind fast ausschließlich mit der Herstellung von Gütern und Leistungen für den Investitionsgütersektor tätig, während die typischen Konsumgüterhandwerker teils unterdurchschnittliche (Bäcker, Fleischer), teils negative (Schneider, Schuhmacher) Wachstumsraten aufzuweisen haben[114]. Trotzdem beschäftigte das Bäckereihandwerk 1956 mit 230 000 Personen noch fast genau so viele Personen wie die eisenschaffende Industrie[115]!

Die Entwicklung der Beschäftigtenzahlen und des Umsatzes ist ein brauchbares Maß, um Strukturwandlungstendenzen zwischen Branchen und innerhalb von Branchen zu erfassen. Aber sie sind nur Ergebnisse, die *per saldo* ausweisen, wo Zu- und wo Abgänge überwiegen. Wie flexibel das Handwerk ist und was diesem Strukturwandel an konkreten wirtschaftlichen Geschehnissen zugrunde liegt, dafür ist die Fluktuation der Betriebe ein guter Indikator. Sie zu messen, ist in Deutschland möglich, weil Betriebsgründungen wie -schließungen im Handwerk in die Handwerksrolle eingetragen werden müssen. In der Bundesrepublik sind von 1950 bis 1958 438 000 Betriebe neu in die Handwerksrolle eingetragen und 607 000 in ihr gelöscht worden. Darin sind allerdings auch Erbübertragungen enthalten, die die Existenz der Betriebe nicht berühren. Schließt man sie aus, so ergibt sich, daß 275 000 Betriebe neu hinzukamen und 446 000 ausschieden. Da während dieser neun Jahre die Zahl der Betriebe bei durchschnittlich 850 000 lag, ergibt sich, daß in diesem Zeitraum 53 % aller Betriebe ausschieden und 32 % neu hinzukamen. Die jährliche Fluktuationsrate der Betriebe lag bei 9,6 %. Im Baugewerbe, einem der wichtigsten Handwerkszweige, lag sie knapp unter 9 %, also in ungefähr der gleichen Höhe. Am stärksten war die Fluktuation infolge zahlreicher Abgänge bei einigen traditionellen Handwerkszweigen wie den Töpfern, Webern, Holzbildhauern und Drechslern. Auch die Schneider gehören zu der Kategorie ‚Hohe Fluktuation infolge starker Abgänge'!

112 Zu dieser „Gesetzmäßigkeit" s. W. G. Hoffmann, *Stadien und Typen der Industrialisierung. Ein Beitrag zur quantitativen Analyse historischer Wirtschaftsprozesse.* Jena 1931.

113 Th. Beckermann, *Konjunktur und Konjunkturbeobachtung,* in: *Das Handwerk in der modernen Wirtschaft und Gesellschaft,* S. 84.

114 Vgl. Th. Beckermann, *Das Handwerk — Gestern und Heute,* S. 10 (Übersicht 1).

115 Ebd., S. 63.

Fluktuation infolge starker Zugänge hatten auf der anderen Seite die Mosaik-, Platten- und Fliesenleger, die Isolierer, Radio- und Fernsehtechniker und die Zahntechniker. Es sind also dieselben Zweige, die per Saldo hohes Wachstum aufweisen[116]. Ob diese hohe Fluktuationsrate andauern wird, ist eine offene Frage. Der beste Kenner der westdeutschen Handwerksstatistik, Theodor Beckermann, vertritt die Ansicht, daß sie in Zukunft abnehmen wird, weil die „Industrialisierung" des Handwerks, die höhere Kapitalausstattung des einzelnen Betriebes einen Anreiz bildet, den Betrieb zu erhalten, und weil andererseits der wachsende Kapitalbedarf für Neugründung diese hemmen muß[117].

Dieser wachsende Kapitalbedarf — und sein Ergebnis, die wachsende Kapitalintensität — ist ein weiteres Kennzeichen für den Strukturwandel im Handwerk. Noch immer gibt es zwar den Einmannbetrieb mit wenig fixem Kapital, aber charakteristisch ist — in den Branchen im einzelnen verschieden — doch die höhere Kapitalausstattung. Es ist geschätzt worden, daß eine mittelgroße Tischlerei, deren Einrichtung (ohne bauliche Investitionen) um 1900 rund 500 Mark pro Arbeitsplatz kostete, heute einen Kapitalbedarf von 7 000 bis 9 000 DM pro Arbeitsplatz hat. Im Hoch- und Tiefbaugewerbe und im Schlosserhandwerk rechnet man mit einer Versiebenfachung des Kapitalbedarfs seit dem Beginn des Jahrhunderts. Eine Graveurwerkstatt konnte noch nach dem ersten Weltkrieg mit rund 500 RM Kapital eröffnet werden; heute kostet allein die Graviermaschine gegen 7000 DM und die gesamte Ausstattung um 10 000 DM. Selbst in so modernen Handwerkszweigen wie dem Kraftfahrzeughandwerk, die von vornherein mit größerem Kapitalbedarf rechneten (1935 gegen 3000 RM mit baulichen Investitionen), hat sich der Kapitalbedarf seitdem verdreifacht[118]. Auch die größere Lagerhaltung bedingt einen höheren Kapitaleinsatz, besonders bei Handwerken des modischen Bedarfs wie Kürschnern.

Es ist zu vermuten, daß der Kapitalbedarf besonders in den Wachstumsbranchen zunimmt. Das ist aber nicht durchweg der Fall; zwar standen in der Spitzengruppe der Investition im Jahre 1956 sowohl typische Wachstumsbranchen wie der Hoch- und Tiefbau mit 386 Millionen DM, die Landmaschinenmechaniker und die Mechaniker, ebenso aber auch zwei Gewerbe, deren Beschäftigtenzahl nur schwach wuchs, die aber offenbar einen schnellen Umstellungsprozeß durchmachten, die Fleischereien und die Wäschereien.

Interessant ist dabei, daß es sowohl Parallelen wie charakteristische Unterschiede gibt, wenn man die Investitionsquote (Investitionen in Prozent des Umsatzes) mit der Investitionsintensität (Investitionen pro Beschäftigten) vergleicht. Die Wäschereien zeigen mit 16 % eine überragende Investitionsquote, die Land-

116 Th. Beckermann, *Auslese, Wachstum und Differenzierung im modernen Handwerk*, Essen 1960, S. 10 ff.

117 Th. Beckermann, *Konjunktur und Konjunkturbeobachtung*, in: *Das Handwerk in der modernen Wirtschaft und Gesellschaft*, S. 91.

118 Th. Beckermann, *Auslese, Wachstum und Differenzierung im modernen Handwerk*, S. 42 ff.

maschinenhandwerker dagegen mit 4,7 % nur eine durchschnittliche und die Fleischer mit 2,8 % eine unterdurchschnittliche (vgl. Tabelle 20).

Trotz solcher branchenbedingter Unterschiede im kurzfristigen Vergleich, die meist von spezifischen technischen Fortschritten für ein Gewerbe herrühren — z. B. der Aufstellung von Automaten in Wäschereien in Deutschland in den 1950er Jahren —, ist die steigende Kapitalintensität ein durchgehender Zug im Strukturwandlungsprozeß des deutschen Handwerks im 20. Jahrhundert, so wie die eingangs konstatierte wachsende Betriebsgröße, mit der sie ursächlich zusammenhängt.

Tabelle 20: *Investitionsquoten und Investitionsintensität einiger ausgewählter Handwerke 1956*

| | Investitionsquote | Investitionsintensität |
|---|---|---|
| Wäscher | 16 % | 1011 DM pro Beschäftigtem |
| Färber und Chemische Reinigung | 9,7 % | 841 " " " |
| Stellmacher und Karosseriebauer | 8,6 % | 716 " " " |
| Mechaniker | 5,9 % | 1077 " " " |
| Landmaschinen-mechaniker | 4,7 % | 1245 " " " |
| Fleischer | 2,8 % | 1084 " " " |

Quelle: Th. Beckermann, *Auslese, Wachstum und Differenzierung*, S. 46, Übersicht 9.

Zum Schluß sei noch auf zwei weitere solcher Grundzüge hingewiesen: ein charakteristischer Wandel in der Beschäftigten- und in der Umsatzstruktur der Handwerksbetriebe. Bei den Beschäftigten verringerte sich neben der Zahl der Selbständigen, was eine selbstverständliche Folge des Rückganges der Betriebszahl ist, auch die Zahl der Lehrlinge, hingegen steigt die Zahl der technischen und kaufmännischen Angestellten, also der qualifizierten Führungs- und Verwaltungskräfte, und auch die der weiblichen Beschäftigten[119]. Das ist z. T. Folge der wachsenden Betriebsgröße, die ein mehrköpfiges Management erfordert gegenüber der Ein-Mann-Leitung im traditionellen Handwerk. Z. T. ist es auch Folge der Verschiebung in der Umsatzstruktur. Ein immer größerer Anteil am Umsatz des Handwerks entfällt auf Handelsumsatz im Vergleich zum Umsatz von Produkten oder Dienstleistungen (z. B. Reparaturen). Betrug der Handelsanteil am Umsatz der Handwerksbetriebe 1935 rund 10 %, so 1949 schon 18,5 %

[119] Von 1956 bis 1963 ging die Zahl der Inhaber um rund 100 000 = 12 % zurück, die Zahl der Lehrlinge um mehr als 170 000 (— 31 %), hingegen stieg die Zahl der technischen und kaufmännischen Angestellten um 150 000 oder 85 % (s. *Wirtschaft und Statistik 1966*, S. 309, Tabelle 9).

und 1956 22,3 %[120]. 1963 war er auf knapp 28 % gewachsen[121]. Wiederum entwickelten sich die einzelnen Branchen dabei ganz unterschiedlich. Den höchsten Handelsanteil mit über 80 % besaßen 1955 die Radio- und Fernsehtechniker und die Uhrmacher, den geringsten mit 4 % die Maler[122].

Zusammenfassend wird man sagen können, daß das Handwerk in Deutschland sich im 20. Jahrhundert behauptet hat und allem Anschein nach weiter behaupten wird, weil es sich den Bedingungen einer industriellen Wirtschaft angepaßt, sich selbst „industrialisiert" hat, ohne doch seine traditionellen Charakteristika ganz aufzugeben. Es entwickelt sich heute weitgehend parallel zur Industrie, und gesamtwirtschaftliche Grundtendenzen schlagen sich auch in ihm nieder. Die Voraussagen, die ihm um die Jahrhundertwende gemacht wurden[123], haben sich nur bedingt erfüllt. Weder ist es „untergegangen" noch bis zur Bedeutungslosigkeit geschrumpft noch ist es auf das Reparieren industrieller Produkte beschränkt worden. Kennzeichnender ist vielmehr seine wachsende Kapitalintensität und Betriebsgröße, das Vordringen von dem Konsumgüter- in den Investitionsgütersektor und die Übernahme von Dienstleistungs- und Handelsfunktionen sowie die hohe Flexibilität und Fluktuation sowohl zwischen den Branchen wie innerhalb der Branchen.

120 Th. Beckermann, *Das Handwerk — Gestern und Heute.* Essen 1959, S. 101.

121 Th. Beckermann, *Konjunktur und Konjunkturbeobachtung*, in: *Das Handwerk in der modernen Wirtschaft und Gesellschaft, S.* 84.

122 Th. Beckermann, *Das Handwerk — Gestern und Heute*, S. 102 (Übersicht 15).

123 Vgl. etwa die Urteile Schmollers, Büchers, Sombarts und des Vereins für Socialpolitik. Wiedergegeben in: *Handwerk im Widerstreit der Lehrmeinungen. Das neuzeitliche Handwerksproblem in der sozialwissenschaftlichen Literatur: Forschungsbericht aus dem Handwerk.* Hg. vom Handwerkswiss. Institut Münster, Münster 1960, S. 24—73.

KARL DIETRICH BRACHER

# Über das Verhältnis von Nationalbewußtsein und Demokratie

## Eine Betrachtung zur deutschen Pathologie

### 1.

Seit einigen Jahren* geht in Westdeutschland das Wort um von der Notwendigkeit eines selbstbewußteren Nationalgefühls, von der Erneuerung oder Stärkung eines nationalen Staatsbewußtseins. Man hört es in zahllosen Vorträgen und Diskussionen, in vielgelesenen Publikationen und öffentlichen Erklärungen, zögernd und unsicher zunächst, dann drängender und ungeduldiger, bald auch schon mit offenem Zeichen der Intoleranz. Es sind vor allem drei Argumentationsreihen, mit denen solche Forderungen begründet, gerechtfertigt oder gar zum Gebot der Stunde erhoben werden.

Die einen berufen sich auf aktuelle Gegebenheiten wie de Gaulles These vom Europa der Vaterländer: eine scheinbar unverdächtige, weil doch gar nicht in Deutschland geprägte These, aus der auch die Deutschen ihre Konsequenzen ziehen müßten, wollten sie nicht den Anschluß an die realen Tendenzen der Politik verlieren und ihren Anspruch auf Wahrnehmung der eigenen Interessen einbüßen. Haben nicht die Rückschläge der letzten Jahre gezeigt, daß auch übernationale Politik nur auf der Grundlage eines national begründeten Staatsbewußtseins möglich ist, so wie sich auch die Entwicklung der neuen Staaten auf dem Boden der ehemaligen Kolonialreiche scheinbar notwendig als Entwicklung von Nationalstaaten und mit der Ausbildung eines staatsformenden Nationalbewußtseins vollzieht? Im Stocken der politischen Integration Westeuropas, im Zerfall der NATO und der Vision einer atlantischen Gemeinschaft sieht man nur den Prozeß der Desillusionierung bestätigt, der von den einstigen Wunschträumen zum Realismus des nationalstaatlichen Pluralismus zurückführt.

Daran knüpft eine zweite Begründung an, die sich noch entschiedener auf das so vielgebrauchte wie trügerische Wort vom „Ende der Nachkriegszeit" beruft und sich nicht selten schon in die schrillen Töne eines trotzigen Nationalismus hineinsteigert. Ist es nicht an der Zeit, nach mehr als zwanzig Jahren, die Negativphase der Selbstkritik zu beenden und den Deutschen wieder das Selbstbewußtsein und den Stolz auf die eigene Leistung zu geben: so lauten die Parolen der Zeitungen und Bücher, der Stammtische und Versammlungen, die beileibe nicht auf ein Häufchen radikaler Alt- oder Neonationalisten beschränkt sind.

* Der Aufsatz wurde 1967 verfaßt, 1968 abgeschlossen.

Weithin hört man es: Schluß mit einer selbstzerstörerischen Vergangenheitsbeschwörung, Schluß mit den NS-Prozessen und einer antinationalen Umerziehung, Besinnung auf die positiven Gehalte unserer nationalen Geschichte! Oder man beklagt, wir seien„ durch das ewige Starren auf die Schrecknisse der Hitlerdiktatur ... blind geworden für die uns umgebende Wirklichkeit". So anläßlich der Spiegelaffäre der Freiburger Historiker Gerhard Ritter[1], so besonders lautstark ein Politiker wie Franz Joseph Strauß, der aus dem Auftreten der NPD die Folgerung zieht: „Es ist wohl an der Zeit, einmal einen Schlußstrich zu ziehen ... Ich wende mich mit Nachdruck gegen jede Glorifizierung einer nicht zu rechtfertigenden Vergangenheit. Ich wende mich aber auch gegen eine einseitige Diffamierung, gegen dauerndes Sühnedeutschtum, gegen eine Darstellung, als ob die Deutschen allein Schuld auf sich geladen hätten." Den „relativen Erfolg" der NPD führt Strauß zurück „auf eine verständlich nationale Reaktion gegen gewisse Erscheinungen und Agitationen der letzten Jahre, auch gegen die systematische Verketzerung des Begriffes national oder deutsch, auch gegen eine systematische Mißdeutung der Bundesrepublik ..."; und ferner „auf eine gerade im Verlauf der letzten Jahre von gewissen ausländischen Kreisen betriebene Dauerkampagne gegen die Bundesrepublik und gegen das deutsche Volk schlechthin[2]." Gewiß gehen die Antworten, die andere Parteiführer auf eine Umfrage Anfang 1967 gegeben haben, nicht so weit. Aber auch der damalige FDP-Führer Erich Mende beklagt, „daß man gewisse selbstverständliche Werte wie Volk, Vaterland, Nation systematisch herabsetzte". Und selbst von der SPD kommen ähnliche Töne, wenn Herbert Wehner betont, es sei „den Menschen nicht gegeben, dauernd im härenen Gewand umherzulaufen". Vorsichtiger zieht der CDU- Manager Bruno Heck aus dem Auftreten der NPD den Schluß: „Wir müssen alles tun, damit in Deutschland Demokratie und Nation nicht als gegeneinanderstehend und sich gegenseitig ausschließend empfunden und propagiert werden[3]."

Aus solchen Kommentaren könnte der Eindruck entstehen, daß die neue deutsche Demokratie auf Kosten des Nationalen funktioniere, und daß dies verständliche Kritik erfahre. Zugleich entdeckt man eine Neigung, die so wohlwollende Beobachter wie der Schweizer Fritz René Allemann als die eigentliche Gefahr beschrieben haben[4]: daß die großen Parteien glaubten, sich einem lärmend vorgetragenen Neo-Nationalismus anpassen zu müssen, um so der NPD den Wind aus den Segeln zu nehmen — eine Illusion, die erst recht die Voraussetzungen zur nationalistischen Radikalisierung schaffen könnte, wie doch die Erfahrung der Weimarer Republik gelehrt hat. In München ist Anfang 1967 ein solcher Versuch über die Bühne gegangen: mit der hochfeierlichen Verleihung des

[1] Leserbriefe in: *Frankfurter Allgemeine Zeitung* v. 10. u. 16. Nov. 1962. Vgl. *Die Spiegel-Affäre,* Bd II, Olten-Freiburg/Br. 1966, S. 402 ff.; David Schoenbaum, *The Spiegel Affair,* New York 1968, S. 161 ff.

[2] In: *Der Stern,* Heft 1, 1967.

[3] Ebenda.

[4] Fritz René Allemann „The NPD in Perspective", in: *The Wiener Library Bulletin* 21 Winter 1966/67, S. 9.

„Konrad-Adenauer-Preises" einer in Bayern gegründeten „Deutschlandstiftung" an Armin Mohler und andere rechtskonservative Kämpfer gegen den angeblich „wachsenden Einfluß staatszersetzender Erscheinungen". Schon die Terminologie mußte fatale Erinnerungen wecken. Die NPD-Zeitung „Deutsche Nachrichten" (17. 2. 67) kommentierte solchen Wettlauf um das Nationalgefühl mit einem höhnisch triumphierenden Artikel unter der Überschrift: „Nationalgefühl wird preiswürdig". Darin hieß es: „Es wird dies gewiß nicht der letzte Versuch bleiben, die nationalistische Flut in regierungsfreundliche Kanäle der sogenannten staatstragenden Parteien abzuleiten..." Nur weiten öffentlichen Protesten ist es zu danken, daß eine nicht minder fragwürdige Preisverleihung 1968 kurzfristig abgesetzt, freilich dann im engeren Kreise zelebriert wurde.

Über diesen aktuell-politischen Argumentationen erhebt sich drittens eine philosophisch-generalisierende Begründung, die das Nationalbewußtsein als eine natürliche, aus der Natur menschlicher Gemeinschaftsbildung stammende Grundlage des modernen Staates betrachtet, als das Gebot eines jeden Volkes, das zum Staat werden will und soll. Seit Herder und der Romantik beherrscht diese Vorstellung die deutsche Staatstheorie, und dies um so entschiedener, je weniger die Realität der Gleichsetzung von Volk, Nation und Staat entsprach. Die deutsche Geschichte des 19. und 20. Jahrhunderts ist geradezu bedrängt und verzerrt von den Anstrengungen und Entartungen, die das krampfhafte Streben nach Identität von staatlicher und nationaler Verfassung dem politischen Bewußtsein der Deutschen auferlegt hat. Die großdeutsche Mobilmachung unter Hitler war nur eine letzte Konsequenz des forcierten, schließlich forcierenden Nationalismus, der sich als das Gegenteil eines als „natürlich" proklamierten Nationalgefühls enthüllte. In der Tat erweisen sozialwissenschaftliche Analysen von Rang, daß das Nationalbewußtsein nicht so sehr etwas Natürliches als vielmehr ein bewußt Erzeugtes und Geformtes ist: „Schon die Rede vom ‚schlummernden' und dann ‚erwachenden' Nationalbewußtsein (ist) als ein bewußter oder unbewußter Rekurs auf biologisch-‚natürliche' Kategorien Betrug oder Selbstbetrug...: Nationalbewußtsein ist gleichsam von Natur aus ‚künstlich', ein Produkt geschichtlicher Entwicklung, das sich als ‚Natur' mißversteht"[5]. Es „stammt weder aus unseren eigenen Erfahrungen noch aus irgendwelchen Instinkten... Das Ideal der nationalen Souveränität entstand erst in einigen wenigen Köpfen. Dann gewann es Anhänger in den Massen. Durch Erziehung und Propaganda wurde es schließlich Allgemeingut... Nationen werden geschaffen[6]." Die „Schaffung" von Nationen und „Erzeugung" des Nationalismus diente entweder als Überbau eines bereits bestehenden Staates (wie in England und Frankreich) oder aber der Herauslösung, Vereinigung von Völkern aus anderen Staaten. Einzig auf die jüdische Nation, die fast 2000 Jahre ohne nationales Territorium mit dem religiösen ihr nationales Bewußtsein bewahrte, trifft diese Beobachtung nicht zu.

[5] Christian Graf v. Krockow, „Nationalbewußtsein und Gesellschaftsbewußtsein", in: *Politische Vierteljahresschrift* 1 (1960), S. 142.

[6] Walter Sulzbach, „Zur Definition und Psychologie von Nation und Nationalbewußtsein", in: *Politische Vierteljahresschrift* 3 (1962), S. 154 f.

So ist also Skepsis angebracht, wenn die Forderung nach Erneuerung des Nationalbewußtseins aus einer Geschichte oder einer politischen Theorie begründet wird, die beide problematisch sind. Gewiß ist die politische Wirkung und Aktualität solcher Argumente nicht zu unterschätzen: weder kann man das Phänomen de Gaulle „lediglich als die einsame Stimme eines schon recht alten Mannes" verstehen, noch genügt es, den fieberhaften Nationalismus der neuen Staaten nur als stürmischen Übergang, als „eines jener vielfältigen Anpassungs- und Nachholphänomene im Zuge des universalen Europäisierungsprozesses" zu betrachten[7]. Die Anstöße, die davon ausgehen, wirken vielmehr wieder auf Europa zurück, ein Neo-Nationalismus dringt gegen supranationale Impulse vor. Wohl wird zu Recht geltend gemacht, welche Bedeutung eine Regenerierung des national differenzierten Selbstbewußtseins für die Auflockerung der Blöcke und Fronten des Kalten Krieges, für die Normalisierung der Beziehungen zwischen West- und Osteuropa und für die Ablösung einer bipolaren Vorherrschaft der zwei Supermächte durch ein möglichst eng verbundenes „europäisches Europa" (de Gaulle) haben könne. Aber so ambivalent wie der Gaullismus ist überhaupt der moderne Nationalismus zu sehen, seit er vor anderthalb Jahrhunderten seinen Siegeszug angetreten hat. Und seither sind auch seine Erscheinungsformen bestimmt von dem stets problematischen Verhältnis, in dem er sich zur Entwicklung von Staat und Gesellschaft im 19. und 20. Jahrhundert befand. So haben wir es zuerst mit einem historischen Problem zu tun: mit dem Verhältnis von Nationalgefühl, Nationalbewußtsein, Nationalismus zur Entfaltung des konstitutionellen Rechtsstaats und der freiheitlichen Demokratie auf der einen Seite, zur Errichtung von autoritären und diktatorischen Regimen auf der anderen Seite. Aus dieser Konfrontierung erhält auch die übergreifende Frage nach dem Verhältnis von nationaler und universaler Begründung des Politischen ihren konkreten Sinn.

## 2.

Die geschichtliche Erscheinung der Nation und des Nationalbewußtseins ist aufs engste mit dem Entstehen der modernen Demokratie verknüpft. Staat und Staatstheorie der Antike und des Mittelalters enthielten nur schwache Ansätze der Idee, Aufgabe der Politik sei es, eine durch Sprache, Tradition und politisches Bewußtsein bestimmte Bevölkerung zu einem in sich geschlossenen, souveränen Nationalstaat zu verschmelzen. Entweder waren partikulare Herrschaftsverhältnisse bestimmend, wie die Polis, die Feudalsysteme, der Territorialstaat, oder es dominierten, oft auch gleichzeitig, imperiale Reichsbildungen mit universalem Anspruch, die seit dem Ausgang der Antike religiös begründet waren. Neben den wirtschaftlichen, gesellschaftlichen, kulturellen Bedingungen, die den politischen

[7] Friedrich Minssen, Walther Hofer, „Zur Frage nach dem Vaterland", in: Beilage zu *Das Parlament* v. 15. 12. 1965.

Gemeinschaften zugrunde lagen, waren es die Herrschaftsansprüche monarchischer oder oligarchischer Machthaber, die den Umfang und die Form der Staatsgebiete bestimmten. Erst mit dem Prozeß der Säkularisierung und Modernisierung politischer Herrschaft, der den Souveränitätsanspruch des Staates in der Neuzeit ermöglichte und durchsetzte, entfaltete sich auch der Gedanke des „eigenständigen" Nationalstaats, der, nur noch dem eigenen Interesse verpflichtet, alle Glieder strikt sich unterordnete.

So hing also der Wandel der gesellschaftlichen und herrschaftlichen Verfassung unmittelbar mit der Ausbildung nationalstaatlicher Denk- und Verhaltensformen zusammen. Erst der Prozeß einer Konzentrierung der Staatsgewalt und gleichzeitig einer fortschreitenden Nivellierung der bislang hierarchisch gestuften Gesellschaft führte zu jener Einheit in der staatlichen Verwaltung wie im politischen Bewußtsein, die nun eine Orientierung, ja Ausrichtung des Gemeinwesens auf die Nation als höchsten Wert politischer Organisation möglich machte und geradezu herausforderte, je mehr die bisherigen Begründungen politischer Herrschaft im religiös-universalen oder im feudalistisch-personalen Prinzip in Zweifel gerieten. Machiavelli, die Reformation, der Absolutismus waren Stufen in diesem Prozeß. Aber noch im 18. Jahrhundert war die Nationalität kein Hindernis etwa für Offiziere im Dienst verschiedenster Herren. Noch konnte ein Montesquieu schreiben: „In erster Linie bin ich Mensch und dann Franzose; Mensch bin ich notwendigerweise und Franzose zufällig." Entscheidend wurde die Tatsache, daß mit dem Abbau des Feudalismus und dem Aufstieg des Bürgertums die Voraussetzung für die Beteiligung, schließlich Mobilisierung eines immer größeren Teils der Bevölkerung, für ihre Politisierung als Nation, für ein Nationalbewußtsein als Grundlage und Mittel politischer Organisation wurde.

Und eben dies war zugleich auch die Basis für die andere große Bewegung der Epoche: die moderne Demokratie. Umwandlung der gesellschaftlichen Struktur, Emanzipation des Bürgertums und Säkularisierung der politischen Herrschaft hatten zunehmend die Forderung nach Beteiligung und Mitsprache, nach staatsbürgerlichen Rechten und ihrer Sicherung in Verfassungen zur Folge. Fast untrennbar erscheinen Nationalgedanke und moderne Demokratie auf dem Schauplatz der Geschichte. Aber im Verlauf des 19. Jahrhunderts und in den Exzessen des 20. Jahrhunderts sind zugleich die tiefen Verschiedenheiten hervorgetreten: vor allem die schwere Belastung des innerpolitischen Strukturprinzips der Demokratie durch die außenpolitische Orientierung des Nationalprinzips, die Diskrepanz von innenpolitisch und außenpolitisch orientiertem Freiheitsbegriff, die Bedrohung der Demokratie durch den Primat der Außenpolitik. Immer dann traten auch national-demokratische oder national-soziale Bewegungen auf, die den Anspruch erhoben, diese Gegensätze aufzuheben in einer höheren Einheit, und schließlich auch noch die radikale Steigerung der Demokratie im Sozialismus umfassen wollten: ein Anspruch, der freilich stets mit der Niederlage der Demokratie endete, am eindeutigsten im Faschismus und Nationalsozialismus.

Die Ambivalenz des modernen Nationalismus, seine mögliche Übersteigerung und Pervertierung liegt von Anfang an darin begründet, daß er zwar wie die Demokratie die politische Einbeziehung der Bevölkerung voraussetzt und insofern eine modernisierende Kraft ist, als er politisches Bewußtsein weckt und Beteiligung am politischen Leben fördert; anders als für die verfassungspolitische Emanzipationsbewegung der Demokratie stehen aber die Werte der nationalen Einheit und Macht im Vordergrund, treten die bürgerlichen Freiheiten und die Grundrechte zurück hinter diesen Zielen, ist das Nationalbewußtsein eine Form des kollektiven Egoismus. Daraus folgte sehr rasch, schon in den weiteren Etappen der französischen Revolution, die Erfahrung von der Manipulierbarkeit und Übersteigerung des Nationalismus im Dienste imperialistischer, autoritär-antidemokratischer, diktatorischer Machtentfaltung.

In der Tat hat die Revolution von 1789 mit dem Sturz des Absolutismus vor der bürgerlichen Demokratie zugleich auch schon die explosiven Kräfte des Nationalismus freigesetzt und als bewegenden Antrieb über ganz Europa zur Wirkung gebracht. Es hatte nur noch dieses revolutionären Anstoßes bedurft, um mit den liberalen und demokratischen Emanzipationsbewegungen auch dem Gedanken des Nationalstaats überall zum Durchbruch zu verhelfen. Selbst das autokratische System des preußischen Militärstaats wurde davon erfaßt[8]. Aber sogleich trat auch die Kluft hervor, die zwischen verschiedenen Formen der politischen Verwirklichung des Nationalgedankens möglich war. Ein tiefer Konflikt war hier angelegt: der Gedanke demokratisch-liberal gestalteter Staatsordnungen trug einen menschheitlichen, übernationalen Charakter; der Nationalismus aber, soviel er zur Emanzipation und Befreiung der Völker beitrug, war doch auf Entgegensetzung und Kampf gestellt, sobald die Nation zum höchsten Wert erklärt wurde; das erweckte politische Bewußtsein wurde auf die Durchsetzung nationaler Interessen ausgerichtet, die innere Freiheit und Selbstgestaltung war diesem Prinzip untergeordnet. Dies war das Grundproblem, und es wurde noch verschärft durch die Tatsache, daß der Begriff der Nation sehr verschieden gefaßt wurde, je nach dem Stand der gesellschaftlichen, der intellektuellen und der politischen Verfassung, unter der die Ausbildung und Entfaltung des Nationalbewußtseins erfolgte. Ein grundlegender Unterschied, der bis heute nachwirkt, bestand zwischen der französisch-westeuropäischen und der deutsch-mitteleuropäischen Auffassung. In Frankreich war es die Staatsnation, die durch Geschichte und das Gefühl der Zugehörigkeit, gleichsam durch demokratisches Plebiszit gebildet wurde. Die deutsche Theorie dagegen entwickelte sich rasch vom humanitären Ansatz Herders bis hin zur radikalen Volkstumslehre Jahns. Sie konnte sich nicht auf eine staatliche Form stützen, und so definierte sie inmitten der deutschen Kleinstaaterei die Nation als unabhängig von den bestehenden Grenzen; das durch Sprache und Kultur bestimmte Volk war der Träger, ihm kam

[8] Zu den Hintergründen die bahnbrechende sozialgeschichtliche Neuinterpretation des preußischen Systems von Hans Rosenberg, *Bureaucracy, Aristocracy and Autocracy — The Prussian Experience 1660—1815,* Cambridge/Mass. 1958.

die Souveränität zu, während der Nationalstaat erst zu schaffen war. Die Nation war hier eine Zukunftsforderung, ein Wunschtraum, der sich leicht im bodenlosen Raum der irrationalen Gefühle oder auf den metaphysischen Höhen einer Pseudoreligion ansiedelte[9].

Diese Idee der vorstaatlichen, volksgebundenen, sprachlich-kulturell begründeten Nation war im Grunde unpolitisch, nicht wie in Frankreich, England, Amerika auf die gesellschafts- und verfassungspolitische Emanzipation der Demokratie bezogen und gestützt. Sie stammte aus dem seit der Renaissance erwachten Interesse und Verständnis für Völkerindividualitäten, das die Romantik verabsolutiert hat. Sie gründete so von Anfang mehr auf dem Gedanken der Verschiedenheit der Nationen untereinander als auf dem der Freiheit und Selbstbestimmung innerhalb der Nationen. Und in diesem Sinne ist die herrschende Tradition des deutschen Nationalbewußtseins auch nach dem Scheitern der demokratischen Revolution von 1848 und nach der nationalen Einigung von oben im Zeichen des Obrigkeitsstaats zutiefst unpolitisch geblieben. Hier beginnt die folgenschwere Trennung Deutschlands vom Westen, die gleichzeitig eine Trennung von Nationalbewußtsein und Demokratie einleitete. Verschärfend wirkte noch die Tatsache, daß die deutsche Einheitsbewegung im Zeichen des Historismus mit seiner Betonung des einmaligen, besonderen geschichtlichen Schicksals stand, auch hierin verspätet und bewußt abgehoben von dem auf die Gesellschaft gerichteten, rational-menschheitlichen Denken der Aufklärung, auf dem die westlichen Staatsnationen beruhen. Gegen das diffamierte „Westlertum" der radikalen Demokraten entfaltet sich so das nationaldeutsche Sonderbewußtsein, das seinen ideologischen Höhepunkt schließlich in den Manifesten des ersten Weltkriegs bis hin zu Thomas Manns „Betrachtungen eines Unpolitischen" (1918) erreichen sollte, seine weltpolitische Entfesselung und Widerlegung dann in der nationalsozialistischen Rassen- und Lebensraumpolitik erfuhr. Die Einengung des Nationalbewußtseins, die historische Relativierung aller übergreifenden Werte, sichtbar in der Abwertung der Zivilisation zugunsten deutscher Kultur, hatte das politische Denken in die Isolierung getrieben, aus der man in gewalttätiger Überhebung auszubrechen suchte[10].

Gewiß muß nachdrücklich betont werden, daß alle diese Ableitungen und Kontinuitäten nicht eine unabänderlich determinierte Entwicklung meinen. Es gab viele bedeutungsschwere Weichenstellungen, an denen sich das Verhältnis von Nationalem und Demokratischem immer wieder entschied: nach den napoleonischen Kriegen, in der Bewegung des Vormärz, 1848, im preußischen Verfassungskonflikt und nach 1871 und 1914. Aber die Geschichte der nationalen Bewegung mit demokratischem Vorzeichen war in Deutschland eine Leidensgeschichte,

[9] Hans Kohn, *Die Idee des Nationalismus*, Frankfurt/M., 1950; vgl. allgemein Elie Kadurie, *Nationalism*, London 1961; zur Unterscheidung der Nationsbegriffe, nicht ohne konservativ-apologetischen Akzent, Eugen Lemberg, *Geschichte des Nationalismus in Europa*, Stuttgart 1950.

[10] Vgl. Hermann Lübbe, *Politische Philosophie in Deutschland*, Basel—Stuttgart 1963, S. 173 ff.

und zuletzt erwies sich auch die Revolution von 1918/19 als eine Scheinlösung, die mit der Hypothek eines antiwestlichen, antidemokratischen Nationalbewußtseins nicht fertig wurde. Wir müssen die Ursache im deutschen Staatsproblem des 19. Jahrhunderts, in jenem verkrampften Nachhol- und Überholbedürfnis eines frustrierten Nationalismus sehen, das Helmut Plessner unter die Formel von der „verspäteten Nation" gefaßt, Hans Rosenberg in seinem sozial- und wirtschaftsgeschichtlichen Zusammenhang analysiert hat[11].

Herder hatte Nation und Nationalbewußtsein noch dem Universalbegriff einer übergreifenden Humanität, eines in sich als einheitlich begriffenen „Menschengeschlechts" zugeordnet, das er wiederum in eine Vielzahl von Völkern mit jeweils eigentümlicher Sendung organisch gegliedert sah. Aber schon diese übernational gefaßte Idee der Nation war charakterisiert durch das spekulativ-unpolitische Element, die geringe politische Konkretion, das fehlende Interesse für innere Selbstbestimmung, Selbstregierung, Demokratie. Dies verschärfte sich angesichts des tiefen Falls deutscher Staatlichkeit vor Napoleon in der bombastischen Rhetorik von Fichtes „Reden an die deutsche Nation", mit denen der Philosoph gleichsam Trost und Ersatz spendete für das Fehlen politischer Konkretion: in den Visionen künftiger Sendung und Größe, aber auch im Eigenlob der unvergleichlichen Deutschen, des „Urvolks" schlechthin. Dieser Stolz auf den eigentümlichen, einzigartigen Wert der Deutschen als Volk jenseits einer widrigen politischen Welt wurde gleichsam als Kompensation für den fehlenden Nationalstaat eingepflanzt. Zudem wirkte das Mißtrauen gegen eine demokratische Revolution nach, die man nach anfänglicher Sympathie in Gestalt des napoleonischen Imperialismus abzulehnen gelernt hatte.

Aus den vielen Zeugnissen der Epoche sei hier nur die treffende Kritik wiedergegeben, die Heinrich Heine 1836 an diesem Vorgang geübt hat: „Wir hätten auch den Napoleon ganz ruhig ertragen. Aber unsere Fürsten, während sie hofften, durch Gott von ihm befreit zu werden, gaben sie auch zugleich dem Gedanken Raum, daß die zusammengefaßten Kräfte ihrer Völker dabei sehr mitwirksam sein möchten, man suchte in dieser Absicht den Gemeinsinn unter den Deutschen zu wecken, und sogar die allerhöchsten Personen sprachen jetzt von deutscher Volkstümlichkeit, vom gemeinsamen deutschen Vaterlande, von der Vereinigung der christlich germanischen Stämme, von der Einheit Deutschlands. Man befahl uns den Patriotismus, und wir wurden Patrioten; denn wir tun alles, was unsere Fürsten befehlen. Man muß sich aber unter diesem Patriotismus nicht dasselbe Gefühl denken, das hier in Frankreich diesen Namen führt. Der Patriotismus des Franzosen besteht darin, daß sein Herz erwärmt wird, durch diese Wärme sich ausdehnt, sich erweitert, daß es nicht mehr bloß die nächsten Angehörigen, sondern ganz Frankreich, das ganze Land der Zivilisation mit seiner Liebe umfaßt. Der Patriotismus des Deutschen hingegen besteht darin, daß sein Herz enger wird, daß es sich zusammenzieht wie Leder in der Kälte,

11 Helmut Plessner, *Die verspätete Nation*, Stuttgart 1959; Hans Rosenberg, *Große Depression und Bismarck*, Berlin 1967, S. 51 ff. und passim.

daß er das Fremdländische haßt, daß er nicht mehr Weltbürger, nicht mehr Europäer, sondern nur ein enger Deutscher sein will. Da sehen wir nun das idealische Flegeltum, das Herr Jahn in System gebracht; es begann die schäbige, plumpe, ungewaschene Opposition gegen eine Gesinnung, die eben das Herrlichste und Heiligste ist, was Deutschland hervorgebracht hat, nämlich gegen jene Humanität, gegen jene allgemeine Menschenverbrüderung, gegen jenen Kosmopolitismus, dem unsere großen Geister, Lessing, Herder, Schiller, Goethe, Jean Paul, dem alle Gebildeten in Deutschland immer gehuldigt haben[12]."

So ist schließlich Demokratie als eine Form westlichen, undeutschen Nationalismus verketzert worden; zumal das „liberale" Bürgertum zeigte sich anfällig für eine Ersatz- und Abwehrideologie, die im Grunde die bestehenden Machtverhältnisse der halbabsolutistischen Staatengebilde schützte, indem sie von der politischen Konkretion in eine unpolitische Volksmetaphysik ablenkte. Und so scheiterte die äußerlich so große Bewegung des deutschen Liberalismus wieder und wieder vor der etablierten Gewalt der Höfe. Eine deutsche Ideologie im Dienst der Reaktion und des Obrigkeitsstaats konnte die demokratisierenden Impulse des nationalen Gedankens abwehren und ihn sogar für den Kampf gegen die Demokratie in Anspruch nehmen[13].

## 3.

Der historische Rückblick auf die deutsche Problematik enthält die Erfahrung von der Ambivalenz des nationalen Gedankens. Die Ausbildung des Nationalbewußtseins hat zum Aufstieg demokratischer Bewegungen beigetragen, sie hat aber auch zur unpolitischen Stützung und Überhöhung autoritärer Regime, zur Entpolitisierung und Ablenkung der Freiheits- und Demokratisierungsansprüche der Massen auf ideologische und imperial-machtpolitische Ziele geführt. Diese Kehrseite ist auch im Westen hervorgetreten — im Frankreich des ersten und dritten Napoleon, im England des Kolonialimperialismus, im Amerika des „manifest destiny": die Ausbildung eines spezifischen Sendungsbewußtseins stand in der steten Gefahr der nationalistischen Verengung. Aber indem die westliche Ausprägung des Nationalismus auf die Durchsetzung der Demokratie und ihrer universalen Werte Toleranz und Freiheit, Gleichheit und Brüderlichkeit orientiert war, hat sie den menschheitlichen Charakter nie ganz verloren. Anders

[12] Heinrich Heine, *Die romantische Schule* (1836), Zit. nach: Hannah Vogt, *Nationalismus gestern und heute*, Opladen 1967, S. 111.

[13] Zur spezifisch deutschen Entwicklung Leonard Krieger, *The German Idea of Freedom*, Boston 1957; Wolfgang Sauer, „Das Problem des deutschen Nationalstaates", in: *Politische Vierteljahresschrift* 3 (1962), S. 166 ff.; K. D. Bracher, „Staatsbegriff und Demokratie in Deutschland", ebenda 9 (1968), S. 2 ff.; derselbe, *Deutschland zwischen Demokratie und Diktatur*, Bern-München 1964, S. 153 ff. und jetzt besonders Hans Rosenberg (oben Anmerkung 11).

in Mittel- und Osteuropa. Dort hat die Idee der eigenständigen Volks-Nation[14] den raschen Zerfall übernationaler Gebilde wie des Habsburg- und des Türkenreiches bewirkt, zugleich aber auch zu den fast unlösbaren Problemen der Grenzziehung und Koexistenz geführt. Eine nationalstaatliche Abgrenzung der jahrhundertelang von außen beherrschten Völker, die erst ihre Identität finden mußten, hing von sehr verschiedenen Kriterien ab. Wenn man sich auf die natürlichen Grundlagen der Nationsbildung berief und den Zusammenschluß, zugleich die Abgrenzung gegen die anderen, die Fremden forderte, dann kamen je sehr verschiedene, alles andere als wissenschaftlich fundierte Maßstäbe in Frage, wie sie die jeweilige Volkstumstheorie proklamierte. Sprache, Kultur, Gesellschafts- und Wirtschaftsformen, Religion, geschichtliche und dynastische Reminiszenzen, historische oder „natürliche" Grenzbestimmung: all dies waren strittige Kriterien, deren Widerstreit wesentlich zu den zwei Weltkriegen beigetragen hat.

Dabei ist der Begriff des Volkes über den des Staates und der Gesellschaft gerückt worden, Nationalstaat und Nationalbewußtsein wurden völkisch begründet, ihre Dynamik zusätzlich aufgeladen mit den pseudowissenschaftlich drapierten Irrationalismen einer Blut- und Rassentheorie. In der letzten Steigerung dieser Theorie seit der 2. Hälfte des 19. Jahrhunderts war Zugehörigkeit zur Nation nicht die freie Entscheidung des Staatsbürgers, sondern die unlösliche Gebundenheit an das Volk als Blutsgemeinschaft, in die man geboren war, ob man wollte oder nicht. Hier zählte nicht mehr der Mensch, zu dem doch wesentlich das „Neinsagenkönnen" gehört[15]. An die Stelle des politischen Bewußtseins, der rationalen und demokratischen Begründung der Nation traten die absolut gültigen Bande oder auch Fesseln der Abstammung. Akklamation statt Wahl, Diktatur statt Demokratie wurden zur Konsequenz solchen Denkens. Ein deterministischer, zunehmend biologistischer Zug trat hervor. Sozialdarwinismus, Rassismus und Antisemitismus lieferten schließlich die Argumente: Kampf ums Dasein, Recht des Stärkeren, Arterhaltung, Politik als Freund-Feind-Denken. Daran änderte auch die Tatsache nichts, daß die Deutschen alles andere als rassische Einheit und die meisten Voraussetzungen dieser Ideologie absurd waren: sie stand jenseits der Beweise und Widerlegungen.

Aber auch schon das Schlagwort vom Selbstbestimmungsrecht, ursprünglich durchaus im Sinne der demokratischen Theorie gemeint, entwickelte die verhängnisvolle Bedeutung, daß die Nation als letzter Wert politischen Handelns und Verhaltens volle Freiheit nach außen beanspruchen, nach innen aber größtmögliche Homogenität, Geschlossenheit besitzen sollte. Intoleranz, Unterdrückung der Minderheiten, nationale Verhetzung und Ressentiments waren die Folgen. So hat der Nationalismus zur Zerspaltung Europas, zu Diktaturen und Dauerkonflikten geführt, die seine befreiende Wirkung oft genug überlagerten und zunichte machten. Verspätete Nationen wie Deutschland und Österreich, in zweiter

[14] Typisch das völkisch-ideologische Werk von Max Hildebert Böhm, *Das eigenständige Volk*, Göttingen 1932, Neuauflage (!) 1967.

[15] Max Scheler, *Die Stellung des Menschen im Kosmos*, München 1947, S. 51.

Linie Italien haben in der Theorie und Praxis einer völkischen Übersteigerung des Nationalismus eine besondere Rolle gespielt. Hier haben Volkstums- und Rassentheorie eine Zuspitzung erfahren, die dem National-Imperialismus der Alldeutschen, der Faschisten, der Nationalsozialisten die Argumente zur Politik der Expansion und der Vernichtung nach außen wie nach innen, im totalitären Staat, geliefert haben.

Thomas Mann hat das Politische einmal einen Teil des Humanum genannt. Die Inhumanität dieser national-totalitären Regime lag auch darin begründet, daß sie im tiefsten Wesen unpolitisch waren: politische Unterdrückung und nicht Entfaltung, unpolitische Gebundenheit an den Scheinbegriff der Rasse und nicht staatsbürgerliche Entscheidung waren die Voraussetzungen. Wenn der Nation geradezu moralisch-religiöser Wert zuerkannt und sie zum letzten Maßstab politischen Handelns erhoben wurde, bedeutete dies nicht nur die Verdrängung bis dahin geachteter Bindungen kultureller und geschichtlicher, sozialer und wirtschaftlicher, geographischer und moralisch-religiöser Art. Der Nationalismus unterlief zugleich die neuen überstaatlichen Impulse liberaler und sozialer, demokratischer Emanzipation. Indem die nationalistischen Bewegungen den starken Staat erstrebten, rückten sie wiederum in enge Berührung mit konservativen Restaurationsbestrebungen. Dies ungleiche Bündnis gegen Demokratie und Sozialismus, die übernationalen Bewegungen, führte den Konservativen die Gefühlspotenzen zu, die aus dem gesteigerten Nationalbewußtsein immer weiterer Bevölkerungsschichten rührten. Die Durchsetzung des Nationalinteresses erforderte den starken Staat, die Demokratie enthielt das Risiko der Schwäche.

So ist denn auch in den meisten Staaten, die nach dem ersten Weltkrieg gemäß dem Nationalprinzip geschaffen wurden, die Demokratie rasch durch autoritäre Regime konservativ-nationalistischer Prägung, meist unter einem starken Mann (Militär) abgelöst worden: in den baltischen Staaten und in Polen, in Ungarn und anderen Balkanländern, in Italien und dann auch in Deutschland und Österreich, in Spanien und Portugal. Die Konservativen hatten den Anschluß an den Nationalismus gefunden, der sie zuvor als revolutionäre Kraft bedroht hatte. Die Mobilisierung des Nationalgedankens konnte nun zum Mittel des Kampfes gegen die demokratische Bewegung, zur Überwindung des Liberalismus und zur Unterdrückung des Sozialismus verkehrt werden. Fast überall ist die Verbindung von Nationalstaat und Demokratie in der Zeit zwischen den Weltkriegen gescheitert, sofern sie sich nicht auf ältere Staatsgebilde stützen konnte.

Auf den äußersten Höhepunkt haben Faschismus und Nationalsozialismus diese Entwicklung geführt, mit ihren Konsequenzen: Gleichschaltung und Unterdrückung nach innen, Expansion und Vernichtung nach außen. Ihre wesentliche Antriebskraft war zwar der Kampf gegen Marxismus und Kommunismus: beides übernationale Bewegungen. Aber diese Kampfstellung ermöglichte noch eine weitere Steigerung, besonders in der Mobilisierung und pseudodemokratischen Akklamation der kleinbürgerlichen, bäuerlichen, mittelständischen Schichten, die sich vom Strukturwandel und den Krisen des Industriezeitalters bedroht fühlten. Wesentlich ist die Einsicht, daß nichts grundsätzlich Neues auftritt, das nicht schon in der Entwicklung des Nationalismus im 19. Jahrhundert enthalten war. So wenig es angeht, eine glatte Kontinuität etwa von Fichte bis Hitler zu konstruieren, so gewiß gehören dem Nationalismus doch seit Ausgang des letzten Jahrhunderts bereits die beiden Grundpostulate der nationalsozialistischen Ideologie an: Rassendoktrin und Lebensraumtheorie. Ihr Aufschwung hängt eng mit den Sozial- und Wirtschaftskrisen der großen Depression von 1873—1896 zusammen. Aber erst in den Erschütterungen des ersten Weltkrieges und in den Krisen der Weimarer Republik konnten die Theoreme des extremen Nationalismus von den Schreib- und Stammtischen in die konkrete Politik übersetzt und zur Grundlage eines Herrschaftssystems gemacht werden[16].

Gewiß ein großer Unterschied: Man wird die intellektuellen wie die ökonomischen, die moralischen wie die sozialpsychologischen Ursachen dieses Konkretisierungsprozesses noch viel genauer untersuchen müssen als bisher, will man möglichen Rückfällen nicht ebenso unvorbereitet gegenüberstehen wie damals. Aber eine Beschränkung auf die Weimarer Republik oder die Kriegszielpolitik des ersten Weltkrieges führte in die Irre. Es ist das gesamte Bildungsgut des deutschen Nationalbewußtseins, das in Frage gestellt werden muß, will man den Weg in die Katastrophe verstehen. Dies ist die Aufgabe, die vor einer Erneuerung des Nationalgedankens steht, und nicht die Widerlegung von NS-Ahnengalerien, die übrigens zuerst die Deutschen selbst, Nationalsozialisten und Mitläufer, lange vor den ausländischen Kritikern aufgestellt haben, als sie von Luther über Friedrich d. Gr. und Bismarck die stolze Ahnengalerie des „Dritten Reiches" schufen[17]. Von den Publizisten und Professoren, die dabei halfen, zieht jetzt so mancher eifernd gegen die Ausländer und die „Intellektuellen" zu Wort, die an diese Zusammenhänge erinnern.

Der Forderung nach einem normalen und gesunden deutschen Nationalbewußtsein muß die Frage vorangehen, wie normal und „gesund" (wenn dieser Biologismus überhaupt zulässig wäre) die geschichtlichen Erscheinungsformen denn sind, auf die man sich beruft. Nach den deutschen Erfahrungen muß das Verhältnis des Nationalgedankens zur Demokratie als Maßstab gelten. Der Nationalsozialismus, der den Nationalismus bis zum rücksichtslosen Volkstumskampf und zur rassistischen Vernichtungspolitik fortführte, hat den abolut gesetzten Nationalstaat ad absurdum geführt[18]. Im Totalanspruch gegenüber allen individuellen und überindividuellen Werten, im imperialistischen Ausgriff, im Herrschaftsanspruch der „Kernnation" und der Unterwerfung der nicht-deut-

[16] Zu diesem Zusammenhang neben den neuen Forschungen von Hans Rosenberg, (oben Anmerkung 11) besonders Fritz Stern, *The Politics of Cultural Despair*, Berkeley 1961; Fritz Fischer, *Griff nach der Weltmacht*, Düsseldorf 1961.

[17] K. D. Bracher, W. Sauer, G. Schulz, *Die nationalsozialistische Machtergreifung*, 2. Aufl., Köln-Opladen 1962, S. 264 ff.

[18] Vgl. Walter Sulzbach, *Imperialismus und Nationalbewußtsein*, Frankfurt/M. 1959.

schen Völker blieb doch immer der nationalstaatliche Gedanke maßgebend; die Nationalisierung, Versklavung, Austreibung oder Ausrottung der unterworfenen Bevölkerung, die den Lebensraum der eigenen Nation erweiterte, lief letztlich darauf hinaus, das Prinzip des Nationalstaats dem Streben nach übernationaler Expansionspolitik gleichsam überzustülpen.

Können wir noch dahinter zurück? Karl Jaspers meint, die kurze Geschichte des Nationalstaats gebe keine Basis für die Erneuerung eines deutschen Nationalbewußtseins her. Die Zweifel, die er in seiner umstrittenen Schrift über „Freiheit und Wiedervereinigung" (1960) geäußert hat, gelten unvermindert fort. Weit auseinander klaffen die Wege von Nationalbewußtsein und Demokratie in Deutschland. Auch der nationalistische Gegenschlag der vom Dritten Reich unterdrückten Völker, mit den Vertreibungen von 1945, als deren Urheber eindeutig Hitler genannt werden muß, ist gewiß kein Beweis für die Qualität und Eignung des nationalstaatlichen Prinzips, nationalstaatlichen Denkens: zuviel hat es zerstört. Es schien klar in den ersten Jahren unserer zweiten Demokratie, „daß ‚Nationalbewußtsein' keineswegs als ‚natürlich', sondern lediglich als ein historischer Sonderfall menschlichen Zusammenschluß- und Abgrenzungsbemühens verstanden werden kann"[19]. Diese Einsicht hat die supranationale Orientierung der Politik nach 1945 mit geprägt. Aber kaum traten die Anstöße und Versuchungen des Souveränitätsdenkens hervor, so rückten die politischen Probleme wieder mehr und mehr unter das Vorzeichen nationalstaatlichen Denkens: in der Wiedervereinigungsfrage, in der Grenzfrage mit der sublimierenden Formel des „Rechts auf Heimat", schließlich in den Parolen der NPD, die eine umfangreiche nationalistische Publizistik seit Jahren vorbereitet hat. Die eigentliche Gefahr liegt in der eingangs erwähnten Tendenz auch der großen Parteien, sich darauf einzustellen und dem gescheiterten Versuch des deutschen Nationalstaats auf Kosten der Demokratie Raum für eine neuen Anlauf zu konzedieren. Aber enthält eine *internationale* Bilanz des Nationalismusproblems anders als die *deutsche* Erfahrung nicht auch positive Anregungen für eine Normalisierung des Verhältnisses von Nationalbewußtsein und Demokratie in Deutschland?

## 4.

Im Lichte der Geschichte erscheinen der positive Gehalt und die Problematik nationalstaatlicher Lösungsversuche aufs engste miteinander verknüpft. Unbestreitbar hat die Entwicklung von Sprache und Kultur, von Wirtschaft, staatlicher Verwaltung und demokratischer Politik durch die Ausbildung eines umfassenden Nationalbewußtseins befruchtende Antriebe erfahren. Besonders die soziale Emanzipation und die Durchsetzung demokratischer Ordnungsprinzipien ist wesentlich ein Ergebnis der auflösenden und zugleich neuformenden Kraft des Nationalgedankens. Das Bekenntnis zur Nation, verstanden als ein sich täg-

[19] Krockow, a. a. O., S. 143.

lich wiederholendes Plebiszit (E. Renan), hat mit einem neuen Gemeinschaftsgefühl erst den politisch bewußten Staatsbürger geschaffen und damit auch der allgemeinen Begründung politischer Macht und Willensbildung im Prinzip der Volkssouveränität ihre konkrete Verwurzelung gegeben. Dabei ist der Nationalstaatsgedanke freilich oft auch eine Verbindung mit dynastischen Machtpositionen oder vordemokratischen Staats- und Gesellschaftsverhältnissen eingegangen: so im Italien des *risorgimento,* im Deutschland des „Zweiten Reiches“, in den autoritär regierten Balkanstaaten der Vor- und Zwischenkriegszeit oder den Diktaturen Süd- und Mittelamerikas. Doch hat die nationale Begründung der demokratischen Bewegungen zunächst eine stärkere Dynamik zu entwickeln vermocht als die universal gerichtete Idee von der Gleichheit aller Menschen. Auch die vorübergehende Entfaltung nationalistischer Diktaturen in „unterentwickelten“ oder krisenanfälligen Ländern hat auf eine pseudodemokratisch-plebiszitäre Legitimierung nicht verzichten können, und selbst der monarchische Gedanke verlor seinen religiös-universalen, im Gottesgnadentum verankerten Charakter und mußte sich, wollte er nicht den national-revolutionären Zeitströmungen zum Opfer fallen, in ein demokratisch-konstitutionell legitimiertes Volkskönigstum verwandeln.

In diesen vielfältigen Wechselbeziehungen zwischen Nationalstaat und Demokratie, zwischen äußerem und innerem Souveränitätsanspruch des politisch bewußt gewordenen Volkes, zwischen gesteigerter Machtpolitik im nationalstaatlichen Sinn und innenpolitischem Emanzipationsstreben liegt freilich zugleich die Problematik jenes einseitig nationalstaatlichen Ordnungsdenkens beschlossen, das auch gegenwärtig noch mit fast unveränderter Kraft die zwischenstaatlichen Beziehungen zu beherrschen scheint. Es erschwert die Lösung wirtschaftlicher und sozialer Probleme, die im nationalen Rahmen nicht länger zu bewältigen sind. Hinzu kommt die Tatsache, daß angesichts der Ausstattung der modernen Armeen mit Massenvernichtungsmitteln der Krieg als letzte Konsequenz nationalen Souveränitäts- und Prestigestrebens ausscheidet; im Dienst nationalstaatlicher Antagonismen kann der Einsatz der Atombombe mit seinen unabsehbaren Folgen nicht mehr gerechtfertigt werden. Diese Einsicht hat zwar noch zu keiner übernationalen Lösung des Konflikts der Souveränitäten durch übergreifende Regeln geführt. Ein friedlicher Ausgleich der Interessen, wie ihn die Demokratie im innerstaatlichen Bereich verwirklicht, ist in der zwischenstaatlichen Politik allen völkerrechtlichen Entwürfen und „supranationalen“ Institutionen zum Trotz noch nicht verbindlich durchsetzbar, sofern ihm nationalstaatliche Prinzipien entgegenstehen.

Man wird aber annehmen dürfen, daß das Zeitalter des Nationalstaates kein Endstadium bedeutet. Als Strukturprinzip Europas ist er längst fragwürdig geworden. Auch die Leidenschaft, mit der die Völker Asiens und Afrikas, z. T. in Verbindung mit einem vorübergehend national akzentuierten Kommunismus, gleichsam im Nachholverfahren ihr Emanzipationsstreben in nationalstaatlichen Formen begründen, wird auf die Dauer nicht darüber hinwegtäuschen können, daß die Ära des Nationalismus und des nationalstaatlichen Souveränitätsprinzips nur einem freilich wichtigen Durchgangsstadium zugehört. Es hat lange blockierten und neu erwachten geistigen und politischen Kräften zum Durchbruch verholfen, eine erstarrte pseudo-universalistische Staatsordnung liquidiert und der Anpassung der politischen Formen an die rasche Wandlung von Wirtschaft und Gesellschaft zumal im 19. Jahrhundert einen straffen, zeitgemäßen Rahmen gegeben. Aber gleichzeitig sind Gegenkräfte erstarkt, die das Prinzip absoluter nationalstaatlicher Souveränität nicht nur gedanklich, sondern auch kraft geschichtlich-politischer Notwendigkeit einzuschränken und zu modifizieren streben. Demokratische Politik ist auf die Dauer nur möglich, wenn ihren Prinzipien des Ausgleichs und des Kompromisses auch der Nationalismus unterworfen und in einem größeren Rahmen auf seine konstruktiven Impulse beschränkt wird. Die deutsche Erfahrung, daß der innenpolitische Freiheitsgedanke durch das Streben nach nationaler Einheit und nationalistischer Außenpolitik erdrückt werden kann, sollte den „zu spät gekommenen" oder „jungen" Völkern Warnung sein und den Vereinten Nationen trotz ähnlicher Schwierigkeiten das Schicksal des Völkerbunds, der an den absolut gesetzten Egoismen seiner Mitglieder zugrunde ging, ersparen.

Der überstaatliche Konflikt der Ideologien, der alle historischen und ethnischen Grenzen sprengt, hat die nationalstaatlichen Souveränitäten und den ihnen zugehörigen Loyalitätsbegriff schon vielfach durchlöchert; im Osten unter dem Zwang der sowjetischen Hegemonie noch nachhaltiger als in der auf Freiwilligkeit aller Glieder beruhenden westlichen Welt. Wohl demonstrieren nicht zuletzt die nationalkommunistischen Tendenzen unserer Gegenwart, in welchem Maße das Nationalgefühl als ein politischer Faktor von erster Bedeutung erhalten geblieben ist; die Mobilisierung nationaler Instinkte wirkt auch im Zeitalter der übernational-ideologischen Konflikte als ein wirksames Mittel der Herrschaft, selbst wenn diese den klassischen Nationalbegriff gesprengt oder manipuliert hat. Aber „während man im Zeitalter des Nationalstaats ideologische Zielsetzungen mißbraucht hat, um mit ihrer Hilfe einen nationalistischen Imperialismus zu tarnen, werden im 20. Jahrhundert ... nationale Zielsetzungen verfolgt, um eine ideologische Machtausweitung möglich zu machen"[20]. So erweist die Zwangslage des atomaren Zeitalters das Festhalten an der traditionellen nationalstaatlichen Souveränität in Völkerrecht und Politik als einen Anachronismus, dessen Überwindung auch die innerstaatliche Politik von manchen emotionalen Belastungen befreien und Verschiedenheit und Gemeinsamkeit der Nationen in ein konstruktiveres Verhältnis setzen könnte. Die ideologischen Trennungslinien, die an die Stelle nationalstaatlicher Scheidung treten, sind freilich nicht minder tief und scharf in ihrer Wirkung auf die machtpolitische Zerspaltung der Welt; die Erfahrung der deutschen Spaltung oder der Teilungen Koreas und Indochinas lassen darüber keinen Zweifel.

[20] Gerhard Leibholz, *Strukturprobleme der modernen Demokratie*, Karlsruhe 1958, S. 238.

Dies ist auch die Diagnose, die Hans Kohn dem heutigen Nationalismus stellt: „Einst war er eine große, Leben fördernde Kraft, ein Ansporn für die Entwicklung des Menschen; heute kann er zu einem Ballast für die fortschreitende Entwicklung der Menschheit werden." In den Entwicklungsländern mag er noch „ein Element menschlichen Fortschritts sein". Aber: „Heute muß zumindest im Westen die individuelle Freiheit des Menschen auf einer übernationalen Basis organisiert werden. Demokratie und Industrialismus, die beiden Kräfte, welche gleichzeitig mit dem Nationalismus gewachsen sind und sich über die Welt hin ausgebreitet haben, sind heute beide über die nationale Bindung hinausgewachsen . . .[21]."

## 5.

Für die deutsche Problematik ergibt sich daraus eine klare Rangordnung, will die Bundesrepublik nicht die Chance des Neubeginns verspielen durch einen Rückfall in anachronistisch werdende Denk- und Verhaltensformen. Hier liegt auch die Möglichkeit einer Bewältigung des NPD-Neonationalismus, der eindeutig ein Phänomen der Vergangenheit, nicht der Zukunft ist, *sofern* an dem Primat der Demokratie festgehalten wird. Die NPD ist nichts als ein weiteres Glied in der Kette der National-Strich-Bewegungen, die in der Vergangenheit oft genug auch mit dem Anspruch wahrer Demokratie aufgetreten sind; selbst der Nationalsozialismus hat sich ja zeitweise mit den plebiszitären Formen der Selbstbestätigung als wahre Demokratie gegenüber westlicher „Entartung" aufgespielt, hat sich der Legalitätstaktik bedient und unter Friedensreden getarnt. Man sollte sich nicht täuschen über den wahren Charakter einer Bewegung, in deren Parteiblatt das neue Nationalbewußtsein nach „22 Jahren aufgezwungener Selbstbesudelung und Selbstkasteiung" gepriesen wird[22]. Auch wahlsoziologisch ist die NPD der NSDAP durchaus vergleichbar, wie Analysen der regionalen und sozialen Struktur erweisen. In zeitgemäßer Veränderung bedient sich die Partei, die sich als „organisierte Speerspitze" der „nationalen Welle" anpreist, derselben Parolen und Ressentiments zur Mobilisierung auch derselben Schichten gegen Demokratie und internationale Zusammenarbeit wie die Nationalsozialisten. Illusionen über das „nationale Potential" dieser Gruppen sollte es dieses Mal von allem Anfang an nicht geben können.

Man mag geteilter Meinung über Parteiverbote in der Demokratie sein. Wenn aber die auf Sicherung der Demokratie angelegte Verfassung der Bundesrepublik schon zweimal zu Parteiverboten geführt hat, so erscheint die NPD als ein eklatanter Fall der Verfassungsartikel (21 und 18) zum Schutz der Demokratie. Die innere Bedrohung der Demokratie in Deutschland geht heute wie vor

[21] Hans Kohn, „Das Wesen des Nationalismus", in: Beilage zu *Das Parlament* v. 14. Februar 1962.

[22] *Deutsche Nachrichten* v. 17. 2. 1967.

40 Jahren viel eher von dieser Seite als von der extremen Linken aus. Ein Nationalismus der Ressentiments und Antiparolen nach Ost und West und gegen die Entwicklungsländer, wie er seit Jahren in den Reden und Blättern der NPD und ihrer zahlreichen Vorläufer propagiert wird, ist ein Anachronismus, den sich die Bundesrepublik weniger als eine andere Demokratie leisten kann. Wie schon im radikalen Nationalismus der Jahrhundertwende und dann im Nationalsozialismus ist es die gesellschaftliche Anpassungskrise an das industrielle Zeitalter, die den Hintergrund auch des Neo-Nationalismus bildet. Verherrlichung des Heldischen und Soldatischen, des Bäuerlichen und Einfachen, Flucht in eine vermeintlich bessere Vergangenheit auf der einen Seite, tief irrationales Unbehagen an der modernen Gesellschaft und der normalen Politik, eine pessimistische Dämonisierung des Fremden auf der anderen Seite: das ist bis heute die Position, von der aus ein pseudodemokratisch getarnter Nationalismus gegen die als undeutsch, künstlich, seelenlos diffamierte moderne Demokratie, gegen die Moderne überhaupt operiert.

Wenn derzeit in anderen Staaten ähnliche Probleme existieren oder noch mehr traditioneller Nationalismus sichtbar ist, so kann das nicht Rechtfertigung oder gar Vorbild sein. Und überdies: die deutsche Lage im Schnittpunkt der Ost-West-Konfrontierung bietet wenig Aussicht, über nationalstaatliche Ideologien zu Lösungen zu gelangen. Ein Nationalismus im traditionellen Sinne ist hier nicht denkbar. Für die Bundesrepublik geht es um ein kritisches „Staatsbewußtsein"; genauer als dies oft mißbrauchte Wort verstanden als ein geschärftes politisches Bewußtsein von dem Wert, den Rechten und Pflichten des Staatsbürgers in der Demokratie, demokratisches Bewußtsein. Alles andere beschwört die Gefahr, daß erneut wie nach 1918 oder schon nach 1848 das politische Denken vom Konkreten ins Irreale abgelenkt wird. So ist auch das Problem der Wiedervereinigung nicht mehr in erster Linie als Problem des Nationalstaats, sondern der Demokratie und der überstaatlichen Zusammenarbeit zu verstehen.

Für die politische Praxis wie für die Bemühungen um politische Erziehung ergibt sich daraus eine zweifache Antwort auf die Frage nach dem Verhältnis von Nationalbewußtsein und Demokratie. Bewußtsein bedeutet, „Klarheit, Selbstkritik, Nüchternheit, Wirklichkeitssinn, Rationalität"[23]. Es fordert nach innen die Beteiligung am Ausbau eines freiheitlich-demokratischen sozialen Gemeinwesens, nach außen die Orientierung an den übernationalen Aufgaben und in allem vernünftige Erkenntnis der wirklichen Lage und Möglichkeiten in der modernen Welt. Ein politisch mündiges „aufgeklärtes Nationalbewußtsein" findet in den „pubertären Vorstufen" der deutschen Vergangenheit „kein Modell, an dem wir uns orientieren" können ... „Es läßt sich, wenn überhaupt, nur von der Zukunft her definieren"[24]. Während der alte Nationalbegriff das Trennende betont hatte, gilt es nun — und das wäre die *erste* Antwort —, den Nationalis-

[23] Georg Picht, „Grundlagen eines neuen deutschen Nationalbewußtseins", in: *Merkur* 21 (1967), S. 4; freilich wirft Pichts Plädoyer für ein stärkeres Staatsbewußtsein dieselben Probleme auf.

[24] Ebenda, S. 6.

mus aller gegen alle abzulösen durch eine Ordnung der internationalen Politik, die sich mehr und mehr an den Lebensregeln innerstaatlicher Demokratie, an Diskussion und Kompromiß orientiert; dies entspräche den Erfordernissen einer Weltinnenpolitik angesichts der immer engeren Verflechtung der internationalen Politik, die heute nicht so sehr von nationalstaatlichen Rivalitäten, als vielmehr „von der Konkurrenz der Gesellschafts- und Herrschaftssysteme bestimmt ist"[25]. Aber solange auch demokratische Außenpolitik noch primär an der Nationalstaatsraison orientiert ist, solange Nationalismus und Staatenegoismus die Gegensätze zu anderen Staaten betonen, solange werden auch die in der Demokratie liegenden verbindenden und ausgleichenden Tendenzen nach außen hin kaum wirksam. Zwar können europäisches oder atlantisches Gemeinbewußtsein nicht einfach Ersatz für den fehlenden deutschen Nationalstaat sein; das wäre bedenklich im Blick auf die Rückschläge der Integrationspolitik. Aber wir stehen vor der Tatsache, daß der moderne Staat seine Aufgaben als souveräner Nationalstaat nicht mehr erfüllen kann. Übernationales Denken wird die mehr und mehr der Weltentwicklung entsprechende Form politischen Gemeinschaftsbewußtseins nach außen sein, je entschiedener Krieg als Mittel der Politik ausscheidet und die wechselseitige Abhängigkeit der Staaten nationalistisches Souveränitäts- und Autarkiedenken ablösen muß. Selbst der französische Soziologe Raymond Aron, dem Gaullismus nahestehend, glaubt diejenigen, die allein die nationalen Einheiten für dauerhaft in der Geschichte hielten, setzten unwissentlich „das Siegel der Ewigkeit unter die Geschichtsphilosophie des 19. Jahrhunderts"[26]. Und auch ein so konservativer Historiker wie Hans Rothfels hat die zurückliegende Epoche als „nationale Ausnahmezeit" bezeichnet[27]. Warum sollten die Deutschen nicht einmal weiter vorne sein, statt sich enttäuscht wieder an rückwärts operierenden Ideologen zu orientieren?

Näher freilich — *zweite* Antwort auf die Frage nach dem Verhältnis von Nationalbewußtsein und Demokratie — bleibt die Aufgabe nach innen, in der Ausgestaltung der Demokratie und im Engagement für sie Nationalbewußtsein als politisches Bewußtsein zu fassen: in der Sorge um soziale Fragen und Bildungsprobleme, in der Wachsamkeit und Bereitschaft, für eine glaubwürdige Demokratie und gegen autoritäre und obrigkeitsstaatliche Tendenzen einzutreten. Wer kennt nicht die besorgte Frage ausländischer Beobachter, wie sich die Deutschen im Ernstfall verhalten würden, wenn es noch einmal wie 1933 um das Recht und die Würde des Menschen ginge, wenn persönliche Entscheidung und Zivilcourage gefordert würden. Das setzt Maßstäbe für eine politische Erziehung, die Verständnis und Wissen, nicht subjektive Gesinnung fördern und jedenfalls weit hinausführen muß über eine bloß nationale Erziehung, die ja weder objektives Wissen noch übergreifende Werte vermitteln kann, weil sie beim sublimierten kollektiven Egoismus stehenbleibt und alles durch die Brille der nationalen Eigenliebe verzerrt sieht.

[25] Manfred Hättich, *Nationalbewußtsein und Staatsbewußtsein*, Mainz, 1966, S. 84.
[26] Raymond Aron, Frieden und Krieg, Frankfurt/M. 1962.
[27] *Zeitgeschichtliche Betrachtungen*, Göttingen 1959, S. 55 ff.

Das setzt aber freilich auch die bessere Ausgestaltung einer glaubwürdigen Demokratie voraus. Dazu gehört die Einsicht, daß jeder als wichtiges Glied der Gesellschaft zum Mitwirken an diesem differenzierten Gebilde aufgerufen und für das freie Zusammenspiel der verschiedenen Kräfte mitverantwortlich ist. An dieser Identifikation mit der Demokratie fehlt es. Es gilt, den Stolz auf ihre Institutionen und ihr Funktionieren zu wecken: den Stolz darauf, daß sie das Gegenteil nicht nur der Diktatur, sondern auch des Obrigkeitsstaates ist. Das aber wird gefährdet durch das Vordringen von Regierung und Verwaltung im Sinne eines vordemokratischen Staatsbegriffs, der nur vom Gesichtspunkt der administrativen Effizienz bestimmt wird. Die aktuellen Stichworte dieser Gefahr: Machtverlust des Parlaments, formierte Gesellschaft statt pluralistisch offener Demokratie. Das bedeutet erneut Entpolitisierung, es könnte gefährliche Hohlräume für pseudopolitische Bewegungen autoritär-nationalistischer Observanz schaffen. Statt neuerdings ständig nach Reform und Änderung der Verfassung im Sinne höherer Effizienz, aber auf Kosten parlamentarischer Demokratie zu rufen und den Ausbau politischer Kommandozentralen zu fordern, wie es alte und junge Carl Schmitt-Schüler tun, die Politik mit Verwaltung und Befehl verwechseln[28], sollte man sich dem Bemühen um Verbesserung und Stärkung des demokratisch-parlamentarischen Prozesses widmen.

Vor allem aber gilt es gerade im geteilten Deutschland, „das Nationalbewußtsein als Gesellschaftsbewußtsein zu formieren"[29], es zur Bemühung um eine gerechtere Gesellschaftsordnung zu konkretisieren. Gesellschaftliches und politisches Bewußtsein sind es, die nach den Verirrungen des deutschen Nationalismus endlich den konkreten Zugang zur Demokratie eröffnen, die lange Geschichte des unpolitischen Bürgers beenden könnten. Dann wäre erst die Chance wahrgenommen, die uns im Zusammenbruch von 1945 zugefallen ist, dann müßte nicht länger das fragwürdige Geständnis Thomas Manns (von 1918) zutreffen: „Ich bekenne mich tief überzeugt, daß das deutsche Volk die politische Demokratie niemals wird lieben können, aus dem einfachen Grunde, weil es die Politik selbst nicht lieben kann, und daß der vielverschriene ‚Obrigkeitsstaat' die dem deutschen Volke angemessene, zukömmliche und von ihm im Grunde gewollte Staatsform ist und bleibt[30]." Seine düsteren Prognosen von 1918 und 1945 sind nur zu widerlegen, wenn der Freiheitsbegriff in Deutschland nicht wieder einseitig nach außen gerichtet ist, sondern als ein „moralisch-innenpolitischer Begriff" verstanden und verwirklicht wird, und wenn auch im deutschen Denken der Begriff der Nation mit dem der Freiheit vereinigt wird, die „das Menschheitliche einschließt und innerpolitisch Freiheit, außenpolitisch Europa meint"[31].

[28] So Roman Schnur, Herausgeber der Carl-Schmitt-Festschrift, ausgerechnet in seiner Festrede vor dem Landtag von Nordrhein-Westfalen: *Frankfurter Allgemeine Zeitung* v. 11. 10. 1966, S. 13 f.

[29] Krockow, a. a. O., S. 152.

[30] *Betrachtungen eines Unpolitischen,* Neuausg. Frankfurt/M. 1956, S. 22.

[31] Thomas Mann, „Deutschland und die Deutschen", in: *Neue Rundschau,* 1 (1945).

# Gesellschaftliche Gruppen und Institutionen

JESSE DUNSMORE CLARKSON

# Some notes on Bureaucracy, Aristocracy, and Autocracy, in Russia, 1500—1800

In one of Dr. Rosenberg's thoughtful and penetrating books, *Bureaucracy, Aristocracy and Autocracy: The Prussian Experience, 1660—1815*[1], he suggested that it would be highly desirable for others to make corresponding studies, dealing with other lands, in order to throw still more light on "issues of more universal concern." Considerations of time and space do not here permit acceptance of this challenge; the comments here offered can at best serve as mere footnotes to some of the many points so carefully and cogently raised by Dr. Rosenberg in this book of his and in his article on "*The Rise of the Prussian Junkers in Brandenburg-Prussia, 1410—1563*"[2] that preceded it. It is in this spirit that some considerations concerning cognate developments in Russian history are presented.[3]

As Dr. Rosenberg remarked in the preface to his study: "The Prussian experience ... was exceptional in some respects. On the whole, however, it was representative of general European trends." Similarly, the Russian experience, though in very many ways exceptional, yet fits into the framework of European development, and perhaps more closely into that of Prussia—or at least of its East Elbian lands—than into that of countries further west. In a sense, it seems

[1] Cambridge, Mass., 1958.

[2] *American Historical Review,* XLIX, 1—2 (Oct. 1943 and Jan. 1944), pp. and 228—242 (respectively).

[3] This may be the more useful because the extensive and profound knowledge of the late Professor Otto Hintze, for whom Dr. Rosenberg justly expresses the most profound respect, though it extended far beyond the bounds of Prussia and permitted him to make remarkably valuable comparisons with Western Europe, could not bridge the language barrier to embrace Russia. This fact reduced him to dependence on such works as Pavl N. Miliukov, *Ocherki po istorii russkoi kul'tury,* (3 vol., St. Petersburg, 1904, available to Professor Hintze as *Skizzen* ...). Miliukov as a historian could never forget that he was also a political activist, and his section devoted to the Russian nobility was so loosely written as easily to lead a reader astray. Consequently, of the fourteen essays by Professor Hintze collected in *Staat und Verfassung* (Leipzig, 1941), only five even mention Russia; in one of these he simply dismissed Russia as "a sort of oriental despotism" without "a genuine political aristocracy"; in others he grossly exaggerated the significance of the "Table of Ranks" of Peter "the Great" and fell into a number of factual errors.

more important to dwell on the differences, obvious though some of them are, rather than on the similarities, for some examination of these differences may help to bring out the residual underlying similarities.

It may then be well at the outset to remind ourselves of some of the very real major differences between Russia and "Europe," including Prussia, around 1500, when a Russian bureaucracy—not, indeed, a "civil service," but, as Dr. Rosenberg justly points out for Prussia, simply an instrument of the ruler's power—may be said to have been taking form. In passing, it may be remarked that Russia was not, as were the East-Elbian lands and especially Prussia proper, a "colonial" area. The recorded and continuous story of the power of the Russian princes can readily be traced at least as far back as the coming of the Varangians in the ninth century. Let me hasten to add that there is here no intention of attempting to revive the "Normanist theory" of the origin of the Russian state, which has become such a red rag to all patriotic Russian historians, émigré or Soviet. It is not here suggested that the Scandinavians introduced princely rule, or anything else new of importance, into Slav society. It is, however, unquestionable that Scandinavians did take over and develop institutions and practices that may well extend centuries further back among the eastern Slavs, though unrecorded and incapable of being examined save on the basis of archaeology.[4] It is true that Professor V. O. Kliuchevskii, the consummate historian of pre-Revolutionary times, based his periodization of Russian history on successive stages of "colonization" (in this context, "settlement"). It is also true that the portion of the plain in which later the Muscovite state took shape was in early Kievan days still an outlying backwoods region, predominantly—though sparsely—inhabited by Finns. It may still be something of an open question whether Slavicization was mainly the work of the princes and of the Church[5] or whether it did merely reflect an expansion of the area of Slav settlement. In any case, it was not, as it was in Prussia, a question of people of a more advanced culture imposing their rule on "backward natives."

From this excursus it is high time to return to consideration of differences between Russia and "Europe" as they existed about 1500 A.D. Economically, of course, Muscovy was, as compared with the contemporaneous West, markedly backward. She had not yet been able to open the fertile steppe to peasant settlement; centuries before the imposition of the "Tatar yoke" the steppe had been occupied by successive hordes of pastoral nomads (Scyths, Sarmatians, Huns, Bolgars, Avars, Khazars, Pechenegs, Polovtsy), with whom the Russian Slavs had had to wage a constant defensive, rather than offensive, struggle.

[4] Although the "political institutions" of early Kievan days closely resembled those of still earlier Teutons, they resembled also those of even earlier non-Teutonic peoples.

[5] For an extreme version of this interpretation, cf. Henryk Paskiewicz, *The Origin of Russia* (1954) and *The Making of the Russian Nation* (1963). Paskiewicz, who based his theories mainly on linguistics, has been roundly condemned by all Russian historians, émigré and Soviet alike.

The Slavs had remained penned up in the forest-swamp zone, with poor soil and a "continental" climate; it should be remembered also that the latitudes in which Muscovy took form lie further north than does any part of Germany. Under such conditions of the natural environment, even more than by reason of her remoteness from ancient centers of civilization[6], it is small wonder that Russia at the end of the fifteenth century was still living under a "subsistence" economy, without the possibility of developing the agrarian entrepreneurship that Dr. Rosenberg describes for Prussia of that time. Yet Russia was almost wholly dependent on agriculture, with very little development of specialized handicrafts[7] or even of internal trade[8] and no longer with any foreign trade of major significance. Novgorod, the only town in whose history foreign trade had continued to play an important role and which had, under the rule of its own patriciate, enjoyed significant political autonomy, lost its independence and its special regime in 1478 when it was annexed to Moscow; its chief link to the West, the Hansa *Hof*, was suppressed in 1494. Its "little brother" Pskov retained its always lesser degree of self-government only until 1513.

Politically, the differences between the early development of the Russian state and that of Prussia were correspondingly great. Prussia was an agglomeration, almost accidental, of distinct provinces, many of them acquired by marriage, with varying traditions and institutions. Dr. Rosenberg outlines the difficulties long experienced even in the nomenclature of "Prussia" and indicates the difficulties entailed in fusing the variegated assortment of lands, acquired by the Hohenzollerns at various times and under differing circumstances, into a centralized and unitary state. Muscovy did not experience this problem. The several historic Russian principalities, though they had gradually developed dynasties of their own, had all been ruled by branches of one and the same family. This was particularly true of the Russian "mesopotamia" between the upper Volga and the Oka, the area in which the Muscovite state took form. The rest of historic Rus', except for Novgorod and Pskov, whose special regimes had precluded the development of local dynasties, passed from the fourteenth century under the control of Lithuania and therefore to some extent of Poland. In the mesopotamia there was only one princely family not descended from Vsevolod "Big Nest" (1176—1212), youngest son of Iurii Dolgorukii.[9]

[6] In fact, Kievan Rus' had been in closer contact with Roman civilization, in its Byzantine form, than had been Western Europe, especially Germany, in the earlier Middle Ages.

[7] Only in occupations such as icon-painting did Russia ever develop craft guilds.

[8] Soviet historians, such as B. A. Rybakov, have been desperately trying, for the sake of Marxist laws of social development, to prove the contrary.

[9] This was a branch of the princes of Smolensk, descended from Iurii's eldest brother, Vladimir Monomakh, which had acquired Iaroslavl' by marriage, itself a most exceptional phenomenon in Rus'; unable to maintain for long his rights to Smolensk also, the founder of this line had identified himself with his wife's relatives.

To be sure, the older practice of Russian princes of transferring, as opportunity offered, from one throne to a better one, had almost died out as early as the twelfth century. The "rota" system of succession to thrones had by degrees given way to hereditary succession, by testamentary disposition and usually by primogeniture, in the descending male line. Yet the notion that distant cousins had the right (with the aid of Tatar khans) to succeed to the grand princely throne of Vladimir had persisted into the fifteenth century.[10] Despite innumerable feuds between princes of different lines—and still more between more closely related members of one or another of the branch lines—there had survived a notion of the unity of the Russian land as the common patrimony (*otchina*) of the whole ramifying family.[11] What is more, all these princes were feudal rulers, in whose principalities there was as yet no room for diets representing the vested interests of special categories of men.

This was as true of Moscow as of any other of the principalities. By the close of the fifteenth century, when virtually all the formerly independent principalities had been "gathered" under the rule of the grand prince of Vladimir-Moscow, Muscovy had not yet developed into a *Ständestaat*. Rival princes who submitted to the superior authority of the grand prince (*velikii kniaz'*) of Moscow usually retained jurisdiction over their principalities, while becoming military "servitors" (*slugi*) and advisers of the grand prince as his boyars. Non-titled boyars, whose ancestors had not been princes, also enjoyed, as of old, wide personal authority over their patrimonial estates, while serving as the cream of his military forces and sitting in his council (*boiarskaia duma*) as his advisers and as junior collaborators in the central administration of the realm. The more numerous "sons of boyars" (*dieti boiarskie*[12]) were also military landholders, differing from the boyars only by their lesser degree of economic and political importance as individuals; many of them were in the service, not directly of the grand prince, but of the "serving princes," of other boyars, or of prelates. The few privileged merchants (*gosti*) and the much more numerous petty traders and artisans could, for a variety of reasons, as yet hardly be thought of as constituting a "bourgeoisie" in the Western sense. The towns (*goroda*) were still mainly military and administrative centers, sometimes with-

[10] Even Vasilii II "the Dark" of Moscow, in his contest with his uncle Iurii, had not ventured to argue on the basis of his hereditary rights but had thrown himself on the mercy of the khan and had thus won confirmation as grand prince (1432). Cf. Nikonovskii chronicle, in *Polnoe sobranie russkikh lietopisei*, t. 12 (St. Petersburg, 1901), p. 16.

[11] Even Prince A. M. Kurbskii stressed this point in his *Istoriia o velikom kniazie Moskovskom* (St. Petersburg, 1913), translated by J. L. I. Fennell (New York, 1965). Cf. also Fennell, *The Correspondence between Prince A. M. Kurbskii and Tsar Ivan IV of Russia, 1564—1579* (New York 1955), which gives the Russian text along with an English translation.

[12] This term simply reflects the old Russian custom of referring to social inferiors as "children", which long survived in the form of address used by officers to their soldiers and by the clergy toward the laity.

out a *posad* (*faubourg*, *Vorstadt*); even where, as at Moscow, there had grown up under the protection of the fortress a considerable settlement of traders enclosed by a wall (usually an earthen one), it was only the fortified center that was referred to as the *gorod*.[13]

The politico-military situation had, indeed, already begun to change significantly and was to undergo even more sweeping changes in the sixteenth, and especially in the seventeenth, century, so that the "aristocracy" of Russia by the close of the eighteenth century bore little superficial resemblance to its forebears of the fifteenth century. The need of the grand prince for "military servitors" grew apace with the territorial expansion of his authority and with the increasing need of coping, not only with the Tatars—who, after the fall of the "Tatar yoke" in 1480, became an even greater menace to Muscovite security—but also with the Grand Principality of Lithuania, dynastically linked with the kingdom of Poland as the *Rzeczpospolita* (*Res publica*), while from the sixteenth century Sweden took the place of the Knights of the Sword (*Schwertbrüderorden*) as Russia's rival for control of access to the Baltic. Consequently, the feudal levies of the grand prince had to be augmented by a rapidly increasing category of *dvoriane* (men of the prince's *dvor*, his court or household, translateable into German as *Hof*), who in the circumstances of the times could be supported in sufficient numbers only by grants of land, useful to the holder only if cultivated by peasants.[14] For the most part the *dvoriane* were granted land, not outright as their hereditary patrimony (*otchina*) but, much like the early fief in the West, on the basis of a type of holding (*pomiest'e*) technically conditioned on their continuance in service, but which rapidly became hereditary in practice.[15] Thus the army of the grand prince came to consist of two principal strata: 1) the boyars (including the "serving princes") and "sons of boyars," who led men recruited from the dependent population of their estates as independent commands, though all subordinated to *voevodas* appointed by the grand prince; and 2) the *dvoriane*, who also

[13] Few towns were provided with brick walls, which in Moscow were extended to include the "Kitai [central] gorod" adjacent to the Kremlin. Even to-day much of Moscow, later enclosed by a whitewashed brick wall, is known as the "White City", surrounded by the "Earthen City", which never was provided with more than an earthen rampart.

[14] Following Dr. Rosenberg's example, it will be assumed without further discussion that peasant bondage, increasing in intensity, especially after the development of an agricultural market economy, is to be understood as the basis of the Russian, as well as of the Prussian, system of land tenure.

[15] The legal distinction between the two types of holding, which became increasingly blurred with the passage of time, was finally wiped out completely during the reign of Peter "the Great" by his law of *majorat* (not primogeniture) in 1714; though this law was revoked in 1730, the obsolescent distinction between the two old forms of "immovable property" was not restored. In subsequent usage, the word *pomieshchik* came to mean simply landlord.

brought peasants from their estates but were grouped by districts under princely officials.

These two elements jointly constituted the "nobility" of Muscovy.[16] As such, they were of course tax-exempt but were all subject to military service at the call of the grand prince, who was soon (1547) to add the title of "*tsar'* ", once reserved by Russians for Byzantine emperors and Tatar khans, but later extended by them also to Western kings. Since, with the exception of the "princes"[17] the nobles were all untitled, English writers prefer (rather misleadingly) to call them the gentry. Obviously, they include the nearest Russian counterparts of the Prussian Junkers,[18] though they were not released from obligatory service until 1762. The class was always open-bottomed, in both directions; indeed, in the seventeenth century the government found it necessary to try to prevent impoverished nobles from becoming bondsmen.

Thus, at the opening of the sixteenth century the Russian nobility was by no means a homogeneous group and, though in the main hereditary, did not form anything like a closed corporation. Its ranks were constantly being filled by new men, of divers origins—sometimes personally unfree members of the grand prince's *dvor*, dependents of other princes and of boyars, stray foreigners, even recruits from the taxpaying mass of the population (*tiaglye liudi*). Their service also was mixed in character; though predominantly military, their aging or

[16] The development of the Russian nobility has attracted remarkably little attention outside Russia and, save for genealogies, little enough there. For the earlier portion of its history, down to the sixteenth century, the most serviceable non-Russian account is still that of Otto Hötzsch, "*Adel und Lehnswesen in Rußland und Polen und ihr Verhältnis zur deutschen Entwicklung*", in *Historische Zeitschrift*, vol. 108, 1912, pp. 541—592. This somewhat outdated article suffers, among other things, from over-concentration on legalistic questions of minor significance, such as the personal freedom (or lack of it) among the prince's servitors, complicated by some misconceptions about the meaning of certain archaic Russian terms. His comments on the ethnic antecedents of Russian nobles—33 % "Great Russian", 24 % Polish-Lithuanian, 25 % German and other West European, 17 % Tatar or Eastern—are invalidated by his trustful reliance on the list of almost a thousand families in the *Barkhatnaia kniga (Velvet Book)*, composed by order of Tsar Fedor to solace the feelings of families whose service records, preserved in official documents, were ceremoniously burned in 1682 to emphasize the abolition of *miestnichestvo* (cf. *infra*); this genealogical compilation was based on private information drawn from family archives and, even apart from the consequences of family pride, full of easily demonstrable factual errors.

[17] This title (*kniaz'*) was automatically accorded to all descendants in the male line of Riurik (with a few exceptions)—even though, like the Prince Pozharskii who in 1612 led the liberation of Moscow from Polish occupation, they had sunk from the level of *boiare* to that of *dvoriane*—of Gedimin of Lithuania, and of Tatar princes who, on baptism, had entered the service of Moscow; later it was extended to some Caucasian, Siberian, and other Asiatic princes. As a rule, the family names of princes descended from Riurik were formed by adding the suffix "-skii" to the name of their principality.

[18] Hintze, following Hötzsch, likened the origin of the dvoriane to that of the German *ministeriales*.

infirm members were often pensioned off as local administrators, principally concerned with collecting taxes and administering justice.[19]

The growing complexity of the grand prince's household led to its gradual evolution into a state administration, which was for the most part staffed by lesser nobles, whether "sons of boyars" or *dvoriane*, though record-keeping entailed a need for literacy, giving rise to a category of *d'iaki* (secretaries, assisted by *pod'iachi* or clerks), often recruited from among the sons of priests. Treasury *d'iaki* are first mentioned in the middle of the fifteenth century; they were employed in checking on household officials but were not themselves charged with any departmental administration. About the turn of the century, however, *d'iaki* began directly to administer foreign affairs, organization of the military forces, and other special state services. At first the *izba* (cabinet, or office, of the *d'iak*) was named, not for its functions, but for the individual in charge. Only after the middle of the sixteenth century did the *izba* harden into a permanent *prikaz*, a term previously used to mean temporary assignment of some particular duty to an individual, but at this time taking on the meaning of a permanent *bureau*.

Developed gradually and haphazardly, the *prikazy* came to form a crazy-quilt pattern, in which very diverse functions were often fulfilled by one and the same *prikaz*. Some *prikazy* were concerned only with some aspect or aspects of the central administration, others supervised local administration in particular areas, but still others combined both types of duty. The new bureaucrats were drawn mainly from the ranks of the lesser nobility (*dvoriane*). The higher grade (*d'iaki*) were normally sons of *d'iaki* or promoted from the *pod'iachie*; like ordinary military "serving-men", they were rewarded for their services with grants of land (*pomiest'ia*) and a number of them founded noble families which fused into the rest of the dvoriane. The *pod'iachie* were for the most part recruited directly from the lesser military "serving-men", though, in view of the slow spread of a minimum degree of literacy among the nobles, priests' sons were still welcome. The bulk of the *pod'iachie*, of whom there were several grades, were engaged mainly in preparing and copying documents under the supervision of their superiors; many of them were paid only on a fee basis, and they became notorious for their grafting and arbitrary abuses.[20]

The highest offices, both at the center and in the provinces, were of course reserved for the higher-born, even though they might be illiterate and might

[19] Since such men were expected to live from the proceeds, their offices were known as "feedings" (*kormleniia*).

[20] For a brief discussion of the origins of the Muscovite bureaucratic structure, cf. A. A. Zimin, "*O slozhenii prikaznoi systemy na Rusi*", in *Doklady i soobshcheniia Instituta istorii Akademii nauk SSSR*, 1954, vypusk 3, pp. 164—176. For a more extended account, cf. N. P. Likhachev, "*Razriadnye d'iaki XVI. v.*", in *Sbornik arkheologicheskogo instituta*, kn. vi, St. Petersburg, 1898. Cf. also K. A. Nevolin, "*Obrazovanie upravleniia v Rossii ot Ioanna III-go do Petra velikogo*", in *Zhurnal ministerstva Narodnogo Prosveshcheniia*, 1884, No. 1—3.

therefore have to leave actual conduct of business to *d'iaki.* Although particular posts, whether military or civil, rarely became legally hereditary, there grew up a system of reckoning (*miestnichestvo*, from *miesto*, place), under which it was necessary to compare an appointee's ancestors and their service records with those of others lest a man find himself unduly lowered or raised in hierachical standing by serving under men of lesser *otechestvo* (from *otets*, father) or over men of superior *otechestvo.*[21] This curious system, which caused innumerable disputes among the nobles[22] and kept the staff of the *Razriadnyi prikaz* (War Office) busy, was finally abolished on the eve of the accession of Peter "the Great" (who forty years later substituted for it the "Table of Ranks").

While the *prikazy* were taking form[23], Muscovy experienced a sort of "revolution from above", in which the *oprichnina* (special regime) of Ivan IV "the Terrible" played a conspicuous role. The outcome was not, to be sure, complete conversion of Russia into an autocracy, but the leading role played by the hereditary boyars as collaborators with the ruler approached its end. The term "boyar"' continued to be used for over a century, but its meaning was gradually transmuted. Instead of denoting membership in a small highly privileged group of powerful hereditary landlords, it came to mean tenure of high office at the pleasure of the tsar. The change was accompanied by a steady rise of new families, especially relatives or favorites of the tsars. It was not so much that the rank-and-file *dvoriane* were elevated as that the higher aristocracy was levelled down, the *dvoriane* as a whole replacing the boyars as the mainstay of the ruler's power, now increasingly autocratic. As Hötzsch phrased it: „Der Satz, der für das deutsche Mittelalter gilt, dasz nicht mehr alle gleich zum Könige stehen, sondern ein Teil ihm näher und einer ihm ferner gerückt ist, gilt damit voll auch für Moskau.[24]"

A factor of considerable importance was that in Ivan's reign it was not only the civil administration that was improved—and made more amenable to control by the ruler. The military forces also underwent a similar development, though it was still too early for a standing army to be practicable in Muscovy. Largely because of improved technology, reflected in the antecedent introduction of cannon and small-arms, increasing numbers of the non-noble, taxpaying, population were conscripted in order to service and to use the new weapons. These men, like the nobles, served for life, as usually did their sons

[21] Even Prince Pozharskii, the hero of 1612, was on a later occasion compelled to do public penance for a breach of *miestnichestvo* rules.

[22] These quarrels resemble the internal discords among the Prussian "royal servants" so trenchantly described by Dr. Rosenberg in his chapter on "Inter- and Intra-service Relations", especially pp. 110 ff.

[23] Cf. the old but thorough, study of A. D. Gradovskii, *Istoriia miestnogo upravleniia v Rossii* (St. Petersburg, 1868): Part I, *Obshchestvennye klassy v Rossii XVI i XVII v.;* Part II, *Administrativnoe dielenie i miestnoe upravlenie.* Cf. also S. B. Veselovskii, *Prikaznyi stroi upravleniia Moskovskogo gosudarstva* (Kiev, 1912).

[24] Hötzsch, op. cit., p. 557.

after them, giving rise to a new category of warriors enjoying some, but by no means all, of the privileges of the nobility. Since it was not practicable to support them in peace-time, they were quartered in special suburban settlements and permitted to engage in small-scale industry and trade.[25] The most important of these semi-professional troops, who were officered by "sons of boyars," were the *strieltsy*, equipped with firearms and, throughout the seventeenth century, the most disciplined part of the military forces.

In the same period, with the rapid growth of the ruler's personal power attendant on the increasing centralization of his realm, on the expansion of a bureaucratic apparatus, and on the establishment of something approaching a standing army, there appeared signs of an incipient conversion of Muscovy from a feudal to a *Ständestaat*.[26] At the local level, in the middle of the sixteenth century, in response to widespread complaints of lesser landlords against the injustices of the rule of high-born local governors and of local magnates,[27] the advisers of the young Ivan[28] carried out a piecemeal reform. In one locality after another the *dvoriane* and "sons of boyars" were authorized to elect *gubnye starosti*, who took over the judicial authority of the former *kormlenshchiki*.

At the center, too, the lesser nobility and the higher merchantry were given some small voice in the direction of state policy. The first *zemskii sobor* (assembly of the land), including officials "representative" (though not elected) of the "estates" of the nobility and merchantry, along with the members of the holy synod and other members of the boyar duma, met in Moscow in 1566 to permit the tsar to "speak" (i.e., *parler*) with the significant elements of his people about the desirability of bringing the Livonian War to a close. A similar meeting, convened in 1598 after the death of Ivan's childless son and successor, elected as tsar Boris Godunov, who had in effect been regent almost from the moment of Ivan's death in 1584.

25 Also they were "whitened", i.e., made tax-exempt.

26 For an early effort to compare Russian and foreign autonomous institutions, cf. kn. A. A. Vasil'chikov, O *samoupravlenii; sravnitel'nyi obzor russkikh i inostrannikh zemskikh i obshchestvennykh uchrezhdenii* (3rd ed., St. Petersburg, 1872). Cf. also the more compact S. F. Platonov, *K istorii moskovskikh zemkikh soborov* (St. Petersburg, 1905), the more narrowly specialized A. I. Zaozerskii, "*K voprosu o sostave i znachenii zemskikh soborov*", in *Zhurnal ministerstva Narodnogo Prosveshcheniia*, 1909, No. 6, and S. V. Iushkov, "*K voprosu o soslovno-predstavitel'noi monarkhii v Rossii*", in *Sovetskoe gosudarstvo i pravo*, 1950, No. 10.

27 The most articulate complainant, though of no personal significance, was 'Ivashko, son of Simeon Peresvietov", especially in his "Great Petition". Cf. A. A. Zimin & D. S. Likhachev (eds), *Sochineniia I. S. Peresvietova* (Moscow, 1958).

28 Among the members of the "Select Council" or inner circle of the boyar duma at the time were two men not boyars by birth, Alexis Adashev, a *dvorianin*, and Silvester, an archpriest, both later referred to by Ivan as men he "had taken from the dunghill and ranked with the magnates". Cf. Fennell, J. L. I. *Correspondence* . . ., op. cit., p. 84.

The infant *zemskii sobor* had of course no real power; at most its members could merely influence the ruler by means of collective petitions. However, coming hard on the heels of the domestic convulsions caused by the reign of Ivan IV, the extinction of the old dynasty precipitated a "Time of Troubles". Tsars succeeded one another with unprecedented rapidity and by violent means, giving opportunity for a great peasant and cossack revolt led by Bolotnikov, the first in a long series of "Spartacist" uprisings, and inviting Polish intervention. In 1610, in collaboration with a number of disgruntled *dvoriane*, who forced the hands of the boyars, the Moscow Kremlin was occupied by a Polish force in the name of their king's son as tsar. The realm continued to be subjected to disorderly civil strife, while King Sigismund attempted to exploit the situation in his own interest. Under these conditions, the disappointed nobles became accustomed to elect local assemblies to coordinate their activities and finally convened a *zemskii sobor* to organize the expulsion of the Poles from Moscow. Accomplishment of this feat under the leadership of Kuzma Minin and Prince Pozharskii (1612) left Russia without a recognized ruler. Solution was found in 1613 by convening a new *sobor*, far more genuinely representative than its predecessors, which elected to the throne Mikhail "Romanov", grandnephew of the first wife of Ivan "the Terrible" and thus constituting the nearest possible approach to a "born tsar" and to restoration of the old order.

Personally a cipher, Tsar Mikhail shared his power with a succession of zemsky sobors, now more truly representative, at least of the propertied elements in society. For a little over a decade a *zemskii sobor* met every year, but the *Ständestaat* failed to strike root in the Russian climate. The reason lay not in the strength of character of the ruler, or even of his father, who, on his return from prolonged captivity in Poland, was elevated to the vacant office of patriach[29] and who, regarded also as co-tsar with his son, was the real ruler of Russia from 1619 to his death in 1633. The reason was rather that the *dvoriane*, who were by far the most numerous, and collectively the strongest, element in the *zemskii sobor*, could not make common cause with the tax-paying "Third Estate" and were in any case primarily concerned to have the backing of the state in holding down the peasantry. As Dr. Rosenberg points out was also the case in East Elbia, the Russian absolute monarchy, as consolidated in the seventeenth century, was built on the foundation of local tyranny, in which "servile land tenure and peasant bondage by legal status" were principal ingredients.[30] The later Prussian slogan— „Und der König absolut, wenn er uns den Willen tut"[31]—exactly fits the seventeenth- and, to a very considerable extent, the eighteenth-century outlook of the Russian *dvorianstvo*. Accordingly, once order had been restored, the *zemskii sobor* was convened with

[29] Fedor Nikitich Romanov had been forced by Tsar Boris to become a monk, under the name of Philaret.

[30] Rosenberg, op. cit., p. 28.

[31] Ibid. p. 152.

increasing infrequency. The last one of major significance was held in 1649, for the purpose of adopting a new law code (*Ulozhenie*).[32] After 1653 the tsar engaged in occasional consultations with representatives of various groups of his subjects, whose opinion at the moment were of concern to him, but no longer with "all the land".

By the seventeenth century Russian "serving men" (*sluzhilye liudi*) had hardened into two categories: those "*po otechestvu*" (by paternity) and those "*po priboru*" (by selection). The latter, who were in the main recruited from the taxpaying townsmen and peasants, included the *strieltsy*, *pushkary* (cannoneers), *gorodovye kazaki* (fortress cossacks), and many others engaged in specialized military service.[33] Like *dvoriane*, these *pribornye* were tax-exempt, and it was long possible for them, as individuals, to rise into the nobility, but the lines between them and the nobles as distinct collective entities were increasingly sharply drawn. Though *pribornye* were often also landholders, their allotments were small and were granted, not to individuals but to communal groups, practically precluding employment of peasants to cultivate their lands. An edict of 1675, though frequently violated, forbade recruitment of *pribornye* as "sons of boyars"; later, Peter completed their assimilation to the tax-paying strata of the population, completely separating them from the *dvorianstvo*.

Members of the upper category (*sluzhilye liudi po otechestvu*) were by no means all on an equal footing, though all of them had hereditary status, all were tax-exempt, and all were obligated to lifelong military—or administrative—service. There were three principal strata of *dvoriane*: *dumnye* (of the duma), *moskovskie* (of the capital), and *gorodovye* (of the provincial towns). Each of these three strata was subdivided into several *chiny* (ranks or grades), and movement from one *chin* to another was carefully regulated. Only the small minority of the highest-born could hope to attain directly to the higher *chiny* among the *dumnye liudi* (i.e., as *boiare* or *okol'nichi*), and only through appointment by the tsar. Access to the lowest duma rank (*d'iak*) was possible also for high-ranking merchants if they had distinguished themselves by long years of service to the treasury.

The provincial nobility, who naturally made up the bulk of the noble class, had retained from the sixteenth century a corporate organization by "towns", control of which was vested in their highest *chin*, the *dvoriane vybornye* (select nobles), who were better provided with land and peasants than were most of their fellows and who controlled recruiting, passed on promotions, commanded the local cavalry on campaigns, and represented the *dvoriane* in the *zemskii sobor*. Their sons, like those of other nobles, had to present themselves for service at the age of fifteen as *noviki* (novices). In course of time they were

[32] The advantages confirmed by the *Ulozhenie* to the nobility with respect to their control over their peasants need not be discussed here, but they were enormous.

[33] Later, dragoons and others whose designations were borrowed from the West were included among the *pribornye*.

promoted to the lowest *chin* and might hope to rise to that of *vybornye*, though the great majority remained in one of the lower *chiny* (*dieti boiarskie dvorovye* or merely *dieti boiarskie gorodovye*).

Naturally, the provincial nobility strove hard to push their way up into the category of *dvoriane moskovskie* and, despite great resistance, numbers of them made the grade, first as individuals, later pulling their families up with them. Conversely, of course, excess members of the nobles of the capital, if they were to get any employment, found themselves forced downward. The ultimate result was a fusion of the *dvorianstvo* of the capital with that of the provinces, especially because of the introduction, in place of the old *gorodovoe opolchenie* (armament by towns), of regiments modelled on western patterns, with their greater manoeuverability in the field and greater flexibility of organization. This outcome was further enhanced by the growing practice of paying serving-men in cash instead of in lands and peasants. By the end of the seventeenth century the system of *chiny* was clearly out of date.

The old system of organization by provincial "towns" had had great advantages for the lesser nobility collectively, however great the obstacles it had put in the way of their individual advancement. It had enabled them to press collective demands, especially during campaigns, and had even encouraged them to venture occasional riots in Moscow itself. Despite the presence of the *strieltsy*, the organized noble warriors were a force to be reckoned with. This force was, to be sure, never directed against the tsar or his power as such. These men were, in fact, the chief and most reliable social support the autocracy had, but they were able to win many concessions from the rulers, principally in increasing the legal bondage of the peasantry, of curbing the arbitrary power of surviving local magnates, and of restricting ecclesiastical (especially monasterial) landholding.

In 1682, reacting against an effort of the boyars to shore up their declining position, and with the express approval of the bulk of the *dvorianstvo*, the old practice of *miestnichestvo* was abolished by Tsar Fedor. Thus was confirmed the absolutist principle that "great and small [i.e., if nobles] live by the tsar's favor". The way was fully prepared for the reforms of Peter "the Great",[34] which in piecemeal fashion swept away much obsolescent theory without changing the essentials of the situation.

The changes effected by Peter in the administrative apparatus of the Russian state were so numerous, extended over such a long period of time, and at various moments moved in such contradictory directions that historians are usually inclined to compare the end-result with what Peter had inherited and

[34] Dr. Rosenberg raises (p. 44) the question why the epithet "the Great" has been conferred on two Prussian and two Russian rulers. In Peter's case the question is very easily answered: it was by his wish, enacted into law by his "Senate". Cf. [Pervoe] *Polnoe sobranie zakonov rossiiskoi imperii . . . 1649—1825* (St. Petersburg, 1830—1839), No. 3840 (October 22, 1721), vol. VI, p. 444. This official collection is hereinafter cited as PSZ.

to ignore the significance of, and the reasons for, the intermediate changes. The outcome of such ruthless simplification gives a picture of much greater rationality than Peter ever actually displayed, but, if one ignores the new foreign terminology, it tends to bear out the saying that "plus ça change, plus c'est la même chose." This is not the place to essay analysis of Peter's reign in any detail. Suffice it to note such of his measures as fall within the scope of this paper and, in the first instance, that Peter's destruction of the old *prikaz* structure was merely a by-product of his notion that it would be cheaper to maintain his forces by decentralizing the administration.[35] In his earlier years, far from continuing the attempts of his predecessors to reduce the number of *prikazy* and to systematize their functions, Peter had added more *ad hoc prikazy*, as well as a number of new independent "chancelleries". His major administrative reform had been the imposition on the towns (1699) of responsibility for elimination of the corruption of the tsar's officials in the matter of tax collection, under the supervision of a new institution (*Ratusha*, itself a Polish corruption of *Rathaus*). When, however, the battle of Poltava (1709) had put Charles XII temporarily *hors de combat*, Peter turned over most of the business of government to eight (later twelve) of his most intimate friends,[36] each of whom, as *gubernator* of a *guberniia* (from the French *gouvernement*), had all the powers of a satrap of ancient Persia. The old organs of the central administration, thus deprived of power and funds, withered and died. When renewal of the Great Northern War on a serious scale proved the inefficacy of Peter's reform, it was no longer feasible to restore the old *prikaz* structure. In its place, with his usual imitative originality, Peter adopted a new system of administrative organs, modelled on a study of Swedish practice. Each new "college" (*kolegiia*) was nominally headed by a collegiate board, which in practice speedily became a department under a "president" assisted by a number of subordinates. Since the "colleges" were copied from a functioning, if foreign, system, their duties were reasonably well demarcated, though the character of the men put at their head did not guarantee efficiency or elimination of corruption. As Pososhkov, one of the most ardent—if somewhat obscure—admirers of "the one high-soaring white eagle" summed it up in 1724: "The great sovereign has no upright zealots, but all the judges walk crookedly... We all see how our great monarch labors, and nothing succeeds, because he has not many assistants to do his will... how can his cause succeed?"[37]

If the structure of the bureaucracy thus underwent no fundamental change, neither did the status of the aristocracy—or its relationship to the bureaucracy. By abolition of *miestnichestvo* Peter's predecessor had "democratized" the

[35] A similar notion later led Alexander I to establish the "military colonies".

[36] The new division of the realm, foreshadowed by the *razriady* of the seventeenth century, was decreed at the end of 1708 but later converted to opposite purposes as an alternative to disbanding part of his armies.

[37] Pososhkov, Ivan T., *Kniga o skudosti i bogatsve i drugie sochineniia*, Kafengaus edition, Moscow, 1951, pp. 107—244 *passim*.

nobility, in the sense that all nobles, no matter what their *chin*, were equally dependent on the sovereign's favor. Peter did not abolish the old *chiny*; he simply by degrees stopped making appointments to such increasingly meaningless titles. In the same way, the old boyar duma ceased to exist, only to be replaced in due course by the *Senat*.[38] It was after all necessary to have some sort of organ to supervise the sprawling administration; as had been the case with the *duma*, the members of the Senate were appointed by the tsar.

It has in many quarters become a cliché that Peter made the nobility a service class, as evidenced by the "Table of Ranks" (1722). Before analyzing the actual purpose and nature of this "reform" it may be well to remind ourselves that the Russian *dvorianstvo* had always been a service class. The really distinctive aspect of Peter's reign was that, since it was almost wholly taken up by the Great Northern War (1700—1721), his consequent need for exacting in practice the constant service to which the nobles had always been theoretically liable was inevitably much greater than had been the case in most of the seventeenth century. It was to this factor that most of Peter's "reforms" affecting the nobility were due.[39]

Peter, whose own formal education had been sadly neglected, set great value on technical instruction, the importance of which in the training of efficient army and navy officers he often stressed. His earliest effort along this line was the establishment, in Moscow, of a Navigation School (1701); later (1715) he added in St. Petersburg a Naval Academy, emphasizing instruction in shipbuilding. Peter also sent a number of young nobles abroad for study; in the estimation of an English sea captain, long in Peter's service, this measure was, however, a flat failure.[40] In 1701 also, Peter founded an Artillery School in Moscow, and in 1712 an Engineering School. Among other schools were a medical school, attended by draftees nourished on a diet of bread and water, and a mining school. Peter did not wholly neglect the arts and the social graces; he employed a captured German missionary to organize a Gymnasium, which, until 1715, taught ethics, politics, rhetoric, philosophy, and foreign languages (including Chaldaean), as well as dancing and horseback-riding. Chief emphasis, however, was laid on elementary schools to teach "ciphering and Geometry" to "sons of nobles, except one-homesteaders"[41], aged ten to fifteen (i.e., in the

[38] Originally set up in 1711 to administer the country while Peter was absent on his abortive raid into Turkey in an effort to seize the fugitive Charles XII, the Senate was continued after his return.

[39] The fact that he substituted the Polish term *shliakhetsvo* for *dvorianstvo* is of course of no significance, nor did Peter himself consistently adhere to its use; moreover, the individual members of the class continued to be called *dvoriane*.

[40] Cf. Admiral Sir Cyprian A. G. Bridge (ed.), "*History of the Russian Fleet During the Reign of Peter the Great*", in *Publications of the Navy Records Society*, vol. XV, London, 1899.

[41] A category of "serving-men" in process of decline into the ranks of *pribornye*.

last years before they were called into service), under penalty of not being allowed to marry if they did not succeed in their studies.[42]

Only rarely did Peter indicate lack of faith in the ability of the nobility to provide sufficient qualified officers for his armies, as he did in 1711 when, in ordering the Senate to gather young nobles to form an officers' reserve, he added an instruction that in addition a thousand literate bondsmen also be mustered for the purpose.[43] In writing the decree, however, the Senate omitted this rider and, in establishing penalties for those who harbored sons, brothers, nephews, and other relatives who were evading service, threatened "those of higher grades (*chiny*)" with "His Majesty's wrath" and those of lower grades with "severe punishment."[44]

Foreigners apart, the nobility continued to be almost the only source of officers for the armed forces. Nobles were, however, required to begin their military service in the ranks. Those of higher standing could hope to secure initial assignment to the Guard[45] regiments, where there were opportunities for further schooling; the rest were required to serve in ordinary regiments, side by side with peasant conscripts and with very limited chances of qualifying for promotion. A not unnatural consequence was the growth of all sorts of evasive practices, ranging all the way to *nietstvo* (failure to present themselves for service at all); to combat this practice, soldiers had to be sent to seek them out and arrest them. More common was promotion to officer's rank of young relatives and friends who had "not served in lower grades" or had served "only for appearance sake for a few weeks or months". A decree of 1714[46], strictly forbade such practices in the future and prohibited enrollment as an officer of anyone who had not "served as a soldier in the Guard", unless he had, after long service in the ranks, actually proved his worth.

How little chance non-nobles had of promotion, even after long service, is indicated by another edict two years later, which provided that, though vacancies were normally to be filled by seniority, an officer was to be passed over, in the case of an "Ober-ofitser" (from Ensign up to Captain) if he was deemed unworthy by vote of all the "Shtab-ofitsery" (Major to Colonel) and "Ober-ofitsery" of his regiment; in the case of a vacancy as "Shtab-ofitser", all the general and staff officers of the division had the right to pass a corresponding judgment.[47]

[42] PSZ, No. 2762 (January 20, 1714), V, 78. This decree, sent to the Senate by Peter himself, forbade priests to perform the marriage ceremony for young nobles without a teacher's certificate.

[43] N. A. Vosnesenskii, *Zakonodatel'nye akty Petra I* (Leningrad and Moscow, 1945), t. I, p. 198 (No. 241, March 2, 1711).

[44] PSZ, No. 2337 (March 13, 1711), IV, 648—649.

[45] The Preobrazhenskii and Semenovskii regiments, outgrowths of the "play" regiments of Peter's adolescence.

[46] PSZ, No. 2775 (February 26, 1714), V, 84—85.

[47] PSZ, No. 2795 (April 14, 1714), V, 96—97.

In the Military Regulation (*Ustav Voinskii*) of 1716 it was explicitly stated that, with the exception of foreign-born personages, for the Russian nobility (*shliakhetsvo*) "there remains no way of becoming an officer except by service in the Guard."[48] Nor were the nobles treated by Peter as an amorphous mass, all on the same footing. A special edict, as late as 1721, decreed that "Children of the eminent nobility are to be assigned to the Guard, and the rest to other regiments."[49] This decree troubled the War college, which belatedly appealed to the Senate for a definition of "eminent nobility"; the lame answer given was that "eminent nobility is to be judged by their worth."[50]

It had always been difficult properly to compensate service-men by means of land grants. Peter found himself forced to extend the practice of cash rewards initiated in the seventeenth century. In 1711 he regularized these cash payments and at the same time fixed an ideal establishment for the army.[51] It was to be headed by two Field-Marshals-General, with an annual salary of 12,000 rubles each, supported by seven generals of each of four grades, with annual salaries ranging down from 3600 rubles for a full general to a mere 840 rubles for a brigadiier. There were to be thirty-three regiments of cavalry and forty-two of infantry, with an additional forty-three regiments of garrison troops. Each colonel was to receive 600 rubles a year if a foreigner (as one-third of them were to be), 300 rubles if a Russian. From this level the payments dwindled rapidly down to 50 rubles a year for ensigns (*praporshchiki*).[52]

In an effort to support the economic stability of the landowning nobility and also to facilitate the forcing of as many nobles as possible into state service, Peter in 1714 enacted a law of *majorat* under which all landed estates, whether votchina or pomiest'e, must pass to a single heir.[53] This law did not require succession by primogeniture; a landowner was entitled to name any one of his sons—or, if necessary, other male relatives—as sole inheritor of his real estate. In a land accustomed to division of inheritances, this law of entail caused grave family feuds and led to all sorts of evasive practices; in 1730 it was repealed.

Since Peter's chief interest was always in the military forces, he long paid little heed to the civil administration. He did in the early years of his personal rule make a half-hearted attempt to reform local administration by abolishing the remains of the *gubnye starosti* and ordering local governors (*voevody*) to conduct all their business in collaboration with colleagues elected by the nobles of the locality.[54] When the old *voevoda* was superseded by the new *gubernator*, Peter decreed the election if 8, 10 or 12 (depending on the size of the *guberniia*)

[48] PSZ, No. 3006 (March 30, 1716), V, 203—453.
[49] PSZ, No. 3757 (March 7, 1721), VI, 569.
[50] PSZ, No. 4589 (November 11, 1724), VII, 360—362.
[51] PSZ, No. 2319 (February 19, 1711), IV, 590—627.
[52] Corporals were to receive 12 rubles, infantry privates 10—$^1/_3$.
[53] PSZ, No. 2789 (March 23, 1714), V, 91—94.
[54] PSZ, No. 1900 (March 10, 1702), IV, 189.

*landraty* (in the capitals called *Landrichter*) to form a council (*konsilium*) over which the *gubernator* was to preside, with the right to cast a double vote. It was specifically provided that the *gubernator* was to deal with these colleagues "not as man in authority but as president" and was to transact no business without them. Similar arrangements were ordered for territorial subdivisions presided over by vice-governors and ober-kommandants.[55] The scale of salaries of all local civil administrators was fixed by a decree in 1715.[56]

To be sure, in practice these elected participants in local government were soon replaced by appointed officials, and no corresponding systematization of the central administration was attempted until the recentralization of authority in the hands of the "colleges". In the General Regulation for them[57] Peter directed that a hundred sons of nobles who were studying in academies should be chosen as "College Junkers" to learn government business under strict supervision, though their superiors were cautioned to treat the youngsters respectfully and not to abase or humiliate them.

It is only on this basis of Peter's fairly consistent attitude toward the nobility and of his concepts of its relationships to the armed forces and to the civil bureaucracy (a distinction which Peter himself by no means always made) that it is possible to appreciate the real significance of the "Table of Ranks" of 1722.[58] Peter's first recourse, when he wanted something accomplished, was to brandish his club[59], but even Peter came to understand that it was easier to secure compliance with his will by offering some incentive. It had been fairly easy to systematize the organization of the army, necessarily subject to discipline and patterned on foreign models[60].

It was otherwise with the civil bureaucracy, the higher officials in which were often appointed without reference to prior service in lower grades. Unlike the military services, the civil administration had boasted no regular hierarchy. Moreover, contrary to Peter's fear that nobles might prefer civilian employment as an escape from military service,[61] the nobles proved most reluctant to enter the lower ranks of the bureaucracy. By tradition a military career was regarded as honorable, whereas concern with the "movement of papers"[62] was deadly dull, unrewarding, and generally regarded as beneath the dignity of a noble.

[55] PSZ, No. 2673 (April 24, 1713), V, 27.
[56] PSZ, No. 2879 (January 28, 1717), V, 138—140.
[57] PSZ, No. 3534 (February 28, 1720), VI, 141—160.
[58] PSZ, No. 3890 (January 24, 1722), VI, 486—493.
[59] Or, as the poet Pushkin put it, to "write edicts with the knout."
[60] Even the names of the various grades of officers were for the most part borrowed from the French or its German version. For example, for the French *enseigne* was substituted its German equivalent, *Fähnrich*, or its Russian translation *praporschchik* (*prapor*—banner or ensign); the only Russian term to survive was *polkovnik* (colonel).
[61] At least two-thirds of the males of any given family were required to serve in the armed forces.
[62] For a good description of the workings of the bureaucrats and the attitude of the nobles, cf. Marc Raeff, *Origins of the Russian Intelligentsia: The Eighteenth-Cen-*

In large measure the Table of Ranks was designed to remedy this situation, by giving to civilian officials, both bureaucrats and court functionaries, an hierarchical status comparable to that of the armed forces.[63] For this purpose Peter adapted from German practice the graded system of almost unintelligible titles, though intended to indicate the functions of their bearers.[64] Peter's idiosyncratic prejudices led him to make careful equation of these listings with military and naval titles in order to confer appropriate social status on the holder.[65] They ranged from Chancellor, equated to Field-Marshals-General and to Admiral-General, down to "College Junker", equated to Ensign in the army. Anyone appointed to any grade, military or civilian, in the Table of Ranks, if not already a noble, automatically acquired noble status, which, in any of the top eight grades, was to be hereditary for "all his legitimate sons and descendants" (Article 11).

Peter was afraid that this new system of civilian ranking might offend the military.[66] Therefore he stipulated that in each grade all the military titleholders were to outrank their civilian counterparts, even though they had less seniority within the grade.[67] He provided also that in the armed forces even the 14th (lowest) grade should confer hereditary nobility, whereas in the civil and court services tenure of a grade (*chin*) below the 8th conferred on the holder only personal (as contrasted with hereditary) nobility.[68] Even more

*tury Nobility* (New York, 1966), an excellent pioneer study based on memoirs and other literary data rather than on statutes.

63 Peter himself emphasized this point. Cf. especially Article 13 of the decree, PSZ, VI, 491.

64 The superficial resemblance of Peter's hierarchical listing to that of Frederick William, dated March 25, 1721, enshrined in *Acta Borussica — Die Behördenorganisation*, Bd. III, 327—329, is striking; point by point comparison might throw interesting light on the differences in the administrative structure and social values of the two states. It may be noted that Peter rated professors in the 9th grade (jus behind army captains), which conferred on them personal but not hereditary nobility.

65 Peter separated court (*Pridvornye*) titles, such as Jägermeister and Kammerherrn, from the civil (*Statskie*) and carefully assigned military titles to all officials whose duties were connected with the army or navy. Military titles were tabulated in separate columns for the land forces (*Sukhoputnye*), Guard (in which a colonel ranked with a major-general in the army), Artillery, and sea forces.

66 As early as 1712, Peter, to whom the military profession was always dearest, had imposed a fine on "any Noble in every case (whatever his family might be)" who failed "to show respect and yield place (*miesto*)" to any commissioned officer of whatever grade (PSZ, No. 2467 — January 16, 1712—23, IV, 779). The Table of Ranks did not go nearly so far.

67 Thus, the most senior Privy Councillor had to yield precedence to the most junior Major-General (or Colonel of the Guard), but even the most junior Privy Councillor outranked any Brigadier or other officer of lower grade. This provision was incorporated even into the title of the edict.

68 Article 15. However, only sons of officers born subsequent to their father's ennoblement, and their descendants, were to be rated as nobles, save that, in the absence of later sons, one of any prior sons could, on the father's petition, be substituted.

importantly—and specifically to avoid offense to the military—Peter specified that higher civilian posts could in future be filled, as in the armed forces, only by promotion from below.[69] In the hope of guaranteeing an adequate supply of nobles in the lower civilian grades, Peter here repeated the provision in the General Regulation of 1720 that all the civil "colleges" must employ "6 or 7 College Junkers", or more or less as needed.[70]

It is the clause (No. 11) providing attainment of nobility by service that has attracted the most attention from historians. In point of fact, the overwhelming majority of those who held a military *chin* (even the 14th) were, for reasons indicated above, already hereditary nobles. In the case of the civil administration this was less possible, despite Peter's heroic efforts to secure entry of an adequate number of nobles as College Junkers. The character of the work of the lower civil grades forced Peter and his subordinates to accept the services of a much larger proportion of non-nobles than was the case in the armed forces, and Peter had no intention of cheapening the nobility by giving hereditary noble status to large numbers of baser elements. It is not always pointed out by historians that the only reward for an appointment to any office listed in the Table of Ranks—aside from the salary and the opportunity to practice corruption—was simply and precisely to be receipt of noble status (if the appointee did not already have it).[71] Peter did not bother to define the privileges attached to being a noble; these were generally understood, though nowhere explicitly stated, and Peter manifested no intention of altering them.

What the Table of Ranks was designed to achieve was simply to introduce Germanic system and order into traditional Russian court etiquette. The nineteen explanatory articles in the decree are concerned with defining the social standing of each individual member of the nobility; to this extent it represented a restoration of *miestnichestvo*. The very first article provided that Princes of the Blood (and the husbands of Princesses) were to take precedence over any one

Since men who were not nobles had no chance of winning promotion to even the lowest commissioned grade until after many years of service in the ranks, this provision operated to exclude most of their sons from elevation to noble status.

For civilians there was a further restriction on the significance of "personal nobility". Article 17 of the edict listed a number of offices the holders of which lost their acquired noble status when they left the service.

69 It was of course always possible to transfer a man of appropriate grade from the armed forces even though he had not risen through the lower civilian grades.

70 Article 13. Article 14 permitted appointment of "uneducated" nobles under the style of "Titular College Junkers", without rank, who might, after a specified period of study of law or commerce (for which purpose they might be sent abroad), be promoted to higher grades.

71 "11. — All servitors, Russian or foreign, who are, or who actually have been, of the first eight ranks, and their legitimate sons and descendants forever, are to be regarded in all respects and advantages as equal to the best old nobility, even though they were of low birth and had never previously been promoted to Noble title or provided with a coat of arms." As noted above, Article 15 stipulated that holders of military grades, down to the 14th, were to have the same hereditary privileges.

else. The second article provided that at sea men with naval titles outranked those with parallel army rank, and *vice versa* on land. The third article imposed a heavy fine on anyone who in any way claimed social precedence over a man of higher rank, save that "when a few good friends and neighbors are gathered together, or in public assemblies," official rank need not be observed as it must "in churches at Divine worship during Court ceremonies, or at an audience of ambassadors, at ceremonial dinners, at weddings, christenings, and similar public festivities and funerals." The same fine was to be imposed on anyone who committed the opposite—but no less heinous—offence of yielding place (*miesto*) to someone of lower rank. The fourth, fifth, and sixth articles forbade a man to claim rank until he had received an official patent or, if a foreigner, had had his rank abroad confirmed by the Emperor, or, after retirement, his retirement had been confirmed "under Our hand." The seventh article imposed the same fines on women who claimed rank higher or lower than that of their husbands. The eighth article granted to "sons of Princes, Counts, and Barons of the Russian Realm,[72] [to sons] of the highest Nobility (*Dvorianstvo*), and likewise [to sons] of servitors of most distinguished rank" free access in a public assembly, "wherever the Court is", ahead of all others of lower grade "because of their birth or because of their fathers' of higher grades", but at the same time this article noted that these honored sons could not receive a rank in their own right "until they have shown Us and the fatherland some services," officially confirmed. The ninth and tenth articles carefully defined the order of precedence of unmarried daughters and the ranks to be held by women while holding various official positions at court.

It is only after all these articles, which are so reminiscent of *miestnichestvo* as well as of contemporary Prussian practice, that the eleventh article specified that even men of low birth, if by service—or by sycophancy—they managed to rise high enough (the 8th grade) in the Table of Ranks, were to share in the privileges of "the best old nobility". The twelfth article regulated the social standing of a man who held more than one office or was assigned to an office lower than the rank to which he had already attained. The thirteenth article explained the reason for establishing a bureaucratic hierarchy and required prior service in lower ranks as a qualification for appointment to any higher rank (as was already the case in the armed forces), while the fourteenth prescribed that nobles' sons should begin on the lowest rung of the bureaucracy and, as in the military services, should be promoted for merit. Here follows the fifteenth article, providing that military—but not civil or court—officers attained hereditary nobility even in the 14th rank.

The sixteenth article, a long one, is concerned with the grant of a coat-of-arms and seal; a new official, the Herald-Master (himself in the 5th rank), was to verify and to report to the Senate about the services of men (or of their

[72] These three purely decorative foreign titles were bestowed on Peter's favorites; like the ancient title of *kniaz'* (prince) they were hereditary for all legitimate descendants in the male line.

ancestors) who deserved such special recognition. Foreigners in Russian service must submit official proof of their status abroad in order to have their coats-of-arms confirmed. As a further sop to the military, this article provided that every commissioned officer, Russian or foreign, whether or not noble by birth, was automatically entitled to receive a coat-of-arms according to his services. However, this article also provided that Russian nobles, "even though they had not been in military service and had earned nothing," must also be granted coats-of-arms if they could prove that their families had been noble for "not less than a hundred years."

The seventeenth article provided that certain specified categories of lesser officials, though enjoying personal nobility while actually in service, ceased to be nobles when they were replaced or retired. The eighteenth article provided that everyone must conform to the "attire, equipage, and livery" demanded by his rank or be subject to stated fines and "most condign punishment."

This extended discussion of the Table of Ranks is offered, not because of the intrinsic importance of the measure, but because this decree has so often been idealized and twisted to mean the conversion of Russia into a service state. It should be fairly obvious that it did nothing of the kind and that it merely spelled out the protocol that was to govern the Russian court. If Peter's reign had any significance for the interrelations of bureaucracy, aristocracy, and autocracy, it was merely his confirmation of the effective monopoly by members of the aristocracy of the higher positions in the bureaucracy, without which the autocracy could not effectively function.

Even before Peter's time, the nobility had ceased to be exclusively—though it still was primarily—military, enjoying the privilege of landholding in return for its services. In Peter's time and after, those non-nobles who by service and/or favor, rose to high positions still received generous grants of land as well as the privileges conferred by membership in the nobility; as of old, they were rapidly fused into "the best old nobility". Nevertheless, the practice of paying officers and officials in cash rather than by grants of estates, incipient before Peter, was widely extended. One of the consequences was the increased dependence of a considerable portion of the nobility on official positions, especially as the constant service required by Peter's wars had contributed to the impoverishment of many petty nobles, whose estates could not be efficiently managed in their absence.

Yet, notwithstanding such pressures, the unwillingness of the nobles to serve in the lower grades of the civil bureaucracy persisted, causing Peter himself much concern. Early in 1724 he decreed[73] that men not of the nobility [*shliakhetsvo*] were not to be promoted to the grade of Secretary (the 10th rank), whence "they could rise to Assessors (the 8th rank), Councillors (the 6th), and higher." Only in case one of the *podiachie* performed some outstanding service might he, after examination by the Governing Senate, be promoted to Secretary.

[73] PSZ, No. 4449 (January 31, 1724), VII, 226.

At the same time Peter ordered stricter supervision of the work of noble College Junkers at the lowest level. Shortly afterward, another decree[74], recalling the provision of the General Regulation of 1720 about the assignment to each College of six or seven Junkers for purposes of instruction, noted that there were few such from the nobility (in some Colleges none at all or only one) and therefore ordered that a hundred sons of nobles, currently studying in the Academy in Moscow or in provincial schools, be assigned to the Colleges for instruction under the strictest supervision. In the absence of a sufficient supply of nobles who could be promoted from the bottom, most of the higher posts in the civil bureaucracy had to be filled by assignment to them of military officers.

After Peter's death the contradictory tendencies manifest in his reign continued to develop, thus making it extremely difficult to present a clear and at the same time reasonably accurate picture of the status of the nobility and of its relation to the bureaucracy and the autocracy.[75] The characterization of the eighteenth century as the "Golden Age of the Russian nobility" is not unjust when one contemplates the growing economic importance of noble landholding, the strengthening of the nobles' monopoly of private ownership of peasants, and the progressive relaxation of the terms of the nobles' service to the state. Yet the nobles did not share at all equally in these advantages.

Though all nobles were legally on the same footing, in practice there persisted a difference between the *stolbovoe* (old hereditary) and the *chinovnoe* (new official) nobility. The former resented the intrusion of the latter and looked down on them as upstarts; at the same time, it absorbed the more important of these newcomers, who, despite their origin, were to be found among the most stalwart defenders of the old order. Meanwhile, the growth of empire over non-Russian peoples was reflected by the addition to the ranks of the Russian nobility of the German and Swedish nobles of the new Baltic provinces, by the admision of the Little Russian (Ukrainian) nobility and Cossack chieftains, as well as, later, of Polish, Caucasian, Tatar, and other "native" aristocrats. From another angle, despite the rising importance, particularly in the second half of the century, of the grain trade and of land as a source of wealth, the majority of the old Russian nobility were relatively impoverished, and many

[74] PSZ, No. 4457 (February 5, 1724), VII, 250.

[75] The most thorough and systematic study is still that of A. V. Romanovich-Slavatinskii, *Dvorianstvo Rossii ot nachala XVIII veka do otmiena krepostnogo prave* (St. Petersburg, 1870) though it suffers from the fact that it begins with Peter "the Great" and therefore attributes to him many phenomena which had taken form long before his birth. An excellent briefer discussion, though also marred by somewhat uncritical acceptance of the significance of Peter's reign, but more aware of its antecedents, is Marc Raeff, *Origins of the Russian Intelligentsiia* (op. cit.), which essays an analysis of factors of change in the light of writings of individual nobles in the eighteenth century (which in the nature of the case cannot be generally representative of less articulate noble thinking) instead of reliance on legislation and official documents; thus Professor Raeff has been able to provide many valuable new insights into the problem. Cf. also Hans Rogger, *National Consciousness in Eighteenth-Century Russia* (Cambridge, *Mass., 1960*).

nobles became landless. According to Semevskii's computations, relating to "Great Russia" in 1777, over only 16 % of the nobles owned more than a hundred "souls", while 59 % did not own more than twenty.[76]

On the other hand, despite the wide discrepancies—economic, social and cultural—within the Russian nobility, there was observable some growth of a consciousness of its position as a distinct "estate", with its own code of honor, of the growth of the concept of being "well-born" in contrast to the "baseness" of other elements of society, and of a closing of ranks against them. Among the signs of this definite splitting off of an aristocracy from the Russian public was a marked tendency to speak foreign languages rather than use Russian, to be clean shaven, to wear distinctively "Western" clothing, and to build manor houses in the "classical" style.

This growing consciousness of its own worth, though confused by its recognition of the value to it of the autocracy—which it needed to keep the serfs in subjection—gradually began to lure the nobility into taking independent political action. In the seventeenth century, when for the most part the nobles had been able to remain at home, they had not challenged the service obligations resting on them. Peter's constant wars and the consequent need of continuous service had changed the character of the nobles' interests, but they were still slow to assert their grievances.

When Peter died without having exercised the right he had assumed to name his successor, the nobles organized in the Guard regiments had solved the problem by insisting on the accession of his widow, their honorary colonel, as Catherine I. However, during her brief reign and especially under that of her step-grandson, Peter II, some of the chief collaborators of Peter I (informally known as the "supreme lords") had set up a Supreme Privy Council, which in fact was able to concentrate all power in its hands. Wishing to perpetuate their oligarchic autocracy, they chose as successor to the throne in 1730 an obscure niece of Peter I, Anna, widowed duchess of Courland. To consolidate their authority, they submitted "conditions", which she accepted before returning to Russia. The "constitution" (if one may stretch a point to call it such) did not reflect the interests of the nobles, who were growing restive at the continuation of their heavy service obligations, which were only insignificantly relaxed[77] after Peter's death.

In consequence, and with the encouragement of other "supreme lords" who had not been included in the Supreme Privy Council, a number of projects were drawn up and subscribed by considerable numbers of nobles.[78] Almost without

[76] V. I. Semevskii, *Krestiane v tsarstvovanie imperatritsy Ekateriny II,* t. 1, p. 32 (St. Petersburg, 1903).

[77] A decree of 1727 did permit a number of officers and of the rank-and-file, "if they were nobles", to go home. PSZ, No. 5016 (February 24, 1727), VII, 743.

[78] Some of these have been made available in English translation by Marc Raeff, in his *Plans for political reform in Imperial Russia, 1703—1905* (Englewood Cliffs, N. J., 1966).

exception, these projects confined themselves to specific grievances and only cloudily touched on the question of the proper organization of political power. In the end, Anna welcomed the turbulent physical intervention of a number of noble Guardsmen, tore up the "conditions", and personally resumed autocratic power. In the course of her troubled reign, even the frivolous Anna, conscious of the instability of her position, went a considerable way to appease the aristocracy. The nobles' monopoly of the right to own serfs was strengthened. Their judicial and police authority over their estates and their right to call in the local authorities in case of peasant disobedience were not interfered with. On the other hand, Anna's basic scorn for—and mistrust of—the Russian nobility found expression in her employment of high-born Russians as court jesters and in her obvious preference for the German and Swedish nobility of the new Baltic provinces, a preference which has won for her reign the distinctive appellation of "the German yoke". Her sentiments were fully reciprocated, and, naturally enough, the old practices of evasion of service obligations were now developed into a fine art. Infants were enrolled as soldiers by their parents and received regular promotions while still at home.

Under such circumstances, Anna was well advised to embark on efforts at appeasement. As early as 1731, a decree[79] cited Peter's efforts to train young nobles by enrolling them in the Guard Regiments, by sending them abroad, or by assigning them as College Junkers; it emphasized the desirability of more theoretical instruction. Accordingly, a Cadet Corps was to be established, consisting of 200 youths, aged 13 to 18, of noble families[80] who were to be taught "Arithmetic, Geometry, Drawing, Fortification, Artillery, swordplay, horseback-riding, and other studies needed for the military art. But since not every man's nature is inclined to the military alone, and since in the State political and civil instruction is not less necessary, therefore provide Teachers of foreign languages, History, Geography, Jurisprudence, dancing, music, and other useful studies...." This proposal was elaborated into a detailed regulation (*Ustav*)[81], defining how the cadets were to be housed and supervised, the details of the curriculum for each of the four classes, the grades to which graduates were to be assigned, the proportion of Balts, and all other necessary details. Launched in 1732, the Cadet Corps was provided with an establishment[82] of three companies of 120 cadets each. Some of the immediate beneficiaries evidently did not appreciate the blessing; a decree of the following year[83] noted that five runaways (one of them a prince) had been caught and provided that for the first such offence culprits were to be sent to an ordinary garrison school for six months, for a second flight for three years. A later decree[84] provided that for

[79] PSZ, No. 5811 (July 29, 1731), VIII, 519.
[80] Anna was careful to provide that Baltic students were to be eligible.
[81] PSZ, No. 5881 (November 18, 1731), VIII, 557—561.
[82] PSZ, No. 6050 (May 12, 1732), VIII.
[83] PSZ, No. 6395 (May 9, 1733), IX, 122.
[84] PSZ, No. 7213 (March 30, 1737), X, 94.

misconduct cadets were to be transferred to the admiralty as common sailors (a very severe punishment in the eyes of Russian nobles) and ordered that the decree be read to the cadets in assembly twice a week. Nevertheless, the Cadet Corps, though limited in numbers and diluted with Balts, had a real value in permitting its graduates to move into responsible positions in the service without going through the miserable drudgery of serving in the lower grades. Under Empress Elizabeth students of jurisprudence were excused from military studies in order that they might devote more time to the study of civil law.[85]

Anna went even further than the provision of educational opportunities in her spasmodic efforts to alleviate the burden of service. She rejected a proposal made in 1734 by Anisil Maslov, her new Procurator of the Senate, that, in the interest of improvement of "soul tax" collections by the state, there be established a tariff of the maximum exactions that nobles might impose on their peasants. On the other hand, by a manifesto of 1736[86] she limited the term of the nobles' obligatory service to twenty-five years. In the same Manifesto, she provided that any noble who had two or more sons might choose one of them to remain at home to attend to the economy of the family estates; similarly, "two or three" brothers whose father had died might choose one of them to remain at home. Those thus exempted must, however, be given instruction in reading and writing and "to the last degree in Arithmetic" to fit them for civilian service. Those not exempted must study from the age of seven and must enter the service at twenty. However, after 25 years in service, they are permitted to retire, if they wished, with promotion of one step in rank. Any who by reason of illness or wounds were earlier certified as unfit for service might similarly retire. Those who thus retired, whether before or after completion of the 25-year-term, and those who served in civilian capacity, must send as a substitute a serf fit for military service at the rate of one for every hundred (or fraction thereof) that they owned. The provisions governing retirement, which provoked a flood of applications, could not be put into effect until conclusion of war with Turkey.

An edict of 1737[87], implementing the ideas in the Manifesto, revived, with important modifications, the system of periodic reviews that had increasingly fallen into abeyance after the death of Peter I. At the age of seven, all sons of nobles were to be registered, either with the Herald-Master in St. Petersburg or with the local Gubernator, and assigned a course of studies. At the age of twelve, they must give proof of their ability to read and write. If the father or guardian owned at least 100 "souls" and could otherwise establish his ability to provide instruction in the law and articles of the Church, in Arithmetic and Geometry, and—optionally—in foreign languages, they might return home; alternatively, they were to be sent to State Academies or other schools. At the age of sixteen, they were to be subjected to examination, either in St. Petersburg

[85] PSZ, No. 9532 (September 21, 1748), XII, 894.
[86] PSZ, No. 7142 (December 31, 1736), IX, 1022.
[87] PSZ, No. 7171 (February 9, 1737), IX, 43—44.

or in Moscow. If the results proved satisfactory, they might return home for instruction in Geography, Fortification, and History or be sent to State Academies. If at this stage their fathers or kinsmen indicated that they had been chosen to supervise the family economy, they need not appear for further reviews. Any who were deemed particularly fit for civilian service were at this time to be sent to the Senate for assignment to some College or Chancellery.[88] If, however, they failed the test, they were to be sent to the fleet as common sailors for life, even though they had been designated to stay at home to manage the family estates. All those who passed the test were to receive passports to protect them from further molestation. Finally, at the age of twenty, they were to appear for another and final review in St. Petersburg or in Moscow, where they were to be assigned to military service, with preferential treatment in accord with their progress in their studies. A final clause directed that anyone responsible for poor instruction was to be punished.

From the viewpoint of the nobility, Anna's efforts at appeasement were totally inadequate. In the year following her death, noble Guardsmen arrested her infant successor and put another and more comfortable woman on the throne. Elizabeth, allegedly (and probably) a daughter of Peter "the Great", proved stricter in her legislation governing the service obligations of the nobles, but her enforcement of them was extremely lax. At the same time, the economic privileges of the nobility were even more widely extended. In 1754 internal tolls were abolished, and a Nobles' Loan Bank—as well as a Merchants' Bank—was established. The nobles' right to establish factories was extended, while that of non-nobles was curtailed. The nobles were given a monopoly of distilling, and the resentment of the hereditary nobility against upstart official nobles was recognized by forbidding any but hereditary nobles to own estates populated by serfs; "personal" nobles were ordered to dispose of any such estates they owned.

In the latter part of Elizabeth's reign a number of proposals were made by her leading intimates for further improving the position of the nobility. The rivalries of the individual proponents helped to confuse the aging and increasingly infirm Empress, and no action was taken in her lifetime. However, the basis had been laid for the announcement by her successor, less than three weeks after her death, of his intention to release the nobility from their service obligations. Scarcely a month later, Peter III issued a manifesto "On the grant of liberty and freedom to the whole Russian Nobility."[89]

[88] Another edict (PSZ, 7182—February 19, 1737—IX, 54—55) emphasized that even though the work assigned them was merely that of copyists, they must, as nobles, be treated with respect by their superiors. For their part, they must display an honorable and respectful attitude; they must not carouse, play dice or cards, or visit houses of ill-fame; they must always wear clean clothes and linen and must powder their hair every day. At the end of five years they were to be advanced to the rank of Secretary, unless, for incapacity, they had in the meantime been sent into the army.

[89] PSZ, No. 11, 444 (February 18, 1762), XV, 912—915.

This manifesto recalled that "the sage Monarch Our Beloved Sovereign Grandfather, Peter the Great, Emperor of All the Russias", had been compelled "for the welfare and good of His fatherland" to force the Russian nobility to enter military and civil service and to educate well-born youths by compulsory study either abroad or in schools which he founded. The results had fully justified his herculean efforts, though at first they had seemed "grievous and intolerable for the Nobility, deprived of its leisure and torn from its homes." Peter's successors had had to continue this compulsion but had—"and especially Our Beloved Aunt, of blessed memory, the Sovereign Empress Elizabeth Petrovna"—strained every nerve to spread and increase under Their protection in the Russian Realm the knowledge of political matters and various studies. The happy day had now arrived when the "crudeness of men careless of the general good" had been eliminated, when ignorance had been transformed into sound judgment, when useful knowledge and diligence in service had increased the number of skilled and brave generals and had produced experienced and capable statesmen, "when noble thoughts had rooted in the hearts of all true patriots of Russia limitless loyalty and love for Us", with "great ardor and superlative zeal in Our service." Therefore, "by virtue of the Supreme power vested in Us and out of Our High Imperial grace, henceforth for all times and in heredity We grant to the whole Russian well-born Nobility liberty and freedom, who may continue their service, both in Our Empire and in other European Realms united to Us, on the basis of the following enactment:

"1) All Nobles now in Our various services may continue in it as long as they wish and their condition permits, though military men during a campaign or for three months before the beginning of one will not venture to ask for release from service or for leave, but on its conclusion, whether abroad or within the State, those in military service may ask their commanders for release from service or for retirement . . ."[90]

"2) All Nobles in service after conscientious and impeccable service to Us are to be rewarded on retirement with one rank, if they have been in the grade from which they retire more than a year . . ." The same provision applied to men who asked release from all duties, but those who wished to transfer to civilian service must have been in the rank from which they transferred for three years.

The third paragraph provided that officers who had retired or had transferred to a civil service might, if still fit, be allowed to reenter active military service, with whatever grade they had in the meantime attained but not with seniority over any officers with whom they had been serving at the time of retirement or transfer.

The fourth paragraph directed that anyone released from service who desired to go abroad must be given a passport without question, though he must

[90] Applications by officers in the first eight ranks must be acted on by the Emperor himself.

agree to return immediately if summoned on penalty of sequestration of his estates.[91]

The fifth paragraph provided that Russian Nobles who continued in service, but under other European rulers, might on their return to Russia, if they wished and were fit, be appointed to vacancies in the Russian service; those who had been serving crowned heads were to receive the grades they had been in abroad.

The sixth paragraph dealt with the special category of the Smolensk *shliakhetstvo* and revived a decree of his grandfather's which provided that retired nobles were to send some of their number to fill various service needs; the new rule was that henceforth nobles living in the provinces and not in service were to elect annually fifty of their number to serve for a year under the Senate or its Bureau; the Herald was to apportion this number among the provinces, but was not himself to choose the individuals, a privilege left to the local nobles not in service.

"7) Although by this Our Most Gracious legislation all well-born Russian Nobles, except *odnodvortsy*, will forever enjoy liberty, yet Our fatherly care will still be extended to them and to their infant sons whom henceforth We command be registered solely for information at the age of 12 with the Herald" [or with local authorities if more convenient]; at this time their fathers or kinsmen who have them in charge are to furnish information how they have been instructed to the age of twelve "and where they wish to continue their studies, whether in Our State in the various schools founded and maintained by Us or in other European realms or in their own homes under skilled and knowledgeable teachers, provided their fathers have estates sufficient to permit this; nevertheless, let no one venture to bring up his sons without instruction in studies suitable for the well-born Nobility under penalty of Our Grievous wrath; therefore we command all those Nobles who do not have more than 1000 peasant souls to declare their sons directly in Our Noble Cadet Corps (*Shliakhetnyi Kadetskii Korpus*), where they will be instructed with most diligent zeal in all that belongs to the knowledge of the wellborn Nobility and after study each will be graduated with a reward of grades according to merit and then each may enter and continue in service as above-mentioned."

The eighth paragraph, as a sort of afterthought, provided that any noble currently serving in the ranks below the lowest commissioned grade could not be retired until he had served more than 12 years.

The ninth and final paragraph struck a note far more somber than the optimistic preamble. While it affirmed "in the most solemn fashion" that this legislation must be kept sacred and inviolate by "Our lawful Successors", it expressed the "hope that the whole well-born Russian Nobility, sensible of Our generosity to them and their descendants," will not remove themselves

[91] For an amusing later case of such sequestration, cf. M. Malia, *Alexander Herzen and the Birth of Russian Socialism, 1812—1855* (Cambridge, Mass., 1961).

or hide from service but will serve with zeal, as well as teaching their children to study diligently, "for all those who never and nowhere have had service but only waste their time in idleness and laziness and do not employ their sons in any useful study for the good of the fatherland", such men "We bid all Our loyal and true sons of the fatherland to scorn and crush", "nor will they have access to Our Court or be permitted in public assemblies and festivities."

So delighted were the nobles at the issuance of this manifesto that the Senate planned to erect a golden statue in honor of its author. Time did not permit. On June 28, 1762, little more than four months after the issue of the Manifesto, this strange autocrat was removed from his throne, as his aunt Elizabeth had been installed on it, by a sudden night action of the aristocratic Imperial Guard, again acting in concert with a maltreated woman whom they loved. Peter had been "chosen" heir by Elizabeth, not as an act of free choice but because he was the only remaining eligible person connected with the dynasty.[92] In 1742 she had literally snatched him at the age of 14 from his beloved Holstein, where he was being brought up as prospective heir to the Swedish crown. Brought to the terrifying environment of St. Petersburg, where he had to learn a strange new faith and new language, he had been married on his aunt's orders to a minor German princess, selected for him by Frederick "the Great" of Prussia, in whose service her father was a general. Utterly unfit to become a ruler even under more favorable circumstances, Peter's first act as ruler had been to recall from the Seven Years' War the Russian troops which in 1760 had briefly occupied Berlin, asking nothing in return from his idol Frederick except his approval of a Russian war against Denmark. By a series of other extraordinary actions Peter had alienated all powerful elements in Russia. His wife, living in terror, skilfully engineered his overthrow, managing in the process to exclude her eight-year-old son Paul from the succession and to secure the throne for herself.

Her position was, however, by no means secure. She was not related to Peter "the Great". The surviving counsellors of Elizabeth would have preferred the accession of Paul. She was clearly, as Empress, the creation of the Guard, and in its aristocratic ranks were many who, conscious of the fact, might plan to consolidate their power. Only Catherine's native wit and shrewd study of the elements with whom she might have to deal kept her afloat. In these circumstances she herself proposed a codification of the law on new principles, for which she turned to the French (and Italian) *philosophes*. Late in 1766 she submitted the result, filled with liberal phrases, to a Commission elected by various elements of the population. Skilfully maneuvering, she became convinced that the danger of genuine constitutional demands being offered by the nobility was not so great as might have been feared. By the end of 1768 she ventured to adjourn the Commission, though committees continued to work on parts of

[92] The infant whom Elizabeth had superseded, Ioann Antonovich (Ivan VI), had been kept as an isolated prisoner in the fortress of Schlüsselburg, where he was murdered in 1764.

the project until 1774. By that time there had occurred the great peasant and cossack revolt led by Pugachev, which for a time seemed about to engulf Moscow. The evident relief of the nobility when unfettered autocratic power effected suppression of this revolt removed Catherine's last fear that aristocracy might threaten autocracy.

In her *Nakaz* (Instruction) to the Commission[93] Catherine had included a chapter "On the Nobility", which she defined (Article 360) as "a title of honor distinguishing from the rest those who are decorated with it." She had stressed (Article 365) that "There is scarcely any profession offering more opportunity for acquiring honor than military service..." but had gone on to emphasize that, "although military skill is the most ancient method of attaining to noble dignity..." (Article 366), yet "justice [i.e. good government] is no less necessary in time of peace as well as in war..." (Article 367), and that "this dignity may be acquired by civilian virtues just as well as by military." (Article 368)[94] Although thanks to the relaxation of service obligations by her predecessors, the proportion of nobles in the rank-and-file of the Guard regiments speedily reached the vanishing point, she had no basis for fear that nobles would neglect their role as officers. It was otherwise with their civilian service, and Catherine was no less anxious than had been her predecessors to draw the nobles into the work of bureaucratic government and particularly into the work of local administration. Even in the decree establishing the Commission[95] she had created a new and significant office, that of "marshal of the nobility" (*dvorianskii predvoditel'*). The nobles of every district (*uiezd*) were to be assembled by the appointed "captain of the town" for the purpose of electing their deputies to the Commission. Their first act was to be election, "among themselves, of whom they wish as nobles' Leader (*dvorianskii Predvoditel'*) for two years out of those in attendance, whether in service or not in service, of whatever grade or title he may be, provided only he be actually the holder of a hamlet in that district and be not under the age of 30." This elected officer was to preside over the subsequent election of deputies and to discharge such other duties as might be imposed on him by the Empress during his term of office.

As soon as the war with Turkey and the revolt of Pugachev had been disposed of, Catherine hastened to reform the whole system of local administration. A decree of 1775[96] not merely more than doubled, by subdivision, the number of *gubernii*, with a much increased number of posts to be fulfilled by nobles (including new low-level courts, the members of which were to be elected by the local noble landlords) and at improved rates of pay, but also preserved

[93] PSZ, No. 12949 (July 30, 1767), XVIII, 192—280.

[94] N. D. Chechulin, in his careful edition of the *Nakaz* (St. Petersburg, 1907), pointed out Catherine's debt to the article on "*Noblesse de la robe*" in the *Encyclopédie* for the phrasing of Articles 366—368.

[95] PSZ, No. 12801 (December 14, 1766), XVII 1092—1110, especially Appendix C, Article 11, p. 1096.

[96] PSZ, No. 14392 (November 7, 1775), XX, 229—304.

and made permanent the office of marshal of the nobility, both at *uiezd* and at *guberniia* level.

The climax of Catherine's efforts at involving the nobility in the work of local administration came in 1785 with her "Charter of the rights, freedoms, and privileges of the well-born Russian nobility".[97] This document devoted 36 paragraphs to specifying the personal privileges of the nobles (there was little room for anything new in this confirmation of established rules) and 35 more to the establishment of a "society" of nobles in each *guberniia* (and in each *uiezd*) and to its advantages; the remainder dealt in some detail with the establishment of genealogical records of the nobility under the supervision of the local marshals and with the method of proving nobility. The significant novelty was the legal force given to the corporate local organizations of the nobles, headed by elected marshals of the nobility[98].

This corporate organization was given the right, within certain limits, to regulate the life of the local nobility. No noble could be deprived of noble status, of his honor, his life, or his property, save by the judgment of the nobles as a body. On the other hand, the local assembly of nobles, which was to meet every three years, had the right for cause to expel from membership any individual, even though he might be an officeholder. The noble corporation, through its marshal, was given the right, not merely to state its collective opinion to the governor but to send deputies to make representations direct to the Senate and even to the Sovereign; though this was far short of the grant of legislative power, these were rights such as no other element in Russia enjoyed. Not all nobles, however, were permitted to participate; no one whose income from his hamlets was less than 100 rubles a year might be elected to office; nobles who did not own even one hamlet, nobles who had never been in state service, or nobles who in service had not risen to the grade of captain in the army or its equivalent, were not allowed to participate in the assemblies; nobles under 25, though otherwise qualified, might attend but not vote. Thus Catherine was putting her reliance on the more prosperous element and on the *chinovnoe* (official) nobility.

The result was very far from the proposals the Procurator-General Ia. P. Shakhovskoi had submitted at the beginning of the reign and which the Senate, but not the Empress, had approved. Those proposals would have reformed local government by entrusting it to the nobility on a corporate basis. Catherine had a voided any such concession; she retained the bureaucratic principle of government, strictly limiting the possible initiative of the nobility in the interest of maintenance of the autocracy. The outcome was not altogether happy. Rich nobles preferred to spend their time at court or in the army; if they were willing to serve in the provinces at all, it was only as *gubernator*. The middling nobility imitated, as best they could, the luxury and corruption of the court. The mass

[97] PSZ, No. 16187 (April 21, 1785), XXII 344—358.

[98] The nobles were authorized only to elect two candidates for this office, between whom the appointed *gubernator* might choose.

of the nobility, to put it mildly, was not distinguished by a high level of education and culture; indeed, its members were frequently illiterate. Thus, in the provinces, the nobility, making little use of the educational opportunities of which it enjoyed a near monopoly, tended to operate as a brake on the development of culture in eighteenth-century Russia.

The emancipatory decree of 1762 had made it certain that none but the most wretched of the nobility—men who were technically nobles, but who were unable to exist on the revenue of their estates and who were sorely in need of opportunity to squeeze copecks out of those unfortunate enough to have occasion to deal with the courts or with administrative officials—might still be used on the lower rungs of the bureaucracy. For high positions, so long as their holders did not have to work up from the bottom, nobles might still be found in sufficient numbers, but the rapidly multiplying lower grades more than ever had to be staffed with non-nobles or, at best, with declassé nobles. Thus began to emerge, in the latter part of the eighteenth century, a new social stratum, that of the *raznochintsy* (men of divers grades). This term seems first to have appeared in Russian legislation in 1699[99]. At that time it covered a number of petty "whitened" *chiny*—Church bell-ringers, peasants exempted from direct taxes in return for service as postal riders, cannoneers (in peace time), gatekeepers, and workmen in the service of prelates or monasteries—who engaged in small-scale trade and industry in competition with taxpaying townsmen. This problem provoked over the decades a number of decrees attempting to restrict such unfair competition. Gradually, the slow growth of the Russian economy produced a need for specially trained professional men—physicians, attorneys, pedagogues—who, being separated by their education from the *chiny* to which they had belonged without being elevated to noble status, were also known by the indeterminate term *raznochintsy*.[100] In ever larger numbers such men, especially if they were men who had dropped out of the ranks of the nobles or, as sons of "personal nobles", had missed elevation to noble station, came to staff what must, for lack of another term, be called the Russian bureaucracy.[101] Although the real flood of *raznochintsy* into state service did not

[99] PSZ, No. 1706 (October 27, 1699), III, 653—4, and PSZ, No. 1723 (November 24, 1699), III, 671—672.

[100] The best-known such individual was the famous Lomonosov (1711—1765), whose name is now proudly borne by the University in Moscow. The son of a peasant fisherman in the far north, he had by hook or crook used his extraordinary wits to secure admission (1730) to the Slav-Greek-Latin Academy at Moscow, to be sent to Germany to study in a university, and to be appointed (1741) to the staff of the Russian Academy of Sciences. There he waged bitter war with the German scholars who had dominated it and by 1758 had wrested control of it from them. An outstanding physio-chemist, he made his mark chiefly as the first important Russian grammarian.

[101] Marc Raeff, in a penetrating article in *Revue d'Histoire Moderne et Contemporaine* (October—December 1962 — t.IX, 241—320, especially 295—307), marred only by his over-readiness to accept Peter "the Great" as an innovating force, denies

come until the nineteenth century, the way began to be opened by Empress Elizabeth for non-noble students to acquire higher education. In 1747 there was established in the Academy of Sciences a preparatory Gymnasium, limited, to be sure, to twenty young men not subject to the "soul-tax". The University of Moscow, founded in 1754, opened in 1755, included two Gymnasia, one of them exclusively for *raznochintsy*. Even by 1800, the new category was so well established that the Statute on Bankrupts[102] devoted a concluding article to them, beginning "Raznochintsy, i.e., lower office holders, civilian and retired military servitors, and the like, who are not numbered among the merchantry . . ."[103]

The demarcation line between the *raznochintsy* and the nobility was in some respects an arbitrary one. The *raznochintsy* enjouyed some, but by no means all, of the personal privileges of the nobles listed in Catherine's Charter. One of their major privileges was exemption from the "soul-tax", but this was shared by the clergy and the higher grades of the merchantry, from whom many of the *raznochintsy* came. They were limited in their access to higher education, but they made more intensive use of such opportunities as they had and, in the nineteenth century, were to supersede the nobility as the *intelligentsiia par excellence*. They were not legally or socially recognized as aristocrats, though many of them were descended from noble families which had lost their economic base as landholders. It is, however, somewhat difficult to distinguish between minor officials who retained noble status though excluded from participation in the corporate local organizations of the nobility and those who had been formally declassed. In the eighteenth century the *raznochintsy* remained at the level known to Prussian rulers as "the non-noble riffraff". The nobles, and particularly the hereditary nobles, continued to be "the elite of the nation". The merely personal nobles, who could not transmit their status to their descendants, were an object of scorn to the nobility proper, even though they, unlike the *raznochintsy*, did in their own lifetimes enjoy almost all the legal privileges of the nobles.[104]

To call the nobles the ruling class in Russia would not be strictly accurate. The Russian Empire remained an autocracy, fettered only by custom, expe-

that Russia had a bureaucracy in the sense in which Max Weber used that term. He emphasizes that subaltern officials in Russia were an ignorant, ruined, demoralized, corrupt, and drunken lot, with no "professional" attitude, especially in the provinces. Rosenberg's readers may make their own comparison with his description of large elements of the Prussian bureaucracy.

102 PSZ, No. 19692 (December 19, 1800), XXVI, 440—474.

103 Eighteenth-century intellectuals, who were predominantly nobles, were disciples of the French Rationalists; in the nineteenth century, when nobles played a less significant role among them, Russian intellectuals were chiefly influenced by German Idealism. In the later nineteenth century *raznochintsy* intellectuals supplied the personnel of the revolutionary movement. By the end of the century the term *raznochintsy* was generally superseded by that of *intelligenty*.

104 The principal exception was that, most of the time, they could not own estates worked by serfs.

diency, and the consequent grant of privileges rulers had over the centuries made to their servants, the Russian nobles. This, on the other hand, did not mean that the Russian state was not continually governed in the interests of the Russian nobility, nor did it mean that an autocrat could stretch his personal power without limit. Emperor Paul, the unloved son of Catherine the Great, who had excluded him from all state business and had bred in him a deep hatred for all that his mother stood for, discovered this to his cost. His open contempt for the nobles and his unguarded hints that he did not recognize their privileges as constituting rights ended one night in 1801 when a self-constituted committee of nobles demanded his abdication and, in sudden panic, caused him to be strangled.[105]

Imperial Russia was not subjected to disaster such as overwhelmed royal Prussia in 1806 and 1807, nor did Russia experience anything comparable to the ensuing Prussian "revolution". Not until 1825 did Russian nobles attempt another palace revolution, the first one for which there was some ideological planning, but the Decembrist story, with its *opera bouffe* overtones, does not fall within the scope of this paper.

[105] It was not a noble, but a servant of one of them, who was accorded the doubtful honor of physically accomplishing the deed.

HELEN P. LIEBEL

# Der Beamte als Unternehmertyp in den Anfangsstadien der Industrialisierung

## Johann Friedrich Müller und die Staats- und Wirtschaftsreformen Württembergs, 1750—1780

Der eigentliche Unternehmertyp in den Anfangsstadien der Industrialisierung war weder der Großkaufmann noch der Handwerksmeister, sondern der organisatorisch begabte Verwaltungsbeamte des deutschen Kleinstaates. Dies ist besonders auffallend im Südwesten und auch in der Schweiz. Die hervorragenden Leistungen der beiden badischen Beamten, Geheimrat Johann Jakob Reinhard und Oberamtmann Johann Georg Schlosser in Emmendingen, Goethes Schwager, sind schon mehrfach in der Literatur erwähnt worden[1]. Reinhard war der eigentliche Stifter der Pforzheimer Bijouterie-Industrie, die sich im 19. Jahrhundert zu der berühmten Feinmechanik-Industrie entwickelte. Schlosser war in seiner Zeit berühmt für seine Bemühungen um die Baumwollspinnerei in Emmendingen[2]. In der Schweiz kam es vor, daß hohe Beamte sich selbstlos um die Förderung der neuen Industrien bemühten. So konnte der vielgereiste österreichische Finanzbeamte und nachmalige Berater des Kaisers Josef II., Graf Karl von Zinzendorf, in seinem Bericht über die Schweiz im Jahre 1764 feststellen, daß Landamtmann Bernold von Glarus, Inhaber einer Seidendruckerei, und der Landmajor Streif, der eine Baumwolldruckerei etablierte, sehr viel für den Wohlstand des Glarner Landes getan hatten[3]. In Württemberg waren es die meist bürgerlichen Oberamtsleute, die in der Industrieförderung tätig waren. Der Nürtinger Oberamtmann Georg Friedrich Faber gründete eine öfter erwähnte Spinnanstalt, die die Armenversorgung einen großen Schritt weiterbrachte. Auch liest man ziemlich häufig, daß die Oberamtmänner in Württemberg nicht nur in ihren Berichten an den Kommerzien-Rat neue Fabriken und dergleichen Unternehmungen befürworteten, sondern zum Teil auch interessierte

[1] Helen P. Liebel, *Enlightened Bureaucracy versus Enlightened Despotism in Baden, 1750—1792*, Transactions of the American Philosophical Society, new series, vol. 55, part 5 (Philadelphia, 1965), 32 ff., 88 ff., und dort angegebene Literatur.

[2] Ebenda.

[3] Karl von Zinzendorf, *Bericht des Grafen Karl von Zinzendorf über seine handelspolitischen Studien durch die Schweiz 1764. Basler Zeitschrift für Geschichte und Altertumskunde*, Bd. 35 (1936), 235.

Kapitalgeber zusammenbrachten[4]. Immerhin stellen solche Beamte eine ganz eigenartige, aber auch für das 18. Jahrhundert ziemlich typische Erscheinung dar. Sie waren nicht selber Unternehmer im modernen Sinn des Wortes, aber als Teilhaber der Unternehmungen und als organisatorische Kräfte derselben spielten sie oft die Hauptrolle. Anderseits kann man nicht leugnen, daß es einzelne Kaufleute bürgerlicher Herkunft gab, die alle anderen Unternehmer weit überragten, so z. B. Johann Heinrich Schüle in Augsburg und einige der Großbankiers in Hamburg, wie John Parish und Johannes Schuback[5]. Es gab auch einige adelige Unternehmer, die sich aber mit Eisenwerken und Salinen beschäftigten[6]. Keiner der bürgerlichen und adligen Unternehmer konnte jedoch die gesamte Wirtschaftspolitik des Landes bestimmen, da im 18. Jahrhundert (anders als im 19ten) keiner von ihnen es erreichte, den Spitzenberatungen der absolutistischen Regierung beizuwohnen.

Der Vogt oder Oberamtmann spielte in dieser Hinsicht eine Vermittlerrolle, da er oft unmittelbar mit seinen Berichten und Vorschlägen beim Landesfürsten zu Gehör kam. Es war diese Schicht des Beamtentums, die in Deutsch-

[4] Gerhard Krauter, *Die Manufakturen im Herzogtum Wirtemberg und ihre Förderung durch die Wirtembergische Regierung in der zweiten Hälfte des 18. Jahrhunderts,* Diss. Phil. Tübingen (1951), passim. Die altwürttembergischen Oberamtmänner waren die ehemaligen Vögte, d. h. bürgerlichen Verwaltungsbeamten, die die Verwaltung der Gerichte und Polizei der Ämter (Kreise) unter sich hatten. Sie waren den Zentralkollegien untergeordnet, d. h. 1. dem Regierungs-Rat oder Ober-Rat, der die Geschäfte eines Innenministeriums führte; 2. der Rentkammer, die die Cameraleinnahmen verwaltete. Beide waren weiterhin dem Fürsten und seinem Geheimen Rat untergeordnet. Der Oberamtmann verwaltete die Cameraleinnahmen des Amtes, übte polizeiliche Gewalt aus, und präsidierte über den städtischen Magistrat und das Gericht seines Amtes, sowie über die Schultheißen, die die staatliche Gewalt in den Dörfern der Ämter ausübten.

[5] Über diese Großkaufleute siehe für Schüle: F. E. Frhr. v. Seida und Landensberg, *J. H. Edler v. Schüle* (Leipzig, 1805); Jacques Waitzfelder, *Der Augsburger Johann Heinrich von Schüle, ein Pionier der Textilwirtschaft im 18. Jahrhundert* (Leipzig, 1929); Wolfgang Zorn, *Grundzüge der Augsburger Handelsgeschichte, 1648—1806, Vierteljahrschrift für Sozial- und Wirtschaftsgeschichte,* Bd. 43 (1956), 97—145; derselbe, *Handels- und Industriegeschichte Bayerisch-Schwabens 1648—1870* (Augsburg, 1961), 42—59; Helen P. Liebel, *The Bourgeoisie in Southwestern Germany, 1500—1789: A Rising Class? International Review of Social History,* Bd. 10 (1965), part 2, 293—94. Über die anderen siehe: Maria Mohring, *1757—1957. 200 Jahre Johannes Schuback und Söhne. Familie und Firma in Hamburg.* (Hamburg, 1957); Ernst Baasch, *Die führenden Kaufleute und ihre Stellung in der Hamburgischen Handelsgeschichte,* in *Hamburger Übersee-Jahrbuch,* 1922; Richard Ehrenberg, *Das Haus Parish in Hamburg* (Jena, 1905); Helen P. Liebel, *Laissez-faire vs. Mercantilism: The Rise of Hamburg and the Hamburg Bourgoisie vs. Frederick the Great in the Crisis of 1763, Vierteljahrschrift für Sozial- und Wirtschaftsgeschichte,* Bd. 52 (1965), 207 ff.; Percy Ernst Schramm, *Hamburger Kaufleute in der 2. Hälfte des 18. Jahrhunderts, Tradition,* Bd. 4 (1957), 307 ff.

[6] S. G. Meissner, *Charakterzüge aus dem Leben edler Geschäftsmänner und berühmter Kaufleute. Zur Lehre und Nachahmung merkantilistischer Jugend* (Leipzig, 1805).

land die Anfänge der Industrialisierung bestimmt haben. Als Beamtenunternehmer waren sie auch zum größten Teil dafür verantwortlich, die wichtigsten Industrien ihres Landes ins Leben gerufen zu haben. Die Unternehmungen der Privatunternehmer allein konnten es nicht soweit bringen. Ohne den Geheimrat Reinhard in Baden wäre die Pforzheimer Industrie wohl nicht entstanden. Ohne Schlosser wäre die Badener Textilindustrie wohl nicht gegründet worden. Und ohne den Sulzer Oberamtmann Johann Friedrich Müller hätte die württembergischen Kattunmanufaktur wohl auch keinen so günstigen Anfang genommen.

Der Prozeß der Industrialisierung hing aber nicht nur von der direkten Förderung der Industrie ab. Ohne agrar-ökonomische Reformen, ohne Reform der Landesgesetze, ohne pädagogische Neuerungen, und schließlich ohne eine Reform der Armenversorgung, hätte die Entwicklung der Industrie nicht genügend Schwung bekommen, um wirklich den Höhepunkt des wirtschaftlichen Wachstums und der sozialen Umbildung zu erreichen, die der ganze Industrialisierungsprozeß voraussetzt. Dieser Faktorenkomplex läßt uns nun auf eine ganz andere Hypothese über die Rolle der Unternehmer in der wirtschaftlichen Entwicklung schließen. Es ist bekannt, daß meistens eine Stadienentwicklung der Unternehmertypen sowie der Wirtschaft angenommen wird. Hierzu Redlich:

> „Kaufleute, Fabrikanten und Bankiers beherrschten die Wirtschaft zu verschiedenen, einander folgenden Zeiten zwischen 1750 und 1914 ...[7]"

Jener Typ, nämlich der der Kaufleute, Fabrikanten, und Bankiers, bestimmte den wechselnden Stil jener Epochen. Die Stadien des Merkantilismus, der Industrie und des Finanzkapitalismus wurden zu Idealtypen in der wirtschaftlichen Entwicklung[8]. Es wurde angenommen, daß auch ganz bestimmte historische Unternehmertypen zu jedem dieser Zeitalter gehörten, doch so daß

> „frühere und spätere Typen nebeneinander bestehen. Keine Zeit ist durch die Herrschaft einer Institution oder eines Typs unter Ausschluß aller anderen gekennzeichnet. Sie ist vielmehr gekennzeichnet durch das Vorherrschen eines Typs über andere, die nach einer Blütezeit in der Vergangenheit bereits auf dem Abstieg sind, und über wieder andere die noch nicht voll ausgereift sind, obwohl ihnen die Zukunft gehört[9]."

Was man aber bisher als den vorherrschenden Typ des Merkantilismus gekennzeichnet hat, nämlich den Großkaufmann, widerspricht scheinbar dem Wesen der Gesellschaft des 18. Jahrhunderts. Die Großkaufleute waren wohl in England und Frankreich vorherrschend, aber in Deutschland beherrschten sie nur solche Großstädte wie Hamburg[10] und Augsburg[11] und befanden sich im Auf-

[7] Fritz Redlich, *Der Unternehmer. Wirtschafts- und Sozialgeschichtliche Studien* (Göttingen, 1964), 165.

[8] Ebenda, 165—166.

[9] Ebenda, 153.

[10] Siehe Fußnote 5.

[11] Siehe Fußnote 5.

stieg in Residenzen wie Berlin und Wien[12]. Typischer für die Zeit ist jedoch der Beamtenunternehmer.

Zunächst muß eine klare Unterscheidung zwischen den Hauptfunktionen der Unternehmerrolle gezogen werden. Redlich nimmt an, daß der Unternehmer als Gattungstyp Geschäftsmann *oder* Wirtschaftsführer sein kann[13]. Weniger die Geschäftsleitung, wohl aber die Wirtschaftsführung, ohne welche es keine Unternehmung gab, kam öfter vom Staatsbeamten, der auch manchmal, wie mehrfach oben erwähnt wurde, Teilnehmer am geschäftlichen Unternehmen war. Laut Redlichs theoretischen Ausführungen muß der Unternehmer „an den strategischen Entscheidungen" im Unternehmen teilnehmen — und dies tat der Beamte des 18. Jahrhunderts auch häufig, da fast jede „strategische Entscheidung", bis zu der Entscheidung über die profitmäßig beste Produktion, besonders in der Textilindustrie unter der polizeilichen Oberaufsicht des Staates war. Diese Tatsache bestimmte auch die Verhaltensweise der Unternehmer gegenüber den Arbeitnehmern, die Redlich als besonders wichtig für die Entwicklung der historischen Reihe der Unternehmertypen annimmt[15]. Daß alle früheren Verhaltensweisen patriarchalisch gewesen wären, wie die des 19. Jahrhunderts[16], ist auch nicht zutreffend. Im 19. Jahrhundert mag das wohl wahr gewesen sein[17], aber im 18. Jahrhundert war der Fabrikant viel weniger selbstbewußt und obendrein vom absolutistischen Staate abhängig. Da die Hauptaufgabe der in der herrschenden Cameralwissenschaft gebildeten Beamten cameral und polizeilich war, wurde die hauptsächliche Verhaltensweise des fabrikmäßigen Unternehmens nach 1750 auch polizeilich und cameral. Unmündig waren die Arbeiter sowieso, aber weniger dem Arbeitgeber als dem Staate gegenüber, der das Verhältnis zwischen Arbeiter und Unternehmer bestimmte[18]. Die Fabrikanten erreichten manchmal die Aufhebung der Leibeigenschaft und Befreiung vom Militärdienst für ihre Arbeiter, die die Söhne leibeigener Bauern waren. Die

[12] Über Berliner Kaufleute siehe: J. Gotzkowsky, *Geschichte eines patriotischen Kaufmanns*, Schriften des Vereins für die Geschichte Berlins, Bd. 7 (Berlin, 1873); F. Lenz und O. Unholz, *Zur Geschichte des Bankhauses Gebrüder Schickler* (Berlin, 1912); H. Rachel und P. Wallich, *Berliner Großkaufleute und Kapitalisten* (3 Bde., Berlin, 1933—1938). Über Wien siehe: *Graf Fries* in Edmund Heier, *L. H. Nicolay (1737 bis 1820) and his contemporaries* (The Hague, 1965); A. Fries, *Die Grafen von Fries* (Dresden, 1903); Herbert Matis, *Die Grafen von Fries. Aufstieg und Untergang einer Unternehmerfamilie, Tradition*, Bd. 4 (1967), 484 ff.

[13] Redlich, 153.

[14] Vgl. Krauter, *passim.*

[15] Redlich, 156.

[16] Ebenda.

[17] Rudolf Braun, *Sozialer und kultureller Wandel in einem ländlichen Industriegebiet im 19. und 20. Jahrhundert* (Zürich, Stuttgart, 1965), 66 ff., hebt die patriarchalischen Verhältnisse sehr klar hervor.

[18] Vgl. Krauter, und siehe auch Herbert Matis, *Über die sozialen und wirtschaftlichen Verhältnisse österreichischer Fabrik- und Manufakturarbeiter um die Wende vom 18. zum 19. Jahrhundert, Vierteljahrschrift für Sozial- und Wirtschaftsgeschichte*, Bd. 53 (1966), 433—476.

Verhaltensweise des Beamtenunternehmertyps war nun wohlfahrtsstaatlich und staatswirtschaftlich; man trachtete danach, daß die Industriegründung auch zur Überwindung der Bettelei und zur Nahrungsschaffung einen wesentlichen Beitrag leistete. Hierin kam das von Redlich zitierte merkantilistische Moment zum Ausdruck, das laut Heckscher die Löhne als Mittel ‚angemessener Existenzerhaltung' betrachtete[19].

Im absolutistischen Staate ist der bloße Unternehmer nicht Wirtschaftführer. Die Komponenten der unternehmerischen Rolle, die sich auf Wirtschaftsführung beziehen, werden vom Staatsbeamten getragen. Ausgenommen waren nur die Großkaufleute und Bankiers der deutschen Großstädte. Das wirtschaftliche Leben der vielen Kleinstaaten wurde aber nicht von diesen bestimmt. In Württemberg ist die besondere Leistung Johann Friedrich Müllers hier ein interessantes Beispiel. Obwohl die merkantilistische Politik des Herzogs Karl Eugen weitgehend beschrieben worden ist[20], ist es sonderbar, daß die Leistung eines so hervorragenden Beamten wie Müller, der mit seinen Projekten und Reformvorschlägen eigentlich die ganze Politik des Zeitalters der Anfangsindustrialisierung in Württemberg bestimmt hat, so wenig in der Literatur erwähnt worden ist. Krauter[21] hat mehrmals Müllers Berichte über die Sulzer Kattunmanufaktur, sowohl seine zwei Bücher wie seine Armenversorgungsvorschläge, hervorgehoben, hat aber nicht die ganze Rolle dieses Beamten in der württembergischen Geschichte des 18. Jahrhunderts erfassen können. Schon früher hatte Walter Troeltsch[22] Müllers Berichte über die Armut der Calwer Zeughandlungskompanie gepriesen. Sonstige Hinweise sind spärlich.

Der nachmalige Oberamtmann von Sulz am Neckar wurde am 24. September 1718 in Heidenheim an der Brenz geboren, als ältester Sohn des Bürgermeisters Georg Friedrich Müller, der auch Kronenwirt war[23]. Er gehörte zu

19 Redlich, 156.

20 Arthur Schott, *Wirtschaftliches Leben*, in: *Herzog Karl Eugen von Württemberg und seine Zeit*, I (Stuttgart, 1904), 313—360 und die dort angegebene Literatur. Hiernach wird dieses Werk als KE zitiert. Siehe auch Karl Weidner, *Die Anfänge einer staatlichen Wirtschaftspolitik in Württemberg* (Stuttgart, 1931).

21 Krauter, 123—126, 155—156, 183—185, 201—203, 247—248, 252, 259, 261, 287, 291 usw.

22 Dr. Walter Troeltsch, *Die Calwer Zeughandlungskompagnie und ihre Arbeiter* (Jena, 1897), 193, 299—300; siehe auch Hermann Kellenbenz, *Unternehmertum in Südwestdeutschland, Tradition,* Bd. 4 (1965), 174.

23 Evangelisches Kirchenregisteramt, Heidenheim a. d. Brenz, Kirchenbuch. Der Auszug wurde mir von Pastor Loeffler in seinem Brief vom 31. Januar 1957 zugesandt. Weitere Biographie in Walther Pfeilsticker, *Neues württembergisches Dienerbuch*, II (Stuttgart 1963), Nr. 2861. Das Geburtsjahr 1720 ist in Jöchers *Allgemeiner Gelehrten Lexikon*, V (1816) und in Hörners *Lexikon der jetztlebenden schwäbischen Schriftsteller*, 158, falsch angegeben. Der ältere Müller war nicht in Heidenheim geboren, hatte aber die Tochter des späteren Bürgermeisters Joh. Wilhelm Hertterich geheiratet. StAHei, B/80 Gerichts Protocoll (1710—18), 2, und B/81, Ger. Prot. (1718—25), 432. Er war öfters vor Gericht. Am 23. Febr. 1716 wurde er wegen „Blutfrevels" (Schlägerei) 14 fl. bestraft. B/80, Ger. Prot. (1710—18), 476 b ff. Aber

der Honoratiorenschicht[24], die im württembergischen Landtag saß, und in Sulz im Besitz genügender Kapitaleinlagen war, um die Baumwollmanufaktur zu gründen. Der Vater war anscheinend ein weitblickender Mensch, der schon in der ersten Hälfte des 18. Jahrhunderts technische Neuerungen auf seinem Lehnsgut, Kloster Anhäussen, einführen wollte, zum Teil gegen die Widersprüche des Heidenheimer Magistrats[25]. Trotz seiner landwirtschaftlichen Tätigkeit wurde der ältere Müller nicht reich, so daß er am 4. Mai 1734 ein Stipendium für Johann Friedrich beantragen mußte. Friedrich Weihenmajer, der Rektor des Stuttgarter Gymnasiums, das der Sohn schon bezogen hatte, beschrieb diesen folgendermaßen: Er habe nicht nur

> „... eine feine Fähigkeit sondern auch einen sonderbaren Trieb und unermüdeten Fleiß, etwas rechtschaffenes zu lernen ... anbey hat er ein solch tractables und folgsam gemüt ...„ daß er seinen *Commilitionibus* zum Muster und Exempel dienen kann[26]."

Was aus der Stipendiensache wurde, wissen wir nicht. Im Jahre 1737 hat Müller sich in die Matrikeln der Tübinger Universität eingetragen[27], verschwindet dann aber, bis er 1740 als Leutnant und Auditeur in einigen Regimentern der württembergischen Armee auftaucht[28]. Er hat scheinbar sein Juristisches Licentiat[29] außerhalb des Landes erworben. Am 14. Juli 1744 heiratete er in Maulbronn Maria Luisa Seubert, die Tochter des Rats, Hofgerichtsassessors und Oberamtmanns von Maulbronn, Eberhart Maximilian Seubert, der einer der ältesten Beamtenfamilien des Herzogtums angehörte[30]. Der soziale Rang der höheren Beamten stand über dem der Honoratioren, die zumeist Bürgermeister und

in 1718 wurde er Salz Admodiator (B/81, Ger. Prot. [1718—25]), 432, und 1733—34 Amtsbürgermeister (B/83, Ger. Prot. [1733—40]), 1—2. Als Bürgermeister referierte er 1737 über die Differenzen der Stadt mit der Heidenheimer Leinwand Handlungsco. Rheinwald u. Finck. Der Sohn mag aus diesen Erfahrungen etwas über die Textilienindustrie gelernt haben. B/83, Ger. Prot. (1733—40), 376 a ff.

[24] Die Honoratioren oder die „württembergische Ehrbarkeit" war eine staatstragende Schicht, die aus den Familien der städtischen Bürgermeister und Magistratspersonen zusammengesetzt war. Diese wurden auch zumeist die Abgeordneten der Stadt bei der „Landschaft." Die herzoglichen Hofbeamten gehörten zu einer höheren Schicht, obwohl manche aus der Honoratiorenschicht stammten. Siehe Rudolf Seigel, *Gericht und Rat in Tübingen. Von den Anfängen bis zur Einführung der Gemeindeverfassung 1818—1822* (Stuttgart, 1960), 47 ff.

[25] Die Akten befinden sich im Staatsarchiv Ludwigsburg (= StALu), A 206, Nr. 2348.

[26] Staatsarchiv Stuttgart (= StASt.) A 202/26/Heidenheim 25b (1700—1817).

[27] *Die Matrikeln der Universität Tübingen,* III (1710—1817), hrsg. von Albert Buerk u. Wilhelm Wille (Tübingen, 1953), 105. Müllers Name erscheint nicht in Samuel Gottlieb Jahns *Sammlung aller Magister-Promotionen, welche zu Tübingen von Anno 1477—1755 geschehen* (Stuttgart, 1756).

[28] Evangelisches Dekanatsamt Maulbronn, Hochzeitsregister, 14. Juli 1744. Diese Auskunft ist mir von Pastor Danz vom Dekanatsamt am 4. März 1957 übermittelt worden.

[29] A. Köhler, *Sulz am Neckar, Beschreibung und Geschichte der Stadt und ihres Oberamts-Bezirks* (Sulz a. N., 1835), 69, gibt ihm seinen Ratstitel sowie den Jur. Lt.

[30] Laut Brief von Pastor Danz (siehe Fußnote 28) ist die Angabe im Hochzeitsregister folgende: „Den 14. Jul. sind copulirt worden Herr Johann Friedrich Müller, Lieute-

Magistratsmitglieder waren[31]. In 1747 bekam Müller den Posten eines Kellers — des Unterbeamten, der die Cameralgefälle des Amtes verwaltete und dem Oberamtmann untergeordnet war — und zwar zu Unterriexingen im Oberamt Bietigheim[32]. Im nächsten Jahr, 1748, wurde er Vogt (Oberamtmann) zu Markgröningen[33]. Vier Jahre später, am 15. März 1752, wurde er wegen einer Beleidigung des Geheimrats von Wallbrunn, dessen Schloß in diesem Oberamt war, entlassen[34]. Die Gründe seiner Wiederanstellung lassen sich nicht in den Akten finden. Immerhin wurde er schon am 8. August 1752 Oberamtmann von Sulz am Neckar, da er anscheinend der einzige „Gelehrte" unter vielen Kandidaten war, und da dieser Posten gerade eines „Gelehrten" bedurfte, der die verschiedenen Grenzschwierigkeiten verstehen konnte[35].

Zwei Jahre später, im Jahre 1754, wurde eine *Indienne*-Fabrik (Baumwolldruckerei) in Sulz gegründet[36]. Diese Fabrik stellte 1758 1 000 Stücke

nant und Auditor unter etlich Hfuerstl. Württembergl. Regimenten, Herrn Georg Friedrich Müllers, Bürgermeisters zu Heydenheim ehelicher Herr Sohn, und Jungfer Maria Louysa, Herrn Eberhard Maximillian Seuberts, Hfuerstl. Württembergl. Rats, Hofgerichts Assessoris und Oberamtmanns allhier, eheliche Jungfer Tochter." Maria Louisa war im 13. Lebensjahr (1738) in Maulbronn konfirmiert worden. Sie war um 1725 geboren, wahrscheinlich in Stuttgart, da ihr Vater in dem Jahr Regierungsrats-Secretarius war. Siehe Eberhard Emil von Georgii-Georgenau, *Fürstliches Württembergisches Dienerbuch vom IX. bis zum XIX. Jahrhundert* (Stuttgart, 1877), 314. Seubert studierte 1716 zu Tübingen, siehe *Matrikeln der Universität Tübingen,* 25, hat aber anscheinend anderswo promoviert, da er nicht in Jahns *Sammlung* erscheint. Nachdem er 1759 gestorben war, hat seine Witwe Christiana Louisa Seubert sich am 30. April 1759 in die Matrikeln eingeschrieben. Siehe *Matrikeln,* III, 183 und Pfeilsticker, II, Nr. 2605. Seubert war der Sohn des Geheimrats Joh. Rudolf Seubert und Schwiegersohn des Expeditionsrats Philipp Christoph Vischer, der Stadtvogt in Stuttgart war. Ebenda.

[31] Seigel, 48—49.

[32] Georgii-Georgenau, 388. Anscheinend war dies nur eine Anwartschaft auf das Oberamt Markgröningen. 1747 ist noch der vorherige Keller Fried. Christoph Laibus, der 1741 das Amt antritt, im Amt. 1747 wurde Laibus Vogt in Markgröningen. Danach aber waren alle Vögte zu Markgröningen auch Keller zu Unterriexingen. Siehe Pfeilsticker, II, Nr. 3007.

[33] Georgii-Georgenau, 439. Eigentlich unterschrieb Müller schon am 27. Okt. 1747 als Vogt zu Markgröningen. Pfeilsticker, II, Nr. 2594. Der Vogtstitel wurde 1759 allgemein in den Oberamtmannstitel umgeändert.

[34] StASt., A 202/26/Nr. 23 Gröningen (1597—1797). Müller hat einen Herrn von Münchingen geschlagen, ihm gedroht, und den Adel, die Minister und den Herzog beschimpft. Er war ziemlich betrunken gewesen. Nachdem eine Untersuchung stattgefunden hatte, wurde beschlossen, ihn mit 200 Gulden zu bestrafen und nach einiger Zeit auf ein anderes Amt zu „translociren." Er wurde aber sofort seines Amtes in Markgröningen enthoben.

[35] StASt., A 202/26 Nr. 59 a Sulz (1616—1817), Extractus Protocolli des Geheimen Rates, 2. August 1752. Der im Jahre 1752 verstorbene Vogt zu Sulz war Josef Bengel, ein Bruder des berühmten württembergischen Theologen Johann Albrecht Bengel. Pfeilsticker, II, Nr. 2858.

[36] StASt., A 248/Nr. 2451 (item 24), der Brief vom 28. August 1758. Köhler, 75, berichtet aber, daß schon 1749 eine Indienne-Fabrik bestand. Krauter, 123, berichtet,

Cottons und 100 Stücke Siamois her, und druckte einige Jahre später auch Baumwollzeuge, die nicht nur auf dem einheimischen Markt, sondern bis ins südliche Europa Absatz fanden. (Die Gründung fand ohne Wissen der Zentralbehörde statt; aus einer Randbemerkung aus dem Jahre 1758 ergibt sich, daß die Rentkammer nie von dieser Fabrik Kenntnis genommen hat[38].) Daß Müller der wichtigste der Stifter gewesen war, erfährt man aus einem Bericht seines Schwiegersohnes und Nachfolgers im Amt, Oberamtmann Schaeffer, der wegen seiner Tätigkeit gegen die „Jauner" (Räuber) berühmt wurde. Im Jahre 1802 schrieb Schaeffer: „Mein vor 22 Jahren verstorbener Schwiegervater, der vieljährig (langjährig) gewesene Oberamtmann Müller, ... hat A. D. 1754 die hiesige Ziz Fabrique errichtet und ... in einen sehr grosen Flor gebracht[39]." Dadurch hatte er „mit Aufopferung vieler Zeit, Mühe, Kosten, und eines grosen Theiles seines ohnehin gering gewessten Vermögens[40]" vielen armen Familien dauernde Arbeit und „Nahrung" verschafft, und die Gemeinde zu einem hohen Grad des Wohlstandes gebracht, der sich, wenn auch in geringerem Maße, bis 1802 erhielt.

Die Baumwollfabrik gehörte der Firma Meebold, Hartenstein und Co., die anscheinend eine „Handlungsgesellschaft" war. Müller war daran beteiligt, war aber nur bis 1763 Mitinhaber[41]. Wahrscheinlich mußte er wegen des Landschaftsstreites (bzw. Landtagsstreites) dieses Jahres ausscheiden, da er offensichtlich nicht dem Herzog widersprechen wollte, während die Mitbeteiligten der Firma auch Mitglieder derselben Sulzer Honoratioren waren, die als Angehörige der Landschaftspartei an der Rebellion teilnahmen[42]. Johann Christian Meebold (auch Mebold oder Meboldt), der im Jahre 1756 72jährige Bürgermeister von Sulz am Neckar, war der Hauptinhaber der Firma und außerdem Besitzer einer Brauerei. Von seinem Geschäftspartner Johann Michel Hartenstein ist nur bekannt, daß er auch zur Honoratiorenschicht gehörte, da er Gerichtsverwandter in Sulz war[44]. Meebold war sehr geschäftstüchtig. Zusammen mit seinen Partnern, einschließlich des herzoglichen Salzfaktors Georg Friedrich Hess, beantragte der Bürgermeister 1753 den Lehenankauf des Stif-

daß Meebold & Co. schon 1755 ein Privileg für ihre Baumwollzeugfabrik beantragt haben, und daß der Herzog selber an die Kommerzienratsdeputation schrieb, er wolle diese „getreuen Landeskinder" unter seine höchste Protektion nehmen.

[37] Köhler, 75.

[38] StASt., A 248/Nr. 2451 (item 24).

[39] StASt., A 248/Nr. 2451 (item 1), Schäffers Brief vom 8. Juni 1802.

[40] Ebenda.

[41] Köhler, 75.

[42] Wt. Landesbibliothek, Cod. Hist. A 241, „Copia der Vorstellung von Sulz bei der Kopf und Vermögens Steuer", Sulz den 22. April 1764. Auch Stadtarchiv Sulz, Gerichtsprotocolli, III/2/7 (1761—1768), 389 ff. Im 18. Jahrhundert wurde der württembergische Landtag im allgemeinen Landschaft genannt. Nur wenn er versammelt war, hieß er Landtag.

[43] Karl Döttinger, *Heidenheim in Wort und Bild* (Heidenheim, 1950), 20.

[44] StASt., A 406, Bü. 25.

tes Muri. Der Inhaber des Lehens entschloss sich jedoch, den Lehnvertrag zu verlängern, und so kam es, daß Meebold und seine Genossen eine ansehnliche Kapitalsumme zur Verfügung hatten, die sie nun offenbar anderswo anlegen wollten. Sie hatten mindestens 20 000 Gulden für das Lehen bezahlen wollen. Im Jahre 1754 wurde dann die Fabrik gegründet[45].

Der eigentliche Direktor und Geschäftsleiter der Firma war Johann Friedrich Meebold (1747—1788), Bauwirt und Gerichtsverwandter, wahrscheinlich ein Enkel des Bürgermeisters und der Sohn des Lammwirts und Gerichtsverwandten Johann Friedrich Meebold (1713—1777), der auch ein Teilhaber der Firma war. Er war ein vielgereister Mann, der trotz seiner kleinstädtischen Herkunft Istambul, Griechenland und Kairo besucht hatte. Dort hatte er die Kunst der türkischen Rotfärberei erlernt und führte sie in seiner Fabrik erfolgreich ein. Im Jahre 1776 heiratete er ein achtzehnjähriges Mädchen, aber es wird berichtet, daß die Ehe nicht allzu glücklich war. Man nannte ihn „den Türken", und er war „jähzornig, übertrieben pünktlich", hatte ein „entstelltes Gesicht, das er vor den Leuten verbergen mußte", und „starb vor der Zeit"[46]. Sein Bruder Johann Christian Meebold (1751—1798), Lammwirt, und dessen Söhne Christian Friedrich (1778—1838) und Johann Gottlieb (1796—1871) haben dann das Geschäft weiter geführt.[47]

Die Meeboldsche Familie spielte als württembergische Unternehmer auch im nächsten Jahrhundert eine bedeutende Rolle. Ein Meebold war um 1805 Mitinhaber der Firma Meebold und Zahn, und Besitzer einer Löffelfabrik in Sulz[48].

[45] StASt., A 248/Nr. 2451 (item 24), (item 1); Köhler, 75; Krauter, 123 ff.

[46] Köhler, 76.

[47] Der Stammbaum der Meebold Familie befindet sich im Stadtarchiv, Heidenheim a. d. Brenz. Der Lammwirt Johann Christian Meebold (1751—1798) wurde 1768 einer Landschaftsakzisenprobation unterzogen. Er wurde als „ein reicher Mann" beschrieben. Man sagte, er „steckt in allerley Gewerb ..." StASt., L (Landtagsarchiv), A, 18/12/4. Um 1766 war er Inhaber der Sulzer Fabrik und hat mit dem Sohn Schüles, angeblich sein Schwager, die Heidenheimer Filiale gegründet. Über seine Söhne Christian Friedrich und Johann Gottlieb Meebold, siehe Eugen Schädle, *Entwicklung der Textilindustrie im Oberamtsbezirk Heidenheim*, Diss. Tübingen 1920, 64—66.

[48] Köhler, 82. Da die Familie Meebold auch im 19. Jahrhundert eine wichtige Unternehmerfamilie war und sogar Verdienste um die Gründung der Darmstädter Bank erworben hat, ist die Geschichte der ersten Ahnen sehr aufschlußreich. Die Hauptquellen sind die Akten eines Erbschaftsprozesses, der 1756 begonnen worden ist und erst 1770 endete. 1756 soll der Bürgermeister Meebold schon 72 Jahre alt gewesen sein, doch ist dies wahrscheinlich ein Irrtum. Nach den Angaben im Stammbaum wurde der Amtsbürgermeister „Johannes Meebold" am 9. März 1692 geboren. Vielleicht aber war dieser Bürgermeister Meebold ein jüngerer Bruder des Bürgermeisters Johann *Christian* Meebold, der Ergründer der Fabrik. Johannes Meebold war das siebente Kind (von 13) des Ostdorfer (O. A. Balingen) Wirts Johann Balthasar Meebold (geb. 1647) und Enkel des Wirts Ludwig Meebold (gestorben 1632). Die Meebold-Verwandten waren die Erben einer Magdalena Barbara Geist, Tochter des Johann Georg Geist, ehemaliger Gerichtsverwandter. Diese Erben waren der Gerichtsverwandte Johann Friedrich Meebold (1713—1777) der wahrscheinliche Sohn des

Einige Jahre vorher wurde die alte Baumwollfabrik, die nun Meebold, Schüle und Co. hieß, nach Heidenheim verlegt, die Stadt von Müllers Geburt, wo sein Vater Bürgermeister gewesen war[49]. Daß Familienverbindungen dabei hinter den Kulissen eine Rolle spielten, scheint möglich. Oberamtmann Müllers Enkelkind, die Tochter seines Schwiegersohnes Schaeffer, heiratete nämlich Christian Friedrich Meebold (1778—1838), Sohn des Hauptinhabers, Johann Christian (1751—1798)[50]. Dieselbe Fabrik war 1822 im Besitz Johann Gottlieb Meebolds (1796—1871) seines Halbbruders Christian Friedrich Meebolds. Johann Gottlieb Meebold wurde der „unermüdliche Bahnbrecher unter den Heidenheimer Unternehmern"[51]. Und dies nun in einem Zeitalter, in dem die Rolle des Beamtenunternehmers sich vermindert hatte und der Industrieunternehmer vorherrschte. Er führte 1833 neue englische Druckmaschinen ein. Da die Wasserkraft sich als ungenügend erwiesen hatte, stellte er 1838 die ersten Dampfmaschinen in Württemberg auf[52]. Schon 1829 wurde ihm für seine Verdienste der Kommerzienratstitel verliehen[53]. Nach einer Wirtschaftskrise übernahm 1849 der Sohn Gottliebs, Robert Meebold (1826—1902), das Werk. Unter ihm wurde die Firma 1856 in eine Aktiengesellschaft umgewandelt, die „Württembergische Kattunmanufaktur, Heidenheim a/Brenz", eine der ersten in Württemberg. Diese Firma besteht noch heute, und genießt eine führende Stellung als „Weltfirma"[54].

So entstand eine bürgerliche Elite in Württemberg, die eigentlich ihre Wurzeln in der Honoratiorenschicht der viel stabileren Gesellschaft des 16. bis 18. Jahrhunderts hatte. Diese Schicht war aus einer Familienverbindung kapitalistischer Unternehmer entstanden, die aus städtischem Wirtshausbesitz, der städtischen Verwaltung und dem unzünftigen Kleingewerbe des 18. Jahrhunderts ihr erstes Vermögen zusammenbrachten, und mit den treibenden Männern der Familien der herzoglichen Beamten verwandt waren. Im 18. Jahrhundert lag nur die Geschäftsführung, jedoch nicht die Wirtschaftsführung in ihren Händen.

Obwohl die eigentliche Geschichte der Sulzer Baumwollfabrik, die bahnbrechend „für die industrielle Verarbeitung dieses ausländischen Rohstoffes"[55]

Bürgermeisters, und Johann Ludwig Meebold (geb. 1703?) sein Onkel und das 13. Kind Johann Balthasar Meebolds (geb. 1647). Es ist der Sohn des ersteren, auch Johann Friedrich (1747—1788), genannt der „Türkenmeebold", der später Direktor der Sulzer Fabrik und der Filiale in Heidenheim wurde. StALu., A 406/Bü. 25; Döttinger, 20—21.

49 StASt., A 248/Nr. 2451 (item 1). Diese Dokumente des Oberamtmanns Schäffer (1802—1803) zeigen, daß der Schwiegersohn Müllers noch die alte Firma in Sulz behalten wollte. Köhler, 75, irrt sich, wenn er meint, die Firma wurde 1802 verlegt. Es war wohl 1803.

50 Karl Kaspar Merck, *Die Industrie und Oberamtsstadt Heidenheim* (2 Bde., Heidenheim, 1904—1910), I, 131, 138, Siehe auch Anmerkung 47.

51 Döttinger, 22.

52 Ebenda, 23.

53 Ebenda, 25.

54 Ebenda.

55 Krauter, 123.

werden sollte, im Jahre 1754 beginnt, reichte die Firma Meebold und Hartenstein erst vier Jahre später, am 28. August 1758, ein Gesuch um Befreiung von Zoll und Akzise an die herzogliche Regierung ein[56]. Müller, der überdurchschnittliche, weitblickende Oberamtmann, dessen Zusammenarbeit mit den Unternehmern für den Erfolg der Manufaktur ausschlaggebend wurde[57], befürwortete das Gesuch mit dem Argument, „daß die Wohlfahrt eines Landes am meisten dadurch befördert werde, wann in solchen Kommerzien Manufakturen und Handtierungen im Blühenden Stand sind“[58]. Er betonte die Tatsache, daß die Baumwollfabrik mit sehr vieler Mühe, Arbeit und Sorge sowie schweren Unkosten errichtet worden war, und daß sie 1758 400 Menschen in der Sulzer Gegend Unterhalt verschaffte und diese vom Betteln abhielt. Das war auch eine erhebliche Erleichterung für die *Piis Corporibus* oder „Gemeinde Armenkasten“, der diese Leute sonst zur Versorgung zugefallen wären[59]. Die Rentkammer erteilte erst am 28. Dezember 1758 die gesuchte Befreiung, und dann nur für sechs Jahre[60]. Der Herzog aber wollte ständig von dem Fortschritt der Fabrik benachrichtigt werden, und daher kommt es, daß einige Akten, die die Geschichte der Unternehmung beleuchten, vorhanden sind[61].

Anscheinend hat Müller die kaufmännische Seite der Unternehmung sehr wenig beeinflußt, da sie ja zumeist in befriedigender Weise von den Privatunternehmern, die die notwendigen Fachkenntnisse hatten, wahrgenommen wurde. Ein Kaufmann wurde gerade zu diesem Zweck angestellt[62]. Immerhin kann man nicht leugnen, daß Müller ziemlich genaue Fachkenntnisse über die Arten der Baumwollwaren besaß[63]. Die bestehende Wissenschaft des Kaufmannstandes, die Art der Büro-Organisation, die italienische Buchführung, Besuch der Messen, Verständnis der Wechselgeschäfte, usw., hatte sich ja seit dem 16. Jahrhundert in Deutschland zu einem hohen Grad entwickelt, und insgesamt stellt dies System der kaufmännischen Wissenschaft den Kernpunkt der Frühformen des Kapitalismus dar. Immerhin benötigte die neu aufkommende Wirtschaft mit ihrer mechanischen fabrikmäßigen Betriebsorganisation einheitliche neue Unternehmerkenntnisse. Es waren weniger die Kaufleute als die Beamten, die diese besaßen. Da die Appretur der Baumwolle verschiedener Arten von Druckertischen und Druckformen bedurfte und beim Drucken selbst chemische

[56] StASt., A 248/Nr. 2451.
[57] Krauter, 123.
[58] StASt., A 248/Nr. 2451.
[59] Ebenda.
[60] Ebenda. Die Zollbefreiung kam in der Form einer Rückzahlung. Die erste von 1758 wurde 1765 erneuert. Die Ausfuhr kann aber nicht groß gewesen sein, da die Rückzahlung, die erst 1771 beantragt wurde, über 12 Jahre nur 98 Gulden 7 Kreuzer betrug.
[61] Ebenda, *Protokoll der Kommerzdeputation*, 9. Januar 1759.
[62] Krauter, 123.
[63] Anonym. (= Johann Friedrich Müller) *Zufällige Gedanken von der Anlegung mehrer Manufacturen und Fabriken in denen Herzoglichen Württembergischen Landen* (Stuttgart, 1762), 14—15.

Prozesse benutzt wurden, die mit dem Färben und Bleichen zusammenhingen, mußte man eine verhältnismäßig große Fabrikanlage errichten. Es wurde deshalb notwendig, geräumigere Gebäude zu bauen. Da man das Kapital von 20 000 Gulden auf die Appretur verwandt hatte, blieb nicht genügend übrig, um großzügige Bauten aufzuführen. Müller aber ermöglichte die notwendige Vergrößerung der ursprünglich nur Zitz produzierenden Fabrik, indem er staatliche Mittel benutzte, um der Firma die notwendigen Gebäude für eine Kattundruckerei zur Verfügung zu stellen[64]. Müller beschlagnahmte nämlich einige leere Räume der Sulzer staatlichen Saline. Die Saline hatte sich seit einiger Zeit als wenig ergiebig gezeigt, und Müller nahm wohl an, daß die Baumwollfabrik dem öffentlichen Wohl nützlicher sein werde. Der Geheimrat von Beust[65], der mit der Vergrößerung der Salinenwerke beauftragt gewesen war und dem Müllers Politik nicht gefiel, beschuldigte ihn deswegen eines „zu weit getriebenen manufactur Eyfers"[66]. Die traditionsgebundene Interessengruppe der staatlichen Salzregale leistete nun Widerstand, und der staatliche Salzfaktor Hess beklagte sich über Müller bei der Regierung, er habe das neue Siedhaus und Trockenzimmer der Saline für die Fabrik benutzen wollen[67]. Des Oberamtmanns Angriff auf die herzoglichen Salinenregale wurde von der Rentkammer am 22. Februar 1759 abgewiesen[68]. Wegen des persönlichen Interesses des Herzogs Karl Eugen aber, mit dem Müller sich anscheinend sehr gut verstand, wurde die Opposition der obersten Regierungsbeamten bald gedämpft. Im März 1760 bekam die Firma die Erlaubnis, die Salinenkanäle für den nun für die Druckerei notwendig gewordenen „Walck Galanter" zu benutzen, und diesmal erhob der Salzfaktor keinen Einspruch[69]. Es wurde sogar befohlen (Decret 15. IV. 1761), eine neue Wehr zwischen den Kanalbrücken zu bauen[70]. Weiterhin wurde Müller auch vom Herzog beauftragt, halbjährige Berichte über die Kattunfirma einzusenden. Dies tat er regelmäßig zwischen 1759 und September 1764. Noch-

[64] Krauter, 124, 126.

[65] Über von Beust und die Sulzer Saline siehe Walter Carlé, *Die Geschichte der altwürttembergischen Saline zu Sulz am Neckar, die Herkunft ihrer Solen und die Salinentechnik, Zeitschrift für württembergische Landesgeschichte,* Bd. 22 (1963), 91—172.

[66] StASt., A 248/Nr. 2451 (item 18), der Bericht vom 9. Februar 1759 und der Brief vom 19. Februar 1759.

[67] Ebenda.

[68] Ebenda (item 17), das Rentkammer-Protokoll vom 22. Februar 1759.

[69] Ebenda (item 12), Brief vom 17. März 1760.

[70] Krauter, 126. Etliche 630 Stämme, die für den Ausbau des Schießhauses am Bleichplatz bestimmt waren, wie andere Bauarbeiten der Fabrik und der Bau einer Walkmühle, einer Wäscherei, usw., wurden mit Müllers Hilfe von den staatlichen Wäldern der Kammerschreiberei und den Kellerwaldungen *gratis* gestellt (1761). Siehe Krauter, 126. 1762 wurde eine Salpeterhütte für die Fabrik eingerichtet, und 1764 wurde der Fabrik die Erlaubnis erteilt, die Salinenasche gegen Bargeld für ihre Bleiche zu kaufen. Diese Asche wurde für das Bleichen und auch in der Druckerei verwendet. Siehe Krauter, 126. Die Zoll- und Akzisefreiheit wurde am 31. Dezember 1765 für weitere 6 Jahre erteilt und 1772 wieder erneuert. Krauter, 127.

mals wird im Jahre 1776 über die Firma berichtet. Bis 1763 war Müller, wie schon oben erwähnt, selber Mitinhaber. Interessant ist, daß die Firma 1759 schon 380 Menschen angestellt hatte, meistens als Spinner und Weber außerhalb der Fabrik. Danach nahm die Firma einen ständigen Aufschwung. Im Oktober 1760 waren 885 angestellt, im September 1761 waren es 1357, und ein Jahr später 1386. Diese Expansion der Firma war wohl auch durch die Kriegskonjunktur des Siebenjährigen Krieges bedingt, deren eigentliche Bewegung erst 1759 mit dem Steigen der Preise einsetzte. Im März 1763 erreichte das Wachstum der Fabrik mit 1751 Angestellten seinen Höhepunkt, dann setzte ein leichter Rückgang ein; im September 1764 waren nur noch 1726 Personen beschäftigt. Leider bricht die Aktenreihe hier ab; der nächste vorhandene Bericht ist von 1776 und nennt eine ungefähre Zahl von 1300 Angestellten[71]; 1758 produzierte die Fabrik 1000 Stück Baumwolltuch und 100 Stück Siamois[72]. Wahrscheinlich hat sie nie mehr als 5000 Stück Baumwolltuch hergestellt. Es gibt zwar keine Statistik über die Höchstproduktion, aber Müller fand, daß die Zunahme der Kapitalsumme von ursprünglich etwa 20 000 Gulden auf 100 000 Gulden im Jahre 1772 die Geschäftsausdehnung der Firma nicht genügend unterstützen konnte[73].

Immerhin wurde es im Jahre 1768 schon möglich, eine weitere Textilfabrik für die Herstellung von Leinwand, Barchent und Mouchoir zu gründen. Diese sogenannte Barchentwerberei, die sich auch bis zur Jahrhundertwende erhielt[74], konnte 414 Aktien à 15 Gulden (insgesamt 6210 Gulden oder 3980 Reichstaler) für die notwendigen Kapitaleinlagen verkaufen, und zwar in Sulz 298 Aktien, Stuttgart 106 und Weilheim 10. Im Jahre 1770 wirkte Müller wieder unternehmerisch und ließ Anzeigen drucken, um 12 Aktien zu je 1000 Reichtstaler (etwa 18 000 Gulden) verkaufen zu können[75]. Möglicherweise handelte es sich wieder um Aktien der nun vergrößerten Firma Meebold und Hartenstein, die damals in einer Geldklemme steckte. Wenn dies zutrifft, dann besteht die Kapitalsumme von 100 000 Gulden, die für 1772 angegeben wurde, aus 1. der ursprünglichen Einlage von etwa 20 000 Gulden, 2. der Summe von etwa 18 000 Gulden vom Aktienverkauf von 1770, und 3. dem Rest von etwa 62 000 Gulden, der dem Zuwachs zuzuschreiben wäre. Da die Summe von 100 000 auch später genannt wird, kann man annehmen, daß die Firma nach 1768/70 nur einen sehr geringen Profit verdiente. Während des Krieges aber müßte der Profit mindestens 16—20 % ausgemacht haben, wenn der Zuwachs erklärt werden soll. Leider gibt es keine weitere Statistik über dies Thema.

[71] StASt., A 8 Kabinetts Akten, III. 1 Fasz. 50 (item 49—57); ebenda, Fasz. 75 (item 18).

[72] Ebenda, Fasz. 50. Siamois war ein Gewebe aus baumwollenem und Leinengarn.

[73] Ebenda, Fasz. 50 (item 61), Bericht vom 21. April 1772; Krauter, 127.

[74] M. L. H. Röder, *Geographie und Statistik Wirtembergs* (Laybach in Krain, 1787), I, 89.

[75] Köhler, 75.

Die finanziellen Schwierigkeiten der Meeboldschen Firma nach dem Ende des Krieges verursachten wohl die Abnahme der Zahl der in Heimarbeit beschäftigten Spinner und Weber. Die Zahl der in der Fabrik Beschäftigten dagegen wuchs von anfangs 23 Arbeitern im Februar 1760 auf 161 Arbeiter im Jahre 1776. Der technische Fortschritt glich sodann die schlimmen Folgen der ungünstigen Konjunktur aus. Müller stellte im Rahmen einer wohlfahrtspolitischen und polizeilichen Tätigkeit auch eine Sozialstatistik der Firma auf. Danach bestand deren Personal (einschließlich der Direktion) aus 88 weiblichen und 77 männlichen Personen; darunter befanden sich 90 Ledige, 34 Schulkinder, 25 Waisen und drei Witwen. (Wahrscheinlich 9 bis 14 Verheiratete.) Die Fabrikarbeiter wurden mit der Appretur beschäftigt, d. h. als Spüler, Drucker, Schilderer, Graveure, Klärer, Bleicher, als Manger, Färber, Glänzer, Zettler und Tagelöhner[76]. Im Februar 1760 machten die Fabrikangestellten nur 3,3 % der gesamten Arbeiterschaft der Firma aus. In den Jahren 1775—76 wurden es 13,8 %. Die Fabrik verschaffte ihnen Unterhalt und bewahrte sie davor, dem öffentlichen Versorgungswesen zur Last zu fallen[77]. Ungefähr zur selben Zeit wurden bei der Sulzer Saline nur 33 Leute als Angestellte, Bergleute, Sieder, und Handwerksleute beschäftigt — unter ihnen auch Häftlinge, die auf diese Weise ihre Geldstrafen bezahlten[78]. Der öffentliche Nutzen der Fabrik wurde mehrfach von Müller betont, und diese Ansicht entsprach der allgemeinen Stimmung. Die Regierungen in Deutschland und Österreich waren bemüht, die Massenbettelei durch Errichtung von Fabriken zu beseitigen. Und diese Politik enthielt deswegen eine *„karitative Absicht"*[79]. Armenversorgung wurde damals als das eigentliche Ziel der Unternehmung angesehen und die Verdienste der unternehmungseifrigen Beamten konnten überhaupt nur aus diesem Grunde entstehen. Das ist das ideologische Bild des Beamtenunternehmers. In seinen Berichten und Büchern kam Müller immer wieder auf diesen Zweck zurück. Alle seine Erörterungen richteten sich danach[80]. Man kann leicht einsehen, daß die polizeilichen Aufgaben, für die die Amts- und Oberamtsbeamten verantwortlich waren, sie beinahe dazu zwang, die neue Industrie zu fördern.

Als Unternehmer im Namen der Armenversorgung betätigte Müller sich auch publizistisch. In seinem Buch *Abhandlung von der Verbesserung des Nah-*

[76] Krauter, 125.

[77] Es ist bemerkenswert, daß es schon 1776 ungefähr 165 Angestellte (die Direktion eingeschlossen) in der Fabrik gab, während es noch 1913 nur drei Fabriken in Württemberg gab, die man als „große Betriebe" bezeichnen konnte: je eine in Besigheim mit 370 Arbeitern, Calw mit 300 Arbeitern und in Backnang mit 260 Arbeitern. Siehe Robert Gradmann, *Das ländliche Siedlungswesen des Königreichs Württembergs, Forschungen zur deutschen Landes- und Volkskunde,* Bd. 11 (1913—1917), 2. Aufl. 1926, 59.

[78] Krauter, 35.

[79] Matis, *VSWG,* 443.

[80] Johann Friedrich Müller (anon. erschienen), *Abhandlungen von Verbesserung des Nahrungsstandes und Vermehrung der Landesherrlichen Einkünfte durch Manufakturen und Fabriken* (Stuttgart, 1764), 27.

*rungstandes* (1764) schrieb er, daß infolge des Aufkommens der Sulzer Fabrik 1 500 Gulden weniger als vorher auf die Sulzer Armen verwendet worden waren[81]. Weil die niedrigsten Klassen nun vom Betteln abgehalten werden konnten und den „Hausarmen und müßigen Tagelöhnern, die ihres Lebens nie froh werden, nackend und bloß einhergehen, Jahr aus und Jahr ein an dem Hungertuche nagen", nun genügend Nahrung geschaffen worden war, konnten auch die zünftigen Gewerbe- und Krämerleute, d. h., die Wirte, Metzger, Decker, Schuster, Schneider, Weber und übrigen Handwerksleute einen höheren Lebensstandard genießen[82]. Die Manufaktur- und Fabrikarbeiter wurden verhältnismäßig gut bezahlt. Schon 1762, in der hohen Kriegskonjunktur, berichtete Müller, daß eine gewöhnliche Baumwollspinnerin 36 Gulden im Jahr verdienen konnte, die Beste bis zu 45 Gulden[83]. In den Jahren 1776—77 waren es trotz der Zunahme der Brotpreise durchschnittlich nur 31 Gulden 12 Kreuzer[84]. Müller dachte damals, daß man „zur Not" von 36 Gulden leben könnte, aber 60 Gulden im Jahr war wohl das Existenzminimum. In demselben Zeitraum (1776—77) verdienten Weber im Auftrag der Sulzer Firma 100—150 Gulden im Jahr, Weberfamilien 200—300 Gulden[85]. Dagegen verdiente der Direktor in dieser Zeit 1000 Gulden! In der Fabrik selbst wurde Facharbeitern, wie z. B. Druckern und Malern, um 60—96 Gulden im Jahr bezahlt. Kinder in der Zitzfabrik verdienten zwischen 18 und 48 Gulden. Eine 5-Personen-Familie konnte infolgedessen 378 Gulden im Jahr verdienen — ein ansehnliches Einkommen, so viel wie ein Buchhalter oder erfolgreicher Handwerksmeister[86].

Es muß wohl zugestanden werden, wie auch Matis[87] zeigt, daß die frühe Industrialisierung nicht zur Proletarisierung, sondern zu wirtschaftlicher Besserstellung führte. Die Arbeitslosigkeit kam erst später mit den Kriegskonjunkturen, erst kurz vor dem 19. Jahrhundert, und dann war die Einführung der Maschinen die Hauptursache. Die Druckerei, die Bleicherei, die Walkerei benutzten nicht *menschenersetzende* (wie später die Spinn- und Webmaschinen), sondern Facharbeit schaffende Maschinen. Im allgemeinen kann berechnet werden, daß 1776—77 der Durchschnittslohn in der Sulzer Fabrik 95 Gulden im Jahr betrug[88]. Nach Forbergers Angaben für 1784[89] über die Pflugbeilfabrik in Chemnitz betrug dort der Durchschnitt 96,48 Taler oder ungefähr 144,72 Gulden! Daß das nicht unwahrscheinlich ist, erfährt man auch von Müller, der bestätigte, daß die Löhne in der sächischen Baumwollindustrie zweieinhalbmal höher als die württembergischen lagen. Wie groß der Vorteil der industriellen Arbeiter

[81] Ebenda.
[82] Ebenda, 32.
[83] Müller, *Zufällige Gedanken*, 34—35.
[84] StASt., A 8 Kabinetts Akten, III. 1, Fasz. 65.
[85] Ebenda.
[86] Ebenda.
[87] Matis, *VSWG*.
[88] StASt., A 8 Kabinetts Akten, III. 1, Fasz. 75.
[89] Rudolf Forberger, *Die Manufaktur in Sachsen vom Ende des 16. bis zum Anfang des 19. Jahrhunderts* (Berlin, 1958), 223—224.

gegenüber den landwirtschaftlichen Arbeitern und denjenigen Tagelöhnern war, die als ungelernte Kräfte solche Arbeiten wie Spinnerei, höchstens Malerei und Druckerei verrichteten, kann man leicht sehen, wenn man das Jahreseinkommen einer Spinnerin (1777 = ungefähr 31 Gulden) mit dem Bareinkommen einer Magd (1784 = 8 bis 10 Gulden im Jahr und ein Tuchdeputat) und eines Knechts (1784 = 18 bis 20 Gulden; später — 1790 — auch 20 bis 30 Gulden bzw. 30 bis 40 Gulden vergleicht[90].

Müller meinte auch, daß jede Manufaktur mit Verständnis der Wissenschaft der Betriebsanlegung errichtet werden sollte. Weder Maximierung des Profits noch Maximierung der Produktion, die in den höchstentwickelten Ländern die Hauptziele der Unternehmer sind[91], bestimmten die Ziele Müllers. Er und sein Typ suchten einen Punkt der Maximierung der Beschäftigung, der sich auch mit der maximalen Rentabilität des Kapitals deckte. Es war für Männer dieses Zeitalters unbegreiflich, das man eine maximale Rentabilität des Kapitals mit einer nur kleinen Zahl von Arbeitern erringen konnte, wie es später geschah. Dies wurde erst im Zeitalter der industriellen Revolution und Maschinenproduktion deutlich. Auch im Meeboldschen Unternehmen konnte man in den 70er Jahren mit Fabrikarbeitern und Druckmaschinen bessere Produkte herstellen und verkaufen, als vorher mit vielen Heimarbeitern, die nur billiges Tuch herstellten.

Allerdings waren, wie schon oben erwähnt, die neuen Druckmaschinen nicht *durchgehend menschenersetzend,* im Unterschied zu den Webstühlen und Spinnmaschinen, die gegen Ende des 18. Jahrhunderts aufkamen. Als dann die neuen Spinnmaschinen langsam eingeführt wurden, entwickelte sich eine Krise, die auch die *karitative Absicht* der Textilmanufaktur vollkommen zunichte machte. Im Jahre 1796 berechnete z. B. der Unternehmer Wisshack in Teinach die Kosten einer Maschinenspinnerei derart, daß 10 Maschinen die Arbeit von hundert Spinnerinnen verrichten konnten. Dabei war sogar in Rechnung gestellt, daß die Maschinen der Arbeit zweier Vorspinnerinnen bedurften, die je 40 Gulden im Jahr verdienten. Auch wurden noch 10 gewöhnliche Spinnerinnen zu ungefähr 48 Gulden im Jahr angestellt[92], weit weniger als die 1345 Spinnerinnen, die 1764 für die Sulzer Firma arbeiteten — und zwar auch zu 40 bis 41 Gulden im Jahr[93]. Und dennoch waren die Preise der 60er Jahre trotz Kriegskonjunktur viel niedriger als die der Inflation der 90er Jahre. Der Aufstieg der *menschenersetzenden* Maschinen gegen Ende des Jahrhunderts war es, der die Profitmaximierung als Hauptziel der Unternehmung aufstellte und unter keiner Bedingung die Maximierung des Arbeitseinsatzes mehr erlaubte. Erst heute, im Zeitalter des Wohlfahrtsstaates, ist die *karitative Absicht* und das Bemühen um Maximierung der Arbeitsbeschäftigung wieder ein Kalkül der

[90] KE, I, 318.

[91] *Zur Theorie der Unternehmung. Festschrift zum 65. Geburtstag von Erich Gutenberg,* hrsg. Helmut Koch (Wiesbaden, 1962), 16 ff.

[92] Krauter, 236—237.

[93] Müller, *Zufällige Gedanken,* 34—35; StASt., A 8 Kabinetts-Akten, III. 1, Fasz. 75 (item 18), Müllers Bericht vom 20. Januar 1777.

volkswirtschaftlichen Theorie und der staatlichen Oberaufsicht geworden — wenn auch die Form des Staates sehr verschieden ist.

Zu Müllers Lebenszeit aber konnten viele Fabriken nicht mehr als 20 bis 50 Arbeiter anstellen, und manche, wie die staatlichen Eisenwerke, konnten nur außerordentlich kräftige Männer gebrauchen. Eine Industrie wie die Baumwollmanufaktur, die auch Frauen und Kinder richtig beschäftigen konnte, war deswegen nützlicher und verdiente größere Befürwortung und größere Unterstützung von der Regierung[94]. Dabei handelte es sich aber gerade nicht um die sogenannten Schwerindustrien, die heute die Wirtschaftsgröße eines Landes ausmachen. Müllers *raison d'état* muß man deshalb eher wohlfahrtsstaatlich als machtstaatlich nennen, oder man müßte annehmen, daß der Oberamtmann den Machtstaat nur als einen Parameter innerhalb des volkswirtschaftlichen Bereichs sah. In echter kameralwissenschaftlicher Weise glaubte er, daß die Größe der Bevölkerung und die Ergiebigkeit der herzoglichen Einnahmen nur dann zunehmen könnten, wenn die große Masse der Bevölkerung durch die Manufakturen und Fabriken ihre Nahrung erhielt[95].

Die staatliche Beförderung der Industrie, die Müller ebenfalls sehr befürwortete, sah er als rein merkantilistische Aufgabe. Er hatte nie angenommen, daß der Staat selbst die Industrie direkt führen sollte. Ein Oberamtmann konnte ja staatliche Subventionen und andere Formen der Beihilfe vermitteln und, wie Müller, sogar seine soziale und politische Stellung in der Gesellschaft und das gesellschaftliche Ansehen seines Amtes benutzen, um die Kapitalgeber des Ortes zur Teilnahme zu bewegen. Der Staat aber sollte nach Müllers Ansicht nicht selbst unternehmerisch tätig werden. Das Versagen der Sulzer Saline und des württembergischen Eisenmonopols zeugte für die staatliche Mißwirtschaft. Müller hatte der Firma wohl öffentliche Gebäude zur Verfügung gestellt, war aber sonst der Ansicht, daß die staatliche Unterstützung sehr begrenzt blieb und sich auf Steuerbefreiung, Förderung des Exports, Beschränkung des Imports, Protektion der einheimischen Industrie, freie Einfuhr der Rohstoffe, eventuell sogar Verbot der ausländischen Konkurrenzwaren, usw. beschränken sollte[96]. Im Falle der Sulzer Fabrik wurde nie ein *Privilegium exclusivum* erteilt und trotz aller Bemühungen Müllers (1768) auch kein Einfuhrverbot gegen fremde Zitz- und Kattunwaren erlassen[97]. Direkte Zuschüsse zur Unterstützung und oft auch zur Unterhaltung einiger Industrien nach dem sonst üblichen Verfahren der aufgeklärten Regenten des 18. Jahrhunderts, die die Colbertsche Politik nachahmten und staatliche keramische, Feinporzellan- und Seidenindustrien gründeten, wurden von Müller abgelehnt. Die staatliche Politik, nicht der Staat, sollte den privaten Unternehmern Beihilfe leisten, damit die Industrie konkur-

[94] Müller, *Zufällige Gedanken*, 9—12.

[95] Ebenda, 20.

[96] Müller, *Abhandlungen*, 71.

[97] StASt., A 202/13/7 (item 18), 22. April bis 22. Sept. 1768. Im Jahre 1765 wurde jedoch auf Antrag der Firma wegen eines großen Arbeitermangels ein Verbot gegen Spinnerei auf Rechnung ausländischer Unternehmer erlassen. Krauter, 226.

renzfähig blieb, um den vielen Angestellten ständige Nahrung und einen höheren Lebensstandard zu ermöglichen. Der Staat konnte ja nicht aus eigener Kasse die Fabrikarbeiter unterstützen und dann eine Zunahme der Steuerergiebigkeit erwarten. Immerhin hat Müller auch staatliche Zuschüsse einer Sulzer Krapp-Plantage befürwortet und erhalten. Der Krappanbau sollte es ermöglichen, die türkische Rotfärberei einheimisch zu machen, und zugleich der Sulzer Fabrik ihren Rohstoff zu besorgen. Die Plantage ist aber kurz nach dem Siebenjährigen Krieg eingegangen[98].

Auf Grund der Ideen von Justi, Darjes und Hornigk, den Verfassern der hauptsächlichen kameralwissenschaftlichen Werke der Zeit, die Müller mit denen von Sir James Steuart am häufigsten zitierte, war er auf gut merkantilistische Weise überzeugt, daß nur Manufakturen und Fabriken einem Staate Reichtum bringen, „den beständigen Umlauf des einheimischen Geldes" befördern und es verhüten könnten, daß es aus dem Lande floß. Nur Länder, die ohne Bettler und Müßiggänger seien, die wenig Arme und viele wohlhabende Bürger zählten, wären reich und glücklich[100].

Trotzdem er seine aktive Teilnahme an der Sulzer Fabrik einstellte, sorgte Müller sich doch weiter um die Industrieförderung, und zwar immer innerhalb des Rahmen des Beamtenunternehmers, der in erster Hinsicht eine energische und organisatorische Rolle spielen mußte. Diese Rolle mußte sich aber im Laufe der verschiedenen Konjunkturen und Wirtschaftskrisen des 18. Jahrhunderts erst herausbilden. Die Krisen, die sich während der über 20jährigen Amtstätigkeit Müllers ereigneten, waren die Geburtswehen der modernen Gesellschaft. Die

[98] Müller hatte den Kleemeister Christoph Jacob Burck dazu ermutigt, eine Krapp-Plantage anzulegen. 1761 ist dieser Mann zu seinem Schwager Kony in Ungarn gereist und hat drei Monate lang die Krapp-Pflanzung erlernt. Er plante, 200 Pflanzen mit nach Hause zu bringen, doch gingen ihm 50 Stück unterwegs ein. Anfangs (1762) gedieh die Plantage jedoch, und die Regierung gewährte ihm einen Zuschuß von 400 fl., der aber nicht ausgezahlt worden ist, da die Sulzer Kellerei keine Mittel hatte. Müller hat die Summe von der Rentkammer für Burck bekommen. 1763 bekam er auch Holz von der Kellerei-Waldung. Müller führte den Krappanbau auch auf herzoglichen Domänen ein, aber ohne viel Erfolg. Im Herbst 1764 hatte er 600 Pflanzen auf den Sulzer Domänen angebaut und hoffte, sie bald auf 2000 zu vermehren. 1768 ging der Krappbau in Sulz ein, und Müller beschuldigte Burck, der nicht viel Fähigkeit aber 7 Kinder zu ernähren hatte. Burck berichtete jedoch, daß er einmal 6000 Pflanzen gehabt hätte und immer noch 2000 hatte. Auch hat er nur 314 fl. aus dem herzoglichen Zuschuß von 400 fl. bekommen. Der Herzog befahl nun, daß er den Rest bekomme und die Plantage verkauft werden solle. Siehe die Akten hierzu: StASt., A 248/Nr. 2402; StASt., A 8 Kabinetts-Akten, III. 1, Fasz. 48 (item 56). Müller selber bemühte sich weiter um die Ausdehnung der Krapp-Plantagen in Deutschland, wie man von seinem Werk, (anon. erschienen), *Kurzer und deutlicher Unterricht vor den Churpfälzischen Landmann wie Färber-Röthe oder Grapp mit Vorteil anzupflanzen und ausrichten seye* (Mannheim, 1767), sehen kann. Auch empfahl das herzogliche Rescript vom 12. Dezember 1765 den Krappanbau im allgemeinen. Siehe KE, I, 319.

[99] Müller, *Zufällige Gedanken*, 8.

[100] Müller, *Abhandlungen*, 3—4; vgl. Krauter, 245, 252.

Inflations- und Kriegskrisen Europas, die die Zeitspanne von 1789 bis 1815 beherrschten, sind einfacher zu verstehen als diejenigen der Mitte des 18. Jahrhunderts. Während des Siebenjährigen Krieges gab es eine Hochkonjunktur, und hier nahm auch die Sulzer Fabrik ihren Aufschwung. Nach dem Krieg fielen besonders die Getreidepreise, der Handel schwankte, Banken und Geschäftshäuser gerieten in Berlin, Amsterdam und Hamburg in Konkurs[101]. Angesichts dieser Wirtschafts- und Währungskrise entstanden die modernen Staats-, Wirtschafts- und Gewerbeformen der deutschen Staaten[102]. In Baden und auch in Württemberg wurden von den Regenten Ökonomieverbesserungs-Deputationen errichtet[103].

Da der Wiener Hof infolge des Bündnisses Württembergs mit dem Hause Österreich während des Siebenjährigen Krieges einen besonders großen Einfluß auf die württembergische Zentralverwaltung ausgeübt hatte, und zwar durch die Vermittlung von Montmartin, könnte man annehmen, daß die Kaunitzsche Reform der österreichischen Zentralbehörden auch in Württemberg nachgeahmt wurde. Die Kaunitzsche Reform bestand darin, daß das österreichische Generaldirektorium 1762 aufgelöst und seine Verwaltungsaufgaben auf die vereinigte böhmisch-österreichische Hofkanzlei übertragen wurde. Ein selbstständiger Hofkommerzienrat ohne Verwaltungsbefugnisse (außer der *Intendenza Trieste*) wurde wieder aufgestellt[104]. Aber die österreichische Staatswirtschaftsdeputation wurde erst 1767 errichtet und kann die würtembergische unmöglich beeinflußt haben, da diese schon Ende 1765 und im Januar und Februar 1766 arbeitete[106]. Auch gab es in Württemberg seit Anfang des 18. Jahrhunderts einen Kommerzien-Rat, der ursprünglich die Industriebelebung zur Aufgabe hatte, der aber nun dem Herzog als veraltet schien. Ihn zu umgehen war aber nicht der eigentliche Zweck der Ökonomieverbesserungs-Deputation. Die ganze

101 Stephan Skalweit, *Die Berliner Wirtschaftskrise von 1763 und ihre Hintergründe*, Vierteljahrschrift für Sozial- und Wirtschaftsgeschichte, Beiheft 34 (Stuttgart, Berlin, 1937), 44, 105—106; W. O. Henderson, *The Berlin Commercial Crisis of 1763*, *Economic History Review*, Bd. 15 (1962—1963), 89—102; Emmy de Jong Keesing, *De Economische Crisis von 1763 te Amsterdam*, Diss. Amsterdam, 1939, 200 ff.; Liebel, *VSWG*, 222 ff.

102 Vgl. Horst Schlechte, *Die Staatsreform in Kursachsen 1762—1763* (Berlin, 1958); Liebel, *Baden;* Gustav Otruba, *Die Wirtschaftspolitik Maria Theresias* (Wien, 1963).

103 1762 hatte Karl Friedrich von Baden eine Ökonomische Gesellschaft gegründet, die jedoch bald einging. In den Jahren 1764 und 1765 hat er versucht, sie wieder regelmäßig zusammenzurufen. Er selber übernahm das Präsidium, und die Tagungen wurden im Schloß abgehalten. 1766 wurde ihre Arbeit einigen Collegien übergeben. Otto Moericke, *Die Agrarpolitik des Markgrafen Karl Friedrich von Baden* (Karlsruhe, 1905), 6—8. Andere patriotische Gesellschaften sind von Hans Hubrig, *Die patriotischen Gesellschaften des 18. Jahrhunderts* (Berlin, 1957), beschrieben.

104 Otruba, 13.

105 Ebenda, 11.

106 StASt., A 202/46/Bü. 169.

107 Friedrich Wintterlin, *Zur Geschichte des herzoglich württembergischen Kommerzienrats*, *Württembergische Vierteljahrshefte für Landesgeschichte* N. F., Bd. 20 (1911), 310—327.

Staatswirtschaft sollte ihr Augenmerk sein, d. h. alles, was zum Fiskus gehörte und von der Rentkammer und dem Kirchenrat verwaltet wurde. „Das *Oeconomicum* bey dero beeden Herzogl. Cam̄ern, und was sonsten weiters in das Oeconomie-Weesen einschlagt," sollte „auf einen besseren, dauerhafften und ganz soliden Fuß" gesetzt werden[108]. Zu diesem Zweck wurden die neun Deputierten (Kirchenratsdirektor Wittleder, Hofrat Dertinger, Expeditionsräte Schickhardt, Breitschneider und Erbe, Klosterverwalter Langen zu Bebenhausen, Oberamtmänner Müller zu Sulz, Faber zu Nürtingen und Hofaker zu Lauffen) am 11. Dezember 1765 ernannt, und es wurde ihnen befohlen, sich am 6. Januar 1766 abends in Ludwigsburg einzufinden. Der Herzog würde das Presidio selber übernehmen[109]. Da der Herzog seit Juni 1764 wegen Bruchs der württembergischen Verfassung und ganz besonders wegen seiner unrechtsmäßigen Steuerausschreibungen vor dem Reichshof verklagt worden war und im Frühjahr 1764 eine Rebellion der Landstände erlebt hatte, ist die Gründung seiner Ökonomieverbesserungs-Deputation möglicherweise eine neue Taktik gewesen, um seinen Willen durchzusetzen und alle Beratungen mit der Landschaft (bzw. Landtag) zu umgehen. Josef II., der am 18. August 1765 Kaiser wurde, gab aber den beiden Landtagsabgeordneten in Wien eine „gnädige Audienz" und befahl die Beschleunigung des Prozesses. Der Herzog wurde gemahnt, die alte Verfassung wieder einzusetzen, aber er war nicht vor dem Frühjahr 1766 bereit, einzulenken. Das Plenum der Landschaft wurde zwischen Weihnachten 1765 und dem 2. Juni 1766 nicht zusammengerufen. Erst danach wurde der Erbvergleich von 1770 erfolgreich verhandelt[110]. Die Einsetzung der Ökonomiedeputation bedeutete offenbar den Versuch, dies zu vermeiden. Die Anrede *Serenissimi* bei der Eröffnung derselben am 7. Januar 1766, ließ deutlich erkennen, daß das ganze

> „*Oeconomicum* in einen anderen Modell gegossen und der Credit wieder vollkommen hergestellt und befestiget, durch dieses des gesamten Herzogthums und Lande flor und aufnahm befördert, die Com̄ercia als eine der Haupt Quellen des Staats immer mehrens empor gebracht werden, und überhaupt dieser Deputation obligen solle, über alle Diejenige Vorschläge und projekten zu Cognosciren welche von Zeit zu Zeit zu Beförderung des gemeinen Bestens und weesens übergeben werden[111]."

Eine Hauptaufgabe sollte es sein, nie das *herzogliche Interesse* aus dem Auge zu lassen, und es immer zu befördern. Die Deputierten sollten sich das Sprichwort „Nichts ist unmöglich" zu Herzen nehmen, und jeder Deputierte bekam das Privileg, sich als „Mitglied der Herzoglichen Immediaten Oekonomie Verbesserungs-Deputation" zu unterzeichnen, was Müller auch bis zu seinem Tode im Jahre 1780 tat[112]. Nach den Akten wurde die Deputation aber nur am

[108] StASt., A 202/46/Bü. 169. Die Kirchengüter und deren Gefälle wurden nicht von der Rentkammer, sondern immer getrennt gehalten und von dem Kirchenrat verwaltet.

[109] Ebenda.

[110] Walter Grube, *Der Stuttgarter Landtag 1457—1957* (Stuttgart, 1957), 438, 441—442.

[111] Ebenda.

[112] Ebenda.

8. Januar, 10. Januar, 27. Januar und 5. Februar 1766 wieder zusammengerufen. Wahrscheinlich wollte der Herzog im Frühjahr 1766 seine Staatsausgaben durch ergiebigere Einnahmen aus seinen Regalien sowie aus Kellerei, Zoll, Umgeld und forstamtlichem Einkommen sowie den Verpachtungen seiner Domänen bestreiten. Konnte er vielleicht neue Verhandlungen mit dem Landtag umgehen? Dessen engerer Ausschuß schrieb im Frühjahr gewöhnlich die neuen Steuern und Auflagen aus. Alle Verhandlungen mit dem Landtag stockten aber seit Weihnachten. Hatte der Herzog einen neuen Staatsstreich vor? Aus den Akten vom 8. Januar 1766 kann nachgewiesen werden, daß Karl Eugen eine vollkommene Zentralisierung des gesamten Geldeinnahmewesens einführen wollte. Er betrachtete es als ratsam, eine allgemeine Rentkammerkasse in jedem Ort einzurichten[113]. Das deutete wieder auf sein Bestreben, die gesamten Landschaftssteuer- und Auflageeinnahmestellen zu beseitigen und war ein typischer Bestandteil der Politik der Errichtung absoluter monarchischer Herrschaft. Auch sollten alle Einnahmen so schnell wie möglich zur Zentraleinnehmerstelle befördert und alle Naturalien nur zum günstigen Marktpreis verkauft werden[114]. Die Geldnot des Herzogs war drückend. Am 10. Januar wurden größere Pläne vorbereitet. Müllers Name steht an erster Stelle. Er sollte alle Gutachten über das Handelswesen vorbereiten. (Er hatte ja 1762 und 1764 Bücher darüber veröffentlicht.) Faber sollte über die gesamte Ernährungslage berichten. (Jener hatte über die Spinnordnung geschrieben und Spinnanstalten errichtet[115].) Am 27. Januar wurde befohlen, daß alle Rechnungsbeamten eine neunjährige Bilanz aller Einnahmen und Ausgaben ihrer Ämter der Deputation zuzusenden hatten[116]. Am 5. Februar 1766 beriet die Deputation allerlei Kleinigkeiten, so das Flößen des Brennholzes, die Verpachtung der herzoglichen Gärten, usw., und damit schließt die Aktenreihe[117].

Mit der Teuerung und Hungersnot von 1771 und 1772 wurde die Frage der Armenversorgung dringend. Es folgte ein krisenhafter Absatzrückgang, der anscheinend auf die ganze deutsche Kattundruckereimanufaktur ungünstig wirkte[118]. Die Direktion der Sulzer Fabrik entschloß sich deshalb, die Zitzmanufaktur aufzugeben und in Zukunft nur noch Qualitätsbaumwollerzeugnisse herzustellen. Der Kaufmann Gülch aus Neuenburg trat dann mit dem Vorschlag hervor, er wolle die Zitzproduktion übernehmen, aber nur unter der Bedingung, daß er auch staatliche Unterstützung erhalte. Während der großen Teuerung, als die Leute auf dem Lande mehrfach nach Wurzeln gruben und das Brot unerschwinglich wurde, wurde Gülchs Projekt im Geheimen Rat

[113] Ebenda.
[114] Ebenda.
[115] Ebenda.
[116] Ebenda.
[117] Ebenda.
[118] Vgl. Gerhard Slawinger, *Die Manufaktur in Kurbayern. Die Anfänge der großgewerblichen Entwicklung in der Übergangsepoche vom Merkantilismus zum Liberalismus 1740—1833* (Stuttgart, 1966) 127.

sowohl als auch im Kommerzien-Rat zu Protokoll genommen, und zwar zwischen dem 3. Juli 1771 und dem 10. Mai 1772. Der Geheimrat und Konsistoriumsdirektor Johann Friedrich Faber, der hauptsächlich mit der öffentlichen Armenfürsorge beauftragt war und der Müller hoch schätzte, war Ende August 1771 nach Wildbad gereist, um die Angelegenheit des Gülchschen Projekts mit Müller zu besprechen. Müller vertrat die Meinung, daß die gesamte Hauptmanufakturen Württembergs und alle Handlungskompanien, unter anderem die von Calw, Göppingen, Urach, Heidenheim und Sulz, unter den hohen Preisen litten[119]. Er betonte wieder das karitative Interesse, da Gülch die Bettler mit Arbeit versorgen wollte. Abschaffung der Bettelei konnte aber nur durch die Ausdehnung der Industrie geschehen.

Der Geheime Rat und auch der Kommerzien-Rat zeigten sich mißtrauisch und empfahlen nun, statt einer Zitzfabrik eine Leinen- und Siamoisfabrik zu errichten. Da Gülch nicht das Kapital für ein so viel größeres Unternehmen hatte, reiste er bald darauf ab. Auch war Müller im Juli 1771 der Ansicht, daß die Elberfelder im Bergischen (im 19. Jahrhundert das Zentrum der preußischen Textilindustrie und schon früher hervorragend) die eigentlichen Meister der Siamoismanufaktur waren, und daß man ihnen schwerlich Konkurrenz bieten konnte. Immerhin konnte man die Krise im Lichte der Theorie der nützlichen Geldzirkulation von Sir James Steuart, der etwa 1760 ein Ratgeber des Herzogs gewesen war und anscheinend auch Müller beeinflußt hatte, betrachten. Müller glaubte nämlich im Juli 1771, daß mehr Geld und Güter im Lande zirkulieren sollten. Alle Staatsausgaben im Interesse der Manufaktur seien nützlich und würden die Wirtschaft beleben. Er gab jedoch am 27. August 1771 zu, daß die Preise wirklich zu hoch waren, um die Errichtung einer Siamoisfabrik zu rechtfertigen[120].

Die Fabrik, die Gülch hatte etablieren wollen, war ursprünglich als industriepädagogisches Institut vorgesehen. Verwaiste und arme Kinder hätten dort arbeiten können, ihren Unterhalt verdienen und auch eine Art Industrieschule besuchen dürfen[121]. Der Nürtinger Oberamtmann und Müllers Kollege in der Immediat-Deputation, Gottlieb Friedrich Faber, hatte schon 1761 eine ähnliche Spinnanstalt in seinem Amt eingerichtet. Müller muß schon damals mit Faber eng zusammengearbeitet haben, da seine eigenen Armenanstalten der 70er Jahre die Faberschen nachahmten.

Damit die in Stadt und Amt Nürtingen wohnhaften Armen sowohl als auch die fremden Armen „ohne Verletzung der Gerechtigkeit und Liebe," durch „rigorose Bestraffung" vom Betteln abgehalten und an Arbeit gewöhnt würden, und um „aus solchen meistens schlechten Leuten gute Bürger ... und nützliche Glieder des gemeinen Wesen" zu machen, wurden im Jahre 1761 Armenanstalten geschaffen[122]. Zu der Zeit war ein Drittel der 200 Nürtinger Webermeister

[119] StASt., A 8 Kabinetts-Akten, III. 1, Fasz. 50. 2. August 1771.
[120] Ebenda, 3. Juli 1771 bis 10. Mai 1772.
[121] Ebenda.
[122] G. F. Faber, *Armen-Allmosen und Spinnordnung* (Stuttgart, 1766), 4.

arbeitslos[123]. Da Faber und später auch Müller meinten, daß solche Anstalten nicht ohne Manufaktur-, Spinn- und Arbeitshäuser möglich sein konnten, bestimmte Faber mit einem Kaufmann Affortit sowie mit den Vorstehern der Meeboldschen Baumwollmanufaktur in Sulz ein Spinn-Reglement[124]. Dies ermöglichte Faber, den Nürtinger Magistrat (Gemeinderat) zu überzeugen, daß die Anstalten nicht mehr kosten würden, als die bisherige Armenversorgung. Die Almosenanstalten wurden dann unter der Aufsicht des Oberamtes errichtet und hatten den gewünschten Erfolg, so daß es im Jahre 1766 in Nürtingen keine Bettler mehr gab. Faber behauptete auch, daß seine Armenalmosen und seine Spinnordnung wohl nicht in allen Oberämtern eingeführt werden könnten, aber doch in allen, wo schon Fabriken etabliert waren[125]. Trotzdem wurden seine Anstalten 1767 für alle Orte des Herzogtums verbindlich[126]. Die meisten Kaufleute waren aber nicht dazu zu bewegen, solche Einrichtungen zu unterstützen, und die Gemeinden mußten, ebenso wie die Stadt Stuttgart, auf eigene Kosten eine Spinnanstalt errichten. Die Stuttgarter Spinnanstalt aber erlitt in den 60er Jahren einen Verlust von 39 168 Talern, der aus dem Stuttgarter Armenkasten bezahlt wurde[127].

In Nürtingen konnten die einheimischen Armen wegen der Sulzer Baumwollmanufaktur wohl durch eigene Spinnarbeit, später auch durch Weberarbeit, ihren Lebensunterhalt verdienen. Wenn sie gebrechlich oder unvermögend waren, wurden sie aus den städtischen und amtlichen Stiftungen unterhalten. Es gab hauptsächlich den Fonds des städtischen Hospitals, eine Stiftung für Stadtarme, und den Fonds der sogenannten Heiligen, eine allgemeine Stiftung für Amtsarme[128]. Arme Kinder konnten vom 14. Lebensjahr an Dienste nehmen oder ein Handwerk erlernen. Jeder Arme konnte auf Kosten der Manufaktur Spinnen lernen. Almosen wurden für die Tage verteilt, an denen der Tagelöhner keine Arbeit bekam. Der Oberamtmann mußte zusehen, daß sie ihre Zeit gut ausnutzten und nicht müßig waren. Der Fabriksfaktor mußte auch über das Verhalten der Armen in der Spinnstube an das Oberamt berichten und dem

[123] Ebenda, 18.

[124] Ebenda, 4.

[125] Ebenda, 4—5. Spinnanstalten wurden aber auch schon 1742 in Tübingen eingeführt.

[126] Hans Joachim Ernst, *Das württembergische Armenwesen im 18. Jahrhundert*, Diss. Phil. Tübingen, 1951, 52.

[127] Ebenda, 54.

[128] Die Spital- und Stiftungsgelder wurden für Bücherkosten, Beerdigung, Krankenverpflegung, usw. verwendet. Die Amtsversammlung wurde jedes Jahr einberufen, um einen Teil der Gelder des örtlichen Armenfondes aufzubringen. Dies wurde freiwillig von den Ortsbewohnern bezahlt. Alle örtlichen Überschüsse kamen zum amtlichen Heiligenfonds. Jeden April wurden die Armen gezählt und consigniert, und jeder Fall wurde vom Oberamtmann und zugezogenen Beratern, wie z. B. Magistratspersonen, Chirurgen, Schultheissen, usw., besprochen. Sie veranstalteten Visitationen in den Amtsdörfern. Bei der Visitation konnten neue Arme sich vorstellen und um Aufnahme in die Almosen-Konsignation bitten. Die einheimischen Armen bekamen alle 8 Tage ihr Geld. Siehe Faber, 5—6; Rudolf Seigel, *Spital und Stadt in Altwürttemberg* (Tübingen, 1966), 47 ff.

Oberamt die Spinnrechnung vorlegen, um nachzuweisen, daß „sie nach dem Ober-Amtlich genehmigten Lohn bezahlt werden[129].“ Arme Kinder mußten sofort nach der Schule spinnen gehen, und wenn sie es versäumten, wurden ihre Eltern bestraft. Man sieht, „wie stark doch Peitsche und Zwang regieren mußten[130].“

Fremde Arme, „Vaganten“ genannt, wurden verhaftet und aus dem Amtsbereich ausgewiesen. Handwerker bekamen ein Zehrgeld und die Reisekosten zum nächsten Amt bezahlt[131]. Die Handwerker waren jedoch über diese Armenanstalten nicht erfreut, da sie „schon schwer gegen die Konkurrenz der fabrikmäßig erzeugten Produkte zu kämpfen“ hatten[132]. Doch ermöglichten die Anstalten die Abschaffung einiger Bettelhäuser und die Einsparung von jährlich 3 000 Gulden im Nürtinger Oberamt, die sonst zur Armenversorgung ausgegeben worden wären[133]. Faber bemerkte, daß er

> ... alle Abend versichert seyn kan, daß den abgewichenen Tag in dem ihme gnädigst anvertrauten Ober-Amt kein Armer gewesen, welcher Hunger oder Mangel gelitten, er seye dann durch eigenes Muthwillen Schuld daran gewesen[134].

Nach 1765 wurden insgesamt 20 bis 25 solche Armenanstalten im Herzogtum errichtet, meistens nur für eine kurze Zeit. Sie waren überall ein Nebenprodukt der Frühindustrialisierung; die Ausdehnung der Sulzer Baumwollmanufaktur führte zur Errichtung solcher Anstalten in Nürtingen, Sulz und Balingen, während die anwachsende Industrie des Stuttgarter Gebiets diejenigen der Städte Stuttgart, Urach, Ludwigsburg, Cannstadt, Göppingen und Kirchheim im Gefolge hatte[135].

Während der Teuerungskrise von 1770—72 wurde Oberamtmann Faber wieder wegen des Erfolgs seiner ursprünglichen Anstalten als Sachverständiger zur Beratung gezogen. Da er aber erkrankte und bald starb, wurde sein Kollege Müller damit beauftragt, das gesamte Armenwesen zu untersuchen. Am 14. Mai 1772 schrieb Müller dann einen ausführlichen Bericht über die Nürtinger Armenanstalten. Nur die Armen, die überhaupt nicht arbeiten konnten, wurden aus öffentlicher Kasse unterhalten; die andern wurden von der Sulzer Fabrik mit Spinn- und Weberarbeit versorgt. Wie wir aber schon wissen, hatte die Sulzer Manufaktur sich entschlossen (21. April 1772), die Zitzmanufaktur aufzugeben und nur die feineren Stoffe und Drucke herzustellen. Da dies nun viel weniger Angestellte benötigte, mußte man andere Wege der Versorgung für die Armen finden, und Müller wollte ihnen auch welche von dauerhafter Natur schaffen. Mehr Industrie wäre notwendig gewesen[136]. Seiner Meinung nach sollte jede

[129] Faber, 9—10.
[130] Ernst, 53.
[131] Faber, 11—12.
[132] Ernst, 55.
[133] Faber, 12—14.
[134] Ebenda, 5.
[135] Vgl. Ernst, 55—56.
[136] StASt., A 8 Kabinetts-Akten, III. 1, Fasz. 50, 14. Mai 1772.

Gemeinde eine ausreichende Kasse für Armenversorgungszwecke einrichten[137]. Er hatte ja selber schon im Jahre 1758 die in der Mitte des 18. Jahrhunderts übliche Almosensteuer, die auf Vermögen entrichtet wurde, durch ein Rügegericht *(Assizes)*, welches vom Oberamtmann regelmäßig abgehalten wurde, neu geregelt, und zwar so, daß der Gassenbettel verboten und die Almosensteuer durch eine Sammlung ersetzt wurde, den sogenannten Klingelbeutel, zu dem jeder Einwohner und Besucher in der Kirche beisteuern konnte. Der Special (Bischof) nahm damals Anstoß daran, aber Müller setzte seinen Willen durch, und der Kirchen-Rat mußte sich dazu bequemen, den Klingelbeutel zu erlauben[138]. Diese Kollekte versorgte vermutlich die Sulzer Armen genügend, da die Fabrik bald die meisten von ihnen unterstützen konnte. Die Sulzer Armenrechnungen waren nach Müllers Tod (1780) in ziemlicher Unordnung. Die Kirchenvisitation des Specials Fleischmann in 1775 brachte zutage, daß das Sulzer St. Katharinenhospital (für Stadtarme) einen Ausstand von über 735 Gulden und über 579 Scheffel Obst hatte. Der herzogliche Synodus hatte darauf am 4. November 1775 beschlossen, daß der Kirchen-Rat durch das Oberamt eine Überprüfung veranstalten solle. Dies wurde bis April 1777 getan, und die Berichte über den Rechnungsstand des Sulzer Armenkastens sowie die verbrieften Kapitalien des St. Katharinenhospitals wurden über den Kirchen-Rat an die Heiligen-Deputation gesandt. Später (1782) beantragte die Witwe Müllers und der Stadtschreiber, Friedrich Hafenreffer, eine Entschädigung für die Reise- und Abhörungsunkosten, die Müller und ihm seit 1760 entstanden waren, und zwar handelte es sich um 84 Gulden für den Oberamtmann und 36 Gulden für den Stadtschreiber. Da die Witwe in Not war, gestand die Heiligen-Deputation dem Kirchen-Rat die Bezahlung dieser Summe zu[139].

Wenn die Sulzer Armenstiftungen von den Amtsleuten so schlecht verwaltet wurden und so unergiebig waren, ist es kein Wunder, daß die anderen während der Krise von 1770—72 auch versagten[140], besonders da der Herzog Karl Eugen während des Siebenjährigen Krieges eine ziemlich freie Hand hatte und sehr große Summen, z. B. 50 000 Gulden auf einmal, aus dem Nürtinger Armenfonds entnahm. Auch hatte der Dreißigjährige Krieg und die Kriege des 18. Jahrhunderts die gesamten Armenstiftungskapitalien im Herzogtum sehr verringert[141].

Aus diesen Gründen schlug Müller nun im Frühjahr 1772 einen Plan zur Hebung des Armenversorgungswesens vor, der direkt auf Fabers und Müllers Armenanstalten aufgebaut war. Wer nicht arbeiten wollte, sollte ins Gefängnis. Arbeit konnte für diejenigen, die arbeiten konnten, in Arbeitshäusern oder Anstalten besorgt werden. Die Gebrechlichen konnten aus der Kasse unterhalten

[137] Ebenda.

[138] StASt., A 288/B. Nr. 13.

[139] Ebenda.

[140] Ernst, 16 ff.

[141] J. Kocher, *Geschichte der Stadt Nürtingen* (3 Bde., Stuttgart, 1924—1928), II, 74—76.

werden, und diese mußte, wie es auch die württembergischen Gesetze aus dem 16. Jahrhundert verordneten, aus freiwilligen Beiträgen erhalten werden[142].

Müller wußte aber auch, daß keine einzelne Industrie dauerhafte Beschäftigung bieten konnte. Trotz ihres ersten großen Erfolgs konnte sogar die Sulzer Fabrik in 1772 nicht mehr so viele Leute anstellen wie vorher. Aus Müllers Bericht vom 21. April 1772 wird klar, daß die Firma unter Kapitalnot litt, daß die *ordinarii* Druckwaren aufgegeben werden sollten, und daß die — wie sich zeigen sollte vergebliche — Hoffnung entstand, daß Gülch die Zitzmanufaktur übernehmen würde und den Armen weitere Beschäftigung geben könnte. Da dies aber nicht gelang, und die Einführung der Siamois-Industrie auch nicht möglich war, wurde die Zitzmanufaktur nach Heidenheim verlegt, was zur Folge hatte, daß in der Spinnerei und Weberei der Sulzer Gegend eine Krise entstand. Aus Müllers Bericht vom 14. Mai 1772 kann man ersehen, daß er nun auf die Idee der öffentlichen Arbeitshäuser und Arbeitsanstalten zurückgriff. Die Arbeitsanstalten sollten das Spinnen verschiedener Textilgarne wie Flachs, Wolle und Baumwolle, ja auch Seiden unternehmen. Falls auch das keine dauerhafte Besserung bringen könnte, sollte der Bergbau, Feldbau, die Viehzucht, das Bauen öffentlicher Straßen „und dergleichen Dinge mehr, den Abgang (der Märkte) ersetzen" und „Gelegenheit geben, daß noch viele 100 Armen zu ihrem täglichen notdürftigen Unterhalt gelangen können[143]."

Im großen und ganzen gab es am Ende doch keinen anderen Ausweg als den, daß man immer noch auf eine gesunde Landwirtschaft angewiesen war, und daß der landwirtschaftliche Sektor der Wirtschaft die Industrialisierung unterstützen mußte. Es war aber gerade die Modernisierung der Landwirtschaft, die in den deutschen Ländern trotz aller Reformversuche des aufgeklärten Absolutismus bis ins 19. Jahrhundert aufgeschoben wurde. Die Schwierigkeiten einer solchen Reform waren zum Teil mit der nur juristischen Ausbildung der Beamten verbunden. Auch faßte der absolutistische Staat seine reformerischen Aufgaben eher als eine Justiz- als eine Wirtschaftsreform auf. Die meisten Reformen des aufgeklärten Absolutismus fingen ja mit einer Justizreform an. Zum Beispiel wurde das Projekt Friedrichs des Großen von 1749 vorbildlich für Baden sowie für den damals noch sehr jungen Müller. Gemeint war das Preußische Landrecht[144]. Müller meinte 1758, daß die Schaffung eines *Jus certum* sozusagen die Voraussetzung der Verbesserung der Wirtschaft des Landes sowohl als auch der Vermehrung der staatlichen Einkünfte war. Das Hauptübel war, daß es so viele ungewisse Gesetze gab, die dem Mutwillen der boshaften und ungeschickten Sachverwalter ausgesetzt waren. Man konnte ja nicht in jedem Fall ein neues Gesetz machen. Das Privatrecht und das bürgerliche Leben bedurften einer rationellen Regelung, d. h. die Kodifikation der Gesetze und die Ab-

[142] Ernst, 5 ff.

[143] StASt., A 8 Kabinetts-Akten, III. 1, Fasz. 50, 14. Mai 1772.

[144] K. Th. Pütter, *Der Inbegriff der Rechtswissenschaft oder Juristische Encyclopädie und Methodologie* (Berlin, 1846), 242—243.

schaffung der römischen Maßstäbe derselben. War „der Pöbel, oder deutlicher zu reden, der größte Theil der Sterblichen" ohnehin „von Natur bösse, unartig, Zanck und Hadersuchtig," so geschah es, daß jeder recht haben und „solches mit Gewalt erzwingen" wollte[145]. Und, „sind nun die Geseze dunckel, undeutlich und wiedersprechend," dann ist auch die Auslegung verschieden, und so muß natürlich ein „ungewisses Recht entstehen". Daraus entsprangen auch die „unendlichen und ewigen Processe", welche die „Armuth so vieler Personen und Familien, ja öffters das Unheil ganzer Völcker, und Ländereyen" herbeiführten[146]. Ein vereinfachtes bürgerliches Gesetzbuch sollte deshalb jedem Hausvater bei Erlangen eines bürgerlichen Amtes zur Verfügung stehen. Besonders sollten die Rechte über Erbfall, Vermächtnisse, Ehe usw. klar bestimmt werden. Die Gesetze sollten der Natur entsprechen und die Verwirrung und die Unvollkommenheit der römischen Gesetze meiden[147].

Es wurde auch damals einiges auf dem Gebiet der Rechtsreform erreicht. Eine neue, von J. J. Moser revidierte Kommunal-Ordnung wurde schon vor dem Müllerschen Gutachten 1758 veröffentlicht[148]. Im Jahre 1756 verhandelte die Regierung mit dem Landtag über eine Wechselordnung, die auf das Leipziger Wechselrecht gegründet war. Der Landtag protestierte gegen das Vorhaben des Herzogs, der aber trotzdem am 29. März 1759 ein Wechselrecht einführte, mit der Begründung, daß Württemberg genügend mit Feldbau, Weinbau und Viehzucht gesegnet sei, der Handel hingegen erst noch hochgebracht werden müsse, damit mehr Geld ins Land kommen und das Manufakturwesen wachsen könne[149]. Auch wurden die Handwerksordnungen im Jahre 1758 gesammelt und gedruckt, und 1759 gab Gerstlacher seine Sammlung der württembergischen Gesetze heraus[150]. Das Wechselrecht ermöglichte zwar die Belebung von Industrie und Handel, aber die Modernisierung der Landwirtschaft bedurfte einer eingehenden Reform der gesamten Landesgesetze, eines neuen bürgerlichen Gesetzbuches mit einer Neuregelung der Dienstverhältnisse, der Erbschaften, des Abzuges, usw., was alles erst im 19. Jahrhundert möglich wurde. Die Landwirtschaftsreform des 18. Jahrhunderts beschränkte sich in Deutschland auf das Gebiet der Technik und auch dort nur auf Einführung neuer Methoden in mäßigem

[145] StASt., A 8 Kabinetts-Akten, III. 1, Fasz. 78 (Nr. 13).

[146] Ebenda.

[147] Ebenda.

[148] *Ordnung für die Communen, auch deren Vorsteher und Bediente in dem Herzogthum Würtemberg*, hrsg. J. J. Moser (Ludwigsburg, 1759); Jakob Friedrich von Weishaar, *Handbuch des Württembergischen Privatrechts* (3 Bde., Stuttgart, 3. Aufl., 1831—1833) I, 28.

[149] Weishaar, I, 28—29; J. L. U. Dedekind, *Vergangenheit und Gegenwart des Deutschen Wechselrechts mit Wünschen für seine Zukunft für seine gleichförmige Codification in ganz Deutschland* (Braunschweig, 1844), 70—71. Der Text des württembergischen Wechselrechts befindet sich in Johann Karl Meissner, *Codex der europäischen Wechsel-Rechte oder Sammlung der heutzutage in Europa geltenden Wechsel-Gesetze* (Nürnberg, 1836), I, 449 ff.

[150] Weishaar, I, 30—31.

Umfang. Vom Standpunkt des aufgeklärten Beamtenunternehmers war dies auch eine wichtige Aufgabe der gesamten öffentlichen Fürsorge und diente dem Endziel der Gesellschaft: der Erreichung eines möglichst hohen Grades von Wohlstand.

Müller war wie andere Beamte und Landpfarrer in Deutschland und der Schweiz ein „gentleman farmer". Sein Interesse an der Landwirtschaft wurde aber erst im Jahre 1764 rege, kurz nachdem er sich von der Sulzer Baumwollfabrik zurückgezogen hatte. Seine 14 Morgen Land erweiterten sich nach und nach auf 64, und wurden von ihm zu einem Musterhof (auch Amthof, Strutenhof genannt) ausgebaut, der noch 1819 berühmt war. Wie es die Agrarwissenschaft der Zeit forderte, unternahm Müller verschiedene Versuche mit Obstplantagen, Maulbeerbäumen, Futterkräutern und sogar Krapp und Zuckerrüben. Um den Fettgehalt der Milch zu steigern, züchtete er Schweizer Milchkühe. Er hielt auch Hühner, Schweine und Pferde. Sonntag nachmittags war eine Gastwirtschaft auf dem Hof geöffnet, in der das Publikum Getränke, Bier und Branntwein trinken und zugleich die Erfolge der neuen landwirtschaftlichen Technik mit eigenen Augen sehen konnte. Das war, wie Müller glaubte, der einzige Weg, die Bauern für technische Neuerungen zu gewinnen[151]. Als Müller starb und seine Witwe ohne ausreichende Mittel und mit 4 noch kleinen Kindern hinterließ, wurde das Gut, das er 1764 für 384 Gulden gekauft hatte, 1780 für 1 000 Gulden an die Stadt Sulz verkauft. Diese veräußerte es während der Inflation der 90er Jahre weiter, und zwar im Jahre 1794 für 8 000 Gulden. Die Nachwirkung dieses Unternehmens war, daß die Landwirtschaft der ganzen Nachbarschaft erheblich verbessert wurde. Noch um 1820 erinnerten sich die Leute, wem sie das zu verdanken hatten, und lobten den schon seit 40 Jahren verstorbenen Müller immer noch dafür[152].

Müllers landwirtschaftlicher Unternehmungseifer war, genau wie auf dem Gebiet der Industrieförderung, sehr eng mit seinem polizeilichen Verantwortungsgefühl verbunden. Im Jahre 1766 fing er an, die Regierung dafür zu gewinnen, ihre polizeiliche Oberaufsicht zur Modernisierung der Landwirtschaft einzuspannen. Eine Ausdehnung des Krappbaues im Lande und eine planmäßige Abschaffung der Brache wurde empfohlen[153]. Müller meinte, daß nur die kleinen Bauernlehen gut bewirtschaftet werden könnten. Sie sollten eine Art Vierfelderwirtschaft treiben, mit Abwechslung der Winter- und Sommer- und der Alt- und Neukrappernten. Krapp könnte wie Klee den Boden bereichern und ergiebiger machen. Obendrein biete die Druckerei und die Tex-

[151] StASt., A 282/723 a, „Vorschläge des Oberamtmanns Müller zu Sulz für die Vereinigung des Getreidebaus mit dem Anbau von Röthe, 1766", (31. Juli 1766).

[152] Ludwig Schuhkrafft, *Der Armen Freund*, Nr. 67, 5. Juni 1819, 267; Köhler, 146. Müller hat insgesamt 8 Kinder gehabt. Der älteste Sohn war Landrechnungs-Kammerrat Johann Friedrich Müller, der 1779 heiratete. StASu, III/2/9, 1775—80, 470. Eine Tochter Charlotte heiratete 1774 den Stadt- und Amtsschreiber Kehl. StASu., III/2/8, 1768—75, 579 a. Eine zweite Tochter heiratete Müllers Nachfolger, den Oberamtmann Schäffer, deren Tochter C. F. Meebold heiratete. Merck, I, 138.

[153] StASt., A 282/723 a., „Vorschläge ...".

tilindustrie genügend Absatz für diese Farbpflanze[154]. Der Herzog Karl Eugen befahl nun, daß das System der Krappflanzung bei jeder Verpachtung herzoglicher Güter versucht werde. Im Jahre 1768 unterstützte sogar der Kommerzien-Rat dies Müllersche Agrarprojekt. Wir wissen aber nicht, ob die Rentkammer, die alle Domänen verwaltete, es wirklich einführte. Jedenfalls war die württembergische Landwirtschaft noch in den 1790er Jahren ziemlich rückständig[155].

Der ursprüngliche Zweck des Müllerschen Plans war, eine Art Übergangskultur einzuführen, die zur modernen Felderbewirtschaftung hinführen konnte. Der Oberamtmann zweifelte nämlich daran, daß die damaligen deutschen landwirtschaftlichen Verhältnisse die direkte Übernahme der neuen englischen Methoden zulassen würden. Daher empfahl er auch, daß der Staat für die Verbesserung der Landwirtschaft die Verantwortung übernehmen und sie überwachen solle. Denn es war bekannt, daß die Bauern träge waren und selber nicht die Initiative übernehmen würden. In seinem Promemoria „Die Policey- und Gesezmäßige Aufsicht über den Feldbau in Württemberg," (1770) vertrat Müller die Ansicht, daß „man in allen innern Landes Angelegenheiten die Wohlfahrt der einzeln Familien mit dem Gemeinschaftlichen Besten", mit der „Glückseeligkeit des gesammten Staates", wie er sagte, „in die genaueste Verbindung und zusammenhang zu sezen suche[156]." Je zwei Fachmänner mit den notwendigen agrarökonomischen Kenntnissen sollten der Rentkammer und dem Kirchenrat beigegeben werden. Ein Inspektor der Ökonomie sollte in jedem „Bezirk" (vermutlich die Special-Bezirke, die mehrere Oberämter umfaßten) aufgestellt werden und unter der Oberaufsicht eines Generalsuperintendenten der Ökonomie stehen, der seinerseits Sitz und Stimme im Geheimen Rat haben sollte. Die Tätigkeit der Inspektoren sollte sich auf die Verbesserung der Landwirtschaft beschränken. Eine gesunde Landwirtschaft war die Grundlage des gemeinen Wohls, und ohne Landwirtschaft konnten auch keine Manufakturen entstehen[157].

[154] Ebenda.

[155] StASt., A 202/13/7, Gutachten vom 18. August 1768 und Dekret vom 23. August 1768; vgl. StASt., A 248/Nr. 2774, „Des Oberamtmann Müllers zu Sulz übergebenes Project einer Landesverbesserung im Feldbau und was bey diessen approfundierung vor rätlich und practicable zu seyn erstet worden, betreffend, 1637—1789." Anscheinend fehlen hier Akten, und es gibt keine Berichte vor den 90er Jahren.

[156] StASt., A 8 Kabinetts-Akten, III. 1, Fasz. 65 (item 11). „Die Policey und Gesezmäßige Aufsicht über dem Feldbau in Württemberg." 1770.

[157] Müller übernahm seine Ansichten von den beiden volkswirtschaftlichen Autoren, die in seiner Zeit in Württemberg am einflußreichsten wirkten. Der eine von ihnen war J. H. G. von Justi, der auch sehr viel von der Landwirtschaft hielt, aber nicht so sehr für den Exporthandel und die englische Landwirtschaftstechnik eintrat wie Müller. Justi lehrte in Wien und Preußen. Siehe J. H. G. von Justi, *Staatswirtschaft oder Systematische Abhandlung aller Ökonomischen und Cameral Wissenschaften* (Leipzig, 1758, Nachdruck, 1963), I, 522 ff. Über Justi siehe Ernst Klein, *Johann Heinrich Gottlob Justi und die preußische Staatswirtschaft, Vierteljahrschrift für Sozial- und Wirtschaftsgeschichte*, Bd. 48 (1961), 170 ff. Ein sehr großer Einfluß wurde in Württemberg von Sir James Steuart ausgeübt. Steuart wohnte 1757 und 1760—61 in Tü-

Diese Kreisinspektoren sollten nun dieselbe Rolle wie die preußischen Landräte spielen. In Württemberg mußten sie aber bürgerlicher Herkunft sein, da sie nach Müllers Vorstellungen „begüterte und mit denen hierzu nöthigen Einsichten begabte Stabs- und Verrechnete Beamte" sein sollten, obwohl „dergleichen auch nicht allzustarker Anzahl zu finden seyn mögten." Sie sollten überall Musterhöfe einrichten, um der neuen Landwirtschaft eine wirkliche Daseinsmöglichkeit zu geben. Auf den Musterhöfen sollten die Frohnden abgeschafft werden, und ihr Vorbild sollte es auch klarmachen, daß man ohne Frohnden auskommen konnte[158].

Trotz der Unterstützung, die dieser Plan vom Geheimen Rat erhielt, wurde er einige Jahre aufgeschoben. Es ist möglich, daß der Erbvergleich von 1770, der dem Verfassungsstreit endgültig ein Ende machte und den Herzog unter einige Beschränkungen stellte, die Durchführung der Müllerschen Projekte hemmte[159]. Es ist aber auch möglich, daß der Herzog einfach die Oberamtmänner zu diesem Zweck verwenden wollte. Müller wurde nämlich zu ungefähr derselben Zeit damit beauftragt, eine *Vogt-Rügegerichtsverordnung* für die Württembergischen Oberämter zu entwerfen. Er hat sie schon bis September 1770 fertiggestellt und eingesandt. Der eigentliche Zweck dieser Arbeit lag im Rahmen der vom aufgeklärten Absolutismus betriebenen Kodifikation der Gesetze, und der Sulzer Oberamtmann hat auch wirklich die Ordnungen über Rügegerichte, die er selber pünktlich abhielt, kodifiziert. Der Herzog benutzte die Rügegerichte, um durch sie und die Oberaufsicht derselben unter seinen Oberamtmännern nicht nur die Rationalisierung der Wirtschaft zu fördern, er versuchte auch, auf diese Weise den Landtag zu umgehen. Der Verordnung folgte ein Fragebogen, der indirekt dazu anregen sollte, die Müllerschen Landwirtschafts- und Schulreformen einzuführen. Unter anderem sollten die Oberamtmänner fragen, ob die Dreifelderwirtschaft in ihrem Oberamt noch allgemein sei. Wenn ja, dann sollten sie für ihre Abschaffung Sorge tragen. Die Zahl der Feiertage sollte verringert werden; Pächter sollten von den Bauern kleinere Parzellen zugeteilt bekommen, um ihren Landhunger zu vermindern; Stallfütterung sollte eingeführt werden, und auf der Brache sollten Futterrüben gepflanzt werden. Krapp sollte gezogen und Plantagen für Tabak und ähnliche Nutzpflanzen errichtet werden, von denen man sich einen besseren Absatz erhoffte als von den jetzt weniger konkurrenzfähigen Produkten der Kornfelder.

bingen und es ist wahrscheinlich, daß Müller ihn kennengelernt hat. Wenigstens genoß Steuart die Gnade des Herzogs. Siehe Anon., *Anecdote of the Life of Sir James Steuart, The Works* (London, 1805), VI, 370 ff. Steuarts großes Werk war *Inquiry into the Principles of Political Oeconomy: Being an Essay on the Science of Domestic Policy in Free Nations* (2 vols., London, 1767), wo er Bd. I, 28, behauptet, daß „Agriculture among a free people will augment population, only in proportion as the necessitous are put in a situation to purchase subsistence with their labour." Müller vertrat dieselbe Ansicht.

158 StASt., A 8 Kabinetts-Akten, III. 1, Fasz. 74 (item 11), „Die Policey- und Gesetzmäßige Aufsicht über den Feldbau in Württemberg," 1770.

159 StASt., A 8 Kabinetts-Akten, III. 1, Fasz. 70 (item 90).

Statistische Tabellen über die Beschäftigung der Tagelöhner und über Arbeitslosigkeit und Müßiggang, über die eigentumslosen Hintersassen, über die Bettelei und über die Gebrechlichen (ähnlich wie in der Faberschen Spinnordnung) sollten gesammelt werden. Bettler sollten in Zukunft in Spinnanstalten ihren Lebensunterhalt verdienen. Im allgemeinen stand der Oberamtmann vor dieser Frage:

> Wie muß man es überhaupt angreiffen, Faulheit, Trägheit und Müßiggang, als eine Pest des gemeinen Wesens, zu vertilgen, und dagegen Fleiß, Arbeitsamkeit und Regsamkeit unter dem Volke zu pflanzen ... Welches sind die ächten Mittel, denen Unterthanen überhaupt mehrer Nahrung und Gewinn, der Landesherrschaft aber, ohne Schaden des Unterthanen, mehrere Einkünfte zu verschaffen[160]?

Erst nachdem die Rügegerichtsordnung fertig war, nahm der Kommerzien-Rat den ursprünglichen Landwirtschaftsreformplan über die Errichtung der Agrarkreisinspektoren zu Protokoll. Sein Gutachten vom Juli 1772 spottete über das so pechschwarz gemalte Bild der Rückständigkeit der Landwirtschaft. Wo waren die Felder, die verbessert werden mußten[161]?

Der Mißwachs des Jahres 1770 verursachte aber eine solche Hungersnot, daß der Dinkelpreis 1770 fast doppelt so hoch wie 1769 war und bis 1773 nicht wieder auf den früheren Stand sank. Auch die Ernten von 1771 und 1772 waren ungünstig. Eine Ortschronik von Mössingen im Oberamt Tübingen berichtete, daß im Frühjahr 1771 nicht nur die Hausarmen und Bettelleute Elend erlebten, sondern daß niemand einen Brosamen hätte kaufen können, selbst nicht mit dem Geld in der Hand. Die Kinder, die nicht mehr als 10 Kreuzer am Tage verdienten, seufzten, denn zu normalen Preisen kostete das achtpfündige Laib Brot 20 Kreuzer. „Im Monat Juni haben sich die arme Leut sauer und kümmerlich nähren müssen, und wie er gesehen hatte, haben die Leute Brennnessel und Schürttelen und andere unmenschliche Speise gekocht und gegessen, über welches sich der liebe Gott erbarmen müsse[162]."

Der Geheimrat und Konsistoriumsdirektor, Johann Friedrich Faber, der zu dieser Zeit mit Müller die Einführung neuer arbeitschaffenden Manufakturen beriet, befürwortete anscheinend auch die Landwirtschaftsreform. Denn er regte an, daß der Herzog vielleicht eine besondere Deputation aufstellen und selber ihren Vorsitz übernehmen könnte (12. Juli 1772). Faber gab jedoch zu, daß dies nur möglich sein würde, wenn die Schwierigkeiten mit der Landschaft aus dem Weg geräumt werden könnten[163].

Da der Erbvergleich den Landesfrieden wiederhergestellt hatte, war der Herzog wohl nicht geneigt, einen neuen Konflikt auszulösen. Der Landtag miß-

160 StASt., A 8 Kabinetts-Akten, III. 1, Fasz. 221—22, „Auszug der bei Abhaltung des Vogt Rüge Gerichts bekant zu machenden Verordnungen, 17. September 1770."

161 StASt., A 8 Kabinetts-Akten, III. 1, Fasz. 70 (item 90).

162 *Eine Teuerung im 18. Jahrhundert, Mitteilungen des königl. Statistischen Landesamts,* Beilage des Staats-Anzeigers für Württemberg, Nr. 12, vom 20. Dezember 1901, 177—178.

163 StASt., A 8 Kabinetts-Akten, III. 1, Fasz. 70 (item 90), Gutachten 20. Juli 1772.

traute allen Plänen des Herzogs und argwöhnte auf Grund der bisherigen schlechten Erfahrungen, daß jeder Schritt dieses Fürsten einen neuen Angriff auf die Landesverfassung zum Ziel hatte. Da Müller immer ganz offen auf der Seite des Herzogs gestanden hatte, ist wohl nichts aus seinen Plänen geworden. Am Ende des Jahrhunderts war die Brache noch überall vorhanden.

Inzwischen geriet aber das Armenwesen auch infolge der Wirtschaftskrise in Bedrängnis, und hier konnte man nichts aufschieben; es mußte sofort Abhilfe geschaffen werden. Auch betraf dies weder Privatrecht noch Verfassungsrecht, da das Armenwesen der polizeilichen Gewalt unterlag, als solche zu den herzoglichen Befugnissen gehörte und immer in der Verantwortung der herzoglichen Beamten gewesen war. Auf dem Gebiet der Polizei konnte der Landtag nichts beanstanden.

Als staatlicher Beamter wurde es nun Müllers Aufgabe, dem Bettel und der Armut mit Mitteln der Verwaltung zu Leibe zu gehen und gleichzeitig die Industrie zu fördern. Diese Verbindung der Zwecke wurde mit der Errichtung von Arbeitsanstalten und Industrieschulen oder pädagogischen Anstalten angestrebt. Die pädagogischen Auffassungen, die sich im 18. Jahrhundert bei den Verwaltungsbeamten verbreitet hatten, und die auch oft energisch vertreten wurden, waren hauptsächlich die von J. H. Campe, der frühzeitig die Errichtung von Realschulen vorgeschlagen hatte. Seiner Ansicht nach war es notwendig, die Volksschulen in Industrieschulen umzuwandeln[164]. Vielleicht hat die Krise von 1770—72 dazu beigetragen, die württembergische Reform auf diesem Gebiet voranzutreiben.

Der Special (Bischof) M. Eberhard Friedrich Hellwag, der im Jahre 1773 dem Oberamt Sulz eine Kirchenvisitation abstattete, machte auf den schlechten Besuch der Sulzer Volksschule aufmerksam. Kurz darauf gründete Müller eine *Schularbeitsanstalt*. Daraufhin verbesserte sich der Schulbesuch erheblich[165]. Eine Änderung wurde schon bei der Kirchenvisitation vom 12. Mai 1773 sichtbar. Die Zahl der katholischen Kinderarbeiter in den Amtsdörfern war von 19 auf 7 gesunken, die reformierten (ehemals 3) waren ganz verschwunden. Wie wir schon wissen, war aber die Beschäftigung bei der Sulzer Fabrik zurückgegangen. Die Sulzer Lateinschule hatte nun 14 Schüler im Winter und 13 im Sommer, und die Volksschule hatte wieder 202 Schüler im Winter und 196 im Sommer. Die Lehrer waren neu, einer war sogar nebenbei als Kattundrucker beschäftigt. Da das Fernbleiben vom Unterricht 1768 stark zugenommen hatte, wurde dem Sulzer Magistrat befohlen, den fehlenden Schülern die Zulassung zur Konfirmation zu verweigern. Die Kirchenvisitation vom 1. Juni 1779, von dem neuen Special Fleischmann abgehalten, stellte fest, daß es nunmehr 15 Schüler in der Lateinschule gab, und daß 175 Schüler in der normalen Volksschule und 61 in

[164] Weiteres über diese Erziehungstheorie in Kurt Iven, *Die Industriepädagogik des 18. Jahrhunderts. Eine Untersuchung über die Bedeutung des wirtschaftlichen Verhalten für die Erziehung* (Berlin, 1929).

[165] StASt., A 281/Nr. 1223 (1773).

der Industrieschule waren. Die Normalschule wurde 5 Stunden pro Tag an 4 Tagen in der Woche gehalten, die Armenschule 2 Stunden pro Tag an 4 Tagen in der Woche; dazu kam je eine Stunde mittwochs und samstags. Die *ordinarii* Schule wurde am Mittwoch und Samstag auch nur 3 Stunden gehalten. Es gab aber wenig Schulversäumnisse, und die Schulstiftung verfügte über einen Fonds von 419 Gulden für Bücher und Schulgelder für Armenkinder[166].

Da es nun in Sulz möglich war, die Schulversäumnisse zu vermindern, und da der Armenfonds sich vergrößert hatte und wahrscheinlich alle Armen gut versorgt waren, interessierte Müller sich wieder dafür, die Reformen auf das gesamte Herzogtum auszudehnen. Er war besonders stolz auf die Errichtung seiner *extraordinari* oder Armenschulen, die eigentlich Industrieschulen waren. Die Armenkinder konnten vom Betteln abgehalten werden, einige Stunden die Schule besuchen und auch noch in der Fabrik arbeiten, einen Beruf erlernen und ihren Unterhalt verdienen. Am 18. April 1774 machte er die Regierung darauf aufmerksam, daß über seinen Armenanstaltsplan vom Jahre 1772 noch gar nicht beraten worden sei[167]. Freilich hatte der Herzog am 28. Mai 1772, zwei Wochen nachdem Müller den Bericht eingesandt hatte, ein Reskript wegen der nötigen strengen Einhaltung der Verordnungen gegen die Bettelei veröffentlicht[168]. Doch waren die Reformvorschläge wahrscheinlich wieder vergessen worden, als die Krise bald danach abklang und die Preise sich einigermaßen normalisierten. Erst 1774 erinnerte Müller den Herzog daran. Am 9. Juni 1774 besprach die Armendeputation den Müllerschen Plan. Müller erklärte, daß die üblichen Arbeitshäuser überflüssig seien und daß die Armen wohl zu Hause wohnen und tagsüber ihren Unterhalt in seinen Arbeitsanstalten verdienen könnten, wo sie unter Aufsicht arbeiten und das Spinnen und Stricken lernen würden. Die Armendeputation konnte sich aber nicht vorstellen, wo man die nötige Unterstützung für solche teuren Anstalten finden könnte, und auch nicht, wie die Industrie so viele Spinnerzeugnisse aufkaufen und absetzen könnte. Die Deputierten befürchteten, daß die Arbeitsanstalten sicherlich eingehen würden. Nach ihrer

[166] Ebenda. Die Erlacher Stiftung wurde 1595 von Johannes Erlacher von Nennbach für Sulzer Hausarme mit 3000 fl. gestiftet. Die Geistsche (auch Gaistsche) Stiftung wurde 1732 für Sulzer Hausarme mit 1050 fl., 115 Scheffel Dinkel und 160 Scheffel Hafer von dem Gerichtsverwandten und Spitalmeister Johann Georg Geist und seiner Ehefrau Agnes Marie geb. Osiander gestiftet. Ihre Tochter Maria Magdalene Geist wurde für ihre Wohltätigkeit berühmt. Sie stiftete der Kirche eine Orgel. Die Meeboldsche Erbschaft (siehe Fußnote 48) der Magdalene Barbara Geist hängt mit derselben Geschichte zusammen. Entweder war letztere eine Schwester der ersten, oder der Name ist in den Akten etwas anders geschrieben, und Marie Magdalene Geist ist eigentlich Magdalene Barbara Geist; *Beschreibung des Oberamts Sulz,* Hrsg. vom königl. statistisch-typographischen Bureau (Stuttgart, 1863, Nachdruck 1964), 96, 114. Das Waisenhaussystem wird beschrieben von Walter Grube, *Israel Hartmann. Lebensbild eines altwürttembergischen Pietisten, Zeitschrift für Württembergische Landesgeschichte,* Bd. 12 (1953), 250—270.

[167] StASt., A 211/Nr. 55/2. 18. April 1774.

[168] StASt., L, A/21/5. 28. Mai 1772. Andere Rescripte über dasselbe Thema wurden 1746, 1747, 1748 und 1758 erlassen.

Meinung boten die traditionellen Arbeitshäuser immer noch die einzige Lösung des Armenproblems[169].

Müller war aber nicht mit diesem Bescheid zufrieden und erwiderte, daß seine neuen Schuleinrichtungen damit verbunden werden könnten und daß das die Kosten vermindern würde[170]. Der Herzog unterstützte ihn, wie so oft zuvor, und am 10. Oktober 1774 wurde Müller beauftragt, seine Sulzer Anstalten „auch in andern Ober-Ämtern dasiger Gegend einzuführen[171].“ Nach einigem Widerstand der Beamten in den benachbarten Ämtern von Balingen und Rosenfeld gelang es ihm, auch diese Aufgabe zu erfüllen[172]. Sein Erfolg bewirkte ein fast blitzartiges Verschwinden der fremden Bettlerscharen[173].

Müller erreichte nur eine Ausdehnung der ursprünglichen Faberschen Anstalten der 60er Jahre. Bei seiner Visitation wurden die Armen der Dörfer und Amtsstädte über ihre Verhältnisse ausgefragt, genau wie in der Faberschen Ordnung, und unter verschiedene statistische Rubriken verteilt, d. h. diejenigen, die arbeiten konnten und diejenigen, die gebrechlich waren, usw. Auf diese Weise waren auch die Nürtinger und Sulzer Verordnungen verfahren[174]. Nachdem genügend statistische Daten gesammelt worden waren, führte Müller überall die Sulzer Armen- und Almosenordnung ein; des öfteren wurde sie nur so weit geändert wie nötig war, um sie den örtlichen Zuständen anzupassen. Die Bettelei wurde damit insgesamt verboten. Es wurde den einheimischen Bettlern gedroht, daß sie streng bestraft würden, die Kinder mit der Rute und die Eltern mit Gefängnis oder einer „ihrer Leibes Constitution angemessenen Tracht Schläge.“ Eine ganz neue Polizeibehörde wurde aufgestellt, um die Verordnung rechtmäßig auszuführen[175]. Es stellte sich später heraus, daß diese Bettelvögte manchmal sehr alte Männer und deshalb ihrem Amte nicht gewachsen waren. Doch wurden ohnehin nur die Gebrechlichen, Kranken, und andere Arbeitsunfähige aus der öffentlichen Kasse unterhalten. Da manche Dörfer keine genügende Summen zur Verfügung hatten, mußte Müller regelmäßig auch die Wirtschaft der Orte studieren. Alle diejenigen, die es sich leisten konnten, wurden

[169] StASt., A 211/61/85 und 86. Protokoll vom 9. Juni 1774 sowie Müllers Berichte, ebenda A 211/55/2.

[170] StASt., A 211/55/3. 18. Juli 1774 und A 211/55/4. 2. August 1774. Es ist interessant, daß Ernsts Arbeit über die Armendeputation Müllers Reformen in den 1770er Jahren überhaupt nicht erwähnt. Es fehlen viele Akten aus diesen Jahren.

[171] StASt., A 211/55/7 und 8. Dekret vom 11. Oktober 1774.

[172] StASt., A 211/55/9 a. Regierungsrats-Protokoll, vom 22. November 1774 und 28. November 1774. Siehe auch A 211/55/10 Rescripte 28. November 1774 an die Oberämter Balingen, Rosenfeld und Sulz. Auch in A 211/55 die Büschel-Nummern 11 (23. December 1774); 17 (25. Januar 1775); 18—19 (17. Februar 1775) und 20 (22. Mai 1775).

[173] StASt., A 211/55/13.

[174] StASt., A 8 Kabinetts-Akten, III. 1, Fasz. 50. Am 1. März 1764 berichtete Müller, daß in Balingen 400 und dann 300 Spinnerinnen sowie 10 Weber für die Sulzer Fabrik arbeiteten. Nach dem Siebenjährigen Krieg gab es einige Arbeitslosigkeit.

[175] Diese Polizeibehörde war getrennt von der gewöhnlichen Ortsoberaufsicht. Es handelte sich um Bettelvögte, Tagwächter, Spießträger.

zur Kontribution herangezogen, und falls sie sich „aus dem Grunde des Geizes und Neides" dagegen wehrten, wurden sie mit staatlichen Mitteln zur Zahlung gezwungen. Der *freie Wille* höre hier auf, schrieb Müller, und die Obrigkeit müsse dann alles ins rechte Gleis bringen und solchen Leuten begreiflich machen, „daß dem dürftigen [Bedürftigen] zu geben, eine göttliche Forderung seye[176]."

Wie in der Faberschen Verordnung wurden Beerdigungskosten, Medizin, Kleider, Schulgelder usw. vom Bürgermeisteramt bezahlt, und wenn dieser nicht zureichte, vom Kirchen-Rat und von der Heiligendeputation. In Sulz kamen noch „Brot Ansäze" dazu; anderswo nur ein „Gloken Geld." Auch durfte manchmal an einigen Tagen der Woche gebettelt werden. Die Einrichtung sollte aber nur die Arbeitsunfähigen unterhalten. Die Arbeitsfähigen mußten unbedingt zur Arbeit angehalten werden. Entweder sollten sie als Tagelöhner in der Landwirtschaft beschäftigt werden oder in die Industrie gehen, hauptsächlich als Spinner und Weber. In der Nachbarschaft von Sulz konnte man oft die Armen direkt in die Amtsstadt senden, um die dort zum Baumwollspinnen- und -weben anzuhalten. Sobald die einheimischen Armen auf diese Weise versorgt seien, meinte Müller, würde es sehr einfach sein, die fremden Bettler auszutreiben.

Um das zu erreichen, wurden die fremden Bettler allgemein nach herumwandernden und manchmal bettelnden Handwerksburschen und den sogenannten Professionisten, d. h. den Bürstenmachern, Küpfern usw. unterschieden. In der Sulzer Verordnung sowie in jenen der anderen Oberämter wurde die Zulassung der Professionisten beschränkt. Nur die *legitimen* Handwerker und Handwerksburschen wurden zugelassen; sie mußten immer Ausweispapiere bei sich haben und durften nur in Wirtshäusern übernachten[177]. Es wurde ihnen vorgeschrieben, sofort bei der Ankunft im Ort zum Handwerksladen oder auch zum Bürgermeisteramt zu gehen, um dort ihren Zehrpfennig zu erhalten. Falls solche Handwerker diese Unterstützung unzulänglich fanden und deshalb bettelten, konnten sie bestraft werden[178].

Für andere *Collectanten*, die sich manchmal als *Christensklaven* der Türken, Pfarrer, usw., ausgaben und eigentlich nur *Extortionisten* waren, wurden in einem von Müller verfaßten Rescript vom 3. Oktober 1775 Vorschriften erlassen. Wieder einmal wurde verordnet, daß die Legitimen unter ihnen Papiere und Patente haben müßten[179]. Dennoch blieb sowohl das sogenannte „liederliche Gesinde" (Vaganten), welches die Bauern aus ihren Häusern treiben konnte, wie auch die Bettlerbanden, die das Leben isolierter Hofbauern mit dem Sprich-

176 StASt., A 211/55/21. 30. Mai 1775.

177 Ebenda gab Müller einen ausführlichen Bericht über falsche Bettler, aus denen die Welt der Räuber und „Jauner" sich seinerzeit zusammensetzte.

178 Ebenda.

179 Ebenda, besonders A 211/55/25—27. Echte Bettler sollten in das Dorf ihrer Herkunft gebracht, die anderen des Landes verwiesen werden.

wort ‚Behalte mich, behältest du mich aber nicht, so behalte ich dich' bedrohen konnten, übrig[180].

Müller versuchte durch die Bettelvögte alle fremden Bettler zu vertreiben. Dörfer und Flecken mußten darüber regelmäßig dem Oberamt ihre Berichte einsenden[181].

Da Müller in seiner nächsten Umgebung während des Jahres 1774 ziemlich erfolgreich wirkte, befahl der Herzog am 3. Oktober 1775, daß das Müllersche System allgemein in ganz Württemberg eingeführt werden sollte. Müller wurde beauftragt, seine Anstalten oder Institute überall persönlich einzuführen. Da es im Lande 92 Oberämter gab, empfahl der Oberamtmann, daß wenigstens einige von ihnen die Verordnung der Ämter, die schon das System approbiert hatten, annahmen[182]. Das geschah auch. Bis zum 6. März 1776 hatte Müller seine Anstalten in 27 Ämtern eingeführt und in acht anderen die vorhandenen Ordnungen revidiert[183]. Zusammen waren es nun 44 Oberämter, die seine Armenreform angenommen hatten[184]. In jedem Fall konnte Müller berichten, daß die Bettelei fast überall scharf abgenommen hatte oder sogar verschwunden war. Die legitimen Handwerksburschen wurden reichlich versorgt. Ein Schneidergeselle hatte sogar 25 Kreuzer aus Almosen und Handwerkskassen erhalten — mehr als ein Tagelöhner verdiente, „der von seinem sauren Lohn Weib und Kinder ernähren muß[185]."

Müllers Sulzer Armenschulen wurden dagegen anderwärtig nicht eingeführt, obwohl einige Oberämter darüber berieten, und zwar diejenigen, die eigene Industrie hatten oder für benachbarte Manufakturorte arbeiteten, wie z. B. Alpirsbach (in der Nähe von Sulz), Backnang, Böblingen und Cannstatt. Nur in Tübingen gab es schon ein Wollspinninstitut[186]. Die Tübinger und Stuttgarter Armenverordnungen machten aber auch *Provisio* für Armenschulen[187].

Nach Müllers Ansicht konnten Armenkinder im Alter von 8 bis 12 Jahren in seinen Schulanstalten so viel verdienen, daß sie imstande waren, die Lehrgelder eines anständigen Handwerks zu bezahlen. Er wollte solche Kinder sogar registrieren und statistische Tabellen über sie führen, hat aber nicht die not-

180 StASt., A 211/55/21. 30. Mai 1775.

181 Ebenda.

182 StASt., A 211/55/31—35 und 37—38, Protokolle, Rescripte, Decrete usw., 8. Februar bis 9. März 1776.

183 StASt., A 211/55/36. 6. März 1776.

184 StASt., A 211/60/51. 11. März 1776.

185 StASt., A 211/55/36.

186 Ebenda.

187 StASt., L, A/21/5/2. Die Stuttgarter Ordnung war sehr ähnlich der von Sulz. Müller sollte die Stuttgarter Anstalten schon 1774 reformieren, aber war bis 1776 nicht dazu gekommen. Oberamtmann Günzler von Stuttgart und Kammerrat Benz haben dabei geholfen. Siehe StASt., A 202/13/5, conc. rescript 24. Juli 1775. Der Geheime Rat hat auch 1776 sehr viele Änderungen in dem Stuttgarter Plan gemacht, nachdem die Stuttgarter Armen-Deputation schon 1775 viel revidiert hatte. Müllers Plan konnte noch immer nicht eingeführt werden, weil es nicht genügend Geld gab,

wendige Unterstützung von der Regierung gewinnen können[188]. Zwei Menschenalter später, am 17. Juni 1819, druckte Schuhkrafft's *Der Armen Freund* ein längeres Stück über die Beförderung der Arbeitsamkeit unter dem Volke durch Industrieschulen, das offenbar dem Müllerschen Plane der 1770er Jahre weitgehend entsprach[189]. Einen größeren Einfluß kann man aber nur vermuten.

Da bei Müllers Plan viel darauf ankam, daß fremde Bettler dem Lande ferngehalten wurden, mußte Müller auch anregen, daß der gesamte schwäbische Kreis auf der Kreisversammlung über gemeinsame Maßnahmen gegen das Bettlerunwesen beraten sollte. Dieser Vorschlag wurde jedoch von der Regierung als „unthunliche abstrahirung" verworfen[190].

Der große Versuch von 1775—76, die Müllerschen Armenreformen allgemein einzuführen, führte unter anderem zu der Entdeckung der ungeheuren Armut der Moderationsweber, die für die Calwer Zeughandlungskompagnie arbeiteten. Der im Grunde sehr naive Glaube des Oberamtmanns, daß eine fast vollkommene Harmonie unter den Mitgliedern der menschlichen Gesellschaft entstehen würde, wenn der Staat nur die Industrie fördere, ging an der Wirklichkeit der damaligen Wirtschaft und den verzweifelt schwierigen Problemen einer Wirtschaftsreform vorbei. Am Ende des 18. Jahrhunderts brach die frühe Industrialisierung in Deutschland wieder zusammen, da die traditionelle Textilindustrie (Woll- und Leinenmanufaktur) konkurrenzunfähig wurde und die noch monopolartige Verlagsorganisationsform des Frühkapitalismus den neuen Wirtschaftsreformen nicht gewachsen war.

Da Müller nun in den Ämtern der Moderation, und zwar in Calw, Nagold und Wildberg, mit seinen Armenanstalten keinen Erfolg erzielte, versuchte er im Bericht vom 20. Januar 1777 den Herzog zu bewegen, eine richtige Volkszählung durchzuführen und die neue Wissenschaft der Statistik[191] zu benutzen, um eine Tabelle über Beschäftigung, Landbesitz und Manufaktur aufzustellen. Diese notwendigen Daten fehlten noch, und ohne sie konnte er schlechterdings seine Anstalten in dem Calwer Moderationsbezirk nicht einführen. In Calw wollte man die Bettelei einfach nicht verbieten[192]. In Wildberg gab es 1776 bei der Armenkasse eine Schuld von 600 Gulden. Diese Armen waren auch alle

den Stuttgarter Armen auszuhelfen. Siehe StASt., L, A/21/5/2. Die revidierte Ordnung hatte zur Folge, daß die Bettlerzahl abnahm, aber 1778 waren sie wieder auf dem alten Stand. Siehe StASt., A 202/13/4, Gutachten 12. Dezember 1778.

188 StASt., A 211/55/40. 28. März 1776; A 211/55/42 und 44, 8. April bis 2. Mai 1776.

189 Ludwig Schuhkrafft, *Der Armen Freund*, 17. Juni 1819, 285—328.

190 StASt., A 211/55/40, 43 und 48. Müller wollte Husaren einsetzen, um die Bettler aus dem Lande zu treiben; aber der Regierungs-Rat riet ab.

191 Über die Aufnahme der neuen statistischen Methoden in Württemberg siehe Meinrad Schaeb, *Die Anfänge einer Landesstatistik im Herzogtum Württemberg in den Badischen Markgrafschaften und in der Kurpfalz, Zeitschrift für württembergische Landesgeschichte, Jg. 26 (1967), Festgabe Walter Grube zur Vollendung des 60. Lebensjahres* (Stuttgart, 1967), 89—112.

192 StASt., A 8 Kabinetts-Akten, III. 1, Fasz. 75 Nr. 18. 20. Januar 1777; StASt., A 211/57/25, Doc. C Brief vom Oberamt Nagold 23. April 1777 und Doc. D Brief vom Oberamt Calw 23. April 1777.

Handwerker, die nicht gleichzeitig eine Armensteuer bezahlen konnten. Die umliegenden Felder gehörten abwesenden Besitzern, von denen man nicht ohne weiteres eine Steuer einziehen konnte[193]. Voller Verzweiflung meinte Müller, daß die Armut in Wildberg vielleicht durch die verschwenderische Lebensführung verursacht werde, und er erwog, ob man dort sogar Prügel und eine Diät von Wasser und Brot anwenden müsse[194]. Am 14. November 1777 empfahl er jedoch, daß der Armenkasse in Wildberg ein staatlicher Zuschuß gewährt werde. Warum aber Armut in einem Manufakturgebiet herrschen sollte, konnte er nicht verstehen. Vielleicht sollte man, so überlegte er, die Calwer Zeughandlungskompagnie unter die Verpflichtung stellen, allen ihren Webern Arbeit zu besorgen[195]. Der Regierungsrat (eine Behörde unter dem Geheimen Rat, die für innere Verwaltungsangelegenheiten zuständig war) entschied nun im April 1778, die von Müller beantragten Zuschüsse aus der Kasse des Kirchen-Rats zu gewähren. Müller wurde beauftragt, die Wildberger Zustände weiter zu untersuchen[196]. Der Kirchen-Rat aber meinte, daß die Calwer Kompagnie, deren Absatz seit dem Siebenjährigen Krieg abgenommen hatte, diese Mißwirtschaft selbst verschuldet hätte[197]. Er schlug vor, den Moderationsvertrag der Kompagnie zu modifizieren und die Handwerker einige Zeit für andere Firmen arbeiten zu lassen[198]. Der Vorstand der Kompagnie erwiderte aber gleich (am 20. Juli 1778) durch den Wildberger Oberamtmann Ernst Friedrich Zimmermann, daß „einem jeden armen Menschen, der nur fleißig arbeiten und das Verdienste zu Rath halten wolle, keine Gelegenheit mangle sich zu ernähren[199]."

Müller hatte mittlerweile die Zustände untersucht und schlug vor, die Landwirtschaft zu heben, verödetes Land wieder zu kultivieren und verschiedene neue Manufakturen, z. B. Baumwoll-, Seiden- und Leinenmanufakturen, einzuführen. In diesem Zusammenhang könnte man dann auch seine Erziehungsschulen errichten, wie es Tübingen schon getan hatte[200]. Der Wildberger Magistrat (Gemeinderat) antwortete aber am 13. Juli 1778, daß es in der Stadt nur

[193] StASt., A 211/57/25, Doc. F 1. Juli 1777.

[194] Ebenda, Doc. G. Bericht vom 1. November 1777 sowie Lit. D zu Müllers Brief vom 15. Juni 1776.

[195] Ebenda.

[196] Ebenda, conc. rescript 14. April 1778 an Müller und die Oberämter Calw und Wildberg.

[197] Dies war zum Teil von der Konjunktur verursacht, aber auch von den schlechten Kreditverhältnissen Württembergs auf dem Geldmarkt. Der Herzog hatte die Gesellschaft während des Krieges zur Zahlung von 20 000 fl. gezwungen, und sie hatte wahrscheinlich dieses Kapital nicht ersetzen können. Siehe Paul Stälin, *Geschichte der Stadt Calw* (Calw, 188), 71.

[198] StASt., A 211/57/25, Protokoll in Cons. Eccles. 9. Juli 1778.

[199] Ebenda. Bericht vom 20. Juli 1778. Walter Troeltsch, *Die Calwer Zeughandlungskompagnie und ihre Arbeiter* (Jena, 1897), 80 ff., zeigt, wie schwach die Moderationsverfassung war, und wie falsch die Behauptungen der Firma gewesen waren.

[200] StASt., A 211/57/25, Lit. A des Müllerschen Berichtes an den Oberrat, 7. August 1778.

12, und zwar erfolglose Bauern gebe, daß zwar der Boden ergiebig genug sei, aber die bäuerlichen Besitzer alle in anderen Städten wohnten. Außerdem wären alle Verbesserungen zu teuer. Die Armen waren sowieso nicht in der Landwirtschaft tätig, da sie berufsmäßige Zeugmacher waren. Die Weber selbst hofften auf die Eröffnung einer Samtherstellung, und der Magistrat hoffte, Müller könnte es durch seinen persönlichen Einfluß bei der Regierung erreichen, daß dem Amt Wildberg staatliche Hilfe zukomme[201]. Das versuchte er auch, obwohl er zur selben Zeit die Frage erörterte,

> ... Obs recht seye, daß etliche Hundert Familien im Lande zu Grunde gehen müssen, damit etliche dadurch reich werden können? Hier stehe ich stille, weil ich diese ansehnliche Handlungs-Compagnie auf ihrer guten Seite betrachtet, als eine Zierde meines Vaterlandes hochschäze[202].

In Wildberg konnten die Müllerschen Anstalten überhaupt nicht aufrechterhalten werden; in diesem Amt scheiterte seine Reform vollkommen[203]. Auch war Müller 1779 schon sehr krank und konnte seine Anstalten nicht mehr besuchen. Am 4. April 1780 starb er. Er konnte nur noch am 9. Juli 1779 einen letzten Bericht über die Reform schreiben. Die örtliche Polizei könne nie die Bettler fernhalten, meinte er. Man müßte eine Kontrolle auf höherer Ebene einsetzen und eine Kreisoberaufsicht schaffen. Die Armut würde nur verschwinden, wenn seine anderen Vorschläge, wie die Errichtung von Erziehungs- oder Armenschulen und die Einführung mehrerer Woll-, Baumwoll-, Seiden- und Leinenmanufakturen, befolgt würden. Dieses setzte auch die Aufstellung einiger Statistiken voraus. Eine arbeitsame und starke Volksmenge allein konnte nämlich den Staat glücklich machen. Leider war der „gröste Theil des Volckes zur faul- und Trägheit geneigt“[204].

Dieser pessimistische Ton ist nicht nur Müllers Krankheit zuzuschreiben, er entspricht der Weltanschauung des aufgeklärten Absolutismus und dem Mißtrauen in die menschliche Reife des Volkes, das zu ihren Voraussetzungen gehörte. Immerhin wurde die Müllersche Armenreform nach seinem Tode vom Herzog doch noch eingeführt, als er 1786 ein neues Rescript über „Die Versorgung der Armen“ erließ. Manches ist direkt aus Müllers früheren Berichten entlehnt, so etwa der Satz, daß der Landesvater beabsichtige, den Armen „auf alle Art unter die Arme zu greifen und teils durch die hierzu vornehmlich bestimmte *pia corpora* und Communen hinlänglich Versorgung zu schaffen“ und „teils die Mittel zur Erwerbung ihres Unterhaltes an Hand zu gehen und zu erleichtern.“ Die Müßigen sollte man „mit Nachdruck und Strenge zur Arbeit“ anhalten, um „von dergleichen Müßiggängern für das gemeine Wesen zu besorgen-

[201] Ebenda, Lit. B. vom 13. Juli 1778 zum obigen Bericht.

[202] Ebenda, Bericht 7. August 1778.

[203] Ebenda, Cons. Rescript 21. August 1778, sowie Troeltsch, 300.

[204] StASt., A 211/61/83. 30. Juni 1779 und 9. Juli 1779.

den Nachteile, Gefahr und Unsicherheit dadurch soviel wie möglich abzuwenden"[205].

Weder die alte Verlagsindustrie noch die neue, schon halb mechanisierte Textilindustrie war am Ende des 18. Jahrhunderts imstande, die technische Bildung der niedrigsten Klassen zu unterstützen. Die Bettler blieben. Der Staat und die Staatswirtschaftspolitik waren bei karitativen Absichten stehengeblieben, auch reichte das Geld nie aus. Allgemeine Gewerbeschulen gab es kaum. Es ist aber interessant, daß in den einfachen Prinzipien der Volksumschulung und der Förderung der technischen Schulung von Müller schon mögliche Lösungen des Wohlfahrtsproblems vorausgesehen wurden. Es ist auch interessant, daß das Problem der Arbeitsbeschaffung für die breite Masse im Kern überall sehr ähnlich ist — in der Vorindustrialisierung und der Frühindustrialisierung, aber auch in den Großstädten der höchstentwickelten Länder fast 200 Jahre nach Müllers Tod.

[205] Ernst, 61—62. Vgl. dazu Müllers Bericht vom 14. Mai 1772: ‚Das vornehmste Augenmerk jenen — denen einheimischen Dürftigen unter die Arme zu greiffen, richtet der Verfasser, aus guter Überlegung, auf Manufactur Anstalten . . .'. StASt., A 8 Kabinetts-Akten, III. 1. Fasz. 50/Nr. 62.

EUGENE N. ANDERSON

# The Prussian *Volksschule* in the Nineteenth Century

When in the late eighteenth and early nineteenth centuries the Prussian government initiated reform of education, it created an organization designed both to preserve existing social power and to allow social change. While respecting a diversity of status, the reform forced social groups to introduce at least a minimum of such educational facilities as the power state required; it attempted to harmonize authoritarianism with freedom, absolutism and privilege with a limited amount of social mobility. Education fulfilled the demand of this dual role better than other institutions because it could train society in the acceptance of status groups and at the same time enable the self-development that provided for change in the composition of these groups. Less a constructive force than an expression of social forces, education operated through the schools to shape the kind of society desired by these forces; but in doing so it might in turn threaten the authoritarian establishment by encouraging the mind to explore the practical application of knowledge. The utilization of the *Volksschule* both to preserve and to modify the social status quo forms the subject matter of the following essay.

The principle and, to a limited extent, the practice of compulsory elementary education owe their introduction into Prussia to the Hohenzollern rulers of the eighteenth century. Their decrees and laws contained so many loopholes, however, that the principle could easily be evaded. At the end of the century the Prussian masses had advanced little beyond the illiteracy normal to every country during the Old Regime. Ex-soldiers and other incompetent persons held regular teaching posts; manorial lords did little or nothing for the schools and even frequently exacted menial services from the schoolmasters; mass ignorance persisted until the example of the French Revolution and the military collapse of 1806 upset the social equilibrium. With the demands of international power politics standards changed, and education shared in the reform of the Prussian state and society.

Frederick William III took an interest in popular education; but, confronting the incompatibility of education with the unfree organization of society, he could not realize compulsory education until the Stein-Hardenberg reforms freed the serfs, separated the village from the lord's manorial district, and gave townsmen the right of local self-administration. Concentration of authority over education throughout the state in one bureau of the Ministry of Interior (1808), and later (1817) in the Ministry of Health, Education and Religion, provided the instrument for systematic and consistent administration of the clauses of the *Allgemeines Landrecht.* Its implement became the District administration, an agency whose power continued to the end of the monarchy in 1918. Unencumbered by any elected assembly like that in the Province and in the County, the District administration forced education upon a population hostile or indifferent to innovation.

Laws passed in 1817 and 1825 enjoined the District administration not to restrict the legal right of the individual to freedom, except when restriction should be absolutely necessary to the "general welfare." Each individual was to be allowed within the limits of the law freely to develop and to utilize his ability and powers in a moral and physical sense; all obstructions to his development were to be quickly and legally removed. The District administration was empowered to execute the clear and definite provisions of the law and decrees; in cases of doubtful application or of legal lacunae, it might act in an emergency and at once, proceeding, however, in the spirit of the laws, the constitution, and the accepted principles of administration, and reporting immediately to its superior. The extent of authority resembled that which Napoleon had given to his prefects.

District officials interpreted and supplemented the laws with virtual certainty of support by the Provincial administration and, in turn, by the Ministry in case of resistance from the public. They could deal more bluntly with small and medium-size towns and with rural communes than with nobles, especially those influential at Court; they knew that they would meet with less effective resistance in the western provinces than in the regions of large landowners. In all areas, however, they showed themselves persevering and courageous, so that in time they made elementary education a reality in Prussia.

Enumeration of specific powers granted the District administration will indicate how thoroughly it could determine the course of mass education. This agency appointed all teachers in schools under the direct jurisdiction of the state, and confirmed the appointment of all those in schools under private patronage, for example, noble estate owners or communes. It tested candidates for proficiency and installed them in their teaching posts, and by supervising their behavior in and out of school, it assured that they maintained discipline and order. It either drew up or inspected school budgets and passed upon the administration of school endowments and other resources. It could organize Societies responsible for local schools where these were desired, or where, a nice point, local circumstances made them necessary. If, however, it introduced a new course of study or changed the existing one, the District agency had to obtain approval from above.

A list of the duties and powers of the education Councillors making up the District administration reveals the means available with which to execute the school program. Each Councillor traveled annually through his part of the District, writing for his colleagues a report on conditions and on his activities in the field. While on the trip he reviewed the action of the County and local authorities and on the spot corrected errors. In case he found matters outside his jurisdiction at fault, he reported about them to the District president. He proposed measures to further "religiosity, morality and tolerance, burgher responsibility, devotion to the King, the Fatherland and the political and social order, and respect for the laws," and through personal example and activity he spread "warm enthusiasm and lively concern for the improvement of teaching." While judging the vocational and private life of the teacher, the Councillor must treat that functionary as colleague, confidant and comrade, whose dignity must be preserved and whose good qualities were to be cultivated[1].

Since legislation about the Volksschule remained indefinite and incomplete, the injunction upon the educational bureaucracy to abide by the law imposed slight restriction. From time to time the government proposed to draft an inclusive law on education; but apart from the law of 1906, covering a number of aspects of elementary education, and a few laws regarding such matters as pensions, it adopted no legislation of fundamental importance on a state-wide basis. Nor did the clauses of the constitution of 1850 change the situation, since by Articles 26 and 112, execution depended upon passage of appropriate legislation, which never took shape. The government preferred a condition of freedom of action, and it found sufficient political support, or enough popular indifference, to enable it to prevent serious curtailment of its power.

Prior to the New Era the District administration acted with little or no judicial control, a Cabinet order of 1836 having largely exempted its actions from judicial review. In 1861 the Landtag passed a law that for the first time subjected to the courts at least some of the authority of the District administration to impose financial duties upon communities. When the Conservatives regained a majority in the lower house of the Landtag, they obtained laws that placed disputes of this nature under the jurisdiction of administrative courts. These socalled courts at the lower levels were merely the County executive committee and the District executive committee, bodies that, especially in the rural areas, consisted of the very individuals who resisted financial support for elementary schools. The social élite of the country regions found means to limit the District administration in its activity, whereas the local administration of the towns and cities, aware of the importance of education, had much less occasion to dispute the agency's conduct. Nonetheless the aggressive effort of the District administration to improve the elementary education provoked widespread complaint, especially on financial grounds.

Arguments advanced against passage of a general school law disclosed the disparate nature of the Prussian state. By law and tradition, standards for elementary education in the enlarged state varied widely. The writ of the Allgemeines Landrecht, for instance, ran only in the six eastern provinces, and

[1] Dr. A. Petersilie, *Das öffentliche Unterrichtswesen im deutschen Reiche und in den übrigen europäischen Kulturländern* (Leipzig 1897), 2 Bde., I, 309—310.

within a single province differences existed because of the imprecision of terms. The Central government sought to promote a feeling of unity among the peoples by means of the schools, but in contrast to the new and state-wide political and military institutions introduced by the Great Elector as vital, elementary education appeared capable of adapting local means to achieve civic objectives. In its effort to respect local vested interests and at the same time to direct these toward desired educational ends, the government found itself in the position of fostering respect for learning in the masses through arbitrary acts.

The Allgemeines Landrecht established two principles that guided elementary education until the overthrow of the monarchy, direct administration or supervision by the state, and responsibility of the local community for material needs of the school and for execution of state regulations. The constitution of 1850 added the stipulation that in case of local inability to maintain an elementary school, the state should provide financial assistance. A committee of the lower house of the Landtag in 1905, however, reporting on a bill covering financial aid to elementary education and urging the state to allow larger contributions than before, unanimously agreed that the community had made good as a basis for support of the schools. The Landrecht ordered the formation of school districts *(Schulbezirke)*, each composed of a single community, a town, a large village or a manorial district, or of several communities. It placed economic responsibility upon the *Gerichtsobrigkeit* and the *Hausväter*. The first named agency referred to the manorial lord and the town magistracy. The term Hausväter lent itself to various interpretations; by administrative practice and judicial decisions it came to refer to all persons living in the school district who were economically independent, among them female teachers, cooks, and chambermaids. The Central government did not take the step of organizing the Hausväter into school associations until after the serfs were freed and the burghers had received the right of local self-administration.

The Landrecht realistically introduced into the administration of schools differences appropriate to urban and to rural districts, and, although exceptions appeared where a town added one or more neighboring villages to its school District, those differences lasted throughout the century.

In urban centers the Central government established for elementary schools an administrative system that proved adapted to towns either of stable or of expanding population. The diversity of social origins within the population, the presence of large numbers of children, the contiguity of districts of wealth or of economic security with those of insecurity, and the very fact of living within a restricted geographic area rendered elementary education essential as a means of fusing the population into a social whole. Customarily a town became a school District and possessed its own school Deputation or Board. The Deputation consisted of one to three members of the town magistracy, an equal number of town councillors, a number of citizens acquainted with school and educational affairs equal to the combined number of the other two categories, and the leading pastor. In some cases where several religions had large followings, the Deputation included a representative of each religion, usually a Catholic priest or a rabbi; if a private school existed, it had one member. As a town grew in size the number of members of the Deputation increased, each category retaining its proportion of membership. The mayor chose the members from the town administration, the town council selected its representatives, and these two groups selected the other lay members. The pastor or priest was designated by law. The composition of the Deputation was designed to assure participation of the community in educational affairs.

The absolute monarchy, and later the constitutional monarchy, by both direct and indirect control over the Deputation bound to itself in the towns a loyal system of lower education. The Central bureaucracy confirmed the appointment of the mayor and his professional staff. In the first half of the century the town councillors were elected by the restricted body of those entitled to be citizens; after 1853 they were chosen according to the three-class system of voting. Thus two carefully screened bodies provided the members of the Deputation. In addition, except in the case of the clergy and of those members appointed by the mayor, the District administration had the right to confirm each selection to the town Deputation, making it difficult for any severe critic of the existing social and political system to gain a place.

The government further enhanced its authority by distinguishing between external and internal matters of elmentary education. Subject to review by the District administration, it placed responsibility for external matters, that is the financial and material support of the schools, upon the school Associations, or when these Associations dissolved in favor of the town administration, upon the latter. The District administration could prevent a town that appeared moving ahead too rapidly from wounding the competitive pride of backward rural regions; or it could drive a negligent town to raise its elementary schools to the state standard. Since the Deputation depended upon the town administration for funds, its budget was subject to approval by that body; thus a critical District administration negotiated financial matters not merely with the Deputation but with the town administration. The screening of membership of the latter and of the town council made the task not so difficult as might be supposed. The sharing of economic responsibility by town administration, elected town council, school Deputation and District administration meant that officials at various levels of authority and the taxpaying public participated in the development of elementary education. The drive for improvement could come from any one of the four bodies; reluctance or failure on the part of the community to support a satisfactory system could be countered by the District administration.

Legally the District administration wielded extensive authority over internal matters, instruction, curriculum, school discipline, attendance, and the like; actually the difficulty of execution forced it to share power with the local

Deputation. In this bureaucratically run country experts debated the legal refinements of the role of the town administration: Should the Deputation report first to the town administration on the conduct of internal educational affairs, as it did in the case of economic ones? Or should it bypass local officials and deal directly with the District administration? In 1811 the government issued an Instruction whereby the Deputation acted as "the sole agency for external as well as for internal matters pertaining to the schools of the town" (Paragraph 9). It should report to the town administration as a municipal body about the one, and to the District administration as a state agency about the other. Like many offices and agencies in Prussia, it served under two different administrative superiors, one of the locality, the other of the state. Its dual role and the difficulty or even impossibility of separating external from internal school matters created a relationship of such complexity that conflict of views about authority could not be avoided. Each side sought to extend its power. The debates in 1905—06 on the bill concerning financial support to elementary education show a history rife with accusations and counterclaims. All parties in the Landtag accused the Ministry of seeking to centralize authority over the schools at the expense of the local communities. The Ministry replied with legal arguments and vague assurances, convincing to no one. Since few deputies questioned the usefulness of the dual system of state and local participation in education, the Landtag rejected any alternative proposal; it accepted controversy as mutually stimulating.

Many towns and cities developed elementary schools that served as models for the state and gave to Prussian education an international reputation for excellence. Town life of itself, however, did not assure a high quality of early schooling. Urban communities of wealth, or those of predominantly middle class advanced so rapidly in elementary education as to arouse complaints of unfair competition. Small towns, especially those dependent upon the limited economic activity of rural areas, accused the District administration of demanding excessive outlay, excessive in the twofold sense of being more than the citizens could afford, and of establishing schools of an unnecessarily high quality. In 1906, within regions subject to the Landrecht, 1744 towns had assumed material responsibility for elementary education and 552 towns still entrusted this to the school Societies organized early in the century[2]. The Societies depended for revenue upon income from endowments, special assessments for construction or repair of a school, payment of school fees by parents or, in case of poverty, by the local fund for poor relief. At the close of the century the Societies had a reputation for unfairness in the distribution of burdens and for inadequacy to their task. Enterprising communities had long since supplanted the Society by municipal authority.

[2] Dr. Edgar Loening, *Die Unterhaltung der öffentlichen Volksschulen und die Schulverbände in Preußen*, Jahrbuch des öffentlichen Rechts der Gegenwart, Bd. III (1909), 84. Largely an excellent summary of the Landtag materials of 1905/6.

The rapid increase in urban population and the emergence of state-wide social standards produced new educational problems. Towns tended to spend more per pupil upon secondary education than upon the lower schools. The burghers desired a classical gymnasium because it, or an equivalent institution, prepared their sons to enter occupations suited to members of the upper classes. In communities with limited resources town leaders were tempted to sacrifice quality in mass education to secondary training. They added elementary classes to the gymnasium, a form of social segregation that limited the training to the few favored by birth and income. Regional distribution of the workers and the middle classes within a town already afforded a degree of segregation; or if the town supported only one elementary school, upper-class families employed a private tutor.

In towns and cities with a large population of industrial workers, Central government and municipality alike contended with the problems of the new industrialization. Worker parents had gained no experience to demonstrate the value of education for their children and hence joined employers in holding elementary education superfluous, or at most something to be given in the factory, in evening schools, or in Sunday classes. In the late 1830s the military authorities in the western provinces of Prussia, aware of the detrimental effect of child labor upon the health and intelligence of recruits, favored enforcement of school attendance. A law of 1845 listed the categories of child labor subject to compulsory schooling. In 1853 the state ordered factory inspectors in the administrative districts of Düsseldorf, Aachen, and Arnsberg to make sure that child labor received regular and satisfactory instruction. Few in number and burdened with other duties, the inspectors could not carry out this duty. When in the 1850s the municipal government of Berlin on its own initiative tried to regulate the education of factory children, it too had scant success[3]. Only when parents and employers understood that workers in modern industry needed to know how to read and write, to calculate and to handle the vote, could mass education be realized.

The social situation that the government faced in rural areas differed fundamentally from that in urban communities. In the case of the peasantry social mobility consisted of migration to towns where industry developed; the bulk of the population remained at home to pursue its traditional way. The Central government did not consider rural schools vital to unity, since unlike urban society the lords and peasants inherited a social structure. The state sought a local educational administration suitable to preserve the social status quo and to spread the minimum of literacy required for military duty and tax collection.

Administrative control of rural elementary education took into account the disparity between the social position of lord and peasant. In the old pro-

[3] See *Nachricht über die Errichtung von Fabrik-Schulen in Berlin,* Zeitschrift des Central-Vereins in Preußen für das Wohl der arbeitenden Klasse, Erste Heft (Leipzig, 1858), pp. 27—85.

vinces, especially those east of the Elbe, where the psychological effects of serfdom upon master and peasant persisted, the lord regarded education with indifference or actual hostility, and the peasantry only slowly learned the practical bearing of education. Where economic opportunity intervened to disrupt rural routine, the peasants quickly gave support to the schools.

In organizing local responsibility for rural schools the government took into account the fact that manors and peasant communes held approximately equal amounts of land. As late as 1885 the eastern provinces contained 24,547 peasant communes, with a total area of 11,424, 398 hectares and 9,573,471 inhabitants, along with 15,729 manorial districts possessing a total area of 10,445, 264 hectares and only 1,949,946 inhabitants[4]. Thus the material resources of the peasants did not greatly exceed those of the lords and their dependents. Economic support for a system of rural education, quite apart from curtailment of social and political privilege, would have burdened landlords with taxes beyond what they considered to be their share, and on behalf of peasant children in whom they had slight interest. In December 1905, after a century of experience in defending their vested interests against taxation, the Conservative party leader Dr. von Heydebrand und der Lasa, expressed the following criterion that allowed a wide area for interpretation:

> The State also has the duty of assuring the larger landowners the possibility of existence in conditions of at least minimal satisfaction *(leidlich zufriedenstellenden Verhältnissen).*

The speaker asserted that the big landowners were responsible for "The great progress that we can show in the rural areas": they were the basis of Prussian strength[5]. If a peasant had been allowed under the three-class system of voting to become a deputy, he might have asked whether a social group of such self-confessed influence and accomplishment should have proved so unable to support rural education.

The lords made certain either that the administration of regional and local life remained in their hands, or that its activity was subject to veto by themselves or by governmental officials whose attitude they could influence. In organizing local resources for rural education, the Central government encountered difficulties too great for it to overcome within the span of a century.

The form of legal agreement adopted by the Central government to permit the Hausväter to handle educational matters in a school District allowed the diversity of existing contractual and customary rights to continue, with the result that disputes over financial responsibility for the schools, membership on school boards, and duties of boards constantly arose. In general the Central government established in the rural community a school Committee composed of lord, pastor or priest, village mayor and a few individually chosen peasants.

[4] Loening, *op. cit.*, p. 93, and n. 2.

[5] Preußisches Haus der Abgeordneten. *Stenographische Berichte, Bd. I 1905/6*, 20. Legislative periode, 4. Sitzung am 11. Dezember 1905, p. 174.

Since at the beginning of the century the government had separated village and manor, the manorial lord had slight responsibility for the social welfare of the village, including that of financial aid to education. The local schools depended upon the support of the peasants, that social group, especially in the eastern provinces, least interested and least able to bear the financial burden. The children who worked on the lord's estate could attend the local school, with their fees paid by their parents if they could afford them; if not, the lord paid the fees, the only ones that he did pay. Very rarely did he send his own children to the village school. His sole charge, as defined by the Allgemeines Landrecht, consisted in supplying building materials for construction and repair of a school and of a house for the schoolmaster, fuel in certain areas, and should his help be needed, assistance in paying the teacher. When his estate lacked resources, when he found it profitable to market his timber and bricks, or when construction demands became heavy, the lord sought and often found ways to shift his charge to the state. The law of 1845 covering school support in East and West Prussia abolished the lord's exemption, but allowed him to keep the expenses of the school so low that he still paid little. Except where custom or previous laws had imposed economic burdens for schools upon him, as in Silesia and Saxony, the landlord found ample protection against contribution to peasant education. Furthermore he or the local pastor serving as chairman of the school committee dominated the peasant representatives, whose selection was subject to confirmation by the District administration. In case disputes arose over terms of the association between lord and peasants, or among the lords, or between lords and towns, the decision rested with the County executive committee controlled by lords, or with higher authority. Although in time the schools trained peasants who could have conducted the work of the Committees, conservative society prevented them from taking charge.

The Central government denied the rural Committee any responsibility over internal affairs of the schools, that is curriculum, teaching, discipline and attendance. It trusted neither landlord nor peasants to improve the school and raise the prestige of education. The District administration could force change through the school inspector, who being also the local pastor, and customarily the chairman of the school Committee, could employ his multiple authority to drive the peasants toward education of their children, at least to the amount required for Confirmation.

Pastors and priests served as school inspectors not merely in the rural areas but in the towns, where social associations and new social interests challenged the church's cultural prestige. Many urban pastors and priests developed an appreciation of an educational system free of religious domination; not so in the country regions. A Free Conservative deputy in the lower house of the Landtag said in 1905 that the schools should train the youth to be "good men, good Christians, and good patriots," and a Conservative colleague identified the Evangelical religion with Conservatism in the way belonging to the early part of the century. The fact that the Central administration prolonged in rural areas the curricula and content of the traditional church school contributed to the pastor's influence.

During the debates of 1905—06 on the education bill representatives of all parties — the Social Democrats had no deputy in this body — acknowledged that elementary schools in rural areas, particularly in the eastern provinces, failed to approach the standard set by urban communities. By 1906 over 12,600 rural communities had assumed from the Societies economic responsibility for their schools; but 6500 still depended upon the old and inadequate system of support[6]. To supplement these data one may compare the number of school classes with the number of teachers. In 1901 the towns showed a ratio of one teacher to a room and to a class, each class containing several grades *(Stufen)*; in rural areas there were about 54,500 teachers and schoolrooms, and 68,350 classes[7]. The difference between the number of rural classes and the number of teachers is explained in part by the presence of 8000 schools that met for only half a day; a single teacher taught all grades in both morning and afternoon sessions. Over 10,000 schools had classes of a size exceeding the standard of eighty pupils for a one-room school, seventy for a school of more than one room. Since Prussia supported only 31,000 elementary schools, these figures reveal a low quality of education[8]. They must be supplemented by data about the worst of all types, the Sexton schools *(Küsterschulen)*.

The Sexton school survived from the Old Regime and a time when the schoolmaster served the local pastor or priest as sexton or sacristan, looking after the church building, assisting at religious ceremonies, and receiving fees or some traditional payment from the church. Once the Central government created school Societies, the Society and the church negotiated over distribution of cost for school support, and the great variety of legal relations between church and community covering the Sexton schools led to conflict. When the government prepared the bill of 1905—06, it avoided further complication by leaving unchanged the arrangements for the Sexton schools. At that time Prussia had 84,638 teaching posts; of these 14,534 posts were regularly associated with minor church duties, among them 12,871 in rural communities. Protestant communities employed nearly 12,000 such teachers, Catholic ones only 2600. This means that in 14,534 schools the teacher had two roles: he might be solely responsible for training between sixty and one hundred children; yet he could not concentrate upon teaching because he must respond at irregular times to the demands of pastor and community for his services, when he left the school to his wife or to a pupil. Since the teacher-sexton received at best a wretched income, he needed the church duties because of the fees[9].

[6] Loening, *op. cit.*, p. 84.

[7] *Statistisches Jahrbuch für den preußischen Staat.* 1905 (Berlin, 1906), p. 154.

[8] See the remarks of Minister of Culture Studt, Preuß. Abg. Haus, *op. cit.* (11. Dez. 1905), p. 166; *ibid*, Drucksache, No. 288, pp. 3805—06.

[9] Loening, *op. cit.*, pp. 86 n. 1, 97.

Census figures give some idea of the results of deficiencies in the rural schools. In 1871 East Prussia had an illiteracy rate of 230.6 per thousand for males, 293 for females; West Prussia, 332 and 396 per thousand; Posen, 318 and 410; Silesia, 111 and 170; whereas Saxony with 22 and 50, and Brandenburg with 44.10 and 96 already showed improvement typical for the other provinces, and in Berlin the rate was 12 and 29. For the state as a whole, among those who married in 1882, 38.7 males and 58.8 females out of every thousand could not read and write. The number dropped steadily, reaching the figures of 7.8 and 12.5 in 1898[10].

The deportment demanded of an elementary teacher at the end of a century under constitutionalism, that he fulfill his duties conscientiously, live in harmony with the community, show love and loyalty to king and country, and be the model of his pupils, did not differ in fundamentals from the standards set by Frederick the Great[11]. When at the beginning of the nineteenth century the absolute monarchy took the defensive against believers in the right of the individual personality, regardless of class, to develop with the aid of a good education, it condemned the general cosmopolitan education and ordered training in "practical skills, subordination, and service to the state, so that the individual would learn necessary order, submissiveness and modesty, patriotism and devotion to the fatherland." In the 1820s the Councillor in the Ministry of Culture, Ludolf von Beckedorff, denounced the proposal for uniform statewide education as contrary to the natural inequality of individuals and therefore a source of envy, jealousy and strife. It may serve a democracy, he wrote, but it violates the principles of education suited to the occupational and status needs of a monarchy[12].

Authoritarian standards of political thinking, teaching and behavior quickly took shape under the guise of loyalty to "king and fatherland" and to the existing "constitution"—a term used before the written constitution of 1849—50 to refer to the organization of government and society. In December 1848, the government ordered teachers to train pupils in these same standards of discipline, obedience, respect, and morality. If a teacher's personal opinion disagreed with the existing constitution, he should either keep silent or resign; if he misused his position, he would be disciplined. In 1856 the Ministry ordered all Evangelical schoolmasters to behave "in and out of office" through word and deed "like an active member and a true servant of the Evangelical Church." In 1859, less than an decade after the introduction of suffrage, the Ministry warned teachers that during electoral campaigns they acted under the watchful eye of their superior. By 1872 they received orders not to participate in political

[10] August Meitzen und Friedrich Großmann, *Der Boden und die landwirtschaftlichen Verhältnisse des Preußischen Staates* (Berlin, 1901), VI, 608—610; also W. Woytinsky, *Die Welt in Zahlen* (Berlin, 1928), VII, 255.

[11] Petersilie, *op. cit.*, II, 49—50.

[12] Andreas Flitner, *Die politische Erziehung in Deutschland 1750—1880* (Tübingen, 1957), pp. 95, 96.

associations with a tendency hostile to the state or to the government, and in December 1848, and at later times, the Ministry demanded that, these being critical times, they actively support the goverment[13]. Elementary teachers thus lost their political rights as citizens; inasmuch as Prussia had open balloting, they dared not vote against official candidates in critical times, and to a state endeavoring to remain authoritarian and conservative, every election seemed critical.

In 1849 King Frederick William IV blamed "all the misery of the past year" upon the schoolmasters. If one allows for some romantic exaggeration, his remark reveals the continuing mistrust of teachers by the monarchy and its officials. The authorities knew that the two individuals of culture in close contact with the masses were the pastor and the teacher. They could as a rule rely upon the pastor to follow official lead; they suspected the teacher, whose interest in knowledge could incline him to demand a life free of controls.

Early in the century the Central government began to improve the quality of schools by requiring candidates for a teaching post to pass an examination. It introduced formal testing before a regular board, and it increased the number of seminaries for training teachers. Admission to the seminary depended not merely upon the applicant's academic record in the elementary school and in a preseminary but upon his moral character, certified by his pastor and other community figures of stature. Once admitted, the student continued to be judged by his scholastic record and by his conduct, and at the close of his studies he must demonstrate ability to teach and to cultivate in children the social ideals set by the state. His attainments as a student could be tested; the reliability of his character could never be so objectively measured.

The government located one or more seminaries (in 1905 there were 155 of these) in each of the thirty-four administrative Districts, and in Berlin and Hohenzollern. Each District could supply its town schoolmasters, who would remain accustomed to the control of the District's élite. In 1849 King Frederick William IV went so far as to demand that seminarists be removed from the large towns to small communities, in order to avoid "the unholy influence of a poisoned contemporary atmosphere." For practical reasons the King's demand could not be met: a seminary had to be affiliated with an efficient urban elementary school for the double purpose of using the school's staff to teach the candidates, and to enable the latter to learn from observation and criticism. In any case transfer of seminaries to small towns would still not have prevented the sons of rural families from becoming discontented. Once a young man had received some training, he wished the experience that only urban centers could provide. The government never discovered a way to reconcile the need for training a teacher with the effort to prevent him from acquiring social standards above those of the community in which he must function.

[13] Petersilie, *op. cit.*, II, 55, 60.

Throughout the century opinion differed fundamentally over the course of study in the seminaries. At the one extreme stood the Stiehl Regulations issued in 1854 and curtailing the education of teachers to a bare minimum; at the other, the Regulations of 1872 encouraging intellectual development. The Stiehl Regulations translated Frederick William IV's denunciation of elementary teachers into a plan for action. The seminaries were to use as model the one-room, one-teacher school, the school, that is, with the poorest equipment, the least trained teacher, and the narrowest horizon. The seminary student was to concentrate upon what furthered "church living, Christian morals, patriotism and contemplative observation of Nature." The Regulations assured him that the teacher would stand "highest who daily received most from the school, namely the spirit of humility, of prayer, of love and fear of God, who in fear of God and in joyous trembling seeks to create in himself and in the children entrusted to him a state of blessedness."

The 1854 program of training endured less than two decades. It continued to have numerous supporters among conservatives, but the state could no longer afford planned ignorance. In 1872 Minister Falk released the energies of the seminaries and at the same time issued a General Directive that greatly improved standards for the elementary schools. Henceforth the government turned to less crude means to control teachers.

In employing and dismissing teachers the ultimate authority resided in the District administration. Statistics published for 1903 showed that of 83,903 teaching posts in all provinces exclusive of Posen and West Prussia, where the presence of the Polish population led to a special arrangement, the District administration appointed personnel directly to 29,799 posts. In 15,572 cases it allowed the town administration or the rural school Committee to cooperate in selecting candidates. In 12,602 cases the manorial lord, in 25,930 cases the school Board, the town administration or other agency held by law or by custom the right to choose or to propose candidates, subject to confirmation by the District administration. In sum, the latter filled 36 % of the posts without local consultation; by law it could do so in 55 % of cases[14].

The means of selection indicates that the Central bureaucracy had imposed its authority over a variety of social situations that it left intact. One way to describe the relationship is that of authoritarian guidance of social forces. Backed by the legal and physical right of ultimate decision, the bureaucracy took over responsibility wherever necessary to improve education, or wherever its assumption of power aroused little social resistance; it left responsibility to local authority, subject to review and veto, wherever it faced social forces with sufficient prestige and influence to maintain a degree of independence from the Central

[14] Loening, *op. cit.*, pp. 130—131; Dr. Gerhard Anschütz, *Die Verfassungs-Urkunde für den Preußischen Staat vom 31. January 1850. Ein Kommentar für Wissenschaft und Praxis* (Berlin, 1912), I, 463—466; Preuß. Abg. Haus, *op. cit.*, Drucksache, No. 11, p. 221; *ibid.*, *Sten. Ber.*, 25 May 1906, 5265—5266.

government, or wherever the absolute monarchy regarded the preservation of a hierarchical society as essential to its own position. The District administration's interest in mass education was limited by both financial and social considerations.

The Prussian monarchy had a well deserved reputation for parsimony in respect to education. The Landrecht and a number of decrees entitled teachers to an adequate income without any assurance that they would receive it. The Instruction of 1817 authorized the District administration to determine the amount necessary to maintain school and teacher. In 1873 the District administration received authority to change the salary to which teacher and local school Board had agreed, and a decade later it gained the right to force the local administration to modify its budget accordingly. The Constitution of 1850 declared in Article 25 that "The resources for erecting, maintaining and expanding the public lower schools are supplied by the community and, in case of proven need, in a supplementary capacity by the state... The state assures the schoolmaster a fixed income appropriate to local conditions." The Central government reluctantly and slowly assumed the responsibility implied. In 1859 it agreed to supplement local funds for salaries in case of demonstrable need. As late as 1873 the teacher's salary depended upon local circumstances, and not until 1885 did the government fix a minimum and maximum for salaries. In the last decade of the century, long after similar measures had been taken for officers and the civil service, pensions and other forms of social insurance for teacher and dependents gained state-wide attention. Minister von Bethmann-Hollweg in 1861 explained the reason for the delay: the kings of Prussia always gave priority to the army. In consequence they could do less for the schools than appeared needed[15].

When in 1905—06 the Landtag debated the school bill, deputies exposed a state of near penury in rural regions. Although conditions had improved since 1865, when a deputy described the economic situation of an elementary teacher as one of despair, in 1905, according to a member of the lower house of the Landtag, in the eastern provinces rural teachers almost everywhere received the lowest salary and used utterly inadequate equipment. Two other deputies from East Prussia reported that in their region school buildings had been neglected for generations. Deputy Ernst, himself a schoolman, summarized the situation as follows: Schools in many places, especially in rural areas, are backward to a degree that is no longer worthy of Prussia as a cultured state. It is a fable that Prussia has the best elementary schools in the world. The towns that are willing to make sacrifices for their schools can stand comparison with those anywhere. Certain rural communities have developed excellent schools, but in thousands of communities with overfilled classes and a shortage of teachers indescribable conditions exist. Not even the General Directive of 1872,

[15] Preuß. Abg. Haus, *Sten. Ber., 1865, Dreiundzwanzigste Sitzung am 17. März 1865*, p. 583.

Ernst went on, has been carried out; on the contrary the schools often do not reach the level of thirty years ago[16].

Figures on the amounts that the Central government added to school budgets vary; those given in the Committee report of 1905 to the lower house of the Landtag show 216,744 thalers in 1859, 14,069,875 marks for 1885/6, and in 1905, 81 million marks for regular commitments and about 19 million for extraordinary expenses. Although this sum seems large, deputies from every party complained about its small size. Deputy Ernst expressed the general opinion that "The state had done only what was absolutely necessary; ... it has handled rural schools like a stepfather".[17]

The eastern provinces of Prussia received most state aid; indeed state subsidies appear to have been introduced in order to relieve manorial lords of financial responsibility. At first the government helped with school construction and maintenance, in 1886 with teachers' salaries. For the state as a whole in 1901 it paid 11.3 % of the cost of elementary education in the towns, 37 % of that in rural areas. According to the Minister of Finance, in 1904 for the elementary schools of East Prussia alone the Central government expended annually over one million marks more than the province paid in income tax.[18] Thereby it acquiesced in the lords' abdication of their natural role as local leaders in favor of one of exploitation of their position through politics. The one-room school, the Sexton school, the teacher who until recently had received a large part of his wage in kind helped to preserve the status quo. Here was the educational equivalent of the three-class electoral system and of constitutional monarchism.

Teachers reacted to the conditions of their posts in one of three ways: either they acquiesced or, in the latter half of the century, moved to the towns and cities and migrated from the backward eastern provinces to those of central and western Prussia. In complaining in 1906 about loss of teachers from their area, a deputy from the East proposed that urban communities be prohibited from paying salaries with which villages and manorial districts could not compete; others thought that to raise salaries to meet urban standards would help their cause. The Ministry attributed the shortage of teachers to failure during the previous decade and a half to establish more seminaries. School support by the law of 1906 aimed to resolve the difficulty but succeeded only in part. The type of persons content to remain in the rural community seemed disappearing.

The third form of teacher protest concerned the relation between school and church. The Prussian government employed an identical principle of admin-

16 *Ibid*, p. 218; *ibid*, 1905/6, Drucksache, No. 288 p. 3705—06; *ibid*, *Sten. Ber.*, 22. May 1906, p. 5023. See also, Rektor Dr. Wohlrabe, *Der Lehrer in der Literatur. Beiträge zur Geschichte des Lehrerstandes.* 3rd enlarged ed. (Osterwieck/Harz, 1905), *passim.*

17 Preuß. Abg. Haus, *op. cit.*, Drucksache, No. 11, pp. 223—224; *Sten. Ber.*, 22. May 1906, p. 5—23.

18 *Stat. Jahrb.*, *op. cit.*, p. 155; Abg. Haus, *op. cit.*, Drucksache, No. 288, p. 3705.

istration in many aspects of public life, that of declaring the state responsible for a certain function while leaving the actual execution essentially to the personnel that had hitherto performed the duties involved. Hence its use of pastors and priests as local, County, and even District inspectors. In 1899 out of 36,000 schools, 22,000 Protestant and 7300 Catholic schools stood under clerical inspectors, who in rural communes almost always doubled as chairmen of the school Committee. A few years later among County inspectors, 365 served as full-time officials, and 837 still performed the functions in connection with regular duties elsewhere[19]. In the cities the education Councillor, a professional member of the city administration, frequently acted as County inspector. The government had tried before 1848 to qualify the clergy for the role of inspector by requiring candidates for the ministry to take a short course in the seminary for teachers. The plan did not overcome the growing disparity between religion and education. Teachers of Catholic faith did not object to the conditions of supervision; Protestant teachers as early as 1848 overwhelmingly demanded that schools be autonomous. They protested that pastors as inspectors judged them by religious, not pedagogical standards, making employment and advancement depend upon factors that had little connection with teaching. Their situation, said deputy Kopsch in 1906, was conducive to hypocrisy[20]. They asked that education become a state responsibility in fact, that persons trained as teachers be appointed as inspectors. They were aware that the government and the clergy aimed to assure the trustworthiness of civic training in obedience, order, and discipline. Seeking vocational independence comparable to that of other professions, they advocated the establishment of non-confessional schools throughout, schools in which teachers and pupils need not be of the same religion.

When in the years 1904—06 the Ministry and the Landtag considered the reform of elementary education, they concentrated attention upon three main issues: Who should pay for the schools? Who should have authority over them? What kind of education should be offered, one oriented toward religion, or one secularly directed? The Ministry and its supporting parties agreed to preserve intimate relations between church and school. The law of 1906 accepted the confessional school as standard; pastors and priests continued to serve as school inspectors, and many rural communities kept them as chairmen of the school Committee. Protestant teachers and the left liberal parties lost the battle for secularization to those who maintained that the confessional school best served the purpose of developing religious character and combatting unbelief, that is democracy, and especially Social Democracy. The Ministry and the majority parties understood that a change in the relation between church and school would have initiated a social transformation.

The law abolished the few remaining school Societies in favor of the school

[19] Abg. Haus, *op. cit.*, Drucksache, No. 288, p. 3877; Loening, *op. cit.*, p. 95 n. 2.
[20] Abg.Haus, *op. cit.*, 25 May 1906, pp. 5263—5264, 26 May 1906, p. 5318.

Association. Under this name, however, reappeared the town, the community, the manorial district, the collective school District. The manorial district received protection against forced union into a school District with villages or towns; in case of refusal by the lord, the dispute could be appealed to the District executive committee, composed of his social equals. The law made uniform the institution of the school Deputation in the towns and large villages and that of school Committee elsewhere. It even required the lord of a manorial district to appoint a school Committee where his manorial district and the school District were coterminous. If manorial district and villages or towns formed a collective school District, each community constituted a member and chose representatives for the school Committee. Thus the manorial lord had the same standing as an entire village or town; if dispute arose over relative representation on the school Committee and thereby over funds, the decision rested with the County or the District executive committee dominated by the landlords.

In organizing the Deputation and the Committee the law adhered in the main to existing practices about membership and responsibility. It made no change in the District administration's monopoly of authority over internal school affairs, and it merely rendered uniform over the state the double responsibility of Deputation and Committee to both state and community administration for external affairs. In the towns the Deputation and in the cities the school rector himself continued to report directly to the District administration about internal matters just as before, and in rural communities the local inspector retained this responsibility, the Committee being still considered incompetent to participate.

Extensive debate arose over the right of appointment of teachers, rectors, and principals. The government sought to standardize the process of appointment and to extend its authority in the matter. Its proposal stirred opposition not merely among all parties; the influential Association of Prussian Cities and Towns protested the curtailment of local responsibility, as did teachers' associations. The Minister denied the charge of aggression, declaring that the bill actually increased the power of the towns over appointment. Critics replied that the towns in the western provinces benefited by receiving for the first time legal authority to participate in the selection of personnel, but that those in the eastern provinces suffered severe curtailment of their traditional and/or legal rights. Faced with general resistance, the government accepted an amendment that left conditions for appointment in the eastern provinces substantially unchanged.

During the debate the possibility of abolishing the system of dual responsibility for elementary education in order to achieve unilateral community obligation received no serious attention. All the deputies appeared satisfied with the dual system, which took into account the sources of funds for school support. Whereas cities and large towns might have fared well without state funds, no one in government or Landtag questioned the need of small towns, manorial ditsricts, and villages for state aid, so that again assistance to rural Prussia became the occasion for bureaucratic authoritarianism.

In attempting to assure local funds for the schools, the law of 1906 required the community to cover school expenses out of general revenue rather than by a special school tax. In this way everyone subject to taxation irrespective of whether he had young children helped to support the schools. The law deprived the manorial lord of exemption from support of the school, and for the first time it made corporations, joint-stock companies, and other businesses liable for contributing toward the education of children of the workers. The change corrected a gross injustice, particularly in Silesia and the Ruhr.

Where a community constituted a school Association, the question of allocating the tax burden caused little difficulty. Nor would a school Association formed by a group of villages or of lords have trouble in assessment, since only persons of the same social status would be involved. Controversy arose in school Associations of social unequals, where each group tried to place the burden upon the other. Peasant interests argued that assessment should be determined by the amount of taxes paid; thereby they expected the lords to have to contribute most. The lords rejoined that tax returns offered an unstable basis, since they fluctuated from year to year. They proposed instead that use of the school as indicated by the number of children attending from village and manor determine the amount due from each party. In some areas by this formula the lord would have had to contribute a large sum toward support; in many areas his use of seasonal labor imported from the village or from outside would reduce his payments to a small sum. The one group declared that everyone contribute since education benefited society as a whole; the other group claimed that those who received the proffered education should pay for it. The argument concluded with a compromise by which both tax and use served as basis for distributing the financial burden.

The deputies showed most interest in the amount of financial aid that the state would provide. All agreed upon state aid for certain fixed expenses, such as teachers' pensions. They also approved the principle of using state aid for school construction and repair and for supplementing salaries. Controversy over amounts and selection of the agency of distribution arose. The Conservatives wished the government to assure definite sums for a period of years and to turn over the money to the County administration, which they controlled. The government refused to relinquish power of allocation; it agreed to accept advice about distribution from the Provincial president and County executive committee but insisted upon payment of funds only in case of proven need. The law assured aid to school Associations with twenty-five or less teaching posts, and after vigorous protest against exclusion, the government agreed in principle to assist large schools as well. Everyone recognized the fact that the small communities had the greatest need, and the claim of manorial districts to inclusion among the indigent went unchallenged. By enabling this law to be passed, the Conservatives, Free Conservatives, and National Liberals showed once more the economic and social advantages to be derived from their political position of influence with the government and their control of provincial and local administration. These parties and the Central government had common interests in preservation of an authoritarian system of education.

The Hohenzollern bureaucracy had proved to be more successful in creating a system of elementary education for the masses than in anticipating and meeting further educational needs. It upheld the tradition of an élite by using education to divide society into those who knew only the Volksschule and those who, by receiving additional elementary instruction, joined the cultured minority. In towns and cities the Central government took no constructive measures looking to elimination of the educational basis of class division and conflict.

Discrimination affected not merely the workers, who turned Socialist, but the lower middle class, whose members through governmental neglect of such few *Mittelschulen* as local initiative established lacked training facilities for industrial occupations[21]. Likewise in rural regions the government acquiesced in sacrificing peasant educational interests to the advantage of the lords on the land. Advised by educators and supported by the élite, it persisted in retaining Latin as a prerequisite for almost all professions. Education in Prussia had not calibrated social mobility to the tempo of material change; it looked for ideals of social structure and patterns of behavior to the absolutist past rather than toward the industrial potential of present and future, leaving a people culturally divided and unprepared for the trials of the twentieth century.

[21] See the Verhandlungen der Generalsammlung des Vereins für Sozialpolitik in Frankfurt a. M. 1884. „*Die Einwirkung der Organisation unseren höheren und mittleren Schulen auf das soziale Leben und die Erwerbstätigkeit der Nation,*" Schriften des Vereins, Band 28 (Leipzig, 1884). See especially the report by Generalsekretär Bueck and the remarks of Professor Bücher. On the number of Mittelschulen and Bürgerschulen, see *Stat. Jahrb.*, III (1905), 167, and Heinrich Silbergleit (ed.), *Preußische Städte* (Berlin, 1908), pp. 194—195.

FRIEDRICH ZUNKEL

# Die ausländischen Arbeiter in der deutschen Kriegswirtschaftspolitik des 1. Weltkrieges

Ein besonders unerfreuliches Kapitel der jüngsten deutschen Wirtschafts- und Sozialgeschichte stellt die Anwerbung und Beschäftigung ausländischer Arbeiter in Industrie und Landwirtschaft dar. Wirtschafts- und sozialpolitisch handelt es sich dabei um ein bei gegebenen Voraussetzungen durchaus notwendiges Regulativ zur Erhaltung des wirtschaftlichen Wachstums in hochentwickelten Industriestaaten wie auch zur Überwindung — nicht nur zur Verschleierung — der in weniger entwickelten Ländern bei zunehmendem Bevölkerungsdruck und noch unzureichendem Nahrungsspielraum auftretenden sozialen Spannungen. Ist insofern die Beschäftigung ausländischer Arbeiter im Deutschland der ersten Hälfte dieses Jahrhunderts grundsätzlich nicht abzulehnen, so bedürfen doch ihre Formen und Methoden einer sehr kritischen Analyse und Auseinandersetzung. Das gilt vorzüglich für die Zeit der beiden Weltkriege, in denen der bereits durch nationale Gegensätze und autoritäre Leitung seitens der Arbeitgeber und Behörden belastete Einsatz der ausländischen Arbeiter unter den Anforderungen des wirtschaftlichen Machtkampfes bis zur gewaltsamen Ausschöpfung des in den besetzten Ländern verfügbaren Menschenpotentials gesteigert wurde. In der brutalen Erfassung, Konzentrierung und Ausbeutung von Millionen Fremdarbeitern im 2. Weltkrieg erfuhr sie ihren stärksten Ausdruck. Dagegen fand der im ganzen nicht so gewaltsame Einsatz der ausländischen Arbeiter im 1. Weltkrieg geringere Beachtung, obwohl sich doch hier bereits die ganze Skala der mit ihm verknüpften politischen und ökonomischen, sozialpsychologischen und humanitären Probleme verdeutlichte. Trotzdem hat er in der Forschung zur Geschichte des 1. Weltkrieges wie zur Arbeiterbewegung noch keine entsprechende Berücksichtigung gefunden. Fast nur in der DDR und in Polen ist in jüngster Zeit zu diesem Problem neues Quellenmaterial erschlossen und zur Klärung wichtiger Vorgänge und Zusammenhänge beigetragen worden. Allerdings bleibt die kommunistische Geschichtsschreibung in dem Bestreben, eine vom Ausbeuterinteresse bestimmte kontinuierliche Fremdarbeiterpolitik der herrschenden Schichten Deutschlands vom Kaiserreich über das Dritte Reich des Nationalsozialismus bis hin zur Bundesrepublik nachzuweisen, häufig einseitig und undifferenziert[1].

[1] Dazu gehören vor allem die Arbeiten von Johannes Nichtweiss, *Die ausländischen Saisonarbeiter in der Landwirtschaft der östlichen und mittleren Gebiete des Deutschen Reiches*, Berlin 1959; Lothar Elsner, *Die ausländischen Arbeiter in der Land-*

Angesichts der vielfältigen Aspekte des Fremdarbeiterproblems im 1. Weltkrieg kann in dem vorliegenden Aufsatz nur ein Fragenkomplex herausgegriffen werden. Es soll hier versucht werden, die Politik von Staat und Arbeitgebern gegenüber den ausländischen Arbeitern im Laufe des Krieges in ihren jeweils vorherrschenden Tendenzen zu verfolgen. Dabei läßt sich ein phasenhafter Ablauf von der Planung des Arbeitereinsatzes vor dem Kriege über die gewaltsame Sicherung des vorhandenen ausländischen Arbeitskräftepotentials und die Gewinnung neuer Arbeitskräfte in den besetzten Gebieten: zuerst durch Werbung, dann durch brutalen Zwang, bis hin zur Phase einer den Kriegsnotwendigkeiten stärker Rechnung tragenden liberalen Arbeiterpolitik verfolgen. In ihr hat nach folgenschweren Fehlern die Frage nach dem optimalen Weg zur Gewinnung ausländischer Arbeitskräfte und zur Erreichung der größtmöglichen Effektivität ihres Arbeitseinsatzes schließlich eine immerhin praktikable Beantwortung gefunden.

Es wäre jedoch falsch, mit dieser Entwicklung einen Consensus der in der Fremdarbeiterfrage bestimmenden Kräfte zu verbinden. Vielmehr lassen sich die Gegensätze und Spannungen, die aus den Schwächen der Sozial- und Verfassungsstruktur des wilhelminischen Deutschland erwuchsen, gerade auch hier verfolgen. Für die herrschenden Gruppen des Kaiserreichs, in deren Hand vor allem die Ökonomik des wirtschaftlichen Menscheneinsatzes lag: für Großgrundbesitz, Schwerindustrie und zum Teil auch für das Offizierskorps blieb, sei es aus sozialen oder wirtschaftlichen Herrschaftsinteressen, sei es aus nationalistischer Überheblichkeit oder berufsspezifischer Mentalität, eine autoritäre Behandlung der ausländischen Arbeiter selbstverständlich. Ein Gegengewicht fanden diese Gruppen weniger in den den ausländischen Arbeitern im ganzen distanziert gegenüberstehenden Gewerkschaften als vielmehr in einzelnen zivilen und militärischen Zentralinstanzen des Reiches und Preußens, die einer mehr funktionalen, den wirtschaftlichen und sozialen Konsequenzen der Kriegswirtschaft Rechnung tragenden Arbeiterpolitik zuneigten.

Als eine zusätzliche Belastung der politischen Willensbildung in der Fremdarbeiterfrage wirkte es sich schließlich aus, daß über den bereits bestehenden verfassungsmäßigen Dualismus von ziviler und militärischer Gewalt hinaus durch

*wirtschaft der östlichen und mittleren Gebiete des Deutschen Reiches während des 1. Weltkrieges*, Phil. Diss. Rostock 1961 (Maschinenschrift); ders., *Zur Lage und zum Kampf der polnischen Arbeiter in der deutschen Landwirtschaft während des ersten Weltkrieges*, in: *Politik im Kriege 1914—1918*, Berlin 1964, S. 167—188; Willibald Gutsche, *Zu einigen Fragen der staatsmonopolitischen Verflechtung in den ersten Kriegsjahren am Beispiel der Ausplünderung der belgischen Industrie und der Zwangsdeportation von Belgiern*, ebenda S. 66—89; ders., *Die Beziehungen zwischen der Regierung Bethmann Hollweg und dem Monopolkapital in den ersten Monaten des ersten Weltkrieges*, Berlin 1967, S. 321—339 (Maschinenschrift); Boguslaw Drewniak, *Robotnicy sezonowi na pomorzu zachodnim (1890—1918)*, Poznań 1959. In der Bundesrepublik hat — soweit ich sehen kann — nur Gerhard Ritter im 3. Bd. von *Staatskunst und Kriegshandwerk*, S. 433—450, eines der Fremdarbeiterprobleme des ersten Weltkrieges, die Deportation belgischer Arbeiter, aufgegriffen.

die Errichtung der Diktatur der stellvertretenden Generalkommandos sich bei Kriegsbeginn noch eine weitere Aufsplitterung und Dezentralisierung der staatlichen Gewalt vollzog. Dadurch wurde eine einheitliche und konsequente Behandlung der Fremdarbeiterfrage immer wieder durchbrochen, blieb sie im Streit der Ressorts und Interessengruppen häufig ebenso Gegenstand militärischer Machtentscheidungen wie unzureichender Kompromisse.

## *1. Die ausländischen Arbeiter in der Planung und Vorbereitung der wirtschaftlichen Mobilmachung*

Das Problem des Arbeitseinsatzes ausländischer Arbeiter im 1. Weltkrieg ist nicht von der Entwicklung des deutschen Arbeitsmarktes in der Vorkriegszeit zu trennen. Die deutsche Kriegswirtschaft der Jahre 1914—1918 steht in der Kontinuität eines expandierenden Industriestaates, der den schnell steigenden Bedarf an Arbeitskräften nicht mehr allein im eigenen Lande zu decken vermochte. Die starke Abwanderung ländlicher Arbeitskräfte, die vor allem in Ost- und Mitteldeutschland einen Mangel an Landarbeitern hervorrief, führte zur Jahr für Jahr quantitativ wachsenden Heranziehung relativ anspruchsloser Wanderarbeiter aus den östlichen Nachbarstaaten. Zu Beginn des Krieges standen über 1/2 Million Polen und Ruthenen aus Rußland und Österreich-Ungarn vorzüglich im Dienste des deutschen Großgrundbesitzes, dessen ökonomische Existenz immer mehr mit der Beschäftigung relativ schlecht bezahlter „halbnomadischer Saisonarbeiter" verknüpft war[2].

Noch rascher schnellte in den letzten Friedensjahren die Zahl der von der Industrie angeworbenen ausländischen Arbeiter in die Höhe. Sie erreichte 1914 annähernd 700 000 Personen, wobei Österreicher, Italiener und Holländer die Hauptkontingente stellten[3]. Im Konkurrenzkampf um das verfügbare ausländische Arbeitskräftereservoir erwies sich die Industrie dank höherer Löhne und im ganzen besserer Arbeitsbedingungen überlegen, doch waren ihr durch

[2] Die Bestimmung der Zahl der ausländischen Arbeiter bei Beginn des Krieges ist dadurch erschwert, daß es keine alle Ausländer in Deutschland umfassende statistische Aufnahme für 1914 gibt. Die Deutsche Arbeiter-Zentrale (DAZ), die die Funktion hatte, Wanderarbeiter für die Landwirtschaft und die Industrien der vier östlichen Provinzen Preußens anzuwerben, und die jeden Wanderarbeiter für die Zeit seines Aufenthaltes in Deutschland legitimierte, d. h. ihn zur leichteren behördlichen Kontrolle zwang, sich einen Inlandsausweis ausstellen zu lassen, zählte für das vom 1. 10. 1913 bis 30. 9. 1914 dauernde Geschäftsjahr 436 736 männliche und weibliche Landarbeiter; davon kamen 286 413 aus Rußland, 130 577 aus Österreich. Zweifellos war die Zahl der sich in Deutschland aufhaltenden Wanderarbeiter aber größer, da zu dieser Zeit in den süddeutschen und mehreren norddeutschen Staaten die Zwangslegitimierung noch nicht eingeführt war und viele Arbeiter sich auch der Legitimierung entzogen.

[3] Die DAZ legitimierte 1913/14 346 122 männliche und weibliche Industriearbeiter; davon 167 756 aus Österreich, 64 992 aus Italien, 46 245 aus Holland, 35 565 aus Rußland und 21 235 aus Ungarn.

das Verbot der Beschäftigung ausländischer polnischer Arbeiter in den Industrien und Gewerben der mittleren und westlichen Provinzen Preußens Grenzen gesetzt.

Die Anwesenheit einer so großen Zahl ausländischer Arbeiter im Deutschen Reich, die, soweit sie die polnischen Arbeiter betraf, schon in Friedenszeiten stark umstritten war und aus nationalpolitischen Gründen 1898 zur Festlegung einer Karenzzeit führte[4], mußte erst recht im Kriege zu einem schwerwiegenden Problem werden. Für die Reichsämter und Ministerien der Bundesregierungen traten nun neben die nationalpolitischen auch militärische Überlegungen, die einerseits die Ausweisung aller feindlichen Ausländer aus Gründen der inneren Sicherheit, der Verhütung von Spionage und Sabotage, nahelegten, andererseits aber das Festhalten der im eigenen Machtbereich befindlichen Wehrpflichtigen des Feindes als notwendig erscheinen ließen. Vor allem aber gewannen die wirtschaftlichen Erfordernisse eine neue Qualität, da sich nun eine durch Einberufung von Millionen Wehrpflichtiger und Einschränkung bzw. Stillegung vieler Industrien und Gewerbe veränderte und erschwerte Arbeitsmarktsituation mit dem Zwang zur Erhaltung der kriegsnotwendigen Produktion verknüpfte.

Zu Recherchen über das Arbeitskräftepotential im Falle einer Mobilmachung kam es angesichts der sich immer mehr verschärfenden außenpolitischen Lage schon mehrere Jahre vor Kriegsausbruch, ohne daß sich daraus schon für den Sektor des Arbeitsmarktes auf eine bewußte Kriegsvorbereitung schließen ließe. Dazu fehlte die Umsetzung der Überlegungen von Regierungsressorts, Generalstäben und der von ihnen gebildeten Ausschüsse in eine zeitlich festgelegte konkrete Planung[5].

Bei ihnen überwog allgemein die Ansicht, daß in Industrie und Gewerbe im Kriegsfalle ein allgemeiner Arbeitermangel nicht eintreten werde, obwohl Erhebungen in den Staatsbetrieben und Befragungen führender Persönlichkeiten des Wirtschaftslebens ergeben hatten, daß bei vielen Industrien die Belegschaften infolge von Einberufungen und Ausscheiden der ausländischen Arbeiter um $1/4$ bis $1/3$ zurückgehen würden[6]. Kriegsministerium und Wirtschaftskreise rechneten sogar damit, daß es aufgrund von Kredit- und Rohstoffmangel wie Handels- und Verkehrseinschränkungen zu einer empfindlichen Arbeitslosigkeit kommen werde, die die Gefahr innerer Unruhen mit sich bringen würde und daher durch Maßnahmen zur Aufrechterhaltung der Produktion bekämpft werden müsse. Der gewaltige Bedarf an Kriegsmaterial und die Bedeutung des industriellen

[4] Während der Karenzzeit, 1898 vom 1. 12. bis 1. 3. des folgenden Jahres, 1900 vom 20. 12. bis 1. 2. festgelegt, mußten alle polnischen Arbeiter fremder Staatsangehörigkeit das Reichsgebiet verlassen haben. Damit sollte eine dauernde Niederlassung der Wanderarbeiter in Deutschland verhindert werden.

[5] Elsner, *Arbeiter*, S. 34 ff.; von ihm wird das vorhandene Material überinterpretiert, wenn er für den Winter 1913/14 vom Vorliegen eines umfassenden Programms wirtschaftlicher Mobilmachung spricht.

[6] Im Bergbau und in der Hüttenindustrie schätzte man die Ausfälle an Arbeitskräften auf $1/4$ bis $1/3$, in der Maschinenindustrie bis zu 50 %, in Textil- und Konfektionsindustrie, die überwiegend weibliche Arbeitskräfte beschäftigten, nur auf 5 %.

Potentials im modernen Krieg wurden noch nicht vorhergesehen. Da mit einem kurzen Krieg gerechnet wurde, erschienen die staatlichen Waffen- und Munitionsfabriken sowie die bestehende private Rüstungsindustrie ausreichend, um Heer und Marine mit dem nötigen Kriegsmaterial zu versorgen[7].

Die Arbeitsmarktlage der Landwirtschaft fand für den Kriegsfall dagegen eine weit skeptischere Beurteilung. Vor allem in den ostdeutschen Agrargebieten mußte während der Zeit der Bestellung oder Ernte die Entfernung der ausländischen Saisonarbeiter bei gleichzeitiger Einberufung der Wehrpflichtigen zu einer ernsthaften Gefährdung der Nahrungsmittelproduktion führen. Hier ließ sich der „Ausgleich von Angebot und Nachfrage unmittelbar nach Eintritt des Krieges", auf den sich für den Staatssekretär im Reichsamt des Innern von Delbrück das Problem im wesentlichen reduzierte, nicht mit gleicher Wirksamkeit wie in den dichter besiedelten Gebieten des Westens und Südens durchführen[8]. Es erschien daher unbedingt notwendig, daß die ausländischen Saisonarbeiter im Kriegsfalle der Landwirtschaft erhalten blieben und womöglich noch Wanderarbeiter aus der Industrie in die Landwirtschaft überführt wurden. Entsprechende Maßnahmen zur Sicherung ihres Arbeitsbedarfs wurden daher schon mehrere Jahre vor dem Kriege von den landwirtschaftlichen Interessenvertretungen beim Reichsamt des Innern und preußischen Ministerium für Landwirtschaft gefordert[9]. Beide bemühten sich schon im Winter 1912/13 vergeblich beim Reichskanzler um die Aufhebung der Karenzzeit für die polnischen Wanderarbeiter, da befürchtet werden mußte, daß Rußland die Arbeiter im nächsten Jahr zurückhalten werde[10]. Im Frühjahr 1914 wurde dann in Sitzungen der ständigen Kommission und des Wirtschaftlichen Ausschusses die Zurückhaltung der Arbeiter für den Mobilmachungsfall in Aussicht genommen[11]. Aber erst unmittelbar vor Kriegsausbruch bat Dellbrück den preußischen Kriegsminister und die übrigen Bundesregierungen, bei Erklärung des Kriegszustandes von einer allgemeinen Ausweisung der russischen Saisonarbeiter abzusehen[12].

## 2. *Das Festhalten der polnischen Landarbeiter im Winter 1914/15*

Die ersten Kriegsmonate bestätigten zunächst die für die Entwicklung des Arbeitsmarktes gegebenen Analysen, dem mit der Mobilmachung im August

[7] Zum ganzen Absatz vgl. *Der Weltkrieg 1914—1918. Kriegsrüstung und Kriegswirtschaft, Bd. 1.*, Berlin 1930, S. 396 ff.

[8] Clemens von Delbrück, *Die wirtschaftliche Mobilmachung in Deutschland 1914*, München 1924, S. 87.

[9] Vgl. dazu die Ausführungen von Nichtweiss, S. 33 ff. sowie *Kriegsrüstung und Kriegswirtschaft* 1, S. 407 ff.

[10] Doch wurden die Oberpräsidenten in Preußen ermächtigt, Gesuche der Landwirtschaft um Zurückhaltung der Wanderarbeiter weitestgehend zu berücksichtigen. Ebenda S. 407 f.

[11] In den Sitzungen der ständigen Kommission am 13. 3. und des Wirtschaftlichen Ausschusses am 26. 5. 1914. Vgl. dazu Delbrück, S. 80 ff. und Elsner, *Arbeiter*, S. 34 ff.

[12] Delbrück 27. 7. an preuß. Kriegsminister und 1. 8. 1914 an Bundesregierungen, BHStA IV, MKr 12789; Elsner, *Arbeiter*, S. 38.

über 3 Millionen Wehrpflichtige entzogen wurden[13]. Als Folge kam es in der Landwirtschaft vereinzelt zu akutem Arbeitermangel, in Industrie und Dienstleistungsgewerben aufgrund Einstellung oder Drosselung des Betriebes vieler Unternehmen zu umfangreichen Entlassungen von Arbeitern und Angestellten und damit zu einer je nach Branche mehr oder weniger ausgeprägten Arbeitslosigkeit. Waren im Juli 1914 in Deutschland auf je 100 offene Stellen 158 männliche und 99 weibliche Arbeitsuchende gekommen, so stiegen diese Zahlen im August auf 248 bzw. 202 an[14]. Bei den Mitgliedern der Arbeiterberufsvereine vermehrte sich die Arbeitslosigkeit vom Juli zum August 1914 allein von 2,7 auf 22,4 %[15]. Die ausländischen Arbeiter wurden von den Entlassungen natürlich am stärksten betroffen und dann vielfach auf Veranlassung der Heeresverwaltung abgeschoben[16]. Hinzu kamen Einberufungen in die österreichisch-ungarische Armee und freiwillige Rückwanderung in die Heimat, so daß ihre Zahl binnen kurzem auf weniger als die Hälfte zurückging. Die Deutsche Arbeiterzentrale legitimierte im Geschäftsjahr 1914/15 ohne die Polen und sonstigen Nationalitäten russischer Staatsangehörigkeit nur noch 208 604 ausländische Arbeiter gegenüber 460 880 für 1913/14[17].

Aus dieser allgemeinen Lage des Arbeitsmarktes erwuchs für die staatlichen Verwaltungsbehörden die Aufgabe, sowohl zur Einbringung und Sicherung der Ernte für die Bereitstellung der nötigen Arbeitskräfte zu sorgen, als auch über diese bereits arbeitschaffenden Maßnahmen hinaus die ins Stocken gekommene gewerbliche Wirtschaft wieder anzukurbeln. In der Landwirtschaft gelang es sehr rasch, die Lücken an Arbeitskräften zu schließen. Dabei wirkte sich das Festhalten der meist russisch-polnischen Landarbeiter, die als Staatsbürger eines feindlichen Staates sorgfältig überwacht, zugleich aber „soweit irgend möglich zur Einbringung der Ernte und zu anderen dringenden Arbeiten" herangezogen wurden, entscheidend aus[18]. Ebenso gelang es in der Industrie, die allgemeine Arbeitslosigkeit verhältnismäßig rasch zu überwinden. Doch erwiesen sich hier weitere Einberufungen und die seit der Munitionskrise im Herbst 1914 ansteigende Rüstungskonjunktur gewichtiger als die Arbeitsbeschaffungsmaßnahmen von Staat wie Arbeitgeber- und Arbeitnehmerverbänden. Die Zahl der männ-

[13] *Kriegsrüstung und Kriegswirtschaft I*, S. 217.

[14] *Statistisches Jahrbuch 1915*, S. 408 f.; *Deutschlands Wirtschaft im ersten Kriegsjahr (1914/15)*, hg. von Richard Calwer, 2. Heft, Berlin 1915, S. 50 u. 52.

[15] *Statistisches Jahrbuch 1915*, S. 422 ff. und 84*.

[16] So wurden im August und September arbeitslose italienische Arbeiter nebst ihren Familien, insgesamt über 72 000 Menschen, abgeschoben. Bayerisches Staatsministerium für Verkehrsangelegenheiten 5. 5. 1915, BHStA IV, MKr 12791.

[17] Prozentual am stärksten ging die Zahl der italienischen Arbeiter zurück. Sie sank von 65 037 für 1913/14 auf 12 956 für 1914/15 ab; die der Österreich-Ungarn verminderte sich von 324 859 (davon 135 868 in der Landwirtschaft) auf 130 589 (49 791) für 1914/15 und 88 571 (26 581) für 1915/16. Statistisches Jahrbuch 1915, S. 416 und 1917, S. 149.

[18] Preuß. Kriegsministerium 4. 8. 1914 an stellv. Gen.Kdos., Reichskanzler 7. 8. 1914 an Bundesregierungen, BHStA IV, MKr 12789; Elsner, *Arbeiter*, S. 48 f.

lichen Arbeitsuchenden auf 100 offene Stellen entsprach bereits im Oktober wieder den Durchschnittsziffern der Jahre 1908/14, in den folgenden Monaten sank sie immer weiter[19]. Einzelne Produktionszweige wie Bergbau und Eisen- und Stahlindustrie konnten bereits zu dieser Zeit ihren Bedarf an Facharbeitern nicht mehr ausreichend decken[20]. Dagegen nahm die Arbeitslosigkeit bei den Frauen nur gering ab. Hier fiel sie erst 1917 mit der allgemeinen Einführung der Frauenarbeit in Kriegsindustrie und Dienstleistungsgewerben unter die Durchschnittszahlen der Jahre 1908/14[21].

Für die Planung über die Verwendung der russisch-polnischen Arbeiter nach Beendigung von Ernte und Winterbestellung führten der Verlust der Marneschlacht und die Rüstungskonjunktur eine völlige Wendung herbei. Anfang September hatte sich in Berlin entgegen der ursprünglichen Absicht Bethmann Hollwegs, die Saisonarbeiter nach Ernte und Bestellung zu Meliorationsarbeiten heranzuziehen, die Meinung durchgesetzt, daß die russisch-polnischen Arbeiter, sofern sie nicht mehr benötigt würden oder aus militärischen Gründen zurückgehalten werden müßten, nach Beendigung der Hackfruchternte abgeschoben werden sollten[22]. In diesem Sinne wurde Ende September der Beginn der Karenzzeit auf den 1. Dezember festgesetzt. Nur die wehrpflichtigen Russen sowie diejenigen von ihnen, die bereit waren, mit ihren Arbeitgebern neue Verträge abzuschließen, sollten davon ausgenommen werden[23].

Zum Zeitpunkt der Verkündigung dieser Erlasse durch die stellvertretenden Generalkommandos wurde aber auch schon klar, daß das Festhalten an der Karenzzeit nicht mehr der veränderten allgemeinen militärischen und wirtschaftlichen Lage gerecht wurde. Von seiten der auf die polnischen Saisonarbeiter im kommenden Wirtschaftsjahr notwendig angewiesenen Gutsbesitzer und den ihre Interessen wahrnehmenden Landwirtschaftskammern kam es daher schon Anfang Oktober zu scharfen Protesten[24] und in ihrer Folge auch zu einem raschen Umdenken der beteiligten Reichs- und preußischen Ressorts. Bei ihnen setzte sich nun die Auffassung durch, daß ohne Zurückhaltung auch der nicht wehrfähigen ausländischen Land- und Industriearbeiter „die Erfüllung der inneren Kriegsaufgaben, insbesondere der Aufrechterhaltung der landwirtschaftlichen

[19] *Statistisches Jahrbuch 1915*, S. 408 f. Im Oktober, November und Dezember 1914 kamen auf 100 offene Stellen 154, 140 und 124 männliche Arbeitsuchende. Im Durchschnitt der Jahre 1908/14 beliefen sich die entsprechenden Zahlen auf 162, 186 und 191.

[20] Berichte des stellv. kommand. Generals VII. AK (Münster) von Bissing 16. 10. und des Verbandes westfälischer Arbeitsnachweise 10. 11. 1914, StAM, Oberpräs. B, 4123.

[21] *Statistisches Jahrbuch 1915*, S. 408 f., 1918, S. 117.

[22] Diese Ergebnisse der Beratung am 5. 9. 1914 im preuß. Innenministerium zit. bei Elsner, *Arbeiter*, S. 51 f.

[23] Erlasse der Minister des Innern Loebell und für Landwirtschaft Schorlemer 28. 9. an Oberpräsidenten, des Kriegsministers Wild von Hohenborn 30. 9. an stellv. Gen. Kdos, BHStA IV, MKr 12789; Befehlsvordruck für stellv. Gen. Kdos. und Befehl des stellv. kommand. Generals II. AK (Stettin) Frh. von Vietinghoff 10. 10. 1914, GStA, Reg. Bromberg Rep. 30 I, 1195 Bd. 8.

[24] Dazu im einzelnen Elsner, *Arbeiter*, S. 55 f.

Betriebe, in dem für die Volksernährung erforderlichen Umfange und die Versorgung der Kriegsindustrie mit den notwendigen Arbeitskräften nicht möglich erschien"[25].

Mit der Entscheidung, alle polnischen Arbeiter festzuhalten,[26] gaben die deutschen Regierungsbehörden eindeutig den wirtschaftlichen und militärischen Kriegsnotwendigkeiten den Vorrang vor den Rechten und Freiheiten der ausländischen Arbeiter, entschieden sie sich für eine autoritäre Behandlung und Lösung des Landarbeiterproblems. Um so mehr war man bemüht, aus „rechtlichen und sozialen Gründen" den Zwangscharakter dieser Maßnahmen zu verschleiern und den Schein einer freien Arbeitsverpflichtung durch den Arbeiter aufrechtzuerhalten[27]. Formal blieben daher die Möglichkeiten der Ausreise über ein neutrales Land, die im Februar 1915 mit der russischen Regierung auch vertraglich festgelegt wurde[28], und des Orts- und Arbeitsstellenwechsels bestehen. Praktisch war es jedoch dem Landarbeiter kaum möglich, das notwendige Geld und die verlangten Reisepapiere für die Heimkehr beizubringen oder die Genehmigung zum Ortswechsel von Polizeibehörde und Arbeitgeber zu erhalten. Da es keine Rechtsgrundlage gab, den Abschluß eines Arbeitsvertrages oder die vorgeschriebene Legitimierung zu erzwingen, wurde der Arbeiter indirekt, sei es durch Arbeitslosigkeit und materielle Not, sei es durch Einweisung in ein Zivilgefangenenlager, in eine Situation gebracht, die ihm keine andere vernünftige Alternative ließ[29]. Die derart gewahrte „formale" Rechtlichkeit wurde allerdings von weniger subtil vorgehenden Arbeitgebern und Militärbehörden vielfach durch Zwangsmaßregeln durchbrochen, während andererseits schon im Winter 1914/15 viele Landarbeiter sich durch die Flucht dieser Zwangslage zu entziehen suchten[30].

Der Staat wies damit den feindlichen ausländischen Arbeitern den rechtlichen Status eines Zivilgefangenen zu, der völlig an seinen Arbeitsort gebunden

[25] Helfferich 1916, zit. ebenda S. 58.

[26] Erlasse Loebell und Schorlemer 12. und 26. 10. sowie 17. 11. 1914, Bethmann Hollweg 3. 11. an Bundesregierungen, GStA, Reg. Bromberg Rep. 30 I, 1195 Bd. 8; BHStA IV, MKr 12789 und 12790. Unterstützt wurde das Heimkehrverbot durch die Kriegslage, die für die Masse der polnischen Arbeiter eine direkte Heimkehr ausschloß. Davon ausgenommen blieben allein die sog. Kartoffelgräber, d. h. dicht an der Grenze wohnende Kleinbauern, die nur zur Kartoffel- und Rübenernte nach Deutschland kamen. Sie erschienen seit 1916 wieder in größerer Zahl und durften nach der Ernte wieder nach Hause zurückkehren. Erlaß stellv. kommand. General XX. AK (Allenstein) Graf von Schlieffen 25. 8. 1916, GStA, Abt. 180, 15734.

[27] So im Erlaß der preuß. Minister Loebell, Sydow, Schorlemer und des stellv. Kriegsministers Wandel 24. 9. 1915 an die Oberpräsidenten, BH StA IV, MKr 12793.

[28] Verhandlungen des Reichstags Bd. 320, Drucksache Nr. 645.

[29] Dazu Erlasse Loebell und Schorlemer 12. 10. und 17. 11. 1914; Bayer. Staatsministerium des Innern 19. 11. 1914, 27. 1. 1915; Stellv. Gen.Kdo III. bayer. AK Nürnberg 17. 2. 1915; GStA, Reg. Bromberg Rep. 30 I, 1195 Bd. 8; BHStA IV, MKr 12790 und 12791; Elsner, *Arbeiter*, S. 121 ff.; Nichtweiss, S. 134 ff.

[30] Dazu Erlaß Loebell 23. 1. 1915 an Reg.Präsidenten sowie Berichte der Kreis- und Bezirksbehörden, GStA, Reg. Bromberg Rep. 30 I, 1194 und 1195 Bd. 8; Elsner, *Arbeiter*, S. 60 ff.

war, hier aber, soweit er arbeitete, einen gewissen Grad an persönlicher Freiheit genoß. Der Bereich des Arbeitsverhältnisses blieb davon unberührt der privatrechtlichen Regelung überlassen, doch vermehrten gerade die Verbote, die Arbeitsstelle zu wechseln oder die Arbeit zu verweigern, die Abhängigkeit der Landarbeiter vom Arbeitgeber. Vielfach kam es daher zu einer Verschlechterung der ökonomischen und sozialen Lage der Arbeiter, die sich nicht nur in einer Minderung der Löhne, vorzüglich infolge der mangelnden Anpassung an das steigende Preisgefüge, sondern auch in einer Einschränkung ihrer vertraglichen Rechte ausdrückte[31].

### 3. *Die Neuanwerbung ausländischer Arbeiter 1915/16*

Neben Armee und Landwirtschaft trat mit dem Beginn der Rüstungskonjunktur im Herbst 1914 die Schwer- und Rüstungsindustrie als dritter Bewerber um das begrenzte Arbeitskräftepotential auf den Plan. Zur Befriedigung ihres wachsenden Bedarfs an Facharbeitern reichten die Mechanismen des freien Arbeitsmarktes bald nicht mehr aus. Neben die Konkurrenz der Firmen, zwischen denen sich teilweise ein hemmungsloser Wettbewerb um die Facharbeiter entwickelte[32], trat die Konkurrenz mit der Armee, bei deren Beschaffungsstellen und Generalkommandos meist mit Erfolg die Freistellung der für die Produktion notwendigen Arbeiter durchgesetzt wurde[33]. Die Einrichtung des „Referats für Zurückstellung Wehrpflichtiger" bei der Fabrikenabteilung des allgemeinen Kriegsdepartements im Januar 1915 unter Leitung Richard Sichlers machte nicht nur diesem ungeregelten Wettstreit weitgehend ein Ende, sondern führte auch zum Konflikt mit dem Verein der deutschen Eisen- und Stahlindustriellen in der Frage der Heranziehung nicht wehrpflichtiger Arbeitskräfte. Nicht zu Unrecht warf Sichler, selbst konsequenter Verfechter dieses Gedankens, den teilweise vor den Problemen der Beschaffung und Ausbildung ungelernter Arbeiter zurückschreckenden Industriellen vor, daß sie sich den im Krieg gegebenen neuen Verhältnissen nicht angepaßt und sich nicht rechtzeitig um vom Wehrdienst freie

[31] Z. B. wurde, um die Arbeiter an ihre Kontrakte zu binden, auf Verordnungen der Gen.Kdos. des XVII. und XX. AK die Hälfte des Lohnes einbehalten. Auf Intervention von Schorlemer mußten diese Verordnungen wieder aufgehoben werden. Elsner, *Arbeiter*, S. 62 f.

[32] Der Staatssekretär des Reichsmarineamtes wies am 22. 2. 1915 den Kriegsausschuß der deutschen Industrie auf Klagen von Firmen hin, daß auswärtige Unternehmen ihnen durch Zeitungsanzeigen mit hohen Lohnversprechungen Facharbeiter abzuwerben suchten. Daraus ergäben sich Unruhe in der Arbeiterschaft und Nachteile für die Kriegsindustrie. *Mitteilungen des Kriegsausschusses 1915*, S. 485 f.; Ernst von Wrisberg, *Heer und Heimat 1914—1918*, Leipzig 1921, S. 102 f.; Gerald D. Feldmann, *Army, Industry and Labor in Germany 1914—1918*, Princeton 1966, S. 64, 79 f.

[33] Vgl. dazu Richard Sichler/Joachim Tiburtius, *Die Arbeiterfrage eine Kernfrage des Weltkrieges*, Berlin 1925, S. 10 ff.; Wrisberg, S. 102 ff.; Feldmann, S. 65 ff. Ende 1915 waren annähernd 600 000 kriegsverwendungsfähige Männer für die Tätigkeit in der Industrie zurückgestellt. Bis Mitte 1918 stieg ihre Zahl auf annähernd 1,2 Millionen.

Arbeiter bemüht hätten. Auf „vaterlandslose Industrielle" bei der Zurückstellung Wehrpflichtiger Rücksicht zu nehmen, war er aber nicht bereit[34].

Doch ist damit nur ein Teilaspekt des Verhaltens der Industrie in der Frage der ausländischen Arbeiter angerührt. Seit dem Winter 1914/15 waren vor allem die Industriegruppen, die eine annektionistische Kriegszielpolitik vertraten, um die wirtschaftliche Durchdringung und Beherrschung der Industrien in den besetzten Gebieten bemüht. Dabei gewann auch die Anwerbung der ausländischen Industriearbeiter, die sich als Korrelat zu der von ihnen geforderten Ausschaltung der industriellen Konkurrenz und zur Beschlagnahme von Maschinen und Rohstoffbeständen für die deutsche Produktion notwendig ergab, immer größere Bedeutung[35]. Fielen doch die alten Rekrutierungsländer für industrielle Zeitarbeiter, Italien und Österreich-Ungarn, während des Krieges für die Werbung völlig aus, da sie ihre Arbeiterreserven der eigenen Wirtschaft dienstbar machen mußten und Streitigkeiten mit der österreichischen Regierung wegen der Kontrolle der Arbeitsverträge schließlich zur Verhinderung jeglicher Werbetätigkeit führten[36]. Auch fand die Verpflichtung von Arbeitern aus den besetzten Gebieten, die für Polen im März 1915 von den rheinischen Industrievertretern des Wirtschaftsausschusses, für Belgien schon um die Jahreswende 1914/15 durch den Duisburger Reeder Carl Schroers angeregt wurde, bei den jeweiligen Zivilver-

[34] Hauptvorstandssitzung des VdESI 15. 10. 1915, BA R 13 I/184. Vgl. dazu auch die „Richtlinien über die Behandlung der Arbeiterfrage in den für Kriegsbedarf tätigen Gewerbezweigen", abgedruckt bei Wrisberg, S. 213 ff., bes. S. 224 f. Zu den arbeits-, lohn- und sozialpolitischen Auseinandersetzungen zwischen Sichler und dem stellv. Kriegsminister Wandel einerseits und dem Verein deutscher Eisen- und Stahlindustrieller andererseits vgl. Feldmann, S. 64. In den Mitteilungen des Kriegsausschusses der deutschen Industrie vom 15. 5. 1915, S. 679 wurde den Unternehmern empfohlen, nur in Notfällen polnische Arbeiter anzuwerben. Begründet wurde dieser Rat mit der Gefahr, daß die russische Industrie nach dem Kriege aus den in Deutschland fortgebildeten Arbeitern Nutzen ziehen könne. Noch im Mai 1918 betonte Oberstleutnant von Kühlwetter bei einer Besprechung über den Heeresersatz im Kriegsamt, daß die Industrie sich endlich damit abfinden müsse, Ausländer und Kriegsgefangene zu beschäftigen, auch wenn es ihr unbequem sei. BHStA IV, Nachlaß Hauptmann Müller, Bd. 24.

[35] Geheimer Bergrat Hilger in Hauptvorstandssitzung des VdESI 11. 10. 1915, BA R 13 I/146; Zivilverwaltung für Russisch-Polen 23. 3. 1915 an HK Duisburg, RWWA, HK Duisburg VIII, XX, 3 d. Vgl. Artikel *Die Verwendung der Lodzer Rohstoffbestände, Mitteilungen,* 17. 4. 1915, Nr. 41, S. 608 f. Ebenso verwandten sich der Kriegsausschuß am 21. 11. 1914, ebenda, S. 222 f., wie die „Kölnische Zeitung" dafür, daß die Antwerpener Rohstoffbestände nicht der belgischen Konkurrenz, sondern der deutschen Industrie zugeführt werden sollten. Vgl. auch Gutsche, S. 71 ff.

[36] Die Zahl der legitimierten italienischen Arbeiter, die in Deutschland während des Krieges verblieben bzw. neu angeworben wurden, schwankte etwa zwischen 10 000 und 14 000, die der Österreicher sank ständig bis auf etwa 60 000 im letzten Kriegsjahr ab. Statistisches Jahrbuch 1916, S. 108; 1919, S. 313. Zum Konflikt zwischen Österreich-Ungarn und dem Deutschen Reich in der Wanderarbeiterfrage vgl. Elsner, *Arbeiter,* S. 81 ff. Angeworben wurden im Laufe des Krieges auch Arbeiter aus neutralen Ländern, Juden, Rumänen, Russen und Ukrainer. Doch blieb ihre Zahl gering.

waltungen volle Unterstützung[37]. Mit besonders schwierigen sozialen und Sicherheitsproblemen in ihren Okkupationsgebieten konfrontiert, waren sie an einer schnellen und weitgehenden Reduzierung der in Polen 200 000, in Belgien über 500 000 Arbeitslosen interessiert[38].

Mit dem Angebot polnischer Arbeiter, das er im März 1915 an die rheinischen Industrie- und Handelskammern richtete, wagte der Chef der Zivilverwaltung von Kries den Eingriff in das bisherige Anwerbemonopol von Landwirtschaft und ostdeutscher Industrie. Damit wurde das Problem der Konkurrenz von Industrie und Landwirtschaft um den Arbeiter aufgeworfen, das sich auch bei der Verteilung der Kriegsgefangenen zeigte[39]. Schon im Winter 1914/15 hatten polnische Landarbeiter, die von ihren Arbeitsstellen entwichen waren, Zugang zu den ihnen bisher verwehrten Industrien der mittleren und westlichen Provinzen Preußens gefunden. Wenigstens sah sich das preußische Ministerium des Innern veranlaßt, erneut auf das Verbot der Beschäftigung polnischer Arbeiter in den westlichen Provinzen Preußens hinzuweisen[40]. Mit der Begründung, daß der Landwirtschaft nicht ihre ausländischen Arbeiter entzogen werden dürften, um nicht die Brotversorgung des Reiches zu gefährden, blieb es auch während des ganzen Krieges den Landarbeitern verboten, zur Industrie überzuwechseln[41]. Damit wurde den landwirtschaftlichen Arbeitgebern das zu ihrer Verfügung stehende Arbeitskräftepotential durch den Staat gesichert. Wohl kam es zu illegalen Abwerbungen durch Industriebetriebe, wohl gelang es polnischen Land-

[37] Generalgouverneur in Brüssel, Frh. von Bissing, 8. 1. 1915 an Regierungspräsident Kruse, Düsseldorf, StAD, Reg. Düsseldorf 15048.

[38] Zivilverwaltung für Russisch-Polen 23. 3. 1915, RWWA, HK Duisburg VIII, XX, 3 d; W. Asmis, *Nutzbarmachung belgischer Arbeitskräfte für die deutsche Volkswirtschaft nach dem Kriege*, Brüssel 1918, S. 71 ff., bringt, ohne ein festes Datum zu nennen, Zahlen des Comité National de secours et d'alimentation. Danach waren 381 584 Männer und 127 195 Frauen vollständig, 127 195 Männer und 42 398 Frauen teilweise arbeitslos. Zur wirtschaftlichen und sozialen Entwicklung der Generalgouvernements vgl. Wolfgang von Kries, *Deutsche Staatsverwaltung in Russisch-Polen. Preuß. Jahrbücher 233*, Berlin 1933, S. 147; ders., *Die wirtschaftliche Ausnutzung des Generalgouvernements Warschau*, ebenda, 235, S. 222 f., 225 ff.; Werner Conze, *Polnische Nation und deutsche Politik*, Graz 1958, S. 133 f.; *Das Land Ober-Ost*, Stuttgart 1917, S. 336; Henri Pirenne, *La Belgique et la Guerre mondiale*. Paris 1928, S. 112 ff. u. 121 ff.; Fernand Passelecq, *Déportation et travail forcé des ouvriers et de la population civile de la Belgique occupée (1916—1918)*, Paris 1927, S. 10 ff.; Ludwig von Köhler, *Die Staatsverwaltung der besetzten Gebiete, Bd. 1, Belgien*, Stuttgart 1927, S. 103 ff.; Karl Bittmann, *Werken und Wirken*, 3. Bd., Karlsruhe 1924, S. 77 ff.

[39] Dr. Heinze und Hilger in Hauptvorstandssitzung VdESI 2. 7. 1915, BA R 13 I/145.

[40] Loebell 17. 2. 1915 an Regierungspräsidenten der mittleren und westlichen preuß. Provinzen. RWWA, HK Duisburg VIII, XX, 3 d. Anscheinend mußten aufgrund dieses Erlasses bereits eingestellte russisch-polnische Arbeiter wieder entlassen werden. Mitteilung der Gewerkschaft Deutscher Kaiser 6. 4. 1915 an HK Duisburg, ebenda.

[41] Kriegsministerium 7. 12. 1916 an stellv. Gen.Kdos., stellv. Gen.Kdo. VII. AK 8. 12. 1917, StAD, Reg. Düsseldorf 9084. Ausgenommen wurden in diesem Erlaß nur industrielle Facharbeiter, die in der Landwirtschaft entbehrlich waren.

arbeitern immer wieder, dieses Verbot zu durchbrechen. Doch blieb ihre Zahl unter dem Aspekt der Gesamtwirtschaft verhältnismäßig gering[42].

Dagegen öffnete die staatliche Erlaubnis vom 11. Mai 1915 zur Anwerbung und Beschäftigung polnischer Arbeiter auch der westdeutschen Industrie die Anteilnahme an der Erschließung neuer Arbeitskräfte im östlichen Besatzungsgebiet[43]. Allerdings scheint sie in der Praxis eine Art Juniorpartner der Landwirtschaft geblieben zu sein. Mit der Zuweisung des alleinigen Anwerbe- und Verfügungsrechts für russisch-polnische Arbeiter an die Deutsche Arbeiter-Zentrale behielten — wie die Klagen der oberschlesischen Industrie zeigen[44] — auch die agrarischen Interessen das größere Gewicht[45]. Immerhin konnten, begünstigt durch die große Notlage der arbeitslosen polnischen Arbeiter, die sie trotz des Mißtrauens gegenüber den Deutschen zur Arbeitsverpflichtung zwang, der Industrie schon 1915 über 20 000, 1916 fast 30 000 polnische Arbeiter zugeführt werden, während für die Landwirtschaft in beiden Jahren 35 000 bzw. 36 500 polnische Landarbeiter angeworben wurden[46].

Die Parität von Landwirtschaft und Industrie bei der Anwerbung erforderte auch die rechtliche Gleichstellung der Arbeiter, soweit die unterschiedlichen Arbeitsbedingungen und Lebensverhältnisse es ermöglichten. Sie wurde nach einigen Monaten der Unsicherheit, in denen die stellvertretenden Generalkommandos durch selbständige Entscheidungen die fehlenden Richtlinien der Zentralbehörden zu ersetzen suchten[46a], Anfang November 1915 verwirklicht. Unter fast einhelliger Zustimmung der unteren Zivil- und Militärbehörden fand das Heimkehrverbot auf alle ausländisch-polnischen Arbeiter Ausdehnung, ohne daß mit dem Zugeständnis eines begrenzten Urlaubsrechts ein wirkliches Ventil für die aufgehobene Freizügigkeit geschaffen worden wäre[47].

[42] Bekanntmachungen Vietinghoff 22. 12. 1915 u. 8. 1. 1916, GStA, Reg. Bromberg Rep. 30 I, 1194; Monatsberichte der stellv. Gen.Kdos. 3. 3. 1917, S. 25; 3. 1. 1918, S. 43, BHStA IV, MKr 12851.

[43] Runderlaß Loebells 11. 5. 1915 und vorhergehender Schriftwechsel RWWA, HK Duisburg VIII, XX, 3 d.

[44] Hilger in Hauptvorstandssitzung VdESI 2. 7. 1915, BA R 13 I/145.

[45] Erlaß Loebells 10. 4. und Aktennotiz bayer. Kriegsministerium 30. 10. 1915, BHStA IV, MKr 12791 u. 12793. Vgl. zur Entstehung der DAZ Nichtweiss, S. 79 ff.

[46] Zahlen nach *Statistische Jahrbücher 1916*, S. 106 ff., 1917, S. 148 f. In ihnen sind nicht die etwa 5400 bzw. über 6600 Deutsche russischer Staatsangehörigkeit einbegriffen, die man zur Rücksiedlung nach Deutschland zu bewegen suchte und die deshalb bevorzugt behandelt wurden. Insgesamt wurden 1915 aus östlichen Nachbarstaaten Deutschlands 53 528 landwirtschaftliche und 20 729 Industriearbeiter, 1916 46 527 bzw. 35 527 angeworben.

[46a] Z. B. erließ Vietinghoff 7. 9. 1915 eine Bekanntmachung, daß die russisch-polnischen Männer unter 17 und über 45 Jahren sowie alle Frauen nach Abschluß ihrer Verträge in die Heimat zurückkehren könnten. Dagegen machte der stellv. kommand. General VII. AK von Gayl 11. 9. 1915 ihre Heimkehr von der Zustimmung der Verwaltung des Generalgouvernements abhängig. StAD, Reg. Düsseldorf 15046.

[47] Befehl der stellv. Gen.Kdos. 1. 11. 1915, dem Konferenz der preuß. Minister, des Gen.Gouvernements Warschau und von Ober-Ost am 22. 10. vorausging. Preuß. Kriegsministerium 25. 10. 1915 an stellv. Gen.Kdos. mit Befehlsentwurf im Anhang.

Das Rückkehrverbot für die Arbeiter berücksichtigte zugleich die besonderen Zielsetzungen der Arbeitgeber, der militärischen Stellen und der Zivilverwaltung des Generalgouvernements Warschau. Dem Verlangen der Generalkommandos und der Betriebe nach langfristiger Einstellung möglichst vieler Ausländer, um deutsche Arbeiter für den Wehrdienst frei machen und den häufigen Wechsel der gerade angelernten und eingearbeiteten Polen vermeiden zu können, entsprach das Votum der Okkupationsbehörden, die wegen der großen Arbeitslosigkeit im besetzten Polen die Heimkehr der Angeworbenen als unerwünscht ablehnten[48]. Entsprechend wurde schon seit dem Sommer 1915 das Ortswechselverbot dazu ausgenutzt, um die zunächst nur auf 3, später auf 6 Monate verpflichteten Arbeiter festzuhalten und mit Güte oder Zwang zum Eingehen eines neuen Arbeitsvertrages zu bestimmen. Dieses widerrechtliche Vorgehen, dazu Mißstände durch Anwerbung körperlich Untauglicher, Unzuträglichkeiten bei Lohnzahlung, Unterbringung und Behandlung der Arbeiter, sprachliche Mißverständnisse und Anpassungsschwierigkeiten an die Disziplin der industriellen Arbeitswelt führten sehr bald zu Konflikten, die durch nationalistische Gegensätze und Vorurteile noch verschärft wurden. Hier zeigte sich mehrfach eine erschreckende Überheblichkeit gegenüber den im Vergleich zu den eigenen Leuten angeblich „minderwertig gearteten" polnischen Arbeitern, fand das Vorurteil, daß die Polen nur folgsam und leistungsfähig seien, wenn sie unter Zwang und Druck gesetzt würden, weite Verbreitung[49]. Unruhen, Streiks und auch Fluchtbewegungen waren vielfach die Folge. Sie konnten von den Militär- und Polizeibehörden nur durch Zwangsmaßnahmen wie Sicherheitshaft der „Rädelsführer", Arbeitszwang und, wenn es sich um Orte mit besonders vielen ausländischen Arbeitern handelte, Einschränkung der Bewegungs- und Handlungsfreiheit eingedämmt werden[50].

Lag die Anwerbung in Polen in der Hand der mehr der Landwirtschaft verpflichteten Deutschen Arbeiter-Zentrale, so wurde sie in Belgien eine Domäne der rheinisch-westfälischen Schwerindustrie. Hier gelang es der Nordwestlichen

BHStA IV, MKr 12793. Berichte der unteren Behörden ebenda und StAD, Reg. Düsseldorf 15057.

[48] So schon am 30. 8. 1915 das Deutsche Polizeipräsidium in Lodz an Oberbürgermeister Düsseldorf; ebenso Mitteilung Gayl 27. 10. 1915 an Regierungspräsidenten Münster, Minden, Arnsberg und Düsseldorf und Bekanntmachung des Polizeipräsidenten von Lodz, v. Oppen, vom 3. 12. 1915, ebenda 9084.

[49] In den Akten der Reg. Düsseldorf und Bromberg sowie des bayer. Kriegsministeriums findet sich eine Vielzahl von Vorgängen, die die Verhältnisse der ausländischen Arbeiter und das Verhalten von Arbeitgebern und Behörden beleuchten. Sie bedürften noch einer sorgfältigen Auswertung.

[50] Ein Beispiel für die Fluchtbewegung in den agrarischen Bezirken bietet das Rittergut Lipie im Kreis Hohensalza, wo zwischen dem 26. u. 29. 12. 1915 alle 38 Saisonarbeiter entwichen. Berichte Reg.Assessor von Kuhn 11. 2., 10. u. 31. 3. 1916, GStA, Reg. Bromberg Rep. 30 I, 1194; in der Industrie kam es zuerst im Frühjahr und Sommer 1916 bei der Friedrich-Alfred-Hütte der Krupp-Werke zu einer bedeutenden Fluchtbewegung über die holländische Grenze. StAD, Reg. Düsseldorf 15057.

Gruppe des Vereins deutscher Eisen- und Stahlindustrieller in Zusammenarbeit mit dem industriefreundlichen Generalgouverneur von Belgien, Frh. von Bissing, im Juli das „Deutsche Industrieinstitut“ ins Leben zu rufen. Er schlug dabei den konkurrierenden Verband Deutscher Arbeitnehmer aus dem Felde, den das Reichsamt des Innern stützte, das einen zu starken politischen und wirtschaftlichen Einfluß annexionistisch gesinnter Industrieller in Belgien zu verhindern suchte[51].

Die Monopolstellung auf dem belgischen Arbeitsmarkt, die die westdeutsche Eisen- und Stahlindustrie mit dem Industrieinstitut erhielt, fand ihren Ausdruck in der Bevorzugung ihrer Werke sowohl beim Antragsverfahren wie bei der Versorgung mit Arbeitern. Bis zum 20. Oktober 1917 wurden allein etwa 85 % aller in Belgien angeworbenen Arbeiter von den Industrien Rheinland-Westfalens eingestellt[52]. Industrien anderer Gegenden mußten dagegen erst ihre Anträge durch den Kriegsausschuß der deutschen Industrie im Benehmen mit dem Reichsamt des Innern daraufhin überprüfen lassen, ob der angemeldete Arbeiterbedarf nicht in Deutschland zu decken war[53]. Im Mai 1916 wurde diese Funktion des Kriegsausschusses aufgehoben und, um das Industriebüro auf eine breitere Interessen- und Arbeitsgrundlage zu stellen, ein Staatskommissar eingesetzt, doch blieb der vorherrschende Einfluß der rheinisch-westfälischen Schwerindustrie erhalten[54].

Im Gegensatz zur Zahl der gewonnenen polnischen Arbeiter blieb der quantitative Erfolg der Anwerbung in Belgien hinter den Erwartungen zurück, obwohl hier ein viel größeres Arbeitskräftereservoir zur Verfügung stand und seit Sommer 1916 den Angeworbenen auch Vergünstigungen: ein Handgeld und ein Überbrückungsgeld für die Familienangehörigen bis zur ersten Lohnzahlung, gewährt wurden[55]. Im ersten Jahr seiner Tätigkeit von Juli 1915 bis Ende Juni 1916 gelang es dem Industriebüro, nur 20 227 und bis zum Beginn der Zwangsabschiebungen am 26. Oktober 1916 nochmals etwa 10 500 Arbeiter für die Arbeit in Deutschland zu gewinnen[56].

[51] Bericht Dr. Kinds 23. 6. 1915 an Nordwestdeutsche Gruppe des Vereins deutscher Eisen- und Stahlindustrieller, RWWA, HK Duisburg VIII, XX, 3 c; Kind in Hauptvorstandssitzung des VdESI 2. 7. 1915 und Dr. Beumer 19. 2. 1916, BA R 13 I/145 u. 147; Bericht über die Konferenz vom 19. 6. 1915 in Brüssel, *Chambre des Représentants* 23. 6. 1927, S. 12 ff.; *Jahresbericht des Deutschen Industriebüros für 1915/16*, Düsseldorf 1916; Wrisberg, S. 240; Asmis S. 96.

[52] Asmis, S. 101.

[53] Der Kriegsausschuß führte deswegen Verhandlungen mit den zuständigen Stellen der deutschen Verwaltung in Brüssel. Rundschreiben vom 20. 7. 1915 an die Mitglieder des Centralverbandes Deutscher Industrieller und des Bundes der Industriellen, RWWA, HK Duisburg VIII, XX, 3 c; Gutsche, Beziehungen, S. 335.

[54] Ergebnisprotokolle der Besprechungen im Kriegsministerium 15. u. 16. 5. 1916, abgedruckt bei Wrisberg, S. 242 ff., bes. 243 f.

[55] Jahresbericht des Industriebüros 1915/16.

[56] Die Zahlen bezeichnen die Belgier, die erstmals angeworben wurden, nicht Verlängerungen ihrer Verträge und Zweitanwerbungen. Asmis, S. 100 u. 107 f.

Der Grund für diesen unterschiedlichen Erfolg ist nicht zuerst in der Verschiedenartigkeit der Anwerbungsmethoden zu suchen, die in Polen wohl noch häufiger als in Belgien rücksichts- und gewissenlos waren. Auch läßt er sich nicht auf die Behandlung der Arbeiter in Deutschland zurückführen. Wurde doch den belgischen Arbeitern durch Verzicht auf das Heimkehrverbot und Gleichstellung in Lohn- und Arbeitsbedingungen mit den deutschen Arbeitern von vornherein eine bessere Stellung eingeräumt.

Eher wirkten sich schon die bürokratischen Auflagen aus, mit denen die einzelnen stellvertretenden Generalkommandos aus einem übertriebenen Sicherheitsbedürfnis heraus die Anwerbung belgischer Arbeiter behinderten und verzögerten[57]. Viel gewichtiger jedoch erscheinen die unterschiedlichen staatlichen und sozialen Verhältnisse in den beiden Okkupationsgebieten. Während in Belgien aus dem einhellig nationalen Willen zur Behauptung staatlicher Freiheit und Unabhängigkeit die Ablehnung jeder Unterstützung des Landesfeindes erwuchs, fehlte im Generalgouvernement Warschau eine entsprechende Übereinstimmung zwischen dem polnischen Streben nach nationaler Unabhängigkeit und dem Widerstand gegen die deutsche Besatzungsmacht. Einzelne polnische Gruppen hofften ja, mit deutscher Hilfe zur nationalstaatlichen Erneuerung Polens zu gelangen. Wo in Belgien Behörden, Geistlichkeit und Industrielle vereint den passiven Widerstand gegen die Besatzungsmacht inspirierten und organisierten, da zerrieben sich die führenden politischen Gruppen Kongreßpolens in Richtungskämpfen. In Belgien ermöglichten die Lebensmittellieferungen des Committee for Relief, daß die umfassende Organisation des Comité National de secours et d'alimentation die arbeitslose Bevölkerung mit Nahrungsmitteln und Unterstützungsgeldern versorgen und damit vom Zwang zur Arbeit für die Besatzungsmacht frei machen konnte. Auch Pressionen Bissings, daß Arbeiter nicht mehr unterstützt werden sollten, die die Arbeit verweigerten, und seine Verordnung vom 15. 8. 1915, die die „Arbeitsscheu" mit Strafen bedrohte, vermochten die Wirksamkeit des Comité national nicht wesentlich einzuschränken[58].

[57] Dazu und zum vorangehenden Absatz Denkschrift über die Überführung belgischer Arbeiter aus dem Gebiete des Generalgouvernements nach Deutschland, verfaßt von der Abtlg. für Handel und Gewerbe 23. 1. 1917, BA R 85/4024; Vordruck eines Arbeitsvertrages, Anhang zu Bericht Dr. Kinds 23. 6. 1915, RWWA, HK Duisburg VIII, XX, 3 c; stellv. Gen.Kdo. VII. AK 4. 12. 1915 an Regierungspräsidenten, StAD, Reg. Düsseldorf 15048.

[58] Auch wenn es bei der Anwerbung belgischer Arbeiter zweifellos zu Zwang und Übergriffen gekommen ist, so erscheint es doch als übertrieben, wie Gutsche, Beziehungen, S. 334 ff., schon für die Zeit vor dem 26. 10. 1916 von Zwangsdeportationen zu sprechen bzw. wie in Chambre des Représentants 23. 6. 1927, Annexe, S. 17, die Mehrzahl der Arbeitsverpflichtungen nach Deutschland auf List, Drohung und Gewalt zurückzuführen. Dagegen spricht auch, daß die Arbeiter ihre Verträge meist verlängerten. Dazu Richard Merton, *Erinnerungswertes aus meinem Leben*, Frankfurt 1955, S. 6 f.; Köhler, S. 147 f.; Bittmann, S, 131 f.; 136 f.; Oskar Frh. von der Lancken-Wakenitz, *Meine Dreißig Dienstjahre, 1888—1918*, Berlin 1931, S. 192 ff.; *Jahresbericht des Industriebüros*, S. 3 ff. Zur Arbeit des Committee for Relief of

Dagegen blieb die Bevölkerung in Polen von den wirtschaftlichen und sozialen Maßnahmen der Besatzungsmacht völlig abhängig. Damit traf objektiv der Begriff der Freiwilligkeit bei der Verpflichtung zur Arbeit, im Deutschland des 1. Weltkrieges von den Militärbehörden schon weitgehend ausgelegt und auch mißbraucht[59], wohl eher noch für die angeworbenen belgischen Arbeiter zu, die vielfach sogar einem starken nationalen Druck widerstehen mußten.

### *4. Die Zwangsverpflichtungen belgischer und polnischer Arbeiter 1916/17*

Mit dem zunehmenden Mißverhältnis zwischen dem Bedarf und der Bereitstellung an Arbeitskräften fand die Duldung der Untätigkeit von mehreren Hunderttausend Arbeitern in Belgien durch das Generalgouvernement, die wegen der Freihaltung der stark belasteten deutschen Ernährungswirtschaft von der Versorgung des belgischen Volkes akzeptiert und erhalten werden mußte, bei der Obersten Heeresleitung, dem Kriegsministerium und der Industrie immer schärfere Kritik. 1916 schlug sie in die Politik einer zwangsweisen Heranziehung der Belgier zur Arbeit in der deutschen Kriegswirtschaft um. Vom ersten Leiter des Deutschen Industriebüros, Dr. Kind, wurde der Zwang noch allein als Schreckmittel zur Steigerung der freiwilligen Verpflichtungen für die Arbeit in Deutschland ins Auge gefaßt[60]. Doch schon im März 1916 forderten Vertreter des Kriegsministeriums die Überführung von 400 000 belgischen Arbeitern nach Deutschland, — allerdings noch ohne Erfolg[61]. Im Herbst 1916 wurde dann durch die neue Oberste Heeresleitung im Rahmen ihrer auf eine totale Mobilisierung der verfügbaren Menschen- und Materialreserven hinzielenden Maßnahmen auch der Zwangsabschub belgischer und polnischer Arbeiter durchgesetzt[62].

Wesentliche Voraussetzung dafür war das Bündnis von Rüstungsindustrie, Dritter OHL und Kriegsministerium im Spätsommer 1916. Die bedeutend gesteigerten Anforderungen an die Rüstungsindustrie aufgrund des Hindenburgprogramms beantworteten die Industriellen mit dem Verlangen nach Bereitstellung der notwendigen Arbeitskräfte, vor allem nach „Öffnung des großen Menschen-

Belgium Herbert Hoover, *Memoiren, Bd. 1, Jahre der Abenteuer 1874—1920*, Mainz 1951, S 140 ff.; Pirenne, S. 132 ff.

59 Dafür viele Beispiele, besonders drastisch das Vorstandsmitglied des VdESI, Beukenberg, am 9. 12. 1915. Danach lag Freiwilligkeit für die Militärs schon vor, wenn Arbeiter, die vom Arbeitgeber wegen Arbeitsverweigerung für 3—5 Tage auf halbe Kost gesetzt waren, die Arbeit wieder aufnahmen. BA R 13 I/147.

60 Bittmann, S. 143.

61 Denkschrift 23. 1. 1917, BA R 85/4024; Bissing 12. 4. 1916 an Bethmann Hollweg, dieser 17. 4. 1916 an Bissing, WUA III, 1, S. 334 ff.; Köhler, S. 148; Wrisberg, S. 238 ff. Anlage 4 u. 5.

62 Urkunden der OHL über ihre Tätigkeit 1916/18, hg. von Erich Ludendorff, Berlin 1920, S. 63 ff. Vgl. dazu die Darstellung bei Ritter, S. 438 ff.

bassins Belgien"[63]. Für sie erschien die von der Heeresleitung verlangte Steigerung der Rüstungsproduktion durchaus möglich, doch bedingte sie, wie Rathenau an Ludendorff schrieb, unter anderem die Lösung des belgischen Arbeiterproblems, „das ohne Rücksicht auf internationale Prestigefragen nur dadurch bewältigt werden kann, daß die dort verfügbaren 700 000 Arbeiter dem heimischen Markt zugeführt werden, auch wenn darüber das amerikanische Hilfswerk zugrunde geht[64]". Die OHL veranlaßte diese Forderungen, auf Bissing schärfsten Druck auszuüben. Unter „Hintansetzung aller sozialen und völkerrechtlichen Bedenken" sollte er die in seinem Okkupationsgebiet befindlichen Arbeitskräfte im weitesten Maße den Zwecken der Kriegswirtschaft in Deutschland oder der Armee in der Etappe der Westfront verfügbar machen. Vor dem Argument, daß von der raschen Einstellung der Arbeiter unter Umständen der Kriegsausgang abhänge, mußte er schließlich kapitulieren. Doch vermochte er eine Deportation in die Etappe, die er für noch rechtswidriger hielt, zu verhindern. Unter Beschränkung auf die allein militärischer Befehlsgewalt unterstellten Etappengebiete wurde sie schließlich von der OHL selbständig geregelt[65].

Erwuchs auch aus der objektiven militärischen und kriegswirtschaftlichen Situation des Herbstes 1916 die dringende Notwendigkeit, wirksame Maßnahmen zur Beseitigung des Arbeitskräftemangels zu ergreifen, so erscheint doch die Bereitschaft, den Weg der Zwangsdeportation zu beschreiten, als Ausdruck der unter den Unternehmern der Schwerindustrie und wenigstens einem Teil des Offizierskorps vorherrschenden sozialen Anschauungen. Eine autoritäre Lösung des Problems der Beschaffung notwendiger ausländischer Arbeiter scheint für sie ebensowenig in Frage gestanden zu haben wie die Überzeugung, daß es auch mit Zwangsarbeitern gelingen werde, die notwendige Arbeitseffektivität zu erzielen. Es war anscheinend erst Bissing, der in der Auseinandersetzung über die

[63] In der Berliner Konferenz führender Persönlichkeiten von Armee, Verwaltung und Industrie am 16. 9. 1916. BHStA IV, MKr 14192. Schon am 11. 8. 1916 teilte Helfferich Bissing mit, daß ihm vom Leiter eines der großen Werke vorgetragen worden sei, er könne den Anforderungen nur entsprechen, wenn er geschulte belgische Arbeiter erhalte. Seiner Meinung nach sei indessen die Heranziehung dieser Arbeiter in letzter Zeit immer schwieriger geworden, hauptsächlich weil die belgischen Arbeiter die mit der Rationierung der Ernährung verbundenen Einschränkungen des Lebensmittelbezuges in Deutschland fürchteten und deshalb sich gegen eine Anwerbung nach Deutschland sträubten. WUA III, 1, S. 345; ebenso trugen Duisberg und Krupp am 8. 9. 1916 Ludendorff die Forderung nach Arbeitskräften vor. Erich Ludendorff, *Meine Kriegserinnerungen 1916—1918*, Berlin 1919, S. 216; vgl. auch Feldmann, S. 163 ff.

[64] WUA III, 1, S. 382 f.

[65] Hindenburg 21. 9. u. 1. 10., Ludendorff 23. u. 30. 9. an Bissing; Protokolle über Besprechungen im Kriegsministerium 28. 9. und in Brüssel 6. 10. 1916, WUA III, 1, S. 339, 345 u. 359; Bissing 13. 2. 1917 an Bethmann Hollweg, BA R 85/4025; für die Zwangsverpflichtungen in den Etappengebieten Erlaß OHL 3. 10. 1916, zit. bei Passelecq, S. 95; Köhler, S. 151 ff.; Bittmann, S. 144 ff.; Lancken, S. 233 f.; Fritz Fischer, *Griff nach der Weltmacht*, Düsseldorf 1964, S. 364.

beabsichtigten Zwangsmaßnahmen darauf hinwies, daß widerwillige, ungelernte und zur Sabotage neigende Arbeiter keinen Nutzen bringen würden, aber darauf von Hugo Stinnes die Antwort erhielt: „Man schaffe uns die Leute, wir werden sie schon zur Arbeit bringen“[66].

Aus dieser Mentalität heraus waren sie wohl auch eher geneigt, sich über humanitäre Prinzipien und völkerrechtlichen Bedenken hinwegzusetzen. Doch stießen sie damit auf die Vorbehalte der zivilen Reichsstellen, von denen vor allem das Auswärtige Amt in Hinblick auf die Auswirkungen, die der Abtransport der Bevölkerung von Lille auf die neutralen Staaten gehabt hatte, zur Vorsicht mahnte und von einer zwangsweisen Verschickung der Belgier abriet. Bethmann Hollweg selbst blieb zwischen den Forderungen der OHL und den Zielen seiner eigenen Friedenspolitik schwankend und unsicher. Auch scheute er wohl vor der Verantwortung für die beabsichtigte Zwangsmaßnahme zurück[67].

Ihren eigentlichen Widerpart aber fand diese Politik der OHL und Industrie in Bissing, der schon im Frühjahr 1916 die Forderung des Kriegsministeriums zu Fall gebracht hatte. Er verband mit einer rechtlich starken Stellung — er war als Generalgouverneur nur dem Kaiser unterstellt — patriarchalisches Verantwortungsgefühl für das ihm anvertraute Land und den Glauben an seine historische Mission einer Gewinnung der Belgier für den Anschluß an das Deutsche Reich. Eine Zwangsdeportation belgischer Arbeiter, die ihm einer Kulturnation unwürdig erschien, mußte aber diese Politik gefährden, die Fortführung der Tätigkeit der Commission for Relief in Frage stellen und seine Verwaltung in Widerspruch zur Haager Konvention bringen. Deren Verletzung glaubte er aber nicht verantworten zu können[68].

[66] Bissing 26. 9. 1916 u. 13. 2. 1917 an Bethmann Hollweg, WUA III, 1, S. 339 ff., BA R 85/4025. In Interviews für den „Matin“ (12. 2. 1919) und den „Tag“ (25. 2. 1919) hat sich Stinnes später zu seiner Haltung in der belgischen Arbeiterfrage bekannt. Allerdings suchte er seine eigentliche Motivation zu verschleiern, indem er das Sicherheitsproblem besonders betonte. Vgl. Gert von Klaas, *Hugo Stinnes*, Tübingen 1958, S. 208 ff.
Für diese Mentalität im Unternehmertum zwei typische Beispiele: einmal der Vergleich des Industriebetriebs mit der Truppe in der Schlacht durch den Geschäftsführer des VdESI Dr. Reichert am 9. 12. 1915. Wie im Kriege sei auch im Betrieb straffe Manneszucht, Über- und Unterordnung nötig. BA R 13 I/110; zum andern die Empörung von „verschiedenen Kreisen der Industrie“ über das Ersuchen der Kommandantur des Kriegsgefangenenlagers Wahn an die Arbeitgeber, aus den Kriegsgefangenen Arbeiterausschüsse zu bilden, um „die Arbeitslust der Gefangenen“ zu fördern. Sie seien befremdet wegen der durch die neue Einrichtung für die Arbeitgeber entstehenden Unzuträglichkeiten, namentlich aber „wegen dieser neuen weitgehenden Rücksichtnahme auf die feindlichen Krieger“. *Mitteilungen* Nr. 141 vom 10. 3. 1917, S. 2271.

[67] Protokoll der Konferenz am 28. 9. 1916; Bethmann Hollweg 7. 10. 1916 an Bissing, WUA III, 1, S. 348 ff. u. 366 ff.; Köhler, S. 153; Ritter, S. 442.

[68] Bissing 26. 9. an Bethmann Hollweg; 15. 9. u. 4. 10. 1916 an Hindenburg; Protokoll vom 28. 9. 1916, WUA III, 1, S. 339 ff.; Erklärung Bissings vor seinen Stäben 25. 9. 1916, zit. bei Bittmann, S. 144 ff.

Trotzdem war es gerade Bissing, der mit der Verordnung gegen die Arbeitsscheu vom 15. Mai 1916, aufgrund deren eine zwangsweise Abschiebung zur Arbeitsstelle erfolgen konnte, die gesetzliche Grundlage für die Deportation belgischer Arbeiter nach Deutschland legte. Gedacht war sie allerdings nur als Hilfsmittel, das „die Ausnutzung der belgischen Arbeitskräfte für deutsche Kriegszwecke mehr als bisher ermöglichen" sollte, — und zwar weniger aufgrund direkter Abschiebungen als vielmehr der indirekten Wirkung der Verordnung, von der man sich ein Ansteigen der freiwilligen Meldungen erhoffte[69]. Erst am 4. August ermächtigte Bissing die Gouverneure und Kreischefs in Belgien, von der Verordnung Gebrauch zu machen. Auch hatte das Generalgouvernement nur die zwangsweise Abschiebung persönlich „straffällig" gewordener Belgier in einzelnen kleinen Transporten im Auge. Als „Sicherheitsmaßnahme" im Interesse der Besatzungsmacht schien sie ihm völkerrechtlich vertretbar, nicht aber die Deportation großer Arbeitermengen, deren Verpflichtung zur Arbeit dazu noch rechtliche Schwierigkeiten aufwarf, da man nur Strafgefangene zur Arbeit zwingen, nicht aber Hunderttausende als Strafgefangene wegführen konnte[70].

Damit aber wurde die Abschiebung belgischer Arbeiter auch zu einem juristischen Problem, das schließlich eine von Bissing erbetene Rechtsbelehrung durch den Reichskanzler entschied. In ihr wurde die Abschiebung arbeitsscheuer Belgier zur Zwangsarbeit als vertretbar erklärt, wenn sie öffentlicher Wohltätigkeit zur Last fielen, in Belgien keine Arbeitsgelegenheit fänden und die Zwangsarbeiten nicht in Beziehung zu Kriegsunternehmungen ständen[71].

Mit diesem Schreiben, vor allem aber auch mit den angefügten Anweisungen für den Fall, daß Zwang notwendig sei, gab der Reichskanzler sein Einverständnis zu der geplanten Maßregel, war der Generalgouverneur von der alleinigen Verantwortung für die völkerrechtlich wie politisch tiefgreifende Maßnahme entlastet[72].

Die vom 26. Oktober bis 10. Februar 1917 dauernde Aktion, bei der etwa 61 500 belgische Arbeiter nach Deutschland überführt wurden, erwies sich jedoch politisch wie wirtschaftlich als ein Fehlschlag[73]. Es zeigte sich, daß es nicht möglich war, ohne schweren außen- und innenpolitischen Schaden völkerrechtliche

[69] Text der Verordnung vom 15. 5. 1916, WUA III, 1, S. 236 f.; Begründung in Schreiben Bissings 30. 5. 1916 an Kriegsministerium, BHStA IV, MKr 12796; WUA III, 1, S. 421 f.

[70] Denkschrift 23. 1. 1917, BA R 85/4024; vgl. auch dazu Asmis, S. 107 f. sowie die Aussage des Sachverständigen Dr. Kriege, WUA III, 1, S. 325 u. Ritter, S. 440, der auf die Widersprüche in der Haltung Bissings hinweist.

[71] Besprechung 6. 10. 1916 in Brüssel; Bissing 6. 10. an Bethmann Hollweg; dieser an Bissing, WUA III, 1, S. 359, 367 ff.; Köhler, S. 152; Bittmann, S. 150.

[72] Denkschrift 23. 1. 1917, BA R 85/4024; womöglich glaubte oder hoffte Bissing, daß der Kanzler den Arbeitszwang in Deutschland für unzulässig erklären würde. Vgl. dazu den Abgeordneten Dr. Levi, WUA, III, 1, S. 367 ff.; Ritter, S. 444 f.

[73] Gutachten Dr. Kriege, WUA III, 1, S. 210. Dort wird die Zahl der Abgeschobenen mit 66 150 (?) angegeben; dagegen bezifferte sie das Familienunterstützungsbüro der Abteilung für Handel und Gewerbe beim Generalgouvernement auf 61 636. Bericht des Beauftragten des bayer. Kriegsministeriums beim Generalgouverneur, Leutnant

und humanitäre Prinzipien hinter militärisch-kriegswirtschaftliche Notwendigkeiten zurücktreten zu lassen. Nicht nur die Tatsache der Abschiebungen selbst, sondern auch schwere Mißgriffe der sie durchführenden militärischen Stellen, die — z. T. von den belgischen Behörden falsch informiert — arbeitsunfähige und nicht arbeitslose Personen abbeförderten, sowie große Übelstände in den Sammellagern infolge mangelhafter Organisation[74], riefen in Belgien und im neutralen Ausland eine Welle der Empörung hervor. Durch sie wurden vor allem die deutschen Beziehungen zu den Vereinigten Staaten und die Bethmannschen wie Wilsonschen Friedensbemühungen beeinträchtigt[75]. Angesichts dieser negativen politischen Auswirkungen gelang es schließlich der Politischen Abteilung beim Generalgouvernement unter Führung des Gesandten Freiherr von der Lancken zusammen mit dem Auswärtigen Amt, OHL und Kriegsamt für eine Einstellung der Zwangsmaßnahmen durch die Reichsregierung zu gewinnen. Mit Hilfe einer von der politischen Abteilung veranlaßten Eingabe namhafter Belgier wurde der Kaiser durch den Reichskanzler bestimmt, die Einstellung der Zwangsverschickungen und die Rückkehr aller „zu Unrecht" nach Deutschland überführten Personen zu verfügen[76].

Auf die bereits seit dem 8. 10. 1916 in den Etappengebieten ausgehobenen belgischen Arbeiter fand die kaiserliche Willensentscheidung allerdings keine Anwendung. Hier wurden von den Armeeoberkommandos im Laufe der beiden letzten Kriegsjahre 62 155 Belgier zu den sogenannten Zivil-Arbeiter-Bataillonen herangezogen, damit aber auch die frische Wunde bis Kriegsende offengehalten. Riefen doch die meist gewaltsamen Rekrutierungen wie die vielfach das Völkerrecht verletzenden Arbeitseinsätze hinter der Front immer wieder Proteste und Beschwerden hervor[76a].

Wadler, 7. 4. 1917 an bayer. Kriegsministerium, BHStA IV, MKr 14 208; nach Asmis, S. 95, waren es dagegen 60847.

74 Über die Durchführung der Zwangsmaßnahmen. Gutachten Dr. Kriege und Protokoll Kriegsministerium, Unterkunftsabteilung, vom 31. 3. 1917, WUA III, 1, S. 225 ff. u. 371 ff., Denkschrift 23. 1. 1917. Auszug aus Schreiben des Reg.-Assessors von Breitenbach, Zivilkommissar in Dinant, an seinen Vater (undatiert); Tätigkeitsbericht des Marinepfarrers Seiler 26. 3. 1917 an Chef des Kriegs-Arbeits- und Ersatz-Amtes, Oberst Frodien, BA R 85/4023—4025; Köhler, S. 154 ff.; Bittmann, S. 161 ff.; Passelecq, S. 120 ff., 204 ff., 262 ff., Ritter, S. 445 ff.

75 Vgl. dazu WUA III, 1, S. 211 ff. sowie S. 246 ff., wo ein großer Teil der Protestnoten abgedruckt ist; ebenso auch *Papers relating to the Foreign Relations of the United States, 1916, Supplement,* Washington 1929, S. 70 f. u. 862 ff.; Denkschrift 23. 1. 1917, BA R 85/4024; Bittmann, S. 164 ff. u. 170 ff., der neben Protestnoten auch Auszüge aus Briefen Abgeschobener bringt; Passelecq, S. 188 ff., 236 ff., 286 ff.

76 Schriftverkehr zu den Verhandlungen über die Einstellung der Zwangsabschiebungen, BA R 85/4025; vgl. auch Lancken, S. 235 ff.; Bittmann, S. 200 ff.; Passelecq, S. 314 ff. Einen weiteren Kampf gegen „militärische Rücksichtslosigkeit" (Lancken) mußten Generalgouvernement und AA im Mai 1917 ausfechten, als Ludendorff das Kriegsamt anwies, die zurückzuführenden Belgier nicht nach Hause zu schicken, sondern ins Lager Maubeuge. Von dort sollten sie dann zwangsweise zur Arbeit in der Etappe herangezogen werden. Schriftverkehr dazu BA R 85/4026.

76a Die Zahl der zwangsverpflichteten Arbeiter nach Chambre des Représentants

Als Mißerfolg erwiesen sich die Deportationen auch für die deutsche Kriegswirtschaft. Es zeigte sich, daß mit der Beschaffung einer großen Zahl von Arbeitskräften das Arbeitsmarktproblem allein noch nicht gelöst war, wenn nicht auch die Arbeiter den erforderlichen Arbeitswillen besaßen. Die vom Kriegsamt veranlaßten Bemühungen, „durch straffe Zucht und nachdrückliche Heranziehung zu den notwendigen inneren Arbeiten auf der Verteilungsstelle" die Vorbedingungen zu schaffen, „daß die Belgier jede Gelegenheit zu gut bezahlter Arbeit außerhalb der Verteilungsstelle als eine erwünschte Verbesserung ihrer Lage begrüßen", blieben von mäßigem Erfolg[77]. Häufig verweigerten die Abgeschobenen selbst die ihnen zwangsweise auferlegte Arbeit oder arbeiteten entsprechend schlecht. So waren Anfang Januar 1917 von bis dahin 56 000 abgeschobenen Belgiern erst 8 500 in „freier" Arbeit, 8 000 wurden mit Zwangsarbeit beschäftigt, 40 000 befanden sich unbeschäftigt in den Sammelstellen[78]. Ende März 1917 waren von 61 934 in den Verteilungsstellen angekommenen Belgiern 13 150 wegen Arbeitsunfähigkeit und 4 283 aus anderen Gründen nach Belgien zurückgeschickt und 32 992 in Arbeitsplätze eingewiesen. In den Lagern hielten sich noch 11 365 Personen auf[79]. Gegen den hartnäckigen Widerstand des Kriegsamtes, das „bei dem äußerst dringenden Bedarf an Arbeitskräften und der völligen Unmöglichkeit ihn durch deutsche Arbeiter oder Kriegsgefangene auch nur annähernd zu decken", jeden nicht „zu Unrecht" deportierten Belgier festzuhalten suchte, wurde „auf Drängen politischer und diplomatischer Kreise" der Endtermin der Zwangsmaßnahmen auf den 15. Juni 1917 festgelegt. Mit diesem Datum mußten dann nochmals etwa 20 000 belgische Arbeiter, die einen Arbeitsvertrag verweigert hatten oder deren Arbeitsverpflichtung abgelaufen war, freigegeben werden[80].

Dagegen erwies sich der indirekte Nutzen der Abschiebungen für den deutschen Arbeitsmarkt als bedeutend größer. Unter dem Eindruck der Zwangsmaß-

14. 7. 1927, Annexe S. 56 f.; zur völkerrechtlichen Beurteilung des Arbeitseinsatzes in der Etappe Unterstaatssekretär Frh. von der Bussche 16. 9. 1917 an Hindenburg sowie weiterer Schriftwechsel, Eingaben und Proteste BA R 85/4027—4028; vgl. auch Passelecq, S. 325 ff.

[77] Kriegsamt 15. 11. 1916: Grundsätze über Heranziehung arbeitsscheuer Belgier zu Arbeiten in Deutschland, WUA III, 1, S. 242 ff., bes. S. 243.

[78] Bericht Geheimrat Eckardt 9. 1. an AA über Besprechung 8. 1. 1917 im Kriegsamt, BA R 85/4023. Es gab dann drei belgische Arbeitergruppen mit unterschiedlichem Status: 1. die durch das Industriebüro angeworbenen sog. freien Arbeiter, 2. abgeschobene Arbeiter, die „freiwillig" arbeiteten, 3. abgeschobene Arbeiter, die unter Zwang arbeiteten.

[79] WUA III, 1, S. 381; auch Asmis, S. 93 ff.; Bittmann, S. 209 f.

[80] Inspektion des Gefangenenlagers VII. AK 22. 3. 1917 an Kriegsamt, dieses 27. 3. an Inspektion; Aufzeichnung Eckardt von Besprechung 21. 4. 1917 in Kriegsamt; Erlasse Kriegsamt 19. 4. u. 7. 5. 1917 an stellv. Gen.Kdos., BA R 85/4025; Bericht Wadler 18. 6. 1917 an bayer. Kriegsministerium, in dem die Zahl der zum 15. 6. heimzusendenden Belgier mit etwa 25 000 angegeben wird; nach belgischen Angaben sind zu dieser Zeit 18 734 aus Deutschland zurückgekehrt. Chambre des Représentants 14. 7. 1927, Annexe S. 56 f.

nahmen stieg die Zahl der Anwerbungen durch das Industriebüro auf über 1 000 in der Woche, eine Ziffer, die bis dahin noch nie erreicht worden war. Insgesamt verpflichteten sich während der Zeit der Abschiebungen 16 767 Belgier zur Arbeit in der deutschen Kriegswirtschaft[81].

Fast wie ein Spiegelbild, wenn auch im Umfang — nicht aber der Härte der Durchführung und dem Ausmaß der Folgen — unbedeutender, erscheinen neben den Zwangsabschiebungen belgischer Arbeiter die Aushebungen und Deportationen von etwa 5 000 meist jüdischen Arbeitern im Raum Lodz zur Zwangsarbeit im Okkupationsgebiet[82]. Ähnlich wie in Belgien sollte auch das im wirtschaftlich daniederliegenden Polen noch verfügbare Arbeitskräftereservoir, das durch die Werbungen der Deutschen Arbeiterzentrale nicht mehr ausgeschöpft werden konnte, mittels Zwang der deutschen Kriegswirtschaft nutzbar gemacht werden. Anscheinend angeregt durch den Verwaltungschef von Kries, wurde hier die Gewinnung von etwa 30 000 jüdischen Arbeitern in Aussicht genommen und auf Drängen Ludendorffs wenigstens teilweise durchgeführt[83]. Die rechtliche Voraussetzung schuf der Generalgouverneur, Generaloberst Beseler, gegen den Widerstand der Zivilverwaltung mit der Verordnung zur Bekämpfung der Arbeitsscheu vom 4. Oktober 1916, aufgrund deren Personen, die die Übernahme einer ihrer Leistungskraft angemessenen Arbeit ablehnten, zwangsweise zu einer anderen Arbeitsstelle abgeführt werden konnten. In der Durchführung

81 Asmis, S. 108.

82 An dieser Zahl muß wohl gegen Leon Großfeld, *Die Proklamation des Königreichs Polen, Zeitschrift für Geschichtswissenschaft, Beiheft 3*, Berlin 1956, S. 171, Drewniak, S. 99, Elsner, *Arbeiter*, S. 178 f. u. a. festgehalten werden, solange sie keine konkreten Zahlen nennen können. Ebenso scheint mir die Behauptung, daß es Massenabschiebungen von polnischen Arbeitern zur Zwangsarbeit nach Deutschland gegeben habe, unzureichend belegt bzw. eine Verwechslung mit den — zweifellos nicht immer legalen — Abschiebungen einzelner Politiker und auch Arbeiter aus politischen oder militärischen Gründen durch die Besatzungsmacht vorzuliegen. Quellenmäßig völlig gesichert ist bisher nur, daß eine Gruppe der bei der Militär-General-Direktion der Eisenbahnen im Generalgouvernement eingesetzten Zwangsarbeiter auch in Memel-Heydekrug arbeiten mußte. Unklar bleibt dagegen, ob die Behauptung der polnischen Abgeordneten von Trampczynski und Seyda vom 13. 7. 1917 im Reichstag, daß mehrere Tausend männlicher und weiblicher Personen aus dem Gebiet von Ober-Ost durch deutsches Militär mit Gewalt zur Zwangsarbeit nach Deutschland abgeschoben worden seien, den Tatsachen entspricht. Wohl hat sie seitens der Militärbehörden im Reichstag keine Widerlegung erfahren, ist andererseits aber auch bei den späteren detaillierten Ausführungen Trampczynskis zur Polenfrage in diesem Sinne nicht wieder aufgenommen worden. Vgl. *Die Widerlegung der Replik*, Warschau 1917, S. 6, GStA Rep. 90 Anhang Kriegsakten Nr. 21; Reichstag Bd. 310, S. 3565.

83 Ergebnisprotokoll der kommissarischen Besprechung der Reichs- und preußischen Ressorts 17. 10. 1916 im Reichsamt des Innern, BA R 85/4022; Ludendorff 13. 9. 1916 an Beseler, WUA III, 1, S. 339; vgl. dazu auch die Äußerung des Vertreters des Generalgouvernements Warschau bei der Besprechung im Kriegsministerium 28. 9. 1916, WUA III, 1, S. 352, sowie Elsner, *Arbeiter*, S. 176 f., der eine Forderung der Landwirtschaftskammer Schlesien auf zwangsweise Überführung von polnischen Arbeitslosen und Arbeitsscheuen in die schlesische Landwirtschaft anführt.

ebenso wie die belgischen Zwangsmaßnahmen ein Mißerfolg — es kam zu Mißgriffen wie z. B. dem Abtransport Jugendlicher und Gebrechlicher und als Folge zu großer Erregung und Empörung im Lande —, wurde die Aktion anscheinend vorzüglich auf Drängen der Zivilverwaltung wieder eingestellt, nachdem etwa die Hälfte der Zwangsabgeschobenen eine Arbeitsverpflichtung übernommen hatte. Auch hier war der einzige Nutzen ein Ansteigen der freiwilligen Arbeitsmeldungen, der politische Schaden, vor allem im Hinblick auf die Glaubwürdigkeit der mit der Proklamation des Königreichs Polen am 5. November 1916 eingeleiteten neuen deutschen Polenpolitik, aber sehr viel größer[84].

### 5. *Die Phase einer liberaleren Fremdarbeiterpolitik 1917/18*

Das Scheitern des Versuchs, die belgischen und polnischen Arbeitskraftreserven gewaltsam zu mobilisieren, mußte notwendig zu einer Liberalisierung der Politik gegenüber den ausländischen Arbeitern führen. Da es sich weiterhin als dringend notwendig erwies, die Kriegswirtschaft mit Arbeitskräften zu versorgen, blieb nur die Alternative, wieder zum System der Anwerbung Freiwilliger überzugehen, das aber durch organisatorische Verbesserungen und Erhöhung der Leistungen für die Angeworbenen zu größerer Wirkung gebracht werden mußte. Mit diesen sachlichen Notwendigkeiten vermochten sich jetzt auch die zivilen wie militärischen Ressorts stärker durchzusetzen, die für eine großzügigere und damit auch weitsichtigere Behandlung der ausländischen Arbeiter eintraten. Hinzu kam, daß sich jetzt neben katholischen Geistlichen und linker Presse auch Reichstag und Arbeiterverbände der immer stärker offenbar werdenden Mißstände in der Behandlung der Ausländer annahmen und öffentliche Kritik wie Sorge vor einer staatsfeindlichen Beeinflussung der Arbeiter zusätzliche Antriebe zur Durchführung von Reformen wurden.

Der Reichstag wurde vor allem durch die Zwangsdeportationen auf die Lage der ausländischen Arbeiter aufmerksam, obwohl sich schon seit 1915 polnische und sozialdemokratische Abgeordnete der polnischen Arbeiter angenommen hatten[85]. Doch verdichtete sich erst im Winter 1916/17 die im Plenum wie in Ausschüssen vorzüglich von der polnischen Fraktion und der sozialdemokratischen Arbeitsgemeinschaft ausgehende scharfe Kritik an der Behandlung der belgischen und polnischen Arbeiter[86], verwandten sich nun häufiger einzelne

[84] Vgl. dazu Kries, Staatsverwaltung, S. 136 f.; Conze, S. 134 f., Ritter, S. 277 f.; Imanuel Geiss, *Der polnische Grenzstreifen 1914—1918*, Lübeck 1960, S. 39 ff.

[85] So vor allem die polnischen Abgeordneten Seyda und von Trampczynski sowie die Sozialdemokraten Dr. Cohn und Sachse.

[86] Abgeordnete von Trampczynski 4. 11., Vogtherr 29. 11., Haase, Bauer (Breslau), Dittmann 2. 12. 1916, Ledebour 28. 2. u. 7. 5. 1917, Trampczynski 1. 3., 22. 3., 10. 6., 14. 6., 5. 7., Cohn 5. 7. 1918. Verhandlungen des Reichstags Bde. 308, S. 2127 ff., 2130, 2188 f., 2292 ff.; 309, S. 2431 ff.; 310, S. 3138; 311, S. 4301, 4567; 312, S. 5347 ff.; 313, S. 5518 ff., 5838 ff.; Bericht der Petitionskommission vom 11. 5. 1917, 321, Anlagen S. 1595; vgl. auch Ritter, S. 667 Anm. 51.

Abgeordnete und Fraktionen bei den Reichsbehörden, um eine Besserung ihrer Lage zu erreichen[87]. Zwar gingen alle diese Initiativen über verbale Forderungen und Appelle nicht hinaus, doch übten sie trotzdem eine starke moralische Pression auf die Reichsleitung aus. So mußte sie dem Reichstag die Rückführung aller in Deutschland nicht freiwillig arbeitenden Belgier zusichern[88]. Zu den Beratungen über Erleichterungen für die polnischen Arbeiter Anfang Oktober 1917 wurden deshalb auch Vertreter der Parteien hinzugezogen, und der Reichskanzler brachte in seiner Befürwortung dieser Erörterungen den Wunsch zum Ausdruck, daß „die aus politischen Gründen in hohem Grade unerwünschte Fortsetzung der Reichstagsverhandlungen über Mißstände in der Lage jener Arbeiter vermieden werden könne[89]."

Noch zusätzlich belastet wurden die Auseinandersetzungen der Linksparteien mit den Regierungs- und Militärbehörden über den rechtlichen und sozialen Status der polnischen Arbeiter durch den deutsch-polnischen nationalen Gegensatz. Er ergab sich aufgrund der Bemühungen der polnischen Reichstagsfraktion wie der christlich-nationalen Emigranten-Fürsorgevereine und der polnischen Berufsvereinigung, die bis in die Vorkriegszeit zurückreichten, um die Vertretung der Interessen ihrer in der deutschen Landwirtschaft und Industrie arbeitenden Landsleute[90]. Diese Vereine nahmen sich der Beschwerden und Wünsche der Arbeiter schon seit Anfang des Krieges an, gewannen auch Einfluß unter ihnen[91]. Sie hatten jedoch Schwierigkeiten, von den staatlichen Behörden als Interessenvertretungen der polnischen Saisonarbeiter akzeptiert zu werden, obwohl sie in der sozialen Frage eine durchaus gemäßigte Haltung zeigten[92].

[87] Erzberger übersandte am 5. 1. 1917 dem AA eine Denkschrift über die belgischen Zivil-Arbeiter-Bataillone mit Vorschlägen zur Abhilfe der Mängel der Abschiebungsmaßnahmen, BA R 85/4024; der freisinnige Abgeordnete Prof. von Schulze-Gaevernitz verwandte sich im Januar 1917 bei der Reichsregierung für eine Einstellung der Zwangsabschiebungen, Bittmann, S. 1917 ff.; die SPD, Partei wie Fraktion, wandte sich mehrfach gegen Zwangsmaßnahmen gegenüber den ausländischen Arbeitern, Bericht Gesandtschaft im Haag 12. 11. 1916, Scheidemann 1. 5. 1917 an AA, BA R 85/4023 u. 4026. Abg. Meerfeld 5. 7. 1917 in Sitzung des Fraktionsvorstandes. Erich Matthias/Eberhard Pikart, *Die Reichstagsfraktion der deutschen Sozialdemokratie 1898—1918, II,* Düsseldorf 1966, S. 274.

[88] Generalgouverneur Generaloberst Frh. von Falkenhausen 4. 6. 1917 an Kriegsamt, BA R 85/4026.

[89] Zit. bei Elsner, *Arbeiter,* S. 208.

[90] Zur Entstehung der Fürsorgevereine Nichtweiss, S. 209 ff., 242 f., des „Zjednoczenie Zawodowe Polskie" (Poln. Berufsvereinigung) in Bochum Hans-Ulrich Wehler, *Die Polen im Ruhrgebiet bis 1918. Moderne deutsche Sozialgeschichte 10,* Köln 1966 S. 447 ff.

[91] Poln. Berufsvereinigung 6. 9. 1915 an Polizeiverwaltung Duisburg; stellv. Gen.Kdo. VII. AK 18. 12. 1915 an Verein für die bergbaulichen Interessen, StAD, Reg. Düsseldorf 15046; Elsner, Arbeiter S. 111; AFGA 4, III, S. 1393 bringt Agentenmeldung vom 14. 6. 1918, wonach annähernd 100 000 Polen im „Zjednoczenie" organisiert seien.

[92] Petition vom 8. 12. 1915 des Begründers der Berufsvereinigung und Herausgebers der poln. Zeitung „Wiarus Polski" in Bochum, Jan Brejski, Reichstag Bd. 321, An-

Vorzüglich die preußische Regierung befürchtete eine Politisierung der Arbeiter im großpolnischen Sinne und suchte daher jede Einflußnahme polnischer Politiker und Gewerkschaftler auf sie zu unterbinden. Um ihr entgegenzuarbeiten, wurden staatliche Vertrauensorgane für die Wünsche und Beschwerden der Arbeiter geschaffen. Im November 1915 übertrugen der kommandierende General des VII. AK. von Gayl und ihm folgend der preußische Minister für Handel und Gewerbe Sydow den Gewerbeinspektoren und Bergrevierbeamten diese Funktion[93]. Ein Jahr später wurde größeren Gruppen polnischer Arbeiter in Industriebetrieben selbst das Recht zugestanden, aus ihrer Mitte einen Vertrauensmann zu wählen, im November 1917 endlich für die Polen bei den stellvertretenden Generalkommandos und den Reisekommissionen des Kriegsamtes ständige Fürsorgestellen eingerichtet[94].

Im Ringen um den Einfluß auf die Arbeiter stellte ihnen die polnische Reichstagsfraktion Anfang Januar 1918 das vom Nationalrat in Posen finanzierte „Soziale Büreau" in Berlin und Bochum entgegen. Unter Leitung Karel Roses, eines führenden polnischen Arbeiterfunktionärs, entfaltete es eine rege Tätigkeit und konnte selbst eine größere Zahl von Landräten zur Zusammenarbeit gewinnen, bis Kriegsminister Stein im Februar 1918 den Boykott der polnischen Fürsorgeinstitution bei den Militär- und Zivilbehörden durchsetzte[95].

Mehr im Sinne eines wechselseitigen Gebens und Nehmens unter dem Banner des Burgfriedens gestaltete sich dagegen das Verhältnis zwischen den Freien Gewerkschaften und den zentralen Regierungsstellen in der Frage der ausländischen Arbeiter. Von den Gewerkschaften setzte sich im wesentlichen nur der Metallarbeiterverband vorbehaltlos für die ausländischen Arbeiter ein. Er forderte in der Kölner Generalversammlung vom 27.—29. Juni 1917 für sie ebenso die Koalitionsfreiheit wie das Recht, die Arbeitsstelle frei zu wechseln[96]. Dagegen verhielten sich die anderen Freien Gewerkschaften und auch die Generalkommission distanzierter. Sie standen aufgrund der Erfahrungen der Vorkriegszeit einer gesetzlich ungeregelten Einführung relativ bedürfnisloser ausländischer

lagen, S. 1595; Elsner, S. 208 f. Ebenso versuchte auch der vom polnischen provisorischen Staatsrat in Warschau gebildete „Beirat in Arbeiterangelegenheiten" direkte Kontakte zu den polnischen Arbeitern in Deutschland aufzunehmen. Er wurde jedoch von der deutschen Zivilverwaltung daran gehindert. Dagegen gelang es der sog. polnischen Übergangskommission im Oktober 1917, von den deutschen Behörden das Zugeständnis einiger Erleichterungen für die polnischen Arbeiter zu erhalten. Vgl. dazu Werner Basler, *Deutschlands Annexionspolitik in Polen und im Baltikum 1914—1918,* Berlin 1962, S. 178, 204 f.

93 Gayl 5. 11. 1915 an Regierungspräsidenten und 18. 12. 1915 an Verein für die bergbaulichen Interessen, Sydow 24. 11. 1915 an Oberbergamt Dortmund, StAD, Reg. Düsseldorf 9084.

94 Erlasse Kriegsministerium 7. 12. 1916 u. 15. 10. 1917, StAD, Reg. Düsseldorf 9084; Elsner, Lage, S. 181.

95 Erlaß Stein 5. 2. 1918 an Gen.Kdos., BHStA IV, MKr 14214; AFGA 4, III, S. 1335; Elsner, *Arbeiter,* S. 281.

96 Eingabe VdESI betreff. Arbeiterpolitik und Arbeiterunruhen im Kriege, August 1917 an Reichskanzler, BA R 13 I/188.

Arbeiter eher ablehnend gegenüber, da diese sich der gewerkschaftlichen Organisation weitgehend entzogen und — auch in Zeiten der Arbeitslosigkeit herangezogen — sich von den Arbeitgebern als Lohndrücker und Streikbrecher verwenden ließen[97]. Während des Krieges wirkten sie auf Ersuchen des Kriegsministeriums bei der Heranziehung ausländischer Arbeiter mit, verpflichteten aber die Militärbehörden, dafür zu sorgen, daß auch den Ausländern die vereinbarten Tariflöhne gezahlt wurden[98]. Es war wesentlich diesem Übereinkommen zu verdanken, über dessen Einhaltung beide Parteien sorgfältig wachten, daß die Lohnverhältnisse der belgischen und polnischen Industriearbeiter denen ihrer deutschen Kollegen weitgehend entsprachen[99]. Im Herbst 1916 wurde der Generalkommission vom Kriegsminister auch ausdrücklich zugestanden, daß die polnischen Arbeiter sich den deutschen Gewerkschaften anschließen durften. Als Mitglieder der disziplinierten, deutsch gesinnten Gewerkschaften erschienen sie ihm weniger gefährlich, als wenn sie sich zu rein polnischen Geheimbünden zusammenschlossen[100].

Dagegen blieb das Recht der belgischen Arbeiter, den Gewerkschaften beizutreten, bis zum Hochsommer 1918 umstritten[101]. Auch nahmen die Militär- und Polizeibehörden im Lande gegenüber den Arbeiterverbänden meist einen härteren Standpunkt ein. Die stellvertretenden Generalkommandos machten von dem Recht, diese Erlaubnis für ihren Korpsbezirk aufzuheben, immer wieder Gebrauch, — und zwar vor allem dann, wenn die ausländischen Arbeiter, denen eine Verweigerung der Arbeit verboten war, sich an Streiks beteiligten[102].

[97] Es ist im Zusammenhang dieses Aufsatzes nicht möglich, auf das seit dem Amsterdamer Kongreß 1904 in der internationalen Arbeiterbewegung diskutierte und besonders im Kriege im Hinblick auf die Nachkriegszeit wieder aufgenommene Problem der Saisonarbeit ausländischer Arbeiter in den hochindustrialisierten Staaten näher einzugehen. Vgl. zur Diskussion im Kriege: Correspondenzblatt 37 vom 9. 9. 1916, S. 390 f. u. 45 vom 4. 11. 1916, S. 462 ff. *Sozialistische Monatshefte 1916*, I, S. 326 ff. II, S. 858 f., III, S. 1274 f., 1917, I, S. 96 u. 366 ff.

[98] Generalkommission 31. 5. 1918 an bayer. Kriegsministerium, BHStA IV, MKr 14215; Paul Umbreit, *Die deutschen Gewerkschaften im Kriege. Der Krieg und die Arbeitsverhältnisse*, Stuttgart 1928, S. 123 f.

[99] Dafür viele Beispiele in den Berichten der Kriegsamtsstelle Nürnberg an das bayer. Kriegsministerium. BHStA IV, MKr 14212—14215.

[100] Kriegsminister Wild von Hohenborn 18. 10. 1916, zit. bei Elsner, *Arbeiter*, S. 263. Ähnliche Urteile über die Freien Gewerkschaften ebenda S. 264 und Referentennotiz bayer. Kriegsministerium 20. 5. 1918, BHStA IV, MKr 14214; vgl. auch Umbreit, S. 125, der das Verdienst der Generalkommission daran allerdings zu stark betont. Natürlich verwandte sich die Generalkommission im Winter 1916/17 auch für die belgischen Arbeiter. Vgl. ebenda S. 123 f.

[101] Entgegen dem Kriegsministerium, das noch im August 1918 die Gewerkschaften als Interessenvertretung der belgischen Arbeiter nicht anerkennen wollte, gestanden ihnen Kriegsamt und preuß. Ministerium des Innern dieses Recht schon „längere Zeit" vor Ende Mai 1918 zu. Legien 31. 5. 1918 an Bayer. Kriegsministerium, BHStA IV, MKr 14215; Umbreit, S. 124.

[102] Vgl. dazu die Ausführungen Bauers am 4. 6. 1918 im Reichstag Bd. 312, S. 5176 ff.; Kriegsamtsstelle Nürnberg 6. 6. 1918 an bayer. Kriegsministerium, BHStA IV, MKr 14215; AFGA 4, II, S. 723 f., 764; Elsner, Arbeiter S. 266 ff.

Waren die Einwirkungen der Parteien und Gewerkschaften ebenso wie die sachlichen Notwendigkeiten der Kriegswirtschaft auch durchaus geeignet, die leitenden Ressorts zu einer liberaleren Politik gegenüber den ausländischen Arbeitern zu veranlassen, so konnte diese doch nur teilweise verwirklicht werden. Nur hinsichtlich der belgischen Arbeiter, die für die deutsche Kriegswirtschaft gewonnen werden sollten, gelang es, durch gezielt und zweckmäßig eingesetzte finanzielle und soziale Leistungen wie Erleichterung der rechtlichen Beschränkungen das System der Anwerbung freiwilliger Arbeitskräfte zu einem beachtenswerten Erfolg zu führen.

Noch bevor alle Schuldkonten der Zwangsabschiebungen liquidiert waren, wurden in Besprechungen von Vertretern des Kriegsamts mit der Verwaltung des Generalgouvernements und dem Industriebüro ein weiterer Ausbau des Anwerbungsystems und eine bedeutende Erhöhung der Leistungen für die angeworbenen Arbeiter beschlossen. Mit Zweigstellen des Industriebüros für alle Kreise, erhöhten Werbeprämien für die Agenten und Anwerbung auch von Frauen sollte die Wirkung der Anwerbeorganisation gesteigert werden. Durch Heraufsetzung des Handgeldes von 20 auf 50 Frcs., Vermehrung der einmaligen Unterstützung für die Angehörigen bei Verheirateten wie Unverheirateten je nach Vertragsdauer, Gewährung einer monatlichen Unterstützung in Geld oder Lebensmitteln für Frau und Kinder, unentgeltliche Zuteilung eines bestimmten Quantums an Hausbrandkohle und kostenlose deutsche ärztliche Hilfe beim belgischen Roten Kreuz hoffte man, die Attraktivität der Arbeitsverpflichtung in Deutschland ausreichend zu steigern[103]. Noch durch die Bezahlung eines Handgeldes von 100 Frcs. vermehrt, das der Arbeiter erhielt, wenn er seinen Vertrag unter Verzicht auf Urlaub beim gleichen Arbeitgeber verlängerte[104], blieben diese Leistungen — mit Ausnahme der monatlichen Unterstützung für Frau und Kinder[105] — bis zum Ende des Krieges erhalten. Zusammen mit den relativ hohen Löhnen und den Arbeitsbedingungen der deutschen Arbeiter wie den zeitweise auch besseren Ernährungsverhältnissen in Deutschland boten sie Anreiz genug, um zu einer ständigen Zunahme der Arbeitsverpflichtungen für die deutsche Kriegswirtschaft zu führen. Die Anforderungen des Kriegsamts vom Frühjahr 1917 auf 100 000 belgische Fach- und 25 000 Bergarbeiter konnten so zu einem relativ hohen Prozentsatz erfüllt werden[106]. Allein 1917 wurden durch

[103] Auszug aus Besprechung beim Chef des Kriegsamtes 13. 3. 1917; Köhler 10. 4. 1917 an Zivilpräsidenten und -kommissare, BHStA IV, MKr 14208.

[104] Die Zahlung wurde zuerst, um Mißstimmung bei den deutschen Arbeitern zu vermeiden, an die Familie des Belgiers gerichtet; später aber, da sich dieser Zahlungsmodus „nicht als genügender Anreiz" erwies, direkt dem Arbeiter ausgezahlt. Erlasse Kriegsministerium 18. 5. u. 20. 9. 1917, ebenda MKr 14209 u. 14211.

[105] Sie wurde Mitte Juli aus finanziellen Gründen aufgehoben. Rundverfügung Köhler, ebenda MKr 14214.

[106] Der Anwerbung kam auch zugute, daß im Frühjahr 1917 die in Belgien nicht im deutschen Interesse arbeitenden Betriebe stillgelegt wurden. Verwaltungschef von Sandt 4. 3. 1917 an Ministerialdirektor Dr. Kriege, AA, BA R 85/4025.

das Industriebüro 70 000 Arbeiter erstmalig angeworben[107] und im ersten Halbjahr 1918 nochmals etwa 28 000[108], bis die sich mehr und mehr abzeichnende militärische Niederlage auch ein Nachlassen der Bereitschaft nach sich zog, in Deutschland zu arbeiten.

Weniger einheitlich und konsequent erscheint dagegen die Behandlung der polnischen Arbeiter in den beiden letzten Kriegsjahren, obwohl sich auch hier die Erkenntnis immer mehr Geltung verschaffte, daß die Bereitschaft zur Arbeit in Deutschland auch ein gewisses Ausmaß an persönlicher Freiheit sowie ausreichender materieller und sozialer Sicherheit bedingte. Doch waren in der polnischen Arbeiterfrage die Gegensätze der Interessenten zu groß, die Widersprüche zwischen mehr autoritärem und mehr funktionalem Denken zu ausgeprägt, als daß man zunächst über eine Politik der Kompromisse und halben Maßnahmen hinausgekommen wäre.

Die Notwendigkeit einer Besserung der Lage der polnischen Arbeiter wurde angesichts der immer wieder auftretenden Schwierigkeiten bei der Anwerbung, die auf den geringen Schutz der Interessen der Arbeiter in Deutschland zurückgeführt wurden, im Reichsamt des Innern und wohl auch schon im Kriegsministerium seit dem Frühjahr 1916 erkannt. Doch scheiterten die auf Gewährung eines Urlaubs hinzielenden Bemühungen an den Einwänden der Arbeitgeber, Generalkommandos und des Generalgouvernements[109].

Seit Herbst 1916 trat dann auch der Chef der Zivilverwaltung im Generalgouvernement Warschau, von Kries, für eine Milderung der durch das Rückkehr- und Ortswechselverbot geschaffenen Härten ein, um das Stocken der Anwerbungen und Anwachsen der Kontraktbrüche zu überwinden[110].

Damit hatten sich die drei Ressorts zusammengefunden, in denen eine mehr den Zielsetzungen und Notwendigkeiten der Kriegswirtschaft angepaßte Arbeiterpolitik verfolgt wurde. Ihren Vertretern gelang es Ende 1916, die von ihnen vertretene Auffassung gegen den Widerstand der übrigen preußischen Ministerien, die nicht bereit waren, für die ungewisse Hoffnung auf neue Arbeitskräfte der Kriegswirtschaft zeitweilig Millionen von Arbeitsstunden zu entziehen, weitgehend durchzusetzen und Verbesserungen der Arbeitsbedingungen herbeizuführen. In den Bestimmungen über Anwerbung und Beschäftigung polnischer Arbeiter vom 7. Dezember 1916 und den Ausführungsbestimmungen dazu wurden das Ortswechselverbot gemildert, der Übergang von einer Arbeitsstelle in eine andere erleichtert, für auftretende Streitigkeiten zwischen Arbeitgeber

107 Asmis, S. 108 f.

108 Köhler, S. 167. Im Geschäftsjahr 1917/18 wurden bei der DAZ 104 630 belgische und holländische Arbeiter legitimiert. Davon waren etwa ein Drittel Holländer, während andererseits viele Belgier nicht legitimiert wurden. Nach einer in Belgien gefundenen deutschen Statistik waren Anfang 1918 rund 100 000 belgische Arbeiter, darunter 11 800 ursprünglich deportierte, in Deutschland. Mitte 1918 betrug ihre Gesamtzahl dann etwa 130 000. *Statistisches Jahrbuch 1919*, S. 313; Passelecq, S. 323.

109 Reichstag Bd. 321, Anlagen S. 1595; Erlaß Kriegsministerium 5. 6. 1916 an stellv. Gen.Kdos., StAD, Reg. Düsseldorf 9084.

110 Elsner, Arbeiter, S. 191.

und Arbeitnehmer die Schlichtungsausschüsse des Hilfsdienstgesetzes als Schiedsgerichte eingesetzt. Den Kern der Verbesserungen stellten aber die Bestimmungen über die erleichterte Urlaubsgewährung dar, die auch auf wehrpflichtige Polen ausgedehnt und großzügiger gehandhabt werden sollten. Doch waren gerade hier die Einschränkungen dieser Erlaubnis: vorherige Anhörung des Arbeitgebers, Stellung einer Kaution bzw. eines „Ersatzmannes“ durch das Generalgouvernement, Versagen der Erlaubnis, wenn der Verdacht bestand, daß der Arbeiter den Urlaub überschreiten oder nicht zurückkehren werde, geeignet, die Wirksamkeit dieser Maßnahme in Frage zu stellen. Sie boten Arbeitgebern und Militär- wie Zivilbehörden Gelegenheit, Beurlaubungen der Arbeiter überhaupt zu verhindern[111].

Darüber hinaus blieben diese Zugeständnisse aber auch nicht umfassend genug, um den Gegensatz zur offiziellen Polenpolitik des Deutschen Reiches zu überwinden. Dem Verlangen der polnischen Arbeiter, als Angehörige eines nun mit Deutschland befreundeten Landes Arbeitsstelle und Wohnort frei wechseln oder, mit dem Vorwand, in die polnische Armee eintreten zu wollen, in die Heimat zurückkehren zu dürfen, vermochte die Reichsleitung nur mit dem weiteren Festhalten der Polen an ihren Arbeitsstellen zu antworten.

Auf Intervention des Präsidenten des Kriegsernährungsamtes, Batocki, und der Vertreter der ostelbischen großagrarischen Interessen hin, die nicht nur einen Landarbeitermangel für das kommende Erntejahr befürchteten, sondern auch die Polenpolitik des Kanzlers wegen ihrer Auswirkungen auf die polnische Bevölkerung der östlichen Provinzen Preußens bekämpften, blieb den polnischen Arbeitern auch weiterhin die Freizügigkeit versagt[112]. Die Kriegsziele Polens und Deutschlands, so glaubte das Reichsamt des Innern den Polen diese Maßnahme begründen zu können, seien die gleichen. Jeder Pole müsse darum gleich interessiert und gleich verpflichtet an der ununterbrochenen, angestrengten Arbeit der gesamten deutschen Kriegswirtschaft sein[113].

Noch durch Arbeits- und Lohnstreitigkeiten, schlechte Ernährung und die Einwirkungen der russischen Revolution gesteigert, fand die zunehmende Unzufriedenheit der polnischen Arbeiter in der schnell wachsenden Zahl der Kontraktbrüchigen, Flüchtlinge und auch Streikenden ihren Ausdruck. Nach den Angaben der Deutschen Arbeiter-Zentrale verließen vom 1. 10. 1916 bis zum 30. 11. 1917 allein 24 390 ausländische Arbeiter, von denen die große Mehrheit Polen waren, ihre Arbeitsstellen in Industrie und Landwirtschaft, während es vom 1. 10. 1915 bis 31. 11. 1916 nur 11 233 gewesen waren[114]. Von ihnen flüch-

[111] Erlaß Kriegsministerium 7. 12. 1916 an stellv. Gen.Kdos. und Ausführungsbestimmungen vom 5. 2. 1917; Erlaß Kriegsamt 2. 1. 1917 an stellv. Gen.Kdos., StAD, Reg. Düsseldorf 9084, BHStA IV, MKr 12796.

[112] Groener 14. 11. 1916 an stellv. Gen.Kdos., Erlaß Loebell und Bekanntmachung Vietinghoff 21. 11. u. 18. 12. 1916 sowie 31. 1. 1917, GStA, Reg. Bromberg Rep. 30 I, 1195 Bd. 9; Monatsberichte der stellv. Gen.Kdos. 3. 12. 1916, 3. 2. u. 3. 3. 1917, BHStA IV, MKr 12851; Elsner, *Arbeiter*, S. 187 ff.

[113] 30. 12. 1916 an stellv. Gen.Kdos., BHStA IV, MKr 12796.

[114] Elsner, Lage, S. 180.

tete ein Teil in die Heimat zurück[115], andere — darunter auch Belgier — suchten nach Holland zu entkommen[116], während wohl der größte Teil vom Lande in die bessere Löhne zahlende Industrie überzuwechseln suchte[117].

Unter dem Eindruck der Gefahr, daß die Unzufriedenheit der polnischen Landarbeiter in eine Massenflucht umzuschlagen drohte[118], wie auch unter dem Druck vielfacher Kritik an der bisherigen Fremdarbeiterpolitik wurde nochmals im Oktober 1917 unter Führung von Generalgouvernement, Reichsamt des Innern und Kriegsministerium beschlossen, durch Konzessionen an die polnischen Arbeiter eine größere Stabilität und Effektivität ihres Arbeitseinsatzes zu erreichen. Durch Erlaß vom 15. Oktober 1917 wurde grundsätzlich festgelegt, daß jedem polnischen Arbeiter aus dem deutschen Okkupationsgebiet jährlich einmal Urlaub zu gewähren sei, sofern er sich gut führte, die Sicherheit der Innehaltung des Arbeitsvertrages gewährleistet sei und die Verkehrsverhältnisse es gestatteten. Zugleich sollten bei den Generalkommandos Fürsorgekommissionen gebildet werden, die unter Heranziehung eines Vertreters der polnischen Arbeiter die Durchführung der Urlaube sowie Wohnverhältnisse, Entlohnung und Behandlung zu kontrollieren hatten. Endlich waren vom Kriegsamt Reisekontrollkommissionen zu bilden, die Wünsche und Beschwerden der Arbeiter entgegennehmen und auf Beilegung aller Mißstände hinwirken sollten[119].

Mit der Durchführung dieser Maßnahmen hatte sich die Auffassung durchgesetzt, daß es für die Aufrechterhaltung der Kriegswirtschaft notwendig sei, die Arbeitsfreudigkeit der polnischen Arbeiter zu erhöhen[120]. Doch zeigten die massiven Proteste landwirtschaftlicher Interessenvertretungen auch das starke Gegengewicht der am autoritären Charakter ihrer Erwerbs- und Herrschaftsprivilegien starr festhaltenden großagrarischen Arbeitgeber. Sie wehrten sich im angeblichen Interesse der Erhaltung der landwirtschaftlichen Produktion gegen die verordneten Vergünstigungen und wußten — vielfach von den zuständigen Generalkommandos unterstützt — auch in der Folge eine Beurlaubung ihrer Arbeiter meist zu umgehen. Im ganzen wurden nur etwa 30 000 polnische Arbeiter in das Generalgouvernement beurlaubt, von denen jedoch die Mehrzahl in der Industrie tätig war. Annähernd ein Viertel kehrte nicht mehr nach Deutschland zurück[121].

Insgesamt führten die Reformen des Oktober 1917 zu einer gewissen Beruhigung der polnischen Arbeiter wie ihrer politischen Vertreter und ermög-

115 Monatsberichte, 3. 12. 1916, S. 12, 3. 4. 1917, S. 5, BHStA IV, MKr 12851.

116 Stellv. Gen.Kdo. III. bayer. AK 14. 2. 1917, BHStA IV, MKr 14208; AFGA 4, II, S. 562 f.

117 Monatsberichte 3. 3. 1917, S. 25, BHStA IV, MKr 12851.

118 Kriegsminister Stein, zit. bei Elsner, *Lage*, S. 183.

119 Erlaß Stein 15. 10. und Ausführungsbestimmungen 21. 11. 1917 an stellv. Gen.Kdos., BHStA IV, Nachlaß Müller, Bd. 18.

120 In den Ausführungsbestimmungen zum Erlaß vom 15. 10. 1917 heißt es: „Erster Grundsatz bleibt die Aufrechterhaltung der Kriegswirtschaft. Dazu ist Arbeitsfreudigkeit nötig. Sie zu erhöhen, ist Zweck der Bestimmungen." Ebenda.

121 Drewniak, S. 227.

lichten es auch weiterhin, ansehnliche Arbeiterzahlen im Generalgouvernement für die deutsche Kriegswirtschaft zu gewinnen[122]. Zu einer weitgehenden Befriedigung, wie sie bei den belgischen Arbeitern in Deutschland gelang, kamen die Verbesserungen für die Polen aber nicht nur zu spät, dazu wurden sie auch nicht nachdrücklich genug durchgeführt[123]. Auch im letzten Kriegsjahr blieben daher Arbeitsverweigerungen und Entweichungen von der Arbeitsstelle bei den polnischen Arbeitern an der Tagesordnung[124]. Doch erwuchsen sie nun wohl nur noch zum Teil aus den Mängeln und Mißständen ihrer besonderen sozialen und rechtlichen Lage. Sie waren jetzt ebenso auch Ausdruck der politischen Radikalisierung, die die gesamte Arbeiterschaft am Ende des Weltkrieges erfaßte.

## *Zusammenfassung*

Die deutsche Fremdarbeiterpolitik während des ersten Weltkriegs zeichnet sich — im wesentlichen auf Grund der in sich widerspruchsvollen Verfassungs- und Gesellschaftsstruktur des Reiches — durch die mangelnde Einheitlichkeit und vor allem durch den vorherrschend autoritären Charakter der behördlichen Maßnahmen aus. Überwiegend durch Zwang wurden die Arbeiter herangezogen, am Arbeitsplatz festgehalten oder zum Einsatz gebracht. Erst in der zweiten Hälfte des Krieges vermochte sich wenigstens partiell eine liberalere Politik gegenüber den ausländischen Arbeitern durchzusetzen.

War schon im Frieden die deutsche Wirtschaft auf die Arbeit ausländischer Land- und Industriearbeiter angewiesen, so gewann im Krieg die Bereitstellung der notwendigen Arbeitskräfte umso größere Bedeutung, je mehr wehrpflichtige Männer einberufen und je höhere Anforderungen an Landwirtschaft und Rüstungsindustrie gestellt wurden. Die bei Kriegsbeginn in Deutschland befindlichen russisch-polnischen Landarbeiter wurden daher zwangsweise zurückgehalten, die in den folgenden Jahren im Generalgouvernement Polen angeworbenen Arbeitskräfte nach Ablauf ihrer Verträge gewaltsam an der Heimkehr gehindert.

Weniger erfolgreich als in Polen erwies sich — trotz der großen Zahl der Arbeitslosen — die Anwerbung für die westdeutsche Industrie in Belgien. Aufgrund der erhöhten Anforderungen an Kriegsmaterial durch das Hindenburg-Programm forderten daher Rüstungsindustrie, Kriegsministerium und OHL eine

[122] Die Anwerbungsergebnisse beliefen sich 1917 auf insgesamt 72 000 und 1918 auf fast 66 000 Land- und Industriearbeiter. Dazu kamen 3768 bzw. 8321 Deutsche russischer Staatsangehörigkeit. Insgesamt befanden sich 1918 nach den Zahlen der DAZ über 500 000 Arbeiter aus dem alten russischen Staatsgebiet in Deutschland. Ihre wirkliche Zahl wird etwa 600 000 erreicht haben. *Statistisches Jahrbuch 1918*, S. 124 f., 1919, S. 312 f.

[123] Bei den Schlichtungsausschüssen liefen auch 1918 in großer Zahl Klagen der Landarbeiter ein, daß sie bei der Lohnauszahlung von den Vorschnittern übervorteilt würden. Erlaß Vietinghoff 15. 6. 1918 an Reg.Präsidenten und Landräte, GStA, Reg. Bromberg Rep. 30 I, 1197.

[124] Erlaß Vietinghoff 10. 5. 1918 an Reg.Präsident Bromberg und Landräte, Berichte der Landräte Juni 1918, ebenda.

zwangsweise Heranziehung belgischer Arbeiter. Gegen den Widerstand des Generalgouverneurs in Brüssel setzte die neue OHL im Herbst 1916 die Zwangsdeportation von über 60000 Belgiern nach Deutschland sowie die gewaltsame Aushebung von Arbeitskräften in den westlichen Etappengebieten und in Polen durch, mußte jedoch nach heftigen Protesten im In- und Ausland die Einstellung und Rückgängigmachung der Gewaltmaßnahmen zugestehen. Nur in den allein militärischer Gewalt unterstellten Etappengebieten wurden Zwangsdeportationen auch weiterhin durchgeführt.

Nachdem es sich als unmöglich erwiesen hatte, das Arbeitskräfteproblem gegen den Widerstand der Arbeiter und gegen die Meinung des neutralen und feindlichen Auslands, des Reichstags und der Gewerkschaften auf dem Wege des Zwanges zu lösen, vermochten sich in mehreren der beteiligten zivilen wie militärischen Behörden des Reiches und Preußens die Kräfte stärker durchzusetzen, die eine den gegebenen Möglichkeiten und Notwendigkeiten besser angepaßte Fremdarbeiterpolitik vertraten. Dank ihrer Einwirkung wurde die rechtliche und wirtschaftliche Lage der Arbeiter gebessert und der Anwerbung belgischer Arbeiter ein größerer Erfolg gesichert. Dagegen gelang es gegen den Widerstand der ostdeutschen großagrarischen Interessenvertretungen nicht, im gleichen Umfange auch die Lage der polnischen Arbeiter zu erleichtern. Für die deutsche Kriegswirtschaft blieben sie daher, bedingt auch durch den nationalen Gegensatz, bis zum Kriegsende ein Element der Unruhe und Unsicherheit.

## *Abkürzungen im Anmerkungsapparat*

| | |
|---|---|
| AA | = Auswärtiges Amt |
| AFGA | = Archivalische Forschungen zur Geschichte der deutschen Arbeiterbewegung |
| AK | = Armeekorps |
| BA | = Bundesarchiv Koblenz |
| BHStA IV | = Bayerisches Hauptstaatsarchiv München, IV. Abteilung (Kriegsarchiv) |
| DAZ | = Deutsche Arbeiter-Zentrale |
| GStA | = Geheimes Staatsarchiv Berlin |
| HK | = Handelskammer |
| OHL | = Oberste Heeresleitung |
| Reg. | = Regierung |
| RWWA | = Rheinisch-Westfälisches Wirtschaftsarchiv Köln |
| StAD | = Staatsarchiv Düsseldorf |
| StAM | = Staatsarchiv Münster |
| VdESI | = Verein deutscher Eisen- und Stahlindustrieller |
| WUA | = Werk des Untersuchungsausschusses der Deutschen Nationalversammlung. |

GERALD D. FELDMAN

# German Business Betwen War and Revolution: The Origins of the Stinnes-Legien Agreement[1]

## I

An important element in the modernization of advanced industrial societies in the West has been the restructuring of labor-management relations along lines less violent and less mutually exclusive than those which frequently existed in the earlier stages of industrialization. The result of this process has been rather dramatically projected by the industrial relations expert Clark Kerr: "Class warfare will be forgotten and in its place will be the bureaucratic contest of interest group against interest group. The battles will be in the corridors instead of the streets, and memos will flow instead of blood."[2] Unfortunately, this ideal has not been realized with uniform success, a fact which demonstrates that the processes of industrialization and modernization, even within the relatively homogeneous West, are more individuated and discrete than some of our contemporary model builders and stage theorists would suggest[3]. The evaluation of even such seemingly beneficent developments as collective bargaining must take into account the concrete historical context and structural conditions in which they arise and operate.

A case in point is the so-called Stinnes-Legien Agreement of November 15, 1918 which established collective bargaining in Germany during the 1918 Revolution. This understanding was an attempt to defuse German industrial relations by doing away with the discriminatory practices of industry, on the one hand, and the Socialist trade unions' more extreme implementations of the doctrines of class warfare, on the other hand. Industry agreed to recognize the trade unions, to bargain with them concerning wages and working conditions, to create labor exchanges and mediation agencies on the basis of parity, to termi-

[1] This essay is an expanded and revised version of a paper delivered at the American Historical Association in 1964. The research was assisted by grants from the American Council of Learned Societies, the Social Science Research Council, and the Institute of International Studies of the University of California.

[2] Clark Kerr, *Labor and Management in Industrial Society* (New York, 1964); see also Ralf Dahrendorf, *Class and Class Conflict in Industrial Society* (Stanford, 1959), p. 267 ff.

[3] See the brief but excellent discussion of the problem by Henry Rosovsky, „The Take-Off into Sustained Controversy," *Journal of Economic History*, XXV, June 1965, pp. 271—275.

nate its financial support of 'yellow' unions, and to introduce the eight hour day. The trade unions accepted the continued existence of private property and employer organizations—a significant matter since Germany was undergoing a revolution ostensibly under Socialist leadership—and even went so far as to join with the employers in the creation of an *Arbeitsgemeinschaft*[4] to institutionalize and organize future collaboration in the formulation of joint economic and social policies. The *Arbeitsgemeinschaft* survived, albeit with great difficulty, until 1924, when the employer abrogation of the eight hour day destroyed all pretense of a harmony of interests. Collective bargaining as established by the Agreement continued until 1933 although persistent state intervention was needed to prevent it from breaking down[5]. The fate of the Stinnes-Legien Agreement, therefore, is another illustration of the way in which modern Germany sought and failed to create conditions under which a modern industrial society might flourish. Furthermore, since the Weimar Republic's political survival depended to a considerable extent upon the degree to which business and labor could compromise their differences, the origins and history of their relations is a subject of primary importance.

The Agreement has been variously evaluated by historians. Apologists for German business have lauded the Agreement in their efforts to improve the 'image' of the German business community and to fight co-determination. The Agreement has been held up as an illustration of business' conciliatory attitude and as an alternative to radical proposals emanating from the camp of labor. The failure of the *Arbeitsgemeinschaft* has invariably been blamed upon state interference in industrial relations and the radicalism of the workers. Communist historians, as might be expected, attack the Agreement as a 'betrayal' of the working class by its reformist trade union leadership and as a tactical triumph of shrewd industrialists skillfully seeking to save their economic and social hides. Historians of less obvious ideological persuasion have divided on this issue more or less along the lines upon which they have divided concerning the Revolution itself. Some regard the Agreement as one of the most important means by which the reformist Socialists prevented economic collapse, bolshevization and possible division of Germany. Others have viewed it as an illustration of the way in which the unimaginative and frightened leadership of German Social Democracy

[4] The term is not easily translated into English because it connotes an 'organic' 'social partnership' or 'working community' and thus goes beyond the type of labor-management negotiations and collective bargaining familiar to Anglo-Saxon experience.

[5] The only complete study of the *Arbeitsgemeinschaft* is the dissertation of Heinrich Kaun, *Die Geschichte der Zentralarbeitsgemeinschaft der industriellen und gewerblichen Arbeitgeber und Arbeitnehmer Deutschlands* (Jena, 1938); collective bargaining and state intervention are discussed in Hans-Hermann Hartwich, *Arbeitsmarkt, Verbände und Staat 1918—1933* (Berlin, 1967); summary accounts of the topics are to be found in Ludwig Preller, *Sozialpolitik in der Weimarer Republik* (Stuttgart, 1949).

overcommitted itself to the forces of the old order and failed to lead the masses toward a greater democratization of German society[6].

However the performance of the Social Democrats may be evaluated, the Stinnes-Legien Agreement is certainly one of the most glaring demonstrations of Arthur Rosenberg's contention that German Social Democracy had created a bourgeois republic[7]. If the Agreement marked a defeat for the old *Herr im Hause* position, it also marked business' appropriation of the more modern techniques for the settlement of social conflict within the capitalist order. In this instance, however, the birth of the bourgeois republic is not to be measured merely in terms of such institutions as collective bargaining and parliamentary democracy. The Stinnes-Legien Agreement marked the beginning of a period in which businessmen achieved a political and social prominence which they did not have in the old Empire. They assumed powerful positions in government and played a more active role in parliamentary life. Most important perhaps was that their opinions and values assumed a new importance and even dominance thanks to the failure of the old order and the pressing economic problems of postwar Germany[8]. In the last analysis, it was in the economic ideas and expertise of Hugo Stinnes and his colleagues that the Majority Socialists and trade union leaders put their faith from the very outset of the Revolution. It is hardly possible to understand the nature of the Stinnes-Legien Agreement or to evaluate it without understanding the motives of the businessmen involved in making it. These motives, however, were necessarily rooted in the specific historical and structural characteristics of the German business community itself.

## II

By the First World War this business community was highly differentiated and complex[9]. Such diverse types as Upper Silesian magnates, Rhenish-West-

[6] The best accounts for the employer side are Fritz Tänzler, *Die Deutschen Arbeitgeberverbände 1904—1929* (Düsseldorf, 1929), p. 121 ff.; Hans von Raumer, „Unternehmer und Gewerkschaften in der Weimarer Zeit," *Deutsche Rundschau*, 80, April 1954, pp. 425—434; Gerhard Erdmann, *Die Deutschen Arbeitgeberverbände im sozialgeschichtlichen Wandel der Zeit* (Neuwied and Berlin, 1966), p. 97 ff. The Communist evaluation is to be found in Werner Richter, *Gewerkschaften, Monopolkapital und Staat im ersten Weltkrieg und in der Novemberrevolution* (Berlin, 1959), p. 223 ff. The Agreement is positively evaluated by Erich Eyck, *History of the Weimar Republic*, 2 vols. (Cambridge, Mass., 1963), II, p. 111, and condemned by Peter von Oertzen, *Betriebsräte in der Novemberrevolution* (Düsseldorf, 1963), p. 187 ff.

[7] Arthur Rosenberg, *Entstehung und Geschichte der Weimarer Republik*, ed. by Kurt Kersten (Frankfurt a/M. 1955), p. 276.

[8] See the material in the dissertation of Ingolf Liesebach, *Der Wandel der politischen Führungsschicht der Deutschen Industrie* (Hannover, 1957) p. 35 ff. and the very perceptive comments of Albrecht Mendelssohn-Bartholdy, *The War and German Society. The Testament of a Liberal* (New Haven, 1937), p. 213 ff.

[9] Wolfgang Zorn, "Typen und Entwicklungskräfte deutschen Unternehmertums im 19. Jahrhundert," *Vierteljahrschrift für Sozial- und Wirtschaftsgeschichte*, 44, March

phalian entrepreneurs, Hamburg merchants and shippers, Berlin bankers, Saxon textile industrialists, inventive entrepreneurs of the machine building, electrotechnical and chemical industries, managers and syndicate directors are not easily lumped together. This heterogeneity was not simply a matter of typology but also of economic antagonism and political conflict. Difficulties between raw materials producers and finished product manufacturers over prices and tariffs, tensions between big business and medium sized business, and rivalries within big business between the dominant older sectors of coal, iron and steel production and the newer sectors of chemical and electro-technical production were sources of organizational division. These divisions were often closely, although by no means uniformly, paralleled by conflicts over political and social issues. The leaders of heavy industry in the Ruhr and Silesia sought alliance with the large East Elbian landowners and opposed the recognition of organized labor, while some of the leaders of the newer industrial sectors and important segments of middle sized and small business took a more reformist position concerning both politics and social relations. Needless to say, businessmen were most concerned with economics, not politics, and their political involvement was usually severely limited because of preoccupation with their own enterprises and an unpolitical attitude which identified the general welfare with the prosperity and autonomy of the business community. Such attitudes, by no means exclusively German, were necessarily reinforced by a polity which had traditionally rewarded the political impotence and non-participation of the businessman with economic autonomy and privilege, just as they were exacerbated by the growing importance of technocratic and functionally oriented firm managers, syndicate directors, and business association managers (*Geschäftsführer*). This last development influenced not only the character of business politics but also the nature of the business world itself. A small group of dynamic owner-entrepreneurs and general directors provided the energy and motor force behind a business community with strong tendencies in the direction of insistence upon security, overorganization and bureaucratization.

If there was anything that bound this variegated prewar business world together it was a commitment to freedom from state regulation and an insistence upon self-government *(Selbstverwaltung)*. The doctrines of 'free enterprise' in the Anglo-American sense of maximizing competition by preventing restrictions upon trade never took hold in Germany because of the timing and character of her industrialization, but this does not mean that German businessmen accepted state interference in their affairs with the graciousness which many exaggerated notions of the state's role in Prussia-Germany's industrialization would imply. The state played no significant role in the prewar organization of German

1957, pp. 57—77; Hans Jaeger, *Unternehmer in der deutschen Politik 1890—1918* (Bonn, 1967); Helmut Kaelble, *Industrielle Interessenpolitik in der Wilhelminischen Gesellschaft* (Berlin, 1967); Helga Nussbaum, *Unternehmer gegen Monopole. Über Struktur und Aktionen antimonopolistischer bürgerlichen Gruppen zu Beginn des 20. Jahrhunderts* (Berlin, 1966).

industry, and such attempts by the state to interfere or compete with private enterprise as did occur met with stout resistance[10]. There were, of course, many points of contact with the state, and business lobbying intensified during the prewar years in matters of tariffs, freight rates, overseas interests, military contracts and social legislation. Broadly speaking, however, these were matters through which the general climate and conditions of business life could be positively or adversely affected by the state. With the exception of social legislation, and here only in the limited sense of welfare legislation and factory inspection, the state refrained from touching upon the substance of business autonomy. Control of production and distribution, of prices and wages, and of the degree of freedom and constraint in these areas continued to rest in the hands of the businessman or his association.

The war shattered this state of affairs and profoundly altered the relations between business and the state because the latter was compelled to regulate raw materials and production, and to supervise the allocation of labor and the distribution of goods. As the chief contractor in a market in which demand was almost always in excess of supply, the government became increasingly involved in pricing policies. At the same time, the government's concern with maintaining internal peace and maximizing production led it to support high wages and recognition of the trade unions. The proliferation of government controls and agencies produced confusion and irritation, and these normal by-products of war economics were intensified by the clumsy structure of the German Empire and its overbureaucratized administrative apparatus. Military interference in economic affairs was onerous from the beginning of the war, but the introduction of the Hindenburg Munitions Program and the creation of the army directed War Office in the fall of 1916 to oversee the economy, although initially promoted by business, rapidly intensified the organizational difficulties and increased the points of friction between business and government[11].

Strictly speaking, the government made every effort to base the wartime economy upon the principles of self-regulation so long espoused by business. The control and distribution of raw materials were placed in the hands of war corporations run by businessmen. In 1914 State Secretary of the Interior Clemens von Delbrück encouraged the chief industrial organizations, the Central Association of German Industrialists, the League of German Industrialists, and the Association for the Protection of the Interests of the German Chemical Industry to join forces in the German Industry War Committee. The new organization, while maintaining the formal independence of its consituent members, was called upon to represent business against the government and parliament, to preside over the wartime tasks of business, and to oversee the activities of the regional and branch organizations of business. The government's emphasis upon

[10] See the excellent discussion by Erich Maschke, *Grundzüge der deutschen Kartellgeschichte bis 1914* (Dortmund, 1964).

[11] Gerald D. Feldman, *Army, Industry and Labor in Germany, 1914—1918* (Princeton, 1966), especially chapters I—V.

business self-regulation encouraged the development and proliferation of the branch organization (*Fachverband*), which regulated the distribution of war contracts and, in the later part of the war, undertook the very thorny task of shutting down inefficient plants and syndicalizing its respective industry. The government deliberately encouraged cartels and syndicates because they served as execellent instruments for the negotiation of domestic prices and the maintenance of the high export prices which enabled Germany to secure desperately needed foreign exchange from neutral nations in need of German goods. Government intervention, therefore, served to move German business in the direction of greater organization and centralization of organizational activity so that public functions might be carried out thorough private economic organizations[12].

These developments helped to define, in both a positive and a negative sense, the terms in which businessmen thought about the future organization of business. While there were a few maverick technocrats willing to associate themselves with the *dirigiste* schemes of Walther Rathenau and Wichard von Moellendorff, both of the *Allgemeine Elektrizitätsgesellschaft*, the vast majority of German businessmen rejected the combination of government control and business self-regulation which typified the wartime economy[13]. So long as the war lasted, however, it was impossible to resist government incursions, and the businessmen therefore adopted the tactic of surrendering to government demands that they organize themselves. The state needed business organized so that business could serve public policy; business accepted organization so that it could ward off state direction. This was particularly evident in the wartime extension of the various cartels in heavy industry. The agreements upon which these cartels had been based became obsolete because the productive capacity of leading members had increased considerably or the war had wrought other changes making the old quotas unsatisfactory. Yet, these cartels were renewed because the members recognized that "We should voluntarily join together in our own most basic interest and not await pressure from above"[14]. Rebellious syndicate members were called to order with a reminder that it was "very much in the public interest to avoid a compulsory syndicate.... The effect of state supervision over coal, and, indirectly, iron upon all of industry and upon our economic life in general is utterly incalculable.... and we have every reason to ward off state intervention"[15]. Finally, this consideration was important in the decision to continue the collaboration of the leading business organizations after the war in the form of the German Industrial Council founded in October 1916: "The central industrial organizations must be concerned with the establishment of a unified re-

[12] Fritz Hauenstein, *et. al.*, *Der Weg zum Industriellen Spitzenverband* (Frankfurt a. M., 1956), pp. 74—87.

[13] Feldman, *Army, Industry and Labor*, pp. 46—51, 170, 277—280.

[14] Syndicalization discussion in Düsseldorf, Feb. 20, 1917, Historische Archiv der Gutehoffnungshütte (HA/GHH), Nr. 3000035/2.

[15] Georg Arnhold to Carl Duisberg, Sept. 7, 1915, Archiv der Firma Bayer Leverkusen, 'Briefe.'

presentation of industry because we must count upon the possibility that the industrial branch organizations will be transformed into compulsory organizations by legislation .... It is obvious that the central industrial organizations have the most vital interest in assuring their leadership and influence in this if they do not want to suffer an irreparable blow to their position."[16]

Increasing organization did not necessarily mean diminishing tension within the business community. There was great resentment against the concentration of decision making in Berlin, particularly in south Germany, and much distrust of heavy industry. These sentiments were heightened by the shutting down of non-essential and inefficient plants, and by the obvious power which heavy industry exercised in the German Industry War Committee, the business oriented National Liberal Party and the press. Gustav Stresemann, leader of the Nation Liberal Party, and an important officer of the Association of Saxon Industrialists and the League of German Industrialists, told the General Director of the Hamburg-America Line, Albert Ballin, that he was "trying to free himself from the embrace of heavy industry in order to make the National Liberal Party more financially independent than before .... The League of Industrialists also wants to free itself from heavy industry."[17] Ballin's shipping concern was paralyzed by the war, and although well compensated for the losses, Ballin did not appreciate heavy industry's wartime boom and ruefully remarked that "Heavy industry is making so much money that it no longer knows what to do with it."[18] Ballin was alarmed at the way in which heavy industry was using some of this money to buy up the press and thereby "ruling not only the people but also the government," and he joined with the Stuttgart industrialist Robert Bosch in an attempt to compete with heavy industry in this area. This seemed all the more necessary because Ballin and Bosch thought that heavy industry was "digging its own grave" by its rigid adherence to immoderate war aims and its opposition to internal reform:

> Now they are tying themselves down to a definite program and placing themselves in radical opposition to the majority in Germany. Sooner or later, however, this majority will have the power in its hand and then it will be easy for it to take revenge, for nothing would be simpler than crippling heavy industry through a few laws. The gentlemen do not think of this because they are driven on by blind vanity and unspeakable ignorance concerning the actual situation.[19]

Such centrifugal tendencies, however, were increasingly outweighed by centripedal tendencies within big business. While the bonds tying together the old cartels and syndicates stretched and frayed under the stress of expanded capaci-

[16] Memorandum by Jacob Herle, May 1916, in Nachlaß Gustav Stresemann (Microfilm by the U.S. National Archives), Roll 3051, Serial 6816H, Frame H122828.

[17] Notizen by Direktor Arndt von Holtzendorff, Sept. 26, 1917, Berichte Holtzendorff, Rep. 300. Reichsinstitut für Geschichte des neuen Deutschland, Hauptarchiv Berlin-Dahlem.

[18] Ballin to Holtzendorff, Oct. 4, 1916, *ibid.*

[19] Holtzendorff Notizen, Sept. 26, 1917, *ibid.*

ties and imperfect control of their industries, the steel industrialist Albert Vögler dreamed of emulating the more perfect form of horizontal organization being created by Carl Duisberg in the chemical industry, and Vögler's boss, Hugo Stinnes, was beginning that incredible program of vertical concentration for which he was to become famous[20]. Indeed, not the least important of the reasons why men like Ballin and Bosch were so concerned about the policies of heavy industry was that heavy industry was becoming involved in shipping and finished products manufacturing. Heavy industry, seeking to secure a safe market for its raw material production, to benefit from the advantages of coordinating the entire production process, to enjoy the profits of the finished products industries, and to evade the war profits tax by "trying everything possible to use this money in such a manner that it will be untaxable,"[21] was welcomed by the shipping, engineering and electrotechnical industries because they needed the security of a guaranteed supply of raw materials and the substantial capital resources which heavy industry had to offer. Despite all his reservations about heavy industry, therefore, Ballin made it the policy of the Hamburg-America Line "to consolidate its interests more definitely and completely than hitherto with the capitalistic groups of our key industries and our banking system,"[22] and Stinnes' example of "going to Hamburg" was speedily emulated by his colleagues in the Ruhr. Similarly, Carl Friedrich von Siemens deplored the politics of the "thick headed" heavy industrialist Alfred Hugenberg, feared that the steel industry would pursue pricing policies harmful to the interests of the finished products industries, but recognized that "We are living in the age of concentration, and I believe that this movement can no longer be halted"[23]. Siemens, like Ballin, was to become involved in Stinnes' operations, and this must be kept in mind in order to understand the dual purpose behind Siemens' desperate and frequently frustrated efforts to get the competing elements of the finishing industries to organize and work together. On the one hand, unity was necessary to prevent heavy industry from shifting the costs of the war to these industries and to prevent the government from neglecting their particular interests. On the other hand, unity was necessary so "that the finishing industries can make the honorable attempt to conclude a compromise with heavy industry in the presen-

[20] Wilhelm Treue, ed., „Carl Duisbergs Denkschrift von 1915 zur Gründung der ‚Kleinen I.G.'", *Tradition. Zeitschrift für Firmen-Geschichte und Unternehmer-Biographie*, 8, Oct. 1963, pp. 193—227; Vögler to Duisberg, Oct. 8, 1917, Autographensammlung Duisberg, Bayer Archiv; Paul Ufermann and Carl Hüglin, *Hugo Stinnes und Seine Konzerne* (Berlin, 1924), p. 31 ff.

[21] Holtzendorff Notizen, Sept. 26, 1917, Hauptarchiv Berlin-Dahlem, Rep. 300.

[22] Quoted in Hermann Brinckmeyer, *Hugo Stinnes*, translated by Alfred B. Kuttner (New York, 1921), p. 53. For another example of this process, see Günther Leckebusch, *Die Beziehungen der deutschen Seeschiffswerften zur Eisenindustrie an der Ruhr in der Zeit von 1850 bis 1930* (Cologne, 1963), p. 101 ff.

[23] C. F. von Siemens to Dr. O. von Petri, Feb. 19, 1918 and to W. von Siemens, Aug. 9, 1918, Siemens Archiv, Nachlaß C. F. von Siemens, 4/IF/514, Bd. 4, Bl. 128—133, 179—180.

tation of desires and proposals to the government so that, whenever possible, industry will present a united stand to the outside world. Undoubtedly, such a procedure will combine the greatest strength and thereby promise the greatest success."[24]

The common denominator in the general striving for unity to be found in the wartime business community, however, was the need to resist the encroachments of the state. On this issue big business and medium sized business, commerce and banking could join forces, and they all recognized that the critical battle would be fought in the period of demobilization and transition to a peacetime economy. The Rathenau-Moellendorff ideas of a planned economy and rumors that the government would continue forced syndicalization, and maintain raw materials, export and import controls, and price ceilings provoked sharp opposition. In February 1918 the Central Association of German Industrialists created a special fund to fight postwar 'socialization' schemes of the type outlined in Rathenau's *Die Neue Wirtschaft.*[25] The Reich Economic Office (RWA), which was charged with the demobilization, sought to reassure the businessmen and invited them to form an advisory council for the purpose of assisting the government in preparing postwar social and economic legislation as well as in carrying through the demobilization. Some businessmen greeted this invitation with extreme suspicion: "I see no end to all this. First an advisory council is to be set up, then industrial branch committees (*Fachausschüsse*), and only God knows what will then follow .... The whole government will rule us then .... I beg of you not to make any further concessions ....[26] More thoughtful businessmen, particularly some of the leaders of heavy industry, recognized the advantages of joining such an advisory body. The previously employed methods of relying on personal connections in government circles and fighting unfriendly legislation after it had been presented to an unreliable Reichstag was obviously inferior to the regular reviewing of proposed legislation before it was finally drafted or became known to the public[27].

As the war reached its end, however, and as the signs multiplied that the "dictatorship of the *Referenten*"[28] would not end, business launched a full scale campaign for the complete restoration of its old freedoms. While prepared to concede that some controls might be necessary immediately after the war, business insisted that these be kept at a minimum. It was prepared to accept "an industrial self-administration of the readjustment period (*Übergangswirtschaft*) with state supervision," but it refused to accept "a controlled economy under of-

[24] C. F. von Siemens to Director Burgheim, Oct. 26, 1917, *ibid.*, Bd. 3, Bl. 105—108.

[25] Confidential circular to Central Association members, Feb. 28, 1918, HA/GHH, Nr. 3001248/1.

[26] Sept. 1917 discussion in the Executive Committee of the Association of German Iron and Steel Industrialists (VdESI), Bundesarchiv Koblenz (BA), R 13 I/152.

[27] *Ibid.*

[28] *Mitteilungen des Kriegsausschusses der deutschen Industrie*, Oct. 19, 1918.

ficial direction."[29] The differences within the business community became submerged in a mounting crisis of confidence between business and government during the last months of the war. Special meetings to protest real or imagined plans of the RWA were held by Hamburg business groups and the Association of Southwest German Chambers of Commerce in the spring of 1918, and a giant protest was being organized by the Industrial Council for the fall. Business criticism of the government was so severe and vituperative that it was advised to give a little more thought to the possibly revolutionary consequences of the assaults on the government: "One should certainly consider the fact that the authority of the government could be severely undermined by such attacks while right now, but above all in the future, industry and commerce will surely be dependent upon the authority of the government. One certainly should not help to tear down the dam which holds back the flood."[30]

## III

In the view of most businessmen, it was the government, not they, which had failed to man the dikes protecting traditional authority in Germany. The government had retreated before the left wing Reichstag majority in political and social matters. Under the Auxiliary Service Law of December 1916 management was compelled to negotiate with trade union secretaries on the various wartime bodies established to hear grievances and was forced to establish Worker Committees in the plants. Thanks to this law Socialist and Christian trade union membership grew considerably, and labor was exceptionally successful in wresting higher wages from the employers. These developments only served to intensify business anxieties about the postwar situation. Even a total military victory would not guarantee them a return of their old markets, and they anticipated a prolonged economic war with their enemies. Just as business feared that continued bureaucratic interference would deprive businessmen of the flexibility needed to meet this challenge, so they feared that the power of the trade unions and the "astronomical" wages would make it impossible for German industry to compete with its rivals. Business thus faced the problem of finding a government strong enough to resist the growing power of labor but pliant enough to give business freedom of action. This quest was all the more difficult because business could not easily find the mass base which might provide the political leverage it needed to win its goals.[31]

[29] *Ibid.*, Sept. 28, 1918. Even the most cursory reading of these *Mitteilungen* for the period February-October 1918 will demonstrate the great tension between business and the government concerning the organization of the economy.

[30] Remark by former State Secretary of the RWA Schwander to Ballin, Holtzendorff report, June 23, 1918, Hauptarchiv Berlin-Dahlem, Rep. 300.

[31] Feldman, *Army, Industry and Labor*, pp. 379—383.

The efforts of the politically active elements in heavy industry to remedy these difficulties were not entirely successful. In alliance with the Junkers and Ludendorff they participated in the successful campaign to bring down Bethmann Hollweg, but they then discovered that it was one thing to snipe at moderate elements in the government, quite another to get more inspired leadership than Michaelis and Hertling. More impressive, because more imaginative, was the idea of using imperialism for purposes of socio-political sedation and the promotion of a mass movement toward this end. Heavy industry consciously supported extreme annexationism in the hope that it would shore up the old order, and it contributed important moral and financial support to the pseudo-democratic Fatherland Party founded under the leadership of Wolfgang Kapp and Admiral von Tirpitz in September 1917. This coincided with an effort to unify the various unions opposing the strike tactic in the Central Committee of National Worker and Professional Associations of Germany (*Hauptausschuß nationaler Arbeiter und Berufsverbände Deutschlands*) in order to find an effective counterbalance to the powerful worker organizations committed to the strike tactic.[32] Yet, a mass movement based upon the membership of a *Mittelstand* whose roots in industrial society, insofar as they existed at all, were weak, and upon the support of worker organizations created and sustained by employer money could only be of limited assistance to business in fulfilling the concrete economic and social tasks which faced German industry. By 1917 an awareness of this fact was beginning to develop even among the most important employer opponents of the independent trade unions.

Wartime exigencies had compelled even the most extreme opponents of trade union recognition to come into contact with trade union secretaries and to engage in various forms of active and tacit cooperation. Both sides, for example, were concerned with insuring the adequacy of the workers' food supply, and as the government's allocation system broke down, they developed a common interest in maintaining the black market purchasing conducted by the large industrial firms. Formal collaboration in administering the government food supply system frequently led to informal collaboration in its evasion. Similarly, and very significantly, there was considerable collusion in matters of wages and prices. Due to the absence of adequate government controls and the shortage of labor, the employers were in a position to grant wage demands and then pass the costs on to the consumer. In the coal mining industry, where opposition to trade union recognition was exceptionally strong, there nevertheless developed a regular wartime practice of making wage increases contingent upon price increases. Finally, it was very difficult for employers to ignore the sharp conflict between the trade union leaders and the radical socialists or to dismiss the degree to which the trade union leaders encouraged patriotic and disciplined attitudes

[32] *Ibid.*, pp. 135—136, 429—431; Paul Reusch of the Gutehoffnungshütte was particularly active in trying to unite the unions opposed to the strike, see HA/GHH, Nr. 30019390/24.

among the workers. Like the employers, the trade union leaders were practical men concerned with bread and butter issues, and the realities of increased union power coupled with the practical advantages of discussing problems of common interest could not be entirely neglected.[33]

Old attitudes die hard, however, and the development of a more flexible attitude on the part of the employers was very slow in coming. The trade union leaders had summoned the employers to join them in an *Arbeitsgemeinschaft* at the beginning of the war, but the summons was left unanswered by the Association of German Employer Organizations.[34] Indeed, the official attitude of the employer organizations remained negative throughout the war. *Arbeitsgemeinschaften* were formed in the small industries where there had already been negotiation during the prewar period, namely, printing, woodworking and construction. Also, employers in medium sized finishing industries, and large scale firms in urban areas like Berlin and Stuttgart, where the workers were highly skilled and well organized, took a more flexible attitude and were willing to negotiate with the unions. In Upper Silesia and the Ruhr, however, the unions had been weak and the tradition of employer paternalism and arrogance was strong. This was particularly the case in Upper Silesia, where the agrarian traditions of the magnates, the highly personalized capitalization, and a relatively unruly working force of mixed nationality were anything but conducive to socio-economic risk taking. Thus, while the Silesian industrialist, Ewald Hilger, spent the war years raging against the concessions the government was making to the trade unions, his colleagues from the Ruhr, while certainly angry, were less emphatic in their language and more practical in their response. Directors of large, impersonally financed firms, like Albert Vögler and Wilhelm Beukenberg, and the great speculative entrepreneur, Hugo Stinnes, whose capacity for reverence seems to have been limited to things economic, were necessarily more venturesome and flexible.[35] Nevertheless, the first discussion between such industrialists and trade union leaders was not generated by these men but rather by an outside source.

The inspiration came from Dr. August Müller and Professor Hermann Schumacher, whose informal meetings at the influential wartime Berlin social group, the *Deutsche Gesellschaft 1914* in the spring of 1917, involved them in a discussion of the economic and social difficulties Germany would face in the demobilization and postwar economy and the desirability of having management and labor collaborate in the solution of these problems. Müller, a right wing Socialist, who had entered the War Food Office in 1916 and who was to become Undersecretary in the RWA in the fall of 1917, had excellent contacts in trade union circles, while Schumacher, who was a distinguished political econo-

[33] Feldman, *Army, Industry and Labor*, p. 459 ff. and Raumer, *Deutsche Rundschau*, 80, p. 428.

[34] Kaun, *Zentralarbeitsgemeinschaft*, pp. 10—15.

[35] Hilger himself made this contrast in a 1920 VdESI Executive Committee meeting, BA, R 13 I/158.

mist and academic social reformer, had important contacts in business circles. In May 1917 these informal discussions produced concrete results when Schumacher arranged a meeting between Müller and Stinnes in the Berlin Hotel Continental. This was followed by two larger meetings between industrial and trade union leaders, the first on August 9 and the second in October.[36]

From the outset Stinnes conceded that a "reordering" of the employer-trade union relationship was necessary and stressed the desirability of having such changes made by the two involved parties themselves and not the state. It quickly became clear, however, that the reordering would have to be done on Stinnes' terms. The trade union leaders were anxious to discuss collaboration in the demobilization, practical social questions and, above all, recognition of their organizations. Stinnes and his colleagues wished to have trade union assistance in the demobilization so that it would be orderly and free of "bureaucratic handling." The crucial issue for Stinnes, however, was receiving trade union support for his annexationist war aims in Briey-Longwy and Belgium. Appropriately, Stinnes stated his position in the language of cartel negotiations: "Once the big quota [i.e., war aims—GDF] has been settled, we will be able to come to terms on the small quota [i.e., recognition of the unions—GDF]." It is impossible to tell how far the trade unions were prepared to go in agreeing to Stinnes' "large quota," but they could not even begin to justify a betrayal of the July Peace Resolution until they could present the "small quota" to their followers.[37] Stinnes' calculations are more transparent. The negotiations were held in the period after the dismissal of Bethmann Hollweg when annexationism was at its height and Stinnes was more convinced than ever that "Ludendorff will win." The *Sammlungspolitik* represented by the Fatherland Party could only achieve maximum effectiveness with the help of organized labor. Without this support he could see no point in making concessions from what he conceived to be a position of strength.[38] Although both sides expressed an interest in continuing the discussions, no further meetings seem to have been arranged. The future situation was probably too unclear for either side to have made binding commitments, but the more flexible Ruhr industrialists were careful not to lock the door to future collaboration. In September 1917 Beukenberg indicated that industry was prepared to have trade union secretaries participate in the discussions between the RWA and the interest groups concerning future social legislation. No less suggestive was a statement made by Director Vögler in April 1918, a time when the German armies were launching promising offensives and German businessmen were attacking the RWA: "Employers and workers have very similarly directed interests. For this reason they ought to get together and

[36] Kaun, *Zentralarbeitsgemeinschaft*, pp. 46—47.

[37] *Ibid.*

[38] See General Groener's testimony in *Der Dolchstoß-Prozeß in München. Eine Ehrenrettung des deutschen Volkes* (Munich, 1925), pp. 202—203.

represent them in common. If they can only find themselves in agreement on the great economic questions, then perhaps they will have found the bridges which may lead to a mitigation of social conflicts."[39]

When negotiations between business and trade union leaders resumed, it was the summer of 1918. The military situation had deteriorated, and the businessmen now taking the initiative were less crude and more compromising than Stinnes in their approach to the union leaders. The father of these new negotiations was Hans von Raumer, the Business Manager of the Association of the German Electro-technical Industry. A former civil servant with considerable diplomatic talent and exceptional abilities as a negotiator, lobbiest and organizer, Raumer was particularly well suited to inspire confidence in the trade union leaders. Raumer was very realistic about Germany's military situation, and he feared that unless industry secured the assistance of organized labor in the demobilization and readjustment to a peacetime economy there would be social tension, possible chaos, and a continuation of that bureaucratic interference which had plagued industry throughout the war. Where Raumer's methods were most similar to those of Stinnes, however, was in the circumvention of the leading business organizations on the grounds that they were too clumsily organized to change their official positions without lengthy negotiation and debate. Instead, Raumer consulted with key leaders of the finished products industries with whom he was closely associated: Carl Friedrich von Siemens, the AEG Directors, Walther Rathenau and Felix Deutsch, and the General Director of the Maschinenfabrik Augsburg-Nürnberg, Reichsrat von Rieppel. All were moderate men, critical of the more extreme political and social attitudes of heavy industry, and easily persuaded that Raumer should undertake negotiations leading to an "organic collaboration with the unions" before the "flood of events overtook us all."[40]

Unfortunately, illness and pressing business prevented Raumer from meeting with the leaders of the Free Trade Unions, Carl Legien, Gustav Bauer and Alexander Schlicke, until October 2. By this time, the 'floods of events' included Ludendorff's demand for an immediate armistice and the inter-party negotiations leading to the formation of the Max von Baden government on October 3, a government that would include Social Democrats with Gustav Bauer as State Secretary of a newly created Labor Office. Times had clearly changed, but the union leaders were favorably disposed toward Raumer because they recognized that his overtures were made "at a time when the military situation was favorable. This fact made the gentlemen confident that our negotiation was not created by the changed circumstances but sprang rather from a freely made and

[39] Quoted in Heinz Josef Varain, *Freie Gewerkschaften, Sozialdemokratie und Staat. Der Politik der Gewerkschaften unter der Führung Carl Legiens 1890—1920.* (Düsseldorf, 1956), p. 115. On Beukenberg's concession, see the VdESI meeting of Sept. 24, 1917, BA R 13 I/152.

[40] Raumer, *Deutsche Rundschau,* 80, p. 428.

therefore honest decision."[41] Raumer understood that recognition of the unions as equal bargaining agents was "no concession but rahter a necessity,"[42] and he urged his colleagues to pursue the negotiations with all possible speed because the situation could only become worse for the employers. Hugo Stinnes, with whom Raumer had close personal as well as business connections,[43] had informed him that the coal industry was getting ready to come to terms with the unions, and Raumer was worried that the trade union leaders would make hard demands upon their old enemies in heavy industry and that this would react unfavorably upon the situation in Berlin. For this reason, Raumer urged Stinnes to delay a concrete settlement in the Ruhr until a settlement on what he expected to be more moderate terms could be reached in Berlin.[44] Although Raumer overestimated the difficulties which the Ruhr industrialists would encounter and underestimated the problems which negotiations in Berlin would eventually bring, his discussion with Stinnes during the early days of October marked the beginning of what was to become a very high measure of coordination between the chief centers of negotiation and paved the way for Stinnes' assumption of leadership in both the Ruhr and the Berlin discussions.

Stinnes' stature in the business community remained remarkably untouched by the demonstrated bankruptcy of his misplaced faith in Ludendorff. The expertise and tenacity with which he pursued his interests made him a natural leader in a business community composed of men who moved with less self-confidence in emergencies. Albert Ballin believed that Stinnes would have made a good successor to Hertling because of his prestige in the Supreme Command and Reichstag and because "his business interests and his desire to preserve his war profits would make him insist on an immediate peace."[45] Stinnes' most immediate concern in October was the more modest one of making an accommodation with organized labor because it had become clear to him that "the consequences of the events of the last years will have to be drawn in an acceptable manner."[46] More than such fatalistic considerations were involved, however. On October 9 the leading iron industrialists met in Düsseldorf and empowered

[41] Raumer to C. F. von Siemens, Oct. 8, 1918, Siemens Archiv, Nachlaß Henrich, 11/Lg 736.

[42] *Ibid.*

[43] Raumer's elder brother was a friend of Stinnes, and Hans von Raumer had known Stinnes since 1899 and had been a guest at Stinnes' home thanks to this connection. In 1917—1918 he and Stinnes were drawn even more closely together by their collaboration on "a large economic project." They served in the Reichstag as DVP deputies in the 1920's, and it was thanks to Stinnes' influence that Raumer became Treasury Minister in the spring of 1920. See Hans von Raumer to the Oberstaatsanwalt München I, March 4, 1947 in the Carl Severing Nachlaß, SPD Archiv Bonn.

[44] Raumer to Siemens, Oct. 8, 1918, Siemens Archiv, Nachlaß Henrich, 11/Lg 736.

[45] Lamar Cecil, *Albert Ballin, Business and Politics in Imperial Germany, 1888—1918* (Princeton, 1967), p. 339.

[46] Stinnes to Kirdorf, Oct. 12, 1918 in Gert von Klass, *Hugo Stinnes* (Tübingen, 1958), pp. 192—193.

Stinnes to negotiate with the unions. In making this decision they demonstrated remarkable perception in evaluating the political and social considerations which were driving them into alliance with organized labor:

> The assembled were unanimous in feeling that the government of Prince Max von Baden and Herr von Payer was untenable under the existing circumstances and that it would soon be brought down. One calculated the life of this government to be not more than 4 or 5 weeks, a calculation which, unfortunately, was accurate to the day. In any case, the iron industrialists could expect no help from a weak government. If one looked elsewhere and asked if the middle class *(Bürgertum)* might become a strong help and support for German economic policy in the future, then one was compelled to say, in view of the many regrettable events and frequent disappointments experienced over the decades, that there was no counting upon the middle class, as it is constituted in Germany, in economic matters. Only organized labor seemed to have a commanding influence. From this fact the conclusion was drawn that, in the midst of the failing power of the state and the government, industry could only find strong allies in the labor camp, and they are the unions.[47]

The leaders of heavy industry were thus abandoning the old order in its death rattle and with it the old alliances with the Junkers and *Mittelstand.* As in the 1917 discussions between industry and labor, so now, the fundamentally political character of the movement toward collective bargaining in Germany was very close to the surface because it was always closely connected with the idea of a political alliance.

During the middle third of October preliminary steps were taken toward the opening of more formal negotiations in both the Ruhr and Berlin. While Raumer and his colleagues prepared for detailed discussions with the union leaders scheduled for October 22, Stinnes and Vögler arranged for a discussion of demobilization questions in Düsseldorf to be held on October 26. Stinnes was exceptionally skillful in avoiding the impression of an "undignified chasing around" after the unions by persuading them to make written requests of the involved industrialist organizations for the October 26 meeting[48].

These negotiations would inevitably involve the broader question of what role an industry-labor coalition was to play in future political and economic developments. The situation in mid-October was far from pleasant in either of these areas. It was becoming increasingly plain that Wilson would neither give Germany an armistice based upon the maintenance of existing military positions nor refrain from interfering in internal German affairs. The question of continu-

[47] Jacob Reichert, *Entstehung, Bedeutung und Ziel der „Arbeitsgemeinschaft"* (Berlin, 1919), p. 6. Industry's attitude adds substance to Karl Erich Born's comment that the *Bürgertum* has ceased to exist as an estate or social stratum by 1914: "It had split into individual groups for which there is no common social name. This fragmentation of the old *Bürgertum* resulted from the sharp differentiation of economic, social and political interests, of economic, social and political horizons since the 1870's" in Hans-Ulrich Wehler, ed., *Moderne Deutsche Sozialgeschichte* (Cologne and Berlin, 1966), p. 279.

[48] Klass, *Stinnes,* p. 193. For the record of these preliminary discussions, see the documents in the Phoenix-Rheinrohr Archiv, P/1/25/55/1.

ing the war or accepting any armistice terms which Wilson and his allies might impose thus seemed to hang in the balance.[49] At the same time, the hastily constructed RWA Commission for Economic Demobilization had met for a discussion on October 16 which promoted the further deterioration of the already miserable relations between the RWA and business. The labor representatives on the commission joined with the Berlin machine builder, Ernst von Borsig and the Elberfeld textile industrialist, Abraham Frowein in condemning the RWA's plan to use the War Office Bureaus scattered throughout the country to organize the demobilization on the local level. In their view these agencies could not possibly unterstand the problems of all the different industries in a given region; only the branch organization of the affected industry could do so. Frowein roundly declared that "90 % of the statistical surveys gathered by the War Office Bureaus are not worth the paper they are writen on," and remarked that "he would rather have the unions do the job [i. e., of locating work for returning soldiers and unemployed munitions workers—GDF] alone."[50] The most systematic attack on the RWA organization and planning, however, came from Lieutenant-Colonel Josef Koeth, the head of the Raw Materials Sections of the Prussian War Ministry, who ridiculed the carefully prepared studies of the RWA experts as irrelevant when it was necessary to prepare for "the worst possible situation" in "very few days." Such a task could not simply be carried out as one of the many duties of the RWA. It required that "an energetic man work in this area as his sole responsibility, and he must be given a useful instrument with which to work." In Koeth's view the War Office Bureaus did not fall into this category and he pointedly declared that "The only responsible bearers of the demobilization who can be considered are the employers and the trade unions. They will be in the best position to organize and lead the workers because this organization can only be carried out by people in whom the workers have confidence."[51] There was, indeed, a peculiar similarity of opinion and language between Koeth and the labor-management members of the Commission. They all called for the creation of a "dictator" to organize the demobilization and insisted that the actual tasks of the demobilization be carried out by industry and labor.

Furthermore, it ist impossible to overlook the congruence between Koeth's ideas and those of his warm supporter, the founder of the Raw Material Section, Walther Rathenau. During early October, Rathenau had expected Germany to conduct a last ditch defense if Wilson's terms proved unacceptable, and he had suggested the appointment of Koeth as Undersecretary of a Defense Office to coordinate this effort an the homefront.[52] By mid-October Rathenau had

[49] The political situation may be followed in detail in Erich Matthias and Rudolf Morsey, *Die Regierung des Prinzen Max von Baden. Quellen zur Geschichte des Parlamentarismus und der Politischen Parteien. Erste Reihe.* (Düsseldorf, 1962).

[50] Bayerisches Hauptstaatsarchiv München, Abt. IV, MKr, Nr. 14 412.

[51] *Ibid.*

[52] Rathenau to Scheüch, Oct. 9, 1918, *Politische Briefe* (Dresden, 1929), pp. 188—191.

surrendered all hope of such a national defense effort, and his main worry was that the overhasty demobilization which the allies would impose upon Germany would lead to "civil war and Bolshevism." In a letter to War Minister Scheüch on October 15 he urged the formation of a special Demobilization Agency to coordinate the employment of the returning masses in collaboration with industry. Although Koeth was not mentioned in this letter, there is every reason to believe that Rathenau continued to feel that Koeth, who was very popular in industrial circles, would be the "right man in the right place."[53] When Koeth's remarks are placed in this context, it becomes very clear that he was quite anxious to fill this position.

Although the Rathenau-Koeth conception was to triumph in the end, a somewhat different conception received serious consideration at the beginning of the last third of October. It was articulated by Director Henrich of the Siemens concern to a small group of leading industrialists and technical experts meeting at the German Society of Engineers on the evening of October 20.[54] In contrast to Rathenau, Henrichs continued to think in terms of a continuation of the war, although he also had a rapid demobilization in mind as well. Both possibilities presented great dangers to Germany's industrial centers in the West: "A poorly prepared demobilization will bring revolution and the destruction of industry and our economic life by our own people. A poorly prepared final struggle will bring defeat and the destruction of our industry by our own soldiers and the foreign troops streaming after them." Proper preparation could never be made by the old government agencies, even with the help of an advisory council. What was needed was an "expert, central economic organ" composed of those who were ultimately responsible for producing the arms that were needed or for rehiring the returning men. They had to be men actively engaged in industrial life so that they were "in the habit of coming to fast decisions and forcing them through." Industry's self-confidence and feeling of superiority was nowhere better expressed than in Henrich's insistence that the new organization operate under the assumption that the "engineer was equal to the officer." The Economic Staff proposed by Henrichs was to rally both industry and the public and put an end to the profiteering which he admitted had given industry a bad name on all too many occasions.

The new Economic Staff was not only to be composed of industrialists. It was also to have key government officials and representatives of labor. The chief of the Economic Staff, however, "must be Herr Stinnes, because he combines all and the best qualities for the position of an economic dictator, and that is what is involved here, although the designation 'dictator' will naturally be avoided." Henrich concluded his presentation by considering the political

[53] *Ibid.* and Rathenau to Scheüch, Oct. 15, 1918, pp. 193—200.

[54] The written summary is in the Henrich Nachlaß, Siemens Archiv, 11/Lg 736. Present at the meeting were Directors Rieppel, Borsig and Deutsch, and Professors Matschoss and Klingenberg, and Dr. Gertung, i. e., leading persons in the machine building and electro-technical industry, Henrich to Stinnes, Oct. 21, 1918, *ibid.*

side of his plan since it was necessary to get government agreement to the plan and to secure mass support. Henrich placed particular emphasis upon winning over the Socialist State Secretaries Scheidemann and Bauer, and the left wing Centrist Erzberger, but he made no mention of the Chancellor or the bourgeois party representatives in the government. The labor members of the government "would have to see to it that the entire government introduces the economic staff and gives it the necessary powers." In return for this industry would assure the government of its support and declare that industry "considered every change which might create internal unrest as mistaken at the present time." Henrich also felt that industry had to renounce any war profit, oppose annexations and indemnities, and accept the idea of solving problems in cooperation with the trade unions. Only in this way could the workers recognize that "industry and industrial workers have the same interests."

Stinnes was not present for Henrich's presentation, but they did meet on the evening of October 21.[55] Stinnes had already learned of Henrich's ideas from Rathenau and, possibly, Director Deutsch, during the day. Stinnes found the plan acceptable but was of the view "that the formation of an economic staff and the sending of representatives of German economic life into the government must come from the trade union side." He had already discussed the matter with union leaders in the Ruhr, and they had agreed "that the present composition of the government offered no guarantee for the recovery of German economic life and its reconstruction." Stinnes advised Henrich to make the Berlin unions understand this. He was convinced that if the efforts to secure an armistice broke down, as he suspected they would, then the unions were certain to demand that the government include men "who rule German economic life... since the representatives of the workers fully recognized that it was impossible for them to take over the government themselves." It is difficult not to be impressed with Stinnes' optimism and willingness to take the reins of German economic life at this most unpropitious moment, just as it is impossible not to admire his tactical brilliance in proposing that the unions give business that control over the state's economic machinery which the old order had always denied it. Needless to say, this could only have the effect of binding the unions to ther nascent alliance with business in the strongest possible manner.

Although Henrich and Stinnes anticipated a continuation of the war, this decision lay in other hands, and it was not one they could easily discuss with the peace hungry trade union leaders. The Berlin discussions on October 22 and the Düsseldorf discussions on October 26, therefore, centered about the details of future labor-management relations and collaboration in the demobilization. In Berlin, the industrialists were asked to recognize the unions, respect the right to organize, enter into collective bargaining agreements and create labor ex-

[55] Henrich to Vögler, Oct. 22, 1918 and Henrich notes on his meeting with Stinnes, Oct. 22, 1918, *ibid.*

changes and mediation organs on the basis of parity. The employers were also asked to renounce their financial support of 'yellow' unions. Both sides were in accord concerning the need to have the demobilization regulated by institutions based on the joint and equal representation of labor and management.[56]

The Düsseldorf discussions produced similar results. The unions were under great membership pressure to secure the eight hour day, and while recognizing the need to preserve Germany's competitive position by "internationalizing" this reduced working day, they warned that "We unions will lose all influence without an effective concession from you."[57] Similarly, the employer negotiators were under strong pressure to bring 'yellow' union representatives into the negotiations despite the refusal of the 'fighting' unions to recognize the 'harmony associations' as legitimate worker organizations.[58] In the end, both questions were referred to future discussions. There was much more harmony on the major subject of discussion, cooperation in the demobilization. Both sides were ready to form an *Arbeitsgemeinschaft* to handle the various problems and to compel the government to give adequate contracts and thus create employment opportunities. The two sides also agreed to cooperate more effectively in supplying the workers with black market food and to secure better coordination among the firms engaging in this activity. Stinnes and Vögler, however, were already looking beyond the demobilization to the future battle for world markets. They wanted an end to price ceilings, freedom to export, and the right to produce merchant ships and whatever else was needed to take advantage of the boom period which Stinnes expected after the war: "I expect a gigantic labor shortage about 12 months after the demobilization which will then last a few years. These two or three years must be used by us in Germany. After that the whole world will start saving. By then we must sit in the saddle abroad once again."[59] Where many of Stinnes' colleagues acted out of a sense of immediate urgency but looked forward to a normal world where there would be a sound currency, lower prices and lower wages, Stinnes developed a conception which tied together collaboration with the unions, inflation and the recovery of Germany's world economic position. This conception was spelled out with greater clarity on other occasions: "If we have the coal we need, our country will be the natural land of quality production, on the one hand,

[56] Raumer, *Deutsche Rundschau*, 80, p. 428 and Kaun, *Zentralarbeitsgemeinschaft*, pp. 48—49. Raumer, unlike Kaun, misleadingly claims that the employers accepted all the demands listed. As shall be demonstrated, the 'yellow' union question was not regulated until Nov. 5, and the acceptance of collective bargaining agreements for all industries was not made until Nov. 12. It is quite possible, however, that the Berlin industrialists were more conciliatory on these issues than their colleagues in the Ruhr.

[57] Protocol of the discussion HA/GHH, Nr. 3001242/7. A less detailed record is in the Phoenix-Rheinrohr Archiv, P/1/25/55/1.

[58] Reusch was particularly insistent that *all* unions participate in the negotiations. See his correspondence with Beukenberg, Phoenix-Rheinrohr Archiv, P/1/25/55/1.

[59] Protocol in HA/GHH, Nr. 3001242/7.

because of our exchange situation, and on the other hand, because of our wages, which, in view of our exchange situation, are the lowest in the world .... We must get together with the workers and give them what is proper; then we will get the prices which we need."[60] To thus profiteer from inflation, however, industry and labor would have to have a free hand, "for such things cannot be regulated by authorities," and "Above all, we must get rid of Berlin's tutelage relentlessly and forcefully."[61]

This could best be done by creating a counterforce in that city itself. As the month of October drew to a close Berlin became the center of the exceptionally well coordinated efforts of the powerful group of industrialists working in the direction of an agreement with the trade unions, an agreement which would enable them to impose a joint labor-management program upon the government and a new form of organization upon the German business community. The creation of a common demobilization program had now assumed top priority because the dismissal of Ludendorff on October 26 had made it clear that the government was going to accept an armistice on allied terms. The evacuation of enemy territory would have to be conducted with great speed, and the dangers thus created would be intensified if the Emperor and Crown Prince were compelled to abdicate. Although Borsig, Hugenberg and Vögler had been assigned the task of leading the negotiations by a meeting of industrialists on October 24, Hans von Raumer felt that it was essential that Stinnes assume the actual leadership along with the latter's counterpart in the trade union camp, Carl Legien.[62]

These efforts began to produce their most important results on October 30. Stinnes, Raumer, Legien and Bauer, fearful of what would happen if the Emperor and his son resigned, went to the recently arrived Ludendorff and persuaded him to ask Hindenburg to remain as head of the army through the demobilization. Hindenburg probably planned to stay on anyway, but persuading Ludendorff to advocate this was quite an achievement since Ludendorff felt that Hindenburg was morally obligated to resign in support of his colleague.[63] Of much greater significance were the proposals which Raumer, Henrich and Legien drafted for a management-labor demarché at the Reich Chancellory. This demarché was preambled with a declaration that "The employer

[60] Discussion in Düsseldorf, July 16, 1919, HA/GHH, Nr. 3000030/12. Also, see the very perceptive discussion of Stinnes in Felix Pinner, *Deutsche Wirtschaftsführer* (Charlottenburg, 1924), pp. 11—30. Stinnes' prestige in the business community, even among his critics, certainly owed as much to his peculiar capacity to draw the ultimate implications from the political and economic situation as it did to his personal economic power. It might be fruitful to consider Stinnes as one of a series of self-appointed spokesmen for German business who came forth at critical moments beginning in the 1870's: Wilhelm von Kardorff, Baron von Stumm, Hugo Stinnes, Hjalmar Schacht.

[61] Discussion of Oct. 26, 1918, HA/GHH, Nr. 3001242/7.

[62] Raumer to Henrich, Oct. 24, 1918, Siemens Archiv, Nachlaß Henrich, 11/Lg 736.

[63] Raumer, *Deutsche Rundschau*, 80, p. 429.

and worker organizations are resolved to work together in unity concerning all questions pertaining to the demobilization and transition from a wartime to a peacetime economy."[64] It followed with the demand for the establishment of a Demobilization Office with "extensive executive powers" to be headed by a State Secretary and to be composed of an equal number of worker and employer representatives. It was to organize the care and employment of the returning troops and released munitions workers, and to make sure that there were sufficient government contracts and public work projects to prevent massive unemployment. In these capacities, it was to have control over important official war economy organizations and the right to direct economic and official organizations to carry out various tasks connected with the demobilization.

On November 2 this tentative proposal became the official program of the rapidly forming industry-labor alliance. At this same meeting, the interest group representatives decided not only the form which the demobilization would take but also who would lead the new office. Henrich's idea of placing Stinnes at the head of the demobilization was abandoned, probably because Stinnes did not have Koeth's administrative and governmental experience. At the same time, the man chosen, Koeth, had much to recommend him. His reputation with industry and labor was excellent probably because, as he once candidly confessed to Borsig, "when it comes to labor questions he tends more toward the Social Democratic camp, while in economic questions he stands completely on the side of the businessmen."[65] Furthermore, Koeth was a man of quick decision who thrived on emergency situations and detested the intrusion of long range plans when he was in the midst of overcoming immediate dangers. With Koeth at the helm businessmen could feel fairly certain that proponents of long term planning and systematic government encroachment would make little progress. Similarly, the 'socialist' trade union leadership would find Koeth acceptable because he never openly opposed Socialism, but always insisted that nothing be done until the emergency was over. He was well suited, therefore, to reinforce the paralytic state of the Socialists with regard to the realization of their doctrines.[66]

On November 3, 1918 the management-labor revolution before the Revolution began when Raumer presented the above discussed decisions to Vice-Chancellor von Payer in the name "of the only power which still exists in Germany, the united employers and workers of Germany."[67] Two days later, Stin-

[64] Raumer to Siemens, Oct. 30, 1918, Siemens Archiv, Nachlaß Henrich, 11/Lg 736.

[65] VdESI Executive Committee, March 1, 1919, BA R 13 I/156. On the choice of Koeth over Stinnes see Holtzendorff's report of Nov. 2, 1918, Hauptarchiv Berlin-Dahlem, Rep. 300.

[66] See the excellent discussions of Koeth's administration in Wolfgang Elben, *Das Problem der Kontinuität in der deutschen Revolution 1918—1919* (Düsseldorf, 1965), p. 70 ff. and Hans Schieck, *Der Kampf um die deutsche Wirtschaftspolitik nach dem Novemberumsturz 1918*, unpublished dissertation (Heidelberg, 1958), p. 110 ff.

[67] Raumer, *Deutsche Rundschau*, 80, p. 430.

nes, Rathenau, Legien and the Christian trade union leader, Adam Stegerwald, discussed the matter with Chancellor Max von Baden. Prince Max and some of his colleagues in the government objected to the subordination of the RWA and feared that the federal states would object to the exceptional powers of the proposed Demobilization Office, whereupon they were impolitely informed that if the government continued to "treat such an important matter in such a petty way, then the economic organizations will be forced to renounce further collaboration."[68] The government bowed to this intimidation on November 7 when Koeth was appointed head of the newly established Demobilization Office and provided with the necessary powers by the Bundesrat.

The government was not alone in receiving a dressing down from the coalition of employer and trade union leaders. The Business Manager of the Central Association of German Industrialists, Landrat Rötger, and his counterpart from the League of German Industrialists, Kommerzienrat Friedrichs, were outraged that they had never been consulted and that their organizations had been bypassed, and they sent a protest to the government declaring that the industrialists involved in the recent negotiations had no right to speak for industry. Stinnes and Raumer responded to Rötger, with whose organization they were associated, that "they and the circles with whom they associated would draw the necessary consequences concerning the Central Association's double crossing tactics."[69] In their view the central business organizations were accomplishing nothing during the period of crisis Germany was undergoing, and this raised questions about whether those organizations should continue to exist. The German Industry War Committee and the German Industrial Council now seemed to represent nothing more than patchwork unity, and Raumer thought that the electro-technical industry should join with heavy industry, the machine building industry and other of the large industrial groups to form "a new and more timely organization of industry."[70] Raumer felt that such an organization had to be developed in terms of the *Arbeitsgemeinschaft* which was being formed with the trade unions, i. e., on the basis of branch organizations for each industry, each with its own *Arbeitsgemeinschaft*, culminating in a central organization assigned the task of dealing with the problems common to all industries in collaboration with the central trade union organizations. There would be "an almost complete organization of German industry on the basis of the agreement."[71]

[68] Kaun, *Zentralarbeitsgemeinschaft*, p. 50. Also, see Legien's description in the *Niederschrift der Konstituierenden Sitzung des Zentralausschusses der Zentralarbeitsgemeinschaft der industriellen und gewerblichen Arbeitnehmer Deutschlands (12. Dezember 1919)* (Berlin, 1919), and Matthias and Morsey, *Die Regierung des Prinzen Max von Baden*, p. 568 ff., 586 ff.

[69] Meeting of the Central Association of the German Electro-Technical Industry, Nov. 22, 1918, Siemens Archiv, 4/Lf 730.

[70] *Ibid.*

[71] *Ibid.*

Koeth intended to organize the Demobilization Office on precisely this pattern, and he urged industry and labor to come to a final agreement as quickly as possible. Raumer and Leipart were deputized by their respective groups to draft such an agreement, and they were in the process of doing so when the Revolution of November 9 erupted. The Revolution interrupted the negotiations until November 11, but it cannot be said that it fundamentally altered the relations between the two sides or the character of the agreement which was drawn up on November 12 and ratified on November 15. The negotiating position of the trade union leaders had been strengthened by the Revolution, while the sound of machine gun fire in the streets of Berlin inspired many of the industrialists with fears of "anarchy, Bolshevism, rule of the Spartacists or chaos."[72] Stinnes, however, refused to be cowed by the Revolution and pointed out that "Today you have the political power, but I will sign nothing which I could not keep to in spirit under yet different political circumstances."[73] Legien and his colleagues were also frightened that there would be anarchy and were convinced that the economy would collapse without the skills of the employers. Legien agreed with Stinnes on the superiority of a voluntary agreement between the two sides over a state imposed regulation of their relations which would not survive all political contingencies.[74] When Rathenau expressed concern that "the authority of the trade union leaders could be discredited" by their conclusion of an agreement with the employers in the midst of the Revolution, Legien reassured him "that we have considered this question very carefully, but have come to the conclusion that it is absolutely necessary to conclude this agreement in the interest of the workers in order to prevent unemployment, misery and distress; further, that we can find support in the views previously held by the Social Democrats concerning socialization and in what Karl Marx ... said, that a political transformation can take place in a few hours or weeks, but that the socialization which is to follow ... will take months and years, and I added to this: we are of the opinion that our agreement will contribute significantly to paving the way for socialization."[75] This was probably the only moment in history in which businessmen had reason to find comfort in the doctrines of Marx!

Less pleasant for Stinnes and his colleagues in the Ruhr were the concessions which Legien was able to wrest from them. The eight hour day was to be introduced in all industries, the recognition of the trade unions in all industries was to take place through the medium of collective agreements on wages and working conditions *(Tarifverträge)*, and representatives of the central employer associations were to be brought into the negotiations so that the agreement would

[72] Hilger at the VdESI Executive Committee, Nov. 14, 1918, BA R 13 I/155.
[73] Kaun, *Zentralarbeitsgemeinschaft*, p. 52.
[74] Stinnes' report to VdESI on Nov. 14, BA R 13 I/155.
[75] Related by Legien to his colleagues in the "Protocol der Vertreter der Verbandsvorstände, Dienstag, den 3. Dezember 1918." This document was graciously placed at my disposal by Dr. Henryk Skrzypczak.

be binding on the employer organizations of those industrial groups not previously involved in the negotiations.[76] These employer concessions, however, were based upon compromises of both substance and wording. A secret protocol was drawn up making the final acceptance of the eight hour day contingent upon its introduction in the leading industrial nations. Collective wage agreements were to be introduced generally, but "in accordance with the conditions of the affected industry."[77] It was, of course, necessary to avoid a schematic approach to complex industrial problems, but the spirit of these compromises was rather like the one concluded between the two sides on November 5 concerning the 'yellow' unions.[78] The employers agreed to terminate their financial support of these unions, but the unions agreed to recognize those that survived after six months as representative of workers. In the last analysis, the unions were convinced that they had to subordinate their demands in order to form the *Arbeitsgemeinschaft* created by Article 10 of the Agreement: "To carry out this agreement as well as to regulate further measures needed for the demobilization, the maintenance of economic life and the securing of the possibilities of existence for the workers, especially the war disabled, the participating employer and worker organizations will establish a central committee based on parity with a substructure organized by branches."[79] The great achievement of the employers whose initiative had brought the Agreement into existence was that they understood the strength of their position and the possibilities which the anxieties of the trade union leaders made available. The employers had conceded what could not have been withheld under the circumstances and had received in return that pledge of trade union collaboration and support in economic matters vital to their interests.

## IV

This achievement suggests that Arthur Rosenberg's statements that "The great industrialists were now just as powerless as the feudal class which had ruled Germany until 1918" and that "They were ready to accept anything if only they could keep their property"[80] underestimates the degree of their initiative and fails to recognize the extent to which they anticipated future possibilities. Heavy industry, which recognized that it was politically compromised, deliberately avoided open political activity lest it harm the cause of the Majority Socialists and prejudice the chances for a speedy summoning of a National Assembly. They recognized that once the election campaign started, "then the

[76] Related by Bauer, *ibid.*

[77] Richter, *Gewerkschaften*, p. 250 ff. Stinnes was praised for the "clever wording" of the Agreement, BA R 13 I/155.

[78] Phoenix-Rheinrohr Archiv, P/1/25/55/1.

[79] For the text, see Preller, *Deutsche Sozialpolitik*, pp. 53—55.

[80] Rosenberg, *Geschichte der Weimarer Republik*, p. 278.

moment would be at hand when we can move politically." Stinnes urged his colleagues to pay no attention to the cries for socialization emanating from the extreme left because his agreement with Legien would obviate these dangers: "I would urge you to pay as little attention as possible to these things, but take care of this matter [i. e., the Agreement], for when that is made, then the other will disappear of itself."[81] Siemens und Rathenau, who had better political reputations, were far more openly active politically and did much to help the rejuvenation of the bourgeois parties and to encourage employer participation in the Weimar Assembly.[82]

It would be ridiculous, of course, to argue that the industrialists derived any satisfaction from the unrest, socialization demands, strikes, wage movements, and uprisings which the Revolution brought in its wake. The working masses were not as accommodating as Carl Legien, and they made the revolutionary period an agonizing experience for the employers. At the same time, it is important to keep in mind business dissatisfaction with the way the old regime had managed the war and the speed with which many businessmen could detach themselves from the old regime. The chemical industry leader, Carl Duisberg, was remarkably blunt about his own conversion to the new order: "From that day when I saw that the cabinet system was bankrupt, I greeted the change to a parliamentary system with joy, and I stand today, where what is at stake is what I consider to be the highest value, namely the Fatherland, behind the democratic government and, where it is possible, I work hand in hand with the unions and seek in this way to save what can be saved. You see, I am an opportunist and adjust to things as they are."[83] This opportunism was not unreflecting, however, and Duisberg was very perceptive about why he wept no tears for the "holy bureaucratism" of the past: "I have always hoped that a more commercial-technical spirit would replace the largely formalistic, even if strictly logical, way of thinking and doing things brought into our administration by the jurists. That has now happened through parliamentarization and the republic ...."[84] This remark, like Henrich's insistence that the engineer be the equal of the officer, demonstrates that some German businessmen had developed a broader sense of the social and political importance of their work and had come to realize the discrepancy between the unmodern institutions of the old order and the modernity of their activities. While this reached bizarre

[81] Nov. 14, 1918 meeting, BA R 13 I/155.

[82] Hans Martin Barth, „Der Demokratische Volksbund. Zu den Anfängen des politischen Engagements der Unternehmer der Berliner Elektrogroßindustrie im November 1918," *Jahrbuch für die Geschichte Mittel- und Ostdeutschlands,* Bd. 15 (Berlin, 1966), pp. 31—43.

[83] Duisberg to Dr. E. A. Merck, Oct. 17, 1918, Autographensammlung Duisberg, Bayer Archiv.

[84] Duisberg to Professor Fritz Haber, Nov. 22, 1918. On the problem of lawyers in German politics and administration see Ralf Dahrendorf, *Society and Democracy in Germany* (New York, 1967), p. 232 ff.

proportions in the case of Stinnes, it touched upon a very fundamental and continuing problem of German social and political modernization.

Similarly, the political calculations which underlay the *Arbeitsgemeinschaft* evolved out of a long term nagging concern over the possibilities of furthering business interests in a society whose structure and political institutions were so often unresponsive to the commercial-technical concerns at the heart of industrial enterprise. Big business could never count upon the 'middle class,' the bureaucracy or the Reichstag, and by the last year of the war there was some recognition of the possibility of getting the needed support by strengthening the trade unions, flattering them with regular consultation concerning matters where the expertise of the businessmen inspired particular awe, and thereby securing the mass support big business did not otherwise have its disposal. The primacy of this political consideration explains why the businessmen insisted upon discussing *Arbeitsgemeinschaft* before collective bargaining and illustrates the degree to which a management-labor alliance in the Republic was expected to fulfill a role analogous to that played by the Junker-industrialist alliance in the Empire. In an age of mass politics it is numbers that count, and as Borsig noted in describing the *Arbeitsgemeinschaft*, it was meant to be an "economic training school," in which the unions would receive the training so that "the numerically weaker, the employers, are supplemented by the numerous workers"[85] in pressing industry's wishes upon the government. This was a rather mechanical view which overestimated the power of the trade union leaders over their members under the conditions of the wartime and immediate postwar period, but it would boast many successes during the early Weimar Republic.[86]

It is hard to imagine a more effective means of restoring business autonomy under revolutionary conditions than this alliance with the trade union leaders. It must be kept in mind that many businessmen felt that the revolution had begun in 1914, not 1918, because it was the war which had brought the triumph of "consumer policy" over the "idea of production" and thus restricted the freedoms of the producers.[87] There were some disagreements among businessmen in November 1918 as to the extent and timing of the lifting of export controls and price ceilings, but they all agreed that the decisions had to be placed in their hands as much as possible.[88] This counterrevolution against government control of the economy did succeed, but it could not have been organized without the help of the trade union leaders. As Stinnes so clearly recognized, the inflationary situation made it possible for employers and workers to have common interests, or believe they had common interests, in a situa-

[85] Meeting of March 1, 1919, BA, R 13 I/156.

[86] Kaun, *Zentralarbeitsgemeinschaft*, p. 69 ff.

[87] Speech by Director Paul Silverberg, Oct. 12, 1922, BA, Nachlaß Silverberg, Nr. 2, Bl. 5.

[88] See the discussion on export controls in the RWA on Nov. 8, 1918, BA, R 13 I/189, Bl. 49—54 and the Steel Syndicate discussion of price ceilings on Nov. 21, 1918, HA/GHH, Nr. 300030/11.

tion where the labor leaders were unable to present an alternative conception to the proposals of the employers.

Just as it is important to see the *Arbeitsgemeinschaft* as a logical political alternative for businessmen at this point in German history, so it is necessary to see the intimate connection between the manner in which the *Arbeitsgemeinschaft* was formed and developed and the structural tendencies of the German industrial economy itself. Businessmen were not uniformly grateful to the negotiators of the Stinnes-Legien Agreement. In fact, Stinnes, Raumer and their colleagues were severely criticized during the months following the Revolution by the managers of the Central Association of German Industrialists and the League of German Industrialists, important leaders of medium sized industry, representatives of the textile and clothing industries, and leaders of regional business organizations in the Rhineland and Saxony.[89] The businessmen resented the fact that the old organizations had been bypassed and were appalled that concessions had been made in Berlin which in no way seemed necessary in the provinces. They were not convinced by the argument that the difficult transportation situation made consultation impossible. Some felt that industry had compromised its honor by agreeing to abandon its allies, the strike opposing unions, financially, and many felt that the autonomy of industry had been as compromised by Stinnes as it had been by the bureaucracy because "There is nothing anymore between heaven and earth which does not fall within the competence of the *Arbeitsgemeinschaften*."[90] Ironically, these complaints often came from precisely those elements who had taken a more positive attitude toward negotiating with the unions in the prewar period. Just as they had never been able to afford heavy industry's prewar *guerre à outrance* with the trade unions, so now they feared that they could not bear the cost of an *entente cordiale* of so binding a nature. This explains why Raumer and his colleagues had so frequently to argue out of both sides of their mouth, to attempt to convince left wing Socialists (and critical historians) that business wanted an agreement before the Revolution, and to assure critical businessmen that the Agreement was an "act of salvation" performed to the tune of machine gun fire.[91] Both arguments could be made with sincerity, however, because they each had their own particular grain of truth: it took a revolutionary situation

[89] This opposition came to the surface after the constitution for the *Zentralarbeitsgemeinschaft* was drafted in December and the preparations for the establishment of the Reich Association of German Industry began. See the reports on the extraordinary membership meeting of the Association of German Employer Organizations on Dec. 18, 1918 in the *Mitteilungen der Vereinigung der Deutschen Arbeitgeberverbände*, Jan. 2, 1919 and the inaugural meeting of the Reich Association on Feb. 3—4, 1919 in the *Mitteilungen des Deutschen Industrierates und des Kriegsausschusses der Deutschen Industrie*, Feb. 8, 1919.

[90] Attack on Raumer by Dr. Hoff of the Central Association of German Industrialists, Sächsische Hauptstaatsarchiv Dresden, Gesandtschaft Berlin, Nr. 776, Bl. 58.

[91] *Ibid.*, Bl. 59 and Raumer, *Deutsche Rundschau*, 80, p. 443.

to bring about the Agreement, but an agreement was in the making before the actual Revolution erupted. What is more interesting for the historian is why businessmen should have reproached Raumer and his colleagues for what might have been praised as foresight.

Part of the answer is to be found in the above mentioned feeling that big business had granted more than other segments of the business community could afford, but it is also to be found in the broader sense that the *Arbeitsgemeinschaft* created by the Agreement could only serve to further the dominance of big business within the German economy. In February 1919 Raumer's idea of reorganizing German industry in terms of the agreement with labor was realized when the old central business organizations were dissolved and the Reich Association of German Industry *(Reichsverband der deutschen Industrie)* was created. The reasons for the sense of defeat which this development created for many businessmen was best expressed by Stresemann:

> I am very concerned by the strong predominance of the branch organizations called forth by the tasks of the *Arbeitsgemeinschaften* and, as a consequence of this development, the apparent intention of staffing the future presidium of the *Reichsverband* with new personalities, who will no longer be the spokesmen for the specific views on economic policy of a central organization but rather shall collaborate in the leadership of the *Reichsverband* as representatives of their particular branch of industry. Things being as they are, the coal industry, the steel and iron industry, the electrical industry and the chemical industry want to be represented by their leaders in the presidium. To this will probably be added representatives of large scale industry in Berlin. That means strong influence by persons like Hugenberg, Borsig, Stinnes, Deutsch, Duisberg in the new presidium. . . .[92]

These were the representatives of the industries whose relative importance had been steadily increasing and was to continue to increase in the German economy. Similarly, the important role which the machine, electro-technical and chemical industries played in the negotiations with the trade unions reflected the growing importance of these industries relative to the traditionally dominant sector of heavy industry.[93] Finally, the birth and development of the *Arbeitsgemeinschaft* reflected immediate as well as long range structural developments in the German economy. These were the industries which expanded most in the war and inflation and which were most actively engaged in the movement toward vertical concentration. It would be fanciful to see Stinnes' great creation, the Siemens-Rhein-Elbe-Schuckert Union, portended in the collaboration of Siemens, Henrichs, Stinnes and Vögler in the negotiations with the trade unions, but both developments were responses to related economic and socio-political conditions.

[92] Stresemann to the League of German Industrialists, March 31, 1919, Roll 3051, Serial 6816H, Frame H/122937.

[93] On the relative importance and growth of the various industrial sectors, see Walther G. Hoffmann, *Das Wachstum der deutschen Wirtschaft seit der Mitte des 19. Jahrhunderts* (Berlin, Heidelberg, New York, 1965), p. 62 ff.

Needless to say, the Agreement also reflected changes in the composition and character of the German labor force and its organizations. The investigation of this aspect of the problem as well as the problem of whether German labor might have chosen a course other than the agreement with big business lies beyond the scope of this paper. Such an investigation, however, will have to take into account the character of the alliance which they made as it has been defined here. Similarly, the considerations raised here may help in investigating broader questions concerning the liberal pluralist experiment which was the Weimar Republic.

GERHARD A. RITTER

# Kontinuität und Umformung des deutschen Parteiensystems 1918—1920

Die Frage nach dem inneren Zusammenhang, der Kontinuität von Bismarckreich und Weimarer Republik ist mit vollem Recht zu einem zentralen Thema historischer Forschung über die erste deutsche Demokratie geworden. Dabei setzt sich immer mehr die Auffassung durch, daß deren Schwäche und ihr späterer Zusammenbruch wesentlich durch die Ausgangskonstellation — das aus dem Bismarckreich übernommene „Mißverhältnis zwischen ökonomischer und sozio-politischer Modernisierung"[1], das sowohl die Entwicklung zeitgemäßer politischer Institutionen wie auch die politische Bildung der Nation entscheidend hemmte — bedingt war.

Die Belastung der Weimarer Republik durch die aus dem Kaiserreich übernommene historische Hypothek ist bisher vor allem für das Militärwesen, die Verwaltung, die mit nur geringen Änderungen übernommene wirtschaftlich-gesellschaftliche Struktur, die Verfassung und das sie prägende politische Denken untersucht worden[2]. Auch auf die historisch bedingte Schwäche des

[1] So Hans Rosenberg in seiner für ein vertieftes Verständnis der politisch-sozialen Struktur und der Zusammenhänge zwischen der wirtschaftlichen, gesellschaftlichen, geistigen und politischen Entwicklung Deutschlands grundlegenden Studie: *Große Depression und Bismarckzeit. Wirtschaftsablauf, Gesellschaft und Politik in Mitteleuropa*, Berlin 1967, S. 59.

[2] Vgl. dazu bes.: Wolfgang Sauer, Kap. VIII: Die Reichswehr, in: Karl Dietrich Bracher, *Die Auflösung der Weimarer Republik, Eine Studie zum Problem des Machtverfalls in der Demokratie*, 3. Aufl., Stuttgart und Düsseldorf 1960, S. 229 ff.; Wolfgang Sauer, *Das Bündnis Ebert—Gröner, Eine Studie über Notwendigkeit und Grenzen der militärischen Macht*, Phil. Diss., FU Berlin 1957; Gordon A. Craig, *The Politics of the Prussian Army 1640—1945*, New York 1964, S. 342 ff.; Wolfgang Elben, *Das Problem der Kontinuität in der deutschen Revolution 1918/1919, Die Politik der Staatssekretäre und der militärischen Führung vom November 1918 bis Februar 1919*, Düsseldorf 1965; Wolfgang Runge, *Politik und Beamtentum im Parteienstaat. Die Demokratisierung der politischen Beamten in Preußen zwischen 1918 und 1933*, Stuttgart 1965; Arthur Rosenberg, *Geschichte der Weimarer Republik*, Frankfurt a. M. 1961, S. 33 ff.; Gerhard Schulz, *Zwischen Demokratie und Diktatur. Verfassungspolitik und Reichsreform in der Weimarer Republik*, Bd. I: *Die Periode der Konsolidierung und der Revision des Bismarckschen Reichsaufbaus 1919—1930*, Berlin 1963; Gustav Schmidt, *Deutscher Historismus und der Übergang zur parlamentarischen Demokratie. Untersuchungen zu den politischen Gedanken von Meinecke, Troeltsch, Max Weber*, Lübeck und Hamburg 1964.

Parlamentarismus der Weimarer Zeit ist nachdrücklich hingewiesen worden[3]. Dagegen fehlt es an einer grundsätzlichen Erörterung der Vorbelastungen im Bereich des Parteiwesens[4]. Das ist um so bemerkenswerter, wenn man bedenkt, daß mit dem Übergang von dem labilen, bei der politischen Integration der Bevölkerung und der Lösung der grundlegenden Fragen versagenden Gleichgewichtssystem der konstitutionellen Monarchie zur parlamentarischen Demokratie 1918/19 Deutschland notwendig ein Parteienstaat wurde, die Stabilität und Funktionsfähigkeit des neuen politischen Systems also entscheidend vom Charakter und den Verhaltensweisen der in ihm operierenden Parteien abhängen mußte.

Im folgenden soll nun, ausgehend von der Frage, ob ein bestimmtes politisches System auch eine besondere Art von Parteien erfordert, untersucht werden, inwieweit die in der Anfangsphase der Weimarer Republik bestehenden Parteien, die keine völligen Neuschöpfungen waren, sondern in das Erbe der Vorkriegsparteien eintraten, in der Lage waren, sich in ihrer politischen Ausrichtung und in ihrem inneren Gefüge den neuen Bedingungen anzupassen, dem parlamentarischen System zum Erfolg zu verhelfen und die schwierige Aufgabe der politischen und sozialen Integration der Nation zu leisten. Die Reaktion der Parteien auf die spätere Entwicklung sowie die Sprengung des Parteiensystems der Republik durch die zunehmende Stärke der totalitären Flügelparteien — ein Zeichen des Versagens der bisherigen Parteien — stehen dabei außerhalb unserer Betrachtung. Auch die Frage nach den Auswirkungen der wirtschaftlichen Prozesse und sozialen Veränderungen des Ersten Weltkrieges[5] auf das politische Verhalten, vor allem das Wahlverhalten der einzelnen Bevölkerungsgruppen, die Parteienkonstellation und den Charakter der Einzelparteien mußten weitgehend — wenn auch nicht völlig — ausgeklammert werden, da eine historische Wahlsoziologie in Deutschland noch nicht ernsthaft in Angriff genommen worden ist und es daher an detaillierten, exakten Daten über die Verbindung der Parteien zu einzelnen sozialen Gruppen fehlt[6].

[3] Vgl. Ernst Fraenkel, *Historische Vorbelastungen des deutschen Parlamentarismus*, in: *Vierteljahrshefte für Zeitgeschichte*, Bd. 8, 1960, S. 333 ff.

[4] Für einzelne Parteien der Weimarer Republik ist die Frage der Kontinuität zum Bismarckreich allerdings bereits mit Nachdruck gestellt worden. Vgl. bes. Wolfgang Hartenstein, *Die Anfänge der Deutschen Volkspartei 1918—1920*, Düsseldorf 1962; Rudolf Morsey, *Die Deutsche Zentrumspartei 1917—1923*, Düsseldorf 1966; Werner Liebe, *Die Deutschnationale Volkspartei 1918—1924*, Düsseldorf 1956 sowie Lewis Hertzman, *DNVP. Right-Wing Opposition in the Weimar Republic, 1918—1924*, Lincoln 1963.

[5] Vgl. dazu vor allem Gerald D. Feldman, *Army, Industry, and Labour in Germany 1914—1918*, Princeton 1966 sowie die noch immer höchst anregende Untersuchung von Albrecht Mendelssohn-Bartholdy, *The War and German Society. The Testament of a Liberal*, New Haven 1927.

[6] Der Vergleich von Berufs-, Gewerbe-, Konfessions- und Wahlstatistiken zur Aufdeckung von Korrelationen zwischen der sozialen, wirtschaftlichen und religiösen Struktur einerseits und dem Wahlverhalten andererseits ist durchaus möglich; sie ist aber nur dann wirklich fruchtbar, wenn man auf das kleinstmögliche Untersuchungs-

Auch erschweren die Verschiedenartigkeit des Wahlsystems und die häufig erfolgte Änderung der den offiziellen Statistiken zugrunde gelegten Gebiete ganz außerordentlich alle Vergleiche zwischen der Zeit vor 1914 und nach 1918.

Die Untersuchung von Wandel und Kontinuität der Parteien soll sich hier vor allem auf den Stil der Politik im parlamentarischen System, die Art des Parteiensystems, die Wirkungen des neuen Wahlrechts und für die Einzelparteien auf Bemerkungen über das politische Verhalten, das Personal der Führungsgruppen, etwaige Verschiebungen in den regionalen Schwerpunkten und im Wählerreservoir sowie auf die organisatorische Struktur und die Verbindung zu Interessengruppen erstrecken. Unsere Betrachtung kann sich dabei nicht auf die revolutionäre Übergangsphase bis zur Wahl der Nationalversammlung im Januar und zur Bildung der Regierung der Weimarer Koalition im Februar 1919 beschränken, in der als unmittelbare Reaktion auf die Revolution neue Personen und neue Ideen in den Parteien einen relativ starken, allerdings schon seit den Januarunruhen wieder merklich abnehmenden Einfluß hatten und teilweise grundlegende Veränderungen im Wahlverhalten der einzelnen Regionen und sozialen Schichten zu verzeichnen sind. Sie muß vielmehr durch die Ausdehnung des Untersuchungszeitraums bis zu den Reichstagswahlen 1920/22[6a] prüfen, inwieweit diese Änderungen dauerhafterer Natur waren.

## 1

Eine der wesentlichen Schwächen des deutschen Parlamentarismus der Weimarer Republik war die aus der konstitutionellen Monarchie übernommene, und von breiten Bevölkerungskreisen weiterhin vertretene Ideologie, der Staat stehe über den Parteien, und die Auffassung von der Beamtenschaft als einer allein von sachlichen Erwägungen bestimmten und die eigentliche Staatsräson verkörpernden neutralen schiedsrichterlichen Instanz. Ein Ausdruck der damit verbundenen Abwertung der Parteien als bloß gesellschaftlicher Phänomene, deren Notwendigkeit für das Funktionieren des modernen Verfassungsstaates man nicht erkannte, war die mangelnde Berücksichtigung der Parteien

gebiet zurückgreift und auch lokale Parteitraditionen, die Auswirkungen von Wanderungsbewegungen und anderen Bevölkerungsverschiebungen, die jeweilige politische Konstellation einer Wahl sowie die durch das absolute Mehrheitswahlsystem des Bismarckreiches bedingten starken Einflüsse parteitaktischer Erwägungen auf die Aufstellung von Kandidaten und die Zusammenarbeit verschiedenartiger Parteien berücksichtigt.

6a In den 3 Wahlkreisen Ostpreußen, Oppeln und Schleswig-Holstein wurden die im restlichen Reichsgebiet am 6. Juni 1920 stattfindenden Reichstagswahlen verschoben, da man den Ausgang der Volksabstimmungen über die Zugehörigkeit von Teilen dieser Gebiete zum Deutschen Reich abwarten wollte. Die fälligen Nachwahlen fanden in Ostpreußen und Schleswig-Holstein am 20. Februar 1921, in dem die Provinz Oberschlesien umfassenden Wahlkreis Oppeln am 19. November 1922 statt. Bis zu den Nachwahlen wurden diese Wahlkreise in dem 1920 gewählten Reichstag von den 1919 in die Nationalversammlung gewählten Abgeordneten vertreten.

in den Verfassungen, Gesetzen und Geschäftsordnungen der Weimarer Republik[7].

Das geringe Ansehen der Parteien in Deutschland, das in der Endphase der Weimarer Republik durch die Enttäuschung der Wähler über die Nichterfüllung ihrer an die Parteien geknüpften Heilserwartungen neue Nahrung erhielt, beruhte zunächst auf der auf die Romantik und die Philosophie des deutschen Idealismus zurückgehenden Vorstellung von der Einheit des „Volksgeistes" und der auch im Frühliberalismus bestehenden Ablehnung von Parteien — das jeweils Richtige sollte sich in der öffentlichen Diskussion von parteipolitisch und interessenmäßig nicht gebundenen, von der Meinungsbildung außerhalb des Parlaments unterstützten Abgeordneten herausschälen. Zudem war von großer Bedeutung, daß sich das Parteiwesen in Deutschland erst im Laufe des 19. Jahrhunderts mit der verspäteten Schaffung von Parlamenten in den deutschen Einzelstaaten herausgebildet hatte, als diese bereits eine fest etablierte „bürokratisch-militärische Organisation" besaßen[8], deren Präponderanz und deren überlegenes Prestige von den Parteien nicht nachhaltig erschüttert werden konnte. Die Parteien waren ihrerseits — z. T. auch die SPD — keine Emanzipationsbewegungen, die zur politischen Verantwortung drängten und aus dem Gefühl heraus handelten, die politischen Geschicke wirklich besser als die Bürokraten gestalten zu können. Zur Herausbildung einer auf den Parlamenten basierenden politischen Führungsschicht mit umfassenden praktisch-politischen Erfahrungen und einem auf der gemeinsamen Arbeit im Parlament beruhenden *esprit de corps* der Abgeordneten ist es im Gegensatz etwa zu Frankreich und Großbritannien nicht gekommen[9]. Auch die Lösung der nationalen Frage, die Schaffung des Deutschen Reiches, war nach der Niederlage der Revolution von 1848/49 schließlich nicht von unten durch das Volk, sondern von oben durch Bismarck und die militärische Macht Preußens herbeigeführt worden.

Die Parteien galten im Gegensatz zu Bürokratie und Armee als Ausdruck der Spaltung der Nation in verschiedene weltanschauliche, konfessionelle, wirtschaftliche und soziale Gruppen. Man war der Ansicht, daß die Parteien die vorhandenen Interessengegensätze und Spannungen nicht ausglichen und überbrückten, sondern verschärften und so der politischen und sozialen Integration der Nation im Wege standen.

Man warf den Parteien ihre dogmatische Enge, ihre zunehmend stärker werdende Verflechtung mit wirtschaftlichen Interessengruppen, ihr mangelndes

[7] Vgl. Bracher, *Auflösung*, a. a. O., S. 42.

[8] Vgl. Gerhard Ritter, *Allgemeiner Charakter und geschichtliche Grundlagen der politischen Parteibildung in Deutschland*, in: *Volk und Reich der Deutschen*, hrsg. von Bernhard Harms, 2 Bde., Berlin 1929, Bd. I, S. 15.

[9] Vgl. dazu für den Reichstag auch James J. Sheehan, *Political Leadership in the German Reichstag, 1871—1918*, in: *American Historical Review*, Bd. 74, 1968, S. 525 ff.

politisches Verantwortungsbewußtsein und den führenden Parlamentariern das Fehlen jeder Regierungserfahrung vor.

Diese Kritik an den konkreten Schwächen des deutschen Parteiwesens war weitgehend berechtigt. Sie verkannte jedoch, daß die Parteien selbst wesentlich durch das sie von jeder politischen Mitverantwortung ausschaltende Verfassungssystem des Kaiserreiches und die bewußt auf die Schwächung ihrer politischen Potenz abzielende Politik Bismarcks geformt worden waren. Ihre Zersplitterung, ihre ideologische Starrheit und Kompromißunfähigkeit, ihre einseitige Hinwendung zu wirtschafts- und interessenpolitischen Fragen, ihre mangelnde Regierungsfähigkeit sowie ihr Versagen bei der Auslese politischer Führer waren so wesentlich Konsequenz eines Systems und einer Politik, die die Parteien erfolgreich von der Mitwirkung an der Regierung und jeder nicht von dieser initiierten und gesteuerten Zusammenarbeit untereinander fernzuhalten versuchte. Durch das politische System, das den Ausgleich der Interessen der Bürokratie überließ, wurden die Parteien zur Intransigenz angehalten, kam es doch nicht darauf an, sich untereinander zu einigen, sondern die Forderungen möglichst hoch zu schrauben, damit deren Kern nach den Abstrichen durch die Regierung erhalten blieb.

Die Schwäche der deutschen Parteien und die dadurch bedingte weitgehende Lähmung des Reichstages bedeutete letzlich jedoch auch die Schwächung der Regierung, der für jede langfristige, nicht nur den politisch-sozialen Status quo bewahrende Politik die stabile Basis einer Mehrheitskoalition im Reichstag fehlte.

Der Erste Weltkrieg mit seiner Auflösung jeder konsequenten, einheitlichen Politik und Verwaltung in ein ständig wechselndes Gegeneinander und Miteinander von Oberster Heeresleitung, stellvertretenden Generalkommandos, Reichskanzler, Einzelministerien, Bundesstaaten, Reichstag und großen Interessenverbänden bedeutete nur die krisenhafte Zuspitzung der negativen Auswirkungen einer teilweisen Anarchie an der politischen Spitze, die schon vor dem Kriege Bethmann Hollweg angesichts der Polarisierung der politischen Kräfte dazu gebracht hatte, in seiner „Politik der Diagonale“[10], die man auch als Hindurchschlängeln auf dem Wege des geringsten Widerstandes bezeichnen könnte, auf die Durchsetzung der von ihm als sachlich notwendig erachteten politischen Reformen zu verzichten. Die mangelnde Einheitlichkeit der Regierung kam auch darin zum Ausdruck, daß es seit dem Scheitern des Bülowblocks keine feste Zusammenarbeit zwischen der Regierung und einer Mehrheit der Parteien mehr gab, sondern die einzelnen Staatssekretäre sich jeweils ihre eigenen, in ihrer Zusammensetzung oft verschiedenen Mehrheiten für die von ihnen eingebrachten Gesetze im Reichstag suchen mußten. Die Parteien ihrerseits, die allerdings über ihr formelles Vetorecht in Gesetzgebung und Budgetfragen hinaus auch die Position des Kanzlers zumindest seit Bismarcks Sturz

[10] Vgl. Theobald von Bethmann Hollweg, *Betrachtungen zum Weltkriege*, I. Teil: *Vor dem Kriege*, Berlin 1919, S. 96 ff.

unhaltbar machen konnten, haben vor 1917 nicht ernsthaft versucht, über ihre bloß negative, auf die Wahrung ihres Image und ihres sozialen Rückhalts bedachte Macht hinaus, die politische Initiative zu ergreifen, d. h. eine klare parlamentarische Mehrheit aus eigener Kraft zu bilden, ihre Politik der Regierung aufzuzwingen und damit die gefährliche Stagnation des politischen Systems zu beenden.

Erst in der Endphase des Ersten Weltkrieges ist nach der Enttäuschung der Hoffnungen auf einen Siegfrieden mit dem am 6. Juli 1917 gebildeten Interfraktionellen Ausschuß ein Instrument einer allerdings noch sehr lockeren und von ständigen Spannungen erschütterten parlamentarischen Mehrheitskoalition, deren fester Kern SPD, Zentrum und Fortschrittliche Volkspartei bildeten, geschaffen worden, das, ohne die Macht der OHL bis Ende September 1918 ernsthaft in Frage zu stellen, die in Ansätzen schon vor 1914 eingeleitete Entwicklung zum parlamentarischen Regierungssystem beschleunigte. Allerdings zeigen die Debatten und Aktionen dieses Ausschusses die vorhandene Unklarheit über weiterreichende Ziele, das Fehlen einer überzeugenden personellen Alternative zu OHL und Reichsleitung und das Zurückschrecken der von den Bedingungen der konstitutionellen Monarchie geformten führenden Parlamentarier vor der Übernahme der Verantwortung[11]. Trotzdem müssen wir diesen Ausschuß und die von ihm eingeleitete Phase einer Halbparlamentarisierung mit Erich Matthias und Rudolf Morsey als Vorläufer der späteren Weimarer Koalition ansehen[12] und entsprechend die These Theodor Eschenburgs von der „improvisierten Demokratie"[13] der Weimarer Republik modifizieren.

Die Revolution, die in den deutschen Bundesstaaten etwa gleichzeitig erfolgte, führte zu keiner völligen Unterbrechung in der Zusammenarbeit der Parteien der Mitte und der Linken. In Württemberg und Baden wurden neben den sozialistischen Parteien Vertreter der beiden liberalen Parteien und des Zentrums, in Hessen SPD, Zentrum und Fortschrittliche Volkspartei an den

[11] Vgl. dazu die zutreffende Kritik von Klaus Epstein, *Der Interfraktionelle Ausschuß und das Problem der Parlamentarisierung 1917/18*, in: *HZ*, Bd. 191, 1960 bes. S. 574 ff., S. 581 ff.

[12] *Der Interfraktionelle Ausschuß 1917/18*, bearb. von Erich Matthias unter Mitwirkung von Rudolf Morsey, I. Bd. in 2 Teilen, Düsseldorf 1959, S. VIII.

[13] Theodor Eschenburg, *Die improvisierte Demokratie. Gesammelte Aufsätze zur Weimarer Republik*, München 1964, bes. S. 37 ff. Der weitere von Matthias und Morsey herausgegebene Quellenband über *„Die Regierung des Prinzen Max von Baden"*, Düsseldorf 1962, beweist eindeutig, daß die Parlamentarisierung im Oktober 1918 nicht einfach in Form einer „Revolution von oben" durch Ludendorff erzwungen wurde, sondern daß die Mehrheitsparteien bereits vorher ohne Kenntnis der kritischen militärischen Situation einen selbständigen massiven Vorstoß zur Ablösung des Reichskanzlers Hertling, zur Einführung des parlamentarischen Regierungssystems und zur Unterwerfung der OHL unter die politische Führung eingeleitet hatten, der allerdings angesichts des Wunsches Ludendorffs, den Parteien die Verantwortung für die Niederlage aufzubürden, offene Türen einrannte.

dortigen Revolutionsregierungen beteiligt. Auch im Reich hat Ebert offensichtlich bei der Übernahme der Reichskanzlerschaft vom Prinzen Max von Baden am 9. 11. 1918 zunächst daran gedacht, neben der USPD auch die bürgerlichen Parteien bis hin zu den Nationalliberalen, die im Interfraktionellen Ausschuß wegen ihrer Vorbehalte zur Kriegszielpolitik des Ausschusses nur zeitweise mitarbeiteten, in die neu zu bildende Regierung aufzunehmen[14].

Die schließlich unter dem Druck der USPD zustandegekommende Lösung gab den Leitern der obersten Reichsbehörden formell zwar nur die Funktion bloßer „technischer Gehilfen" des politisch allein entscheidenden, paritätisch aus Vertretern der USPD und der SPD zusammengesetzten Rates der sechs Volksbeauftragten[15]. Faktisch wurde jedoch dadurch die Kontinuität der Verwaltung auch an der Spitze gewahrt[16]. Diese Regelung beruhte einerseits auf der von der USPD und SPD geteilten Furcht vor einer Gefährdung der Versorgung der Bevölkerung durch den Zusammenbruch des Verwaltungsapparates, dem Respekt vieler Sozialisten vor dem Sachwissen der bürgerlichen Staatssekretäre, denen von Ebert eine weitgehend selbständige Amtsführung versprochen wurde, und andererseits auf deren Bemühen, den Bruch mit der Vergangenheit zu mildern.

Fünf der Staatssekretäre (Solf, Auswärtiges Amt; von Krause, Reichsjustizamt; Rütlin, Reichspostamt; Bauer, Reichsarbeitsamt; Ritter von Mann,

[14] In einer am Nachmittag des 9. November 1918 zur Übernahme der Reichskanzlerschaft veröffentlichten Proklamation spricht Ebert davon, daß er im Begriff sei, „die neue Regierung im Einvernehmen mit den Parteien zu bilden", (Text in: Gerhard A. Ritter und Susanne Miller (Hrsg.), *Die deutsche Revolution 1918—1919, Dokumente,* Frankfurt a. M. 1968, S. 74). Vgl. weiter Conrad Haußmann, *Schlaglichter, Reichstagsbriefe und Aufzeichnungen,* hrsg. von Dr. Ulrich Zeller, Frankfurt a. M. 1924: Tagebuchaufzeichnungen vom 9. November 1918, S. 271 f. sowie Gustav Stresemann, *Zum Jahrestag der Revolution,* Artikel in der Wochenschrift „Deutsche Stimmen" vom 5. 11. 1919: Das sozialdemokratische Mitglied des Interfraktionellen Ausschusses, Eduard David, habe am 9. November die Fraktion der Mehrheitsparteien ersucht, sich im Reichstag parat zu halten, um sich gegebenenfalls an der Regierung zu beteiligen. Für den eventuellen Eintritt der Nationalliberalen in die Regierung seien als Minister Dr. Junck und Richthofen — zwei Mitglieder des Interfraktionellen Ausschusses — in Aussicht genommen worden. Eine Sitzung der nationalliberalen Fraktion habe beschlossen, sich der Mitwirkung an der Regierungsbildung nicht zu entziehen. Das Ministerium solle sich aber als bloß provisorische Gewalt betrachten. Die endgültige Staatsform sollte erst durch die Nationalversammlung bestimmt werden. — Auch Minister Koch erwähnte in einer Rede auf dem Parteitag der DDP vom Dezember 1919, daß die Nationalliberale Partei im November 1918 bereit gewesen wäre, sich an einer unter Einschluß der USPD gebildeten parlamentarischen Regierung zu beteiligen (*Bericht über die Verhandlungen des 2. außerordentlichen Parteitages der DDP, abgehalten in Leipzig vom 13.—15. Dezember 1919,* Berlin, o. J., S. 18).

[15] Vgl. Antwort des Vorstandes der USPD an den Vorstand der SPD vom 10. 11. 1918, abgedruckt in: Ritter/Miller, a. a. O., S. 83.

[16] Diesen Aspekt betont nachdrücklich Wolfgang Elben in seiner bereits erwähnten Studie, a. a. O., bes. S. 31 ff. und S. 162 ff.

Reichsmarineamt) hatten ihr Amt bereits vorher innegehabt; der zum Leiter der Waffenstillstandskommission berufene Erzberger war Staatssekretär ohne Portefeuille gewesen; in zwei Ämtern rückte der Unterstaatssekretär in die leitende Position auf (Schiffer, Reichsschatzamt; August Müller, Reichswirtschaftsamt); eine zentrale Reichsbehörde, das Reichsamt für wirtschaftliche Demobilmachung, wurde auf Druck der Gewerkschaften und Arbeitgeber unter dem bisherigen Leiter der Kriegsrohstoffabteilung des preußischen Kriegsministeriums, Josef Koeth, neugebildet, und nur das Kriegsernährungsamt unter dem USPD-Mitglied Emanuel Wurm und das Reichsamt des Innern unter Hugo Preuß (DDP) wurden Außenseitern überantwortet[17]. Mit Matthias Erzberger (Zentrum), Eugen Schiffer (Nationalliberal, später DDP), Hugo Preuß (Fortschritt, später DDP) und Paul von Krause (Nationalliberal, später DVP) wurden gleichzeitig auch führende Politiker der bürgerlichen Parteien, wenn auch nicht als deren offizielle Vertreter[18], in leitenden Positionen an der Regierungsarbeit beteiligt.

Eine weitere Verbindung zu den bürgerlichen Parteien auf Regierungsebene stellte die Mitgliedschaft des langjährigen Vorsitzenden der Reichstagsfraktion der Fortschrittlichen Volkspartei (1912—1918) und entscheidend am Aufbau der DDP beteiligten Handelsministers Otto Fischbeck[19] im preußischen Kabinett dar. Auch wird man die Bedeutung der Tatsache, daß die der SPD, dem Zentrum und der DDP nahestehenden Gewerkschaftsorganisationen (Freie Gewerkschaften, Christliche Gewerkschaften und Hirsch-Dunckersche Gewerkvereine) bereits im Kriege und erst recht in den Revolutionsmonaten im Rahmen der Zentralarbeitsgemeinschaft eng zusammenarbeiteten, für die Kontinuität zwischen Interfraktionellem Ausschuß und Weimarer Koalition nicht unterschätzen dürfen.

Als schließlich nach dem Zusammentritt der Nationalversammlung im Februar 1919 die erste Regierung gebildet wurde, waren von den vierzehn ihr angehörenden Ministern bereits vier als Volksbeauftragte (Scheidemann, Landsberg, Noske, Wissel, alle SPD), vier als Staatssekretäre (Preuß, Schiffer, Graf

17 Später wurde Wilhelm Solf als Staatssekretär des Auswärtigen Amtes durch Graf Brockdorff-Rantzau abgelöst.

18 Immerhin war z. B. die Nationalliberale Reichstagsfraktion auf einer Sitzung am 9. 11. der Ansicht, daß nationalliberale Beamte einschließlich des Staatssekretärs im Reichsjustizamt, von Krause, auch für den Fall der Bildung einer rein sozialistischen Regierung ihre Mitwirkung nicht verweigern sollten (Stresemann, *Zum Jahrestag der Revolution*, a. a. O., S. 187 f.).

19 Otto Fischbeck war einer der Unterzeichner des zur Gründung der DDP führenden Aufrufes vom 16. 11. 1918 und Vorsitzender des nach der Bildung der Partei errichteten Provisorischen Geschäftsführenden Ausschusses. Seine maßgebliche Rolle in den ersten Wochen und Monaten wird in der parteioffiziellen Entstehungsgeschichte der DDP von Otto Nuschke nachdrücklich betont: *Wie die Deutsche Demokratische Partei wurde, was sie leistete und was sie ist*, in: *Zehn Jahre Deutsche Republik. Ein Handbuch für republikanische Politik*, hrsg. von Anton Erkelenz, Berlin 1928, S. 31.

Brockdorff-Rantzau, parteilos, aber der DDP nahestehend, Bauer, SPD), Erzberger als Leiter der Waffenstillstandskommission und drei als Unterstaatssekretäre (Robert Schmidt, SPD; Eduard David, SPD und Johann Giesberts, Zentrum) in der vorangegangenen Regierung tätig gewesen. Gegenüber diesen insgesamt zwölf Personen stehen mit dem Demokraten Gothein (Minister ohne Geschäftsbereich) und dem vom Zentrum gestellten Kolonialminister Bell nur zwei Minister mit relativ unwichtigen Aufgaben, die nicht bereits in der Zeit der Volksbeauftragten eine leitende Position im Reiche innehatten. Sechs (Scheidemann, Landsberg, David, Schiffer, Gothein und Erzberger) der vierzehn Minister waren zudem 1917/18 Mitglieder des Interfraktionellen Ausschusses gewesen. Gewiß haben die bürgerlichen Parteien aus Furcht vor einer absoluten sozialistischen Mehrheit ohne Ausnahme den Wahlkampf zur Nationalversammlung gegen die beiden sozialistischen Parteien geführt[20]; die weitgehende Kontinuität im Personal der Regierung der Volksbeauftragten und der Regierung Scheidemann ist aber zweifellos nicht zufällig, sondern Ausdruck einer auch über die Revolutionsmonate andauernden engen Verbindung der die Weimarer Koalition bildenden Parteien der 1917 geschaffenen neuen Reichstagsmehrheit.

## 2

Angesichts dieser Kontinuität stellt sich die Frage, inwieweit das Verständnis der Parteien und der führenden Parlamentarier vom Parlamentarismus und die Praxis ihres politischen Verhaltens in der Weimarer Zeit vorgeprägt worden war durch den „Kryptoparlamentarismus", die Mischform von konstitutionellem und parlamentarischem System, die sich in der Endphase des Kaiserreiches herausgebildet hatte. In einer scharfsinnigen Studie über die Vorstrukturierung des parlamentarischen Systems der Weimarer Republik durch die Verhältnisse 1917/18 wird von Udo Bermbach im einzelnen nachgewiesen, daß die für die Anfangsjahre der Weimarer Republik so typische Praxis der Kabinettsbildung durch interfraktionelle Besprechungen statt durch den Kanzler oder durch Besprechungen des Kanzlers mit den Parteiführern und die Festlegung des Regierungschefs auf ein von den Parteien ausgearbeitetes Regierungsprogramm den Usancen der Regierungsbildung 1917/18 entsprach[21]. Die von den Parteien präsentierten Minister galten als verlängerter Arm der

[20] Keine der bürgerlichen Parteien ist auch nur in einem Wahlkreis eine Listenverbindung für die Aufteilung der Reststimmen mit der SPD eingegangen, dagegen hatte die DNVP in 26 von 32, das Zentrum in 28 von 34, die DVP in 21 von 21 und die DDP in 8 von 35 der von ihnen umfochtenen Wahlkreise ihre Liste mit anderen bürgerlichen Parteien für die Aufteilung der Reststimmen verbunden. In sechs Fällen kam eine derartige Listenverbindung von SPD und USPD zustande.

[21] Udo Bermbach, *Vorformen parlamentarischer Kabinettsbildung in Deutschland. Der Interfraktionelle Ausschuß 1917/18 und die Parlamentarisierung der Reichsregierung*, Köln und Opladen 1967, bes. S. 101 ff., 106 ff., 116 ff., 125 ff.

Parteien in der Regierung, als Aufpasser, die über die politische Richtung des Kabinetts wachen sollten und ihrerseits von den Parteien, deren Einfluß sie sich allerdings häufig zu entziehen versuchten, zur Rechenschaft gezogen werden konnten. Eine politische Führung der Fraktionen durch die Minister war dagegen nicht vorgesehen. Auch die spätere Weimarer Praxis, einerseits sogenannte Fachminister ins Kabinett zu berufen, andererseits die von den Parteien delegierten Politiker zu ernennen, also Elemente der konstitutionellen Beamten-Regierung mit Komponenten einer mißverstandenen Demokratie zu mischen, war im Kabinett des Prinzen Max von Baden bereits vorgeformt. Man muß allerdings hinzufügen, daß führende politische Publizisten, Denker und Staatsrechtslehrer diese Version der Vereinbarung des nicht zu Vereinbarenden als die moderne deutsche Form der Demokratie priesen.

Die Konsequenz dieser Praktiken war die Einengung der politischen Initiative und der Richtlinienkompetenz des Reichskanzlers, die Teilung der Führungsfunktion zwischen dem Kabinett und dem seinerseits von den Fraktionen und außerparlamentarischen Parteiinstanzen abhängigen Ausschuß der Mehrheitsparteien, die mangelnde Homogenität des Kabinetts, die Verwischung jeder klaren politischen Verantwortung und die weitgehende Beibehaltung des traditionellen Dualismus von Regierung und Parlament. Die mangelnde Autorität der leitenden Minister in ihren eigenen Parteien führte dabei zu einem Schwanken zwischen dem überkommenen Typus einer bürokratischen Regierung der Fachleute auf der einen und dem Typus der Konventsregierung auf der anderen Seite, die ihrerseits einer ständigen direkt-demokratischen Legitimation durch Plebiszite bedurfte, die nicht zufällig im Weimarer System als Gegengewicht zum Parlament eine so große Rolle spielten.

Indem die Regierungen der Weimarer Republik die Antwort auf die Bestrebungen, sie der Kontrolle von Parteiinstanzen zu unterwerfen, nicht in dem Bemühen um Führung der Parlamente sahen, sondern andere politische Kräfte als Gegengewichte gegen den Reichstag ausspielten, indem sie versuchten, sich von den Parteien zu emanzipieren und unter Betonung ihrer überlegenen Sachkompetenz einen möglichst großen „politikfreien" Raum auszusparen, verhielten sie sich ganz im Stil der Reichsleitungen des vorangegangenen konstitutionellen Regierungssystems.

Das Verständnis der Mehrheitsparteien vom Parlamentarismus war offensichtlich wesentlich durch die vor allem von den Zentrumsführern vor 1914 entwickelten Auffassung von der angemessenen Stellung des Reichstages bestimmt worden. Man verstand unter Parlamentarismus die entscheidende Mitwirkung des Parlaments bei der Formulierung der Gesetzestexte, der detaillierten Feststellung des Budgets und der Bestimmung der Grundsätze der Politik in einzelnen Bereichen sowie ein Vetorecht über die Person des Kanzlers, jedoch nicht die volle Übernahme der politischen Verantwortung durch den Reichstag. Diese, im Gegensatz zum parlamentarischen Regierungssystem britischer Prägung stehende Betonung der Unabhängigkeit des Parlaments gegenüber der Regierung wäre dabei vor allem der nach links und rechts gleichzeitig koalitionsfähigen Partei des Zentrums, die eine Schlüsselposition in den wichtigsten Ausschüssen hatte und von 1890 bis 1912 die eindeutig stärkste Fraktion im Reichstag stellte, zugute gekommen. Man erstrebte also eine quantitative Steigerung der Macht des Parlaments und des Parteieinflusses, sah aber nicht, daß ein funktionierendes parlamentarisches System ein qualitativ anderes Verhalten von Parlament und Parteien verlangte. Man dachte weiter in den für das konstitutionelle System so typischen Kategorien des Dualismus von Regierung und Parlament, die als Gegenspieler aufgefaßt wurden.

Man befürchtete bei Einführung des parlamentarischen Systems zudem eine sich dann in konkreter Macht manifestierende Majorisierung durch die andere Klasseninteressen repräsentierenden Parteien. Da der Kreis der führenden Parlamentarier weitgehend und der mit dem Parlament in Berührung kommenden hohen Ministerialbeamten sogar völlig gleich geblieben war, ist es nicht verwunderlich, daß beide Seiten in der Auffassung des Verhältnisses von Regierung und Parlament in der Weimarer Republik der Tradition des Kaiserreichs verhaftet blieben. War für die Ministerialbürokratie der Weimarer Republik das Parlament gleichsam der Tiger, der unter ihrer Dressur durch den Reifen springen sollte[22], so war umgekehrt für die Parlamentarier die Regierung die Bestie, die man mit der Peitsche zum Gehorsam zwingen mußte. Nicht die enge Zusammenarbeit von Regierung und Parlamentsmehrheit, von Ministern und Fraktionen, nicht gegenseitiges Vertrauen, sondern Mißtrauen bestimmte weitgehend, wie im konstitutionellen System, das gegenseitige Verhältnis. Diese Haltung war auch ein Grund dafür, daß nach einem Beschluß der Führungsgremien der Sozialdemokratie (Parteiausschuß, Kontrollkommission und Parteivorstand)[23] die SPD-Politiker, die ein Ministeramt im Reich oder in Preußen übernahmen, ihre Sitze im Parteivorstand aufgeben mußten, um die Unabhängigkeit der Partei von den von ihr mitgebildeten oder sogar geführten Regierungen zu betonen. Darunter mußte die Führungsfähigkeit der Kabinette leiden, während umgekehrt die Schwäche oder das Versagen der Regierung notwendig auf die sie bildenden Parteien zurückfiel.

Der historisch geprägte Charakter der deutschen Parteien, die mehr Repräsentanten bestimmter, voneinander relativ klar abgegrenzter Bevölkerungsgruppen, mehr gesellschaftliche Phänomene als politisch handlungsfähige Institutionen des Verfassungslebens waren, hat die Funktionsfähigkeit des Weimarer Staates weitgehend erschwert. Im konstitutionellen System war den Parteien zumindest in der Theorie von der Regierung mit ihrem Anspruch auf Schaffung und Vertretung des Gemeinwohls die Aufgabe abgenommen worden,

[22] Dieses Bild verdanke ich Herrn Professor Ulrich Scheuner.

[23] Vgl. *Protokoll über die Verhandlungen des Parteitages der Sozialdemokratischen Partei Deutschlands 1920*, Rede des Vorsitzenden Müller, S. 258 f.: „Der Parteivorstand muß der Reichsregierung und der preußischen Regierung gegenüber völlig freie Hand haben (sehr richtig!), umso mehr, da wir es ja zunächst wenigstens nur mit Koalitionsregierungen zu tun haben werden."

von sich aus einen Ausgleich zwischen den von ihnen vertretenen und oft voneinander divergierenden sozialen und wirtschaftlichen Interessen zu suchen und eine von der parlamentarischen Mehrheit getragene realistische, aber den anstehenden Problemen nicht ausweichende Gesamtkonzeption praktischer Politik auszuarbeiten[24]. Die Parteien, die bisher keine Verantwortung für die Durchsetzung politischer Maßnahmen hatten und sich in vielen Bereichen auf die bloße *Reaktion* auf die jeweiligen Einzelvorschläge der Regierungen beschränken konnten, vermochten diese Aufgabe auch im Weimarer Staat nicht befriedigend zu lösen.

Die mit dem Zusammenbruch des Bismarckreiches aktualisierten ideologischen Differenzen, die föderalistische Unterwanderung einzelner Parteien, vor allem aber auch in den Parteien der Mitte der mit ihrer Bürokratisierung und ihrer in Organisation und Agitation vollzogenen Anpassung an das Bedürfnis nach Gewinnung einer Massenmitgliedschaft parallel gehende wachsende Einfluß des Parteiapparats und außerparlamentarischer Gremien sowie die noch steigende Abhängigkeit der Parteien (mit Ausnahme der DNVP) von Interessenverbänden hatte den Einfluß der Fraktionen und Fraktionsführungen, die noch am ehesten zur Zusammenarbeit mit anderen Parteien bereit waren, geschwächt. Damit wurden die Schwierigkeiten, zu einem Ausgleich konkurrierender Interessen zu kommen, noch erhöht. Gleichzeitig bewirkte diese Entwicklung eine weitere Lockerung der ohnehin für ein Funktionieren des parlamentarischen Systems zu geringen inneren Geschlossenheit der Parteien.

Keine der Parteien hatte in der Anfangsphase der Weimarer Republik mit der eventuellen Ausnahme der DVP, in der Gustav Stresemann eine allerdings keineswegs unangefochtene Führungsposition innehatte, einen Parteiführer, der verbindlich für die Partei in politischen Fragen sprechen konnte.

Einer der neuralgischen Punkte der parlamentarischen Regierungsweise, besonders in Ländern mit einem Vielparteiensystem und einer unzureichenden Integration weiter Bevölkerungsgruppen in Staat und Gesellschaft ist die Gefahr, daß die politischen Kräfte sich gegenseitig blockieren, das politische Leben lähmen und zur Lösung anstehende Probleme ausklammern. Schon im Interfraktionellen Ausschuß hat es kein klares Bewußtsein der Notwendigkeit des Zusammenwirkens gegeben. Die Parteien waren zugleich miteinander kooperierende Mitglieder einer inoffiziellen Regierungsmehrheit, wie auch Gegner, die in zentralen Fragen abweichende Auffassungen vertraten und in diesen z. T. mit den nicht dem Ausschuß angehörenden Parteien zusammenarbeiteten. Für ihr Verhältnis zur Regierung war kennzeichnend, daß sie einerseits die zivile Reichsleitung gegen Angriffe der Konservativen, der USPD und teilweise der OHL stützten, andererseits aber auch die Funktion der parlamentarischen Opposition als Kritiker der Regierung ausübten[25].

[24] Daß die Reichsleitung vor 1918 dazu faktisch immer weniger in der Lage war, ist bereits angedeutet worden (vgl. S. 346).

[25] Bermbach, a. a. O., S. 78 ff.

Die Opposition war aber nicht nur in den Interfraktionellen Ausschuß hineingenommen worden, auch die Vertreter der Einzelparteien im Ausschuß nahmen häufig keine geschlossene Haltung ein. Die Fraktionen entsandten Vertreter der verschiedenen Parteiflügel, die in der Frage der Parlamentarisierung, der Zusammenarbeit mit der Reichsleitung oder der Zusammensetzung der Mehrheitskoalition scharf divergierende Ansichten vertraten, in den Ausschuß. Mit der Anwendung eines derartigen parteiinternen Proporzdenkens wurde erreicht, daß in allen kritischen Fragen die endgültige Entscheidung nicht im Ausschuß fallen konnte, sondern in die einzelnen Fraktionen zurückverlagert wurde[26]. Damit wurde die politische Initiative und Führungsfähigkeit des Ausschusses entscheidend gehemmt und seine Position gegenüber der OHL und der Reichsleitung geschwächt.

Die sich im Interfraktionellen Ausschuß herausbildenden Verhaltensweisen hatten wesentlichen Einfluß auf den Regierungsstil der Koalitionen der Anfangsjahre der Weimarer Republik. Die bedenkliche Praxis, daß Regierung und Opposition innerhalb der die Regierung stellenden Parlamentsmehrheit zusammenfiel, wurde nunmehr durch zwei zusätzliche Erwägungen gefestigt: Erstens glaubte man, daß angesichts des Fehlens einer regierungsfähigen und verfassungstreuen Opposition — die außerhalb der Weimarer Koalition stehenden Parteien DNVP und USPD und teilweise auch die DVP lehnten ja zunächst nicht nur die Politik der Regierung, sondern auch die Grundlagen des politischen Systems ab — der Staat von einer permanenten, in ihrer Zusammensetzung nur leicht nach rechts oder links verschiebbaren Koalition der Mittelparteien — einer Arbeitsgemeinschaft von Bürgertum und Sozialdemokratie getragen werden müsse. Zweitens war man in den ersten Jahren der Republik der Ansicht, daß die möglichen Alternativen angesichts der besonderen deutschen Situation abzulehnen seien: Eine Bürgerblockpolitik würde wie schon im Bismarckreich die Arbeiterschaft dem Staat entfremden und zum Aufruhr führen; eine Alleinherrschaft der SPD oder der beiden sozialistischen Parteien würde die Basis von Staat, Gesellschaft und Wirtschaft erschüttern, die für notwendig erachtete Mitarbeit der Beamten und Unternehmer gefährden und ebenfalls eine bürgerkriegsähnliche Situation provozieren.

Die Struktur des deutschen Parteiensystems wurde von politischen Kräften, die von dieser Auffassung ausgingen, begrüßt, da sie einen heilsamen Zwang zur Zusammenarbeit der allein eine leistungsfähige parlamentarische Demokratie ermöglichenden Mittelparteien bewirke. Das spezifisch parlamentarische Wechselverhältnis von Regierung(smehrheit) und — systemloyaler — Opposition konnte sich innerhalb dieser Vorstellungen und der daraus hervorgehenden Praxis nicht einspielen. Vielmehr betonten die Koalitionsparteien ihre Unabhängigkeit von der Regierung, verstanden sich gleichzeitig als Träger und Kritiker der Regierung, so daß es dieser an Einheitlichkeit fehlte und sie jederzeit durch eine Machtverschiebung in einer der Koalitionsparteien in Frage

[26] Vgl. dazu Schmidt, a. a. O., S. 321 f.

gestellt werden konnte. Das bedeutete, daß das Kabinett und die weitgehend als im Auftrage der Parteien tätigen Kontrolleure der Regierung betrachteten Einzelminister, um das labile Gleichgewicht innerhalb der Koalition und ihrer jeweiligen Partei nicht zu gefährden, nur einen äußerst beengten politischen Manövrierraum hatten. Die zwischen den Parteien kontroversen innenpolitischen Fragen wurden nicht gelöst, sondern ausgeklammert; Initiativen, die nicht auf die Verlängerung des politisch-sozialen Status quo abzielten, erstickt. Ereignisse, nicht Entschlüsse und klare Konzeptionen, bestimmten die Politik[27]. Kein wirklich ernsthafter Versuch wurde unternommen, die Chancen gerade auch parlamentarischer Regierungen für die Demokratisierung und grundlegende Reform der deutschen Gesellschaft zu nutzen. Allerdings ist dabei zu bedenken, daß das Scheitern von Demokratisierung und politischer Integration nicht nur, vielleicht nicht einmal primär, auf die gekennzeichneten Mängel der Verfassung und des politischen Stils, sondern zugleich und vor allem auf die durch Krieg und Revolution verschärften, angesichts der Probleme des Wiederaufbaus, der „Übergangswirtschaft" und der belastenden Kriegsfolgen besonders virulenten sozialen Gegensätze und ideologischen Frontstellungen zurückzuführen ist.

Die zunehmend enger werdende Bindung der Parteien an die Organisationen bestimmter *pressure groups* und den von diesen vertretenen Klassen- und Gruppeninteressen, die durch das neue Listenwahlrecht geradezu veranlaßt wurden, die Aufstellung und Plazierung der Kandidaten zu beeinflussen, schränkte die Bewegungsfreiheit der Parteien und der von ihnen gebildeten Regierungen weiter ein. Die Stagnation des politischen Systems — ein Grundübel der Weimarer Republik und eines der tieferen Motive für die wachsende Popularität der totalitären Flügelparteien — war also wesentlich bedingt durch den in der konstitutionellen Monarchie herausgebildeten Charakter des deutschen Parteiensystems, die aus dem Kaiserreich übernommenen ungelösten politischen und sozialen Probleme und die in der Übergangsphase zum Parlamentarismus 1917/18 herausgebildeten Formen der Beziehungen von Regierung, Parlament und Parteien.

Trotz veränderter Bedingungen blieben die Verfahrensformen — auch die zunächst mit geringen Änderungen übernommene Geschäftsordnung des alten Reichstages wurde erst am 12. Dezember 1922 durch eine neue ersetzt — und Verhaltensweisen von Parlament und Parteien bestehen; in diesem System konnte die ideologisch motivierte Kritik der Flügelparteien, die sich von Sachfragen möglichst fernhielt, die in der Verantwortung Stehenden mit Leichtigkeit diffamieren. Dadurch gelangte man in eine Situation hinein, in der die Parteien der linken und rechten Mitte ihre einzige Chance darin sehen mußten,

[27] Außenpolitische Ereignisse spielten eine besonders große Rolle beim Zerfall und der Neubildung von Koalitionen. Sie haben bis 1923 zum Sturz von drei Kabinetten geführt, während die Auflösung von fünf weiteren Kabinetten von außenpolitischen Fragen mit beeinflußt war.

der Regierung die Möglichkeit zu geben, wirklich zu regieren; andernfalls würden sie in die Rolle des bloßen Neinsagens zurückgedrängt werden, die sie weder spielen wollten noch unter dem Druck der extremistischen Konkurrenten erfolgreich durchstehen konnten.

Der spezifisch deutsche Stil des Parlamentarismus ist nicht ohne zeitgenössische Kritik geblieben. So monierte Hugo Preuß die Auswahl der Ministerkandidaten durch die Fraktionen, die dauernde Rücksprache zwischen Ministern und Fraktionen und die direkte Beteiligung der Parlamentsparteien bei der Ausarbeitung des Regierungsprogramms, die die führende Rolle der Minister aufhebe und auf dem Mißverständnis beruhe, daß in einer parlamentarischen Regierung das Parlament unmittelbar regiert[28].

Man versuchte jedoch, die Schwächen des deutschen Parlamentarismus nicht durch einen Wandel im Charakter und Auftreten der Parteien und im Stil der parlamentarischen Arbeit, sondern von außen her zu korrigieren. Die in der Weimarer Verfassung vorgesehene zentrale Rolle des Reichspräsidenten als eines Ersatzkaisers — auf die Initiative des Monarchen bei der Ernennung des Reichskanzlers konnte schon 1917/18 aufgrund der Uneinigkeit der Parteien des Interfraktionellen Ausschusses nicht verzichtet werden — oder als eines temporären Vertrauensdiktators nach dem Modell Lloyd Georges oder Clemenceaus war nicht nur ein Zeichen für die Stärke der „Führeridee“ oder der direkt-demokratischen im Vergleich zu der repräsentativen Komponente im deutschen Demokratieverständnis: Sie stellte ebenso wie die Aufnahme weiterer plebiszitärer Elemente in die Verfassung auch den Versuch dar, angesichts der vielen Zeitgenossen durchaus bewußten Schwäche des deutschen Parteiwesens Bewegungskräfte und mögliche Integrationsfaktoren in das politische System einzubauen. Auch der spätere Rückgriff auf Fachminister und überparteiliche Kabinette erklärt sich nicht nur aus der Stärke obrigkeitsstaatlicher Denktraditionen — dem Wunsch nach Ausgleich der Interessengegensätze durch eine angeblich überparteiliche Instanz — sondern auch aus dem Unverständnis für die politische Führungsrolle des Kabinetts und der Unfähigkeit der Parteien, zu einer von einer parlamentarischen Mehrheit akzeptierten *politischen* Lösung der den Fachministern oder Fachkabinetten übertragenen Fragen zu kommen.

## 3

Das Gesamtgefüge des deutschen Parteiensystems ist beim Übergang von der Monarchie zur Republik relativ wenig verändert worden und bis zum Aufstieg der NSDAP zur Massenpartei am Ende der zwanziger Jahre im wesentlichen stabil geblieben.

[28] *Parlamentarische Regierungsbildung,* Artikel im Berliner Tageblatt vom 9. 10. 1921, abgedruckt in: Hugo Preuß: *Staat, Recht und Freiheit. Aus 40 Jahren deutscher Politik und Geschichte,* Hildesheim 1964, S. 444 f.

Auf der Linken hatte sich unter dem Einfluß der durch Krieg und Revolution aufgeworfenen Fragen die schon vor 1914 von schweren inneren Gegensätzen erschütterte Sozialdemokratie zunächst in drei und nach dem Aufgehen der USPD in KPD und SPD 1920—22 in zwei größere Parteien aufgespalten. In der Mitte blieb das Zentrum als politische Vertretung der katholischen Minderheit, von der sich allerdings die Bayrische Volkspartei als regionale Sonderorganisation mit einem durchaus eigenen politischen Gesicht absonderte, relativ unangefochten erhalten. Der schon Jahrzehnte anhaltende, wenn auch nicht geradlinige Niedergang des nach dem Scheitern aller Einigungsversuche weiterhin gespaltenen deutschen Liberalismus setzte sich nach dem vorübergehenden Aufschwung der DDP in den Wahlen zur Nationalversammlung vom Januar 1919 beschleunigt fort. Die Zersplitterung der Rechten im Bismarckreich wurde dagegen durch die Fusion von Konservativen, Freikonservativen, Christlich Sozialen, Deutschvölkischen und Anhängern antisemitischer Gruppen zur DNVP zunächst beendet, ehe mit der Abspaltung der Völkischen von der DNVP, dem Aufkommen der NSDAP und der Bildung der Konservativen Volkspartei diese Einheit durch das Auftreten neuer Probleme und Kräfte wieder aufgelöst wurde. Die Parteien fremdnationaler Gruppen, die im Reichstag von 1912 immerhin 28 (18 Polen, 9 Elsaß-Lothringer, 1 Däne) von 397 Abgeordneten gestellt hatten, brachten es aufgrund der durch den Versailler Vertrag verfügten Gebietsabtretungen nur noch auf ein bis zwei Mandate. Der Stimmenanteil der Splitterparteien — d. h. hier von Parteien, die unter 4 % der Gesamtwählerstimmen erhielten — ging zunächst zurück (1912: 13,6 % einschließlich 5 % für fremdnationale Parteien; 1919: 1,3 %), stieg aber seit 1920/22 (5,1 %) wieder an, um bei den Wahlen von 1930 mit 20,8 % einen Höhepunkt zu erreichen[29]. Das vor dem Ersten Weltkrieg ausgebildete System von fünf bis sieben größeren Parteien blieb also mit gewissen Verschiebungen vor allem auf dem linken und rechten Flügel 1919/20 bestehen.

Allerdings kam es innerhalb der Parteien zunächst zu erheblichen Machtverschiebungen, indem bisher verdrängte Flügel und Tendenzen stärkeren Einfluß erhielten. Diese — ebenso wie die Umgruppierungen zwischen den Parteien — hatten sich jedoch weitgehend schon am Ende des Krieges angedeutet, so daß die Revolution die bereits begonnene Entwicklung nur beschleunigte und vorhandene Tendenzen verstärkte. Die Veränderung wäre dabei voraussichtlich noch weiter gegangen, wenn nicht der bereits Anfang Dezember 1918 einsetzende Wahlkampf die Parteien gleichsam gezwungen hätte, interne Auseinandersetzungen abzubrechen und weitgehend auf die alten Organisationen und Politiker zurückzugreifen. Für alle bürgerlichen Parteien ist es weiterhin typisch, daß die sich schon im Januar 1919 andeutende politische Reaktion im Laufe des Jahres 1919 verstärkte und viele der eingetretenen Verschiebungen

[29] Bei den Wahlen vom Juli und November 1932 betrug ihr Anteil an den Wählerstimmen 8,0 bzw. 8,6 %.

im Programm, im Führungspersonal und z. T. auch im Wählerreservoir wieder rückgängig machte.

In der Zusammensetzung der Parteiführungen zeigte sich eine weitgehende Kontinuität zwischen den Parteien des Bismarckreiches und der Weimarer Republik. Die Fraktionsvorstände der Parteien setzten sich fast ausschließlich aus alten Reichstagsabgeordneten zusammen, die bereits vor 1918 zum Führungskreis der Parlamentsparteien gehört hatten[29a]. Allerdings gewannen in den Führungsgremien der bürgerlichen Parteien (mit Ausnahme der DVP) die als Repräsentanten der linken Flügel der alten Parteien angesehenen Politiker an Gewicht. Diese Tendenz drückt sich im Zentrum aus im Aufstieg Erzbergers zur dominierenden Persönlichkeit der Partei sowie in der verbesserten Stellung der vor allem aus der christlichen Gewerkschaftsbewegung kommenden Politiker, die auf eine interkonfessionelle, die Interessen der Arbeiterschaft stärker berücksichtigende Politik der Partei hinarbeiteten. Auch die Führungsgruppe der DDP, in der die bei der Gründung der Partei tonangebende, an einer engen Zusammenarbeit mit der SPD interessierte demokratische Gruppe um das „Berliner Tageblatt" zunächst eine wesentliche Rolle spielte, steht deutlich links vom alten Führungskreis der Fortschrittlichen Volkspartei. Selbst in der DNVP mußten sich die mit der reaktionären Politik der Deutschkonservativen besonders stark identifizierten Politiker, die die Neugründung mit großer Skepsis betrachteten, in den ersten Monaten zurückhalten. Während der führende Politiker der alten Konservativen, von Heydebrand und der Lasa, dauernd aus der aktiven Politik ausschied, konnte der Vorsitzende der Reichstagsfraktion, Graf Westarp, wegen der Weigerung der deutschnationalen Wahlkreisverbände, ihn in aussichtsreicher Position aufzustellen, kein Mandat für die Nationalversammlung erringen.

Bis 1920 hatte sich die Situation allerdings wieder wesentlich verschoben. In den erwähnten drei Parteien hatten die weiter rechts stehenden Elemente den in den ersten Monaten nach der Revolution verlorenen politischen Boden weitgehend wiedergewonnen. Das kommt in der Kaltstellung Erzbergers im Zentrum, in der Verdrängung der Exponenten des linken Flügels der DDP, Theodor Wolff und Alfred Weber, aus dem Führungskreis dieser Partei schon vor den Wahlen vom Januar 1919, in der Wahl Westarps in den Reichstag 1920 sowie im Ausscheiden der gemäßigten Kreise der DNVP nach dem Kapp-Putsch zum Ausdruck.

Nicht zuletzt als Reaktion auf diese Rechtsentwicklung und die Enttäuschung über die „unvollendete Revolution" hatte umgekehrt im Lager der sozialistischen Parteien, die sich ständig weiter nach links orientierende USPD auf Kosten der SPD, deren auf dem rechten Parteiflügel stehende Politiker wie Noske und Heine zudem nach dem Kapp-Putsch zum Rücktritt aus ihren Ämtern als Reichswehrminister und Inneminister in Preußen gezwungen wur-

[29a] Vgl. die allerdings nicht vollständigen Angaben von Peter Molt, *Der Reichstag vor der improvisierten Revolution*, Köln und Opladen 1963, S. 359.

den, ihren Anhang wesentlich vergrößern können und damit die Tendenz zur Polarisierung der politischen Kräfte verstärkt.

Eine recht erhebliche Kontinuität zwischen den alten und den neuen Parteien zeigt sich auch in der Zusammensetzung der Fraktionen der Nationalversammlung. Von den 414 Abgeordneten der sechs Hauptparteien (SPD, Zentrum, DDP, DNVP, USPD, DVP)[30] hatten 149 (SPD: 62 (38,1 %); USPD: 11 (50 %); DDP: 25 (33,3 %); Zentrum: 33 (36,7 %); DNVP: 14 (33,3 %); DVP: 4 (18,2 %)) oder 36 % bereits in früheren Reichstagen gesessen[31].

Geht man von den 1912 gewählten Abgeordneten aus, so zeigt sich allerdings, daß der Anteil der Abgeordneten, die 1919 wiedergewählt wurden, — durch den Wahlsieg der SPD mitbedingt —, bei den Sozialisten erheblich höher war als bei den bürgerlichen Parteien. Während von 110 Abgeordneten der SPD-Fraktion von 1912 53 für die SPD und 10 für die USPD wiedergewählt wurden (insgesamt 57,2 %), gelang nur 63 (25,3 %) der 1912 gewählten 249 Abgeordneten der Parteien, die 1919 in den vier bürgerlichen Hauptparteien aufgingen[32], der Eintritt in die Nationalversammlung[33]. Wenn man die

[30] Sieben weitere Abgeordneten gehörten Splittergruppen an. Von ihnen hatten zwei in früheren Reichstagen gesessen. Die Berechnung geht von der Gesamtzahl von 421 Abgeordneten aus, d. h. die beiden später als Vertreter der Truppen der Ostfront gewählten Abgeordneten, die sich der SPD anschlossen, wurden nicht berücksichtigt.

[31] In den Zahlen sind nur die Abgeordneten aufgeführt, die 1903 und später in Haupt- oder Nachwahlen in den Reichstag gewählt wurden, d. h. die Abgeordneten, die 1898 und früher und dann erst wieder 1919 in den Reichstag kamen, sind unberücksichtigt geblieben, da die Zahl verschwindend gering ist und die sich daraus ergebenden Verschiebungen unbedeutend sind. Diese und die folgenden Zahlen über den Anteil der „alten" Reichstagsabgeordneten unter den Mitgliedern der Nationalversammlung von 1919 bzw. des Reichstages von 1920/22 wurden aufgrund der Kurzbiographien von Max Schwarz, *MdR, Biographisches Handbuch der Reichstage*, Hannover 1965, von Frl. Heide-Irene Windschiegl erarbeitet.

[32] Von den weiteren 38 Abgeordneten gelangten 1919 zwei als Vertreter der Deutsch-Hannoverschen Partei in die Nationalversammlung. Bei den übrigen Abgeordneten handelt es sich neben kleinen Splittergruppen vor allem um die Vertreter Elsaß-Lothringens und der polnischen Minderheiten, die 1919 nicht kandidierten.

[33] Insgesamt also 126 von 359 Abgeordneten der Hauptparteien (35,1 %). Bei diesem Vergleich sind im Gegensatz zu der Berechnung der Zahl der „alten" Abgeordneten in der Nationalversammlung 1919 diejenigen Abgeordneten, die durch Nachwahlen 1912—1919 in den Reichstag kamen, nicht berücksichtigt worden. Um den Grad der Kontinuität besser beurteilen zu können, sollen den obigen Zahlen die Berechnungen über vergleichbare Zeitspannen vor und nach 1919 gegenübergestellt werden:

1. 1903—1912:
   Von den 81 Abgeordneten der SPD im Reichstag von 1903 wurden 42 (59,2 %) 1912 wiedergewählt; von den 262 Abgeordneten der anderen großen Parteien kamen 85 (32,4 %) 1912 wieder in den Reichstag. (K: 20 (37,1 %); DRP: 6 (28,5 %); NL: 8 (16 %); Z: 40 (40 %); FVg/FVp/DVP: 11 (29,7 %). Insgesamt 127 Abgeordnete von 343 Abgeordneten der Hauptparteien (36,7 %).
2. 1919—1928:
   Von den 185 Abgeordneten der SPD und USPD in der Nationalversammlung wurden 51 (27,6 %) 1928 wiedergewählt. Von den 229 Abgeordneten der bürger-

Mitgliedschaft in einzelstaatlichen Landtagen oder Kommunalvertretungen berücksichtigt, waren von den 385 männlichen Abgeordneten der Nationalversammlung immerhin 244 (63,4 %) parlamentarisch tätig gewesen[34]. Dabei war allerdings der Anteil der bereits früher in derartigen Vertretungskörperschaften tätig gewesenen Abgeordneten in den sozialistischen Parteien (USPD: 73,7 %; SPD: 68,3 %) und der DDP (70 %) erheblich höher als im Zentrum (63,1 %), bei den Deutschnationalen (56,1 %) oder vor allem der DVP (25,0 %). Die Zahlen zeigen, daß in keiner der Parteien die alten Parlamentarier völlig abgelöst wurden, es aber in den bürgerlichen Parteien — vor allem den beiden Rechtsparteien DNVP und DVP — aufgrund der Revolution sowohl durch den freiwilligen Rückzug aus der Politik mit dem Zusammenbruch

lichen Hauptparteien von 1919 kamen 57 (24,8 %) 1928 wieder in den Reichstag, von den 1919 gewählten Abgeordneten der DNVP: 14 (33,3 %); DVP: 6 (27,3 %); DDP: 11 (14,7 %); Z: 26 (28,9 %). Insgesamt 108 Abgeordnete von 414 Abgeordneten der Hauptparteien (26,2 %).

3. 1920/22—1928:
Von den 102 Abgeordneten der SPD, die durch die Reichstagswahl von 1920 bzw. die Nachwahlen in den drei Wahlkreisen Ostpreußen, Schleswig-Holstein und Oppeln 1921/22 in den Reichstag gelangten, wurden 52 (51 %) 1928 wiedergewählt. Von den 84 Abgeordneten, die 1920/22 für die USPD gewählt wurden, wurden 1928 27 für die SPD und 4 für die KPD wiedergewählt (insgesamt 36,9 %). Von den vier 1920/22 gewählten Abgeordneten der KPD kamen 1928 einer als Abgeordneter der SPD und zwei für die KPD wieder in den Reichstag (insgesamt 75 %) von den insgesamt 190 der 1920/22 gewählten Abgeordneten aller sozialistischen Parteien wurden somit 86 (45,4 %) 1928 wiedergewählt. Von den 260 Abgeordneten der bürgerlichen Hauptparteien, die 1920/22 gewählt wurden, kamen 120 in den Reichstag von 1928. Von den Reichstagsabgeordneten 1920/22 der DNVP: 30 (46,7 %); DDP: 11 (28,2 %); Zentrum: 34 (53 %); BVP: 9 (42,8 %). Insgesamt 206 von 450 Abgeordneten der Hauptparteien (45,8 %). Abgeordnete, die über die Listen in Mandate nachrückten, die aufgrund von Mandatsniederlegungen und Todesfällen frei wurden, sind nicht berücksichtigt worden.

Die angegebenen Prozentzahlen sind insofern problematisch, da Zu- und Abnahme der Fraktionsstärke der Parteien bei den jeweiligen zum Vergleich herangezogenen Reichstagen nicht berücksichtigt wurde. Um die z. T. erhebliche Differenz der Prozentsätze der wiedergewählten Abgeordneten, je nachdem, welche Wahl und damit welche Fraktionsstärke als Bezugspunkt genommen wird, zu veranschaulichen, sollen Beispiele genannt werden: Von 110 Abgeordneten der SPD 1912 wurden 63 (57,2 %) 1919 bei SPD und USPD wiedergewählt; durch den Anstieg dieser beiden Parteien auf insgesamt 185 Mandate 1919 sinkt der Prozentsatz der 1912 und 1919 gewählten Abgeordneten bezogen auf 1919 auf 34,1 %. Der umgekehrte Fall liegt bei der DDP beim Vergleich 1920/22—28 vor: von den 1920/22 gewählten 39 Abgeordneten wurden 11 (28,2 %) auch 1928 gewählt, sie stellten aber im Reichstag von 1928 44,1 % der nur noch 25 Abgeordneten starken Reichstagsfraktion.

[34] Georg Maas (Hrsg.), *Die verfassungsgebende Deutsche Nationalversammlung. Lebensgang, Lebensarbeit, Lebensziele ihrer Mitglieder nach eigenen Mitteilungen und mit Bildnissen.* Charlottenburg 1919, S. XLI. Der Prozentsatz der Abgeordneten mit parlamentarischen Erfahrungen dürfte dabei in Wirklichkeit noch etwas höher gelegen haben, da Maas offensichtlich aufgrund unvollständiger Angaben der Mitglieder der Nationalversammlung auch die Zahl früherer Reichstagsabgeordneter mit 142 gegenüber 149 nach meinen Berechnungen zu gering ansetzt.

der Monarchie als auch als Konsequenz der Suche dieser Parteien nach „unbelasteten", dem gewünschten neuen „Image" einer „Volkspartei" mehr entsprechenden Wahlkandidaten zu einem im Vergleich zu den Linksparteien sehr viel stärkeren Wandel in der personellen Zusammensetzung der Reichstagsfraktionen gekommen ist.

Andererseits bildeten auch in der DVP, in der die personelle Kontinuität zu der Reichstagsfraktion der Nationalliberalen des Kaiserreichs am geringsten war, drei (Stresemann, Heinze und Riesser) der vier wiedergewählten Abgeordneten den Fraktionsvorstand und bestimmten zunächst fast konkurrenzlos die Politik der Partei. Die Stärke der Stellung der „alten", d. h. der bereits vor 1918 im Reichstag tätigen gegenüber den 1919 erstmals gewählten Abgeordneten wird besonders deutlich an der Tatsache, daß sich von den erwähnten 149 „alten" Abgeordneten 1919 bei der Wahl von 1920/22 95 (SPD: 44; USPD: 8; Zentrum und BVP: 17; DDP: 9; DNVP: 13; DVP: 4) oder 63,8 % halten können, während sich von den 265 1919 erstmals gewählten Abgeordneten nur 110 (SPD: 34; USPD: 9; Zentrum: 28; DDP: 14; DNVP: 11; DVP: 14) oder 41,5 % 1920/22 behaupten, sie also offensichtlich im Durchschnitt schlechtere Listenplätze erhielten[35]. Auch ist es kennzeichnend, daß immerhin 22 der Reichstagsabgeordneten des Kaiserreiches, die 1919 nicht in die Nationalversammlung gewählt wurden, ein politisches Comeback in den Reichstag von 1920/22 (bei SPD: 2; USPD: 11; DDP: 3; DNVP: 3; DVP: 2) gelang.

In der sozialen Zusammensetzung unterscheiden sich die Nationalversammlung und der Reichstag von 1920 allerdings erheblich vom Reichstag von 1912. Besonders deutlich läßt sich das am Bildungsgang der Abgeordneten (Anhang II), der besser als der z. Z. der Wahl ausgeübte Beruf die soziale Herkunft der Abgeordneten widerspiegelt, ablesen. Der Anteil der Abgeordneten, die lediglich die Volksschule besucht hatten, also wahrscheinlich proletarischer oder kleinbürgerlicher Herkunft waren, steigt von 22,9 % über 43 % auf 44,6 % bis 1920 fast um das Doppelte an. Gleichzeitig sinkt der Anteil der Abgeordneten mit einem abgeschlossenen Universitätsstudium von 44,8 % über 31 % auf 30,3 %. Diese Umschichtung ist nicht allein mit dem Vordringen von SPD und USPD, in denen allerdings ebenfalls der Anteil der Abgeordneten mit Volksschulbildung gegenüber 1912 steigt, zu erklären, sondern geht auch auf die nicht unwesentliche Zunahme des Anteils dieser Abgeordneten in den bürgerlichen Fraktionen, vor allem im Zentrum, der BVP und der DNVP zurück. Ein Vergleich des Berufsbildes (Anhang I) der Abgeordneten zeigt die starke Zunahme der meist aus einfachen sozialen Verhältnissen kommenden Berufspolitiker (vor allem das Vordringen des Typus des fest besoldeten Partei- und Verbandssekretärs auch in den bürgerlichen Parteien) und das erstmalige Auftreten von Angestellten sowie mittleren und unteren Beamten.

[35] Die Abgeordneten, die vor 1919 oder zwischen 1919 und 1920/22 die Partei wechselten, wurden zu der Partei gezählt, unter der sie 1920/22 in den Reichstag gewählt wurden.

Neben der nach der Revolution verstärkten bzw. im Grunde erst jetzt in größerem Umfang einsetzenden politischen Aktivität dieser Gruppen ist das in erster Linie dadurch zu erklären, daß auch die bürgerlichen Parteien, um ihren Anspruch als Volkspartei auszuweisen und bestimmte Organisationen dieser Gruppen hinter sich zu bringen, deren Funktionären aussichtsreiche Listenplätze einräumten. Weiterhin ist der 1920 allerdings teilweise wieder ausgeglichene starke Rückgang des Anteils der Landwirte, die Reduzierung der Zahl der Anwälte, die einen älteren Typus von Berufspolitikern darstellten, sowie im Reichstag von 1920 das Auftreten einer Gruppe von 27 (statt 9 oder 10 1912 bzw. 1919) Unternehmern und Managern bemerkenswert; diese erringen besonders in der DVP eine zentrale Position, üben aber auch in der DNVP und der DDP zunehmenden Einfluß aus und tragen wesentlich zur Zuspitzung des die weitere Geschichte der Weimarer Republik so stark belastenden Gegensatzes zwischen Kapital und Arbeit bei.

4

Eine grundlegend neue Bedingung für die Parteien war, daß mit der Änderung des Wahlsystems, vor allem der Beseitigung der privilegierten Stellung der oberen sozialen Schichten durch das Wahlrecht in den Ländern und Kommunen und dem Wegfall der Wahlunterstützung für regierungstreue Parteien durch die staatliche Verwaltung die Form der politischen Auseinandersetzungen sich demokratisierte und auch die konservativen Parteien im verstärkten Maße in allen Gebieten in den Wettbewerb um die Wählerstimmen eintreten mußten. Die bürgerlichen Parteien versuchten, den neuen Bedingungen der Massendemokratie und vor allem der Verschärfung des Konkurrenzkampfes der Parteien untereinander u. a. durch ihre Selbstdarstellung als „Volksparteien" bewußt Rechnung zu tragen[36]. Sie waren weiter bestrebt, ihre bisherige soziale Basis vor allem durch die verstärkte Wendung an die Arbeiterschaft und die Angestellten zu verbreitern.

Die Sozialdemokratie und das Zentrum behielten ihren Charakter als demokratische Integrationsparteien[37], die mit einem relativ geschlossenen „sozial-moralischen Milieu"[38] verbunden waren. Darin lag ihre Stärke, da sie

[36] Es entstanden die Deutschnationale *Volkspartei*, die Deutsche *Volkspartei* und die vom Zentrum abgespaltene Bayrische *Volkspartei*. Das Zentrum firmierte in vielen Gebieten Deutschlands zunächst als Christliche *Volkspartei*, ehe sich der alte Parteiname wieder durchsetzte. Auch die DDP betonte bewußt den Charakter als Volkspartei.

[37] Der Begriff „Integrationspartei" geht auf Sigmund Neumanns für die Erforschung des deutschen Parteiwesens bahnbrechende Studie von 1932 über *„Die Parteien der Weimarer Republik"*, neu aufgelegt und mit einer Einführung von Karl Dietrich Bracher, Stuttgart 1965, S. 105 ff., zurück.

[38] Zu diesem Begriff vgl. M. Rainer Lepsius, *Parteiensystem und Sozialstruktur: Zum Problem der Demokratisierung der deutschen Gesellschaft*, in: *Wirtschaft, Geschichte*

mit ihrem relativ starken Anhang von den wechselnden Stimmungen der Wähler weniger als andere Parteien abhängig waren. Darin lag aber auch ihre Schwäche, da sie dadurch vom Problem der Demokratisierung und Liberalisierung der Gesamtgesellschaft abgelenkt und ihre Ausdehnungsfähigkeit begrenzt wurde. Auch konnte durch ihren Charakter als politische Exponenten einer viele Bereiche umfassenden sozialkulturellen Gemeinschaft ihr politischer Impuls geschwächt werden.

Sowohl für die Sozialdemokratie als auch für das Zentrum wurde jedoch im Vergleich mit der Zeit vor 1914 die Verbindung zu bestimmten Sozialmilieus, die sich zudem aufzulösen begannen, lockerer und problematischer. Für die Sozialdemokratie, die 1912 in einzelnen Reichstagswahlkreisen über 80 % der Stimmen erhalten hatte, wurde das vor allem durch die Spaltung der Arbeiterbewegung, das verstärkte Werben vor allem der betont nationalen bürgerlichen Parteien um die Arbeiterschaft sowie die zunehmende, wenn auch keineswegs abgeschlossene Integration der Arbeiterschaft in die bürgerliche Gesellschaft bewirkt: Besonders die in vielen Großstädten von der SPD bestimmte Kommunalpolitik spielt in diesem Integrationsprozeß eine wesentliche, wenn auch noch nicht im einzelnen untersuchte Rolle. Für das Zentrum, das vor 1914 in vielen ländlichen Kreisen mit einer hohen katholischen Bevölkerungsmehrheit faktisch ohne echte politische Konkurrenz geblieben war, wirkte die Lockerung der religiösen Bindung besonders in den Großstädten und die Schärfe der sozialen und wirtschaftlichen Interessengegensätze desintegrierend. Machten die Zentrumstimmen 1919 unter dem Eindruck der katholischen Protestbewegung gegen die Hoffmannsche Kulturpolitik[39] noch 61 % der Stimmen der wahlberechtigten Katholiken aus, so fiel dieser Anteil bis November 1932, auch unter Einbeziehung der Bayrischen Volkspartei, auf 46,5 %[40].

Von den bürgerlichen Parteien ist weder der DDP noch der DVP, die ohne enge Verbindung zu großen außerparlamentarischen Massenorganisationen blieben, die Entwicklung zur Integrationspartei gelungen. Dagegen hat die DNVP, die im Gegensatz zu den Konservativen vor 1914 nicht mehr allein auf die Macht der Großgrundbesitzerschicht im Osten und den Einfluß des Bundes der Landwirte zurückgreifen konnte, neben ihren Kontakten zur protestantischen Kirche und zum Reichslandbund[41] vor allem in der engen Beziehung zu paramilitärischen Organisationen und Bünden bis zum Aufkommen der NSDAP eine feste Basis im „nationalen Milieu" der Weimarer Republik gefunden und wesentliche Züge einer Integrationspartei gehabt. Gerade dieses „natio-

*und Wirtschaftsgeschichte.* Festschrift zum 65. Geburtstag von Friedrich Lütge, hrsg. von Wilhelm Abel, Knut Borchardt, Hermann Kellenbenz und Wolfgang Zorn, Stuttgart 1966, S. 382.

[39] Vgl. Morsey, *Zentrumspartei*, a. a. O., S. 110 ff.

[40] Der Bevölkerungsanteil der Katholiken betrug nach der Volkszählung vom 16. 6. 1925 32,3 %.

[41] Vgl. Liebe, a. a. O., S. 82 sowie Michael Stürmer, *Koalition und Opposition in der Weimarer Republik, 1924—1928,* Düsseldorf 1967, S. 285.

nale Milieu" ist durch die starke integrative Wirkung der Kriegs- und Nachkriegsereignisse in einem ideologischen und sozialen Verschmelzungsprozeß der vor dem Krieg teilweise noch sehr heterogenen „nationalen Milieus" mit verschiedenen Traditionen (gutsherrlich-agrarisch im ostelbischen Preußen; städtisch-kleinbürgerlich-handwerklich in Sachsen und Thüringen; kleinbäuerlich und handwerklich-kleinbürgerlich besonders in Hessen und Franken und bürgerlich-national in den gehobenen Schichten der Städte) herausgebildet worden.

Die bereits vor 1914 bestehende enge Verbindung der Parteien zu bestimmten Interessengruppen, die 1918/19 eine vorübergehende Lockerung erfuhr, blieb bestehen und verfestigte sich weiter, wobei die Parteien vor allem in der Anfangsphase der Republik sich bemühten, das Spektrum der von ihnen erfaßten Gruppeninteressen zu verbreitern. In fast allen Parteien bildeten sich Sonderorganisationen für bestimmte Berufs- und Wirtschaftskreise. Der steigende Einfluß der Interessenverbände, die vor 1914 meist individuelle Kandidaten, die sich auf ihre Mindestforderungen verpflichteten, unterstützten, beruhte dabei im wesentlichen auf drei Gründen: Erstens auf der Stärkung der Interessenorganisationen durch ihre vom Staat geförderte Mitwirkung bei der Gestaltung der Kriegswirtschaft; zweitens auf der Praxis, die Gewährung finanzieller Hilfen und die Beeinflussung des Wahlverhaltens der Verbandsmitglieder von der Bereitstellung sicherer Listenplätze für führende Funktionäre der Organisationen vor allem auf den Reichswahlvorschlägen der Parteien abhängig zu machen; drittens auf der zunehmenden Bedeutung staatlicher Eingriffe in den gesellschaftlichen und ökonomischen Prozeß. Besonders das sich immer mehr ausdehnende System der Entscheidung von Arbeitsstreitigkeiten durch staatliche Zwangsschlichtung hat Gewerkschaften und Arbeitgeberorganisationen gezwungen, sich der politischen Parteien zum Druck auf die Staatsorgane zu bedienen und schließlich durch direkte Interventionen der Verbände das Parlament weitgehend aus der Wirtschafts- und Sozialpolitik auszuschalten[42].

Damit verlor das Parlament, das vor 1914 nicht wesentlich über den Status eines erweiterten Zollparlaments hinauskam, eine der zentralen Funktionen, die es im Bismarckreich noch innegehabt hatte. Das Listenwahlrecht begünstigte in dem schon von Gerhard Schulz und Thomas Nipperdey für die Wilhelminische Zeit beschriebenen Konkurrenzverhältnis von Parteien und Interessengruppen[43] die Tendenz zur Verschärfung der Rivalität und zur schließlichen Dominanz der Interessengruppen. Während das Parlament an Boden verlor, setzten

[42] Vgl. dazu vor allem Ludwig Preller, *Sozialpolitik in der Weimarer Republik*, Stuttgart 1949, bes. S. 498 f., 506, 514 ff., 522 ff.

[43] Gerhard Schulz, *Über Entstehung und Formen der Interessengruppen*, in: *Politische Vierteljahresschrift*, Bd. 2, 1961, S. 124 ff.; Thomas Nipperdey, *Interessenverbände und Parteien in Deutschland vor dem Ersten Weltkrieg*, in: *Politische Vierteljahresschrift*, Bd. 2, 1961, S. 262 ff.

sich im politischen Kräftefeld einerseits ideologisch-paramilitärische Kampforganisationen, andererseits kompakte *pressure groups* immer stärker durch. Die Schwächung der Integrationskraft der Parteien, die Lähmung ihrer politischen Führungsinitiative und das Vordringen des Typus des interessengebundenen Verbandsfunktionärs gegenüber dem Politiker in den Führungsgremien der Parteien hängt mit dieser Entwicklung zusammen. Sie unterwarf die Parteien, mit Ausnahme der „absoluten Integrationsparteien" (NSDAP und KPD) immer mehr dem Diktat außerparlamentarischer Gruppeninteressen.

Im Gegensatz zur Zeit vor 1914, in der alle Versuche — z. B. des Bundes der Landwirte 1903 — zur Gründung *reiner* wirtschaftlicher und sozialer Interessenparteien scheiterten, haben in der Weimarer Republik, unterstützt durch das die politische Mobilisierung von Minderheiten erleichternde Verhältniswahlsystem derartige Parteien (z. B. Wirtschaftspartei, Volksrechtspartei, Bauernpartei u. a.) mit einem auf den Gruppenegoismus einer kleinen Schicht zugeschnittenen Programm eine zunehmend größer werdende Rolle gespielt. Das war ein Zeichen für die Auflösung des politischen Lebens in die mit einem funktionierenden parlamentarischen System nicht zu vereinbarende einseitige Vertretung von Berufs- und Standeswünschen. Kennzeichnend dafür ist, daß die Flügelparteien — in ihrer Einstellung konsequent — der zentralisierenden Tendenz des politischen Parlamentarismus die Ideologie eines berufsständischen Wirtschaftsparlaments bzw. eines institutionell nicht durchdachten Rätesystems entgegenstellten.

Der historisch begründete Charakter der deutschen Parteien als Weltanschauungsparteien bleibt trotz ihrer engen Verbindung zu wirtschaftlichen und sozialen Interessen bestehen. Für das Wilhelminische Reich war es typisch gewesen, daß die Parteien ihre Interessenpolitik ideologisch überhöhten und das von ihnen vertretene Teilinteresse mit dem Gemeinwohl identifizierten. Diese Praxis setzt sich in der Republik fort. Die ideologischen Gegensätze erhalten außerdem durch die weltanschaulich begründete Ablehnung der Republik auf der extremen Linken und der Rechten — eine ähnliche, zudem zunehmend gemilderte grundsätzliche Ablehnung des gesamten politischen Systems galt vor 1914 nur für die SPD — noch zusätzliche Sprengkraft. Gleichzeitig stiegen nach 1918 die in die Politik gesetzten Heilserwartungen[44]. Da diese Erwartungen aufgrund der in den Koalitionskabinetten nur durch Kompromisse zu erreichenden Mehrheitsbildung notwendig enttäuscht werden mußten und die Parteien keine reale Chance zur Verwirklichung ihres Programms hatten, stießen sie ihre an der Parteiideologie orientierten Wähler ab, die vielfach von den an ihrem eigenen Absolutheitsanspruch festhaltenden und jeden Kompromiß ablehnenden Parteien auf der äußersten Rechten und Linken angezogen wurden.

[44] Vgl. dazu Thomas Nipperdey, *Über einige Grundzüge der deutschen Parteigeschichte*, in: Festschrift für Hans Carl Nipperdey zum 70. Geburtstag, hrsg. von Rolf Dietz, Heinz Hübner, 2 Bde., München/Berlin 1965, Bd. 2, S. 826 f.

## 5

Eine Reihe von Wandlungen im Parteiensystem sowie der inneren Struktur und dem Auftreten der einzelnen Parteien war eine direkte Folge des geänderten Wahlsystems. Das anstelle des absoluten Mehrheitswahlsystems des Kaiserreiches durch Wahlgesetz vom 27. 4. 1920 eingeführte reine Proporzsystem[45] beendete die bisherige Bevorzugung der ländlichen Gebiete[46] und machte im Gegensatz zum bisherigen Wahlsystem die Mobilisierung verstreuter Stimmen auch in den von einzelnen Parteien bisher noch nicht erfaßten Gebieten interessant. Erst in der Weimarer Republik kam es zur Ausdehnung der Organisation der bisher — mit der teilweisen Ausnahme der SPD — stark regional konzentrierten großen deutschen Parteien[47] auf das gesamte Reichsgebiet. Erst damit wurde die Wählerschaft von Gebieten, die nach dem alten Wahlrecht als unangreifbarer Besitzstand einer Partei galten und praktisch keine echten Wahlkämpfe kannten, politisiert. Das traf insbesondere für die von den Konservativen beherrschten ländlichen Gebiete Ostelbiens und die bisherigen Hochburgen des Zentrums in katholischen Gebieten mit überwiegender Landwirtschaft zu.

[45] Für die Wahlen zur Nationalversammlung im Januar 1919, als die endgültigen Grenzen des Deutschen Reiches noch nicht feststanden, galt ein Wahlsystem, nach dem in 36 großen Wahlkreisen mit feststehenden Abgeordnetenzahlen und nicht im Reichsgebiet insgesamt Mandatszahlen und Stimmenanteil in Relation gesetzt wurden. Zudem galten für die einzelnen Wahlkreise verschiedene Meßzahlen, da die Bevölkerungsverschiebungen seit der letzten Volkszählung von 1910 bei der Festlegung der Abgeordnetenzahlen nicht berücksichtigt wurden. Nach dem Wahlgesetz vom 27. 4. 1920 war das Reich faktisch ein einziger großer Wahlkörper, in dem ein Abgeordnetenmandat auf je 60 000 für eine Liste abgegebene Stimmen entfiel. Die Bedeutung der jetzt 35 Wahlkreise lag in der Aufstellung der Kandidaten. Reststimmen der einzelnen Parteien in den Wahlkreisen wurden über 17 Wahlkreisverbände und die zentral aufgestellten Reichswahlvorschläge der Parteien verrechnet.

[46] Die Größe der seit 1874 397 Reichstagswahlkreise des Kaiserreiches war nach dem Bevölkerungsstand von 1867 bzw. 1871 festgelegt worden. Die Verschiebungen in der Bevölkerungszahl durch die Ost-West-Wanderung, die Landflucht, die Industrialisierung und die Verstädterung wurden nicht berücksichtigt, so daß in den vor allem vom Zentrum und den Konservativen beherrschten ländlichen Wahlkreisen die für die Gewinnung eines Mandats notwendige Wählerzahl im Durchschnitt erheblich geringer war als in den meist sozialdemokratisch wählenden Großstädten und Industriezentren.

[47] Das Fehlen einer eigenen Organisation in weiten Gebieten des Reiches kommt besonders in dem Verzicht auf die Aufstellung eigener Kandidaten in vielen Wahlkreisen zum Ausdruck. Bei den Reichstagswahlen von 1912 stellten das Zentrum 206, die Konservativen 167, die Reichspartei 62, die Nationalliberalen 224 und die Fortschrittliche Volkspartei 217 statistisch feststellbare Kandidaturen, d. h. Kandidaten, die mehr als 25 Stimmen erhielten, auf. Allein die SPD, die allerdings ebenfalls vor allem in gewissen agrarischen Gebieten Ostelbiens ohne effektive Organisation war, bewarb sich in allen 397 Wahlkreisen zumindest mit Zählkandidaturen um ein Mandat (vgl. A. Blaustein, *Die Reichstagswahlen 1912*, in: *Die Parteien*, Bd. I, 1912/13, S. 356).

Das hatte wesentliche Verschiebungen im Wählerreservoir der Parteien zur Folge. So hat die DNVP im Vergleich zu den konservativen Parteien vor 1914 (Deutschkonservative Partei, Reichspartei, Deutsche Reformpartei, Wirtschaftliche Vereinigung) 1919 in den beiden im wesentlichen agrarisch bestimmten ostelbischen Wahlkreisen Ostpreußen und Pommern am schlechtesten abgeschnitten. Während ihr prozentualer Anteil an den insgesamt im Reich abgegebenen Stimmen gegenüber den konservativen Parteien von 1912 bis 1919 von 15,7 % auf 10,3 % sank, ging der Stimmenanteil in diesen beiden Wahlkreisen von 38,5 % bzw. 45,4 % auf 11,9 % bzw. 23,9 % weit überdurchschnittlich zurück. Gleichzeitig stieg der Stimmenanteil der beiden sozialistischen Parteien (SPD und USPD) in Ostpreußen und Pommern gegenüber dem Anteil der SPD bei der Wahl von 1912 von 14,8 % bzw. 24,0 % auf 51,1 % bzw. 42,9 % besonders stark an[48]. Dieser durch den Zusammenbruch des Kaiserreiches und die vorübergehende politische Orientierungslosigkeit der konservativen Kräfte geförderte massive Einbruch der sozialistischen Parteien in die traditionellen konservativen Wählerschichten, konnte allerdings angesichts der bereits im Jahre 1919 wieder zunehmenden reaktionären Tendenzen nur teilweise behauptet werden. So stieg der Stimmenanteil der DNVP, die sich im Reich bei den Wahlen von 1920/22 gegenüber 1919 um 4,8 % steigern konnte, in Ostpreußen und Pommern mit dem Anteil von 30,9 % bzw. 35,5 % der abgegebenen gültigen Stimmen wieder stark an, blieb aber damit noch erheblich unter dem im Reich insgesamt wieder erreichten Stand der konservativen Parteien von 1912 zurück[49]. Die jetzt drei sozialistischen Parteien (SPD, USPD und KPD), deren Anteil an der Gesamtwählerschaft trotz der großen Gewinne der USPD (17,9 % statt 7,6 %) aufgrund der schweren Wahlniederlage der SPD (21,7 % statt 37,9 %) 1920/22 um 3,8 % auf 41,7 % zurückging, konnten in Pommern (38,6 %) ihre Position mit etwa dem Reichsdurchschnitt entsprechenden Verlusten behaupten, während in Ostpreußen (36,6 %) ihr Stimmenanteil weit überdurchschnittlich absank.

Bei den liberalen Parteien kommt es bei den Wahlen zur Nationalversammlung 1919 zu wesentlichen Verschiebungen in der relativen Stärke der an

[48] Die Wahlbeteiligung ging dabei in Ostpreußen von 82,7 % auf 78,5 % und in Pommern von 85,5 % auf 84,7 % geringfügig zurück. Die Zahlen beruhen auf der „Zusammenstellung der Ergebnisse der Wahlen zum Deutschen Reichstag am 12. Januar 1912 und der Wahlen zur Verfassungsgebenden Deutschen Nationalversammlung am 19. Januar 1919“, Übersicht 2, in: *Die Wahlen zur Verfassungsgebenden Deutschen Nationalversammlung am 19. Januar 1919, Vierteljahreshefte zur Statistik des Deutschen Reiches*, 28. Jhg. 1919, 1. Ergänzungsheft, Berlin 1919, S. 30 f. — Um vergleichbare Zahlen zu erhalten, wurden dabei für 1912 die Ergebnisse in Elsaß-Lothringen, in dem 1919 nicht abgestimmt wurde, nicht berücksichtigt. Über die Gewinne bzw. Verluste der Parteien von 1912—19 in den einzelnen Wahlkreisen vergleiche die Tabellen im Anhang III.

[49] Die Zahlen über Wahlergebnisse von 1920—1922 beruhen auf dem „Gesamtergebnis der Wahlen zum Reichstag am 6. Juni 1920, 20. Februar 1921 und 19. November 1922“, in: *Die Wahlen zum Reichstag am 6. Juni 1920, Statistik des Deutschen Reiches*, Bd. 291, Heft 4, Berlin 1923, S. 2 f.

die Traditionen der Fortschrittlichen Volkspartei und der allerdings weitgehend politisch unorganisierten demokratischen Elemente des Bürgertums anknüpfenden Deutschen Demokratischen Partei einerseits und der sich zunächst als Bewahrerin des politischen Erbes der Nationalliberalen verstehenden Deutschen Volkspartei andererseits. Bei einem Gesamtrückgang der liberalen Stimmen um 4,2 % gegenüber 1912 (27,1 %) konnte die linksliberale DDP ihren Wähleranteil gegenüber der FVP und der Demokratischen Vereinigung (1912: 12,9 % und 0,2 %) noch um 5,4 % steigern, während die DVP mit 4,4 % weniger als ein Drittel der nationalliberalen Stimmen von 1912 (14 %) gewann.

Dieses Ergebnis war jedoch nicht der Ausdruck einer dauernden Neuorientierung der liberalen Wähler nach links, sondern war im wesentlichen Konsequenz des verspäteten Eingreifens der DVP in den Wahlkampf nach den gescheiterten Versuchen zur Bildung einer liberalen Einheitspartei und der damit zusammenhängenden organisatorischen Schwäche dieser Partei. Im Zuge der Fusionsbestrebungen waren vor allem in Süddeutschland, in Thüringen, in einem Großteil Sachsens und in Schlesien, wo die Nationalliberalen über eine traditionell starke Stellung verfügten, ihre dortigen Parteiorganisationen in die neugegründete Deutsche Demokratische Partei aufgegangen, so daß die DVP in 15 der insgesamt 36 Wahlkreise (ohne Elsaß-Lothringen und unter Zählung der zusammengelegten Wahlkreise 31/32 als einen Wahlkreis) keine eigenen Kandidaten aufstellen konnte. In drei dieser 15 Wahlkreise war sie eine Listenverbindung mit der DNVP, in einem Wahlkreis mit der DDP eingegangen. Auch waren die betont nationalistischen Elemente der alten Nationalliberalen Partei, nachdem sie bereits in der im Kriege gegründeten Vaterlandspartei mit den Konservativen zusammengearbeitet hatten, vielfach in die DNVP eingetreten. Andererseits erschien die DDP vielen bürgerlichen Wählern in der Situation des Januar 1919 als einzige politische Kraft, die eine sozialistische Mehrheit verhindern konnte.

Bei den Reichstagswahlen von 1920/22 wurde die Kräfteverteilung innerhalb des Liberalismus wieder völlig verändert. Während die Gesamtzahl der liberalen Stimmen noch einmal behauptet werden konnte (22,4% statt 22,9%), ehe bereits bei den nächsten Wahlen im Mai 1924 (14,9 %) der rapide Auflösungsprozeß des Liberalismus einsetzte, hatte die DDP (1920/22: 8,4 %) im wesentlichen zugunsten der DVP mehr als die Hälfte ihrer Stimmen verloren, womit sie erheblich unter den Anteil der Fortschrittlichen Volkspartei und der Demokratischen Vereinigung von 1912 (13,1 %) zurückfiel. Die DVP konnte dagegen mit 14 % den Stand der Nationalliberalen von 1912 erreichen. Neben der allgemeinen Entwicklung des deutschen Bürgertums nach rechts in den Jahren 1919/20 sind die im Kontrast zu der relativen Geschlossenheit der DVP in dieser Phase stehenden schweren parteiinternen Differenzen in der DDP wesentliche Gründe für diesen Umschwung. Die Gegensätze zwischen Pazifisten und Nationalisten, Föderalisten und Unitariern, betonten Wirtschaftsplanern und Anhängern eines doktrinären *laisser-faire* Liberalismus, zwischen protestantischen Theologen und agnostischen Intellektuellen, Vertretern von Arbeitgeber-, Mittelstands- und Arbeitnehmerinteressen ließen den Anfang 1919 noch erfolgversprechenden Versuch der DDP, zu einer die verschiedenen sozialen Gruppen integrierenden Massenpartei zu werden, scheitern, führten zur Spaltung der Reichstagsfraktion bei fast allen entscheidenden Abstimmungen und machten die Partei weitgehend handlungsunfähig und damit für die Wähler wenig attraktiv[50].

Ein Vergleich des Abschneidens aller liberalen Parteien in den Reichstagswahlen von 1912 und 1920/22 zeigt, daß diese nur in dem 1912 eindeutig von der SPD beherrschten Wahlkreis Berlin sowie den beiden im Einzugsgebiet von Berlin liegenden Wahlkreisen des Regierungsbezirks Potsdam sowie den beiden Wahlkreisen Münster-Minden und Köln-Aachen, wo offensichtlich ein Teil der Verluste des Zentrums den Liberalen zugute kam und schließlich in der Pfalz, wo die DNVP zugunsten der DVP auf die Aufstellung eigener Kandidaten verzichtete, größere Gewinne erzielen konnten[51].

Das Zentrum, dessen Stimmenanteil im Reich 1919 von 16,7 % (1912) auf 19,7 % stieg, wovon 0,8 % allerdings einer Listenverbindung mit der Deutsch-Hannoverschen Partei zuzuschreiben sind, schnitt 1919 im Vergleich zu 1912 am schlechtesten in drei ausgesprochenen Parteihochburgen, den Wahlkreisen Niederbayern und Oberpfalz (Rückgang von 66,1 % auf 49,7 %), Oberbayern und Schwaben (Rückgang von 47,3 % auf 36,5 %) sowie Köln und Aachen (Rückgang von 66,1 % auf 59,7 %) ab. Auch hier konnten mit der Ausnahme der Wahlkreise Köln und Aachen, in denen sich der Niedergang fortsetzte, die Verluste bei den Wahlen von 1920 teilweise, aber keineswegs vollständig wieder ausgeglichen werden[52].

Die Tendenz zu Stimmenverlusten in ihren bisherigen Hochburgen und das parallel dazu erfolgende Vordringen von Parteien in von ihnen früher uner-

[50] Zu den inneren Auseinandersetzungen in der DDP 1919/20 vgl. neben den die Zerrissenheit der Partei widerspiegelnden Debatten auf den Parteitagen vom Juli 1919 und Dezember 1919 vor allem die unveröffentlichte Münsteraner Dissertation von Günter Fischenberg: *Der deutsche Liberalismus und die Entstehung der Weimarer Republik. Die Krise einer politischen Bewegung,* 1958.

[51] In den erwähnten Wahlkreisen erhielten die liberalen Parteien folgenden Stimmenanteil:

| | 1912 | 1919 | 1920 |
|---|---|---|---|
| 3 Berlin | 17,1 | 21,6 | 21,2 |
| 4 Potsdam 1—9 | 20,8 | 28,3 | 24,8 |
| 5 Potsdam 10 | 28,6 | 31,7 | 32,1 |
| 17 Münster-Minden | 12,0 | 16,4 | 17,2 |
| 20 Köln-Aachen | 11,6 | 11,0 | 13,1 |
| 27 Pfalz | 30,8 | 32,9 | 38,0 |

[52] Während Zentrum und Bayrische Volkspartei zusammen um 2,1 % auf 17,6 % abfielen, stieg der Anteil dieser beiden Parteien in Niederbayern und Oberpfalz auf 56,9 %, in Oberbayern und Schwaben auf 44,0 %. In Köln und Aachen (54,6 %) lag der Stimmenanteil des Zentrums 1920 noch um 5,1 % unter dem von 1919.

schlossene Gebiete galt auch für die sozialistischen Parteien. Während diese ihren Anteil im gesamten Reich von 34,9 % (1912) auf 45,5 % (1919) steigern konnten, blieben sie in Berlin (64 %) und dem zum Einzugsgebiet von Berlin gehörenden Wahlkreis Potsdam 10 (51,3 %), in denen ihr Anteil an den Gesamtstimmen um 11,7 % bzw. 7,4 % sank, weit hinter dem Ergebnis von 1912 zurück und konnten auch bei den Wahlen von 1920 die verlorengegangenen Wähler nicht wiedergewinnen[53]. Dagegen konnte die DNVP gegenüber den früheren konservativen Parteien ihren Anteil in diesen Wahlkreisen 1919 und 1920 erheblich vergrößern[54].

Das Vordringen rechtsstehender nationaler Parteien in die Städte, wo sie insbesondere Mittelschichten, aber auch teilweise Arbeiter gewannen, sowie die 1919 besonders starken Gewinne der sozialistischen Parteien in ländlichen Gebieten sind die wichtigsten Verschiebungen im Wählerreservoir der Parteien zwischen 1912 und 1919/20. Besonders deutlich lassen sie sich durch einen Vergleich des Anteils der Stimmen der einzelnen Parteien in den verschiedenen Ortsgrößenklassen bei den Wahlen von 1912 und 1920/22 zeigen[55]. So konnten die sozialistischen Parteien in Gemeinden mit weniger als 2000 Einwohnern ihren Stimmenanteil von 20,2 % auf 32,8 % steigern. Ihre Gewinne lagen damit 7 % über ihren durchschnittlichen Gewinnen. In Großstädten mit über 100 000 Einwohnern fiel dagegen ihr Anteil von 57,0 % auf 49,8 % und lag damit um 12,8 % unter der durchschnittlichen Entwicklung der Parteien. Das Umgekehrte gilt für die DNVP, die im Vergleich zu den beiden großen konservativen Parteien von 1912 (Deutschkonservative Partei und Reichspartei) ihren Stimmenanteil in demselben Zeitraum in den Großstädten von 3,5 % auf 10,4 % steigern konnte und damit 3,8 % über ihren durchschnittlichen Gewinnen lag, während sie in den Gemeinden mit unter 2000 Einwohnern durch das Vordringen in das westelbische Gebiet ihren Anteil zwar noch leicht um 1,1 % steigern konnte, damit aber 2 % unter dem durchschnittlichen Gewinn lag. Bei der DVP standen im Vergleich zu den Nationalliberalen Verluste von 4,4 % in den Gemeinden mit unter 2000 Einwohnern Gewinnen von 4,9 % in den Großstädten gegenüber. In den Großstädten, in denen die Nationalliberalen 1912 am schlechtesten abgeschnitten hatten, ergaben sich 1920/22 weitaus bessere Ergebnisse für die DVP als in Gemeinden mit unter 10 000 Einwohnern. Die Linksliberalen verloren dagegen vor allem in den Großstädten an Boden, während das Zentrum bei geringfügigen Verlusten in Gemeinden mit 2000 bis 10 000 Einwohnern seine Position in den anderen Ortsgrößenklassen um ca. 2—3 % leicht verbessern konnte.

Dieser Überblick über Tendenzen der Wählerbewegung 1912—20/22 müßte natürlich durch eine im Rahmen dieses Aufsatzes nicht zu leistende, die

[53] Der Stimmenanteil fiel in Berlin weiter auf 61,5 %, in Potsdam auf 48,4 %.

[54] In Berlin stieg der Stimmenanteil von 4,4 % (1912) auf 9,3 % (1919) und 11,5 % (1920); in Potsdam 10 von 10,5 % (1912) über 13,2 % auf 14,3 % (1920).

[55] Für die diesem Vergleich zugrunde liegenden Zahlen siehe die in Anhang IV abgedruckten Tabellen.

Entwicklung in den einzelnen Wahlkreisen und lokale Sonderfaktoren berücksichtigende Detailanalyse differenziert und durch die Behandlungen der Verschiebungen der relativen Stärke zwischen den verschiedenen sozialistischen Parteien ergänzt werden, um weitergehende nuancierte Aussagen über die Änderung der sozialen Basis der 1919/20 auftretenden großen Parteien zu den vergleichbaren Parteien des Kaiserreiches zuzulassen.

Der im Kaiserreich durch das die ländlichen Gebiete bevorzugende Wahlrecht und den Einfluß der staatlichen Verwaltung, aber auch durch die Dynamik sowie die außerordentlich geschickten Organisations- und Propagandamethoden des Bundes der Landwirte[55a] künstlich erhaltene, übergroße Einfluß der Landwirtschaft auf das politische Leben ging 1919 zunächst zurück. Waren im Reichstag von 1912 noch 88 (22,2 %) von 397 Abgeordneten Landwirte, davon 63 (15,9 %) Großgrundbesitzer, so kamen in der Nationalversammlung von 1919 auf 423 Abgeordnete nur noch 34 (8 %) Landwirte, von denen nicht mehr als 11 (2,6 %) Großgrundbesitzer waren[56]. Noch stärker war der Rückgang des Anteils der Landwirte im Parlament Preußens. Waren von den 443 Abgeordneten des 1913 gewählten preußischen Abgeordnetenhauses 153 (34,5%) hauptberufliche Landwirte, davon 112 (25,3 %) Großgrundbesitzer oder Pächter landwirtschaftlicher Großbetriebe, so wurden in die aus 400 Abgeordneten bestehende Verfassungsgebende Preußische Landesversammlung von 1919 nur noch 18 (4,5 %) Landwirte, davon 7 (1,8 %) Großgrundbesitzer oder Pächter landwirtschaftlicher Großbetriebe, gewählt[57].

Dieser starke Rückgang des Anteils der Landwirte und besonders der Großgrundbesitzer hängt allerdings nicht nur mit den durch Krieg, Revolution und Wahlrechtsänderung bewirkten Verschiebungen der politisch-sozialen Machtverhältnisse, sondern auch mit der Konzentration des politischen Lebens in den Städten in den ersten Wochen nach dem Umsturz vom November 1918 zusammen. Schon im folgenden, 1920 gewählten Reichstag zeigt sich, z. T. als Reaktion auf die scharfe Kritik an der geringen Berücksichtigung agrarischer Interessen bei der Kandidatenaufstellung für die Nationalversammlung[58], ein

55a Vgl. dazu Hans-Jürgen Puhle, *Agrarische Interessenpolitik und preußischer Konservativismus im wilhelminischen Reich (1893—1914). Ein Beitrag zur Analyse des Nationalismus in Deutschland am Beispiel des Bundes der Landwirte und der Deutsch-Konservativen Partei,* Hannover 1966, bes. S. 37 ff.

56 Für die Zahlen vgl. die in Anhang I abgedruckten Tabellen über das „Berufsbild" der Abgeordneten der Nationalversammlung und der 1912 und 1920 gewählten Reichstage.

57 Vgl. A. Plate, *Handbuch für das Preußische Abgeordnetenhaus,* Berlin 1914, S. 342 sowie Plate, *Handbuch für die verfassungsgebende preußische Landesversammlung 1919,* Berlin 1919, S. 126.

58 Typisch dafür sind die kritischen Stimmen auf dem ersten Reichsparteitag des Zentrums im Januar 1920. Die Vertreter agrarischer Interessen erreichten, daß der Parteitag sich in einer eigenen Resolution für eine stärkere Vertretung landwirtschaftlicher Belange in der Fraktion des Zentrums aussprach (*Offizieller Bericht des ersten Reichsparteitages der Deutschen Zentrumspartei. Tagung zu Berlin vom 19.—22. Januar 1920,* Berlin o. J., S. 137).

erhebliches Ansteigen des Anteils der Landwirte auf 12,2 % der Abgeordneten des Reichstages, die vor allem in den Fraktionen der DNVP, des Zentrums, der Bayrischen Volkspartei und der DVP zu finden sind.

Der Anteil der Landwirte lag damit noch immer erheblich unter dem von 1912. Die Ursachen dafür wird man in den Stimmengewinnen der Sozialisten, in der verstärkten Agitation der vor 1914 fast ausschließlich agrarisch orientierten Rechtsparteien in den Städten, im weiteren Vordringen des Typus des Berufspolitikers sowie in der Änderung des die agrarischen Gebiete bevorzugenden Wahlrechts zu suchen haben. Aufgrund des besonders seit 1924 starken Einflusses des Reichslandbundes in der DNVP, der Bedeutung der agrarischen Protestbewegung für den Aufstieg der NSDAP und der bekannten Verbindung Hindenburgs zu großagrarischen Kreisen haben die politischen Organisationen der Landwirtschaft, in der nach der Gewerbezählung von 1925 noch 23 % aller Berufszugehörigen tätig waren (1882: 40 %), jedoch auch in der Weimarer Republik bald wieder eine zentrale, in ihren Auswirkungen verhängnisvolle politische Rolle gespielt.

Mit der verstärkten Werbung um die Arbeiter und vor allem auch um die Angestellten, deren Anteil an den Erwerbstätigen stark angewachsen war, und aus deren Kreis 1919 und 1920 6 bzw. 10 Reichstagsabgeordnete gewählt wurden (1912: 0), steigt unmittelbar nach dem Sturz der Monarchie zunächst auch in den bürgerlichen Parteien der Einfluß von Gewerkschaften und Angestelltenverbänden, um allerdings bereits seit Ende 1919 wieder zugunsten anderer Interessenorganisationen zurückzugehen. Daß von den 10 in den Reichstag von 1920 gewählten Angestellten 5 zur USPD und 5 zur SPD gehörten, unterstreicht den vor allem durch den überdurchschnittlichen Rückgang ihrer Realeinkommen im Kriege geförderten Anschluß der Angestellten an die Arbeiterschaft, der — verbunden mit der tendenziellen politischen Annäherung der Kleinhändler und Handwerker an die industriellen Unternehmer — die Polarisierung der beiden vor 1914 politisch noch weitgehend kooperierenden Gruppen des „neuen" und des „alten" Mittelstandes bewirkte.

In allen Parteien setzte eine gezielte Werbung um die wahlberechtigten Frauen ein. Bei den Reichstagswahlen von 1920 erfolgte für etwa 850 000 Wahlberechtigte in 18 Wahlbezirken eine getrennte Stimmabgabe von Männern und Frauen. Danach kam das Frauenstimmrecht vor allem dem Zentrum und der DNVP, deren Wählerschaft sich zu 59 % bzw. 56 % aus Frauen rekrutierte, zugute. Während sich bei der DVP (Frauen: 51%) und der DDP (Frauen: 47%) der Anteil der Männer- und Frauenstimmen etwa glichen, überwogen bei den sozialistischen Parteien (Frauen: SPD: 43 %; USPD: 41 %; KPD: 37 %) die Männerstimmen bei weitem[59]. Es ist so wahrscheinlich, daß SPD und USPD zusammen bei den Wahlen zur Nationalversammlung eine absolute Mehrheit

[59] Zahlen bei Johannes Schauff, *Die deutschen Katholiken und die Zentrumspartei*, Köln 1928, S. 66. Die Unterschiede in der Stimmabgabe von Männern und Frauen gingen offensichtlich in der späteren Entwicklung der Weimarer Republik etwas zurück.

der von Männern abgegebenen Stimmen gewannen. Der Anteil der Frauen in den politischen Führungsgremien blieb jedoch trotz der entscheidenden Bedeutung der Frauen für den Wahlausgang gering[60].

## 6

Vor allem in den bürgerlichen Parteien konsolidierten und bürokratisierten sich die Parteiorganisationen. Der bereits vor dem Ersten Weltkrieg in den einzelnen Parteien in unterschiedlichem Grade begonnene Prozeß des Übergangs von der Honoratioren- und Komitee-Partei zur Mitglieder- und Apparatpartei setzte sich fort. Die bisher für das Zentrum und die Konservativen charakteristische Arbeitsteilung zwischen einer außerparlamentarischen Massenorganisation — dem Volksverein für das katholische Deutschland bzw. dem Bund der Landwirte —, die die Organisation der Massen und die Wahlpropaganda übernahmen, und den um die Reichstags- und Landtagsfraktionen locker gruppierten Rahmenparteien, die häufig nur kleine, manchmal nur für die Wahlen gebildete Komitees, aber keine festen Orts- bzw. Wahlkreisverbände besaßen[61], wurde aufgegeben. Es wurden auch in der DNVP und im Zentrum ständige örtliche und regionale Organisationen der Partei geschaffen, die jedermann offenstanden. DNVP (Oktober 1919: 1,1 Millionen), DDP (Juli 1919: 900 000) und schließlich auch die DVP (Oktober 1919: ca. 500 000)[62] erreichten bei einem allerdings offensichtlich in der Praxis nicht sehr wirksamen Zwang zur Beitragszahlung Mitgliedszahlen, die nur wenig hinter denen der SPD (1. 4. 1920: 1 180 000)[63] zurückstanden, die vor dem Krieg die einzige Partei mit einer wirklichen Massenmitgliedschaft gewesen war. Allerdings ist die Zahl der Mitglieder der bürgerlichen Parteien mit Ausnahme der DNVP, vor allem wohl aufgrund der allgemeinen Diskreditierung der Parteien und der Zurückdrängung der Liberalen, sehr bald wieder stark zurückgegangen[64].

Für die sozialistischen Parteien bedeutete der Wegfall des bisherigen ad-

60 Unter den 423 in die Nationalversammlung gewählten Abgeordneten waren nur 36 (8,5 %) Frauen, davon 3 von 42 in der DNVP, eine von 22 in der DVP, 5 von 75 in der DDP, 6 von 90 im Zentrum, 18 von 165 in der SPD und 3 von 22 in der USPD.

61 Vgl. dazu die für die Erforschung des internen Aufbaus der deutschen Parteien im Bismarckreich grundlegende Untersuchung von Thomas Nipperdey, *Die Organisation der deutschen Parteien vor 1918*, Düsseldorf 1961, bes. S. 249 f. und S. 281 ff.

62 Zahlen nach Hartenstein, a. a. O., S. 93 f. Angaben über die Mitgliedschaft des Zentrums liegen leider nicht vor.

63 *Protokoll des SPD-Parteitages von 1920*, a. a. O., Bericht des Parteivorstandes über das Geschäftsjahr 1919, S. 71.

64 So hatte die DDP nach eigenen Angaben 1925 nur noch 117 000 Mitglieder. Die DVP gibt für die späteren Jahre ihre Mitgliederzahlen nicht mehr an. Sie dürften aber zu diesem Zeitpunkt nicht wesentlich darüber gelegen haben. Die DNVP gibt für 1928 noch 696 000 Mitglieder an.

ministrativen Drucks und die Erschwerung politisch-sozialer Boykottmaßnahmen gegen aktive Sozialdemokraten die Möglichkeit zum Ausbau ihrer Organisation in ländlichen Gebieten.

Die Grundeinheiten der Parteiorganisation wurden in allen Parteien unter Anpassung an das neue Wahlsystem die den früheren regionalen Organisationen einzelner Parteien etwa entsprechenden Verbände der 35 Wahlkreise, die — wenn auch mit gewissen Mitbestimmungsrechten der Parteizentrale — die entscheidende Rolle bei der Nominierung und Plazierung der Kandidaten auf den Listenvorschlägen der einzelnen Parteien für die Wahlkreise hatten. Dagegen hatte die Parteizentrale — wenn auch unter Mitwirkung der Vertreter der Wahlkreisverbände — meist den dominierenden Einfluß auf die Festlegung der Reihenfolge der Kandidaten in dem zur Verwertung der Reststimmen aus den Wahlkreisen dienenden Reichswahlvorschlag der Parteien, über den häufig auch die führenden Funktionäre der mit den Parteien zusammenarbeitenden Verbände in den Reichstag gebracht wurden.

Die Verlagerung der Schwerpunkte der Organisation von den 397 kleinen Wahlkreisen des Bismarckreiches auf die 35 neuen großen Wahlkreise hat die ohnehin durch die Entwicklung zur Mitglieder- und Massenpartei geförderte Tendenz zur Bürokratisierung der Parteien und zur Anstellung festbesoldeter Parteisekretäre verstärkt. Die Tendenz zur Entsendung von hauptberuflichen Partei-, Gewerkschafts-, Arbeiter- und Verbandssekretären in das Parlament, die vor 1914 nur für die Sozialdemokratie kennzeichnend gewesen war, während die bürgerlichen Berufspolitiker, vor allem als Anwälte, andere Einnahmequellen hatten, verstärkte sich nicht nur in der Sozialdemokratie, sondern erfaßte jetzt auch die bürgerlichen Parteien in stärkerem Maße. Fielen 1912 nur 13 (4,5 %) von 287 Abgeordneten der bürgerlichen Parteien in diese Berufsgruppe, so war deren Anteil 1919 bzw. 1920 bereits auf 15,3 % bzw. 13,3 % gestiegen, wobei er im Zentrum (1920: 27 %) besonders hoch war[65].

Im Vergleich zum Bismarckreich wurde weiterhin die politische Position der Fraktionen zugunsten der zentralen Organisationen der Gesamtpartei, der Wahlkreisverbände, die häufig zur Hausmacht bestimmter Führer wurden, und der mittleren Funktionärsschicht des Parteiapparates geschwächt. Diese Entwicklung war nicht nur für die demokratische Führungsauslese sondern auch für das Funktionieren des parlamentarischen Systems, in dem die Fraktionen

[65] Das Vordringen des Typus des besoldeten Partei- und Verbandsfunktionärs unter den Abgeordneten nach dem Ende des I. Weltkrieges erweist sich auch bei einem Vergleich der Mitglieder des preußischen Abgeordnetenhauses von 1913, in dem die Sozialdemokraten aufgrund des Dreiklassenwahlrechts nur zehn Sitze innehatten, mit der preußischen Landesversammlung von 1919. Von den 443 Abgeordneten von 1913 wurden nur 15 (3,4 %) als Privatbeamte von landwirtschaftlichen bzw. industriellen Vereinigungen oder als Arbeiter-, Gewerkschafts- und Parteisekretäre klassifiziert. 1919 wird für 88 (22,0 %) der 400 Abgeordneten als Beruf die Anstellung in einem Verband als Arbeiter- oder Parteisekretär angegeben.

und Fraktionsführungen einen relativ weiten politischen Spielraum haben müssen und den Schwerpunkt des parteiinternen Entscheidungsprozesses bilden sollten, unglücklich.

Vor allem wurde nicht gesehen, daß in einer Regierungspartei im parlamentarischen System — im Gegensatz zu den nicht mit der Regierungsverantwortung betrauten Parteien des konstitutionellen Systems — der Parteiführer oder die Gruppe der Parteiführer bis zum Widerruf des in ihn oder sie gesetzten Vertrauens durch die Neuwahl der Parteispitze sich auf die Unterstützung und Loyalität der Fraktion und des Parteiapparates muß verlassen können. Bei einer zu starken Flügelbildung und Abhängigkeit der Parteiführung vom Apparat wird die Partei sonst im Rahmen einer Regierungskoalition handlungsunfähig. Sofern ihre Unterstützung für die Mehrheitsbildung unerläßlich ist, wird damit gleichzeitig das politische System paralysiert.

Durch das neue Wahlgesetz änderte sich die Position der liberalen Mittelparteien, die im Gegensatz zu Zentrum, Konservativen und Sozialdemokraten keine eindeutigen Hochburgen besaßen[66] und ihre Mandatsgewinne vor 1914 fast ausschließlich der Tatsache verdankten, daß sie in Stichwahlen sowohl von links als auch von rechts als kleineres Übel gegen die Kandidaten der rechten bzw. linken Flügelparteien unterstützt wurden. Dieser Vorteil hatte allerdings auch ihren politischen Manövrierraum vor allem nach links entscheidend begrenzt[67]. Erst das neue Wahlsystem, das die bisherige Benachteiligung der Libe-

[66] Während das Zentrum in 73, die Konservativen in 9 der Wahlkreise in allen Wahlen von 1874 bis 1912 eine absolute oder relative Mehrheit im ersten Wahlgang erreichten, konnten die Nationalliberalen nur in drei, die Linksliberalen in keinem einzigen Wahlkreis in dieser Zeit ohne Unterbrechung ihre Mehrheit behaupten (Molt, a. a. O., S. 59). Die SPD, die 1874 erst im Aufbaustadium war, konnte von ihren 1890 gewonnenen 35 Reichstagsmandaten bis 1912 ohne Unterbrechung 14 behaupten. In den Wahlen von 1912 haben die Nationalliberalen 42 ihrer insgesamt 45 Sitze und die Fortschrittliche Volkspartei sämtliche 42 Mandate erst in den Stichwahlen gewonnen. Dagegen hatten durch die Gewinnung der absoluten Mehrheit im ersten Wahlgang das Zentrum bereits vor den Stichwahlen 79 von 91, die Sozialdemokraten 64 von 110, die Deutschkonservativen 27 von 43 und die Reichspartei 7 von 16 Sitzen sicher.

[67] Da die SPD und die Linksliberalen in zunehmendem Maße im Konkurrenzkampf um dieselben Wählergruppen lagen, nahm die Zahl der von den Linksliberalen gegen Kandidaten der SPD geführten Stichwahlen im Vergleich zu Stichwahlen gegen rechtsstehende Parteien mit der durch die besondere politische Konstellation zu erklärenden Ausnahmesituation der Wahl von 1907 seit 1893 ständig zu.
1893 wurden 15 von 53,
1898 wurden 18 von 55,
1903 wurden 25 von 44,
1907 wurden 22 von 51,
1912 wurden 30 von 56 Stichwahlen linksliberaler Parteien gegen die SPD geführt. Von diesen insgesamt 110 Stichwahlen gegen die SPD gewannen die Linksliberalen 88 dank der Hilfe der rechtsstehenden Parteien, die natürlich bei einer engen Zusammenarbeit von SPD und Linksliberalen diesen ihre Wahlunterstützung entzogen und damit ihre parlamentarische Stärke entscheidend reduziert hätten. Umgekehrt ging die relative Bedeutung der Unterstützung der SPD für die Linksliberalen bei Stichwahlen gegen rechtsstehende Parteien ständig zurück.

ralen durch die starke Streuung ihrer Anhängerschaft aufhob, machte die Liberalen von der Unterstützung rechtsstehender Parteien im Wahlkampf unabhängig und stellte damit eine wesentliche Voraussetzung für die Linksorientierung der DDP 1918/19 dar. Die Stellung der Flügelparteien dagegen, deren Situation in den Stichwahlen vor 1914 relativ ungünstig gewesen war, was vor allem die SPD benachteiligte, wurde gestärkt. Das kam in der Weimarer Republik vor allem der KPD und vor den Wahlen von 1932 auch der NSDAP zugute. Hatte bisher der Wunsch nach Gewinn der absoluten Mehrheit eines Wahlkreises und damit des Mandats im ersten oder zweiten Wahlgang in vielen parteipolitisch umkämpften Gebieten eine gewisse Rücksichtnahme auf die Wähler der Mitte erfordert und das Aufkommen extremer Richtungen erschwert, so mußten die Flügelparteien jetzt die Erfahrung machen, daß sie bei jeder Tendenz zur Mäßigung ihrer Ansichten oder zum Abbau der Parteiideologie von intransigenten, noch extremeren Gruppen links bzw. rechts überholt wurden. Die zunehmende Radikalisierung des Wahlverhaltens vor allem in den letzten Jahren vor 1933 erklärt sich zwar in erster Linie aus den gesellschaftlichen Spannungen und politischen Auseinandersetzungen, die sich im Gefolge der die Weimarer Republik erschütternden sozialen Umschichtungen und besonders in der Krise der Weltwirtschaft seit 1929 zuspitzten; sie wurde aber durch das neue Wahlrecht zusätzlich gefördert.

Zusammenfassend wird man sagen können, daß die wesentlichen Verschiebungen im deutschen Parteiensystem und die Veränderungen im Parteiencharakter entweder eine Konsequenz des Wahlrechts waren oder Entwicklungen fortsetzten, die weitgehend bereits vor 1914 oder in den Jahren des Ersten Weltkrieges eingesetzt hatten. Daß die Änderungen nicht tiefer griffen und dauerhafter waren, hängt damit zusammen, daß die Revolution unvollendet blieb und schon bald Tendenzen zur Restauration einsetzten. Hinzu kommt die Tatsache, daß der frühe Termin der Wahl zur Nationalversammlung in allen Parteien von der DNVP bis zur SPD den Wandlungsprozeß zunächst abstoppte und zur Führung eines effektiven Wahlkampfes bei dem Fehlen neuer Organisationen zum Rückgriff auf den etablierten Apparat der alten Parteien zwang. Soweit Veränderungen in der Struktur des Parteiwesens und dem Charakter und Verhalten der Einzelparteien eintraten, haben sie die Bedingungen für die Wirksamkeit des parlamentarischen Systems nicht verbessert, sondern eher noch erschwert.

1. R

| | | | Deutsch-Kons. | Reichs-partei | Wirt-schaftl. Verein |
|---|---|---|---|---|---|
| 1. | Berufs-politiker | a) besoldete Partei-, Gewerkschafts- u. Verbandsfunktionäre, ** sowie Arbeitersekretäre | 1 | | 1 |
| | | b) Verleger, Redakteure u. Angestellte v. Partei- u. Gewerkschaftszeitungen | 2 | | |
| | | c) Parteischriftsteller *** | | | |
| 2. | Rechtsanwälte | | 2 | 1 | |
| 3. | Ärzte u. sonst. freie akad. Berufe | | | 1 | |
| 4. | Staatl. od. Reichs-beamte o. 5. | a) höherer Dienst | 1 | 2 | |
| | | b) mittlerer u. unterer Dienst | | | |
| 5. | Justizbeamte | | 2 | 1 | 1 |
| 6. | Kommunalbeamte | | | | 1 |
| 7. | Offiziere | | | 1 | |
| 8. | Geistliche | a) ev. | | 1 | 1 |
| | | b) kath. | | | |
| 9. | Inhaber selbständ. Handwerksbetriebe od. kleinerer Geschäfte | | 1 | | 1 |
| 10. | Unternehmer od. Manager+ | | 1 | | |
| 11. | Kaufleute, Bankiers o. 9. u. 10. | | | | |
| 12. | Landwirte | a) Großgrundbesitzer | 29 | 6 | |
| | | b) kleinere Landwirte | 6 | | 1 |
| 13. | Universitätsprofessoren u. Dozenten | | | | |
| 14. | Lehrer an höheren Schulen | | | | 1 |
| 15. | Lehrer an Volks- u. Mittelschulen | | | | |
| 16. | Angestellte o. 10. | | | | |
| 17. | Arbeiter | | | | |
| 18. | Privatiers++ | | | | 1 |
| 19. | Hausfrauen+++ | | | | |
| 20. | Sonstige | | | | |
| | Summe | | 45 | 13 | 8 |

* Die Tabellen über das Berufsbild und die Schulbildung der Abgeordneten der Reic ten Kategorien aufgrund der von ihm bearbeiteten Unterlagen der Kommission für dafür nachdrücklich danken möchte, hergestellt.
Den Tabellen wurden die unmittelbaren Wahlergebnisse zugrunde gelegt, d. h. es w niederlegungen, auch wenn sie unmittelbar nach der Wahl erfolgten, wurden nicht Oppeln, in denen die Reichstagswahlen erst 1921 bzw. 1922 stattfanden, diejenige hin im Reichstag saßen.

** Als Verbandsfunktionäre werden auch solche Abgeordnete verstanden, die z. B. al gelangten.

*** Als Parteischriftsteller werden solche Abgeordnete aufgeführt, die ohne feste Bind

\+ In diese Gruppe wurden auch Syndici großer Vereinigungen wie z. B. Stresemann,

++ In dieser Gruppe erscheinen auch die pensionierten Beamten, u. a. die ehemaligen

+++ Die Gruppe der Hausfrauen umfaßt natürlich nicht alle weiblichen Abgeordneten,

++++ Bei diesem Abgeordneten handelt es sich um einen bischöflichen Syndikus.

bgeordneten*

912

| um | Polen | Elsaß-Lothringer | Welfen | National-liberale | Fortschrittler | Sozial-demokraten | Sonstige | Summe |
|---|---|---|---|---|---|---|---|---|
| 5 | 2 | | | 2 | 1 | 33 | 1 | 46 |
| 5 | 1 | 1 | | | 1 | 34 | 1 | 47 |
| 1 | | | | 2 | 2 | 19 | | 24 |
| 5 | 3 | | | 8 | 12 | 7 | | 39 |
| | 2 | 3 | | | 1 | | 1 | 8 |
| 5 | | 1 | | 4 | | | 1 | 15 |
| 3 | | | | 2 | 1 | | 1 | 21 |
| | | 1 | | 1 | 1 | 2 | 1 | 7 |
| 1 | | | | | | | | 2 |
| | | | | 1 | 1 | | | 4 |
| 9 | 5 | 2 | | | | | | 16 |
| 5 | | | | 2 | 3 | 9 | | 21 |
| 1 | | | | 2 | 3 | 1 | 1 | 9 |
| 2 | | 1 | | 4 | 2 | | | 10 |
| 2 | 4 | | 4 | 4 | 3 | | 1 | 63 |
| 9 | | | | 5 | 2 | | 2 | 25 |
| 3 | | | | 1 | 2 | | | 6 |
| 3 | | | | 1 | 2 | | | 7 |
| 2 | | | 1 | 1 | 4 | | | 8 |
| | | | | 1 | | 2 | | 3 |
| 6 | 1 | | | 3 | 1 | 3 | | 15 |
| 1++++ | | | | | | | | 1 |
| 90 | 18 | 9 | 5 | 44 | 42 | 110 | 10 | 397 |

2 und 1920 und der Nationalversammlung von 1919 wurden nach den von mir gewünsch-
des Parlamentarismus und der politischen Parteien von Alfred Milatz, dem der Verfasser

eordneten gezählt, die jeweils am Wahltag gewählt wurden. Änderungen durch Mandats-
In den Tabellen wurden für die drei Wahlkreise Ostpreußen, Schleswig-Holstein und
n berücksichtigt, die, 1919 für die Nationalversammlung gewählt, 1920 zunächst weiter-

tskrankenkassen und dergleichen durch politisches Mandat in eine öffentliche Funktion

itung schreiben. Die Grenzen zwischen 1b und 1c sind natürlich sehr fließend.
ls Berufspolitiker bezeichnen könnte, aufgenommen.
ssekretäre und Offiziere.
e Berufslosen.

## 2. Nationa

| | | | Sozi dem krat |
|---|---|---|---|
| 1. | Berufs-politiker | a) besoldete Partei-, Gewerkschafts- u. Verbandsfunktionäre sowie Arbeitersekretäre | 81 |
| | | b) Verleger, Redakteure u. Angestellte v. Partei- u. Gewerkschaftszeitungen | 32 |
| | | c) Parteischriftsteller | 12 |
| 2. | Rechtsanwälte | | 5 |
| 3. | Ärzte u. sonst. freie akad. Berufe | | 1 |
| 4. | Staatl. od. Reichsbeamte o. 5. | a) höherer Dienst | |
| | | b) mittlerer u. unterer Dienst | 3 |
| 5. | Justizbeamte | | |
| 6. | Kommunalbeamte | | 2 |
| 7. | Offiziere | | |
| 8. | Geistliche | a) ev. | |
| | | b) kath. | |
| 9. | Inhaber selbständ. Handwerksbetriebe od. kleinerer Geschäfte | | 7 |
| 10. | Unternehmer od. Manager | | |
| 11. | Kaufleute, Bankiers o. 9. u. 10. | | |
| 12. | Landwirte | a) Großgrundbesitzer | |
| | | b) kleinere Landwirte | |
| 13. | Universitätsprofessoren u. Dozenten | | |
| 14. | Lehrer an höheren Schulen | | |
| 15. | Lehrer an Volks- u. Mittelschulen | | 1 |
| 16. | Angestellte o. 10. | | 3 |
| 17. | Arbeiter | | 7 |
| 18. | Privatiers | | 2 |
| 19. | Hausfrauen | | 9 |
| 20. | Sonstige | | |
| | Summe | | 165 |

* Freie soziale Fürsorge

** Diese Zahl enthält die zwei nachträglich von den Truppen der
„alter" und „neuer" Abgeordneter in diesem Aufsatz nicht be

ng 1919

| DDP | DNVP | DVP | USPD | Sonstige | Summe |
|---|---|---|---|---|---|
| 7 | 5 | 1 | 2 | | 119 |
| 6 | 2 | 1 | 12 | | 62 |
| 2 | 1 | 1 | 2 | 1 | 20 |
| 13 | 1 | 1 | 2 | | 31 |
| 1 | 1 | | | | 3 |
| 3 | 1 | 2 | | | 7 |
| 1 | 1 | | | | 6 |
| 2 | 3 | | | | 10 |
| 7 | | 2 | | | 13 |
| | 4 | 2 | | | 6 |
| | | | | | 6 |
| 1 | 2 | | 1 | 1 | 17 |
| 5 | 1 | 4 | | | 10 |
| 4 | | 1 | | | 7 |
| 1 | 6 | | | 1 | 11 |
| 6 | 7 | 2 | | 3 | 23 |
| 2 | 1 | 2 | | | 9 |
| 2 | 2 | | | | 6 |
| 6 | | 1 | | 1 | 14 |
| 1 | | | | | 6 |
| | | 1 | 1 | | 9 |
| 5 | 3 | 1 | | | 15 |
| | | | 2 | | 12 |
| | 1* | | | | 1 |
| 75 | 42 | 22 | 22 | 7 | 423** |

wählten Abgeordneten, die bei den Berechnungen über den Anteil
t wurden.

3.

| | | | SPD | USPD |
|---|---|---|---|---|
| 1. | Berufs-politiker | a) besoldete Partei-, Gewerkschafts- u. Verbandsfunktionäre, sowie Arbeitersekretäre | 54 | 29 |
| | | b) Verleger, Redakteure u. Angestellte v. Partei- u. Gewerkschaftszeitungen | 26 | 22 |
| | | c) Parteischriftsteller | 7 | 8 |
| 2. | Rechtsanwälte | | | 2 |
| 3. | Ärzte u. sonst. freie akad. Berufe | | 1 | 1 |
| 4. | Staatl. od. Reichs-beamter o. 5. | a) höherer Dienst | 1 | |
| | | b) mittlerer u. unterer Dienst | 2 | |
| 5. | Justizbeamte | | | |
| 6. | Kommunalbeamte | | | |
| 7. | Offiziere | | | |
| 8. | Geistliche | a) ev. | | |
| | | b) kath. | | |
| 9. | Inhaber selbständiger Handwerksbetriebe od. kleinerer Geschäfte | | 3 | 4 |
| 10. | Unternehmer od. Manager | | | |
| 11. | Kaufleute, Bankiers o. 9. u. 10. | | | |
| 12. | Landwirte | a) Großgrundbesitzer | | |
| | | b) kleinere Landwirte | | |
| 13. | Universitätsprofessoren u. Dozenten | | 1 | |
| 14. | Lehrer an höheren Schulen | | | |
| 15. | Lehrer an Volks- u. Mittelschulen | | 3 | |
| 16. | Angestellte o. 10. | | 5 | 5 |
| 17. | Arbeiter | | 4 | 6 |
| 18. | Privatiers | | 1 | |
| 19. | Hausfrauen | | 5 | 4 |
| 20. | Sonstige | | | |
| | Summe | | 113 | 81 |

vahl 1920

| NVP | DVP | DDP | BVP | DHP | BBB | KPD | Summe |
|---|---|---|---|---|---|---|---|
| 7 | 6 | 2 | 2 | | | | 119 |
| 4 | 1 | 2 | 1 | | | | 59 |
| | 3 | 3 | 1 | 1 | | 1 | 25 |
| | 3 | 7 | 1 | | | 1 | 17 |
| 2 | | | | | | | 4 |
| 2 | 4 | 9 | | | | | 19 |
| 3 | 2 | 2 | | | | | 13 |
| 4 | | 1 | 1 | | | | 8 |
| 1 | 2 | 1 | | | | | 4 |
| 1 | 3 | 1 | | | | | 5 |
| | | | 1 | | | | 4 |
| 3 | 3 | 2 | 1 | | | | 19 |
| 5 | 12 | 6 | 1 | 1 | | | 27 |
| 1 | 1 | | 1 | | | | 4 |
| 9 | 2 | | 1 | 2 | | | 16 |
| 11 | 8 | 2 | 6 | | 3 | | 41 |
| 2 | 3 | 2 | 1 | | 1 | | 14 |
| 3 | 2 | | 2 | | | | 9 |
| | 1 | 2 | | 1 | | | 10 |
| | | | | | | | 10 |
| | 1 | | | | | | 11 |
| 8 | 5 | 3 | | | | | 18 |
| | | | | | | | 10 |
| 66 | 62 | 45 | 20 | 5 | 4 | 2 | 466 |

# Anhang II: Sch

## 1. Re

| | Deutsch-Kons. | Reichspartei | Wirtschaftl. Verein. |
|---|---|---|---|
| Besuch der Volksschule | 4 | | 1 |
| Besuch d. Mittelschule od. weiterführenden Schule o. Abschl.* | 8 | 3 | 2 |
| Abgeschl. höhere Schulbildung | 11 | 2 | |
| Universitätsstudium o. Abschluß | 7 | | |
| Abgeschl. Universitätsstudium | 15 | 8 | 5 |
| Summe | 45 | 13 | 8 |

* In dieser Gruppe sind auch die Volksschullehrer verzeichnet, die keine höhere Schulbildu ist später in den politischen Journalismus gegangen.

## 2. Nationalversammlung 1919

| | Sozialdemokraten | Zentrum | DDP |
|---|---|---|---|
| Besuch d. Volksschule | 114 | 32 | 7 |
| Besuch d. Mittelschule od. weiterführenden Schule o. Abschl. | 31 | 19 | 21 |
| Abgeschl. höhere Schulbildung | 3 | 3 | 2 |
| Universitätsstudium o. Abschluß | 5 | 1 | 1 |
| Abgeschl. Universitätsstudium | 12 | 35 | 44 |
| Summe | 165 | 90 | 75 |

## 3. Reichstagswahl

| | SPD | USPD | Zentrum |
|---|---|---|---|
| Besuch der Volksschule | 86 | 63 | 20 |
| Besuch d. Mittelschule oder weiterführenden Schule o. Abschluß | 14 | 8 | 15 |
| Abgeschl. höhere Schulausbildung | 2 | 1 | 3 |
| Universitätsstudium o. Abschluß | 5 | 2 | 2 |
| Abgeschlossenes Universitätsstudium | 6 | 7 | 28 |
| Summe | 113 | 81 | 68 |

ler Abgeordneten

l 1912

| entrum | Polen | Elsaß-Lothringer | Welfen | National-liberale | Fortschrittler | Sozial-demokraten | Sonstige | Summe |
|---|---|---|---|---|---|---|---|---|
| 10 | 2 | | | 5 | 3 | 65 | 1 | 91 |
| 16 | | 2 | 2 | 8 | 10 | 22 | 1 | 77 |
| 3 | 1 | | 1 | 4 | 3 | | 3 | 28 |
| 5 | 4 | | 1 | | | 4 | 2 | 23 |
| 56 | 11 | 7 | 1 | 27 | 26 | 19 | 3 | 178 |
| 90 | 18 | 9 | 5 | 44 | 42 | 110 | 10 | 397 |

n mußten. Eine größere Anzahl von Abgeordneten mit einer Volksschullehrerausbildung

| DVP | USPD | Sonstige | Summe |
|---|---|---|---|
| 2 | 14 | 2 | 182 |
| 1 | 4 | 5 | 87 |
| | | | 11 |
| 3 | | | 12 |
| 16 | 4 | | 131 |
| 22 | 22 | 7 | 423 |

| VP | DDP | BVP | DHP | BBB | KPD | Summe |
|---|---|---|---|---|---|---|
| 8 | 7 | 9 | | 2 | | 208 |
| 12 | 6 | 2 | 4 | 1 | 1 | 79 |
| 4 | 1 | 1 | | | | 18 |
| 5 | 3 | | | | | 20 |
| 33 | 28 | 8 | 1 | 1 | 1 | 141 |
| 62 | 45 | 20 | 5 | 4 | 2 | 466 |

# Anhang III: Gewinne und Verluste der Hauptparteien in den einzelnen Wahlkreisen 1912–1919*

## 1. SPD und USPD

| Wahlkreise | 1912 | 1919 | davon USPD | ± |
|---|---|---|---|---|
| Reich | 34,9* | 45,5 | 7,6 | + 10,6 |
| 1 Provinz Ostpreußen | 14,8 | 51,1 | 5,0 | + 36,3 |
| 2 Provinz Westpreußen | 9,7 | 34,2 | 5,1 | + 24,5 |
| 10 Reg.-Bez. Oppeln | 14,0 | 37,6 | 4,9 | + 23,6 |
| 7 Provinz Pommern | 24,0 | 42,9 | 1,9 | + 18,9 |
| 13 Reg.-Bez. Merseburg | 42,6 | 60,4 | 44,1 | + 17,8 |
| 6 Reg.-Bez. Frankfurt/O. | 35,6 | 53,2 | 0,7 | + 17,6 |
| 12 Reg.-Bez. Magdeburg und Anhalt | 44,6 | 61,3 | 3,0 | + 16,7 |
| 21 Reg.-Bezirke Coblenz und Trier, ohne den Kreis Wetzlar, ferner das zu Oldenburg gehörige Fürstentum Birkenfeld | 6,4 | 22,6 | – | + 16,2 |
| 25 Reg.-Bezirke Niederbayern und Oberpfalz | 10,5 | 26,3 | 0,5 | + 15,8 |
| 11 Reg.-Bez. Liegnitz | 35,3 | 50,2 | 0,0 | + 14,9 |
| 9 Reg.-Bez. Breslau | 35,6 | 48,3 | 0,1 | + 12,7 |
| 8 Provinz Posen | 3,8 | 16,4 | – | + 12,6 |
| 18 Reg.-Bez. Arnsberg | 34,2 | 46,4 | 5,1 | + 12,2 |
| 19 Provinz Hessen-Nassau ohne d. Kreise Schaumburg u. Schmalkalden, ferner d. Kreis Wetzlar vom Reg.-Bez. Coblenz sowie Waldeck | 33,0 | 44,8 | 3,8 | + 11,8 |
| 15 Reg.-Bezirke Aurich u. Osnabrück sowie Oldenburg o. d. Fürstentümer Birkenfeld u. Lübeck | 20,6 | 32,3 | 4,3 | + 11,7 |
| 35 Mecklenburg-Schwerin, Mecklenburg-Strelitz und Lübeck | 38,8 | 49,7 | – | + 10,9 |
| 17 Reg.-Bezirke Münster und Minden, der zur Provinz Hessen-Nassau gehörige Kreis Schaumburg sowie die beiden Lippe | 22,4 | 32,7 | 2,1 | + 10,3 |
| 16 Reg.-Bezirke Hannover, Hildesheim und Lüneburg sowie Braunschweig | 39,6 | 49,6 | 6,6 | + 10,0 |
| 36 Die thür. Staaten Sachsen-Weimar, Sachsen-Meiningen, Sachsen-Altenburg, Sachsen-Coburg u. Gotha, d. beiden Schwarzenburg u. d. beiden Reuß sowie d. Reg.-Bez. Erfurt u. d. z. Provinz Hessen-Nassau gehörige Kreis Schmalkalden | 47,3 | 57,1 | 22,5 | + 9,8 |
| 24 Reg.-Bezirke Oberbayern und Schwaben | 27,1 | 36,5 | 3,7 | + 9,4 |
| 26 Reg.-Bezirke Ober-, Mittel- und Unterfranken | 33,2 | 42,5 | 6,1 | + 9,3 |
| 14 Reg.-Bezirke Oberbayern und Schwaben | 40,6 | 49,1 | 3,4 | + 8,5 |
| 4 Potsdam 1–9, soweit sie zum Reg.-Bez. Potsdam gehören | 49,5 | 56,8 | 14,9 | + 7,3 |
| 27 Reg.-Bez. Pfalz | 32,2 | 39,5 | 1,6 | + 7,3 |
| 34 Hessen | 39,3 | 46,2 | 1,9 | + 6,9 |
| 33 Baden | 28,3 | 34,8 | – | + 6,5 |
| 31/2 Württemberg und der Reg.-Bez. Sigmaringen | 31,6 | 38,1 | 2,7 | + 6,5 |
| 30 Sächs. Wahlkreise 15–23 | 58,8 | 65,0 | 6,3 | + 6,2 |
| 23 Düsseldorf 6–12 | 22,1 | 27,7 | 0,8 | + 5,6 |
| 28 Sächs. Wahlkreise 1–9 | 51,0 | 56,0 | 5,1 | + 5,0 |
| 20 Reg.-Bezirke Köln und Aachen | 21,3 | 26,1 | 0,6 | + 4,8 |
| 29 Sächs. Wahlkreise 10–14 | 55,2 | 59,3 | 38,6 | + 4,1 |
| 37 Hamburg, Bremen und der Reg.-Bez. Stade | 53,1 | 54,6 | 8,6 | + 1,5 |
| 22 Düsseldorf 1–5, soweit sie zum Reg.-Bez. Düsseldorf gehören | 44,1 | 44,4 | 18,7 | + 0,3 |
| 5 Potsdam 10, soweit er zum Reg.-Bez. Potsdam gehört | 58,7 | 51,3 | 15,5 | – 7,4 |
| 3 Stadt Berlin | 75,7 | 64,0 | 27,6 | – 11,7 |

* Für die Errechnung des Reichsdurchschnitts wurden für alle Parteien die Ergebnisse der Reichstagswahl von 1912 in Elsaß-Lothringen, wo 1919 keine Wahlen stattfanden, nicht berücksichtigt. Die Zahlen in den ersten Kolumnen geben jeweils den Stimmenanteil der Parteien in Prozenten an. Die Zahlen in der letzten Kolumne die Erhöhung bzw. Verringerung des Stimmenanteils zwischen 1912 und 1919.

## 2. Linksliberale – DDP

| Wahlkreise | 1912 | 1919 | ± |
|---|---|---|---|
| Reich | 13,1 | 18,5 | + 5,4 |
| 2 Provinz Westpreußen* | 4,5 | 28,6 | + 24,1 |
| 29 Sächs. Kreise 10–14* | 5,8 | 28,6 | + 22,8 |
| 8 Provinz Posen** | 6,0 | 22,3 | + 16,3 |
| 21 Reg.-Bezirke Coblenz u. Trier,* o. d. Kreis Wetzlar, ferner das zu Oldenburg gehörige Fürstentum Birkenfeld | 1,6 | 17,3 | + 15,7 |
| 6 Reg.-Bez. Frankfurt/O. | 7,6 | 22,4 | + 14,8 |
| 33 Baden* | 7,5 | 21,5 | + 14,0 |
| 30 Sächs. Wahlkreise 15–23* | 9,3 | 21,4 | + 12,1 |
| 27 Reg.-Bez. Pfalz | 4,8 | 13,2 | + 8,4 |
| 28 Sächs. Wahlkreise 1–9 | 10,3 | 18,4 | + 8,1 |
| 12 Reg.-Bez. Magdeburg und Anhalt | 17,3 | 25,4 | + 8,1 |
| 36 Die thür. Staaten Sachsen-Weimar, Sachsen-Meiningen, Sachsen-Altenburg, Sachsen-Coburg und Gotha, die beiden Schwarzenburg und die beiden Reuß sowie der Reg.-Bez. Erfurt und der zur Provinz Hessen-Nassau gehörige Kreis Schmalkalden* | 14,1 | 22,1 | + 8,0 |
| 31/2 Württemberg und der Reg.-Bez. Sigmaringen* | 17,6 | 25,0 | + 7,4 |
| 9 Reg.-Bez. Breslau* | 8,4 | 15,5 | + 7,1 |
| 10 Reg.-Bez. Oppeln* | 0,3 | 6,8 | + 6,5 |
| 15 Reg.-Bezirke Aurich und Osnabrück sowie Oldenburg ohne die Fürstentümer Birkenfeld und Lübeck | 18,4 | 24,5 | + 6,1 |
| 20 Reg.-Bezirke Köln und Aachen | 2,5 | 7,6 | + 5,1 |
| 35 Mecklenburg-Schwerin, Mecklenburg-Strelitz u. Lübeck | 25,3 | 30,4 | + 5,1 |
| 16 Reg.-Bezirke Hannover, Hildesheim und Lüneburg sowie Braunschweig | 7,9 | 12,9 | + 5,0 |
| 23 Düsseldorf 6–12 | 2,2 | 7,1 | + 4,9 |
| 22 Düsseldorf 1–5, soweit sie zum Reg.-Bez. Düsseldorf gehören* | 7,6 | 12,3 | + 4,7 |
| 19 Provinz Hessen-Nassau ohne die Kreise Schaumburg und Schmalkalden, ferner der Kreis Wetzlar vom Reg.-Bez. Coblenz sowie Waldeck | 17,5 | 22,0 | + 4,5 |
| 34 Hessen | 15,9 | 19,0 | + 3,1 |
| 37 Hamburg, Bremen und der Reg.-Bez. Stade | 23,2 | 25,9 | + 2,7 |
| 1 Provinz Ostpreußen | 17,4 | 18,8 | + 1,8 |
| 13 Reg.-Bez. Merseburg | 22,7 | 24,2 | + 1,5 |
| 7 Provinz Pommern | 20,3 | 21,7 | + 1,4 |
| 4 Potsdam 1–9, soweit sie zum Reg.-Bez. Potsdam gehören | 19,4 | 20,8 | + 1,4 |
| 26 Reg.-Bezirke Ober-, Mittel- und Unterfranken* | 18,8 | 20,0 | + 1,2 |
| 18 Reg.-Bez. Arnsberg* | 8,9 | 10,0 | + 1,1 |
| 17 Reg.-Bezirke Münster und Minden, der zur Provinz Hessen-Nassau gehörige Kreis Schaumburg sowie d. beiden Lippe | 8,8 | 9,8 | + 1,0 |
| 24 Reg.-Bezirke Oberbayern und Schwaben* | 12,1 | 11,1 | – 1,0 |
| 25 Reg.-Bezirke Niederbayern und Oberpfalz* | 6,6 | 5,5 | – 1,1 |
| 3 Stadt Berlin | 17,1 | 16,0 | – 1,1 |
| 14 Provinz Schleswig-Holstein und das zu Oldenburg gehörige Fürstentum Lübeck | 29,0 | 27,2 | – 1,8 |
| 11 Reg.-Bez. Liegnitz* | 32,7 | 26,8 | – 5,9 |
| 5 Potsdam 10, soweit er zum Reg.-Bez. Potsdam gehört | 28,6 | 20,9 | – 7,7 |

* In diesen Wahlkreisen stellte die DVP 1919 keine eigenen Kandidaten auf. Im Wahlkreis 21 bestand eine gemeinsame Liste von DDP und DVP. Alle gewonnenen Stimmen wurden jedoch in der amtlichen Statistik allein der DDP zugerechnet.

** Die überdurchschnittlichen Erfolge fast aller Parteien in Ostgebieten mit einem erheblichen Anteil an polnischer Bevölkerung erklären sich weitgehend dadurch, daß die die Wahl boykottierenden Polen keine eigenen Kandidaten aufstellten und die Wahlbeteiligung sehr gering war. Im Wahlkreis 8 (Provinz Posen) wurde sie in der offiziellen Statistik nicht angegeben. In den Wahlkreisen 2 (Provinz Westpreußen) und 10 (Regierungsbezirk Oppeln) betrug sie 58,4 % bzw. 58,7 %. Die Polen erhielten bei den Wahlen von 1912 in den Wahlkreisen 8, 2 und 10 55,8 %, 34,2 % bzw. 30,8 % der Stimmen.

## 3. Nationalliberale – DVP

| Wahlkreise | 1912 | 1919 | ± |
|---|---|---|---|
| Reich | 14,0 | 4,4 | – 9,6 |
| 8 Provinz Posen | 4,9 | 16,9 | + 12,0 |
| 5 Potsdam 10, soweit er zum Reg.-Bez. Potsdam gehört | – | 10,8 | + 10,8 |
| 4 Potsdam 1–9, soweit sie zum Reg.-Bez. Potsdam gehören | 1,4 | 7,5 | + 6,1 |
| 3 Stadt Berlin | – | 5,6 | + 5,6 |
| 17 Reg.-Bezirke Münster und Minden, der zur Provinz Hessen-Nassau gehörige Kreis Schaumburg sowie die beiden Lippe | 3,2 | 6,6 | + 3,4 |
| 7 Provinz Pommern | 8,8 | 10,9 | + 2,1 |
| 11 Reg.-Bez. Liegnitz | – | – | – |
| 13 Reg.-Bez. Merseburg | 5,4 | 2,7 | – 2,7 |
| 25 Reg.-Bezirke Niederbayern und Oberpfalz | 2,9 | – | – 2,9 |
| 35 Mecklenburg-Schwerin, Mecklenburg-Strelitz u. Lübeck | 8,8 | 4,4 | – 4,4 |
| 37 Hamburg, Bremen und der Reg.-Bez. Stade | 13,4 | 8,2 | – 5,2 |
| 20 Reg.-Bezirke Köln und Aachen | 9,1 | 3,4 | – 5,7 |
| 27 Reg.-Bez. Pfalz* | 26,0 | 19,7 | – 6,3 |
| 14 Provinz Schleswig-Holstein und das zu Oldenburg gehörige Fürstentum Lübeck | 14,3 | 7,8 | – 6,5 |
| 26 Reg.-Bezirke Ober-, Mittel- und Unterfranken | 7,8 | – | – 7,8 |
| 24 Reg.-Bezirke Oberbayern und Schwaben | 7,9 | – | – 7,9 |
| 28 Sächs. Wahlkreise 1–9 | 18,9 | 10,6 | – 8,3 |
| 1 Provinz Ostpreußen | 16,3 | 7,9 | – 8,4 |
| 15 Reg.-Bezirke Aurich und Osnabrück sowie Oldenburg ohne die Fürstentümer Birkenfeld und Lübeck | 22,5 | 13,0 | – 9,5 |
| 19 Provinz Hessen-Nassau ohne die Kreise Schamburg und Schmalkalden, ferner der Kreis Wetzlar vom Reg.-Bez. Coblenz sowie Waldeck | 16,6 | 6,7 | – 9,9 |
| 23 Düsseldorf 6–12 | 19,4 | 9,5 | – 9,9 |
| 9 Reg.-Bez. Breslau | 11,2 | – | – 11,2 |
| 10 Reg.-Bez. Oppeln | 12,1 | – | – 12,1 |
| 22 Düsseldorf 1–5, soweit sie zum Reg.-Bez. Düsseldorf gehören** | 13,3 | – | – 13,3 |
| 34 Hessen | 25,5 | 11,2 | – 14,3 |
| 16 Reg.-Bezirke Hannover, Hildesheim und Lüneburg sowie Braunschweig | 23,4 | 8,6 | – 14,8 |
| 31/2 Württemberg und der Reg.-Bez. Sigmaringen | 15,0 | – | – 15,0 |
| 2 Provinz Westpreußen | 15,1 | – | – 15,1 |
| 36 Die thür. Staaten Sachsen-Weimar, Sachsen-Meiningen, Sachsen-Altenburg, Sachsen-Coburg und Gotha, die beiden Schwarzenburg und die beiden Reuß sowie der Reg.-Bez. Erfurt und der zur Provinz Hessen-Nassau gehörige Kreis Schmalkalden** | 17,1 | – | – 17,1 |
| 12 Reg.-Bez. Magdeburg und Anhalt | 20,5 | 3,2 | – 17,3 |
| 6 Reg.-Bez. Frankfurt/O. | 20,8 | 3,2 | – 17,6 |
| 18 Reg.-Bez. Arnsberg** | 21,8 | – | – 21,8 |
| 30 Sächs. Wahlkreise 15–23 | 23,3 | – | – 23,3 |
| 29 Sächs. Wahlkreise 10–14 | 24,0 | – | – 24,0 |
| 21 Reg.-Bezirke Coblenz u. Trier, o. d. Kreis Wetzlar, ferner d. zu Oldenburg gehörige Fürstentum Birkenfeld*** | 25,3 | – | – 25,3 |
| 33 Baden | 26,0 | – | – 26,0 |

* In der Pfalz, in der die konservativen Parteien 1912 19,9 % der abgegebenen Stimmen erzielten, wurden die Organisationen der DVP von der DNVP, die auf die Aufstellung eigener Kandidaten verzichtete, als Einheitsorganisation der Rechten anerkannt.

** In diesen Wahlkreisen hatten DNVP und DVP eine Einheitsliste aufgestellt. In der amtlichen Statistik wurden alle der rund 500.000 gewonnenen Stimmen der DNVP zugerechnet, obwohl ein Teil der DVP zusteht.

*** In diesem Wahlkreis bestand eine gemeinsame Liste der DDP und DVP. Alle gewonnenen Stimmen werden jedoch in der amtlichen Statistik d. DDP zugerechnet.

## 4. Liberale Parteien – DDP und DVP

| Wahlkreise | 1912 | 1919 | ± |
|---|---|---|---|
| Reich | 27,1 | 22,9 | – 4,2 |
| 8 Provinz Posen* | 10,9 | 39,2 | + 28,3 |
| 2 Provinz Westpreußen* | 19,6 | 28,6 | + 9,0 |
| 4 Potsdam 1–9, soweit sie zum Reg.-Bez. Potsdam gehören | 20,8 | 28,3 | + 7,5 |
| 3 Stadt Berlin | 17,1 | 21,6 | + 4,5 |
| 17 Reg.-Bezirke Münster und Minden, der zur Provinz Hessen-Nassau gehörige Kreis Schaumburg sowie die beiden Lippe | 12,0 | 16,4 | + 4,4 |
| 7 Provinz Pommern | 29,1 | 32,6 | + 3,5 |
| 5 Potsdam 10, soweit er zum Reg.-Bez. Potsdam gehört | 28,6 | 31,7 | + 3,1 |
| 27 Reg.-Bez. Pfalz | 30,8 | 32,9 | + 2,1 |
| 35 Mecklenburg-Schwerin, Mecklenburg-Strelitz und Lübeck | 34,1 | 34,8 | + 0,7 |
| 28 Sächsische Wahlkreise 1–9 | 29,2 | 29,0 | – 0,2 |
| 20 Reg.-Bezirke Köln und Aachen | 11,6 | 11,0 | – 0,6 |
| 29 Sächsische Wahlkreise 10–14 | 29,8 | 28,6 | – 1,2 |
| 13 Reg.-Bez. Merseburg | 28,1 | 26,9 | – 1,2 |
| 37 Hamburg, Bremen und der Reg.-Bez. Stade | 36,6 | 34,1 | – 2,5 |
| 6 Reg.-Bez. Frankfurt/O. | 28,4 | 25,6 | – 2,6 |
| 15 Reg.-Bezirke Aurich und Osnabrück sowie Oldenburg ohne die Fürstentümer Birkenfeld und Lübeck | 40,9 | 37,5 | – 3,4 |
| 25 Reg.-Bezirke Niederbayern und Oberpfalz | 9,5 | 5,5 | – 4,0 |
| 9 Reg.-Bez. Breslau | 19,6 | 15,5 | – 4,1 |
| 23 Düsseldorf 6–12 | 21,6 | 16,6 | – 5,0 |
| 10 Reg.-Bez. Oppeln* | 12,4 | 6,8 | – 5,2 |
| 19 Provinz Hessen-Nassau ohne die Kreise Schaumburg und Schmalkalden, ferner der Kreis Wetzlar vom Reg.-Bez. Coblenz sowie Waldeck | 34,1 | 28,7 | – 5,4 |
| 26 Reg.-Bezirke Ober-, Mittel- und Unterfranken | 26,6 | 20,0 | – 6,6 |
| 1 Provinz Ostpreußen | 33,7 | 27,7 | – 7,0 |
| 31/2 Württemberg und der Reg.-Bez. Sigmaringen | 32,6 | 25,0 | – 7,6 |
| 14 Provinz Schleswig-Holstein und das zu Oldenburg gehörige Fürstentum Lübeck | 43,3 | 35,0 | – 8,3 |
| 22 Düsseldorf 1–5, soweit sie zum Reg.-Bez. Düsseldorf gehören | 20,9 | 12,3 | – 8,6 |
| 24 Reg.-Bezirke Oberbayern und Schwaben | 20,0 | 11,1 | – 8,9 |
| 36 Die thür. Staaten Sachsen-Weimar, Sachsen-Meiningen, Sachsen-Altenburg, Sachsen-Coburg und Gotha, die beiden Schwarzenburg und die beiden Reuß sowie der Reg.-Bez. Erfurt und der zur Provinz Hessen-Nassau gehörige Kreis Schmalkalden | 31,2 | 22,1 | – 9,1 |
| 12 Reg.-Bezirke Magdeburg und Anhalt | 37,8 | 28,6 | – 9,2 |
| 21 Reg.-Bezirke Coblenz und Trier, ohne den Kreis Wetzlar, ferner das zu Oldenburg gehörige Fürstentum Birkenfeld | 26,9 | 17,3 | – 9,6 |
| 16 Reg.-Bezirke Hannover, Hildesheim und Lüneburg sowie Braunschweig | 31,3 | 21,5 | – 9,8 |
| 11 Reg.-Bez. Liegnitz | 37,7 | 26,8 | – 10,9 |
| 34 Hessen | 41,4 | 30,2 | – 11,2 |
| 30 Sächsische Wahlkreise 15–23 | 32,6 | 21,4 | – 11,2 |
| 33 Baden | 33,5 | 21,5 | – 12,0 |
| 18 Reg.-Bez. Arnsberg | 30,7 | 10,0 | – 20,7 |

* Außergewöhnlich geringe Wahlbeteiligung auf Grund des Boykotts der Wahlen durch die Polen.

## 5. Zentrum – Christliche Volkspartei

| Wahlkreise | 1912 | 1919 | ± |
|---|---|---|---|
| Reich | 16,7 | 19,7* | + 3,0 |
| 16 Reg.-Bezirke Hannover, Hildesheim und Lüneburg sowie Braunschweig** | 0,6 | 21,7 | + 21,1 |
| 10 Reg.-Bez. Oppeln*** | 36,8 | 48,4 | + 11,6 |
| 27 Reg.-Bez. Pfalz⁺ | 17,1 | 27,6 | + 10,5 |
| 8 Provinz Posen*** | 0,9 | 10,4 | + 9,5 |
| 9 Reg.-Bez. Breslau | 11,8 | 20,9 | + 9,1 |
| 11 Reg.-Bez. Liegnitz | 1,9 | 9,4 | + 7,5 |
| 2 Provinz Westpreußen*** | 7,0 | 14,2 | + 7,2 |
| 34 Hessen | 10,1 | 17,0 | + 6,9 |
| 19 Provinz Hessen-Nassau ohne die Kreise Schaumburg und Schmalkalden, ferner der Kreis Wetzlar vom Reg.-Bez. Coblenz sowie Waldeck | 11,3 | 17,4 | + 6,1 |
| 33 Baden | 31,2 | 36,2 | + 5,0 |
| 31/2 Württemberg und der Reg.-Bez. Sigmaringen | 18,6 | 22,8 | + 4,2 |
| 18 Reg.-Bez. Arnsberg | 24,9 | 28,3 | + 3,6 |
| 22 Düsseldorf 1–5, soweit sie zum Reg.-Bez. Düsseldorf gehören | 24,1 | 27,6 | + 3,5 |
| 3 Stadt Berlin | 2,1 | 5,1 | + 3,0 |
| 5 Potsdam 10, soweit er zum Reg.-Bez. Potsdam gehört | 1,4 | 3,8 | + 2,4 |
| 1 Provinz Ostpreußen | 8,1 | 10,3 | + 2,2 |
| 36 Die thür. Staaten Sachsen-Weimar, Sachsen-Meiningen, Sachsen-Altenburg, Sachsen-Coburg u. Gotha, d. beiden Schwarzenburg u. d. beiden Reußen sowie d. Reg.-Bez. Erfurt u. d. z. Provinz Hessen-Nassau geh. Kreis Schmalkalden | 3,0 | 5,0 | + 2,0 |
| 6 Reg.-Bez. Frankfurt/O. | 0,1 | 1,8 | + 1,7 |
| 12 Reg.-Bez. Magdeburg und Anhalt | – | 1,5 | + 1,5 |
| 26 Reg.-Bezirke Ober-, Mittel- und Unterfranken | 26,6 | 28,1 | + 1,5 |
| 4 Potsdam 1–9, soweit sie zum Reg.-Bez. Potsdam gehören | 0,9 | 2,3 | + 1,4 |
| 28 Sächs. Wahlkreise 1–9 | 0,6 | 1,8 | + 1,2 |
| 13 Reg.-Bez. Merseburg | – | 1,0 | + 1,0 |
| 37 Hamburg, Bremen und der Reg.-Bez. Stade | 0,5 | 1,3 | + 0,8 |
| 7 Provinz Pommern | 0,0 | 0,6 | + 0,6 |
| 14 Provinz Schleswig-Holstein und das zu Oldenburg gehörige Fürstentum Lübeck | 0,4 | 1,0 | + 0,6 |
| 29 Sächs. Wahlkreise 10–14 | 0,0 | 0,5 | + 0,5 |
| 30 Sächs. Wahlkreise 15–23 | 0,1 | 0,4 | + 0,3 |
| 17 Reg.-Bezirke Münster u. Minden, d. z. Provinz Hessen-Nassau gehörige Kreis Schaumburg sowie d. beiden Lippe | 41,8 | 42,1 | + 0,3 |
| 35 Mecklenburg-Schwerin, Mecklenburg-Strelitz und Lübeck | – | – | – |
| 23 Düsseldorf 6–12 | 50,9 | 49,8 | - 1,1 |
| 21 Reg.-Bezirke Coblenz und Trier, ohne den Kreis Wetzlar, ferner das zu Oldenburg gehörige Fürstentum Birkenfeld | 27,8 | 25,4 | - 2,4 |
| 15 Reg.-Bezirke Aurich und Osnabrück sowie Oldenburg ohne die Fürstentümer Birkenfeld und Lübeck | 59,1 | 57,9 | - 1,2 |
| 20 Reg.-Bezirke Köln und Aachen | 66,1 | 59,7 | - 6,4 |
| 24 Reg.-Bezirke Oberbayern und Schwaben | 47,3 | 36,5 | - 10,8 |
| 25 Reg.-Bezirke Niederbayern und Oberpfalz | 66,1 | 49,7 | - 16,4 |

* In diesem Prozentsatz sind die ca. 0,8 % der Stimmen der Deutsch-Hannoverschen Partei enthalten, die dem Zentrum 1919 aufgrund der Listenverbindung mit dieser Partei im Wahlkreis 16 in der amtlichen Statistik zugerechnet wurden.

** In diesem Wahlkreis bestand eine Listenverbindung von Zentrum u. Deutsch-Hannoverscher Partei. Die Welfen hatten 1912 in diesem Wahlkreis ca. 13,5 % d. Stimmen erringen können. Von d. ca. 271.000 d. 1919 gewonnenen Stimmen können nach d. Berechnungen v. Johannes Schauff, *Die Deutschen Katholiken u. d. Zentrumspartei*, Köln 1928, S. 62 nur etwa 28.000 dem Zentrum zugerechnet werden.

*** Außergewöhnlich geringe Wahlbeteiligung aufgrund des Boykotts der Wahlen durch die Polen.

⁺ Verzicht der DNVP auf Aufstellung eigener Kandidaten zugunsten der DVP.

## 6. Konservative Parteien – DNVP

| Wahlkreise | 1912 | 1919 | ± |
|---|---|---|---|
| Reich | 15,7 | 10,3 | - 5,4 |
| 18 Reg.-Bez. Arnsberg* | 6,0 | 15,3 | + 9,3 |
| 22 Düsseldorf 1–5* | 9,7 | 15,7 | + 6,0 |
| 8 Provinz Posen** | 28,5 | 34,0 | + 5,5 |
| 3 Stadt Berlin | 4,4 | 9,3 | + 4,9 |
| 30 Sächs. Wahlkreise 15–23 | 8,5 | 13,2 | + 4,7 |
| 23 Düsseldorf 6–12 | 2,7 | 5,9 | + 3,2 |
| 20 Reg.-Bezirke Köln und Aachen | 0,7 | 3,2 | + 2,5 |
| 5 Potsdam 10*** | 10,8 | 13,2 | + 2,4 |
| 10 Reg.-Bez. Oppeln** | 5,9 | 7,2 | + 1,3 |
| 24 Reg.-Bezirke Oberbayern und Schwaben | 0,3 | 1,0 | + 0,7 |
| 33 Baden | 7,0 | 7,5 | + 0,5 |
| 25 Reg.-Bez. Niederbayern | – | – | – |
| 26 Reg.-Bezirke Ober-, Mittel- und Unterfranken | 11,1 | 9,4 | - 1,7 |
| 37 Hamburg, Bremen und der Reg.-Bez. Stade | 5,7 | 3,5 | - 2,2 |
| 34 Hessen | 8,9 | 6,6 | - 2,3 |
| 36 Die thür. Staaten Sachsen-Weimar,* Sachsen-Meiningen, Sachsen-Altenburg, Sachsen-Coburg und Gotha, die beiden Schwarzenburg und die beiden Reuß sowie der Reg.-Bez. Erfurt und der zur Provinz Hessen-Nassau gehörige Kreis Schmalkalden | 18,2 | 15,8 | - 2,4 |
| 14 Provinz Schleswig-Holstein und das zu Oldenburg gehörige Fürstentum Lübeck | 10,1 | 7,7 | - 2,4 |
| 29 Sächs. Wahlkreise 10–14 | 14,9 | 11,6 | - 3,3 |
| 31/2 Württemberg und Reg.-Bez. Sigmaringen | 17,1 | 13,8 | - 3,3 |
| 21 Reg.-Bezirke Coblenz u. Trier, ohne den Kreis Wetzlar, ferner das zu Oldenburg gehörige Fürstentum Birkenfeld | 7,2 | 2,2 | - 5,0 |
| 15 Reg.-Bezirke Aurich, Osnabrück, Oldenburg, ohne die Fürstentümer Birkenfeld und Lübeck | 7,9 | 2,3 | - 5,6 |
| 28 Sächs. Wahlkreise 1–9 | 19,2 | 13,2 | - 6,0 |
| 2 Provinz Westpreußen** | 29,2 | 23,0 | - 6,2 |
| 12 Reg.-Bezirke Magdeburg und Anhalt | 17,5 | 8,6 | - 7,9 |
| 19 Provinz Hessen-Nassau, ohne die Kreise Schaumburg und Schmalkalden, ferner Wetzlar vom Reg.-Bez. Coblenz sowie Waldeck | 18,5 | 9,1 | - 9,4 |
| 16 Reg.-Bezirke Hannover, Hildesheim, Lüneburg, Braunschweig | 12,8 | 2,6 | - 10,2 |
| 17 Reg.-Bezirke Münster und Minden, der zur Provinz Hessen-Nassau gehörige Kreis Schaumburg sowie die beiden Lippe | 21,4 | 8,7 | - 12,7 |
| 11 Reg.-Bez. Liegnitz | 26,4 | 13,6 | - 12,8 |
| 35 Mecklenburg-Schwerin, Mecklenburg-Strelitz, Lübeck | 27,1 | 13,1 | - 14,0 |
| 4 Potsdam 1–9 | 28,6 | 12,6 | - 16,0 |
| 6 Reg.-Bez. Frankfurt/O. | 35,6 | 19,4 | - 16,2 |
| 9 Reg.-Bez. Breslau | 32,5 | 15,3 | - 17,2 |
| 13 Reg.-Bez. Merseburg | 29,1 | 11,5 | - 17,6 |
| 27 Reg.-Bez. Pfalz+ | 19,9 | – | - 19,9 |
| 7 Provinz Pommern | 45,4 | 23,9 | - 21,5 |
| 1 Provinz Ostpreußen | 38,5 | 11,9 | - 26,6 |

* Gemeinsame Liste mit der DVP, wobei in der amtlichen Statistik alle Stimmen der DNVP zugerechnet wurden. Die Nationalliberalen hatten in den Wahlkreisen 18, 22 und 36 bei den Reichstagswahlen 1912 21,8 %, 13,3 % bzw. 17,1 % der Wählerstimmen erhalten.

** Außergewöhnlich geringe Wahlbeteiligung aufgrund des Boykotts der Wahl durch die Polen.

*** Der Wahlkreis enthält einen Teil der Vororte Berlins, u. a. Neukölln.

\+ In diesem Wahlkreis verzichtete die DNVP zugunsten der DVP (vgl. Tabelle 3) auf die Aufstellung eigener Kandidaten.

# Anhang IV: Gewinn-Verlust-Tabellen der Parteien nach Ortsgrößenklassen auf Reichsebene 1912 → 1920/22*

**Ortsgrößenklasse a (unter 2.000 Einwohner)**

| Parteien | 1912 insges. | 1912 a | 1920/22 insges. | 1920/22 a | ± insges. | ± a | ± im Vergleich zur Gesamtentwicklung der Parteien |
|---|---|---|---|---|---|---|---|
| Soz. Parteien | 36,1 | 20,2 | 41,7 | 32,8 | + 5,6 | + 12,6 | + 7,0 |
| Z (1920 + BVP) | 17,3 | 22,5 | 13,6 + 5,5 = 19,1 | 15,4 + 10,0 = 25,4 | + 1,8 | + 2,9 | + 1,1 |
| K + RP DNVP | 9,4 + 2,6 = 12,0 | 18,4 + 4,0 = 22,4 | 15,1 | 23,5 | + 3,1 | + 1,1 | − 2,0 |
| FVP DDP | 12,5 | 9,2 | 8,3 | 5,8 | − 4,2 | − 3,4 | − 0,8 |
| NL DVP | 14,5 | 13,8 | 13,9 | 9,4 | − 0,6 | − 4,4 | − 3,8 |

**Ortsgrößenklasse b (2.000–10.000 Einwohner)**

| Parteien | 1912 insges. | 1912 b | 1920/22 insges. | 1920/22 b | ± insges. | ± b | ± im Vergleich zur Gesamtentwicklung der Parteien |
|---|---|---|---|---|---|---|---|
| Soz. Parteien | 36,1 | 38,4 | 41,7 | 42,6 | + 5,6 | + 4,2 | − 1,4 |
| K + RP DNVP | 9,4 + 2,6 = 12,0 | 5,8 + 2,2 = 8,0 | 15,1 | 11,2 | + 3,1 | + 3,2 | + 0,1 |
| Z (1920 + BVP) | 17,3 | 21,8 | 13,6 + 5,5 = 19,1 | 17,5 + 4,1 = 21,6 | + 1,8 | − 0,2 | − 2,0 |
| NL DVP | 14,5 | 16,4 | 13,9 | 13,8 | − 0,6 | − 2,6 | − 2,0 |
| FVP DDP | 12,5 | 12,9 | 8,3 | 9,4 | − 4,2 | −3,5 | + 0,7 |

**Ortsgrößenklasse c (über 10.000 Einwohner)**

| Parteien | 1912 insges. | 1912 c | 1920/22 insges. | 1920/22 c | ± insges. | ± c | ± im Vergleich zur Gesamtentwicklung der Parteien |
|---|---|---|---|---|---|---|---|
| K + RP DNVP | 9,4 + 2,6 = 12,0 | 2,9 + 1,5 = 4,4 | 15,1 | 10,4 | + 3,1 | + 6,0 | + 2,9 |
| NL DVP | 14,5 | 14,1 | 13,9 | 17,3 | − 0,6 | + 3,2 | + 3,8 |
| Z (1920 + BVP) | 17,3 | 11,3 | 13,6 + 5,5 = 19,1 | 10,8 + 2,7 = 13,5 | + 1,8 | + 2,2 | + 0,4 |
| Soz. Parteien | 36,1 | 50,1 | 41,7 | 47,8 | + 5,6 | − 2,3 | − 7,9 |
| FVP DDP | 12,5 | 15,4 | 8,3 | 9,7 | − 4,2 | − 5,7 | − 1,5 |

Ortsgrößenklasse d (Großstädte über 100.000 Einwohner)

| Parteien | 1912 insges. | 1912 d | 1920/22 insges. | 1920/22 d | ± insges. | ± d | ± im Vergleich zur Gesamtentwicklung der Parteien |
|---|---|---|---|---|---|---|---|
| K + RP<br>DNVP | 12,0 | 3,5 | 15,1 | 10,4 | + 3,1 | + 6,9 | + 3,8 |
| NL<br>DVP | 14,5 | 11,9 | 13,9 | 16,8 | − 0,6 | + 4,9 | + 5,5 |
| Z<br>(1920 + BVP) | 17,3 | 8,9 | 19,1 | 11,4 | + 1,8 | + 2,5 | + 0,7 |
| FVP<br>DDP | 12,5 | 15,5 | 8,3 | 9,3 | − 4,2 | − 6,2 | − 2,0 |
| Soz. Parteien | 36,1 | 57,0 | 41,7 | 49,8 | + 5,6 | − 7,2 | − 12,8 |

* In den hier abgedruckten Tabellen konnten nur die Wahlergebnisse von 1912 und 1920/22 verglichen werden, da für die Wahl zur Nationalversammlung 1919 in der amtlichen Statistik keine Zahlen über das Abschneiden der Parteien in den einzelnen Ortsgrößenklassen vorliegen. Die Größenklasse a umfaßt dabei in Einklang mit der amtlichen Statistik alle Gemeinden mit weniger als 2.000 Einwohnern; die Größenklasse b umfaßt hier die in der amtlichen Statistik unter b (2.000–5.000 Einwohner) und c (5.000–10.000 Einwohner) zusammengefaßten Gemeinden mit 2–10.000 Einwohnern. Die Größenklasse c (in der amtlichen Statistik d) enthält alle Gemeinden mit mehr als 10.000 Einwohnern einschließlich der Großstädte mit über 100.000 Einwohnern. Da gerade die Entwicklung des Wählerverhaltens in den Großstädten für uns von besonderem Interesse ist, wurden hier im Unterschied zur amtlichen Statistik, in der eine derartige Unterteilung nicht vorliegt, in der Kategorie d die Ergebnisse in den Großstädten noch einmal gesondert zusammengefaßt. Es wurden dabei die 44 in der Statistik von 1912 einzeln aufgeführte Großstädte berücksichtigt, die 1920 noch zum Deutschen Reich gehörten. Für 1912 wurde dabei der Bevölkerungsstand von 1910, für 1920/22 der Bevölkerungsstand von 1919 zugrunde gelegt. Um die Zahlen von 1912 und 1920/22 auf Reichsebene besser vergleichen zu können, sind bei der Berechnung der Ergebnisse von 1912 folgende Gebiete nicht berücksichtigt worden: Elsaß-Lothringen, Provinz Posen, Regierungsbezirk Danzig, Regierungsbezirk Marienwerder. Nicht berücksichtigt dagegen wurde, daß 1920/22 Teile des Regierungsbezirks Marienwerder an Ostpreußen und Teile der Provinz Posen an Frankfurt 10 gefallen waren und gewisse Gebiete von Schleswig-Holstein und das Saarland, die in der Statistik von 1912 mitenthalten waren, in dem Ergebnis von 1920/22 fehlen. Die sich dadurch ergebenden Ungenauigkeiten sind auf das Reich bezogen, jedoch so gering, daß sie ignoriert werden konnten. Für die mühselige Errechnung des prozentualen Abschneidens der einzelnen Parteien in den Großstädten und die komplizierten Umrechnungen, die sich aus den Gebietsveränderungen nach dem Ende des Ersten Weltkriegs ergaben, bin ich Frl. Heide-Irene Windschiegl zu großem Dank verpflichtet. Die Zahlen geben für 1912 und 1920/22 jeweils den Stimmanteil der Parteien in Prozenten an.

FSC
www.fsc.org
MIX
Papier | Fördert gute Waldnutzung
FSC® C083411

Kolibri 360 GmbH
Ferdinand-Jühlke-Straße 7
99095 Erfurt, Deutschland
produktsicherheit@kolibri360.de